云亭法律实务书系

职务犯罪

难点要点剖析

定罪卷

王辉 李舒 唐青林 编著

中国法制出版社
CHINA LEGAL PUBLISHING HOUSE

编委会成员：

王　辉（北京师范大学法学博士）

李　舒（华中科技大学法学硕士）

唐青林（中国人民法学法学硕士）

韩　帅（北京师范大学法学硕士）

杨　鹏（中国政法大学法学硕士）

韩　芳（北京工业大学法律硕士）

序　言

　　职务犯罪辩护是一项极具挑战性的工作。一名优秀的职务犯罪辩护律师，应当融专业、技巧、经验、谋略于一体，对职务犯罪的定罪问题、量刑问题、程序问题均有深刻研究，对职务犯罪辩护的疑难要点了然于胸，对司法实践中的运行规律有深刻体察。没有专门的研究培训，没有多年的实践锻炼，没有对审判规律的持续追踪，是难以在短时间内胜任职务犯罪辩护工作的。

　　本书可谓职务犯罪辩护疑难要点和裁判精要梳理的"集大成者"，可以为具有职务犯罪辩护需求的当事人及其家属，为有志于从事职务犯罪辩护的律师、从事职务犯罪监察调查的监察人员、从事审查起诉和审判工作的司法人员，提供系统、全面、精准、快捷掌握职务犯罪疑难要点的新路径。

　　本书从中国裁判文书网公布的十几万个职务犯罪案例中，精心挑选出近千个具有较大研究价值的案例，总结提炼出100个最具争议的疑难要点，并针对定罪疑难要点总结归纳出100则裁判精要，共计60余万字，涵盖了职务犯罪定罪的方方面面。

　　在选取疑难要点和梳理裁判精要时，本书注意把握六个原则：一是每个疑难要点都尽量找到"正反"两方面的案例，展现实务中存在的疑难问题；二是选取的案例体现差异性，尽量避免出现重复性案例；三是案例选取注重新颖性，同时兼顾选取时间久远但具有典型性的案例；四是注意摘选裁判文书中"本院查明"或"法院认为"中的精华部分，原汁原味展现法官的论证逻辑；五是精心提炼法院裁判精要并置于显著位置，为读者最快掌握本书精华内容提供最大便利；六是结合疑难要点系统梳理法律规定，结合裁判精要提出律师建议，为读者全面深入理解每个疑难要点提供指引。

　　著名刑法学家周光权曾言："凡刑辩艰难处，皆为刑法学痛点，也极可能是司法及法治的痛点。"本书选取的100个职务犯罪辩护疑难要点，皆为刑辩之难点，亦是刑法学及司法之痛点。每一个疑难要点背后，都可能关系到当事人的自由与财产、前途与命运；每一个疑难要点背后，都蕴含着深刻与复杂的法理与逻辑。每一个握有被告人命运的法律裁判者或参与者，无论是监察人员、公诉人员、审判人员还是辩护律师，都无权用简单粗暴的方式，不负责任地对待这些疑难要点；而应以战战兢兢、如履薄冰的负责态度，在共同按下决定被告人命运按钮这一庄重时刻之前，将相关疑难要点阐释得逻辑清楚、证据充足、论理充分、依据适当、罪责相应，真正做到对得起自己良心，对得起民众期盼，经得起历史检验。

每一位真正秉承法治信仰，以专业、智慧和良知诠释疑难要点，守护人民公平正义的法律人，都值得历史铭记。在本书遴选的案例中，有一定比例的案例出自基层法院。这些基层法院的法官有魄力、有智慧、有能力对案件中的疑难要点做庖丁解牛般的说理阐释，敢于作出无罪判决、罪轻判决。这些案例闪耀着法官的真知灼见，甚至在一定程度上有所超前，犹如裁判文书浩瀚海洋中熠熠发光的珍珠，值得我们采撷、观瞻、铭记。我们将这些有价值的案例进行汇总，将法官的智慧说理进行梳理提炼，让更多的人看到他们的智慧、勇气与担当，这也是对他们最大的尊重。

近年来，最高人民法院一直致力于统一刑事裁判尺度工作，强化类案检索，主张同案同判，这是一件利国利民的好事。我们归纳提炼的 100 个职务犯罪辩护疑难要点和 100 则裁判精要，也是致力于通过类案检索寻求司法正义的一种方式。但需要强调的是，统一裁判尺度的前提是研究清楚法律适用的疑难要点，让逻辑清晰、充满智慧、说理得当、兼顾国法天理人情的裁判规则，去统一逻辑混乱、论理失当、过分保守、片面强调形式主义的裁判观点。如果情况相反，在没有研究清楚法律适用疑难要点的前提下片面追求刑事裁判尺度的统一，则可能出现异化的现象，这样的"裁判尺度统一"还不如不要。本书作者正是基于职务犯罪疑难要点研究的重要价值，系统梳理该类犯罪中真正有价值的裁判规则，努力推进职务犯罪案件裁判尺度的适度统一。

新的历史时期，党中央将反腐倡廉视为关系党和国家生死存亡的重大政治任务来抓，持续不断开展职务犯罪查处工作，反腐倡廉工作取得了压倒性胜利。在查处职务犯罪工作中，国家大力推行监察体制改革，配强配齐办案人员力量，出台了一系列新的法律法规，提出了诸多保障措施，办案机关形成合力，在办理职务犯罪案件方面形成了相对明显的控方优势。与之相对应，面对职务犯罪辩护的新形势、新挑战，律师行业并没有能够形成合力、迎头赶上，而是处于一种相对落后的状态。这种控辩双方的力量失衡与律师行业在深入钻研职务犯罪辩护疑难要点上的"裹足不前"不无相关。本书的筹划与出版，在一定程度上也是基于这样一种行业自醒，希望通过系统梳理职务犯罪的疑难要点和裁判精要，抛砖引玉，求教于同行，真正在职务犯罪疑难要点研究的深度与精度上形成律师行业的专业优势，在职务犯罪"控—辩—审"三方角力过程中成为势均力敌、不可或缺的一方，最大程度上维护当事人的合法权益，实现正义。

本书内容可能存在瑕疵或错误，欢迎读者批评指正。也欢迎对职务犯罪疑难要点问题有兴趣的各界朋友，与我们联系，共同交流和探讨。我们的联系电话是 13811780873。

王辉　李舒　唐青林
于 2024 年 3 月 1 日

目 录

一、职务犯罪中基本概念的认定

001 职务犯罪中"国家工作人员"的范围如何界定？ ………… 3
◎国有控股分公司经理经正式任命的，以"国家工作人员"论 ………… 5
◎国有控股分公司经理经党政联席会任命的，以"国家工作人员"论 ………… 5
◎国有控股分公司经理系被聘用的，不属于"国家工作人员" ………… 7
◎有人事任命权的主体仅限国家出资企事业单位不包括分支机构 ………… 8

002 职务犯罪中"国家机关工作人员"的范围如何界定？ ………… 10
◎国家机关派出机构的人员，属于"国家机关工作人员" ………… 12
◎受国家机关委派从事公务的人员，属于"国家机关工作人员" ………… 12
◎受国家机关委托从事公务的人员，属于"国家机关工作人员" ………… 13
◎国家机关中未从事公务的人员，不属于"国家机关工作人员" ………… 14
◎受国家机关聘用行使内部管理职权的人员，不属于"国家机关工作人员" ………… 15

003 事业单位中的"国家工作人员"如何界定？ ………… 16
◎国有事业单位委派到非国有公司从事公务的人员，属于"国家工作人员" ………… 19
◎事业单位中受委托管理国有财产的人员，属于"国家工作人员" ………… 20
◎事业单位中行使对外管理职权的人员，属于"国家工作人员" ………… 20
◎事业单位医生通过行使处方权受贿的，不属于"国家工作人员" ………… 21
◎事业单位中受委托管理集体资产的人员，不以"国家工作人员"论 ………… 22
◎仲裁委员会中的兼职仲裁员，不属于"国家工作人员" ………… 23

004 人民团体中的"国家工作人员"如何界定? 23
　◎被委派到人民团体从事公务的人员,属于"国家工作人员" 25
　◎人民团体中临时受聘管理公共财产的人员,属于"国家工作人员" 26
　◎村委会等基层群众性自治组织中的人员,不属于"国家工作人员" 26
　◎社区居委会中的工作人员,不属于"国家工作人员" 27

005 社会团体中哪些人员属于"国家工作人员"? 28
　◎被委派到社会团体从事公务的事业单位人员,属于"国家工作人员" 29
　◎在社会团体中担任领导职务的退休公职人员,属于"国家工作人员" 30
　◎受委派在社会团体中从事公共财产管理的人员,属于"国家工作人员" 30
　◎受国家机关领导指派在社会团体中从事公务的人员,属于"国家工作人员" 31
　◎在非营利性社团组织中工作的人员,不属于"国家工作人员" 31
　◎社会团体中非受委派从事公务的人员,不属于"国家工作人员" 32

006 国有独资企业中的"国家工作人员"如何认定? 33
　◎受国有独资公司委派到其他企业从事公务的人员,属于"国家工作人员" 35
　◎国有独资公司中从事党费收缴管理工作的人员,属于"国家工作人员" 36
　◎国有独资公司中不具有国有财产管理权的员工,不属于"国家工作人员" 36
　◎国有独资公司中从事一般性业务的人员,不属于"国家工作人员" 37

007 "受委派从事公务的人员"如何认定? 38
　◎委派单位不符合要求,不能认定为"国家工作人员" 41
　◎受委派单位不符合要求,不能认定为"国家工作人员" 42
　◎委派组织不符合要求的,不能认定为"国家工作人员" 43
　◎委派形式不符合要求的,不能认定为"国家工作人员" 45
　◎委派实质不是从事公务,不能认定为"国家工作人员" 47
　◎委托或聘任不同于委派,不能认定为"国家工作人员" 48

008 如何界定"国有控股、参股企业"中的"国家工作人员"？ …………… 51
　◎受国有控股公司任命在子公司从事公务的人员，属于"国家工作人员" ………………………………………………………………… 53
　◎受国家出资企业委派在分支机构从事国资管理的人员，属于"国家工作人员" ……………………………………………………… 54
　◎国有出资企业分公司经理非由组织正式委派的，不属于"国家工作人员" …………………………………………………………… 55
　◎国有公司委派到非国有公司但未从事公务的，不属于"国家工作人员" ……………………………………………………………… 56

009 "其他依照法律从事公务的人员"的范围如何认定？ …………… 57
　◎协助政府征收土地的村民代表，属于"其他依照法律从事公务的人员" ……………………………………………………………… 59
　◎协助街道办进行管理的社区支部书记，属于"其他依照法律从事公务的人员" ……………………………………………………… 60
　◎代表国家监管破产清算财产的人员，属于"其他依照法律从事公务的人员" ………………………………………………………… 60
　◎管理权限非源于法律直接规定的，不属于"其他依照法律从事公务的人员" ………………………………………………………… 61
　◎村委会成员从事内部管理事务时，不属于"其他依照法律从事公务的人员" ………………………………………………………… 62

010 "受委托管理、经营国有财产的人员"如何认定？ ……………… 65
　◎在事业单位从事国资管理的人员，属于"受委托管理、经营国有财产的人员" ……………………………………………………… 66
　◎通过承包方式经营国有资产的人员，属于"受委托管理、经营国有财产的人员" …………………………………………………… 67
　◎"受委托管理、经营国有财产的人员"一般只构成贪污罪 ……… 67
　◎承包企业里的一般职工，不属于"受委托管理、经营国有财产的人员" ……………………………………………………………… 68
　◎"受委托管理、经营国有财产的人员"的委托主体不能是非国有全资单位 …………………………………………………………… 72

◎国有单位内部任命人员，不属于"受委托管理、经营国有财产的人员" ……………………………………………………………… 72

二、受贿罪的认定

011 如何认定受贿罪中的"利用职务上的便利"？……………… 77
  ◎利用自身职权及所形成的便利条件，属于"利用职务上的便利" ……… 78
  ◎利用有隶属制约关系的其他公职人员职权，属于"利用职务上的便利" ……………………………………………………………… 79
  ◎行为人无特定事项管理权限且提供具体劳动的，不属于"利用职务上的便利" ……………………………………………………… 79
  ◎收受他人财物但未利用职务便利为他人谋利的，不构成受贿罪 …… 80
  ◎受贿罪与贪污罪在"利用职务上的便利"上有本质的不同 ………… 81

012 如何认定受贿罪中"财产性利益"的范围？………………… 82
  ◎可以折算为货币或需要支付货币才能获取的利益，属于"财产性利益" ………………………………………………………………… 83
  ◎债务虚增或免除、房屋装修、代付餐费、土地使用权等，属于"财产性利益" ……………………………………………………… 84
  ◎正常民事借贷所产生的孳息，不属于受贿罪中的"财产性利益" …… 86
  ◎未实际兑付的借条可不认定为"财产性利益" ……………………… 87

013 如何认定受贿罪中的"为他人谋取利益"？………………… 87
  ◎明知他人有具体请托事项收受其财物的，视为承诺"为他人谋取利益" ……………………………………………………………… 88
  ◎履职时未被请托但事后收受他人财物的，视为"为他人谋取利益" … 89
  ◎明知收受财物与具体请托事项具有因果关系的，属于"为他人谋取利益" ………………………………………………………… 89
  ◎无证据证明有具体请托事项的，不能认定为"为他人谋取利益" …… 90
  ◎不具有为他人谋取利益的意图及行为的，不属于"为他人谋取利益" ………………………………………………………………… 91

014 如何认定斡旋型受贿中的"谋取不正当利益"？ ………………… 92
　◎违规斡旋帮助行贿人获取竞争优势的，属于"谋取不正当利益" ……… 94
　◎违规斡旋办理子女录取、岗位调整、获得许可等，属于"谋取不正当利益" ………………………………………………………………… 95
　◎获取利益本身合法但手段、方法不合法的，属于"为他人谋取不正当利益" ………………………………………………………………… 96
　◎帮助他人索要正当合法利益的，不属于"谋取不正当利益" ………… 97
　◎通过正常程序帮助他人获得正当利益的，不属于"谋取不正当利益" ………………………………………………………………………… 98

015 非国家工作人员斡旋受贿是否构成犯罪？ ……………………… 99
　◎现行法律并未规定斡旋受贿亦构成非国家工作人员受贿罪 ………… 101
　◎非国家工作人员不符合斡旋受贿主体要件，不构成非国家工作人员受贿罪 ……………………………………………………………… 101
　◎非国家工作人员斡旋受贿的，构成非国家工作人员受贿罪 ………… 102

016 收受他人财物虚假承诺办事构成受贿罪还是诈骗罪？ ………… 103
　◎收受财物但未想实际为他人办事的，构成诈骗罪而非受贿罪 ……… 105
　◎通过诈骗方式佯装答应为请托人提供帮助的，构成诈骗罪 ………… 106
　◎行为人虚假承诺办事不影响受贿罪的认定 …………………………… 106
　◎行为人无实际为他人谋利的行为不影响受贿罪的认定 ……………… 107

017 收受他人礼金是否构成受贿罪？ ………………………………… 108
　◎礼金数额较大超出人情往来范畴的，应认定为受贿 ………………… 109
　◎甄别受贿与礼金应结合职务相关性及常理综合判断 ………………… 110
　◎双方互有馈赠且收受礼金数额不大的，不构成受贿罪 ……………… 111
　◎双方有礼尚往来关系且金额基本相当的，不构成受贿罪 …………… 112
　◎逢年过节出于联络感情收受下级单位"慰问金"，不构成受贿 …… 112

018 接受性贿赂能否构成受贿罪？ …………………………………… 113
　◎接受他人支付嫖资和包养费用，构成受贿罪 ………………………… 114
　◎嫖资属于"财产性利益"，可依法认定为受贿罪中的财物 ………… 115
　◎支付嫖资数额无法确定的，不认定为受贿数额 ……………………… 116

019 国家工作人员以投资分红名义获取的财物是否构成受贿？ …… 116
　◎未实际出资和参与经营收受他人股份的，构成受贿罪 ……………… 118

◎ 以投资入股方式掩盖权钱交易本质取得分红的，构成受贿 ………… 119
◎ 明知公司效益好且没有融资需求而入股分红的，以受贿罪论处 ……… 120
◎ 明显超出投资比例获取分红的，构成受贿 ………………………… 120
◎ 国家工作人员实际投资分红且未以权谋私的，不构成受贿 ………… 122
◎ 国家工作人员实际投资经营且收益与付出具有相关性的，不构成
　受贿 …………………………………………………………………… 123

020 仅口头约定收受干股但未实际分红是否构成受贿？ ……………… 124
◎ 口头约定收受干股实际未分红的，构成受贿未遂 …………………… 125
◎ 口头约定收受干股分红但未约定具体数额的，不构成受贿 ………… 125

021 收受房产等财物后未变更权属登记构成受贿未遂还是既遂？ …… 127
◎ 以借为名实际收受他人房产未过户的，构成受贿既遂 ……………… 128
◎ 收受商铺后实际收取租金未过户的，构成受贿既遂 ………………… 129
◎ 实际收受他人房产但未办理过户的，构成受贿未遂 ………………… 130
◎ 未实际占有他人房产且未过户的，构成受贿未遂 …………………… 131

022 如何区分正常借贷与"以借为名"的受贿？ ……………………… 132
◎ 借款约定不明且不符合正常借款惯例的，构成受贿 ………………… 133
◎ 行为人无正常理由向被监管人借款未还的，属于受贿 ……………… 134
◎ 基于真实民间借贷协议借款的，不认定为受贿 ……………………… 135
◎ 确有真实借款需求且正常支付利息的，不构成受贿 ………………… 135
◎ 属真实借款且不具有权钱交易特征的，不构成受贿 ………………… 137

023 收受银行卡或会员卡未实际支取或消费的应如何认定？ ………… 138
◎ 收受并长期使用他人银行卡的，构成受贿既遂 ……………………… 139
◎ 收受他人银行卡且知晓密码的，是否支取不影响受贿既遂成立 …… 139
◎ 行为人收受银行卡但不知道密码的，构成受贿未遂 ………………… 140
◎ 收受的会员卡价值无法确定的，不认定为受贿 ……………………… 140

024 如何判断国家工作人员与"特定关系人"是否共同受贿？ ……… 142
◎ 明知"特定关系人"受贿未要求其归还的，构成共同受贿 ………… 143
◎ 明知"特定关系人"受贿且提供职务帮助的，构成共同受贿 ……… 144
◎ 近亲属、情人以及其他共同利益关系人，属于"特定关系人" …… 145
◎ 知晓"特定关系人"受贿后明确要求其退还的，不构成共同受贿 … 146
◎ 帮助"特定关系人"改善生活条件"打招呼"的，不构成共同受贿 … 147

◎ 无证据证明与"特定关系人"有同谋的，不构成共同受贿 ………… 148

025 国家工作人员收受"特定关系人"钱物是否构成受贿？ ………… 149
◎ 利用职务之便收受亲兄弟财物的，不影响受贿罪成立 ………… 150
◎ 收受财物超过"特定关系人"之间馈赠范畴的，构成受贿罪 ………… 151
◎ 接受"发小"节日礼金未超正常范畴的，不构成受贿罪 ………… 152
◎ 行为人与情人财产混同的，情人之间馈赠不构成受贿 ………… 153

026 "关系密切人"收受钱物构成受贿罪还是利用影响力受贿罪？ ……… 154
◎ 利用"关系密切人"职务上的便利收受财物的，构成受贿 ………… 156
◎ 利用"关系密切人"职务上形成的人脉关系便利收受财物的，
　构成受贿 ………………………………………………………………… 157
◎ 利用职级较低"关系密切人"职务便利收受财物的，构成受贿 …… 157
◎ 利用"关系密切人"职权形成的影响收受财物的，构成利用影
　响力受贿罪 ……………………………………………………………… 158

027 在案发前及时退交已收受财物的该如何处理？ ………………… 160
◎ 受贿已完成后有条件退还而未及时退还的，属于受贿既遂 ……… 161
◎ 收受财物后归还不具有主动性和及时性的，构成受贿 …………… 161
◎ 受贿后为规避调查或掩饰犯罪而退还的，构成受贿 ……………… 162
◎ 刑法并未明确"及时退还"时间，一个月内退还的，可视为
　"及时退还" ……………………………………………………………… 164
◎ 特殊情形下受贿后一年内退还的，可认定为"及时退还" ………… 165

028 国家工作人员在何种情况下构成索贿？ ………………………… 166
◎ 以办事需要费用或以借为名主动索要财物的，构成索贿 ………… 168
◎ 贿赂款的收受由国家工作人员主导的，构成索贿 ………………… 168
◎ 行为人在受贿过程中处于被动地位的，不构成索贿 ……………… 169
◎ 行为人前期真实借款转换为贿赂款的，不构成索贿 ……………… 169
◎ 要求给予优惠但达不到索贿的主动性和索取性的，不构成索贿 … 169

029 如何区分受贿罪与单位受贿罪？ ………………………………… 171
◎ 个人决定收取贿赂款且未进入公司账目的，构成个人受贿 ……… 172
◎ 收受贿赂未体现单位集体意志性的，构成个人受贿 ……………… 173
◎ 收受贿赂由单位主要领导决定且款项用于单位的，构成单位受贿罪 … 174
◎ 法人为单位利益受贿且款项主要用于单位使用的，构成单位受贿罪 … 175

030 如何区分斡旋型受贿与利用影响力受贿罪？ ················· 175
　◎利用本人职务便利通过其他国家工作人员为他人谋利的，构成斡
　　旋受贿 ··· 177
　◎利用公职人员地位形成的便利条件为他人谋利的，构成利用影响
　　力受贿罪 ·· 178
　◎缺乏证据证明利用职务便利或便利条件为他人谋利的，不构成犯罪 ······ 180

031 如何区分斡旋型受贿与介绍贿赂罪？ ························· 180
　◎利用其他国家工作人员职务便利收受财物的，构成斡旋受贿 ········· 182
　◎客观上实施的是直接受贿而非居间介绍行为的，构成受贿 ··········· 183
　◎为撮合双方达成交易居间斡旋并收取好处费的，构成介绍贿赂罪 ····· 183
　◎未参与其他国家工作人员受贿过程的介绍人，构成介绍贿赂罪 ······· 184
　◎同时具有收受他人贿赂和居间介绍行贿行为的，数罪并罚 ··········· 185

三、行贿罪的认定

032 如何认定行贿犯罪中的"谋取不正当利益"？ ·············· 189
　◎行贿人谋取的利益违反规定且具有不正当性的，应认定为"谋取
　　不正当利益" ·· 190
　◎行贿人谋取竞争优势违背公平、公正原则的，应认定为"谋取不
　　正当利益" ·· 191
　◎行贿人通过行贿意图影响司法公正的，应认定为"谋取不正当利
　　益" ·· 191
　◎行为人未违背公平原则谋取竞争优势的，不构成"谋取不正当利
　　益" ·· 192
　◎进行请托是为获取合法正当利益的，不属于"谋取不正当利益" ····· 193
　◎基于受贿人主动索取而交付财物的，不属于"谋取不正当利益" ····· 195

033 如何认定行贿罪中的"使国家利益遭受重大损失"？ ····· 196
　◎因行贿以外原因造成重大损失的，不属于"使国家利益遭受重大
　　损失" ··· 198

◎ 行贿与损失之间不具有必然因果关系的，不属于"使国家利益遭受重大损失" ………………………………………………………… 198

◎ 损失系由滥用职权而非受贿造成的，不属于行贿"使国家利益遭受重大损失" ………………………………………………………… 199

◎ 因行贿致经济损失超100万的，应认定为"使国家利益遭受重大损失" ………………………………………………………… 199

034 如何区分行贿罪与单位行贿罪？ …………………………… 201

◎ 未经单位集体研究或负责人同意而行贿的，构成行贿罪 ………… 203

◎ 单位负责人和直接责任人为单位利益行贿的，构成单位行贿罪 …… 204

◎ 公司法定代表人基于公司利益决定行贿的，构成单位受贿罪 …… 205

◎ 为了公司利益而行贿且所获利益归公司的，构成单位行贿罪 …… 206

◎ 自然人与单位共同行贿的，分别构成行贿罪与单位行贿罪 ……… 206

035 如何区分行贿罪与对单位行贿罪？ ………………………… 208

◎ 针对个人而非单位行贿的，构成行贿罪 ………………………… 209

◎ 行贿人基于销售目的对回扣款去向持放任态度的，构成行贿罪 … 210

◎ 行贿人对单位行贿且行贿款由单位支配的，构成对单位行贿罪 … 211

◎ 行贿数额未达10万元的，不构成对单位行贿罪 ………………… 212

◎ 行贿人非为谋取非法利益而行贿的，不构成对单位行贿罪 …… 212

◎ 给予单位赞助款的行为，不构成对单位行贿罪 …………………… 213

四、贪污罪的认定

036 如何认定贪污罪中的"利用职务上的便利"？ ……………… 217

◎ 利用职务上管理公共财物的权力及方便条件的，属于"利用职务上的便利" ………………………………………………………… 219

◎ 利用上级领导的职务便利，属于"利用职务上的便利" ………… 219

◎ 利用下属单位领导的职务便利，属于"利用职务上的便利" …… 220

◎ 已调离职务岗位且与相关人员无隶属关系的，不属于"利用职务上的便利" ………………………………………………………… 221

◎利用民事委托上的便利拒绝归还财物的，不属于"利用职务上的便利" …………………………………………………………………… 221

◎超越法律规定的职权获取非公共财物的，不属于"利用职务上的便利" …………………………………………………………………… 222

037 如何认定贪污罪中的"公共财物"？……………………………… 224

◎国有单位财产及国有单位管理中的非国有财产，属于"公共财物" …… 226

◎处于国家工作人员管理下的私人财产，以"公共财产"论 ………… 227

◎土地使用权、耕地交易指标对价款等财产性利益，属于"公共财物" …………………………………………………………………… 228

◎行政事业单位违法收取的费用在未被查处前，属于"公共财产" …… 230

◎国有单位中个人集资购买的财物所获收益，不属于"公共财物" …… 231

◎基层组织人员私自收取的社会抚养费，不属于"公共财物" ………… 233

038 集体财产在何种情况下属于贪污罪的犯罪对象？……………… 233

◎受国家机关委派至集体所有制企业从事国资管理的人员，可以构成贪污罪 …………………………………………………………… 235

◎基层组织人员协助政府从事公务时中侵吞集体所有财产的，构成贪污罪 …………………………………………………………… 237

◎非国家工作人员利用职务上的便利占有集体财产的，不构成贪污罪 …… 237

◎村集体企业管理人员侵占集体财产的，构成职务侵占罪 ………… 238

◎国家机关聘任而非委派的集体所有制企业负责人，不属于"国家工作人员" ……………………………………………………… 238

039 如何认定贪污罪中的"非法占有目的"？…………………………… 240

◎使用虚构或篡改财务信息手段侵占财物的，应认定为"具有非法占有目的" ……………………………………………………… 242

◎使用销毁账目手段避免私设小金库被查的，推定为"具有非法占有目的" ……………………………………………………………… 243

◎应结合公款具体去向及处置意思综合认定是否具有"非法占有目的" ……………………………………………………………… 243

◎未采取难以在财务上反映出来的非法手段，推定为不具有"非法占有目的" ……………………………………………………………… 245

◎行为人所获得的资金是对投资的合理补偿的，不认定其具有"非法占有目的" ……………………………………………………………… 245

◎单位对个人账户知情且未失去控制权的，不认为其具有"非法占有目的" ……………………………………………………………… 246

040 国家工作人员帮助他人骗取公共财物构成贪污罪还是滥用职权罪？ … 247

◎收受他人财物且帮助套取公共财物的，构成贪污罪 ………………… 248

◎行为人利用职务之便帮助亲属骗取公共财物的，构成贪污罪 ……… 249

◎利用职务帮助他人套取公共财物但未受贿的，构成滥用职权罪 …… 249

◎明知材料虚假提供帮助但不以非法占有为目的的，不构成贪污罪 … 250

041 如何区别贪污罪与私分罚没财物罪？ ……………………………… 251

◎未经单位领导集体研究私分罚没财物的，以贪污罪论处 …………… 252

◎私分罚没财产不具备公开性和集体性的，构成贪污罪 ……………… 253

◎将罚没财物以单位福利形式私分给个人的，构成私分罚没财物罪 … 254

042 如何区分贪污罪与私分国有资产罪？ ……………………………… 255

◎国有资产由少数人决定并私分的，构成贪污罪 ……………………… 256

◎私分国有资产在单位不具有公开性和广泛性的，构成贪污罪 ……… 257

◎单位全体或大部分人获利的，构成私分国有资产罪 ………………… 258

◎私分国有资产在单位内部具有普遍性、公开性的，构成私分国有资产罪 …………………………………………………………………… 259

043 如何区分贪污罪与为亲友非法牟利罪？ …………………………… 260

◎虽以亲属名义牟利但国家工作人员为实际获益人的，构成贪污罪 … 262

◎以亲属公司名义为自己套取国有财产的，构成贪污罪 ……………… 262

◎为亲友谋取超额利润即使获利也构成为亲友非法牟利罪 …………… 263

◎将项目以明显高价承包给亲友的，构成为亲友非法牟利罪 ………… 264

044 科研人员套取科研经费构成贪污罪还是诈骗罪？ ………………… 264

◎科研项目负责人非法套取科研经费的，构成贪污罪 ………………… 267

◎项目负责人以签订虚假合同手段套取科研经费的，构成贪污罪 …… 268

◎在读博士研究生虚假报销侵占科研经费的，构成诈骗罪 …………… 269

◎民办非企业法人骗取国家科研补贴资金的，构成诈骗罪 …………… 270

045 有身份者与无身份者共同侵吞单位财物如何定罪？ ························ 271
  ◎有身份者与无身份者利用各自职权侵占单位财物的，按有身份者
   触犯罪名认定 ·· 272
  ◎有身份者与无身份者存在意思联络的，依有身份者触犯罪名定罪 ········ 273
  ◎有身份者与无身份者利用各自职务占有单位财物的，依主犯犯罪
   性质定罪 ··· 274

046 如何区分贪污罪的既遂与未遂？ ·· 276
  ◎已实际占有和控制公共财物的，构成贪污既遂 ································ 277
  ◎行为人控制公共财物后未实际据为己有的，不影响贪污既遂的认定 ····· 279
  ◎贪污罪既遂标准的通说为"控制说" ·· 279
  ◎转移公共财物后未能实际控制的，构成贪污未遂 ····························· 282
  ◎利用职务之便骗取国家拆迁安置房未得逞的，构成贪污未遂 ··············· 283

五、挪用公款罪的认定

047 挪用公款给其他单位使用是否构成挪用公款罪？ ··························· 287
  ◎单位集体研究决定将公款借给其他单位使用的，不构成挪用公款罪 ······ 289
  ◎单位领导集体决定公款私存的，不构成挪用公款罪 ·························· 290
  ◎单位领导为公司利益将公款给个人使用的，不构成挪用公款罪 ············ 291
  ◎将公款挪给本下属集体企业使用且未谋私的，不构成挪用公款罪 ········· 291
  ◎常设性组织及非常设性组织是挪用公款罪中的"其他单位" ················ 292
  ◎以个人名义将公款挪给其他企业使用的，构成挪用公款罪 ·················· 293
  ◎个人决定将公款挪用给其他单位进行营利活动的，构成挪用公款罪 ······ 294

048 单位领导集体决定将公款归个人使用是否构成挪用公款罪？ ············ 296
  ◎单位领导集体决定将公款给个人使用的，不构成挪用公款罪 ··············· 298
  ◎经政府批准将土地款以借款形式给他人使用的，不构成挪用公款罪 ······ 299
  ◎单位领导集体决定将公款私存后行为人擅自使用的，构成挪用公
   款罪 ··· 299
  ◎行为人超越业务范围借款给自己经营的公司的，构成挪用公款罪 ········ 300

049 如何认定挪用公款"进行非法活动"? ·············· 301
　◎挪用公款用于赌博、贩毒、包养情妇等,属于挪用公款"进行非
　　法活动" ·· 302
　◎挪用公款用于行贿的,属于挪用公款"进行非法活动" ········ 303
　◎证据不足不能认定为挪用公款"进行非法活动" ·············· 303
　◎挪用公款进行退赃的,不属于挪用公款"进行非法活动" ······ 305
　◎为获得政府批准挪用公款的,不属于挪用公款"进行非法活动" ······ 305

050 如何认定挪用公款"进行营利活动"? ·············· 306
　◎挪用公款用于还贷、理财、验资等,属于挪用公款"进行营利活
　　动" ·· 308
　◎"进行营利活动"的数额无法区分的,应按挪用公款"进行其他
　　活动"处理 ·· 310
　◎帮助亲友完成工作任务,不属于挪用公款"进行营利活动" ······ 311
　◎用于偿还房贷及透支款,不属于挪用公款"进行营利活动" ······ 312

051 如何认定挪用公款"进行其他活动"? ·············· 312
　◎挪用公款用于偿还借款及个人看病的,属于挪用公款"进行其他
　　活动" ·· 314
　◎挪用公款用于购房、购车、垫付工程款的,属于挪用公款"进行
　　其他活动" ·· 314
　◎无法证明公款被用于非法活动和营利活动的,认定为"进行其他
　　活动" ·· 316
　◎挪用公款用于归还受贿款项的,不属于挪用公款"进行其他活动" ······ 316
　◎挪用公款用于包养情妇等非法活动的,不属于挪用公款"进行其
　　他活动" ·· 317

052 "挪而未用"是否构成挪用公款罪? ················ 318
　◎"挪而未用"或"挪而不用"的,构成挪用公款罪 ············ 320
　◎挪用公款为个人办理理财贵宾卡的,构成挪用公款罪 ········ 321
　◎使拆迁补偿款脱离法院及被拆迁人控制的,构成挪用公款罪 ······ 321
　◎将公款挪至个人股票账户的,构成挪用公款罪 ·············· 322

053 如何认定挪用公款"超过三个月未还"? ············ 323
　◎以案发之日为标准起算"超过三个月未还" ················ 324

◎ 以实际归还日为标准起算"超过三个月未还" ······ 325

054 不同用途的挪用公款数额能否累计计算? ······ 327
　　◎ 不同用途的挪用数额均达到入罪标准的,可以累计计算 ······ 329
　　◎ 挪用某一用途款项未达数额较大标准的,不能累计计算 ······ 330
　　◎ 挪用公款的用途证据不足的,不累计计算 ······ 331

055 如何认定"挪新还旧"的数额? ······ 332
　　◎ "挪旧还新"数额累计计算 ······ 333
　　◎ "挪旧还新"数额依最高一笔数额计算 ······ 334
　　◎ "挪旧还新"数额依案发时未还数额计算 ······ 336

056 如何认定挪用公款罪中的"情节严重"? ······ 337
　　◎ 挪用公款用于营利和其他活动超过 200 万元的,属于"情节严重" ······ 339
　　◎ 挪用特定款项用于营利或其他活动 100 万-200 万元的,属于"情节严重" ······ 339
　　◎ 挪用公款进行"非法活动"超过 50 万元未归还的,属于"情节严重" ······ 340
　　◎ 挪用公款未达法定数额要求的,不属于"情节严重" ······ 340
　　◎ "多次挪用"情形不能认定为"情节严重" ······ 341
　　◎ 已按多次累计计算挪用数额的,不能再认定为"情节严重" ······ 342

057 挪用公款"情节严重"判处五年以上有期徒刑能否超过十年? ······ 343
　　◎ 挪用公款"情节严重"的,可判处五年以上十五年以下有期徒刑 ······ 345
　　◎ 挪用公款"情节严重"的,只能判处五年以上十年以下有期徒刑 ······ 347

058 如何认定挪用公款"数额巨大不退还"判处十年以上有期徒刑? ······ 348
　　◎ 挪用公款未退还数额达到巨大标准的,应判处十年以上有期徒刑 ······ 349
　　◎ 数额巨大且系办案机关追回而非被告人退还的,属于"数额巨大不退还" ······ 350
　　◎ 不退还数额未达巨大标准的,不属于"数额巨大不退还" ······ 351
　　◎ "数额巨大不退还"是指未退还数额巨大而非涉案数额巨大 ······ 352

059 公款使用人能否成为挪用公款的共犯? ······ 353
　　◎ 公款使用人与挪用人共谋的,构成挪用公款罪共犯 ······ 354
　　◎ 公款使用人与挪用人未共谋的,不构成挪用公款罪共犯 ······ 356

060 国家工作人员挪用特定款物构成何罪？ ······················· 358
  ◎挪用特定款物归个人使用的，以挪用公款罪从重处罚 ············ 360
  ◎将特定款项挪作其他非个人用途的，构成挪用特定款物罪 ········ 362
  ◎挪用特定款物分别用于其他公用和个人使用的，构成挪用特定款
   物罪和挪用公款罪，数罪并罚 ································· 363
  ◎构成挪用特定款物罪须具备"情节严重"和"重大损害"两个要件 ··· 364
  ◎套取国家扶持资金，构成滥用职权罪而非挪用特定款物罪 ········ 365

061 挪用"非特定公物"是否构成挪用公款罪？ ···················· 366
  ◎挪用公物予以变现并使用的，构成挪用公款罪 ·················· 367
  ◎挪用人民币纪念币的，不构成挪用公款罪 ······················ 368
  ◎挪用单位房产为自己办理抵押贷款的，构成滥用职权罪 ·········· 369

六、巨额财产来源不明罪的认定

062 如何认定行为人能否说明财产来源？ ························· 373
  ◎对数额有异议但未提交证据证明财产来源的，属于"不能说明财
   产来源" ·· 374
  ◎提供的财产来源线索不具体且明显不合理的，属于"不能说明财
   产来源" ·· 374
  ◎行为人提供证据或线索能够说明财产来源的，不属于"不能说明
   财产来源" ·· 375
  ◎财产存在来源合法的可能性和合理性的，不属于"巨额财产来源
   不明" ·· 377
  ◎行为人提供来源线索后公诉机关无法证否的，不属于"巨额财产
   来源不明" ·· 377

063 如何判断财产来源线索是否具体或合理？ ····················· 379
  ◎财产来源线索无法寻找或无法印证的，属于来源线索不具体 ······ 380
  ◎财产来源证据矛盾且缺乏合理性的，属于来源线索不合理 ········ 381
  ◎财产线索具有一定合理性且无法证否的，不属于来源线索不合理 ·· 382

◎公诉机关对财产线索未查证的，不属于来源线索不具体 …………… 382

064 近亲属能否成为巨额财产来源不明罪的共犯？………………… 383
　◎夫妻可以成为巨额财产来源不明罪的共犯 ………………………… 384
　◎近亲属拒不说明家庭财产来源的，可能构成掩饰、隐瞒犯罪所得罪 …… 385
　◎近亲属帮助隐瞒受贿房产来源的，构成掩饰、隐瞒犯罪所得罪 …… 386
　◎妻子帮助隐瞒、转移犯罪财产的，构成洗钱罪 ……………………… 387

七、一般渎职罪的认定

065 如何认定滥用职权罪中的"滥用职权"？……………………… 391
　◎因超越职权或违法决定造成重大损失的，属于"滥用职权" ……… 392
　◎因违反法律规定的权限和程序造成重大损失的，属于"滥用职权" …… 393
　◎经单位集体研究决定后实施的行为，不属于"滥用职权" ………… 394
　◎违规行为与损害结果没有直接因果关系的，不属于"滥用职权" …… 395

066 如何认定玩忽职守罪中的"不履行或不正确履行职责"？……… 396
　◎未严格执行文件规定导致重大损失的，属于"不履行或不正确履行职责" …………………………………………………………………… 397
　◎严重不负责任导致重大损失的，属于"不履行或不正确履行职责" …… 398
　◎一般性工作失误，不属于"不履行或不正确履行职责" …………… 399
　◎行为人穷尽法律赋予的职责的，不属于"不履行或不正确履行职责" …………………………………………………………………… 400
　◎超出行为人知识和决策权力的事项，不属于"不履行或不正确履行职责" …………………………………………………………………… 401

067 如何区分滥用职权罪与玩忽职守罪？……………………………… 402
　◎两者区别主要体现在主观要件是故意还是过失上 ………………… 403
　◎两者区别主要体现在行为方式是作为还是不作为上 ……………… 404
　◎两者区别体现在主观要件及行为方式上 …………………………… 406

068 经"集体研究"是否影响渎职犯罪的构成？……………………… 407
　◎履职行为经集体研究且与损害结果无直接关系的，不构成渎职犯罪 …… 408

◎行为人未参与以集体研究形式实施的渎职犯罪的，不构成渎职犯罪 …… 409
◎以集体研究形式实施渎职犯罪的，主要责任人员构成渎职犯罪 ………… 410

069 如何认定滥用职权与玩忽职守罪中的"重大损失"？ …………………… 411
◎渎职造成公共财产损失达到法定数额的，属于渎职罪中的"重大损失" ……………………………………………………………………… 414
◎渎职损害民族政策和计划生育政策的，属于致使国家利益遭受"重大损失" ……………………………………………………………… 416
◎公安办案人员失职导致报案人被杀的，属于致使人民利益遭受"重大损失" ……………………………………………………………… 416
◎为恶势力提供非法保护破坏群众安全感的，属于致使人民利益遭受"重大损失" ………………………………………………………… 417
◎渎职致使不合条件企业享受国家补贴的，不属于致使国家遭受"重大损失" ……………………………………………………………… 417
◎渎职造成的损失无法计算的，不属于造成"重大损失" …………………… 418

070 如何认定滥用职权和玩忽职守罪中"造成恶劣社会影响"？ ………… 420
◎应结合行为性质、手段、影响等综合判断是否"造成恶劣社会影响" …………………………………………………………………… 421
◎渎职行为严重损害国家机关形象的，属于"造成恶劣社会影响" …… 422
◎渎职行为引起媒体或社会强烈关注的，属于"造成恶劣社会影响" …… 423
◎渎职造成大规模上访影响国家机关正常活动的，属于"造成恶劣社会影响" …………………………………………………………… 424
◎认定渎职造成恶劣社会影响证据不足的，不属于"造成恶劣社会影响" …………………………………………………………………… 425
◎渎职引发的上访经过批示或社会影响不大的，不属于"造成恶劣社会影响" ……………………………………………………………… 426

071 如何认定滥用职权和玩忽职守罪中的"情节特别严重"？ …………… 427
◎渎职造成的经济损失达到法定数额的，属于"情节特别严重" ………… 429
◎造成重大伤亡、重大污染等特别恶劣社会影响的，属于"情节特别严重" ………………………………………………………………… 430
◎对重大伤亡负重要领导责任而非主要领导责任的，不构成"情节特别严重" ………………………………………………………………… 432

◎尚未达到法定数额或未造成特别恶劣影响的，不属于"情节特别严重" ······ 433

072 如何认定滥用职权与玩忽职守罪中的"徇私舞弊"情节？ ······ 434
◎违规办理人情案、为谋升迁充当恶势力保护伞的，属于"徇私舞弊" ······ 436
◎基于私交违规为他人办理案件的，属于"徇私舞弊" ······ 436
◎为徇个人私情弄虚作假办理案件的，属于"徇私舞弊" ······ 437
◎无主动追求私利目的且被动收取钱款的，不属于"徇私舞弊" ······ 438
◎现有证据不足以证明徇私情私利的，不属于"徇私舞弊" ······ 438

073 "徇私舞弊"情节能否在受贿罪和渎职罪中两次评价？ ······ 439
◎徇私情私利受贿同时渎职的可两次评价，不属于"重复评价" ······ 440
◎徇私利受贿同时渎职的，构成受贿及渎职罪"徇私舞弊"情节 ······ 441
◎行为人徇私渎职是受贿赂引诱的，不能重复评价 ······ 442
◎行为人受贿前已经渎职的，不再将受贿评价为"徇私舞弊" ······ 443
◎渎职徇私获利已认定为其他犯罪的，不再重复评价为"徇私舞弊" ······ 443

074 渎职犯罪中如何判断"介入因素"对因果关系的影响？ ······ 444
◎介入因素系渎职行为引起且不属异常的，构成渎职犯罪 ······ 446
◎介入因素无法阻断行为与结果之间因果关系的，构成渎职犯罪 ······ 447
◎介入因素异常且成功阻断因果关系的，不构成渎职犯罪 ······ 448
◎介入因素与损害结果具有直接因果关系的，不构成渎职犯罪 ······ 448

075 "多因一果"情形下是否构成渎职犯罪？ ······ 451
◎渎职行为引发系列事件叠加造成损害结果的，构成渎职犯罪 ······ 452
◎"多因一果"情形下渎职行为作用力较大的，构成渎职犯罪 ······ 452
◎"多因一果"情形下渎职行为作用力较小的，不构成渎职犯罪 ······ 453
◎损害结果系多种原因叠加导致的，不构成渎职犯罪 ······ 454

076 "多因一果"情形下渎职犯罪能否从轻或减轻处罚？ ······ 455
◎"多因一果"情形下渎职行为非直接原因的，可从轻处罚 ······ 456
◎"多因一果"情形下渎职行为系原因之一的，可从轻处罚 ······ 457
◎"多因一果"情形下渎职行为系原因之一的，可减轻处罚 ······ 457
◎"多因一果"情形下有自首等情节的，可减轻处罚 ······ 458
◎"多因一果"情形下渎职犯罪不能减轻处罚 ······ 458
◎犯罪情节特别严重的，属于"多因一果"情形也不能减轻处罚 ······ 459

077 事业单位人员构成滥用职权罪还是事业单位人员滥用职权罪？ ……… 460
  ◎具有对外管理性职权的事业单位人员滥用职权的，构成滥用职权罪 …… 462
  ◎具有对内管理性职权的事业单位人员滥用职权的，构成事业单位
    人员滥用职权罪 ………………………………………………………… 464
  ◎被委派到事业单位从事非公务工作的人员，构成事业单位人员滥
    用职权罪 ………………………………………………………………… 465

078 玩忽职守罪能否由"共同过失"构成？ ……………………………………… 466
  ◎多个渎职行为有关联性且与损害结果有因果关系的，构成"共同
    过失"型玩忽职守罪 …………………………………………………… 467
  ◎损害结果是由多个过失渎职行为造成的，构成"共同过失"型
    玩忽职守罪 ……………………………………………………………… 468
  ◎多个渎职行为无关联性且与损害结果无直接因果关系的，不属于
    "共同过失" ……………………………………………………………… 469
  ◎无证据证明多个渎职行为与损害结果有因果关系的，不构成渎职
    犯罪 ……………………………………………………………………… 469
  ◎介入因素阻断玩忽职守与损害结果之间因果关系的，不认定存在
    "共同过失" ……………………………………………………………… 470

079 贯彻上级命令能否构成渎职犯罪？ ………………………………………… 471
  ◎行为人未尽合法性审查职责造成重大损失的，构成滥用职权罪 ……… 472
  ◎行为人未尽职责而盲目相信领导造成重大损失的，构成玩忽职守罪 …… 473
  ◎行为人按领导指示办理手续犯罪情节显著轻微的，可不认定为犯罪 …… 474
  ◎行为人尽到应尽义务但最终仍发生损害结果的，不构成渎职犯罪 …… 475

080 渎职犯罪的追诉期限从何时起算？ ………………………………………… 476
  ◎追诉时效自渎职犯罪成立之日起计算 …………………………………… 477
  ◎追诉时效自渎职危害结果发生之日起计算 ……………………………… 480
  ◎追诉时效自渎职危害结果终了之日起计算 ……………………………… 481

081 受贿并渎职的构成一罪还是数罪？ ………………………………………… 482
  ◎受贿后渎职但渎职未造成重大损失的，仅构成受贿罪 ………………… 485
  ◎受贿后渎职行为并非重大损失直接原因的，仅构成受贿罪 …………… 486
  ◎司法工作人员受贿同时渎职的，应择一重罪处罚 ……………………… 487
  ◎2012年解释出台前受贿后又滥用职权的，择一重罪处罚 …………… 487

◎受贿的同时触犯渎职犯罪的，除刑法另有规定外，应数罪并罚 ············· 489
◎渎职行为与受贿行为之间没有必然联系的，应数罪并罚 ················· 492

八、特殊渎职罪的认定

082 受贿并串通投标构成一罪还是数罪？ ································· 495
　◎收受贿赂为他人串通投标的，应择一重罪处罚 ························· 496
　◎串通招投标与受贿行为分别独立的，应数罪并罚 ······················· 498
083 如何认定泄露国家秘密罪中的"国家秘密"？ ·························· 499
　◎绝密级文件和密级文件，均属于"国家秘密" ·························· 501
　◎国家统一考试，属于"国家秘密" ···································· 502
　◎刑事案件卷宗，不属于"国家秘密" ·································· 503
　◎查处犯罪的信息情报，不属于"国家秘密" ···························· 504
084 如何认定是否构成徇私枉法罪？ ···································· 505
　◎司法工作人员徇私情违法立案侦查的，构成徇私枉法罪 ·················· 507
　◎司法工作人员徇私情故意包庇犯罪人的，构成徇私枉法罪 ················ 508
　◎司法工作人员渎职但未徇私包庇他人的，不构成徇私枉法罪 ·············· 508
　◎司法工作人员单纯工作不细致、不作为的，不构成徇私枉法罪 ············ 509
085 如何认定徇私枉法罪中的"情节严重"？ ······························ 510
　◎徇私枉法包庇重大犯罪分子的，构成"情节严重" ······················ 511
　◎徇私枉法行为给他人实施严重犯罪创造条件的，属于"情节严重" ········· 513
　◎多次徇私枉法造成不良社会影响的，属于"情节严重" ··················· 514
　◎徇私枉法包庇轻罪犯罪分子的，不属于"情节严重" ···················· 516
　◎徇私枉法导致的后果评价为"情节严重"属于重复评价 ··················· 516
086 如何区分徇私枉法罪与徇私舞弊不移交刑事案件罪？ ···················· 517
　◎行政执法人员故意不移交刑事案件的，构成徇私舞弊不移交刑事
　　案件罪 ··· 519
　◎监察机关和司法机关工作人员放纵刑事犯罪的，构成徇私枉法罪 ·········· 520
　◎非正式编制民警故意包庇犯罪嫌疑人的，构成徇私枉法罪 ················ 521

087 如何区分徇私枉法罪与帮助犯罪分子逃避处罚罪？ ………… 521
　◎向犯罪分子通风报信但无直接包庇故意的，构成帮助犯罪分子逃避处罚罪 ………………………………………………………… 523
　◎对犯罪分子有直接包庇故意和行为的，构成徇私枉法罪 ……… 524
　◎既有包庇犯罪分子故意又有具体通风报信行为的，数罪并罚 … 525
　◎不负查禁犯罪职责也未故意包庇他人或通风报信的，不构成犯罪 … 525

088 如何认定是否构成徇私舞弊减刑、假释、暂予监外执行罪？ … 527
　◎徇私舞弊为服刑人员创造减刑条件的，构成徇私舞弊减刑罪 … 529
　◎徇私舞弊为服刑人员违规呈报假释的，构成徇私舞弊假释罪 … 531
　◎徇私舞弊为服刑人员违规办理保外就医的，构成徇私舞弊暂予监外执行罪 ……………………………………………………… 532
　◎徇私舞弊违规办理减刑证据不足的，不认定为徇私舞弊减刑罪 … 533
　◎徇私舞弊为他人减刑未得逞且犯罪情节轻微的，可不判处刑罚 … 534

089 如何认定是否构成民事、行政枉法裁判罪？ ………………… 535
　◎法官违法出具法律文书造成重大损失的，构成民事、行政枉法裁判罪 ……………………………………………………………… 537
　◎不具审判职责人员未参与案件审判的，不构成民事、行政枉法裁判罪 ……………………………………………………………… 539
　◎法官取证违规但审判并未违背事实法律的，不构成民事、行政枉法裁判罪 ……………………………………………………… 539
　◎法官违法裁定未生效且未造成实质影响的，不构成民事、行政枉法裁判罪 ……………………………………………………… 540

090 如何认定是否构成执行判决、裁定渎职犯罪？ ……………… 541
　◎未尽审查义务执行造成重大损失的，构成执行判决、裁定失职罪 … 543
　◎擅自采取司法强制措施造成重大损失的，构成执行判决、裁定滥用职权罪 ……………………………………………………… 544
　◎如实汇报且不存在渎职情形的，不构成执行判决、裁定渎职犯罪 … 545
　◎无职权人员超越职权造成重大损失的，构成滥用职权罪 ……… 545

091 如何认定是否构成枉法仲裁罪？ ……………………………… 546
　◎劳动争议仲裁员枉法仲裁或调解的，构成枉法仲裁罪 ………… 548
　◎仲裁员受贿后违法认定证据并作出违法仲裁的，构成枉法仲裁罪 … 549

◎负责案件受理和立案审查的仲裁秘书，可以构成枉法仲裁罪 ………… 550
◎与仲裁员互相配合枉法仲裁的仲裁委领导，可以构成枉法裁判罪 ……… 551
◎仲裁员违规受理案件造成当事人长期上访的，构成滥用职权罪 ………… 551
◎仲裁员枉法擅自裁判但犯罪情节轻微的，可免予刑事处罚 …………… 552

092 如何认定是否构成徇私舞弊不征、少征税款罪？ ………………………… 553
◎徇私舞弊违规征税造成税收重大损失的，构成徇私舞弊不征、少
征税款罪 …………………………………………………………… 554
◎徇私舞弊不征、少征税款罪中"重大损失"数额应在法院审判
时认定 ……………………………………………………………… 555
◎无证据证实行为人有徇私舞弊客观行为的，不构成徇私舞弊不
征、少征税款罪 …………………………………………………… 556
◎税收损失"多因一果"且渎职并非直接原因的，不构成徇私舞
弊不征、少征税款罪 ……………………………………………… 557
◎没有征税权限且未利用职务之便的，不构成徇私舞弊不征、少征
税款罪 ……………………………………………………………… 557
◎行为人受贿且有徇私舞弊不征、少征税款行为的，择一重罪处罚 ……… 558

093 如何认定是否构成食品、药品监管渎职罪？ …………………………… 559
◎滥用职权或玩忽职守导致食源性安全事故隐患的，构成食品监管
渎职罪 ……………………………………………………………… 561
◎渎职使问题食品流入市场严重威胁群众生命健康的，构成食品监
管渎职罪 …………………………………………………………… 562
◎渎职导致重大食品安全事故发生的，构成食品监管渎职罪 …………… 564
◎没有证据证明涉案食品有潜在危害的，不构成食品监管渎职罪 ……… 565
◎渎职行为与危害后果无直接因果关系的，可不判处刑罚 ……………… 565

094 如何认定是否构成国家机关工作人员签订、履行合同失职被骗罪？ … 566
◎国家机关工作人员签订履行合同失职受骗的，构成本罪 ……………… 568
◎国企事业单位人员签订履行合同失职被骗的，构成签订履行合同
失职被骗罪 ………………………………………………………… 569
◎行为人无渎职行为且诈骗行为不易识别的，不构成犯罪 ……………… 571

095 如何认定是否构成环境监管失职罪？ …………………………………… 572
◎渎职造成重大环境污染事故发生的，构成环境监管失职罪 …………… 573

◎ 有渎职行为但未造成重大环境污染事故发生的，构成玩忽职守罪 ········ 574

096 如何认定是否构成刑讯逼供罪？ ···················· 576
◎ 司法工作人员使用肉刑或变相使用肉刑逼取口供的，构成刑讯逼供罪 ····· 577
◎ 采取强制措施时因被取证人不配合导致受伤的，不构成刑讯逼供罪 ····· 579

097 如何认定是否构成虐待被监管人罪？ ·················· 580
◎ 监狱警察虐待被监管人员造成轻伤以上严重后果的，构成虐待被
监管人罪 ······································ 583
◎ 监狱警察违规使用械具造成被监管人员伤害的，构成虐待被监管
人罪 ·· 584
◎ 指使其他罪犯对被监管人虐待体罚的，构成虐待被监管人罪 ········ 585
◎ 监狱警察过失导致被监管人员死亡的，构成玩忽职守罪 ··········· 585
◎ 以虐待的故意致使被监管人死亡的，构成故意伤害罪 ············ 586
◎ 证据不足的，不认定为虐待被监管人罪 ··················· 587

098 如何认定是否构成报复陷害罪？ ···················· 587
◎ 司法工作人员意图使举报人受到刑事追究的，构成报复陷害罪 ······· 589
◎ 以报复陷害的故意违法拘留举报人的，构成报复陷害罪 ··········· 589
◎ 举报人提供证据不足的，不构成报复陷害罪 ················ 590
◎ 滥用职权侵害他人人身和财产权导致长期上访的，构成滥用职权罪 ···· 590
◎ 非基于报复陷害故意关押他人的，构成非法拘禁罪 ············· 591

099 如何认定是否构成动植物检疫徇私舞弊罪？ ············· 592
◎ 徇私舞弊违法伪造动植物检疫结果的，构成动植物检疫徇私舞弊罪 ···· 593
◎ 徇私舞弊对动植物出具合格证明的，构成动植物检疫徇私舞弊罪 ····· 594
◎ 违规提供空白检疫合格证且放任结果发生的，构成滥用职权罪 ······· 595
◎ 违规检疫使产品流入市场造成重大损失的，构成玩忽职守罪 ········ 596

100 如何认定是否构成放纵走私罪？ ···················· 597
◎ 海关工作人员为走私提供帮助且放任后果发生的，构成放纵走私罪 ···· 599
◎ 以消极不作为的方式放纵走私，情节严重的，构成放纵走私罪 ······· 600
◎ 现有证据不足以证实放纵走私的，不构成放纵走私罪 ············ 601
◎ 对走私行为处罚力度较低，不宜简单认定构成放纵走私罪 ········· 601

后记 ·· 603

一 职务犯罪中基本概念的认定

001 职务犯罪中"国家工作人员"的范围如何界定？

律师提示

职务犯罪中"国家工作人员"的范围界定，在司法实践中是一个疑难复杂问题。对"国家工作人员"进行科学分类是正确办理职务犯罪案件的前提。在现有法律规定的基础上，依据单位资金来源不同，可以将"国家工作人员"分为"国家全额出资单位中的国家工作人员"和"非国家全额出资单位中的国家工作人员"两大类，其中"国家全额出资单位中的国家工作人员"包括国家全额出资的国家机关、事业单位、人民团体、国有公司和企业中的从事公务的人员四小类；"非国家全额出资单位中的国家工作人员"包括国家全额出资单位委派到非国家全额出资的事业单位、人民团体、公司或企业以及其他组织中从事公务的人员四小类。"非国家全额出资单位中的国家工作人员"的认定是司法实践中的难点。

争议焦点

司法实践中应以何种标准界定"国家工作人员"的范围？应以何种逻辑对"国家工作人员"进行分类？这是认定职务犯罪中"国家工作人员"范围时无法回避的争议焦点。对"国家工作人员"进行科学分类是正确办理职务犯罪案件的前提。

对于如何认定"国家工作人员"的范围，我国刑法、监察法、立法解释及司法解释作了很多规定。但遗憾的是，无论是理论界还是实务界，无论是审判机关、监察机关还是检察机关，都对这一问题的认定存在诸多争议。

《刑法》[①]第九十三条界定了"国家工作人员"的范围，将国家工作人员分为四类：第一类是国家机关工作人员；第二类是国有公司、企业、事业单位、人民团体中从事公务的人员；第三类是国家机关、国有公司、企业、事业单位委派到非国有公司、企业、事业单位、社会团体从事公务的人员；第四类是其他依照法律从事公务的人员。

[①] 注：本书援引法律文件名称省略了"中华人民共和国"。

《监察法》第十五条将受监察人员分为六类：第一类为国家机关工作人员及参公人员，即中国共产党机关、人民代表大会及其常务委员会机关、人民政府、监察委员会、人民法院、人民检察院、中国人民政治协商会议各级委员会机关、民主党派机关和工商业联合会机关的公务员，以及参照《公务员法》管理的人员；第二类被授权和受委托从事公务的人员，即法律、法规授权或者受国家机关依法委托管理公共事务的组织中从事公务的人员；第三类为国有企业管理人员；第四类为公办事业单位管理人员，即公办的教育、科研、文化、医疗卫生、体育等单位中从事管理的人员；第五类为基层群众性自治组织中从事管理的人员；第六类为其他依法履行公职的人员。

《刑法》和《监察法》对"国家工作人员"的分类，采取了"单位组织形式标准"加"授权或委派从事公务标准"，这在一定程度上有利于"国家工作人员"的司法认定。但"单位组织形式标准"和"授权或委派从事公务标准"并非在同一个逻辑层面上，缺乏对不同出资来源单位中"国家工作人员"特征的把握，无法为司法实践中科学认定"国家工作人员"的范围提供指引。

"国家工作人员"范围的界定具有重要意义。是否具有"国家工作人员"身份，不仅关系到此罪与彼罪、重罪与轻罪的认定，也关系到有罪与无罪的认定。例如，依据2016年《最高人民法院、最高人民检察院关于办理贪污贿赂刑事案件适用法律若干问题的解释》第十一条第一款规定：刑法第一百六十三条规定的非国家工作人员受贿罪、第二百七十一条规定的职务侵占罪中的"数额较大""数额巨大"的数额起点，按照本解释关于受贿罪、贪污罪相对应的数额标准规定的二倍、五倍执行。举例来说，一个人收受他人贿赂5万元，如果他被认定为"国家工作人员"，就会被法院以受贿罪定罪处罚，而如果他没有被认定为"国家工作人员"，就不会被认定为犯罪；一个人收受他人贿赂达数亿元，如果他被认定为"国家工作人员"，则因犯受贿罪可能被判处死刑立即执行；而如果没有被认定为"国家工作人员"，则因犯非国家工作人员受贿罪，最多被判处有期徒刑十五年。另外，贪污罪、受贿罪被判处有期徒刑的同时必须附加财产刑，而职务侵占罪、非国家工作人员受贿罪被判处有期徒刑的同时并不要求必须附加财产刑。由此可见，是否认定为"国家工作人员"对被告人定罪量刑的影响巨大！

因此，科学界定"国家工作人员"的范围，采取合理标准对"国家工作人员"进行科学分类，是解决司法实践中"国家工作人员"认定混乱问题的当务之急。应当首先采取"单位资金来源标准"对"国家工作人员"进行第一层分类，其次采取"单位组织形式标准"对"国家工作人员"进行第二层分类，最后再根据情况采取"授权或委托从事公务标准"对"非国家全额出资单位中的国家工作人员"进行实质认定，以更准确地界定"国家工作人员"的范围。

裁判精要

依据单位资金来源不同，可以将"国家工作人员"分为"国家全额出资单位中的国家工作人员"和"非国家全额出资单位中的国家工作人员"两大类，进而细化分类。"非国家全额出资单位中的国家工作人员"的认定是司法实践中的难点，实践中认定时要严格把握"从事公务"的形式要件，遏制"国家工作人员"认定时存在的泛化现象。

司法观点

下面我们以"国有控股公司分公司经理"这一职位为例，来看司法机关在认定"国家工作人员"范围时存在的不同裁判观点。

（一）国有控股公司分公司经理属于"国家工作人员"

◎**国有控股分公司经理经正式任命的，以"国家工作人员"论**

1. 中国石油天然气集团公司系国家控股公司，行为人担任中石油湖南益阳销售分公司总经理，是代表国家履行管理职能，应以国家工作人员论，见【（2017）湘刑终330号】李某挪用公款、受贿案二审刑事裁定书。

在该裁定书中，湖南省高级人民法院认为：

上诉人李某上诉提出"挪用公款罪和受贿罪的犯罪主体应为国家工作人员。中国石油天燃气股份有限公司湖南益阳销售分公司不属于刑法意义上的国有公司，上诉人是中国石油天燃气股份有限公司湖南益阳销售分公司的总经理，应认定为非国家工作人员；一审认定上诉人构成受贿罪错误，应以非国家工作人员受贿罪定罪处罚"的理由，经查，中国石油天然气集团公司系国家控股公司，中国石油天然气股份有限公司系中国石油天然气集团公司最大控股子公司。李某担任中石油湖南益阳销售分公司总经理，代表国家履行管理职能，应以国家工作人员论。故李某的该上诉理由不能成立。

◎**国有控股分公司经理经党政联席会任命的，以"国家工作人员"论**

2. 中石油广西分公司系国有控股上市公司的分公司，中石油来宾分公司是中石油广西分公司的分支机构，行为人是中石油广西分公司研究决定聘任其为来宾分公司经理，系中石油广西分公司直接管理的干部，是经该公司党政联席会议研究决定的，其任中石油来宾分公司经理从事的是组织、领导、监督、经营、管理等工作，故应认定其为国家工作人员，见【（2015）象刑初字第 57 号】张某受贿案一审刑事判决书。

在该判决书中，广西壮族自治区象州县人民法院认为：

被告人张某在担任中国石油天然气股份有限公司广西销售分公司来宾分公司经理期间，收受他人财物价值 150 万元，其行为已触犯刑律。针对被告人张某及其辩护人提出张某是非国家工作人员，其行为不构成受贿罪，仅构成非国家工作人员受贿罪的辩解意见，经查：根据《最高人民法院、最高人民检察院关于办理国家出资企业中职务犯罪案件具体应用法律若干问题的意见》（法发［2010］49 号）第六条第二款"经国家出资企业中负有管理、监督国有资产职责的组织批准或者研究决定，代表其在国有控股、参股公司及其分支机构中从事组织、领导、监督、经营、管理工作的人员，应当认定为国家工作人员"的规定，中石油广西分公司系国有控股上市公司的分公司，中石油来宾分公司是中石油广西分公司的分支机构，是非企业法人，均属国家出资企业，张某是中石油广西分公司研究决定聘任其为来宾分公司经理，是中石油广西分公司直接管理的干部，是经该公司党政联席会议研究决定的，其任中石油来宾分公司经理从事的是组织、领导、监督、经营、管理等工作，故应认定其为国家工作人员，其收受贿赂的行为构成受贿罪。被告人及其辩护人的辩解意见不成立，不予采纳。最终张某因受贿罪被判处有期徒刑 4 年，罚金 30 万元。

3. 行为人在担任中石油青海销售分公司总经理、中石油重庆销售分公司总经理期间，收受他人贿赂数额过大，超出人情往来，应认定为受贿，见【（2016）湘 09 刑初 44 号】朱某某受贿、贪污案一审刑事判决书。

在该判决书中，湖南省益阳市中级人民法院认为：

被告人朱某某身为国家工作人员，利用职务便利为他人谋取利益，收受他人财物，数额特别巨大，其行为已构成受贿罪；被告人朱某某利用职务之便，侵吞公共财物，数额较大，其行为构成贪污罪，公诉机关指控的罪名成立，本院予以支持。辩护人关于刘某所送 3 万元属人情往来不是受贿的意见，经查，朱某某在担任中石油青海销售分公司总经理、中石油重庆销售分公司总经理期间，刘某因朱某某的支持和帮助，承接大量中石油业务，为了表示感谢以及维护关系，刘某借朱某某的父亲90岁寿宴、女儿婚礼、孙子百日宴之名,行感谢行贿之实,且数额过大,超出人情往来,该3万元应认定为受贿,故对该辩护意见,本院不予采纳。

4. 行为人在国有公司任职期间,利用职务之便收受他人财物的,构成受贿罪,见【(2022)新0203刑初117号】谢某勇受贿案一审刑事判决书。

在该判决书中,新疆维吾尔自治区克拉玛依市克拉玛伊区人民法院认为:

公诉机关指控,2013年至2022年1月,被告人谢某勇利用担任中国石油天然气股份有限公司新疆油田公司准东采油厂党委委员、副厂长、安全总监及中国石油天然气股份有限公司新疆油田公司吉庆油田作业区党委书记、经理的职务之便,在物资供应资质、合同签订、业务承揽、资金结算等方面为卢某、李某、曾某、郑某提供帮助,非法收受上述四人所送现金210万元。

本院认为,被告人谢某勇身为在国有公司中从事公务的人员,利用职务便利,非法收受他人财物210万元,数额巨大,其行为已构成受贿罪。

(二) 国有控股公司分公司经理不属于"国家工作人员"

◎国有控股分公司经理系被聘用的,不属于"国家工作人员"

1. 行为人系中石油湖南分公司聘任的衡阳分公司总经理,任职期间在收购武某的加油站过程中,非法收受他人行贿款,为他人谋利,其行为构成非国家工作人员受贿罪,应负刑事责任,见【(2014)山刑初字第40号】被告人姚某非国家工作人员受贿案一审刑事判决书。

在该判决书中,湖南省衡山县人民法院认为:

被告人姚某系中石油湖南分公司聘任的衡阳分公司总经理。任职期间在收购武某的加油站过程中,非法收受武某送的人民币8.5万元,为他人谋利,其行为构成非国家工作人员受贿罪,应当负刑事责任。辩护人提出被告人犯罪情节显著轻微,请求免予刑事处罚的意见,经查,被告人收受他人贿赂8.5万元,数额较大,且收受后将钱用于个人消费,在得知行贿人被司法机关控制后才大部分退回,其情节不属于显著轻微,不符合免除处罚的条件,对辩护人的意见,本院不予采纳。被告人到案后如实供述犯罪事实,依法可以从轻处罚。被告人案发前将大部分贿赂款退回,案发后退缴剩余的赃款,可以酌情从轻处罚。结合被告人姚某的犯罪情节、罪后表现,依法可对其宣告缓刑。经本院审判委员会讨论决定,判决被告人姚某犯非国家工作人员受贿罪,判处有期徒刑二年,缓刑二年。

◎**有人事任命权的主体仅限国家出资企事业单位不包括分支机构**

2. 国家出资企业包括国家出资的国有独资公司、国有独资企业以及国有资本控股公司、国有资本参股公司，此条款中规定的作出人事任命的主体仅为国家出资企事业单位，并不包括其分支机构，行为人系中石油湖南销售分公司聘任的党总支书记、副总经理，所担任的职务是经国家出资企业的分支机构决定聘任的，在该分支机构的一个部门从事相应管理工作的人员，不能认定为国家工作人员，见【（2018）湘05刑抗1号】鲍某胜贪污、受贿案再审裁定书。

在该裁定书中，湖南省邵阳市中级人民法院认为：

原审被告人鲍某胜在担任中国石油天然气股份有限公司湖南销售分公司原仓储分公司党总支书记、副总经理职务期间，利用职务之便非法收受他人现金35万元及一幅字画，为他人谋取利益，数额较大。经查，中石油湖南销售分公司是上市股份有限公司的分公司，属企业非法人类型。根据《最高人民法院、最高人民检察院关于办理国家出资企业中职务犯罪案件具体应用法律若干问题的意见》第六条第二款、第十七条第一款之规定，经国家出资企业中负有管理、监督国有资产职责的组织批准或者研究决定，代表其在国有控股、参股公司及其分支机构中从事组织、领导、监督、经营、管理工作的人员，应当认定为国家工作人员。国家出资企业包括国家出资的国有独资公司、国有独资企业以及国有资本控股公司、国有资本参股公司。此条款中规定的作出人事任命的主体仅为国家出资企事业单位，并不包括其分支机构。鲍某胜是中石油湖南销售分公司聘任的员工，所担任的职务是经国家出资企业的分支机构决定聘任的，在该分支机构的一个部门从事相应管理工作的人员，不能认定为国家工作人员，故被告人鲍某胜的身份应为非国家工作人员，原判将本案定性为非国家工作人员受贿罪并无不当。检察机关就此提出的抗诉理由不能成立，本院不予采纳。判决被告人鲍某胜犯非国家工作人员受贿罪，判处有期徒刑1年3个月。

律师建议

鉴于当前我国刑法中缺乏界定"国家工作人员"的统一标准，结合我国法律规定和司法实践，应当首先依据"单位资金来源标准"，将"国家工作人员"分为"国家全额出资单位中的国家工作人员"和"非国家全额出资单位中的国家工作人员"两大类；随后，再依据"单位组织形式标准"，将"国家工作人员"再细分为八小类，这样有助于辩护律师厘清辩护思路，提升辩护效果。具体分类如下：

第一大类：国家全额出资单位中的国家工作人员，包括以下四小类：

第一小类：国家机关工作人员。国家机关属于全资国有单位，国家机关工作人员的职权由法律授权，主要职责是管理国家和社会公共事务，次要职责是防止国有资产受损。

第二小类：国有全资事业单位中的国家工作人员。事业单位有国家全额出资的，如公办学校，也有非国家全额出资的，如民办非营利高中。在国家全额出资的事业单位中，国家工作人员的职权主要由法律授权，其部分职责是管理特定授权的国家和社会公共事务，部分职责是防止国有资产受损。

第三小类：国有全资人民团体中的国家工作人员。人民团体中有国家全额出资的，如中国法学会，也有非国家全额出资的，如自筹经费成立等行业协会。在国家全额出资的事业单位中，国家工作人员的职权主要由法律授权，其部分职责是管理特定授权的国家和社会公共事务，部分职责是防止国有资产受损。

第四小类：国有全资公司、企业中的国家工作人员。通常意义上所说的国有公司、企业，是指国有独资公司、企业。这些企业的投资股份都来源于国家资产，其国家工作人员的职权主要来源于国家授权，其主要职责是防止国有资产受损，确保国有资产保值增值。

第二大类：非国家全额出资单位中的国家工作人员，包括以下四小类：

第五小类：非国有全资事业单位中的国家工作人员。事业单位中也有非国家全额出资的，如民办非营利高中。在非国有全资事业单位中，国家工作人员的职权主要源于国有投资主体的委托，其职责一般仅是防止国有资产受损。

第六小类：非国有全资人民团体中的国家工作人员。人民团体中也有非国家全额出资的。在非国有全资人民团体中，国家工作人员的职权主要源于国有投资主体的委托，其职责一般仅是防止国有资产受损。

第七小类：非国有全资公司、企业中的国家工作人员。这类公司主要指国有控股、参股企业，其中国家工作人员的职权主要源于国有投资主体的委托，其职责一般仅是防止国有资产受损，确保国有资产保值增值。

第八小类：非国有出资的其他组织中的国家工作人员。例如，村委会的资金并非来源于国家，但村民委员会等村基层组织人员在从事法律授权其协助管理七项公共性事务时，其职责主要是防止国有资产受损，次要职责是管理国家和社会公共事务。

司法实践中,"国家全额出资单位中的国家工作人员"在认定时争议较小,而"非国家全额出资单位中的国家工作人员"在认定时争议较大。可以在依据"单位资金来源标准"和"单位组织形式标准"对"国家工作人员"进行第一层和第二层分类的基础上,依据"授权或委派从事公务标准"对行为人是否属于"非国家全额出资单位中的国家工作人员"进行科学认定。

002 职务犯罪中"国家机关工作人员"的范围如何界定?

律师提示

"国家机关工作人员"的认定包含"国家机关"和"从事公务"两个要素。国家机关不仅包括人大、政府、监察、法院、检察院等严格意义上的国家机关,也包括中国共产党组织、政协机关、证监会、银保监会等准国家机关;另外根据司法解释,在受国家机关委托的组织如事业单位中从事公务的人员,以及国家机关中被聘任从事公务的人员,在认定渎职犯罪时也以"国家机关工作人员"论;在国家机关中工作的人员如果不具备"从事公务"这一要素,不属于"国家机关工作人员"。

争议焦点

哪些机关的人员属于"国家机关工作人员",国家机关中的所有人员是否都属于"国家机关工作人员",司法实践中也存在一定的争议。

在贪污贿赂犯罪中,"国家机关工作人员"与"国家工作人员"的概念是严格区分的,事业单位、人民团体、国有公司,以及受国有单位委派在非国有单位从事公务的人员,属于国家工作人员,而不是国家机关工作人员。

但是,在渎职犯罪中,因为其犯罪主体明确规定为"国家机关工作人员",为全面打击渎职犯罪行为,立法解释对"国家工作人员"的范围进行了扩张性解释,把原本在贪污贿赂犯罪中认定为"国家工作人员"的主体,在渎职犯罪中认定为"国家机关工作人员",一定程度上导致了司法实践中对"国家机关工作人员"认定的混乱。

这种扩张性解释主要渊源是全国人大常委会的立法解释。全国人大常委会于

2002年12月28日发布《关于〈中华人民共和国刑法〉第九章渎职罪主体适用问题的解释》规定："在依照法律、法规规定行使国家行政管理职权的组织中从事公务的人员，或者在受国家机关委托代表国家机关行使职权的组织中从事公务的人员，或者虽未列入国家机关人员编制但在国家机关中从事公务的人员，在代表国家机关行使职权时，有渎职行为，构成犯罪的，依照刑法关于渎职罪的规定追究刑事责任。"

立法解释导致的后果是，"国家机关工作人员"与"国家工作人员"的概念存在一定程度的混同。事业单位、人民团体中被授权或委托行使行政管理职权的人员，也以国家机关工作人员论。这使得渎职犯罪中"国家机关工作人员"的范围几乎等同于国家工作人员的范围。这虽然有利于对渎职犯罪的查处，但也会带来逻辑混乱，出现在同一部刑法中，同一个"国家机关工作人员"概念的内涵外延不相同的情形，给司法实践操作带来困惑。

除了全国人大常委会作出专门解释外，最高人民法院和最高人民检察院也针对"国家机关工作人员"的范围界定发布了一系列司法解释。例如，《最高人民检察院关于合同制民警能否成为玩忽职守罪主体问题的批复》指出："根据刑法第九十三条第二款的规定，合同制民警在依法执行公务期间，属其他依照法律从事公务的人员，应以国家机关工作人员论。对合同制民警在依法执行公务活动中的玩忽职守行为，符合刑法第三百九十七条规定的玩忽职守罪构成条件的，依法以玩忽职守罪追究刑事责任。"

司法实践中，存在对"国家机关工作人员"认定泛化的现象，特别是在渎职犯罪中。应当结合"国家机关"和"从事公务"两个要素对"国家机关工作人员"进行科学认定。

裁判精要

"国家机关工作人员"的认定主要从"国家机关"和"从事公务"两个要素进行考察。除在国家机关中从事公务的人员外，受国家机关委托从事公务的人员，以及在国家机关中被聘任从事公务的人员，也属于"国家机关工作人员"，例如，在体彩中心、疾控中心受委托行使行政管理职能的人员。有的工作人员虽然在国家机关中工作，但在未"从事公务"时，不应将其认定为"国家机关工作人员"。

司法观点

(一) 属于"国家机关工作人员"

在司法实践中，虽然体彩中心、疾控中心等单位在名义上属于事业单位，但因被授权或受委托行使一定的行政管理职能，被认定为"国家机关工作人员"。

◎**国家机关派出机构的人员，属于"国家机关工作人员"**

1. 区市场监督管理局是区政府行政管理部门，辖区内街道办事处设立的市场监督管理所为该局的派出所机构，行为人作为该所副所长，系国家机关工作人员，见【(2021) 辽07刑终130号】张某帮助犯罪分子逃避处罚案二审刑事裁定书。

在该裁定书中，辽宁省锦州市中级人民法院认为：

关于上诉人张某的辩护人所提的张某作为市场监督管理所副所长，不具有查禁犯罪活动的职责，也不是国家机关工作人员，故不具有本罪的主体资格的辩护意见，经查，第一，在卷的《规定》、干部任免审批表、任免通知证实，锦州市凌河区市场监督管理局为区政府行政管理部门，辖区内街道办事处设立的市场监督管理所为该局的派出所机构，张某作为该所副所长，是国家机关工作人员；第二，《规定》不仅规定了市场监督管理局负有查处违法犯罪的职责，而且现有证据也证实，刘某涉嫌犯罪的相关线索系张某所在单位向公安机关移送，张某知道刘某系涉嫌犯罪的犯罪分子，张某作为副所长，在与公安机关联合查处犯罪过程中，更无可争辩地负有查禁犯罪活动的职责。故该辩护意见无事实和法律依据，本院不予支持。

◎**受国家机关委派从事公务的人员，属于"国家机关工作人员"**

2. 物价局价格认定中心虽系事业单位，但行为人系区发展和改革局四级调研员，是被委派到事业单位从事公务的人员，属于国家机关工作人员，符合滥用职权罪的主体条件，见【(2021) 辽11刑终85号】徐某海滥用职权、受贿刑事二审刑事裁定书。

在该裁定书中，辽宁省盘锦市中级人民法院认为：

关于上诉人徐某海及其辩护人提出"上诉人徐某海出具不真实的价格认定结论的行为不符合滥用职权罪的犯罪要件，首先兴隆台区价格认定中心不是国家机关，上诉人在兴隆台区价格认定中心任职时的身份也不是国家机关工作人员，其不符合滥用职权犯罪的主体条件；其次没有证据证明上诉人徐某海给公共财产、国家和个人利益造成重大损失"的上诉理由及辩护意见。经查，上诉人徐某海系盘锦市兴隆台区发展和改革局四级调研员，是国家机关工作人员，盘锦市兴隆台区物价局价格认定中心虽然系事业单位，但是其符合滥用职权罪的主体条件。上诉人徐某海在接受盘锦市公安局兴隆台分局惠宾派出所的委托，对"王某1涉嫌盗窃案"涉案赃物"一块浪琴牌手表"进行价格认证时，非法收受他人贿赂三万元，违反相关价格认证规定，滥用职权做出虚假的价格认定结论，致使王某1逃避法律制裁，其行为妨害了司法机关的正常活动，符合滥用职权罪的构成要件。

◎受国家机关委托从事公务的人员，属于"国家机关工作人员"

3. 疾控中心是全额拨款事业单位，行为人的身份虽系事业编制，但其具有行政执法证，属于"受委托行使国家行政管理职权的事业单位的工作人员"，所履行的职责为国家行政执法机关的职责，应当以负有辖区内卫生监督管理职责的国家机关工作人员论，见【（2017）鄂03刑终18号】周某玩忽职守案二审刑事裁定书。

在该裁定书中，湖北省十堰市中级人民法院认为：

十堰市人民检察院抗诉意见指出：从犯罪主体上分析，原审被告人周某系负有卫生监督管理职责的国家机关工作人员。原审被告人周某是否属于国家机关工作人员，是本案能否认定为玩忽职守犯罪的关键和前提。在卷证据表明，本案原审被告人周某为武当山特区卫生监督所工作人员（2004年至2009年）及武当山特区疾控中心卫生监督科科长（2009年至2015年）。根据武当山特区机构编制委员会提供的相关文件，武当山特区疾控中心为全额拨款事业单位。2011年其被授予湖北省行政执法证，执法类型为卫生行政执法、食品药品行政执法。原审被告人周某的身份虽然属于事业编制，但依据上述立法、司法解释的规定，其应属于"受委托行使国家行政管理职权的事业单位的工作人员"，所履行的职责为国家行政执法机关的职责，应当以负有辖区内卫生监督管理职责的国家机关工作人员论，其具有成立玩忽职守罪的主体资格。抗诉机关的此项抗诉理由及十堰市人民检察院的相关出庭意见正确，本院予以采信。

4. 体彩中心属于受国家机关委托代表国家机关行使职权的组织，其工作人员具有监管彩票发行的法定职责，应以"国家机关工作人员"论，见【《最高人民检察院公报》2005年第5号指导案例】吴某华受贿、玩忽职守案一审裁定书。

在该裁定书中，陕西省西安市中级人民法院认为：

根据国发 2001 第 35 号文件《国务院关于进一步规范彩票管理的通知》中，财政部负责起草、制定国家有关彩票管理的法规、政策的规定，2002 年 3 月财政部制定了《彩票发行和销售管理暂行规定》，该规定明确了彩票机构是国家特许垄断彩票发行和销售的专门机构；体彩发行由隶属于国家体育总局的体育中心承担，按省级行政区域组织实施。陕西省成立体彩中心的文件证实，省体彩中心是陕西省体育彩票的发行和管理机关。以上文件证实，省体彩中心是受国家机关委托代表国家机关行使职权的组织。

本院认为，被告人吴某华身为受国家机关委托代表国家机关行使职权的组织中受委托从事公务的人员，在履行公务活动中，利用职务之便，为他人谋取利益，收受他人贿赂，其行为已构成受贿罪；在监管彩票发行过程中，本应严格按照财政部、国家体育总局以及省体彩中心的有关规定依法正确履行职责，对发行销售活动进行全面有效的监督，因其工作不负责任，疏于监管，给杨某明、孙某贵等犯罪嫌疑人以可乘之机，致使诈骗得逞，在社会上造成恶劣影响，使国家和政府的公信力遭受严重损害，构成玩忽职守罪。

最后法院裁定被告人吴某华犯受贿罪，判处有期徒刑八个月，犯玩忽职守罪判处有期徒刑二年，决定执行有期徒刑二年又六个月。

（二）不属于"国家机关工作人员"

在国家机关中，并非所有的工作人员都属于"国家机关工作人员"，有的人员虽然表面上属于国家机关的工作人员，但没有利用从事公务的职务之便，则不能认定为是"国家机关工作人员"。非国家机关中，没有受国家机关委托代表国家机关行使职权的工作人员，也不属于"国家机关工作人员"。

◎**国家机关中未从事公务的人员，不属于"国家机关工作人员"**

1. 行为人虽系国家机关中的工作人员，但其获取财物并未利用职务之便，不应认定为贪污罪的适格主体，见【（2017）甘 0602 刑初 214 号】齐某诈骗案一审刑事判决书。

在该判决书中，甘肃省武威市凉州区人民法院认为：

被告人齐某以非法占有为目的，利用伪造虚假房屋买卖协议的手段，采用虚构事实隐瞒真相的方法，骗取公私财物 50750.40 元，数额巨大，其行为符合诈骗犯罪的构成要件，构成诈骗罪。被告人齐某在骗取公房补助款的过程中，从其伪造虚假买卖协议、与负责拆迁的公司签订房屋补偿协议及领取补助款的过程看，其并未利用从事武威市直管公房管理所的职务便利，其行为不符合贪污犯罪的构成要件。公诉机关指控被告人犯诈骗罪的事实清楚，证据确实充分，指控罪名成立，但起诉指控被告人犯贪污罪的罪名不当，应予纠正。最后法院以诈骗罪判处被告人齐某有期徒刑三年，并处罚金5000元。

◎**受国家机关聘用行使内部管理职权的人员，不属于"国家机关工作人员"**

2. 受国家机关聘用、委托实际履行行政管理职能的非在编人员视为刑法中的"国家机关工作人员"，但行为人作为治安队长负责保安员的离职、考勤等工作并非属于履行国家机关赋予的行政管理职能，而是履行该指挥部的内部管理权，其隐瞒保安员已辞职的事实不上报并制作虚假考勤表的行为不属于从事公务的行为，不应认定为"国家机关工作人员"，见【（2015）佛城法刑初字第352号】柯某甲贪污案一审刑事判决书。

在该判决书中，广东省佛山市禅城区人民法院认为：

关于本案的定性问题。本院认为，被告人柯某甲的行为构成职务侵占罪而非贪污罪，理由如下：（1）佛山市禅城区某片区改造工程指挥部是禅城区政府为了某片区改造项目专门成立的临时机构，被告人柯某甲系该指挥部聘用的合同工，根据相关规定，受国家机关聘用、委托实际履行行政管理职能的非在编人员也视为刑法中的"国家机关工作人员"；本案中被告人柯某甲作为治安队长负责保安员的离职、考勤等工作并非属于履行国家机关赋予的行政管理职能，而是履行该指挥部的内部管理权。（2）被告人柯某甲作为指挥部治安队的队长，没有主管、管理、经营、经手公共财物及财政资金的权力，其隐瞒保安员已辞职的事实不上报并制作虚假考勤表的行为不属于从事公务的行为，不能认定为贪污罪中利用职务上便利的行为。综上，被告人柯某甲的行为不符合贪污罪的构成要件，不构成贪污罪，而应当定性为职务侵占罪。被告人柯某甲及其辩护人的相关辩解、辩护意见成立，本院予以采纳。本院认为，被告人柯某甲利用职务上的便利，将本单位财物非法占为己有，共计人民币61616余元，数额较大，判决被告人柯某甲犯职务侵占罪，判处有期徒刑一年一个月。

律师建议

"国家机关工作人员"是职务犯罪辩护的核心要点。是否属于"国家机关工作人员",有时是认定能否构成犯罪的关键,如渎职类犯罪;有时是区分此罪与彼罪的关键,如受贿罪与利用影响力受贿罪;有时是区分轻罪与重罪的关键,如受贿罪与非国家工作人员受贿罪、受贿罪与诈骗罪。辩护律师应根据案件具体情况,主张被告人属于或不属于"国家机关工作人员",从而最大程度上为当事人争取合法利益。

003 事业单位中的"国家工作人员"如何界定?

律师提示

一般情况下,全额拨款事业单位中的公务管理类人员属于"国家工作人员",而技术类、经营类非公务管理人员则不属于"国家工作人员";非全额拨款事业单位中的工作人员一般不属于"国家工作人员",除非被授权或受委托从事公务;参照公务员管理事业单位中的管理人员一般属于"国家工作人员",而非参公事业单位中的人员一般不属于"国家工作人员"。

争议焦点

是否所有事业单位中的人员都属于"国家工作人员",非国有全资事业单位的人员具备合同条件也认定为"国家工作人员"?这些问题是认定事业单位中"国家工作人员"的焦点问题。

我国刑法中的事业单位采用的是狭义的概念。刑法中规定了事业单位,同时规定了非国有事业单位,因此刑法中的事业单位是指国家全额出资的事业单位。刑法中的"国家工作人员",既包括国家全额出资事业单位中从事公务的人员,也包括国家部分出资事业单位中被委派从事公务的人员。

我国刑法中的事业单位的含义与《事业单位登记管理暂行条例》和《事业单位登记管理暂行条例实施细则》中的事业单位的含义是一致的,均指的是国有全资事业单位。

2004年《事业单位登记管理暂行条例》第二条第一款规定,本条例所称事业单位,是指国家为了社会公益目的,由国家机关举办或者其他组织利用国有资产举办的,从事教育、科技、文化、卫生等活动的社会服务组织。

2014年《事业单位登记管理暂行条例实施细则》第四条规定，本细则所称事业单位，是指国家为了社会公益目的，由国家机关举办或者其他组织利用国有资产举办的，从事教育、科研、文化、卫生、体育、新闻出版、广播电视、社会福利、救助减灾、统计调查、技术推广与实验、公用设施管理、物资仓储、监测、勘探与勘察、测绘、检验检测与鉴定、法律服务、资源管理事务、质量技术监督事务、经济监督事务、知识产权事务、公证与认证、信息与咨询、人才交流、就业服务、机关后勤服务等活动的社会服务组织。

2021年《监察法实施条例》第四十一条对《监察法》中规定的"公办的教育、科研、文化、医疗卫生、体育等单位中从事管理的人员"进行了进一步明确。该条规定：监察法第十五条第四项所称公办的教育、科研、文化、医疗卫生、体育等单位中从事管理的人员，是指国家为了社会公益目的，由国家机关举办或者其他组织利用国有资产举办的教育、科研、文化、医疗卫生、体育等事业单位中，从事组织、领导、管理、监督等工作的人员。

实践中广义的事业单位概念和狭义的事业单位概念经常交叉适用，产生了诸多分歧。那么如何对事业单位进行合理分类，才能使刑法意义上的事业单位及国家工作人员的含义更为清晰？通过对广义事业单位的分类，可以帮助我们更好地理解和适用刑法意义上的事业单位。

按照拨款方式划分，广义的事业单位可以分为全额拨款事业单位、差额拨款事业单位、自主筹款事业单位三类。我国刑法中的事业单位是指全额拨款的事业单位，其中从事公务（对外公共管理+对内国有资产保值增值）的工作人员为刑法意义上的"国家工作人员"。差额拨款的事业单位不是刑法意义上的事业单位，但其中受国有全资单位委派从事公务（对内国有资产保值增值）的人员也属于刑法意义上的"国家工作人员"。自主筹款的事业单位如民办非营利学校，没有从事公务的权限，也不属于刑法意义上的事业单位，其工作人员不属于刑法意义上的"国家工作人员"。

按照社会功能划分，广义上的事业单位可以分为承担行政职能、从事公益服务和从事生产经营的事业单位三类。其中，承担行政职能的事业单位是刑法意义上的事业单位，从事公益服务和生产经营的事业单位不是刑法意义上的事业单位，但后两类中受委派从事公务（对内国有资产保值增值）的人员有可能属于刑法意义上的"国家工作人员"。根据2011年中共中央、国务院《关于分类推进事业单位改革的指导意见》，承担行政职能的事业单位将划转为行政机关，从事生产经营的事业单位将转制为企业，事业单位只保留从事公务服务的事业单位。

按照是否参照公务员管理进行划分，事业单位可以分为参照公务员管理事业单位和非参照公务员管理事业单位。参照公务员管理事业单位多是党政机关的下属二级单位，如档案局、史志办、渔政监察大队、城管执法局、劳动监察大队、文化市场执法大队、金融办、旅游局、关工委、组织部党员电教中心、社保局、供销社等，一般属于刑法意义上的事业单位。非参照公务员管理事业单位中一部分属于刑法意义上的国有事业单位，如高等院校；一部分不属于刑法意义上的事业单位，但其中的工作人员可能属于受委派从事公务的人员，因此属于刑法意义上的"国家工作人员"。

即使是刑法意义上的事业单位，也并非其所有工作人员均为刑法意义上的"国家工作人员"。按照工作岗位的性质划分，事业单位工作人员可以分为从事公务管理性工作的人员和从事技术性工作的人员。从事公务管理性工作的人员一般属于刑法意义上的"国家工作人员"，而从事技术性工作的人员不属于"国家工作人员"。

按照是否具有事业单位编制进行划分，事业单位工作人员可以分为行政事业编制工作人员和聘用制工作人员。事业单位中聘用制工作人员一般不认为属于"国家工作人员"，但如果被委派从事公务，则属于刑法意义上的"国家工作人员"。

高校、公立医院等属于国家全额拨款的公益性事业单位。公立医院的医生，有的从事的是公务行为，如从事医院行政管理工作的人员；有的从事的是单纯的技术性活动，如开处方、做手术等；还有的既从事公务性活动，又从事技术性活动，是否属于职务犯罪的适格主体要进行区分。一般而言，公立医院的医生在从事纯技术性活动时，收受他人贿赂或侵吞单位财产时不构成职务犯罪。

最高人民法院、最高人民检察院《关于办理商业贿赂刑事案件适用法律若干问题的意见》第四条第三款规定，"医疗机构中的医务人员，利用开处方的职务便利，以各种名义非法收受药品、医疗器械、医用卫生材料等医药产品销售方财物，为医药产品销售方谋取利益，数额较大的，依照刑法第一百六十三条的规定，以非国家工作人员受贿罪定罪处罚"。

裁判精要

全额拨款事业单位中，对外履行管理性职能的人员属于"国家工作人员"，对外行使技术性职能的人员不属于"国家工作人员",如医院中开处方的医生、仲裁委员会的仲裁员;非全额拨款事业单位中的工作人员一般不属于"国家工作人员",如供销合作社、村互助基金会的工作人员;从事公益服务和生产经营的事业单位中的人员,一般不属于"国家工作人员";参照公务员管理事业单位中的管理人员一般属于"国家工作人员",而非参公事业单位中的人员一般不属于"国家工作人员"。

司法观点

(一) 属于"国家工作人员"

◎国有事业单位委派到非国有公司从事公务的人员,属于"国家工作人员"

1. 中国人民银行清算总中心是中国人民银行全资设立的直属事业单位,行为人受清算中心党委派遣到出资公司担任党委成员,在该公司从事组织、领导、监督、经营、管理工作,应当认定为国有事业单位委派到非国有公司从事公务的国家工作人员,见【(2021) 京 02 刑终 454 号】刘某成受贿案二审刑事裁定书。

在该裁定书中,北京市第二中级人民法院认为:

刘某成具有国家工作人员身份。《最高人民法院、最高人民检察院关于办理国家出资企业中职务犯罪案件具体应用法律若干问题的意见》第六条第二款规定,经国家出资企业中负有管理、监督国有资产职责的组织批准或者研究决定,代表其在国有控股、参股公司及其分支机构中从事组织、领导、监督、经营、管理工作的人员,应当认定为国家工作人员。某资金清算中心有限责任公司是含有国有资本的非国有独资的国家出资企业,其最大的股东为北京农村商业银行股份有限公司,该公司的党组织中共北京农商行委员会是负有管理、监督国有资产职责的上级组织,刘某成于 2011 年 3 月经上级党委中共北京农商行委员会批准任某公司党委委员,属于经国家出资企业负有管理、监督国有资产职责的组织批准,代表其在国有参股公司中从事组织、领导、监督、经营、管理工作的人员,应当认定其在 2011 年 3 月至 2017 年 5 月为国有公司委派到非国有公司从事公务的国家工作人员。2017 年 5 月后,某公司党组织关系划转至中国人民银行,中国人民银行清算总中心党委正式批准成立某公司党委,刘某成仍任该公司党委委员,继续在该公司从事组织、领导、监督、经营、管理工作,中国人民银行清算总中心是中国人民银行全资设立的直属事业单位，对某公司有出资入股，应当认定刘某成为国有事业单位委派到非国有公司从事公务的国家工作人员。

◎**事业单位中受委托管理国有财产的人员，属于"国家工作人员"**

2. 市第二高级中学属于国有事业单位，行为人系学校事业编工勤岗人员，负责食堂、超市的资金及管理和运营，其受聘于学校，属于法律规定的受委托管理经营国有财产人员，见【（2021）辽13刑终250号】王某某贪污、行贿案刑事二审刑事裁定书。

在该裁定书中，辽宁省朝阳市中级人民法院认为：

朝阳市机关事业单位工勤技能人员岗位聘用审批表及聘用合同书、情况说明，证人徐某的证言，王某某的供述证实，王某某系事业编工勤岗人员，朝阳市第二高级中学食堂管理员，负责食堂、超市的资金及管理和运营。学校属于国有事业单位，其受聘于学校，属于法律规定的受委托管理经营国有财产人员。本院认为，上诉人王某某身为国家事业单位工作人员，利用职务上的便利，侵吞国有财产，数额巨大，其行为确已构成贪污罪；其为谋取不正当利益，给予国家事业单位工作人员财物，其行为又构成行贿罪。

3. 行为人虽属于事业单位工勤编制，但作为县中医院内勤，履行对公共财物的管理、监督职责，属于在事业单位中从事公务的人员，其犯罪行为构成贪污罪，见【（2021）湘03刑终171号】赵某贪污案二审刑事裁定书。

在该裁定书中，湖南省湘潭市中级人民法院认为：

上诉人（原审被告人）赵某身为国家工作人员，利用职务上的便利，非法占有公共财物，数额较大，其行为构成贪污罪。关于辩护人提出的"上诉人赵某不属于国家机关工作人员，不符合贪污罪的主体条件，应认定为职务侵占罪"的辩护意见。经查，上诉人赵某虽属于事业单位工勤编制，但作为县中医院内勤，履行对公共财物的管理、监督职责，属于在事业单位中从事公务的人员，其犯罪行为构成贪污罪，该辩护意见不成立，本院不予支持。

◎**事业单位中行使对外管理职权的人员，属于"国家工作人员"**

4. 行为人受雇于市妇幼保健院，先后在该院总务科、基建办从事基建工作，符合《刑法》第九十三条规定的在国有事业单位行使一定职权，履行一定职务的公务人员的情形，应当认定为国家工作人员，见【（2021）川14刑终24号】吕某受贿案二审刑事裁定书。

在该裁定书中，四川省眉山市中级人民法院认为：

上诉人（原审被告人）吕某身为国家工作人员，利用职务便利非法收受他人财物，为他人谋取利益的行为构成受贿罪。关于上诉人吕某的辩护人提出吕某不属于国家工作人员，其行为不是进行公务活动的意见。经查，吕某受雇于眉山市妇幼保健院，先后在该院总务科、基建办从事基建工作，符合《刑法》第九十三条规定的在国有事业单位行使一定职权，履行一定职务的公务人员的情形，应当认定为国家工作人员。

（二）不属于"国家工作人员"

◎**事业单位医生通过行使处方权受贿的，不属于"国家工作人员"**

1. 行为人系医院骨科主任，同时也是副主任医师，存在公权性职务（行政管理权）和技术性职务（医务人员处方权）的竞合；行为人收受贿赂的基础是医务人员的处方权，而手术是医生行使处方权的主要方式之一，并非行政职务，其不属于"国家工作人员"，应以"非国家工作人员受贿罪"定罪处罚，见【（2015）青刑再终字第1号】林某受贿案再审刑事裁定书。

在该裁定书中，青海省高级人民法院认为：

青海省交某医院系隶属于青海省交通厅的事业单位。原审被告人林某是省交某医院骨科主任，同时也是副主任医师，产生了公权性职务（行政管理权）和技术性职务（医务人员处方权）的竞合。对行政管理权与处方权交织于同一行为主体案件的认定，应当区分其所收受贿赂的基础。医院的骨科，手术是医生行使处方权的主要方式之一，手术作为一项专业性非常强的技术性活动，在手术中使用什么样的器械主要靠医生的医学专业知识及临床经验来决定，单纯基于科主任的行政职权不能决定手术中使用何种医疗器械。林某与单某志等医疗器械公司业务员谈回扣比例时，约定以手术中高值医疗器械的使用量计算回扣，最终也是按手术中高值医疗器械使用量收受了回扣款。林某虽然没有在处方笺上签名，但处方上医疗器械规格、品种、数量均是其在手术中决定的，即原审被告人林某对处方的内容具有决定权，这种决定权是基于其作为一名具有专业技术特长的医务人员医学知识和医疗技术，而不是基于其科室主任的行政权力。因此，林某等人收受贿赂的基础是医务人员的处方权，而非行政职务。林某等人的行为符合最高人民法院、最高人民检察院《关于办理商业贿赂刑事案件适用法律若干问题的意见》第四条第三款"医疗机构中的医务人员，利用开处方的职务便利，以各种名义非法收受药品、医疗器械、医用卫生材料等医药产品销售方财物，为医药产品销售方谋取利益,数额较大的,依照刑法第一百六十三条的规定,以非国家工作人员受贿罪定罪处罚"规定的情形,故林某等人的行为构成非国家工作人员受贿罪。

2. 行为人系医院聘任制员工,其所担任的县中医院内科主任、药事委员会成员的职务并非由国家行政主管部门任命,其身份是医院的医务人员,收受他人贿赂时利用的是作为主治医师的处方权,而非利用其作为内科主任等职务所具有的管理权,因此不属于"国家工作人员",应以非国家工作人员受贿论,见【(2016)皖 0523 刑初 282 号】严某受贿案一审刑事判决书。

在该判决书中,安徽省和县人民法院认为:

被告人严某与和县中医院签订的是聘用合同,其所担任的和县中医院内科主任、药事委员会成员的职务并非由国家行政主管部门任命,其身份是医院的医务人员,属于非国家工作人员。其利用医务人员开具处方可以选择用药的便利,在医疗活动过程中积极推销使用相关医药公司药品推销人员推荐的药品,并收受药品推销人员按照药品销售量的比例给予的回扣款。被告人严某收受贿赂是利用其作为主治医师的处方权,而非利用其作为内科主任等职务在医院所具有的管理权。根据最高人民法院、最高人民检察院《关于办理商业贿赂刑事案件适用法律若干问题的意见》的规定,被告人严某的行为应以非国家工作人员受贿论。

◎**事业单位中受委托管理集体资产的人员,不以"国家工作人员"论**

3. 镇一级供销合作社的财产系集体所有财产非国有财产,属于企业性质,行为人属于受委托管理集体资产人员,不属于事业单位委派到非国有公司、企业单位从事公务的人员,不以"国家工作人员"论,见【(2014)嘉平刑初字第 795 号】黄某等犯职务侵占、贪污案一审刑事判决书。

在该判决书中,浙江省平湖市人民法院认为:

本案中全塘供销合作社的财产性质为集体所有的财产,虽在 2006 年 5 月,平湖市供销合作总社被批准为事业单位,但其委托被管理的资产系集体所有的财产,非国有财产,同时被告人黄某等四人虽在 2006 年 12 月被平湖市供销合作总社任命为全塘供销合作社的理事会成员,但镇一级的供销合作社属于企业性质,故被告人黄某等四人不属于国家工作人员;同时被告人黄某等四人根据 2010 年 1 月的委托资产管理协议,属于接受委托管理集体资产,故也不属于事业单位委派到非国有公司、企业单位从事公务的人员。故被告人黄某等四人不属于国家工作人员,接受委托管理的也非国有财物,不符合贪污罪的犯罪构成要件。

最后黄某等四人均被判处无罪。

◎**仲裁委员会中的兼职仲裁员，不属于"国家工作人员"**

4. 仲裁委员会虽然属于事业单位法人，但行为人系兼职仲裁员，其编制不在仲裁委员会，且商事仲裁程序的启动以及仲裁员的选择均基于仲裁双方当事人的选择，其兼职仲裁员的身份不应被认定为国家工作人员，见【（2018）云01刑终703号】薛某峰、舒某良枉法仲裁、受贿案二审刑事判决书。

在该判决书中，云南省昆明市中级人民法院认为：

昆明仲裁委员会虽然属于事业单位法人，但上诉人舒某良作为仲裁委员会的兼职仲裁员，其编制不在昆明仲裁委员会，且商事仲裁程序的启动以及仲裁员的选择均基于仲裁双方当事人的选择，因此上诉人舒某良作为兼职仲裁员的身份不应认定为国家机关工作人员，亦不应认定为《刑法》第九十三条规定中从事公务的人员，其在本案中不具有受贿罪的主体身份，不应认定其构成受贿罪。上诉人舒某良收受上诉人薛某峰的贿赂款53000元的行为，符合非国家工作人员受贿的行为，但根据2016年最高人民法院、最高人民检察院《关于办理贪污贿赂刑事案件适用法律若干问题的解释》第十一条第一款、第三款的规定构成非国家工作人员行、受贿罪的行、受贿金额须达到人民币6万元，因此上诉人舒某良虽有受贿行为、上诉人薛某峰虽有行贿行为，但其二人行、受贿金额未达非国家工作人员行、受贿罪的入罪标准。

最后法院以枉法仲裁罪分别判处薛某峰、舒某良有期徒刑一年零六个月。

律师建议

事业单位的资金来源以及是否从事管理性工作，是认定其工作人员是否属于"国家工作人员"的关键。在进行职务犯罪案件辩护时，应重点考察这两点。不能想当然地认为，所有的事业单位都是刑法意义上的事业单位，事业单位中的工作人员都属于"国家工作人员"，否则就会失去为当事人争取最大利益的时机。

004 人民团体中的"国家工作人员"如何界定？

律师提示

职务犯罪中的人民团体是指国家全额拨款，并享受国家主管机关监督和管理的社会团体。在我国，工会、共青团、妇联、科协、归国华侨联合会、台湾同胞联合会、青年联合会、工商联合会以及其他由国家全额拨款并受国家监督的学会、协会、联合会等，属于人民团体，其中从事对外管理型公务的人员，属于"国家工作人员"；在人民团体中受委派从事公务的人员属于"国家工作人员"，未受委派的人员一般不认定为"国家工作人员"。

争议焦点

是否所有人民团体中的人员都属于"国家工作人员"，是否全资人民团体中的人员均属于"国家工作人员"？这是认定人民团体中"国家工作人员"范围的争议焦点。

人民团体的内涵和外延并不清晰，民法意义上与刑法意义上的人民团体含义也不尽相同。

民法意义上的社区团体范围相对较广。有的认为，人民团体是指依法自愿结合起来，有健全的机构、完整的章程，从事合法活动的各类社会组织，包括各种协会、学会等。有的认为，人民团体是指各民主党派、各级工会、共青团、妇联等组织，不应包括各种学会、协会、联合会等社会组织。还有观点采用列举方式，认为人民团体包括工会、共青团、妇联、科协、归国华侨联合会、台湾同胞联合会、青年联合会和工商联合会。

财政部、国家税务总局《关于城镇土地使用税若干具体问题的解释和暂行规定》（〔1988〕国税地字015号）第八条规定：人民团体是指经国务院授权的政府部门批准设立或登记备案并由国家拨付行政事业费的各种社会团体。

1989年《陕西省〈中华人民共和国城镇土地使用税暂行条例〉实施办法》第九条第一款规定，本办法第七条规定的"人民团体"是指经国务院授权的政府部门批准设立或登记备案，并由国家拨付行政事业经费的各种社会团体。

2018年《浙江省公职律师和公司律师管理办法（试行）》第三十七条第二款规定：本办法所称的"人民团体"，是指县以上各级工会、共青团、妇联、工商联等中国人民政治协商会议的组成单位。

我国刑法中将人民团体的概念与社会团体的概念相区分，表明刑法中对人民团体的概念采用了相对狭义的理解。《刑法》第五十四条规定：剥夺政治权利是剥夺下列权利：……（四）担任国有公司、企业、事业单位和人民团体领导职务的权利。

刑法上的人民团体在多个条文中与国家机关、国有公司、企业、事业单位并列使用，从刑法解释的一致性来看，不应将《刑法》第二百八十条第二款中伪造人民团体印章罪中的人民团体扩张解释为包括社会团体，否则会造成刑法条文之间的不统一。

裁判精要

人民团体是指经国务院授权的政府部门批准设立或登记备案并由国家拨付行政事业费的各种社会团体；在人民团体中受委派从事公务的人员属于"国家工作人员"，非受委派从事公务的人员一般不认定为"国家工作人员"；村民委员会、居民委员会等不属于刑法意义上的人民团体，其工作人员一般不属于"国家工作人员"。人民团体中的"国家工作人员"，既可以是被授权从事公务，也可以是受委托从事公务。

司法观点

（一）属于"国家工作人员"

◎ **被委派到人民团体从事公务的人员，属于"国家工作人员"**

1. 市工商业联合会系市委领导的具有统一战线性质的人民团体，是市政府管理非公有制经济的助手，行为人系具有行政编制的公务员，被委派到市工商联担任党组书记，属于在人民团体中从事公务的人员，见【（2019）鄂96刑终211号】彭某光受贿、贪污案二审刑事裁定书。

在该裁定书中，湖北省汉江中级人民法院认为：

关于辩护人提出，彭某光担任仙桃市工商业联合会党组书记一职并非国家工作人员，在此期间所虚报的财物和收受的钱财不构成贪污罪、受贿罪的辩护意见。经查，仙桃市工商业联合会是仙桃市委领导的具有统一战线性质的人民团体，是市政府管理非公有制经济的助手，彭某光系具有行政编制的公务员，其担任仙桃市工商业联合会党组书记，即属于在人民团体中从事公务的人员，根据《刑法》第九十三条第二款"……人民团体中从事公务的人员……，以及其他依照法律从事公务的人员，以国家工作人员论。"对其身份应以国家工作人员论，故对辩护人所提该项辩护意见，不予采纳。

◎ **人民团体中临时受聘管理公共财产的人员，属于"国家工作人员"**

2. 红十字会属于人民团体范畴，行为人虽系临时工，但其作为红十字会出纳，担任公共财产的管理工作，从事公务，属于在人民团体中从事公务的人员，见【（2011）浙温刑终字第589号】陈某挪用公款、挪用资金案二审刑事裁定书。

在该裁定书中，浙江省温州市中级人民法院认为：

原审被告人陈某上诉及其辩护人提出中国红十字会不属于国家机关，其本人也不具备国家工作人员身份，故不构成挪用公款罪的意见；检察员提出本案应构成挪用资金罪的意见。经查，中国红十字总会由国务院领导联系，其机关党的工作由中央国家机关工委领导，干部按中组部有关规定进行管理，经费列国管局，各级红十字会机关参照《国家公务员暂行条例》进行管理并由财政部分拨款，其主要任务、机构编制和领导职数均由编制管理部门直接确定，根据相关规定，红十字会属于人民团体范畴。陈某虽系临时工，但其作为温州红十字会的出纳，担任公共财产的管理工作，从事公务，故不管其本人是否知道其工资属于财政拨款，皆属于在人民团体中从事公务的人员。综上，控辩双方提出本案不构成挪用公款罪的意见，与相关法律规定不符，不予采纳。

（二）不属于"国家工作人员"

◎ **村委会等基层群众性自治组织中的人员，不属于"国家工作人员"**

1. 人民团体是指经国务院授权的政府部门批准设立或登记备案并由国家拨付行政事业费的各种社会团体，而村民委员会是村民自我管理、自我教育、自我服务的基层群众性自治组织，村民委员会显然不属于人民团体性质，其工作人员不属于"国家工作人员"，见【（2017）鄂1281刑初237号】王某和、毛某升诈骗、伪造公司、企业、事业单位、人民团体印章案一审刑事判决书。

在该判决书中，湖北省赤壁市人民法院认为：

虽然我国法律没有对"人民团体"准确定义，但财政部、国家税务总局《关于房产税若干具体问题的解释和暂行规定》（1986年9月25日［86］财税地字第008号）对"人民团体"解释为："人民团体"是指经国务院授权的政府部门批准设立或登记备案并由国家拨付行政事业费的各种社会团体。而《村民委员会组织法》规定，村民委员会是村民自我管理、自我教育、自我服务的基层群众性自治组织，实行民主选举、民主决策、民主管理、民主监督。根据该规定，村民委员会显然不属于人民团体性质，更不属于国家机关和公司、企业、事业单位。《刑法》第二百八十条第一款和第二款仅规定了伪造国家机关印章罪和伪造公司、企业、事业单位、人民团体印章罪，而村民委员会均不属于上述对象。根据"罪刑法定"原则，"法律明文规定为犯罪行为的，依照法律定罪处刑；法律没有明文规定为犯罪行为的，不得定罪处刑"。故被告人王某和伪造村民委员会印章的行为不构成伪造人民团体印章罪。

◎社区居委会中的工作人员，不属于"国家工作人员"

2. 人民团体一般指参加中国人民政治协商会议以及由国务院机构编制管理机关核定，并经国务院批准免于登记的团体，而社会团体是指中国公民自愿组成，为实现会员共同意愿，按照其章程开展活动的非营利性社会组织。社区居委会属于基层群众性自治组织特别法人，不属于刑法上的人民团体，且刑法上的人民团体在多个条文中与国家机关、国有公司、企业、事业单位并列使用，从刑法解释的一致性来看，也不应将伪造人民团体印章罪中的人民团体扩张解释为包括社会团体，见【（2019）苏0508刑初1104号】顾某胤伪造、变造、买卖国家机关公文、证件、印章案一审刑事判决书。

在该判决书中，江苏省苏州市姑苏区人民法院认为：

公诉机关指控被告人顾某胤伪造人民团体印章罪法律依据不足，经查，《刑法》第九十三条将人民团体与社会团体分立，人民团体一般指参加中国人民政治协商会议以及由国务院机构编制管理机关核定，并经国务院批准免于登记的团体，而社会团体是指中国公民自愿组成，为实现会员共同意愿，按照其章程开展活动的非营利性社会组织，民政部门是社会团体的登记机关，而苏州市姑苏区城北街道金星社区居委会属于基层群众性自治组织特别法人，由苏州市姑苏区民政局发放统一社会信用代码证书，不属于刑法上的人民团体，且刑法上的人民团体在多个条文中与国家机关、国有公司、企业、事业单位并列使用，从刑法解释的一致性来看，也不应将《刑法》第二百八十条第二款中伪造人民团体印章罪中的人民团体扩张解释为包括社会团体，否则会造成刑法条文之间的不统一，也与其他法律法规的规定存在冲突，故在相关法律未作明确规定的情况下，指控伪造城市居民委员会的印章为伪造人民团体印章罪的法律依据不足。

律师建议

人民团体中"国家工作人员"的认定要注意把握以下原则：刑法上的人民

团体与民法上的人民团体不是同一个概念，只有在国有全额出资人民团体中被授权或受委派从事公务的人员，才能认定为"国家工作人员"。在司法判例中，有的法院将人民团体的概念扩大化，将人民团体的概念等同于社会团体，这是存在问题的。律师在进行辩护的时候要充分意识到这一点。

005 社会团体中哪些人员属于"国家工作人员"

律师提示

受国家机关、国有公司、企业、事业单位委派，到社会团体中从事公务的人员，以"国家工作人员"论。国家机关领导指派管理公共财物的人员、行政岗位上退休后仍担任协会领导职务的人员等，属于"国家工作人员"；居委会工作人员、未受委派的协会领导、互助资金协会非营利性社团组织中的人员不属于"国家工作人员"；社会团体中的"国家工作人员"只能被委托从事公务，而不能被授权从事公务。

争议焦点

人民团体与社会团体有何不同，社会团体中的哪些人员属于"国家工作人员"，是认定社会团体中"国家工作人员"范围的争议焦点。

民法上的社会团体被界定为非营利性社会组织。《民法典》第八十七条第二款规定，非营利法人包括事业单位、社会团体、基金会、社会服务机构等。第九十条规定，具备法人条件，基于会员共同意愿，为公益目的或者会员共同利益等非营利目的设立的社会团体，经依法登记成立，取得社会团体法人资格；依法不需要办理法人登记的，从成立之日起，具有社会团体法人资格。第九十一条规定，设立社会团体法人应当依法制定法人章程。社会团体法人应当设会员大会或者会员代表大会等权力机构。社会团体法人应当设理事会等执行机构。理事长或者会长等负责人按照法人章程的规定担任法定代表人。

《社会团体登记管理条例》第二条第一款规定：本条例所称社会团体，是指中国公民自愿组成，为实现会员共同意愿，按照其章程开展活动的非营利性社会组织。条例还规定，成立社会团体要经过县级以上人民政府申请登记，并领取

《社会团体法人登记证书》。

由上述规定可知，在民法意义上，社会团体包含人民团体，在性质认定上属于非营利性组织。

而在刑法意义上，社会团体与人民团体的含义是不同的，并非简单的包含与被包含关系。

《刑法》第九十三条规定，本法所称国家工作人员，是指国家机关中从事公务的人员。

国有公司、企业、事业单位、人民团体中从事公务的人员和国家机关、国有公司、企业、事业单位委派到非国有公司、企业、事业单位、社会团体从事公务的人员，以及其他依照法律从事公务的人员，以国家工作人员论。

从《刑法》第九十三条的表述中，我们可以得出以下推论：第一，人民团体不同于社会团体，否则无需在同一条文中分别使用两个术语。第二，人民团体中从事公务的人员直接可以认定为国家工作人员，而社会团体中的工作人员不能直接认定为国家工作人员，只能以被委派的形式认定为国家工作人员。第三，社会团体中的委派主体没有人民团体，即人民团体不能向社会团体委派工作人员，而事业单位可以向社会团体委派工作人员。

裁判精要

社会团体中的工作人员是否属于"国家工作人员"，关键在于其是否受国家机关、国有公司、企业、事业单位委派从事公务；国家机关、国有公司、企业、事业单位委派到社会团体管理公共财物的人员、行政岗位上退休后仍担任协会领导职务的人员等，属于"国家工作人员"；居委会工作人员、未受委派的协会领导、互助资金协会非营利性社团组织中的人员，不属于社会团体中的"国家工作人员"。

司法观点

（一）属于"国家工作人员"

◎**被委派到社会团体从事公务的事业单位人员，属于"国家工作人员"**

1. 行为人任职于区体育管理服务中心，由区体育局审批后兼任区信鸽协会会长职务，属事业编制，案发前一直领取区体育管理服务中心发放的工资，可以认定为系事业单位委派到社会团体任职的工作人员，见【（2019）沪 0117 刑初 1971 号】沈某滥用职权案一审刑事判决书。

在该判决书中，上海市松江区人民法院认为：

关于主体身份的问题。首先，被告人沈某案发时担任上海市松江区体育管理服务中心副主任（事业编制）、兼任上海市松江区信鸽协会会长，其工资收入一直来源于财政收入，由松江区体育管理服务中心发放，而非松江区信鸽协会。其次，2011 年沈某担任松江区信鸽协会会长变更登记材料中，有松江区体育局作为业务主管单位在审查意见处盖章。最后，松江区信鸽协会由松江区体育委员会出资 3 万元批准成立，业务主管单位是松江区体育委员会（松江区体育局），属性是社会团体法人。成立之初，松江区信鸽协会办公用房（15 平方米）产权属原松江县体育场。综上，被告人沈某任职于上海市松江区体育管理服务中心，由松江区体育局审批后兼任松江区信鸽协会会长职务，属事业编制，案发前一直领取松江区体育管理服务中心发放的工资，故可以认定被告人沈某系事业单位委派到社会团体任职的工作人员。

◎**在社会团体中担任领导职务的退休公职人员，属于"国家工作人员"**

2. "国家工作人员"退休后担任协会领导职务的，仍属于受委派在社会团体中从事公务的人员，符合贪污罪的主体要件，见【（2016）浙 1122 刑初 283 号】吕某东贪污案一审刑事判决书。

在该判决书中，浙江省缙云县人民法院认为：

关于被告人吕某东退休以后是否仍属于贪污罪主体的认定问题。经查，本案中，被告人吕某东于 2002 年经丽水市委组织部批准，担任丽水市协会长一职直至案发，虽然其于 2015 年 2 月退休，但因丽水市委组织部一直未免去其丽水市协会长的职务，故退休后的吕某东仍应认定为国家机关委派到社会团体从事公务的人员，即国家工作人员，符合贪污罪的主体要件。故被告人的辩护人辩称退休以后的被告人不符合贪污罪主体要件的意见不成立，本院不予采纳。

◎**受委派在社会团体中从事公共财产管理的人员，属于"国家工作人员"**

3. 农村合作经济组织联合会属于社会团体，受委派在该社会团体中从事公务的人员，属于"国家工作人员"，见【（2019）渝 0154 刑初 288 号】韦某余挪用公款案一审判决书。

在该判决书中，重庆市开州区人民法院认为：

经审理查明，2014 年 8 月，重庆市开州区供销联社（原开州区供销联社）出资成立了开州区农村合作经济组织联合会（以下简称区农合会），机构类型为社会团体。被告人韦某余受开州区供销联社委派担任区农合会法定代表人、会长，负责农合会全面工作。本院认为，被告人韦某余系受国家机关委派到社会团体从事公务的人员，利用职务上的便利，挪用公款 20 万元归个人使用，数额较大，超过三个月未归还，其行为已触犯了我国刑律，构成挪用公款罪。最后法院判决被告人韦某余免予刑事处罚。

二审维持了原判。

◎受国家机关领导指派在社会团体中从事公务的人员，属于"国家工作人员"

4. 受国家机关领导指派管理科技服务中心账务、资金支出，系国家机关委派到社会团体中从事公务的人员，属于"国家工作人员"，其利用职务上的便利挪用本单位资金用于营利性活动构成挪用公款罪，见【（2014）砀刑初字第 00139 号】祁某某挪用公款案一审刑事判决书。

在该判决书中，安徽省砀山县人民法院认为：

对辩护人提出被告人祁某某不具有从事公务的国家工作人员身份，其行为不构成挪用公款罪的辩护意见，经查，被告人祁某某系国家公务员，受砀山县科技局局长指派管理科技服务中心账务、资金支出，系国家机关委派到社会团体中从事公务的人员，其利用职务上的便利，挪用本单位资金用于营利性活动，其行为构成挪用公款罪，犯罪主体适格。

（二）不属于"国家工作人员"

◎在非营利性社团组织中工作的人员，不属于"国家工作人员"

1. 互助资金协会属于经县民政局审批同意登记注册的非营利性社团组织，其工作人员不属于"国家工作人员"，见【（2018）陕 0927 刑初 10 号】欧某成挪用资金案一审刑事判决书。

在该判决书中，陕西省镇坪县人民法院认为：

互助资金协会是经县民政局审批同意登记注册的非营利性社团组织。被告人欧某成作为某村互助资金协会的会计，其利用职务之便，在明知借款程序违规的情况下，借用他人名义借款，以凭空出具《陕西省扶贫互助资金协会专用还款收据》等方式，挪用互助资金 103448.7 元供个人使用，数额较大，超过三个月未归还，其行为已触犯《刑法》第二百七十二条的规定，构成挪用资金罪，公诉机关指控罪名成立，应依法追究被告人欧某成的刑事责任。

2. 作为群众性自治组织的居民委员会与社会团体在组织、设立、开展活动的内容上均不同，居委会工作人员不属于"国家工作人员"，见【（2014）合刑终字第00093号】吴某某挪用资金、非法转让土地使用权案二审刑事裁定书。

在该裁定书中，安徽省合肥市中级人民法院认为：

对于该节抗诉意见，本院认为：《城市居民委员会组织法》第二条第一款规定：居民委员会是居民自我管理、自我教育、自我服务的基层群众性自治组织。第十九条规定：机关、团体、部队、企业事业组织，不参加所在地的居民委员会，但是应当支持所在地的居民委员会的工作。《社会团体登记管理条例》第二条规定：社会团体是指中国公民自愿组成，为实现会员共同意愿，按照其章程开展活动的非营利性社会组织。条例还规定，成立社会团体要经过县级以上人民政府申请登记，并领取《社会团体法人登记证书》。由此，作为群众性自治组织的居民委员会与团体在组织、设立、开展活动的内容上均不同，二者不可等同。

一审法院以被告人吴某某犯挪用资金罪，判处有期徒刑一年，缓刑一年。二审法院维持了原判。

◎社会团体中非受委派从事公务的人员，不属于"国家工作人员"

3. 行为人在协会任职期间的身份为社会团体工作人员，不具备《刑法》第九十三条规定的国家工作人员身份，不属于"国家工作人员"，不符合贪污罪的主体要件，见【（2017）粤0106刑初2141号】杨某汛、叶某某贪污案一审刑事判决书。

在该判决书中，广东省广州市天河区人民法院认为：

广东省认证认可协会于2009年4月登记成立，为社会团体法人，业务主管单位为广东省质量技术监督局。杨某汛原任广东省佛山市三水区质量技术监督局局长、党组书记，2009年1月退休后才担任广东省认证认可协会会长、法定代表人，2016年初担任名义会长；叶某某原任佛山市三水区质量技术监督局食品巡查队队长，2008年11月10日辞去职务任广东省认证认可协会副秘书长，2016年初担任会长、法定代表人，另公诉机关并未提供证据证明杨某汛、叶某某是受委派到社会团体从事公务或依照法律从事公务的人员。综上，杨某汛、叶某某在广东省认证认可协会任职期间的身份为社会团体工作人员，均不具备《刑法》第九十三条规定的国家工作人员身份，不符合贪污罪的主体要件。对上述辩护意见本院予以采纳。判决杨某汛犯职务侵占罪，判处有期徒刑六个月，缓刑一年。

律师建议

　　判断社会团体中的工作人员是否为"国家工作人员"，关键在于该工作人员是否具有国家工作人员身份，是否受委派在社会团体中从事公务。在司法判例中，还存在将人民团体与社会团体混淆、将社会团体的委派主体和赋权形式混淆的情形，应当注意区分。社会团体中的工作人员原则上不属于"国家工作人员"，除非受到国家机关、国有公司、企业、事业单位的委派。社会团体只能被委派不能被授权从事公务，否则就不能称之为社会团体了；人民团体也无权委派工作人员到社会团体中从事公务，因为人民团体一般情况下没有法定管理职权。只有认识到这些细致而重要的区别，才能更好地在该类案件中为当事人争取最大权益。

006 国有独资企业中的"国家工作人员"如何认定？

律师提示

　　国有独资企业中的管理人员一般属于"国家工作人员"，可以构成贪污、受贿等职务犯罪，但不属于国家机关工作人员，不构成滥用职权罪或玩忽职守罪，仅构成国有公司、企业人员滥用职权罪或国有公司、企业人员玩忽职守罪；国有独资企业中仅从事劳务性工作的普通员工，不属于"国家工作人员"。

争议焦点

　　国有独资企业中的哪些员工属于"国家工作人员"，哪些员工不属于"国家工作人员"，区分标准是什么，是判断国有独资企业中的员工是否属于"国家工作人员"的争议焦点。

　　国有独资企业，是指企业资产全部为国有资金投资的企业。有人认为，国有独资企业中的所有工作人员均属于"国家工作人员"，因为他们从事的工作均与国有资产的保值增值有关；也有人认为并非国有独资企业中的所有人员均属于"国家工作人员"，仅对公共财物享有监督、管理等职责的国企员工才属于"国家工作人员"。

我国刑法及相关立法、司法解释中，对国有独资企业中工作人员的认定，也并非十分清晰。

《最高人民检察院关于办理公司、企业人员受贿、侵占和挪用公司、企业资金犯罪案件适用法律的几个问题的通知》第一条规定："……所谓'国家工作人员'，是指：1. 国家机关工作人员，即在国家各级权力机关、各级行政机关、各级司法机关和军队工作的人员；2. 在国家各类事业机构中工作的人员；3. 国有企业中的管理工作人员；4. 公司、企业中由政府主管部门任命或者委派的管理人员；5. 国有企业委派到参股、合营公司、企业中行使管理职能的人员；6. 其他依法从事公务的人员。"

《最高人民法院关于办理违反公司法受贿、侵占、挪用等刑事案件适用法律若干问题的解释》第四条第二款规定："《决定》第十二条所说的国家工作人员，是指在国有公司、企业或者其他公司、企业中行使管理职权，并具有国家工作人员身份的人员，包括受国有公司、国有企业委派或者聘请，作为国有公司、国有企业代表，在中外合资、合作、股份制公司、企业中，行使管理职权，并具有国家工作人员身份的人员。"

最高人民法院在《全国法院审理经济犯罪案件工作座谈会纪要》规定（三）"其他依照法律从事公务的人员"的认定

刑法第九十三条第二款规定的"其他依照法律从事公务的人员"应当具有两个特征：一是在特定条件下行使国家管理职能；二是依照法律规定从事公务。……

（四）关于"从事公务"的理解

从事公务，是指代表国家机关、国有公司、企业、事业单位、人民团体等履行组织、领导、监督、管理等职责。公务主要表现为与职权相联系的公共事务以及监督、管理国有财产的职务活动。……

2021年《监察法实施条例》第四十条规定：监察法第十五条第三项所称国有企业管理人员，是指国家出资企业中的下列人员：（一）在国有独资、全资公司、企业中履行组织、领导、管理、监督等职责的人员；……

关于国有独资企业中哪些人员属于"国家工作人员"，上述法律文件和司法解释并未给出明确的答案，实践中认定也存在一些分歧。并非所有国有独资企业工作人员均属于"国家工作人员"，在判断其是否属于"国家工作人员"时，要重点考量其是否从事公务。

裁判精要

判断国有独资企业中的人员是否从事公务,主要看该工作人员对国有财物是否具有一定的管理支配权。既无法律授权也未受委派从事公务,对公共财物不具有组织、领导、监督、管理等职责的普通国企员工,不属于"国家工作人员"。

司法观点

(一) 属于"国家工作人员"

◎受国有独资公司委派到其他企业从事公务的人员,属于"国家工作人员"

1. 市燃料总公司系国有公司全资注册成立,由政府机关审批、任命人事及进行主管,企业资产系国有性质,依法属于国有公司,行为人受国有全资公司委派到其他企业担任董事长、董事并履行组织、领导、监督、管理等职责,系从事公务,依法属于"国家工作人员",见【(2018)粤刑终1536号】李某荣、吴某忠受贿案二审刑事判决书。

在该判决书中,广东省高级人民法院认为:

关于市燃料总公司的企业性质及李某荣、吴某忠的主体身份问题。认定市燃料总公司的企业性质,应当遵循"谁投资、谁拥有产权"的原则,并从企业注册资金的来源、企业管理人员的人事任命、企业的上级主管部门、企业资产的监督管理等方面进行综合评判。首先,从企业注册资金的来源看,工商登记资料显示,市燃料总公司的投资者为国有独资公司东莞市经贸资产经营有限公司,投资额350万元,投资比例为100%;其次,从企业管理人员的人事任命来看,市燃料总公司成立后,历任法人代表均由政府机关东莞市委组织部、东莞市经济委员会审批、任命;再次,从企业的上级主管部门来看,东莞市国资委提供的市燃料总公司的批复、通知、报告等文件反映,市燃料总公司作为市属国有独资企业,成立至今的主管部门一直是政府机关;最后,从企业资产的监督管理来看,东莞市人民政府国有资产监督管理委员会出具的《关于东莞市燃料工业总公司市属国有企业身份的报告》,进一步明确了市燃料总公司资产的国有性质。

综上,市燃料总公司系国有公司全资注册成立,由政府机关审批、任命人事及进行主管,企业资产系国有性质,依法属于国有公司。李某荣、吴某忠受国有公司市燃料总公司的委派到东莞新奥担任董事长、董事并履行组织、领导、监督、管理等职责，系从事公务，依法属于国家工作人员。出庭检察员所提市燃料总公司系国有企业，李某荣、吴某忠具有国家工作人员身份的意见成立；上诉人吴某忠所提市燃料总公司是集体性质企业、一审错误认定其是国家工作人员的意见与查明的事实不符，不予采纳。

◎国有独资公司中从事党费收缴管理工作的人员，属于"国家工作人员"

2. 行为人系国有独资公司全资子公司人力资源部党建干事，主要负责公司基层党组织建设、党员队伍建设及党费的收缴管理等工作，属于国有独资公司中从事公务的"国家工作人员"，其利用职务之便挪用公司党费用于偿还个人债务，构成挪用公款罪，见【（2021）川0402刑初63号】何某挪用公款案一审刑事判决书。

在该判决书中，四川省攀枝花市东区人民法院认为：

经审理查明：攀钢集团研究院有限公司是国有独资公司攀钢集团有限公司的全资子公司。被告人何某2018年12月6日调入攀钢集团研究院有限公司，工作岗位是人力资源部（党委组织部）党建干事，主要负责攀钢集团研究院有限公司基层党组织建设、党员队伍建设及党费的收缴管理等工作。2021年1月29日，被告人何某被攀钢集团研究院有限公司党委聘任为党建业务高级经理。

2020年1月至2021年3月期间，被告人何某利用负责党建工作、党费管理等职务上的便利，采取取现、截留、转账等方式，先后多次挪用攀钢集团研究院有限公司的党费，用于偿还个人债务，截至案发前仍有69.9358万元未归还。本院认为，被告人何某系国有独资公司从事公务的管理人员，挪用本单位党费数额较大且超过三个月未还，其行为已构成挪用公款罪，依法应予以刑事处罚。

（二）不属于"国家工作人员"

◎国有独资公司中不具有国有财产管理权的员工，不属于"国家工作人员"

1. 判断国有独资企业中的人员是否从事公务，主要看对国有财物是否具有一定的管理支配权；对财物不具有管理支配权的国企员工，不属于"国家工作人员"，见【（2017）兵1101刑初34号】陈某萍挪用公款案一审刑事判决书。

在该判决书中，新疆生产建设兵团乌鲁木齐垦区人民法院认为：

被告人陈某萍经与国有公司签订劳动合同，成为国有公司员工，在单位主要负责农药销售和催收货款工作，在任职方面未受到国有单位的任命、聘任或者委派，属于劳务人员，不具有从事公务的特性。从事公务是刑法规定的国家工作人员的本质特征。公务主要表现为与职权相联系的公共事务以及监督、管理国有财产的职责。实践中，从事公务一般是指代表国家履行行政管理职责，或者代表国有单位对企业国有资产进行监督、管理。在国有公司、企业中担负组织、领导、监督、管理等项职责的人员以及具体负责某项工作对国有资产负有合理使用、保值、增值等职责的人员，均属于从事公务的人员。判断国有企业中的人员是否从事公务，主要看对国有财物是否具有一定的管理支配权。被告人陈某萍的职责是销售农药，收取农药款后及时转交单位财务，被告人对收取的农药款仅是经手或临时保管，不具有任何对财物的管理支配权。故其不属于在国有企业中从事公务的人员。公诉机关指控被告人陈某萍属于国家工作人员的定性不当，应予纠正；被告人及其辩护人提出被告人陈某萍不具有国家工作人员身份的辩护理由成立，本院予以采纳。被告人陈某萍身为国有公司工作人员，其利用自身权力为所在公司销售农药，个人收取销售农药款的职务上的便利，挪用本公司资金20万元，数额较大，归个人使用从事银行理财，进行营利活动，其行为已触犯刑法，构成挪用资金罪。

◎**国有独资公司中从事一般性业务的人员，不属于"国家工作人员"**

2. 行为人虽是国有公司员工，但在营业员岗位仅从事为储户办理存取款业务，不具有公务性，不属于国家工作人员，见【（2017）川1321刑初375号】被告人范某甲挪用资金案一审刑事判决书。

在该判决书中，四川省南部县人民法院认为：

挪用公款罪是指国家工作人员利用职务上的便利，挪用公款的犯罪行为。国家工作人员是指在国家机关中从事公务的人员。所谓从事公务，是指代表国家机关、国有企业、事业单位、人民团体等从事组织、领导、监督、管理各种国家事务和社会公共事务。本案中国邮政集团四川省南部县分公司属国有企业，被告人范某甲与该公司签订劳动用工合同，虽然系国有公司的员工，但挪用款项时，被告人范某甲的工作岗位是营业员，主要从事临柜为储户办理存取款业务，具体工作职责是按照公司邮政储蓄所确定的工作程序办理存取款业务。其工作职责的性质不具有法律所规定的组织、领导、管理、监督等职责的公务性。因此范某甲的行为不构成挪用公款罪、滥用职权罪，公诉机关指控被告人范某甲犯挪用公款罪、滥用职权罪罪名不当。公司、企业的工作人员，利用职务上的便利，挪用本单位资金归个人使用或者借贷给他人的行为，构成犯罪的，是挪用资金罪。被告人范某甲的工作行为是一种劳务性质的活动，更不是滥用职权的行为，其犯罪构成要件与挪用资金罪相符，依法只应当以挪用资金罪对其定罪处罚。

3. 行为人虽系国有公司员工，但既未受公司委派，也无法律授权，从事的融资业务是一般的事务工作，不属于"国家工作人员"，见【（2017）陕03刑终251号】王某、柳某亮非国家工作人员受贿案二审刑事判决书。

在该判决书中，陕西省宝鸡市中级人民法院认为：

宝鸡高新汽车发展公司虽为国有企业，但王某是该公司聘用的一般劳务合同人员，在公司融资的工作中属于一般事务性工作，不具有第九届全国人民代表大会常务委员会第十五次会议通过的《关于〈中华人民共和国刑法〉第九十三条第二款的解释》规定的"其他依照法律从事公务的人员"的七种情形。本案的原审被告人王某既不具备该国有公司委派，也无法律授权，更无组织、领导、监督、管理等职责，其融资业务是一般的事务工作，仅仅是联系客户，寻找借款人，没有审批权和决定权。原审认定王某犯受贿罪系适用法律错误，定性不准。本案王某不应以"国家工作人员"进行认定，而应以非国家工作人员受贿罪论处。

律师建议

并非国有独资企业中的所有员工在从事任何工作时都属于"国家工作人员"。律师应根据案件具体情况，具体判断国有独资企业的当事人是否具有管理公共财物的职权，所从事的劳动是否具有公务的特性，不能想当然地认为国有独资企业的员工均可认定为"国家工作人员"。

007 "受委派从事公务的人员"如何认定？

律师提示

"受委派从事公务的人员"的认定，应当通过考察委派单位性质、受委派单位资格、委派组织、委派形式和委派实质等方面进行综合判断。委派单位应当是国有全资单位，包括国家机关、国有公司、企业、事业单位；委派组织应为上级或本级国家全额出资单位内部的党委、党政联席会；受委派单位应当具有国有资产；委派形式虽然多种多样，但也应符合一定的程序性要求；认定委派时要重点审查行为人所从事的工作性质是否属于"从事公务"这一实质要件，否则不能认定为"国家工作人员"。

争议焦点

"受委派从事公务的人员"是职务犯罪案件中最为复杂、最具争议和最具挑战性的问题之一，长期困扰着刑法理论和司法实务界。

之所以如此，是因为该问题涉及行政体制和国有企业改革、刑法与行政法的衔接、单位委派组织和委派形式多样等一系列问题，使得该问题的判断变得十分复杂。而我国有关委派从事公务的法律规定还存在前后、逻辑混乱等问题，一直没有统一的判断标准，导致实践认定中出现诸多问题。

《刑法》第九十三条第二款规定：国有公司、企业、事业单位、人民团体中从事公务的人员和国家机关、国有公司、企业、事业单位委派到非国有公司、企业、事业单位、社会团体从事公务的人员，以及其他依照法律从事公务的人员，以国家工作人员论。

第一百六十三条第三款规定：国有公司、企业或者其他国有单位中从事公务的人员和国有公司、企业或者其他国有单位委派到非国有公司、企业以及其他单位从事公务的人员有前两款行为的，依照本法第三百八十五条、第三百八十六条的规定定罪处罚。

2001年《最高人民法院关于在国有资本控股、参股的股份有限公司中从事管理工作的人员利用职务便利非法占有本公司财物如何定罪问题的批复》规定：在国有资本控股、参股的股份有限公司中从事管理工作的人员，除受国家机关、国有公司、企业、事业单位委派从事公务的以外，不属于国家工作人员。对其利用职务上的便利，将本单位财物非法占为己有，数额较大的，应当依照刑法第二百七十一条第一款的规定，以职务侵占罪定罪处罚。

2003年最高人民法院下发的《全国法院审理经济犯罪案件工作座谈会纪要》第一条第二款"国家机关、国有公司、企业、事业单位委派到非国有公司、企业、事业单位、社会团体从事公务的人员的认定"规定：所谓委派，即委任、派遣，其形式多种多样，如任命、指派、提名、批准等。不论被委派的人身份如何，只要是接受国家机关、国有公司、企业、事业单位委派，代表国家机关、国有公司、企业、事业单位在非国有公司、企业、事业单位、社会团体中从事组织、领导、监督、管理等工作，都可以认定为国家机关、国有公司、企业、事业单位委派到非国有公司、企业、事业单位、社会团体从事公务的人员。如国家机关、国有公司、企业、事业单位委派在国有控股或者参股的股份有限公司从事组织、领导、监督、管理等工作的人员，应当以国家工作人员论。国有公司、企业改制为股份有限公司后，原国有公司、企业的工作人员和股份有限公司新任命的人员中，除代表国有投资主体行使监督、管理职权的人外，不以国家工作人员论。

2010年《最高人民法院、最高人民检察院关于办理国家出资企业中职务犯罪案件具体应用法律若干问题的意见》第六条"关于国家出资企业中国家工作人员的认定"规定：经国家机关、国有公司、企业、事业单位提名、推荐、任命、批准等，在国有控股、参股公司及其分支机构中从事公务的人员，应当认定为国家工作人员。具体的任命机构和程序，不影响国家工作人员的认定。

经国家出资企业中负有管理、监督国有资产职责的组织批准或者研究决定，代表其在国有控股、参股公司及其分支机构中从事组织、领导、监督、经营、管理工作的人员，应当认定为国家工作人员。

国家出资企业中的国家工作人员，在国家出资企业中持有个人股份或者同时接受非国有股东委托的，不影响其国家工作人员身份的认定。

第七条"关于国家出资企业的界定"规定：本意见所称"国家出资企业"，包括国家出资的国有独资公司、国有独资企业，以及国有资本控股公司、国有资本参股公司。

是否属于国家出资企业不清楚的，应遵循"谁投资、谁拥有产权"的原则进行界定。企业注册登记中的资金来源与实际出资不符的，应根据实际出资情况确定企业的性质。企业实际出资情况不清楚的，可以综合工商注册、分配形式、经营管理等因素确定企业的性质。

最高人民法院刑二庭刘为波撰写的《〈最高人民法院、最高人民检察院关于办理国家出资企业中职务犯罪案件具体应用法律若干问题的意见〉的理解与适用》一文中指出："负有管理、监督国有资产职责的组织，除国有资产监督管理机构、国有公司、企业、事业单位之外，主要是指上级或者本级国有出资企业内部的党委、党政联席会。"[①]

[①] 参见刘为波：《〈最高人民法院、最高人民检察院关于办理国家出资企业中职务犯罪案件具体应用法律若干问题的意见〉的理解与适用》，载《刑事审判参考》2010年第6集，第138页，法律出版社2011年版。

虽然"受委派从事公务的人员"的认定是一个疑难问题，但随着时间的推移，司法实务部门对该问题的认识也有了一些深化，构建了一些初步成形的裁判规则，了解这些裁判规则，有助于我们加深对该问题的理解，帮助我们更好地解决实务中的难题。

裁判精要

认定"受委派从事公务的人员"，应当从委派单位性质、受委派单位资格、委派组织、委派形式、委派实质等方面进行综合判断。委派单位应当是国有全资单位，包括国家机关、国有公司、企业、事业单位，非国有全资单位一般没有委托资格；受委派单位应当是使用或经营部分国有资产的单位，没有国有成分的单位或者全部为国有成分的单位不属于受委派从事公务的人员；委派组织应为上级或本级国家全额出资单位内部的党委、党政联席会；委派形式虽然多种多样，但也应符合一定的程序性要求；认定委派时要重点审查行为人所从事的工作性质是否属于"从事公务"这一实质要件，否则不能认定为"国家工作人员"。

司法观点

◎ 委派单位不符合要求，不能认定为"国家工作人员"

1. 委派单位的性质应是全资国有单位即国家机关、国有公司、企业、事业单位，非国有全资单位原则上不属于合格的委派主体，见【（2013）黔六中刑三终字第22号】欧某伟非国家工作人员受贿案二审刑事判决书。

在该判决书中，贵州市六盘水市中级人民法院认为：

判定是否为"国家工作人员"，要看是否为国有单位委派从事公务。而认定行为人是否属于受委派从事公务的人员，需从三个方面来界定：一、委派单位的性质。如果委派单位是国有单位即国家机关、国有公司、企业、事业单位，不论受委派人员以前的身份是否是国家工作人员，是否是委派单位或被委派单位的原职工，还是临时人员，均可以成为国有单位的委派人员。二、是否为委派。委派是委任、派遣，其形式既可以是事前、事中的提名、建议、推荐、指派、任命，也可以是事后的认可、同意、批准。三、受委派必须代表国有单位在非国有单位中从事组织、领导、监督、管理等职责的工作。主要是指在国有控股、参股公司的有限公司中对国有资本负有监督、管理等职责的人员，通常任公司董事长、副董事长、董事、总经理、监事、财务负责人等职。盘江煤电（集团）有限公司不是松河公司实际股东,上诉人欧某伟到松河公司后也不是从事组织、领导、监督、管理等职责的工作,盘江煤电(集团)有限公司劳动和社会保险处出具的劳动合同制工人调动介绍信和松河公司党政联席会议决定不属于《刑法》第九十三条第二款规定的"委派",故上诉人欧某伟不应视为国家工作人员。上诉人欧某伟及其辩护人所提"不具备国家工作人员身份,应构成非国家工作人员受贿罪"的上诉理由及辩护意见成立,予以采纳。

2. 村委会无权委派国家工作人员,互助合作社中的管理人员不属于国家机关委派到社会团体从事公务的人员,不应认定为国家工作人员,见【(2015)松刑初字第91号】张某、王某某挪用资金案一审刑事判决书。

在该判决书中,内蒙古自治区赤峰市松山区人民法院认为:

本案中张某、王某某既不属于国家机关委派到社会团体从事公务的人员,亦不属于其他依照法律从事公务的人员,不符合挪用公款罪的犯罪主体特征。第一,北山根村互助合作社是社会团体法人,管理人员由全体社员大会选举产生,互助合作社的管理人员不属于国家机关委派到社会团体从事公务的人员;第二,张某、王某某虽然担任村委会会计、主任职务,属于农村基层组织人员,其二人是利用担任北山根村互助合作社会计、理事长的职务便利,而非利用农村基层组织人员即村委会会计、主任的职务便利挪用资金;第三,北山根村互助合作社由全体社员大会选举产生管理人员,组成管理机构理事会和监事会,实行民主管理;第四,互助资金除村民自愿缴纳的部分归其本人所有外,其余部分归所在行政村的全体村民共同所有,属于村民集体财产。对互助资金的管理,不具有协助人民政府从事行政管理工作的属性。综上,公诉机关指控张某、王某某挪用资金的事实清楚,证据确实、充分,但定性有误,应予变更。

◎受委派单位不符合要求,不能认定为"国家工作人员"

3. 农村信用合作社联合社不是国有出资的企业,虽有受国有单位委派的形式特征,但无"从事公务"的实质内容,不应认定为"国家工作人员",见【《刑事审判参考》第937号指导案例】陈某旋受贿案。

在该案中,最高人民法院法官认为:

在认定国家工作人员身份时,不仅要审查"受委派"这一形式要件,还要审查行为人所从事的工作性质是否属于"从事公务"这一实质要件。阳东农村信用合作社联合社、阳东农村信用合作联社不是国家出资企业,陈某旋从事的管理工作不具有公务性质。首先,陈某旋的管理职位不具有国家意志性。陈某旋并非代表国家机关、国有企业行使职责,其管理行为与国家的意志行为不具有关联性。其次,阳东农村信用合作社联合社、阳东农村信用合作联社并非国家出资企业,没有国有资产入股,陈某旋不存在监督国有资产的职能,也不具有行使国有资产保值增值的管理和服务职能。最后,阳东农村信用合作社联合社、阳东农村信用合作联社是独立自主经营的企业,自负盈亏,没有社会公共事务管理职能。因此,陈某旋并非代表国家机关、国有公司、企业、事业单位、人民团体等履行组织、领导、监督、管理等职责,其所从事的工作不属于以国家管理事务及国有财产监管事务为主要内容的公务活动。

4. 股份公司国有股份已退出,原委派人员不再行使对国有资产监管的职责,不再属于从事公务,因此不再属于"国家工作人员",见【(2012)利刑初字第29号】扈某军犯受贿案一审刑事判决书。

在该判决书中,山东省利津县人民法院认为:

就本案定性问题,本院认为认定被告人扈某军是构成国家工作人员受贿罪还是非国家工作人员受贿罪,要看被告人扈某军是否存在对国有资产监管这一前提,否则就无从谈起从事公务。从本院查明的事实看,利津县电力实业有限公司成立时虽然含有利津县供电公司投入的200万元国有股,但在2007年12月时200万元国有股及其盈利均已退出,利津县电力实业有限公司已经不含国有参股成分。被告人扈某军虽然被委派到山东三阳纺织有限公司工作,但自2007年12月始,被告人扈某军已经不再行使对国有资产监管的职责,其收受他人财物的行为,应以非国家工作人员受贿罪定罪。辩护人的该项辩护意见成立,予以采纳。

◎ **委派组织不符合要求的,不能认定为"国家工作人员"**

5. 委派的主体应限于两类组织:一是刑法明确规定的"国家机关、国有公司、企业、事业单位",二是"国家出资企业中负有管理、监督国有资产职责的组织"。省联社党委不属于国家出资企业中的组织,不具备认定"委派"的前提条件,见【《刑事审判参考》第1234号指导案例】工商银行神木支行、童某等国有公司企业人员滥用职权案。

在该指导案例中,最高人民法院法官认为:

根据《最高人民法院、最高人民检察院关于办理国家出资企业中职务犯罪案件具体应用法律若干问题的意见》,委派的主体应限于两类组织:一是刑法明确规定的"国家机关、国有公司、企业、事业单位";二是"国家出资企业中负有管理、监督国有资产职责的组织"。从形式上看,省联社党委不属于国家出资企业中的组织，本案不具备认定"委派"的前提条件。企业党委任命并不能说明什么，民营企业党员多的也都会有党的组织。党委任命是从加强党的领导和党的建设出发。只有"国家机关、国有公司、企业、事业单位"的党组织或者"国家出资企业中负有管理、监督国有资产职责"的党组织任命才能代表国资单位或者组织的委托从事公务性质。湖北省联社、天门联社均不属于国有企业或国家出资企业，省联社党委不构成法定的"委派"主体，朱某亮的职位不具有"从事公务"性质，不能以国家工作人员论。

6. 受委派在国家出资企业中从事公务的"国家工作人员"，必须经企业中负有管理、监督国有资产职责的组织批准或者研究决定，此处的"组织"应仅指上级或本级国家出资企业内部的党委、党政联席会上级或本级国家出资企业内部的党委、党政联席会，见【（2014）鄂孝感中刑终字第00236号】乐某、喻某等贪污案二审刑事判决书。

在该判决书中，湖北省孝感市中级人民法院认为：

关于被告人乐某的主体身份问题。经查，《最高人民法院、最高人民检察院关于办理国家出资企业中职务犯罪案件具体应用法律若干问题的意见》第六条规定，经国家机关、国家公司、企业、事业单位提名、推荐、任命、批准等，在国有控股、参股公司及其分支机构中从事公务的人员，应当认定为国家工作人员。具体的任命机构和程序，不影响国家工作人员的认定。经国家出资企业中负有管理、监督国有资产职责的组织批准或者研究决定，代表其在国有控股、参股公司及其分支机构中从事组织、领导、监督、经营、管理工作的人员，应当认定为国家工作人员。根据该意见第六条第二款的规定，国家出资企业中国家工作人员的认定必须符合两个要件，一是经企业中负有管理、监督国有资产职责的组织批准或者研究决定，二是在企业中从事组织、管理等工作。此处的"组织"应仅指上级或本级国家出资企业内部的党委、党政联席会。本案中，侦查机关未提供对被告人乐某任命为中国联通孝感分公司市场销售部经理时召开党委会的会议纪要或党委任命文件，现有证据不足以证实被告人乐某任职系由党委任命。本案中现有证据，中国联合网络通信有限公司孝感市分公司《关于乐某等同志职务任免的通知》证实经中国联合网络通信有限公司孝感市分公司总经理办公会研究决定，乐某任该公司市场销售部经理。故认定被告人乐某为系经公司党委研究决定任职的证据不足。三上诉人及其辩护人的该上诉理由及辩护意见成立，本院予以支持。

7. 国家出资企业分支机构中负有管理、监督国有资产职责的组织可以批准或者研究决定相关"国家工作人员",见【(2015)沪二中刑终字第80号】黄某、邵某某非国家工作人员受贿案二审刑事判决书。

在该判决书中,上海市第二中级人民法院认为:

国家出资企业分支机构中负有管理、监督国有资产职责的组织可以批准或者研究决定相关国家工作人员。国家出资企业分支机构的资本中亦含有国有资本,故将其界定为国家出资企业,并没有超出国家出资企业的通常字面含义,是经国家出资企业任命还是经其分支机构任命,在法律意义上对于国家工作人员的认定并无影响。虽然企业的分支机构一般不能对外独立承担民事责任,但是并不能够否定其在内部具有一定的人事任免权。刑法具有保护法益和保障人权的双重目的,将国家出资企业分支机构中负有管理、监督国有资产职责的组织解释为具有批准或者研究决定相关国家工作人员的主体资格,并没有对《最高人民法院、最高人民检察院关于办理国家出资企业中职务犯罪案件具体应用法律若干问题的意见》第六条第二款作出不当的扩大解释,也没有违背刑法的谦抑性原则。原审被告人黄某担任建设银行上海新闸路支行行长、上海东海广场支行行长以及上海静安支行业务四部经理,均经过了静安支行党委开会、研究决定这一程序,因此,黄某系经建设银行上海静安支行中负有管理、监督国有资产职责的组织研究决定的工作人员。

◎**委派形式不符合要求的,不能认定为"国家工作人员"**

8. 委派应指国家机关等委派到非国有企业中从事组织、领导、监督、管理等工作,其特定性决定应由国家机关经过一定的形式进行委派,并代表的是委派机关,而不是直接从事劳务劳动;从事公务应具有国家权力性、职能性和管理性,更应体现出代表委派机关进行管理、领导等职权;不能将直接从事劳务劳动的人员认定为受委派从事公务的"国家工作人员",见【(2014)曲刑初字第90号】袁某东、马某文职务侵占案一审刑事判决书。

在该判决书中,山东省曲阜市人民法院认定:

综合分析认为,委派应指国家机关等委派到非国有企业中从事组织、领导、监督、管理等工作,其特定性决定应由国家机关经过一定的形式进行委派,并代表的是委派机关,而不是直接从事劳务劳动。从事公务应指被委派人代表国家机关履行组织、领导、监督、管理等职责;公务应具有国家权力性、职能性和管理性,更应体现出代表委派机关进行管理、领导等职权。公诉机关的在案证据不能确实充分地证实，王庄乡政府委派被告人袁某东到曲阜市王庄造纸厂的委派形式、程序及委派的特定性；在案证据亦不能确实充分地证实被告人袁某东在曲阜市王庄造纸厂工作能够代表王庄乡政府履行与其职权相联系的职责。此体制、程序下对被告人袁某东认定为被国家机关委派到非国家企业从事公务，追究其贪污罪刑事责任，不符合贪污罪的构成要件，亦有违罪刑责相适应原则。被告人袁某东及其辩护人、被告人马某文的辩护人的辩护意见符合事实与法律规定，予以采纳。

9. 行为人担任农商银行支行行长，不是经国有投资主体提名、推荐、任命、批准产生的，也不是受国有投资主体委派到农商行代表国有投资主体行使监督、管理职权的人员，不以"国家工作人员"论，见【（2017）湘1202刑初275号】禹某英等挪用资金、违法发放贷款案一审刑事判决书。

在该判决书中，湖南省怀化市鹤城区人民法院认为：

关于被告人禹某英是否具有国家工作人员身份的问题。经查，怀化市鹤城区农村信用合作联社2007年成立时注册资本中无国有资本，故被告人禹某英在改制为怀化农商行舞水路支行前不具有国家工作人员的身份。2015年改制后怀化农商行为国有参股公司，被告人禹某英于2015年12月1日被怀化农商行集体研究决定任命为该行舞水路支行负责人，享受支行行长待遇。被告人禹某英担任改制后的舞水路支行行长，不是经国有投资主体现代投资股份有限公司、怀化市工业园投资开发有限公司、怀化市经济开发区经济建设投资公司提名、推荐、任命、批准产生，也不是受国有投资主体委派到怀化农商行代表国有投资主体行使监督、管理职权的人员，不以国家工作人员论，故被告人禹某英在怀化市鹤城区农村信用合作联社改制为怀化农商行后也不具有国家工作人员的身份。

10. 华夏银行股份有限公司、中国光大银行股份有限公司均为股份制商业银行，且被告人王某红系通过招聘、签订劳动合同后在该两个银行工作，且其在上述两个银行中担任职务均系通过银行任命，其身份不具有"国家工作人员"性质，见【（2017）冀1102刑初699号】王某红受贿案一审刑事判决书。

在该判决书中，河北省衡水市桃城区人民法院认为：

被告人王某红身为股份制商业银行的工作人员，利用职务上的便利，多次非法收受他人财物，为他人谋取利益，数额较大，其行为已构成非国家工作人员受贿罪。公诉机关关于被告人犯受贿罪的指控，经查，华夏银行股份有限公司、中国光大银行股份有限公司均为股份制商业银行，且被告人王某红系通过招聘、签订劳动合同后在该两个银行工作，且其在上述两个银行中担任职务均系通过银行任命，其身份不具有国家工作人员性质，故公诉机关指控被告人的罪名不妥，应予变更。

一审法院最终认定，被告人王某红构成非国家工作人员受贿罪，免予刑事处罚。

◎委派实质不是从事公务，不能认定为"国家工作人员"

11. 虽然法律规定委派的形式多种多样，如任命、指派、提名、批准等，但受委派者的工作实质是从事公共管理事务或者监督、管理国有财产，不具备上述内容则并非法律意义上的委派或系无权委派，见【（2012）深福法刑初字第1128号】谢某富受贿案一审刑事判决书。

在该判决书中，深圳市福田区人民法院认为：

虽然法律规定委派的形式多种多样，如任命、指派、提名、批准等，深圳供电局向鹏能公司所发出的"建议"也符合委派的形式要求，甚至深圳供电局的党组会议也表示该人事任免属提拔任用。但受委派者的工作实质应是从事公共管理事务或者监督、管理国有财产，工作实质决定委派是否成立。不具备上述内容则并非法律意义上的委派或系无权委派。谢某富作为公司总经理负责公司经营，在工作性质上亦不具备公共管理事务的性质。因此，谢某富任职福供公司总经理不符合受委派从事公务的规定，在此工作期间不应以国家工作人员论。其利用担任福供公司总经理的职务便利，非法收受他人财物，为他人谋取利益，符合非国家工作人员受贿罪的犯罪构成，公诉机关指控其犯受贿罪的罪名不当，应依法变更罪名。

12. 虽然具有委派的形式要件，但没有监督管理国有资产的职责，不具备从事公务的实质要件，不应认定为"国家工作人员"，见【（2015）苏刑二终字第00002号】张某杰等职务侵占、贪污、挪用公款案二审刑事判决书。

在该判决书中，江苏省高级人民法院认为：

关于上诉人张某杰、胡某梅、单某芳三人的主体身份问题。经查，尽管舜天集团两次发文同意张某杰担任总经理，胡某梅、单某芳担任副总经理，但舜天集团党委会记录及证人周某甲、董某等证言证实，任命更多的是对张某杰等人工作的肯定；证人董某、张某乙、黄某乙等证言亦证实，任命后并不意味着张某杰系舜天集团国有资产的代表，集团一直委派董事长和财务总监监管国有资产。张某杰等三人虽具有被委派的形式要件，但委派与三人的职务、职责之间并不存在紧密联系，三人并未因受委派而具备了从事公务的实质要件。故三人在舜天海外旅游公司的任职不应以"国家工作人员"论。

◎委托或聘任不同于委派，不能认定为"国家工作人员"

13. "委派"要具有刑法效力，必须同时具备有效性、法定性、隶属性和内容特定性四个要件；有效性即做出委派意思表示的主体必须是国家机关、国有公司、企业、事业单位而非私人委派；法定性是指委派单位必须在其法定的权限范围内做出委派的意思表示，而不能越权委派；隶属性是指受被委派人必须接受委派单位的领导、管理和监督，被委派人与委派单位之间的关系属于行政隶属关系而非平等委托关系；内容特定性即受委派的人到被委派单位从事的工作限于领导、管理、监督的公务行为，而非诸如生产、服务等一般的劳务活动，见【《刑事审判参考》第1207号指导案例】周某强、朱某华非国家工作人员受贿案。

本案中，周某强、朱某华分别受前期公司委托，担任该标段动迁项目总经理和经理，没有直接接受国家机关的委托。因此，周、朱二人不是国家工作人员，不构成受贿罪。具体说，（1）更强公司非国家机关，故二人不属于国家机关中从事公务的人员；（2）更强公司不具备国有性质，故二人不属于国有公司、企业中从事公务的人员；（3）周、朱二人也不是国有公司、企业委派到非国有公司、企业从事公务的人员。

需要指出的是，委托并不等同于委派。根据《全国法院审理经济犯罪案件工作座谈会纪要》的规定，"所谓委派，即委任、派遣，其形式多种多样，如任命、指派、提名、批准等"。"委派"要具有刑法效力，必须同时具备有效性、法定性、隶属性和内容特定性四个条件。所谓有效性，就是做出委派意思表示的主体必须是国家机关、国有公司、企业、事业单位而非私人委派，且其意思表示必须明确。同时，受委派人也必须做出明确的接受委派的意思表示。所谓法定性，就是委派单位必须在其法定的权限范围内做出委派的意思表示，不能越权委派。所谓隶属性，是指受被委派人必须接受委派单位的领导、管理和监督，被委派人与委派单位之间的关系属于行政隶属关系而非平等委托关系。所谓内容特定性，即受委派的人到被委派单位从事的工作限于领导、管理、监督的公务行为，而非诸如生产、服务等一般的劳务活动。

本案中，前期公司属国有公司，《委托实施拆迁劳务协议》等书证证实更强公司是挂靠在前期公司拆迁管理部下，周某强、朱某华二人也只是接受了前期公司负责人的口头委托,这里的"挂靠""口头委托"并不等于"委派",故周、朱二人也非国有公司、企业委派到非国有公司、企业从事公务的人员。(4)周某强、朱某华二人工作职能的依据系前期公司与更强公司之间的委托协议之规定及相关口头委托,并非依照法律从事公务。综上,周、朱二人不是刑法规定的国家工作人员。

14. 认定"受再次委派"具有国家工作人员身份需要同时具备以下条件:一是经国家出资企业中负有管理、监督国有资产职责的组织批准或者研究决定,二是行为人代表负有管理、监督国有资产职责的组织在国有控股、参股公司及其分支机构中从事组织、领导、监督、经营、管理工作;"聘任"是由用人单位采取招聘或竞聘的方法,经过资格审查和全面考核后,由用人单位聘任,明确双方的权利义务关系和受聘人员职责、待遇、聘任期等;而"委派"是指由任免机关在其任免权限范围内,直接确定并委派某人担任一定职务;未经党委联席会等机构任命而是通过聘用担任公司总经理等公司内部职能机构人员的,不属于"国家工作人员",见【(2013)瓯刑初字第288号】王某军受贿案一审刑事判决书。

在该判决书中,福建省建瓯市人民法院认为:

经查,被告人王某军是聘用制合同工,不具有国家工作人员身份,根据《最高人民法院、最高人民检察院关于办理国家出资企业中职务犯罪案件具体应用法律若干问题的意见》第六条第二款规定,认定为国家工作人员应以是否具备"受再次委派",即其担任职务是否由国家出资企业中负有管理、监督国有资产职责的组织批准或者研究决定,代表其在国有控股、参股公司及其分支机构中从事组织、领导、监督、经营、管理工作为根据。该条规定表明,认定"受再次委派"而具有国家工作人员身份需要同时具备以下条件:一是经国家出资企业中负有管理、监督国有资产职责的组织批准或者研究决定。这里所称"组织",除国有资产监督管理机构、国有公司、企业、事业单位外,在实践中主要指上级或者本级国家出资企业内部的党委和党政联席会议。根据党管干部的组织原则,改制后的国有出资企业一般仍设有党委,并由本级或者上级党委决定人事任免。二是代表负有管理、监督国有资产职责的组织在国有控股、参股公司及其分支机构中从事组织、领导、监督、经营、管理工作。综上:庭审已查明,没有证据证明,而且公诉机关也并未指控被告人王某军是受国有单位委派担任京福铁路客专闽赣Ⅵ标项目经理部八工区主任职务。

王某军担任京福铁路客专闽赣Ⅵ标项目经理部八工区主任职务是被告人王某

军通过参加公开竞聘，由经公司总经理、人力资源部、京福铁路项目经理部、华东片区指挥部相关人员讨论决定聘任，并未在公司党委会中研究决定，未经上级或者本级国家出资企业内部的党委和党政联席会议研究决定。

"聘任"是由用人单位采取招聘或竞聘的方法，经过资格审查和全面考核后，由用人单位聘任，明确双方的权利义务关系和受聘人员职责、待遇、聘任期等；而"委派"则是指派人担任职务。是指由任免机关在其任免权限范围内，直接确定并委派某人担任一定职务。据此，聘任与委派两者之间职务产生的渊源、适用程序和权利义务等方面均不同。公司总经理、人力资源部、京福铁路项目经理部、华东片区指挥部是公司内设的负责公司日常管理或临时生产经营管理机构，它们的主要职能是保证公司的正常运作或是为了完成公司的生产经营目标，并非国有资产监督管理机构、国有公司、企业、事业单位。再者，公司总经理、人力资源部、京福铁路项目经理部、华东片区指挥部属于公司内部相关企业职能机构，而公司党委属于公司中管理干部的政治组织。公司总经理、人力资源部、京福铁路项目经理部、华东片区指挥部之间的会议与党政联席会议的性质及产生的法律后果均明显不同。

被告人及其辩护人对公诉机关提交的2013年9月10日中国隧道股份有限公司出具的《关于王某军的人事任免说明》中关于项目经理部经理与工区主任是平级调动，不再需要党委会研究决定的说明提出异议，认为项目经理部经理与工区主任是领导与被领导的上下级关系，不可能是平级调动。被告人的辩解和其辩护人提出的辩护意见成立，予以采纳。因此，指控被告人王某军担任京福铁路客专闽赣Ⅵ标项目经理部八工区主任职务是经国家出资企业中负有管理、监督国有资产职责的组织批准或者研究决定，即"受再次委派"缺乏证据；而且我国现有的刑事法律、刑事政策并未对公司内部诸如人力资源部等内设相关机构的会议所作出人事研究决定是否构成国家工作人员的"受再次委派"作出相应规定。故此，公诉机关该指控缺乏事实根据，也无法律依据。

本院认为，被告人王某军在案发期间虽然担任京福铁路客专闽赣Ⅵ标项目经理部八工区主任，但不具备《最高人民法院、最高人民检察院关于办理国家出资企业中职务犯罪案件具体应用法律若干问题的意见》第六条第二款规定的认定受再次委派的国家工作人员身份的构成要件。因此，公诉机关指控被告人王某军犯罪行为构成受贿罪的事实依据和法律依据不足，依法予以纠正。应按非国家工作人员受贿罪来确定其罪责。

15. 被告人受公司聘用，并非受国有公司委派或者聘请行使的管理职权，不属于"国家工作人员"，见【（2016）陕08刑终174号】周某凤贪污案二审刑事判决书。

在该判决书中，陕西省榆林市中级人民法院认为：

公诉机关指控被告人周某犯贪污罪的事实与该院查明的事实不符，本案被告人周某犯罪时系中化第四公司兖州榆林煤制油项目部经理汪某聘用，并非是中化第四公司委派或者聘请行使的管理职权，且汪某与中化第四公司之间是承包关系，汪某兖州榆林煤制油项目部是自筹资金、自揽业务、自主经营、独立核算、自负盈亏，被告人周某的行为符合职务侵占罪的犯罪构成要件，故公诉机关起诉被告人周某犯贪污罪的罪名不妥，予以变更。

律师建议

"受委派从事公务人员"的认定是职务犯罪案件中的关键辩点，关系到当事人罪与非罪、重罪与轻罪等重大利益，也是考察辩护律师专业水平和实战能力的重要指标。一名优秀的职务犯罪辩护律师，必须缕清"受委派从事公务人员"的认定规则和背后的法学理论，啃下这块"硬骨头"。

008 如何界定"国有控股、参股企业"中的"国家工作人员"？

律师提示

不同于全资国有单位的委派组织和委派程序，"国有控股、参股企业"中的党委或者党政联席会议才属于"负有管理、监督国有资产职责的组织"。"国有控股、参股企业"的股东会、董事会、监事会代表的是企业利益而非国家利益，不能将其看作"负有管理、监督国有资产职责的组织"，其选举和任命的人员不属于"国家工作人员"。

争议焦点

"国有控股、参股企业"中的"国家工作人员"如何认定，是职务犯罪辩护中的一个疑难问题。

国有出资企业包括国有全额出资企业和非国有全额出资企业两大类。国有全额出资企业包括国有独资公司、国有独资企业，非国有全额出资企业包括国有资本控股公司、国有资本参股公司。国有全额出资企业中的国家工作人员相对好认定；而非国有全额出资企业中国家工作人员的认定非常复杂。

2010年《最高人民法院、最高人民检察院关于办理国家出资企业中职务犯罪案件具体应用法律若干问题的意见》第六条"关于国家出资企业中国家工作人员的认定"规定：经国家机关、国有公司、企业、事业单位提名、推荐、任命、批准等，在国有控股、参股公司及其分支机构中从事公务的人员，应当认定为国家工作人员。具体的任命机构和程序，不影响国家工作人员的认定。

经国家出资企业中负有管理、监督国有资产职责的组织批准或者研究决定，代表其在国有控股、参股公司及其分支机构中从事组织、领导、监督、经营、管理工作的人员，应当认定为国家工作人员。

国家出资企业中的国家工作人员，在国家出资企业中持有个人股份或者同时接受非国有股东委托的，不影响其国家工作人员身份的认定。

第七条"关于国家出资企业的界定"规定：本意见所称"国家出资企业"，包括国家出资的国有独资公司、国有独资企业，以及国有资本控股公司、国有资本参股公司。

是否属于国家出资企业不清楚的，应遵循"谁投资、谁拥有产权"的原则进行界定。企业注册登记中的资金来源与实际出资不符的，应根据实际出资情况确定企业的性质。企业实际出资情况不清楚的，可以综合工商注册、分配形式、经营管理等因素确定企业的性质。

上述意见对委派主体特别是对非全资国有企业中的委派主体进行了扩大解释，但同时需要对该解释进行一定的限制，否则就会出现国家工作人员认定泛化的现象，这与刑法的谦抑性理念不符。在司法实务中，应当从"国有控股、参股企业"的委派组织、委派形式、委派实质等方面进行综合判断。

2021年《监察法实施条例》第四十条规定：监察法第十五条第三项所称国有企业管理人员，是指国家出资企业中的下列人员：

（一）在国有独资、全资公司、企业中履行组织、领导、管理、监督等职责的人员；

（二）经党组织或者国家机关，国有独资、全资公司、企业，事业单位提名、推荐、任命、批准等，在国有控股、参股公司及其分支机构中履行组织、领导、管理、监督等职责的人员；

（三）经国家出资企业中负有管理、监督国有资产职责的组织批准或者研究决定，代表其在国有控股、参股公司及其分支机构中从事组织、领导、管理、监督等工作的人员。

《监察法实施条例》使用了"国有企业管理人员"的概念，该概念既包括国有独资公司、企业中的工作人员，也包括国有控股、参股公司及其分支机构中的工作人员。对国有控股、参股公司及其分支机构中的工作人员，强调所从事的是组织、领导、管理、监督等工作。

裁判精要

"国有控股、参股企业"本身并非国有全额出资企业，其中受负有管理、监督国有资产职责的组织委派从事公务的人员才属于"国家工作人员"；除国有资产监督管理机构、国有公司、企业、事业单位之外，负有管理、监督国有资产职责的组织主要是指上级或者本级国有出资企业内部的党委、党政联席会；行为人作为国有出资企业的领导，其任命不需要上级党委或党政联席会同意的，或者未从事管理、监督国有资产公务的，不属于"国家工作人员"。

司法观点

（一）属于"国家工作人员"

◎受国有控股公司任命在子公司从事公务的人员，属于"国家工作人员"

1. 行为人系国有控股公司员工，受上级党委提议并聘任为子公司总经理、执行董事，主要职责为协助总经理负责总公司电力工作、主持子公司全面工作，属于国有出资企业中从事公务的人员，具体的任命机构和程序不影响"国家工作人员"的认定，见【（2021）川33刑终32号】胡某强受贿案二审刑事裁定书。

在该裁定书中，四川省甘孜藏族自治州中级人民法院认为：

关于胡某强的主体身份不应认定为国家工作人员的上诉理由及辩护意见。经查，首先，里伍铜业公司的股权结构中，国有股东合计持股比例为59.5765%，达到控股比例，故里伍铜业公司属于国有资本控股公司。里铜电力公司为里伍铜业全资子公司，也属于国有资本控股公司。其次，胡某强由中共甘孜藏族自治州国有资产监督管理委员会党委提出人选建议并经公司董事会聘任，曾担任里伍铜业公司副总经理兼里铜电力公司总经理、执行董事，主要职责为协助总经理负责公司电力工作、主持里铜电力公司全面工作，系对国有资产的管理、监督，属于"从事公务"。根据《最高人民法院、最高人民检察院关于办理国家出资企业中职务犯罪案件具体应用法律若干问题的意见》第六条第一款"经国家机关、国有公司、企业、事业单位提名、推荐、任命、批准等，在国有控股、参股公司及其分支机构中从事公务的人员，应当认定为国家工作人员，具体的任命机构和程序，不影响国家工作人员的认定"的规定，胡某强具备国家工作人员的身份，符合受贿罪的主体身份。故对该上诉理由及辩护意见，本院不予采纳。

◎**受国家出资企业委派在分支机构从事国资管理的人员，属于"国家工作人员"**

2. 行为人所在银行属于"国家出资企业"，受单位委派担任支行、分行行长职务，代表银行党委从事对国有资产的监督、经营、管理工作，属于"国家工作人员"，见【（2019）赣07刑终992号】邓某贪污、受贿案二审刑事裁定书。

在该裁定书中，江西省赣州市中级人民法院认为：

关于上诉人邓某是否属于国家工作人员的问题。经查，赣州银行属于"国家出资企业"。截至2018年12月，赣州银行国有股权占总股本比例为41.98%，故赣州银行属于国有资本参股公司。上诉人邓某属于"国家出资企业中的国家工作人员"。依照《最高人民法院、最高人民检察院关于办理国家出资企业中职务犯罪案件具体应用法律若干问题的意见》之规定，经国家出资企业中负有管理、监督国有资产职责的组织批准或者研究决定，代表其在国有控股、参股公司及其分支机构中从事组织、领导、监督、经营、管理工作的人员，应当认定为国家工作人员。上诉人邓某的职务任免均经赣州银行党委批准或研究决定，委派主体符合《意见》的规定，邓某系代表赣州银行党委从事对国有资产的监督、经营、管理，对于委派主体来说，其具有"代表性"。邓某代表赣州银行党委从事公务。上诉人邓某担任赣州银行丰城支行行长期间，全面主持丰城支行各项工作；上诉人邓某担任赣州银行宜春分行行长期间，全面主持宜春分行各项工作。其在担任丰城支行行长、宜春分行行长的工作职责，均属于对国有资产的管理、监督，属于从事"公务"，系代表委派组织从事监督、经营、管理工作，符合国家工作人员的本质要求。综上，邓某属于国家工作人员。

（二）不属于"国家工作人员"

◎国有出资企业分公司经理非由组织正式委派的，不属于"国家工作人员"

1. 负有管理、监督国有资产职责的组织，除国有资产监督管理机构、国有公司、企业、事业单位之外，主要是指上级或者本级国有出资企业内部的党委、党政联席会，行为人系国有出资企业分公司经理，其任命不需要总公司党委会的同意，不属于"国家工作人员"，见【（2013）南法刑初字第01030号】徐某军受贿案一审刑事判决书。

在该判决书中，重庆市南岸区人民法院认为：

被告人徐某军是否具有国家工作人员身份是本案控辩双方争议的焦点。本院审理后认为，根据《最高人民法院、最高人民检察院关于办理国家出资企业中职务犯罪案件具体应用法律若干问题的意见》第六条第二款、第七条第一款的规定，经国家出资企业中负有管理、监督国有资产职责的组织批准或者研究决定，代表其在国有控股、参股公司及其分支机构中从事组织、领导、监督、经营、管理工作的人员，应当认定为国家工作人员。本意见所称国家出资企业，包括国家出资的国有独资公司、国有独资企业，以及国有资本控股公司、国有资本参股公司。而负有管理、监督国有资产职责的组织，除国有资产监督管理机构、国有公司、企业、事业单位之外，主要是指上级或者本级国有出资企业内部的党委、党政联席会。故判断重庆第二建设有限公司总经理办公会是否就是该公司负有管理、监督国有资产职责的组织，是否行使了该公司党政联席会的职责，是认定徐某军主体身份的关键。在案证据显示：第一，公诉机关未举示书证证实重庆第二建设有限公司2005年总经理办公会具有管理、监督国有资产的职责，而该公司的章程中亦未规定总经理办公会具有管理、监督国有资产的职责。第二，证人陈某某、唐某某的当庭证言均证实2005年重庆第二建设有限公司并未成立党政联席会，总经理办公会的主要职责是管理生产、经营，任命分公司经理不需要重庆第二建设有限公司党委会同意，与证人罗某某的证言能够相互印证。第三，《关于2005年6月20日第九次总经理办公会参会人员身份的情况说明》关于"总经理办公会和党政联席会是一回事"的说法无其他证据佐证，与三名证人当庭证言相悖。第四，重庆第二建设有限公司2005年6月20日第九次总经理办公会纪要载明党委书记罗某某、工会主席余某某仅是列席会议，不能证实任命徐某军是由公司党委或党政联席会研究决定。综上，认定总经理办公会是重庆第二建设有限公司负有管理、监督国有资产职责的组织的证据不足，故认定徐某军的主体身份为非国家工作人员。对辩护人据此提出的辩护意见予以采纳。

2. 国有公司人员在集体企业中任职不是出于公司委派，不属于"国家工作人员"，见【（2015）长刑终字第00067号】张某元职务侵占案二审刑事裁定书。

在该裁定书中，吉林省长春市中级人民法院认为：

关于被告人张某元的主体身份问题，经查，辩护人提供的自由大桥商场的《企业法人营业执照》、气象仪器厂劳动服务公司企业机读档案登记资料及合议庭调取该厂出具的《情况说明》，分别证明自由大桥商场是集体企业。1998年该劳动服务公司注销。该气象仪器厂没有撤销也没有聘任过张某元为商场经理；公诉机关提供的证人霍某某的证言也证实，张某元经理职务被集体罢免，他接任的经理职务。合议庭认为，张某元在涉嫌犯罪的时间内虽是国有公司人员，但张某元到自由大桥商场从事经理职务并非该厂委派的，故不能够认定张某元是国家工作人员。以上证据，因能够相互印证，合议庭予以确认。对被告人提出的辩解，可予以采纳。

一审法院认定被告人张某元构成职务侵占罪，判处有期徒刑五年。二审法院维持了原判决。

◎**国有公司委派到非国有公司但未从事公务的，不属于"国家工作人员"**

3. 虽系国有公司委派到非国有公司的人员，但其并未代表国有公司从事公务，其收受贿赂所利用的职权系经营非国有公司相关工程业务的职权，而非公共事务或监督、管理国有财产的职务活动，因此不属于"国家工作人员"，见【（2016）渝0106刑初1376号】张某受贿案一审刑事判决书。

在该判决书中，重庆市沙坪坝区人民法院认为：

被告人张某作为公司工作人员，利用职务便利，非法收受他人财物共计135万元，为他人谋取利益，数额巨大，其行为已构成非国家工作人员受贿罪。公诉机关指控的事实成立但罪名不当。关于公诉机关对被告人张某构成受贿罪的指控以及张某的辩护人提出的张某应当构成非国家工作人员受贿罪的辩护意见，本院认为，张某虽系国有公司委派到非国有公司的人员，但其并未代表国有公司从事公务，其收受贿赂所利用的职权系经营非国有公司相关工程业务的职权，而非公共事务或监督、管理国有财产的职务活动，故张某在此期间收受贿赂的行为应当认定为非国家工作人员受贿罪，对公诉机关的该项指控不予支持，对辩护人的该辩护意见予以采纳。

律师建议

2010年《最高人民法院、最高人民检察院关于办理国家出资企业中职务犯罪案件具体应用法律若干问题的意见》对"国有控股、参股企业"中的国家工作人员进行了扩大解释。辩护律师应紧紧抓住委派从事公务这一本质特征，在辩护时对委派组织和委派程序进行严格把握，强调"国有控股、参股企业"中的党委或者党政联席会议才是"负有管理、监督国有资产职责的组织"，防止司法机关放宽对委派机构和委派程序的随意认定。

009 "其他依照法律从事公务的人员"的范围如何认定？

律师提示

"其他依照法律从事公务的人员"，属于立法上的兜底条款，法律规定并不清晰。"其他依照法律从事公务的人员"必须符合"从事公务"的法定条件，实践中认定哪些人员属于"其他依照法律从事公务的人员"，应从严把握，不能泛化。我国法律规定村基层组织人员在授权从事特定公共管理事项时属于"其他依照法律从事公务的人员"，除此之外，人民陪审员、居委会、人大代表、村民代表、破产清算组成员等在依法履行公务时，均可能属于"其他依照法律从事公务的人员"。

争议焦点

《刑法》第九十三条第二款规定的"其他依照法律从事公务的人员"的理解，历来是审判实务中的难点。

第九十三条规定：本法所称国家工作人员，是指国家机关中从事公务的人员。

国有公司、企业、事业单位、人民团体中从事公务的人员和国家机关、国有公司、企业、事业单位委派到非国有公司、企业、事业单位、社会团体从事公务的人员，以及其他依照法律从事公务的人员，以国家工作人员论。

2009年《全国人民代表大会常务委员会关于〈中华人民共和国刑法〉第九十三条第二款的解释》规定：村民委员会等村基层组织人员协助人民政府从事下列行政管理工作时，属于刑法第九十三条第二款规定的"其他依照法律从事公务的人员"：

（一）救灾、抢险、防汛、优抚、扶贫、移民、救济款物的管理；

（二）社会捐助公益事业款物的管理；

（三）国有土地的经营和管理；

（四）土地征用补偿费用的管理；

（五）代征、代缴税款；

（六）有关计划生育、户籍、征兵工作；

（七）协助人民政府从事的其他行政管理工作。

2003年最高人民法院《全国法院审理经济犯罪案件工作座谈会纪要》第一条第三款就贪污贿赂犯罪和渎职犯罪的主体中"其他依照法律从事公务的人员"的认定作了界定，认为刑法第九十三条第二款规定的"其他依照法律从事公务的人员"应当具有两个特征：一是在特定条件下行使国家管理职能；二是依照法律规定从事公务。具体包括：

（1）依法履行职责的各级人民代表大会代表；

（2）依法履行审判职责的人民陪审员；

（3）协助乡镇人民政府、街道办事处从事行政管理工作的村民委员会、居民委员会等农村和城市基层组织人员；

（4）其他由法律授权从事公务的人员。

2021年《监察法实施条例》明确了"其他依法履行公职的人员"的范围，该条例第四十三条规定：下列人员属于监察法第十五条第六项所称其他依法履行公职的人员：

（一）履行人民代表大会职责的各级人民代表大会代表，履行公职的中国人民政治协商会议各级委员会委员、人民陪审员、人民监督员；

（二）虽未列入党政机关人员编制，但在党政机关中从事公务的人员；

（三）在集体经济组织等单位、组织中，由党组织或者国家机关，国有独资、全资公司、企业，国家出资企业中负有管理监督国有和集体资产职责的组织，事业单位提名、推荐、任命、批准等，从事组织、领导、管理、监督等工作的人员；

（四）在依法组建的评标、谈判、询价等组织中代表国家机关，国有独资、全资公司、企业、事业单位、人民团体临时履行公共事务组织、领导、管理、监督等职责的人员；

（五）其他依法行使公权力的人员。

应该说，《监察法实施条例》对其他依照法律从事公务的人员范围进行了更为细致的规定，有利于实践中准确把握"国家工作人员"的范围。但总体而言，"国家工作人员"的范围采用列举的方法并不能穷尽可能适用的情况，实践中还应通过是否从事公务这一本质特征对"国家工作人员"进行实质认定。

裁判精要

认定"其他依照法律从事公务的人员"，必须符合"从事公务"的法定条件；判断立法解释和《全国法院审理经济犯罪案件工作座谈会纪要》之外的主体是否属于"国家工作人员"时，最重要的是要看其是否是依照法律，在法律的授权下对包括国家事务、社会事务等在内的公共事务进行管理。如管理权限不是源于法律的规定而是来源于其他的行为（如委托），则行为人不能认定为"国家工作人员"；村民委员会等村基层组织人员、社区党组织负责人、法院指定的破产清算组组长等在协助从事行政管理事务时，属于"其他依照法律从事公务的人员"；认定"协助人民政府从事的其他行政管理工作"关键要区分事务性工作和职权性工作，以便准确认定协助政府管理行政事务的特征，行为人仅从事政策宣传等一般性事务而非职权性事务，不属于"其他依照法律规定从事公务的人员"。

司法观点

（一）属于"其他依照法律从事公务的人员"

◎协助政府征收土地的村民代表，属于"其他依照法律从事公务的人员"

1. 行为人以村民代表身份协助政府开展土地征收工作，属于"其他依照法律从事公务的人员"，应以贪污罪论处，见【（2020）皖13刑终71号】王某军、段某民贪污案二审刑事裁定书。

在该判决书中，安徽省宿州市中级人民法院认为：

经查，北郊村村委会出具的证明证实，王某军作为村民代表在垃圾处理厂进厂道路及排水沟项目、假山风景区项目征地中协助村委会开展土地征收工作；原审被告人段某民证明，王某军是段楼村村民代表，参与了县垃圾处理厂进厂道路及排水沟和假山风景区征地工作；证人唐某证明王某军作为村民代表参与了假山风景区征地工作；上诉人王某军在侦查阶段供述，2013年3月，在砀山县垃圾处理厂进厂道路和厂外排水沟项目征地过程中，他利用村民代表协助丈量土地的工作之便，以妻子徐某英的名义虚报0.351亩土地。在假山风景区征收土地时，他利用拉尺子丈量土地的便利，提出丈量其拾的2.153亩土地，王某2建议把村集体的土地再丈量3亩，登记在其名下。上述证据足以认定王某军以村民代表身份协助政府开展土地征收工作，其属于"其他依照法律从事公务的人员"。

◎**协助街道办进行管理的社区支部书记，属于"其他依照法律从事公务的人员"**

2. 行为人作为社区党支部书记，协助街道办事处从事行政管理工作，属于"其他依照法律从事公务的人员"，利用职务之便收受他人贿赂的，构成受贿罪，见【（2017）豫1328刑初240号】牛某顺受贿案一审刑事判决书。

在该判决书中，河南省唐河县人民法院认为：

2011年12月至2016年11月期间，被告人牛某顺利用担任唐河县滨河街道办事处吕湾社区党支部书记的职务便利，在协助唐河县滨河街道办事处从事征地拆迁和协调保障工作过程中，先后四次向赵某和余某索取贿赂共计90000元，并为此二人谋取利益。本院认为，被告人牛某顺身为城镇基层组织人员，在协助街道办事处从事行政管理工作过程中，利用自己职务上的便利，多次索取他人现金，数额较大，为他人谋取利益，其行为已构成受贿罪。唐河县人民检察院指控被告人牛某顺犯受贿罪的罪名成立，本院予以支持。

◎**代表国家监管破产清算财产的人员，属于"其他依照法律从事公务的人员"**

3. 行为人身为法院指定的破产清算组组长，代表国家对破产企业的事务进行组织、领导、监督、管理，其行为不单纯是一般的商事行为，而是具有管理性、权力性和依附性特征的行为，符合国家工作人员"从事公务"的本质，属于"其他依照法律从事公务的人员"，见【（2016）川06刑初25号】张某德受贿、挪用公款案一审刑事判决书。

在该判决书中，四川省德阳市中级人民法院认为：

国家工作人员的本质特征是"从事公务"，根据2003年11月13日最高人民法院《全国法院审理经济犯罪案件工作座谈会纪要》，"从事公务，是指代表国家机关、国有公司、企业、事业单位、人民团体等履行组织、领导、监督、管理等职责。公务主要表现为与职权相联系的公共事务以及监督、管理国有财产的职务活动"。依据德阳市中级人民法院的民事决定书，德阳市织造厂破产清算组的主要职责是保护破产财产、清理债权债务、依法处理和分配破产财产等，以及完成人民法院依法指定的其他事项，被告人张某德系人民法院指定的德阳市织造厂破产清算组组长，其在清算组的一系列行为，从行为的内容和性质看，是代表国家对破产企业的事务进行组织、领导、监督、管理，从行为的目的看，是实现保护债权人利益、维护国家正常经济秩序的需要。因此，其行为不单纯是一般的商事行为，而是具有管理性、权力性和依附性特征的公务行为，符合国家工作人员"从事公务"的本质，故被告人张某德属于《刑法》第九十三条规定的"其他依照法律从事公务的人员"，对其应以国家工作人员论。

（二）不属于"其他依照法律从事公务的人员"

◎管理权限非源于法律直接规定的，不属于"其他依照法律从事公务的人员"

1. 判断立法解释和《全国人民法院审理经济犯罪案件工作座谈会议纪要》之外的主体是否属于"国家工作人员"时，最重要的是要看其是否是依照法律，在法律的授权下对包括国家事务、社会事务等在内的公共事务进行管理，如果管理的权限不是源于法律的规定而是来源于其他的行为（如委托），则行为人不能认定为"国家工作人员"，见【《刑事审判参考》第1207号参考案例】周某强、朱某华非国家工作人员受贿案。

在该案中，上海市第二中级人民法院认为：

尽管全国人大常委会对《刑法》第九十三条规定的"其他依照法律从事公务的人员"作出了立法解释，但也只是对村民委员会等村基层组织人员协助政府从事行政管理工作时，明确其属于"其他依照法律从事公务的人员"。2003年最高人民法院《全国人民法院审理经济犯罪案件工作座谈会议纪要》也只列出了4种情形，而且表述上仍都使用了"其他……"字样，表明其范围并没有穷尽。司法实践中应注意参照《纪要》的精神准确认定"其他依照法律从事公务的人员"。

所谓从事公务，是指组织、领导、监督、管理社会公共事务和国家事务。根据我国现行刑法的规定，我国的公务活动包括以下几种：（1）各级国家权力、行政、司法机关以及军队中的事务，即单纯的国家事务；（2）国有事业单位、人民团体的事务，即国家参与管理的一部分社会性事务；（3）国有企业、公司等经营管理国有财产的事务。判断立法解释和《纪要》之外的主体是否属于国家工作人员时，最重要的是要看其是否是依照法律，在法律的授权下对包括国家事务、社会事务等在内的公共事务进行管理，如果管理的权限不是源于法律的规定而是来源于其他的行为（如委托），则行为人不能认定为国家工作人员。

需要指出的是，委托并不等同于委派。根据《纪要》的规定，"所谓委派，即委任、派遣，其形式多种多样，如任命、指派、提名、批准等"。"委派"要具有刑法效力，必须同时具备"有效性、法定性、隶属性和内容特定性"四个条件。所谓有效性，就是做出委派意思表示的主体必须是国家机关、国有公司、企业、事业单位而非私人委派，且其意思表示必须明确。同时，受委派人也必须做出明确的接受委派的意思表示。所谓法定性，就是委派单位必须在其法定的权限范围内做出委派的意思表示，不能越权委派。所谓隶属性，是指受被委派人必须接受委派单位的领导、管理和监督，被委派人与委派单位之间的关系属于行政隶属关系而非平等委托关系。所谓内容特定性，即受委派的人到被委派单位从事的工作限于领导、管理、监督的公务行为，而非诸如生产、服务等一般的劳务活动。

本案中，前期公司属国有公司，《委托实施拆迁劳务协议》等书证证实更强公司是挂靠在前期公司拆迁管理部下，周某强、朱某华二人也只是接受了前期公司负责人的口头委托，这里的"挂靠""口头委托"并不等于"委派"，故周、朱二人也非国有公司、企业委派到非国有公司、企业从事公务的人员；（4）周某强、朱某华二人工作职能的依据系前期公司与更强公司之间的委托协议之规定及相关口头委托，并非依照法律从事公务。综上，周、朱二人不是刑法规定的国家工作人员。

◎村委会成员从事内部管理事务时，不属于"其他依照法律从事公务的人员"

2."协助人民政府从事的其他行政管理工作"关键要区分事务性和职权性，以便准确认定协助政府管理行政事务的特征，行为人作为基层村委会成员在拆迁工作中进行动员村民、政策宣传、拆迁接洽、引导等一般性事务，而土地征用、房屋评估、信息确认、协议签订等行政管理性事务均由城东区政府派遣的拆迁工作组及其他行政部门进行，不属于"具有协助管理行政事务的国家工作人员"身份，见【(2020)青02刑再1号】王某1行贿案再审刑事裁定书。

在该裁定书中，青海省海东地区中级人民法院认为：

关于原审上诉人王某1、王某2是否具有"国家工作人员"身份问题。《全国人民代表大会常务委员会关于〈中华人民共和国刑法〉第九十三条第二款的解释》规定的"其他依照法律从事公务的人员"有七种情形：（1）救灾、抢险、防汛、优抚、扶贫、移民、救济款物的管理；（2）社会捐助公益事业款物的管理；（3）国有土地的经营和管理；（4）土地征用补偿费用的管理；（5）代征、代缴税款；（6）有关计划生育、户籍、征兵工作；（7）协助人民政府从事的其他行政管理工作。"协助人民政府从事的其他行政管理工作"关键要区分事务性和职权性，以便准确认定协助政府管理行政事务的特征。本案在涉案铁皮加工厂加盖、新建房屋时，原审上诉人王某1系小寨村委会书记，主要负责党建、村委换届等工作。原审上诉人王某2中途加入铁皮厂建房时，身份为小寨村普通村民。作为基层村委会成员的王某1等仅在拆迁工作中进行动员村民、政策宣传、拆迁接洽、引导等一般性事务，而土地征用、房屋评估、信息确认、协议签订等行政管理性事务均由城东区政府派遣的拆迁工作组及其他行政部门进行，违建房屋的认定、拆除亦非二人职责。镇政府与基层组织签订的岗位目标责任书，要求村两委成员对上级安排的一切工作均要予以协助，只是协助完成部分非决策性、主导性的辅助工作，不能被扩大解释为授予行政管理职责。现有证据不能证明王某1作为村党支部书记具有"行政管理"事实，也无法证明王某1被授权从事协助政府进行拆迁工作的证据。故，无法认定王某1、王某2具有协助管理行政事务的国家工作人员身份。

3. 村党支部委员代表村民与政府协商补偿方案，其本身不具有国家工作人员身份，其代表被拆迁村民与政府协商，并非是受政府委托或协助政府从事行政管理事务的行为，不属于"其他依照法律从事公务的人员"，见【(2019)陕08刑终190号】刘某柱非国家工作人员受贿案二审刑事裁定书。

在该裁定书中，陕西省榆林市中级人民法院认为：

原审被告人刘某柱身为西安市雁塔区电子城街道办事处某村党支部委员，在某某村某某城中村改造过程中，利用职务上的便利，非法收受联邦公司给予的财物，代表本组村民在拆迁方案、安置协议上签字，为联邦公司谋取利益，数额巨大，其行为已构成非国家工作人员受贿罪。对吴堡县人民检察院提出的抗诉意见，经查，首先，刘某柱身为村基层组织工作人员，其本身不具有国家工作人员身份。其次，其在西安市雁塔区城中村改造办公室（拆迁人）与西安市雁塔区某某村两委会（被拆迁方）之间协商拆迁改造方案、补偿安置协议过程中，代表被拆迁的村民与政府一方进行协商、签字，并非是受政府委托或协助政府从事行政管理事务，因而并不属于"其他依照法律从事公务的人员"，不能以国家工作人员论，其应属非国家工作人员。故该抗诉意见不能成立，本院不予支持。

4. 村委会干部协调本村采矿事宜，属于基层群众自治组织内部事务，不属于"其他依照法律从事公务的人员"，见【（2019）鄂0921刑再2号】安某云贪污案再审刑事判决书。

在该判决书中，湖北省孝感市孝昌县人民法院认为：

原审判决对原审被告人安某云收受3万元协调费的事实认定构成贪污罪，经查，首先，从管理事务来看：刘某、胡某2的3万元协调费系在该村采砂过程中，双钱村做了有关协调工作，从而支付该协调费给村委会。该项事务属基层群众自治组织的内部事务，并非协助人民政府从事行政管理事务。其次，从该3万元协调费的性质来看，刘某、胡某2证言均表明因村委会做了协调工作，因此给予村里的费用。该3万元协调费应属村集体财产，并非政府下拨的款项。村委会干部侵吞该3万元应定性为职务侵占行为。

律师建议

"其他依照法律从事公务的人员"属于立法上的兜底条款，在认定时要严格把握行为人是否具有"从事公务"这一实质要件，从事的工作是职权性工作还是事务性工作，是否有明确的法律规定对这些人员进行授权，这些是认定该类人员的关键。司法机关不能随意扩大"其他依照法律从事公务的人员"的适用范围，否则有违罪刑法定原则。

010 "受委托管理、经营国有财产的人员"如何认定？

律师提示

构成"受委托管理、经营国有财产的人员"必须符合三个条件：其一，委托主体必须是国家机关、国有公司、企业、事业单位、人民团体。其二，必须存在委托和被委托关系。其三，委托内容必须是特定的事务，即从事对国有财产的管理、经营这一特殊的事务。"受委托"不同于"受委派"，"委托"强调一种平等关系，而"委派"强调一种管理关系；"委托"手续相对简单，主要为对外承包、外部聘用等，"委派"的手续相对严格，需要履行一定的程序；"被委托"人员只能履行使国有资产保值增值的对内管理型职权，而"被委派"既可以履行对外管理监督型职权，也可以履行使国有资产保值增值的对内管理型职权。

争议焦点

"受委托"与"受委派"有何区别？"受委托"人员与"受委派"人员都是"国家工作人员"吗？两者在罪名适用上有何不同？这是职务犯罪辩护中另一个疑难要点问题。

《刑法》第九十三条规定，本法所称国家工作人员，是指国家机关中从事公务的人员。

国有公司、企业、事业单位、人民团体中从事公务的人员和国家机关、国有公司、企业、事业单位委派到非国有公司、企业、事业单位、社会团体从事公务的人员，以及其他依照法律从事公务的人员，以国家工作人员论。从该规定可以看出，委托人员到非国有单位从事公务的主体，不包括人民团体。

第三百八十二条第二款规定，受国家机关、国有公司、企业、事业单位、人民团体委托管理、经营国有财产的人员，利用职务上的便利，侵吞、窃取、骗取或者以其他手段非法占有国有财物的，以贪污论。从该规定可以看出，委托人员到非国有单位管理、经营国有财产的主体包括人民团体。

2003年最高人民法院下发的《全国法院审理经济犯罪案件工作座谈会纪要》第二条第二款规定："受委托管理、经营国有财产"的认定

刑法第三百八十二条第二款规定的"受委托管理、经营国有财产"，是指因

承包、租赁、临时聘用等管理、经营国有财产。

2000年《最高人民法院关于对受委托管理、经营国有财产人员挪用国有资金行为如何定罪问题的批复》规定：对于受国家机关、国有公司、企业、事业单位、人民团体委托，管理、经营国有财产的非国家工作人员，利用职务上的便利，挪用国有资金归个人使用构成犯罪的，应当依照刑法第二百七十二条第一款的规定定罪处罚。也就是说，受委托管理、经营国有财产人员利用职务便利挪用国有资金的，以挪用资金罪而非挪用公款罪论处，可见，相关人员不属于"国家工作人员"。

上述有关"受委托管理、经营国有财产的人员"的规定，尚未很好地厘清我国刑法中"受委托"与"受委派"主体的区分，司法实践认定中也存在一些问题。实际上，两者在性质认定、履行程序、适用范围、适用罪名等诸多问题上存在不同，需要进行分析判断。

裁判精要

构成"受委托管理、经营国有财产的人员"必须符合下述三个条件：其一，委托主体必须是国家机关、国有公司、企业、事业单位、人民团体；其二，必须存在委托和被委托关系；其三，委托内容必须是特定的事务，即从事对国有财产的管理、经营这一特殊的事务。"受委派"与"受委托"有所不同，"委托"强调一种平等关系，而"委派"强调一种管理关系；"委托"手续相对简单，主要为对外承包、外部聘用等，"委派"的手续相对严格，需要履行一定的程序；"被委托"人员只能履行使国有资产保值增值的对内管理型职权，而"被委派"既可以履行对外管理监督型职权，也可以履行使国有资产保值增值的对内管理型职权；"被委托"人员只能构成贪污罪，而"被委派"人员可以成为贪污贿赂或渎职类犯罪的主体。

司法观点

（一）属于"受委托管理、经营国有财产的人员"

◎**在事业单位从事国资管理的人员，属于"受委托管理、经营国有财产的人员"**

1. 市第二高级中学属于国有事业单位，行为人系学校事业编工勤岗人员，负责食堂、超市的资金及管理和运营,其受聘于学校,属于法律规定的受委托管理经营国有财产人员,见【(2021)辽13刑终250号】王某洋贪污、行贿案二审刑事裁定书。

在该裁定书中,辽宁省朝阳市中级人民法院认为:

朝阳市机关事业单位工勤技能人员岗位聘用审批表及聘用合同书、情况说明,证人徐某1的证言,王某洋的供述证实,王某洋系事业编工勤岗人员,朝阳市第二高级中学食堂管理员,负责食堂、超市的资金及管理和运营。学校属于国有事业单位,其受聘于学校,属于法律规定的受委托管理经营国有财产人员。本院认为,上诉人王某洋身为国家事业单位工作人员,利用职务上的便利,侵吞国有财产,数额巨大,其行为确已构成贪污罪;其为谋取不正当利益,给予国家事业单位工作人员财物,其行为又构成行贿罪。

◎**通过承包方式经营国有资产的人员,属于"受委托管理、经营国有财产的人员"**

2. 行为人虽不具有国家工作人员的主体身份,但通过承包方式取得对国有财产的管理、经营权,并利用了管理、经营国有财产的身份便利,通过其他国家工作人员滥用职权的行为而非法占有国有土地补偿款和新建附着物补偿款,对此行为应当以贪污罪论处,见【(2017)青02刑终65号】韩某清、韩某某贪污案二审刑事裁定书。

在该裁定书中,青海省海东市中级人民法院认为:

"受委托管理、经营国有财产",根据最高人民法院关于印发《全国法院审理经济犯罪案件工作座谈会纪要》的通知(2003年11月13日施行)的解释规定,是指因承包、租赁、临时聘用等管理经营国有财产的人员,依据该解释,被告人韩某清、韩某某虽不具有国家工作人员的主体身份,但二被告人是通过承包方式取得对国有财产的管理、经营权,并利用了其二人管理、经营国有财产的身份便利,通过其他国家工作人员(指冶某某、马某某)滥用职权的行为而非法占有了253万余元的国有土地补偿款和新建附着物补偿款,对此行为应当以贪污罪论处,而不受《刑法》第三百八十二条第三款关于"与前两款所列人员勾结,伙同贪污的,以共犯论处"规定的限制。

◎**"受委托管理、经营国有财产的人员"一般只构成贪污罪**

3. "受委托管理、经营国有财产的人员"一般只能构成贪污罪,不符合其他贪污贿赂犯罪和渎职犯罪的主体要件,受委托期间利用职务之便挪用国有资金归个人使用构成犯罪的,应当依照挪用资金罪定罪处罚,见【(2019)陕03刑初20号】梁某龙挪用公款案一审刑事判决书。

在该判决书中,陕西省宝鸡市中级人民法院认为:

关于被告人梁某龙身份问题认定,最高人民法院《关于在国有资本控股、参股的股份有限公司中从事管理工作的人员利用职务便利非法占有本公司财物如何定罪问题的批复》明确,在国有资本控股、参股的股份有限公司中从事管理工作的人员,除受国家机关、国有公司、企业、事业单位委派从事公务的以外,不属于国家工作人员。本案中,被告人梁某龙作为私营企业法定代表人入股到国有控股公司从事管理工作,其并非国家工作人员。根据最高人民法院《关于对受委托管理、经营国有财产人员挪用国有资金行为如何定罪问题的批复》,对于受国家机关、国有公司、企业、事业单位、人民团体委托,管理、经营国有财产的非国家工作人员,利用职务上的便利,挪用国有资金归个人使用构成犯罪的,应当依照挪用资金罪定罪处罚。本案中,被告人梁某龙利用担任城建公司总经理、城建置业公司法定代表人的职务便利,未经合法批准,将本单位资金借贷给自己控股的金普公司使用,进行营利活动,数额较大,其行为已构成挪用资金罪;被告人梁某龙利用职务上的便利,非法收受他人财物,为他人谋取利益,数额较大,其行为已构成非国家工作人员受贿罪;对其所犯该二罪均依法应予惩处,并应予以数罪并罚。宝鸡市人民检察院指控被告人梁某龙所犯二罪名均成立,应予支持。

(二) 不属于"受委托管理、经营国有财产的人员"

◎承包企业里的一般职工,不属于"受委托管理、经营国有财产的人员"

1. 构成"受委托管理、经营国有财产的人员"必须符合下述三个条件:其一,委托主体必须是国家机关、国有公司、企业、事业单位、人民团体;其二,必须存在委托和被委托关系;其三,委托内容必须是特定的事务,即从事对国有财产的管理、经营这样一种特殊的事务。在承包企业里的一般职工不应被视为"受委托管理、经营国有财产的人员",应以职务侵占罪而非贪污罪追究刑事责任,见【《刑事审判参考》第274号指导案例】张某贵、黄某章职务侵占案。

在该指导案例中,法官分析认为:

被告人张某贵不属于受委托管理、经营国有财产的人员,不具备贪污罪的主体要件。

根据《刑法》第三百八十二条第二款规定，构成受委托管理、经营国有财产的人员必须符合下述三个条件：其一，委托主体必须是国家机关、国有公司、企业、事业单位、人民团体；其二，必须存在委托和被委托关系；其三，委托内容必须是特定的事务，即从事对国有财产的管理、经营这样一种特殊的事务。本案中的委托主体厦门象屿储运有限公司是由两家国有独资公司共同出资成立的经营仓储等业务的公司，属于国有公司不成问题。被告人张某贵等窃取的验货场的财物虽然不归储运公司所有，但该验货场由储运公司包干经营，储运公司对该验货场的货物负有保管、管理及损失赔偿的责任，参照《刑法》第九十一条第二款的规定，在国有公司管理、使用或者运输中的私人财产以公共财产论，被告人张某贵等窃取的财物也应当视为国有财产。张某贵是否属于受委托管理、经营国有财产的人员，能否以贪污论，关键是如何具体理解这里的"委托关系"及"管理、经营"行为。贪污罪是国家工作人员利用职务上的便利，侵吞、窃取、骗取或者以其他手段非法占有公共财物的行为。根据《刑法》第九十三条的规定，从事公务是国家工作人员的本质特征。既然刑法将不具有国家工作人员身份但受委托管理、经营国有财产的人员与国家工作人员并列为贪污罪的主体，那么，两者之间就应当具有某种内在一致的本质属性，这就是公务性。一切公务都直接或间接地表现为对国家和社会公共事务的管理活动，国有财产属于公共财产，因此，受委托对国有财产进行的管理、经营活动就带有一定的公务性，也就是说，受委托管理、经营国有财产的人员也是从事公务的人员。其与国家工作人员的区别仅仅在于从事公务的依据不同，前者是受委托，而后者或者是依职权、或者是受委派、或者是依法律，而非公务本身。受委托管理、经营国有财产的这种公务性，是刑法对利用职务上的便利非法占有受委托管理、经营的国有财物行为规定以贪污论处的主要原因。但是，受委托管理、经营国有财产的人员毕竟不是国家工作人员，"以贪污论"毕竟不是"以国家工作人员论"，在司法实践中，应当严格掌握其认定标准。

首先，受委托管理、经营国有财产不同于国有单位对其内部工作人员的任命、聘任或者委派。国有单位任命、聘任其工作人员担任一定职务，在本单位从事经营、管理活动的人员，以及基于投资或者领导关系委派到非国有单位从事经营、管理、监督活动的人员，在性质上均属于国有单位的内部人员，国有单位对其所作的任命、聘任或者委派，属于单位内部的工作安排，从这一点来讲，双方不是平等的关系。根据《刑法》第九十三条第二款的规定，这些人员属于依法律、依职权或者授权从事的公务，应当以国家工作人员论。受委托管理、经营国有财产则不同，委托是基于信任或者合同等其他关系而产生的权利义务关系，被委托人与委托单位是一种平等的关系。受委托最典型的，就是公民个人与国有企业签订承包、租赁合同，依照合同约定对国有企业进行管理、经营。1999年《最高人民检察院关于人民检察院直接受理立案侦查案件立案标准的规定（试行）》对"受委托管理、经营国有财产"解释为"是指因承包、租赁、聘用等而管理、经营国有财产"。2003年最高人民法院印发的《全国法院审理经济犯罪案件工作座谈会纪要》中，对"受委托管理、经营国有财产"也明确是指"因承包、租赁、临时聘用等管理、经营国有财产"。需要注意的是，聘用虽然亦可成立委托关系，但不是一般劳动关系意义上的聘用，而是管理、经营国有财产意义上的聘用。随着劳动制度改革的深化，国有公司、企业与其工作人员，都必须通过签订劳动合同明确相互的权利义务关系，而且往往表现为聘用的形式。因此，单纯从聘用形式来看，还不足以将国有公司、企业中以国家工作人员论的人员与受委托管理、经营国有财产的人员区分开来，必须联系聘用的内容是基于内部劳动关系所做的工作安排，还是基于信任或者合同等其他关系而作出的委托，加以判断。本案中，被告人张某贵与国有公司厦门象屿储运有限公司（以下简称储运公司）签订临时劳务合同，受聘担任储运公司承包经营的海关验货场的门卫，这种基于劳务合同（劳动合同）的聘用，显然不是平等主体之间基于信任或者合同等其他关系而作出的委托，而是国有公司对内部工作人员的工作安排，不能作为受委托管理、经营国有财产人员看待。如果其负责的工作具有从事公务性质，那么，就应当作为国有公司中从事公务的人员对待，以国家工作人员论；否则，就不可能成为贪污罪的主体。

其次，受委托管理、经营国有财产也不同于国有单位非国家工作人员从事的不具有公务性质的生产、服务等劳务活动。委托的内容必须限于对国有资产进行管理、经营。所谓管理，是指依委托行使监守或保管国有资产职权的活动；所谓经营，是指行为人在对国有资产具有管理职权的前提下，将国有资产投入市场，作为资本使其增值的商业活动，也就是对国有财物具有处分权。显然，管理、经营国有财产与经手国有财物是有区别的。新刑法也正是出于这一考虑，将1988年全国人大常委会颁布的《关于惩治贪污罪贿赂罪的补充规定》第一条关于"其他经手、管理公共财物的人员"的规定修改限缩为"受……委托管理、经营国有财产的人员"。如果受委托的事项不是管理、经营国有财产，而是从事具体的保管、经手、生产、服务等劳务活动，不能适用《刑法》第三百八十二条第二款的规定。比如，国有企业的承包、租赁经营者受国有企业的委托，在生产或经营过程中依照合同约定对国有财产行使管理和经营权，因此，应视为"受委托管理、经营国有财产的人员"。在承包企业里的一般职工，则不能视为"受委托管理、经营国有财产的人员"。本案中，被告人张某贵所从事的门岗工作，属于劳务活动，不具有管理、经营性质，因而不属于受委托管理、经营国有财产人员。

被告人张某贵利用职务上的便利、窃取公司财产的行为，应以职务侵占罪定罪处罚。本案被告人张某贵、黄某章在实施窃取行为过程中，一是被告人张某贵利用当班之机按约通知被告人黄某章联系拖车前来行窃，在被告人黄某章带着联系好的拖车前往海关验货场后，被告人张某贵积极配合，将验货场中的3个集装箱货柜和3个车架（总价值计人民币659878元）偷运出验货场；二是黄某章利用工作之便窃取厦门象屿胜狮货柜公司的货物出场单，进而顺利地将3个货柜偷运出保税区大门；三是在被告人黄某章将货柜运出保税区大门后，被告人张某贵到保税区门岗室，乘值班经警不备，将上述3个货柜的出场单及货物出区登记表偷出销毁。该三行为是否属于职务上的便利，直接关系到本案的定性，即究竟是职务侵占罪还是盗窃罪。职务侵占罪中的利用职务便利，是指行为人利用主管、管理、经营、经手本单位财物之职的便利条件，这里的职务不限于经营、管理活动，同时还包括劳务活动。但工作过程中形成的对环境及人员较为熟悉的有利条件不能视为职务便利。黄某章窃取货物出场单及张某贵将门岗室里的货物出场单及货物出区登记表偷出销毁的行为，所利用的是工作中形成的对环境及人员较为熟悉的方便条件，不属于职务便利。但张某贵利用门卫之职，与黄某章合谋把货柜偷运出验货场的行为，虽然利用的是从事劳务的便利，但仍属职务便利。被告人张某贵的辩护人以张某贵从事的具体劳务，不属于管理事务，认为张某贵在客观上没有职务便利可资利用，只是秘密窃取而已，不恰当地将职务理解为管理性的公务，缩小了职务的范围，不符合法律规定。应当认定本案的实施利用了张某贵职务上的便利。对于公司人员利用职务上的便利，与他人勾结共同将本单位的财物占为己有的行为应当如何定性，《最高人民法院关于审理贪污、职务侵占案件如何认定共同犯罪几个问题的解释》第二条有着明确规定，即以职务侵占罪共同犯罪处理。

◎ "受委托管理、经营国有财产的人员"的委托主体不能是非国有全资单位

2. 委托主体必须是国有全资单位，包括国家机关、国有公司、企业、事业单位、人民团体，非国有全资单位不能成为适格的委托主体，见【（2011）西刑二终字第00013号】杨某京受贿案二审刑事判决书。

在该判决书中，陕西省西安市中级人民法院认为：

对辩护人提出原审判决认定西安树脂厂财产性质与国有公司相同不妥、杨某京的身份为非国家工作人员，认定杨某京是受委托管理、经营国有财产的人员不妥的辩护意见，经查，根据《城镇集体所有制企业条例》的规定，厂长由选举或者招聘产生。杨某京当选厂长是企业选举的结果，并非上级任命或委派；本案证据显示树脂厂系一集体企业，其资金来源系企业原有资金。原审法院据此认定杨某京是受委托管理、经营国有财产的人员证据不足，故该辩护意见成立，本院予以采纳。

◎ 国有单位内部任命人员，不属于"受委托管理、经营国有财产的人员"

3. 委托程序不同于委派程序，委托强调是一种平等关系，而委派强调是一个管理关系，国有单位内部人员的任命、聘任应当以"国家工作人员"论，不属于"受委托管理、经营国有财产的人员"，见【（2016）陕10刑初9号】田某杰行贿案一审刑事判决书。

在该判决书中，陕西省商洛市中级人民法院认为：

辩护人提出，被告人田某杰与中钢钢铁公司之间非长期聘用关系，而是一种临时的聘用关系，应属于"受委托管理、经营国有财产的人员"，根据《关于对受委托管理、经营国有财产的人员挪用国有资金行为如何定罪问题的批复》规定，对被告人田某杰挪用300万元的行为应按挪用资金罪定罪处罚。被告人田某杰虽然属中钢钢铁公司聘任，但其于2006年8月28日经中钢钢铁公司经理办公会研究任命为中钢兰州分公司的经理，被告人田某杰经中钢钢铁公司经理办公会研究决定任命为中钢兰州分公司经理在中钢兰州分公司从事经营、管理工作，应认定为国家工作人员，……故被告人田某杰及辩护人提出田某杰不构成挪用公款罪以及辩护人提出田某杰属"受委托管理、经营国有财产的人员"构成挪用资金罪的辩护意见不能成立，本院不予支持。

4. 行为人并未承包或租赁国有资产，也没有任何国家机关或国有公司、企

业对其进行过委托，因此不属于"受委托管理、经营国有财产的人员"，不具备贪污罪的主体身份，见【（2015）黑中刑二终字第13号】薄某珊等贪污案刑事判决书。

在该判决书中，黑龙江省黑河市中级人民法院认为：

"受国家机关、国有公司、企业、事业单位，人民团体委托管理、经营国有财产的人员"，主要是指以承包、租赁等方式，管理、经营国有公司、企业，或者其中的某个部门等，以承包人、租赁人的身份等，在承包、租赁合同约定的时间、权限范围内，管理、经营国有财产的人员。被告人李某雷加入合作社后，属于合作社成员，其并未承包亦未租赁国有资产，也没有任何国家机关或国有公司、企业对其进行过委托。因此，其不属于"受国家机关、国有公司、企业、事业单位，人民团体委托管理、经营国有财产的人员"，不具备贪污罪的主体身份。

律师建议

"受委托管理、经营国有财产的人员"适用范围很窄，只能成立贪污罪，而不能成为其他贪污贿赂犯罪和渎职犯罪的适格主体。实务中甚至有律师、司法工作人员都搞不清楚"受委派"人员与"受委托"人员之间的具体区别，因此出现辩护策略和适用法律不当的情形，例如，认为"受委托"人员可以构成受贿罪，损害了当事人的合法权益。因此，区分清楚"受委派"人员与"受委托"人员的区别，是准确认定该类主体的关键，也是刑辩律师必须掌握的核心辩点。

二 受贿罪的认定

011 如何认定受贿罪中的"利用职务上的便利"？

律师提示

受贿罪中的"利用职务上的便利"是指利用本人职务范围内的权力，即自己职务上主管、负责或者承办某项公共事务的职权及其所形成的便利条件；行为人没有特定事项的管理职权，或有特定职权没有利用的，不属于"利用职务上的便利"。不同于受贿罪中的"利用职务上的便利"，贪污罪中的"利用职务上的便利"，是指利用职务上主管、管理、经手公共财物的权力及方便条件，既包括利用本人职务上主管、管理公共财物的职务便利，也包括利用职务上有隶属关系的其他国家工作人员的职务便利。利用上下级管理职权占有本单位内设机构公共财产的，构成贪污罪而非受贿罪。

争议焦点

受贿罪中的"利用职务上的便利"，是指利用本人职务范围内的权力所形成的便利条件，还是利用他人职务所形成的便利条件？受贿罪与贪污罪在"利用职务上的便利"上有何不同？这些是司法实务中认定是否构成受贿罪的核心要点。

《刑法》第三百八十五条第一款规定，国家工作人员利用职务上的便利，索取他人财物的，或者非法收受他人财物，为他人谋取利益的，是受贿罪。

第三百八十八条规定，国家工作人员利用本人职权或者地位形成的便利条件，通过其他国家工作人员职务上的行为，为请托人谋取不正当利益的，索取请托人财物或者收受请托人财物的，以受贿罪论处。

2003 年《全国法院审理经济犯罪案件工作座谈会纪要》中，关于"利用职务上的便利"的认定采用"实际职权说"，强调利用本人职权并不局限于个人职责上的分工。该纪要第三条第一款规定：关于"利用职务上的便利"的认定

刑法第三百八十五条第一款规定的"利用职务上的便利"，既包括利用本人职务上主管、负责、承办某项公共事务的职权，也包括利用职务上有隶属、制约关系的其他国家工作人员的职权。担任单位领导职务的国家工作人员通过不属自

己主管的下级部门的国家工作人员的职务为他人谋取利益的，应当认定为"利用职务上的便利"为他人谋取利益。

在司法实践中，关于认定受贿罪中的"利用职务上的便利"，具有一定的争议。受贿人的职务势必与行贿人的利益之间具有某种制约关系，对"利用职务上的便利"的理解，应结合受贿罪权钱交易的本质特征展开。

裁判精要

"利用职务上的便利"，是指国家工作人员利用本人职务上主管、负责、承办某项公共事务的职权，以及利用职务上有隶属、制约关系的其他国家工作人员的职权所形成的便利条件，为他人谋取私利的行为；行为人没有特定事项的管理职权，或有特定职权但并没有予以利用的，不属于"利用职务上的便利"。不同于受贿罪中的"利用职务上的便利"，贪污罪中的"利用职务上的便利"，是指利用职务上主管、管理、经手公共财物的权力及方便条件，既包括利用本人职务上主管、管理公共财物的职务便利，也包括利用职务上有隶属关系的其他国家工作人员的职务便利。利用上下级管理职权占有本单位内设机构公共财产的，构成贪污罪而非受贿罪。

司法观点

（一）属于"利用职务上的便利"，构成受贿罪

◎利用自身职权及所形成的便利条件，属于"利用职务上的便利"

1．"利用职务上的便利"，是指利用本人职务范围内的权力，即自己职务上主管、负责或者承办某项公共事务的职权及其所形成的便利条件，见【（2019）琼01刑初70号】林某、陈某受贿案一审刑事判决书。

在该判决书中，海南省海口市中级人民法院认为：

"利用职务上的便利"，是指利用本人职务范围内的权力，即自己职务上主管、负责或者承办某项公共事务的职权及其所形成的便利条件。国家工作人员利用本人职权或者地位形成的便利条件，通过其他国家工作人员职务上的行为，为请托人谋取不正当利益，索取请托人财物或者收受请托人财物的，以受贿罪追究刑事责任。本案中，被告人林某原系海南省委督查室副主任、海南省环境保护督查整改工作领导小组整改督导组副组长，其职责范围覆盖全省，负责全省环保督

查整改工作的指导和协调，负责对专案和突出问题进行挂牌督办和通报、典型案例媒体曝光、约谈（或提请省领导约谈）相关责任人、提出问责建议和线索移交等工作，且中央环保督察秀英区群众环境信访投诉交办案件中有秀某建及砂场的投诉件，属于林某督察的范围。综上，被告人林某明知建及公司请托事项，仍利用其本人职务及地位形成的便利条件，通过其他国家工作人员王某等人职务上的行为，为建及公司谋取利益，并收受建及公司的钱款，数额特别巨大，其行为已构成受贿罪。故对林某及其辩护人提出的上述辩解及辩护意见，本院不予采纳。

◎**利用有隶属制约关系的其他公职人员职权，属于"利用职务上的便利"**

2. "利用职务上的便利"，是指国家工作人员利用本人职务上主管、负责、承办某项公共事务的职权，及利用职务上有隶属、制约关系的其他国家工作人员的职权，见【（2017）川1381刑初42号】严某雄受贿案一审刑事判决书。

在该判决书中，四川省阆中市人民法院认为：

国家工作人员利用职务上的便利，是指国家工作人员利用本人职务上主管、负责、承办某项公共事务的职权，及利用职务上有隶属、制约关系的其他国家工作人员的职权。关于本案的第三项指控，根据阆中市发改局、投促局出具的情况说明，证人陶某、张某的证言及被告人严某雄的庭前供述，均证实阆中市新城区污水处理一期BOT项目属阆中市招商引资项目，由发改局实际负责该项目的招商协调及招投标环节的工作，被告人严某雄具体负责安排协调该项目的招投标工作，其利用该职务上的便利，帮助招标代理张某所属的四川大家工程项目管理有限公司取得该项目的招标代理权，收受张某现金人民币4万元，符合受贿罪的犯罪构成要件。关于本案的第四项指控，被告人严某雄的庭前供述和证人任某的证言均证实，2013年由阆中市水务局承建的工程项目中招标方式的确定、招标核准备案、招标监督都需要经过发改局。被告人严某雄利用分管招投标工作的职务便利，为张某介绍代理业务系利用本人职务上的便利。故上述辩护意见与审理查明的事实不符，本院不予采纳。

（二）不属于"利用职务上的便利"，不构成受贿罪

◎**行为人无特定事项管理权限且提供具体劳动的，不属于"利用职务上的便利"**

1. 行为人没有特定事项的管理职权，且自己提供了具体劳动，涉及该事项

收取财物的,不属于"利用职务上的便利",不构成受贿罪,见【(2015)鄂罗田刑初字第00142号】周某勤、林某华受贿案一审刑事判决书。

在该判决书中,湖北省黄冈市罗田县人民法院认为:

关于二被告人及其辩护人认为被告人周某勤、林某华收受邱某某7万元,没有利用职务之便,系二被告人转包金盛家园小区表后水安装及室内消防安装工程,通过平等主体之间转包工程获得的利润,以及两人为邱某某提供劳务和担保取得的报酬,不是权钱交易,不应构成受贿的辩解及辩护意见。经查,金盛家园小区的自来水安装工程报装、审批、验收等由周某勤、林某华负责,但金盛家园小区表后水安装及室内消防安装工程不是二人主管、负责,二人对表后水安装及室内消防工程没有任何管理权及经营权;工程发包方贺某某是按照市场最低价发包给周某勤、林某华、邱某某的,贺某某也没有请托事项;周某勤、林某华、邱某某就完成工程任务而言,是平等的民事主体通过自愿协商的,他们有明确的分工,周某勤、林某华提供劳务(如图纸设计、工程预算、工程承包信息、现场技术指导),邱某某出资(负责材料、人工费)并组织施工,三人共同完成工程任务,按事前约定分得利润,符合民事合伙的构成要件,应当认定为合伙关系,周某勤、林某华没有利用职务之便为他人谋取利益,其行为应属违纪。故起诉书指控被告人周某勤、林某华在金盛家园小区表后水安装及室内消防安装工程中,收受邱某某7万元,不应当认定为受贿。

◎**收受他人财物但未利用职务便利为他人谋利的,不构成受贿罪**

2. 行贿人并没有明确的请托事项,收款人没有利用职务之便为他人谋取利益,不属于"利用职务上的便利",不构成受贿罪,见【(2018)皖04刑终300号】吴某某利用影响力受贿、受贿案二审刑事裁定书。

在该裁定书中,安徽省淮南市中级人民法院认为:

关于抗诉机关及淮南市人民检察院认为吴某某收受谢某、祁某、唐某三人8.3万元的行为属于为他人谋取利益,应构成受贿罪的抗诉意见及辩护人提出吴某某在安徽省道路运输管理局安全管理处工作期间,虽收受他人钱款,但没有利用职务之便为他人谋取利益,行为不构成受贿罪的辩护意见。经查,证人谢某、祁某、唐某、赵某的证言及上诉人吴某某的供述证实,吴某某在担任安徽省道路运输管理局副局长赵某的驾驶员期间,通过赵某的职务便利为谢某、祁某、唐某三人谋取利益,三人在向赵某行贿时,为了感谢吴某某也向吴某某行贿。后上诉人吴某某于2010年9月调入安徽省道路运输管理局安全管理处工作,谢某、祁某、唐某为了感谢吴某某以前提供的帮助，从2010年9月至2015年逢年过节期间仍然向被告人吴某某送钱。在此期间，各行贿人并没有明确的请托事项，吴某某也没有利用职务之便为三人谋取利益，其虽然收受他人财物8.3万元，但其行为不符合受贿罪的构成要件，依法不能予以认定。公诉机关抗诉意见及淮南市人民检察院支持抗诉意见不能成立，本院不予采纳。辩护人的此节辩护意见能够成立，本院予以采纳。

◎受贿罪与贪污罪在"利用职务上的便利"上有本质的不同

3. 不同于受贿罪中的"利用职务上的便利"，贪污罪中的"利用职务上的便利"主要是利用本人管理、经营国有财产的便利。行为人作为交警支队队长，虽不具有直接经管、支配内设机构交警大队财产的权力，但是其对交警大队具有管理职权，其向下属提出"为支队解决费用"的要求并非法占有交警大队的公共财物，构成贪污罪而非受贿罪，见【（2018）鲁01刑终216号】贪污案二审刑事判决书。

在该判决书中，山东省济南市中级人民法院认为：

关于抗诉机关所提原审对上诉人王某某向东城区大队队长魏某丙索要10万元的行为认定为贪污罪错误，应依法认定王某某的行为构成受贿罪，且系索贿，应从重处罚的抗诉理由。经查，证人魏某丙、于某乙的证言以及王某某的供述等证据证实，东城区大队是在时任交警支队队长王某某的欺骗下，出于为支队解决其不能正常处理的费用的目的，而办理了10万元的银行卡交付给王某某，无论是东城区大队还是魏某丙个人，在主观上均不具有向王某某行贿的意图或认为是在被王某某索贿，王某某本人的主观故意内容也仅限于非法占有公共财物，并不具有收受或索取他人贿赂的故意，因此，王某某与东城区大队及魏某丙之间不存在受贿罪犯罪构成所要求的行贿与受贿或者索贿与被索贿之间的对应关系，双方的行为并不具备权钱交易这一受贿罪的本质特征。王某某利用其担任交警支队队长的职务便利，通过欺骗的手段非法占有本属于交警大队的财物，符合贪污罪的构成要件。一是贪污罪中的"利用职务上的便利"，包括利用本人对下属单位领导、管理关系中的各种便利，担任单位领导职务的国家工作人员通过自己主管的下级部门的国家工作人员实施违法犯罪活动的，应当认定为"利用职务上的便利"。本案中，交警大队本身即是交警支队一个内设机构，王某某虽不具有直接经管、支配交警大队财产的权力，但是其作为交警支队队长，对交警大队具有管理职权，其向魏某丙提出"为支队解决费用"的要求，正是利用了该项职权。

二是贪污罪的犯罪对象"公共财物",并没有要求必须是行为人本单位的公共财物,本案中,王某某非法占有的交警大队的财物,属于公共财物。综上,王某某利用职务便利,以欺骗手段取得 10 万元公共财物的行为,构成贪污罪,原审认定罪名并无不当,抗诉机关所提此项抗诉理由不能成立,不予采纳。

律师建议

"利用职务上的便利"是受贿案件中的一个重要辩点。律师在进行辩护时,要认真分析被告人是否真正具有某项管理职权,是否具有自身职权所形成的便利条件,收受财物是否与职权具有关联关系。另外需要强调的是,受贿罪中的"利用职务上的便利"主要是一种对外管理型职权,而贪污罪中的"利用职务上的便利"主要是一种对内管财型职权,两者是有本质不同的,在辩护时不应混淆受贿罪与贪污罪的"利用职务上的便利"。

012 如何认定受贿罪中"财产性利益"的范围?

律师提示

"财产性利益"包括可以折算为货币的物质利益和可以通过货币折算的其他利益,免除自身债务、增加他人债权、房屋装修、土地使用权、会员服务、由他人代付餐费等属于受贿罪中的"财产性利益",免除债务未兑现、正常借贷关系产生的孳息等不属于受贿罪中的"财产性利益"。

争议焦点

哪些财产属于"财产性利益",行为人利用职务之便非法获取是否构成受贿罪,这是一个具有争议的问题。

2003 年《全国法院审理经济犯罪案件工作座谈会纪要》第四条第二款规定:……其中的"个人利益",既包括不正当利益,也包括正当利益;既包括财产性利益,也包括非财产性利益,但这种非财产性利益应当是具体的实际利益,如升学、就业等。

2008 年《最高人民法院、最高人民检察院关于办理商业贿赂刑事案件适用法律若干问题的意见》对"财产性利益"进行了规定。该意见第七条规定：商业贿赂中的财物，既包括金钱和实物，也包括可以用金钱计算数额的财产性利益，如提供房屋装修、含有金额的会员卡、代币卡（券）、旅游费用等。具体数额以实际支付的资费为准。第八条规定：收受银行卡的，不论受贿人是否实际取出或者消费，卡内的存款数额一般应全额认定为受贿数额。使用银行卡透支的，如果由给予银行卡的一方承担还款责任，透支数额也应当认定为受贿数额。

2012年《最高人民法院、最高人民检察院关于办理行贿刑事案件具体应用法律若干问题的解释》第十一条规定：行贿犯罪取得的不正当财产性利益应当依照刑法第六十四条的规定予以追缴、责令退赔或者返还被害人。

因行贿犯罪取得财产性利益以外的经营资格、资质或者职务晋升等其他不正当利益，建议有关部门依照相关规定予以处理。

2016年《最高人民法院、最高人民检察院关于办理贪污贿赂刑事案件适用法律若干问题的解释》第十二条规定：贿赂犯罪中的"财物"，包括货币、物品和财产性利益。财产性利益包括可以折算为货币的物质利益如房屋装修、债务免除等，以及需要支付货币的其他利益如会员服务、旅游等。后者的犯罪数额，以实际支付或者应当支付的数额计算。

在认定是否属于"财产性利益"时，要从实质上把握"财产性利益"的财产属性，不仅要具有使用价值，而且还需要具有可兑换性，即可以进行货币折算。

裁判精要

"财产性利益"包括可以折算为货币的物质利益和需要支付货币才能获得的其他利益，如免除自身债务、增加他人债权、土地使用权、由他人代付餐费等；免除债务未兑现、正常借贷关系产生的孳息等不属于受贿罪中的"财产性利益"。

司法观点

（一）属于"财产性利益"

◎**可以折算为货币或需要支付货币才能获取的利益，属于"财产性利益"**

1. "财产性利益"包括可以折算为货币的物质利益和需要支付货币才能获

得的其他利益，绿化工程免费施工即属于"财产性利益"，可以构成受贿罪，见【（2016）皖01刑初35号】梅某胜受贿案一审刑事判决书。

在该判决书中，安徽省合肥市中级人民法院认为：

受贿的犯罪对象"财物"包括货币、物品和财产性利益，其中财产性利益包括可以折算为货币的物质利益和需要支付货币才能获得的其他利益，该起事实中的绿化工程就属于财产性利益。首先，被告人梅某胜虽未直接授意佳洲公司免费施工，但是其在明知梅氏祠堂资金存在缺口的情况下，以主管机关领导的身份安排佳洲公司建设绿化工程，结合其曾利用职务便利在资质申报等方面给予佳洲公司帮助的事实，可以认为，其对佳洲公司要求本身已经暗含了佳洲公司以此作为回报的意思表示，且双方对此均有明确认识；其次，工程完工后，梅某胜得知佳洲公司免收梅氏祠堂绿化工程款约10万元的情况，没有提出任何异议，实际上就是对该行为的认可；最后，被告人梅某胜虽然没有直接占有该笔工程款，但是要求佳洲公司免费施工，实际上就是其对工程款这一财产性利益的处置行为，梅氏祠堂或梅氏家族群体是否属于被告人梅某胜的特定关系人与本案是否构成受贿罪无关。被告人梅某胜的辩护人提出的此项辩护意见不能成立，本院不予采纳。

◎**债务虚增或免除、房屋装修、代付餐费、土地使用权等，属于"财产性利益"**

2. 免除的债务属于"财产性利益"，收受人可以因债务免除构成受贿罪，见【（2017）皖0822刑初207号】王某甲受贿案一审刑事判决书。

在该判决书中，安徽省安庆市怀宁县人民法院认为：

最高人民法院、最高人民检察院于2016年4月18日联合下发的《关于办理贪污贿赂刑事案件适用法律若干问题的解释》第十二条规定：贿赂犯罪中的"财物"，包括货币、物品和财产性利益。财产性利益包括可以折算为货币的物质利益如房屋装修、债务免除等，以及需要支付货币的其他利益如会员服务、旅游等。后者的犯罪数额，以实际支付或者应当支付的数额计算。文博园公司出售其开发的房产时收受购房户购房首付款出具的凭证就是收据，购房户持有首付款收据即视为实际交付了首付款，双方形成了民事买卖法律关系。收据是权利凭证，具有财产性利益。

3. "财产性利益"包括可以折算为货币的物质如房屋装修、债务免除等，以及需要支付货币的其他利益如旅游等，后者的犯罪数额，以实际支付或者应当支付的数额计算；未支付的租金属于"财产性利益"，收受人可以构成受贿罪，见【（2016）苏 0611 刑初 54 号】姚某犯受贿案一审刑事判决书。

在该判决书中，江苏省南通市港闸区人民法院认为：

关于李某支付的 14400 元的租金应否从犯罪数额中剔除。根据司法解释的规定，贿赂犯罪中的财物包括货币、物品和财产性利益，财产性利益包括可以折算为货币的物质如房屋装修、债务免除等，以及需要支付货币的其他利益如旅游等，后者的犯罪数额，以实际支付或者应当支付的数额计算。本案中，李某为被告人姚某租赁了一处房屋，并支付了六个月的租金共 14400 元，被告人姚某在拿到该房屋钥匙到归还房屋钥匙的六个月期间内，不管其有没有实际居住满六个月，该房屋的使用权属于被告人姚某，李某为被告人姚某支付的租金属于一种财产性利益，该 14400 元的租金应当计算在被告人姚某的犯罪数额内，对辩护人的相关辩护意见不予采纳。

4. 让他人代付的餐费属于可以用金钱计算的"财产性利益"，应认定为贿赂犯罪中的"财物"，行为人收受可以构成受贿罪，见【（2016）粤 0112 刑初 322 号】曾某受贿案一审刑事判决书。

在该判决书中，广东省广州市黄埔区人民法院认定：

关于公诉机关指控被告人曾某以接受施某乙代为买单的形式收受贿赂问题。经查，施某乙为获得被告人曾某的关照和帮助，多次为被告人曾某接待朋友代为支付餐费等共约人民币 60000 元，该款项应认定为受贿数额。因被告人曾某虽然未直接获取金钱或实物，但通过施某乙代为买单的形式免除了其需实际支付的正当费用，即变相获取了对方提供的实质利益，而且该利益是可以用金钱计算其价值的，属于财产性利益，应认定为贿赂犯罪中的"财物"。

5. 行贿人虚增的债权属于"财产性利益"，收受人可以因此构成受贿罪，见【（2018）皖 0225 刑初 246 号】朱某生受贿、贪污案一审刑事判决书。

在该判决书中，安徽省无为县人民法院认为：

关于被告人朱某生辩护人提出的起诉书认定的第一起受贿事实，收受钱某 1135000 元中 100000 元为未遂，辩护人认为该 100000 元属于借条上的数额，不应当计入受贿数额的辩护意见，本院认为，贿赂犯罪中的"财物"包括货币、物品和财产性利益。本案中钱某在向朱某生借款 500000 元从事经营时，多出具 100000 元借条，两人约定在归还借款时，多给朱某生的 100000 元作为感谢其渣土生意上的关照，该约定使得朱某生的债权增加 100000 元，这种债权增加其本质上是一种财产性利益，应当计入受贿数额。故对被告人朱某生的辩护人此节辩护意见，本院不予采纳。

6. 土地使用权是具有用金钱计算数额的"财产性利益"，本质上属于"财物"；他人名下的土地使用权也属于"财产性利益"，行为人收受可以构成受贿罪，见【（2017）粤0606刑初4847号】何某广受贿案一审刑事判决书。

在该判决书中，广东省佛山市顺德区人民法院认为：

关于犯罪数额（涉案地块）认定的问题，经查，涉案地块的土地使用权是具有用金钱计算数额的财产性利益，本质上属于"财物"；被告人何某广以其儿子名义取得涉案地块的使用权，即实质上控制了相应的财产性利益。虽然集体性质的住宅地在流转方面存在局限性，且要实现土地性质的变更的途径有限，但是评估报告已对相关因素一一予以考虑及平衡。如前所述，涉案的购地合同不能作为地块价值的认定依据，而评估报告的估价客观、真实，故此，应按估价结果的146万元作为犯罪数额予以认定。

（二）不属于"财产性利益"

◎正常民事借贷所产生的孳息，不属于受贿罪中的"财产性利益"

1. 正常民事借贷所产生的孳息，不属于受贿罪中的"财产性利益"，收取人不因此构成受贿罪，见【（2018）鄂0103刑初75号】姜某受贿案一审刑事判决书。

在该判决书中，湖北省武汉市江汉区人民法院认为：

对于公诉机关有关被告人姜某利用职务便利，向李某借款人民币100万元，从中获取财产性利益人民币225810.69元的指控。被告人姜某向李某借款人民币100万元用于购房属实，该借款行为的双方构成民事关系。根据最高人民法院、最高人民检察院《关于办理贪污贿赂刑事案件适用法律若干问题的解释》第十二条的规定：贿赂犯罪中的"财物"，包括货币、物品和财产性利益。财产性利益包括可以折算为货币的物质利益如房屋装修、债务免除等，以及需要支付货币的其他利益如会员服务、旅游等。后者的犯罪数额，以实际支付或者应当支付的数额计算。公诉机关在认为被告人姜某系向李某借款人民币100万元的同时，在没有其他佐证的情况下，仅将按照金融机构相关基准利率，以人民币100万元基数所计算出的人民币225810.69元作为财产性利益的认定，既没有事实依据，又与最高人民法院、最高人民检察院的司法解释不符。按照罪刑法定原则，公诉机关的该项指控于法无据，本院不予支持。

◎ **未实际兑付的借条可不认定为"财产性利益"**

2. 仅收取借条但未实际兑付，可以不认定为"财产性利益"，见【（2017）豫1328刑初190号】樊某潭受贿案一审刑事判决书。

在该判决书中，河南省南阳市唐河县人民法院认为：

收受借条未实际兑付不认定为收受财产性利益：关于被告人樊某潭与行贿人刘某怀的约定，所收刘某怀出具的300万元借条之情节，因该款至案发未实际兑付，樊某潭也没有向刘某怀索要该款，且起诉未将该部分款纳入指控受贿款额中，对此本院也不作为受贿数额处理，但量刑时作为情节酌情考量。

律师建议

并非所有的收益均可以认定为"财产性利益"，从而成为受贿罪的犯罪对象。只有可以折算为货币的物质利益，以及需要支付货币的其他利益，才能认定为"财产性利益"。无法用货币衡量的利益不能认定为"财产性利益"，律师在辩护时应注意把握这一辩点。

013 如何认定受贿罪中的"为他人谋取利益"？

律师提示

是否有具体请托事项是"为他人谋取利益"的重要判断标准。受贿罪中的"为他人谋取利益"，既包括不正当利益，也包括正当利益；既包括实际为他人谋取利益，也包括承诺为他人谋取利益；既包括事前明知对方有具体请托事项，也包括事后基于履行行为收受他人财物；无具体请托事项的，一般不属于"为他人谋取利益"，行为人不构成受贿罪。

争议焦点

如何认定"为他人谋取利益"，是判断行为人是否构成受贿罪的焦点问题。

《刑法》第三百八十五条第一款规定，国家工作人员利用职务上的便利，索取他人财物的，或者非法收受他人财物，为他人谋取利益的，是受贿罪。

2003年《全国法院审理经济犯罪案件工作座谈会纪要》关于如何认定"为他人谋取利益",第三条第二款规定如下:为他人谋取利益包括承诺、实施和实现三个阶段的行为。只要具有其中一个阶段的行为,如国家工作人员收受他人财物时,根据他人提出的具体请托事项,承诺为他人谋取利益的,就具备了为他人谋取利益的要件。明知他人有具体请托事项而收受其财物的,视为承诺为他人谋取利益。

2016年《最高人民法院、最高人民检察院关于办理贪污贿赂刑事案件适用法律若干问题的解释》第十三条规定:具有下列情形之一的,应当认定为"为他人谋取利益",构成犯罪的,应当依照刑法关于受贿犯罪的规定定罪处罚:

(一)实际或者承诺为他人谋取利益的;

(二)明知他人有具体请托事项的;

(三)履职时未被请托,但事后基于该履职事由收受他人财物的。

国家工作人员索取、收受具有上下级关系的下属或者具有行政管理关系的被管理人员的财物价值三万元以上,可能影响职权行使的,视为承诺为他人谋取利益。

实务中对"为他人谋取利益"的认定相对比较宽泛,只要财物收受人具有为他人谋取利益的承诺,一般就可以认定;但并不是说"为他人谋取利益"在实践中没有任何辩护空间,在一些特定情况下,仍可以认定行为人没有为他人谋取利益。

裁判精要

"为他人谋取利益"包括承诺、实施和实现三个阶段的行为,只要具有其中一个阶段的行为,就属于"为他人谋取利益";明知他人有具体请托事项而收受其财物,或履职时未被请托,但事后基于该履职事由收受他人财物的,属于"为他人谋取利益";无具体请托事项,也未利用职务上的便利为相对人谋取利益的,不应认定为"为他人谋取利益"。

司法观点

(一)属于"为他人谋取利益"

◎明知他人有具体请托事项收受其财物的,视为承诺"为他人谋取利益"

1. 明知他人有具体请托事项而收受其财物的,视为承诺为他人谋取利益,从而构成受贿罪,见【(2020)黑 11 刑终 27 号】刘某法受贿、滥用职权案二审刑事裁定书。

在该裁定书中,黑龙江省黑河市中级人民法院认为:

关于是否为他人谋取利益的问题。为他人谋取利益包括承诺、实施和实现三个阶段,只要具有其中一个阶段的行为,就具备为他人谋取利益要件。明知他人有具体请托事项而收受其财物的,视为承诺为他人谋取利益。本案证人于某、范某、马某及相关书证能够证实被告人刘某法帮助于某承包"嫩江干流堤防 2013 年水毁修复工程及北大营堤防应急度汛工程"中的部分工程;证人郭某的证言及刘某法的供述能够证实郭某请刘某法帮助其在嫩江县承包水利工程,刘某法系明知郭某有具体请托事项,其行为符合受贿罪"为他人谋取利益"的构成要件,故对被告人及辩护人的相关辩解及辩护意见,不予采纳。

◎ **履职时未被请托但事后收受他人财物的,视为"为他人谋取利益"**

2. 履职时未被请托,但事后基于该履职事由收受他人财物的,视为"为他人谋取利益",见【(2017)陕刑终 45 号】董某军犯受贿案二审刑事判决书。

在该判决书中,陕西省高级人民法院认为:

对于董某军上诉提出其在唐山恒通与中钢钢铁的合作过程中,没有为唐山恒通谋取任何利益,其行为不构成受贿罪的上诉理由,经查,2006 年下半年董某军等人对唐山恒通进行了考察,2006 年 9 月 8 日中钢钢铁与唐山恒通签订了镀锌板、热轧卷板合作协议,2007 年年初梁某某送给董某军美元 3 万元,董某军收受梁某某贿赂的行为属于"履职时未被请托,但事后基于该履职事由收受他人财物"的情形,同时,在董某军受贿之时,中钢钢铁与唐山恒通的合作还在进行中,付款审批等事项仍需董某军复核签字,梁某某亦证明,当时双方还在合作中,风险控制部有一票否决权,董某军对合作有着重要作用,因此董某军的行为也属于"明知他人有具体请托事项"的情形,故其行为应认定为"为他人谋取利益"。

◎ **明知收受财物与具体请托事项具有因果关系的,属于"为他人谋取利益"**

3. "为他人谋取利益"是在收受他人财物的同时还是之前或者之后,均不影响受贿罪的成立,只要受贿人明知收受的财物与具体的请托事项具有因果关系的,成立受贿罪,见【《刑事审判参考》第 470 号指导案例】马某、沈某萍受贿案。

在该案中，重庆市高级人民法院认为：

"为他人谋利"不能仅仅理解为客观上实施了为他人谋利的行为，应当包括承诺、实施、实现三个阶段，只要具有其中一个阶段的行为，如国家工作人员收受他人财物时，根据他人提出的具体请托事项，承诺为他人谋取利益的，就具备了为他人谋取利益的要件。对于明知他人有具体请托事项而收受其财物，亦应当视为承诺为他人谋取利益。因此，"为他人谋取利益"的时间是在非法收受他人财物的同时还是之前或者之后，均不影响受贿罪的成立，只要受贿人明知所收受的财物具有与之相对的具体请托事项，也即受贿人明知收受的财物与具体的请托事项具有因果关系的，就成立受贿罪。

本案中，金江水泥项目开始之前，天龙公司总经理刘某华对被告人马某虽无具体请托事项，但正是看中了马某作为县委书记所拥有的权力地位有可能为其公司谋取利益，才多次以房产交易形式送给马某数额巨大的财物以"联络感情"，为日后谋取利益进行"先期投资"。从一开始，本案的行、受贿双方就清楚地知道这种财物的给予是建立在"权钱交易"的基础之上的，行贿人正是看重这样的"投资"具有可期待的利益，受贿人亦通过明示或暗示承诺以日后利用职务之便为行贿人谋利作为"回报"。这种接受先期"感情投资"的受贿方式是当前贿赂犯罪不断演化的一个新形式，具有更大的隐蔽性和危害性，完全符合受贿罪的构成要件，应当依照刑法以受贿论处。对于受贿数额，应当将历次收受的财物予以累计计算。

（二）不属于"为他人谋取利益"

◎无证据证明有具体请托事项的，不能认定为"为他人谋取利益"

1. 在案没有证据证明他人有提出具体的请托事项，不认定为"为他人谋取利益"，不构成受贿罪，见【（2016）闽03刑初3号】蔡某民受贿案一审刑事判决书。

在该判决书中，福建省莆田市中级人民法院认为：

关于辩护人称起诉书指控蔡某民收受江某1、邓某、苏某2、江某2、苏某1、王某、陈某10钱款，均没有具体请托事项，涉案钱款属礼金性质，8.9万元不宜计入受贿数额的辩护意见。经查，被告人蔡某民与证人江某1、邓某、苏某2、江某2之间虽然具有行政管理关系，与证人苏某1、王某、陈某7有上下级关系，但收受上述证人的财物价值均在3万元以下，在案没有证据证明上述证人有提出具体的请托事项，根据《最高人民法院、最高人民检察院关于办理贪污贿赂刑事案件适用法律若干问题的解释》第十三条的规定，认定被告人蔡某民收受上述证人8.9万元的事实清楚，但指控被告人蔡某民为上述证人谋取利益的证据不足，依法不能认定为受贿。辩护人的辩护意见成立，予以采纳。

◎**不具有为他人谋取利益的意图及行为的，不属于"为他人谋取利益"**

2. 无具体请托事项，每次收受财物较少，且每次送钱数额较小，不具有为他人谋取利益的意图及行为的，不应认定为受贿，见【（2017）鄂0323刑初179号】贺某受贿案一审刑事判决书。

在该判决书中，湖北省十堰市竹山县人民法院认为：

公诉机关指控被告人贺某收受刘某2000元（第四笔）、收受李某22000元（第五笔）中的2000元、收受万某3800元的烟、酒的事实，经查，刘某在2014年下半年，贺某女儿出生时送400元，2015年下半年贺某女儿周岁时送600元，2016年9月，巧遇贺某搬家送1000元，三次共计2000元，刘某无具体的请托事项，且每次送钱数额较小，贺某虽收受了财物，但不具有为他人谋取利益的意图及行为，属不正之风的违纪行为，不应认定为受贿。

3. 无具体请托事项的情况下收取节日礼金，没有利用职务上的便利为相对人谋取利益的，不构成受贿罪，见【（2014）临兰刑初字第484号】江某龙受贿、贪污案一审刑事判决书。

在该判决书中，山东省临沂市兰山区人民法院认为：

对指控江某龙受贿罪部分，指控第一起收受姜某棠购物卡1.9万元，指控第三起收受袁某甲购物卡0.6万元，指控第五起收受张某明购物卡4万元和现金2.2万元，指控第六起收受邢某现金、购物卡1.6万元，指控第十五起收受邵某的购物卡1.5万元，指控第十六起收受董某甲购物卡1.5万元部分，指控第十七起收受刘某君购物卡1.7万元，指控第二十起收受郭某春购物卡0.5万元，指控第二十五起收受赵某武购物卡1.4万元，指控第三十六起收受黄某2011年前购物卡0.8万元部分，经审理查明，以上指控或属被告人江某龙所在单位下属的职能部门在节日期间两节走访，或属上下级关系的节日受礼，均无具体请托事项，被告人江某龙也没有利用职务上的便利为相对人谋取利益，在主客观方面，均不符合受贿罪的构成要件，故对以上事实的指控，本院均不予认定，但被告人江某龙在以上指控中收受的财物仍属非法所得，依法还应予以追缴。被告人江某龙及其辩护人关于该部分指控不应构成受贿罪的辩护理由成立，本院予以采信。

本案上诉后，二审维持了原判。

律师建议

司法实践中对于"为他人谋取利益"的判断，掌握得相对比较宽泛。一般只要行为人收取了他人的钱物，且具有一定的公共管理职权，即推定行为人"为他人谋取利益"。在职务犯罪辩护中，要重点审查现有证据能否证明存在具体请托事项，并结合涉案数额大小、是否利用职务便利等方面进行综合判断。

014 如何认定斡旋型受贿中的"谋取不正当利益"？

律师提示

构成一般型受贿要求为他人谋取的利益既可以是正当利益，也可以是不正当利益，而"斡旋型受贿"中为他人谋取的利益只能是不正当利益。"不正当利益"是指违反法律、法规、规章、政策规定，或者要求国家工作人员违反法律、法规、规章、政策、行业规范的规定，为行贿人提供帮助或者方便条件从而取得的利益。"不正当利益"分为两种，一种是非法利益，另一种是通过不正当途径获得的利益。违背公平、公正原则，在招标投标、政府采购等商业活动以及在组织人事管理等活动中谋取竞争优势的，应当认定为"谋取不正当利益"；固定资产投资奖励、加快办事进度等一般不认定为"不正当利益"。

争议焦点

如何区分正当利益与不正当利益，通过不正当途径获得的利益是否属于不正当利益，是界定斡旋型受贿中的"谋取不正当利益"的争议焦点。

"斡旋型受贿"，是国家工作人员利用本人职权或者地位形成的便利条件，通过其他国家工作人员职务上的行为，为请托人谋取不正当利益，索取请托人财物或者收受请托人财物的犯罪行为。

《刑法》第三百八十八条规定，国家工作人员利用本人职权或者地位形成的便利条件，通过其他国家工作人员职务上的行为，为请托人谋取不正当利益，索取请托人财物或者收受请托人财物的，以受贿罪论处。

1999年《最高人民法院、最高人民检察院关于在办理受贿犯罪大要案的同时要严肃查处严重行贿犯罪分子的通知》第二条第一款规定：……"谋取不正当利益"是指谋取违反法律、法规、国家政策和国务院各部门规章规定的利益，以及要求国家工作人员或者有关单位提供违反法律、法规、国家政策和国务院各部门规章规定的帮助或者方便条件。

2003年《全国法院审理经济犯罪案件工作座谈会纪要》第三条第三款对"利用职权或地位形成的便利条件"的认定作出了具体规定：刑法第三百八十八条规定的"利用本人职权或者地位形成的便利条件"，是指行为人与被其利用的国家工作人员之间在职务上虽然没有隶属、制约关系，但是行为人利用了本人职权或者地位产生的影响和一定的工作联系，如单位内不同部门的国家工作人员之间、上下级单位没有职务上隶属、制约关系的国家工作人员之间、有工作联系的不同单位的国家工作人员之间等。

2008年《最高人民法院、最高人民检察院关于办理商业贿赂刑事案件适用法律若干问题的意见》第九条规定：在行贿犯罪中，"谋取不正当利益"，是指行贿人谋取违反法律、法规、规章或者政策规定的利益，或者要求对方违反法律、法规、规章、政策、行业规范的规定提供帮助或者方便条件。

在招标投标、政府采购等商业活动中，违背公平原则，给予相关人员财物以谋取竞争优势的，属于"谋取不正当利益"。

2012年《最高人民法院、最高人民检察院关于办理行贿刑事案件具体应用法律若干问题的解释》第十二条规定：行贿犯罪中的"谋取不正当利益"，是指行贿人谋取的利益违反法律、法规、规章、政策规定，或者要求国家工作人员违反法律、法规、规章、政策、行业规范的规定，为自己提供帮助或者方便条件。

违背公平、公正原则，在经济、组织人事管理等活动中，谋取竞争优势的，应当认定为"谋取不正当利益"。

司法实践中对于哪些利益属于"正当利益"，哪些利益属于"不正当利益"，存在较大分歧，特别是哪些程序或方法不正当，但实体上违法性并不明显的情形。科学界定"正当利益"与"不正当利益"，无论对于维护司法公正，抑或是维护当事人合法权益，都具有重要意义。

裁判精要

构成一般型受贿要求为他人谋取的利益既可以是"正当利益"，也可以是

"不正当利益"，而"斡旋型受贿"中为他人谋取的利益只能是"不正当利益"。"不正当利益"是指违反法律、法规、规章、政策规定，或者要求国家工作人员违反法律、法规、规章、政策、行业规范的规定，为行贿人提供帮助或者方便条件从而取得的利益。"不正当利益"分为两种，一种是非法利益，另一种是通过不正当途径获得的利益。违背公平、公正原则，在招标投标、政府采购等商业活动以及在组织人事管理等活动中谋取竞争优势的，应当认定为"谋取不正当利益"。固定资产投资奖励、加快办事进度等一般不认定为"不正当利益"。

司法观点

（一）属于"谋取不正当利益"

◎违规斡旋帮助行贿人获取竞争优势的，属于"谋取不正当利益"

1. 帮助行贿人斡旋催要工程款，因程序不正当，也属于"谋取不正当利益"，构成斡旋受贿，见【（2018）冀02刑终318号】屈某华受贿案二审刑事裁定书。

在该裁定书中，河北省唐山市中级人民法院认为：

本案的争议焦点为起诉书指控的第二起事实是否构成受贿罪。公诉人重审当庭提出属于斡旋受贿，应当以受贿罪论处。被告人屈某华及其辩护人提出未利用职务之便，未谋取不正当利益，不构成受贿罪。认定如下，一、屈某华任清东陵保护区管委会财政局负责人，张某为遵化市财政局局长，双方有工作上的往来，且张某与屈某华之前是上下级关系，应当认定双方有工作联系和能够对对方产生影响，因此，符合利用了本人职权或者地位形成的便利条件这一要件。二、屈某华陈述"（王某）让我找遵化市财政局的比较熟的领导说说，尽快给他结工程款"，本身结工程款从实体上即利益本身是正当的，但是结工程款也应当符合法律、法规、政策、规章和行业规范所规定的程序，遵守相关程序必然要耗费一定的时间，而"尽快"则表明了王某想获取超越程序（时间上）的帮助或方便条件，应当认定这是一种不正当的利益。而屈某华明知该请托事项而联系张某帮助（"你看看能不能帮忙解决点"），应当认定为请托人谋取不正当利益这一要件。至于张某在发放工程款的过程中，是否违反程序，是否缩短了发放时间或者增加了发放数额，即是否为请托人谋取了不正当利益，则不影响斡旋受贿的成立。

◎**违规斡旋办理子女录取、岗位调整、获得许可等，属于"谋取不正当利益"**

2. 斡旋帮助行贿人子女低分违规录取的，属于"谋取不正当利益"，构成斡旋受贿，见【（2017）浙0482刑初132号】张某初受贿案一审刑事判决书。

在该判决书中，浙江省平湖市人民法院认为：

辩护人提出被告人张某初为万某女儿谋取的是正当利益，不构成斡旋受贿。经审查，万某女儿户籍所在地为嘉兴市南湖区，2010年中考分数为653分，当年嘉善高级中学并轨生录取最低分数为679分，通过被告人张某初的关系，万某女儿以并轨生的身份被嘉善高级中学跨区域录取。被告人张某初通过其他国家工作人员职务上的行为，为他人谋取不正当利益，并收受他人财物，其行为符合斡旋受贿的构成要件，辩护人提出的辩护意见本院不予采纳。

3. 帮助行贿人斡旋调整岗位的，属于"谋取不正当利益"，构成斡旋受贿，见【（2014）浙杭刑终字第767号】蒋某初受贿案二审刑事裁定书。

在该裁定书中，浙江省杭州市中级人民法院认为：

上诉人蒋某初受童某的请托，帮助服刑人员吴某调整岗位，虽然其没有调整吴某岗位的权力，但其为吴某的事和其他监区领导打招呼，属于利用了其与单位内其他国家工作人员之间一定的工作联系。不符合换岗位的条件或不符合换更好的工作岗位的条件而打招呼，这种岗位的调整应属于不正当利益，至于实际是否谋利并不影响斡旋受贿行为的认定。故上诉人蒋某初提出其没有为吴某谋取不正当利益，因此收童某的钱不构成斡旋受贿及其辩护人所提相关辩护意见不能成立，本院不予采信。

4. 帮助行贿人斡旋非法取得许可证，排挤他人市场竞争的，属于"谋取不正当利益"，构成斡旋受贿，见【（2016）皖0111刑初589号】鲍某东受贿案一审刑事判决书。

在该判决书中，安徽省合肥市包河区人民法院认为：

关于辩护人提出指控鲍某东收受郑某5万元，没有利用职务之便，认定其构成受贿罪证据不足的意见。经查：安徽金安管业集团钟山矿业科技发展公司总经理郑某所在的铁矿炸药厂已过年审期限，不能再生产。郑某找到时任庐江交警大队大队长鲍某东帮忙，鲍某东找到国防科工委的一个亲戚帮助解决了炸药厂许可证问题，为此鲍某东收受了郑某5万元，此行为属国家工作人员利用职权，违规通过其他国家工作人员职务上的便利，为行贿人谋取不正当利益，不正当利益包括排挤他人市场竞争等，属斡旋受贿，应予惩处。辩护人此节辩护意见，不能成立。

◎**获取利益本身合法但手段、方法不合法的，属于"为他人谋取不正当利益"**

5. 受贿中"为请托人谋取不正当利益"包括利益本身不合法，同时还包括利益本身合法，但取得利益的手段和方式、途径不合法。帮助行贿人斡旋实施执法部门不允许的非法行为的，属于"谋取不正当利益"，构成斡旋受贿，见【2018新01刑终248号】魏某受贿案二审刑事判决书。

在该判决书中，新疆维吾尔自治区乌鲁木齐市中级人民法院认为：

关于上诉人魏某的辩护人所持"上诉人魏某收受陈某某万元购物卡的行为因没有谋取不正当利益，不构成受贿罪"的意见，对此，经查，上诉人魏某供述"在陈某某提出要封闭彩网板房的要求时，因行政执法部门不允许，让其帮忙协调执法局，其将收受的2万元购物卡中的1.6万元交给了执法局的相关人员"。本院认为，2015年6月，上诉人魏某在接受陈某某请托时，其系喀什东路街道办事处主任，其与执法局的相关人员虽不存在职务上的直接制约关系，但其利用本人职权或地位形成的便利条件，通过执法局人员的行为为请托人办事，亦属受贿犯罪。同时，受贿中"为请托人谋取不正当利益"包括利益本身不合法，同时还包括利益本身合法，但取得利益的手段和方式、途径不合法。具体到本案，上诉人魏某和证人谢某聪均证实"行政执法局不允许对彩钢板房进行封闭"，请托人陈某某所谋取的利益本身不合法，同时其还通过行贿的手段达到其目的，应当认定为"为请托人谋取不正当利益"。辩护人提出的该项意见，理由不成立，本院不予采纳。

6. 斡旋承办法官给予案件一方以照顾的，属于"谋取不正当利益"，构成斡旋受贿，见【（2013）杭上刑初字第98号】包某源受贿案一审刑事判决书。

在该判决书中，浙江省杭州市上城区人民法院认为：

辩护人关于"包某源与孙某、王某只是普通同事关系，与其职权或地位没有必然的联系，且并未为请托人谋取不正当利益，定性上值得商榷"的辩护意见，经审理认为：（1）"利用本人职权或者地位形成的便利条件"是指行为人与被其利用的国家工作人员之间在职务上虽然没有隶属、制约关系，但是行为人利用了本人职权或者地位产生的影响和一定的工作联系，如单位内不同部门的国家工作人员之间、上下级单位没有职务上隶属、制约关系的国家工作人员之间、有工作联系的不同单位的国家工作人员之间等。包某源与孙某、王某就属单位内不同部门的国家工作人员,包某源受托向二人打招呼要求照顾案件一方的行为就是利用本人职权或者地位形成的便利条件,通过其他国家工作人员职权上的行为为请托人谋利。(2)"谋取不正当利益"是指违反法律、法规、国家政策和国务院各部门规章规定的利益,以及要求国家工作人员或者有关单位违反法律、法规、国家政策和国务院各部门规章规定的帮助或者方便条件。"不正当利益"应当包括两种,一种是非法利益,另一种是"通过不当途径获得的利益"。本案中包某源要为请托人谋取的利益虽然并不一定是非法利益,或者谋取的利益本身没有违反法律、法规、国家政策和国务院各部门规章规定,但要其他承办法官违背《法官法》《法官职业道德基本准则》等法律法规和政策对法官的规范要求,给予案件一方以照顾,显然,其属于"谋取不正当利益"。(3)"为请托人谋取(不正当)利益"包括承诺、实施和实现三个阶段行为。被告人包某源受托后付诸实施,进行斡旋,虽然到案证据无法显示洪海公司是否因此实际获益,但本罪的构成并不要求必须有取得不正当利益的后果。综上,被告人包某源受托向承办案件的同事打招呼并收受10万元现金及6万元卡的行为构成斡旋受贿,辩护人的相关意见不能成立。该案一审判决后未上诉。

(二)不属于"谋取不正当利益"

◎帮助他人索要正当合法利益的,不属于"谋取不正当利益"

1. 固定资产投资奖励属于正当利益,帮助他人索要不属于"谋取不正当利益",不构成斡旋受贿,见【(2017)川01刑初4号】杨某受贿案一审刑事判决书。

在该判决书中,四川省成都市中级人民法院认为:

关于2009年被告人杨某从马某处取得30万元的性质问题。本院认为,第一,指控证据不足以证实被告人杨某为马某请托的高某公司谋取了不正当利益。经查,2008年杨某给成都经开区相关领导打招呼帮高某公司协调投资奖励款时,所任职务为交投集团总经理,该请托事项并非其本人职权范围内之事。《刑法》第三百八十八条规定:"国家工作人员利用本人职权或者地位形成的便利条件,通过其他国家工作人员职务上的行为,为请托人谋取不正当利益,索取请托人财物或者收受请托人财物的,以受贿论处。"即在斡旋型受贿中,为请托人谋取的利益应为"不正当利益"。而本案中,2008年12月,高某公司获得龙泉驿区政府49万元固定资产投资奖励，是根据高某公司与龙泉驿区人民政府、成都经开区管委会签订的《项目投资协议书》附件一第二条第七款约定以及龙委发（2003）41号文件相关规定（即"若该项目在150天内建成，开发区财政为该项目补贴地价净地每平方米人民币30元，代征地每平方米人民币15元"以及"对固定资产投资强度达100万元每亩以上的工业项目，一次性固定资产投资额2000万元以上的给予建设项目3万元每亩的奖励"）。高某公司确在150天内建成项目，项目总投资500万美元，项目投资强度100万元每亩以上，根据上述约定，高某公司能够得到的固定资产投资奖励具有合法性、确定性，属于正当利益。故指控证据不足以证实被告人杨某在斡旋受贿行为中为请托人谋取了不正当利益。

◎**通过正常程序帮助他人获得正当利益的，不属于"谋取不正当利益"**

2. 斡旋帮助加快一般纳税人认定过程的，不属于"谋取不正当利益"，不构成斡旋受贿，见【（2014）园刑二初字第0216号】陈某受贿案一审刑事判决书。

在该判决书中，江苏省苏州工业园区人民法院认为：

关于公诉机关指控被告人陈某于2013年春节后收受沈某所送价值人民币4000元的购物卡的意见。被告人陈某供述2013年春节后，沈某送了4000元的购物卡，让其帮一家企业快一点认定一般纳税人，尽快购领到发票，开展正常经营的情况。证人沈某陈述2013年春节后，某某丙公司为了一般纳税人认定快一点，让其找陈某帮忙，其找了陈某，在他办公室送了他4000元的购物卡。被告人陈某的任职材料证实其自2013年1月起，主要从事内资税源风险管理等相关工作，不再负责一般纳税人认定等工作。本院认为，国家工作人员利用本人职权或者地位形成的便利条件，通过其他国家工作人员的行为，为请托人谋取不正当利益，收受请托人财物的，以受贿论处。公诉机关未能提供充分证据证实其他国家工作人员在被告人陈某的要求下实施了相关职务行为及相关公司加快一般纳税人认定过程属于不正当利益等斡旋受贿的构成要件，故该笔指控不予认定。

3. 未利用职务便利为他人斡旋谋取不正当利益的，不构成斡旋受贿，见【（2020）浙03刑终189号】施某东等受贿案二审刑事裁定书。

在该裁定书中，浙江省温州市中级人民法院认为：

关于抗诉、支抗机关提出对于原判认定的第二节事实，施某东的行为属于斡旋受贿，应认定构成受贿罪，原判认定构成行贿罪并将施某东收受的好处费认定为违纪，从受贿金额中剔除不当的意见。经查，对于该节事实，案发期间，施某东时任平阳县麻步镇建设管理办公室副主任，邓某时任平阳县南雁镇建设管理办公室副主任，苏某辉时任平阳县南雁镇经济建设服务中心主任，施某东与邓某、苏某辉分属不同的单位，在职务上并无隶属、制约关系，亦不存在工作上的联系，施某东并非利用本人职权或者地位形成的便利条件，通过其他国家工作人员职务上的行为，为请托人谋取不正当利益，不符合斡旋受贿罪的特征。故抗诉、支抗机关提出的相关意见，理由不足，本院不予采纳。

律师建议

在认定斡旋型受贿罪中的"不正当利益"时，要注意区分正当利益与不正当利益，两者的区别关键在于是否违反法律、法规、规章、政策、行业规范的规定。对于"通过不正当途径获得的利益"，例如，通过送钱的方式索要被拖欠的工程款，一般不应认定为"谋取不正当利益"，否则有违公平原则和基本生活逻辑。

015 非国家工作人员斡旋受贿是否构成犯罪？

律师提示

有的法院认为，法律并未规定非国家工作人员"利用他人职权"为请托人谋取利益亦构成斡旋型受贿，因此不构成非国家工作人员受贿罪；有的法院认为，非国家工作人员斡旋受贿的，符合受贿罪的客观要件，构成非国家工作人员受贿罪。

争议焦点

非国家工作人员斡旋受贿是否构成犯罪？如何区分"利用本人职权"与"利用他人职权"？这是非国家工作人员受贿罪辩护中的一个争议焦点。

《刑法》第一百六十三条规定：公司、企业或者其他单位的工作人员，利用职务上的便利，索取他人财物或者非法收受他人财物，为他人谋取利益，数额较大的，处三年以下有期徒刑或者拘役，并处罚金；数额巨大或者有其他严重情节的，处三年以上十年以下有期徒刑，并处罚金；数额特别巨大或者有其他特别严重情节的，处十年以上有期徒刑或者无期徒刑，并处罚金。

公司、企业或者其他单位的工作人员在经济往来中，利用职务上的便利，违反国家规定，收受各种名义的回扣、手续费，归个人所有的，依照前款的规定处罚。

国有公司、企业或者其他国有单位中从事公务的人员和国有公司、企业或者其他国有单位委派到非国有公司、企业以及其他单位从事公务的人员有前两款行为的，依照本法第三百八十五条、第三百八十六条的规定定罪处罚。

第三百八十五条第一款规定：国家工作人员利用职务上的便利，索取他人财物的，或者非法收受他人财物，为他人谋取利益的，是受贿罪。

第三百八十八条规定：国家工作人员利用本人职权或者地位形成的便利条件，通过其他国家工作人员职务上的行为，为请托人谋取不正当利益，索取请托人财物或者收受请托人财物的，以受贿论处。

2003年《全国法院审理经济犯罪案件工作座谈会纪要》第三条第三款对"利用职权或地位形成的便利条件"的认定作出了具体规定：刑法第三百八十八条规定的"利用本人职权或者地位形成的便利条件"，是指行为人与被其利用的国家工作人员之间在职务上虽然没有隶属、制约关系，但是行为人利用了本人职权或者地位产生的影响和一定的工作联系，如单位内不同部门的国家工作人员之间、上下级单位没有职务上隶属、制约关系的国家工作人员之间、有工作联系的不同单位的国家工作人员之间等。

我国法律对此问题的规定并不十分明确，导致司法实践中存在判决不统一的情形。司法实践中存在的问题之一是，将非国家工作人员"利用他人职权"为请托人谋取利益也认定为非国家工作人员受贿罪，即非国家工作人员也可以构成斡旋型受贿；另一个问题是，将本属于"利用他人职权"的情形扩大解释为"利用本人职权"，例如，对"利用本人与他人形成的隶属、制约关系"做扩大性解释，虽然名义上没有将非国家工作人员纳入斡旋型受贿的范畴，但实际上作为犯罪处理。

裁判精要

有的法院认为，法律并未规定非国家工作人员"利用他人职权"为请托人谋取利益亦构成斡旋型受贿，因此不构成非国家工作人员受贿罪；有的法院认为，非国家工作人员斡旋受贿的，符合受贿罪的客观要件，构成非国家工作人员受贿罪。

司法观点

（一）不构成非国家工作人员受贿罪

◎ **现行法律并未规定斡旋受贿亦构成非国家工作人员受贿罪**

1. 斡旋型受贿的行为人必须为国家工作人员，且为请托人谋取不正当利益，现行法律并未规定斡旋受贿亦构成非国家工作人员受贿罪，因此不构成非国家工作人员受贿罪，见【（2013）亭刑二初字第0177号】吉某群受贿案一审刑事判决书。

在该判决书中，江苏省盐城市亭湖区人民法院认为：

关于辩护人提出被告人吉某群收受邹某吾贿送为其承接大洋湾打水业务向相关领导打招呼，系斡旋受贿方式，因现行法律未规定斡旋受贿亦构成非国家工作人员受贿罪，故该指控法律依据不足的辩护意见，经查，被告人吉某群的供述及证人邹某乙的证言均证实之所以送10000元现金，一是想请被告人吉某群帮忙解决宅基，二是请被告人吉某群跟李某书记打招呼，承接大洋湾的打水业务；后宅基未安排，打水的事情被告人吉某群和李某书记打了招呼，使邹某乙顺利承接了大洋湾的打水业务。邹某乙得以承接大洋湾的打水业务并非被告人吉某群利用本人职务上的便利所致，而是被告人吉某群向南洋镇的相关领导打招呼，通过该领导职务上的行为实现，被告人吉某群系斡旋收受财物的行为，行为人必须为国家工作人员，且为请托人谋取不正当利益，才构成受贿罪；现行法律并未规定斡旋受贿亦构成非国家工作人员受贿罪，因此该节指控不能成立，应予核减，对辩护人的该辩护意见予以采信。

◎ **非国家工作人员不符合斡旋受贿主体要件，不构成非国家工作人员受贿罪**

2. 非国家工作人员不属于斡旋受贿的主体，因此不构成非国家工作人员受贿罪，见【（2018）皖0803刑初47号】吴某甲非国家工作人员受贿、挪用资金案一审刑事判决书。

在该判决书中，安徽省安庆市大观区人民法院认为：

被告人吴某甲作为公司、企业工作人员，利用职务上的便利，挪用本单位资金200万元归个人使用，数额较大，进行营利活动，其行为已构成挪用资金罪。辩护人辩称被告人吴某甲收取方某3万元是基于合法借贷关系产生的孳息；韩某支付给吴某甲的10万元属于正常的融资成本，且非国家工作人员不构成斡旋受贿的主体；而其他客户所送的购物卡和热水器价值达不到构罪标准，故被告人的行为不构成非国家工作人员受贿罪的辩护意见予以采纳。

(二) 构成非国家工作人员受贿罪

◎非国家工作人员斡旋受贿的，构成非国家工作人员受贿罪

1. 非国家工作人员利用本人与第三方之间的制约关系为请托人谋取不正当利益的，构成非国家工作人员受贿罪，见【(2016)沪0110刑初1106号】顾某非国家工作人员受贿案一审刑事判决书。

在该判决书中，上海市杨浦区人民法院认为：

职务便利可以分为职权和依职权形成的便利条件。顾某虽无权决定厂商的代理商，但顾某的职权为顾某收受贿赂带来了附随便利，即顾某收受贿赂利用了其担任欧某公司信息技术运营部副总监的职务便利，表现在：1. 顾某具有知悉与兴某公司签订的《服务协议》全部内容的便利条件，如工程指定使用的硬件设备品牌、数量等关键信息，而这些关键信息正是之后宏某公司参与供应链并盈利的前提条件；2. 顾某作为合同发包方，具有监督合同顺利履行的职务便利，不但对合同的相对方兴某公司具有制约作用，对材料的制造商和供应商也有较大的制约作用，陶某某按照顾某的要求安排宏某公司成为M某公司代理商并向兴某公司推荐，正是基于顾某的职务对厂商的制约作用。因此，辩护人关于顾某在收受陈某某销售硬件设备后给予的钱款未利用职务便利的意见不予采纳。一审判决被告人顾某犯非国家工作人员受贿罪，判处有期徒刑六年。

2. 非国家工作人员利用本人职权形成的便利条件，为他人谋取不正当利益的，构成非国家工作人员受贿罪，见【(2014)泾刑初字第00127号】金某非国家工作人员受贿案一审刑事判决书。

在该判决书中，安徽省泾县人民法院认为：

被告人金某在担任某财产保险股份有限公司宣城中心支公司泾县营销部车物查勘定损员期间，利用职务上的便利，非法收受他人财物，为他人谋取利益，其行为已触犯刑律，构成非国家工作人员受贿罪。被告人关于起诉书指控收受泾县某甲汽车服务有限公司、泾县某乙汽车服务有限公司、泾县某电动车行、泾县某丙汽车修理厂超市购物卡并非回扣，且没有为他们谋取利益，不宜计入犯罪数额的辩解不成立。被告人金某明知汪某等所在单位均涉足车辆维修等业务，各证人

送其钱物就是为了能够在车辆维修、定损等方面得到其关照，仍予以接受，明显利用了其本人职权形成的便利条件，为他人谋取的利益是否实现，并不影响该罪名的成立。

律师建议

"法无明文规定不为罪"，我国刑法仅规定了国家工作人员构成斡旋型受贿，没有规定非国家工作人员构成斡旋型受贿，依据罪刑法定原则，不应对非国家工作人员利用他人职权为请托人谋利的行为认定为非国家工作人员受贿罪。律师在进行辩护时，要防止司法机关将本属于"利用他人职权"的情形扩大解释为"利用本人职权"，特别是对"利用本人与他人形成的隶属、制约关系"做扩大性解释，运用专业知识和逻辑能力说服法官，为当事人争取最大权益。

016 收受他人财物虚假承诺办事构成受贿罪还是诈骗罪？

律师提示

有人认为，国家工作人员虚假承诺收受他人财物，符合诈骗罪的行为方式，应以诈骗罪追究刑事责任；有人认为，国家工作人员无论是真实承诺还是虚假承诺，只要与其职务行为有关，就应以受贿罪追究刑事责任。从本质上看，虚假承诺也属于承诺的一种形式，受贿罪的本质特征是国家工作人员职务行为的不可交易性，出资人在给付国家工作人员财物时主观目的就是行贿，而国家工作人员收受财物所利用的也是其职务，符合受贿罪权钱交易的特征；同时，认定为诈骗罪会导致国家工作人员利用职务从事犯罪行为在定罪量刑上的失衡。

争议焦点

国家工作人员收受他人财物但虚假承诺为他人办事的，构成受贿罪还是诈骗罪，在理论和实务界均有巨大争议。受贿罪与诈骗罪在量刑上存在巨大差异，对该行为定性的不同关系到当事人的切身利益，因此有必要予以厘清。

根据我国刑法及司法解释，诈骗罪的起刑点一般在 3000 元至 10000 元之间，各省市可根据当地经济发展状况确定。而受贿罪一般情况下的起刑点为 30000

元,由司法解释统一规定。诈骗罪的起刑点明显低于受贿罪,从量刑幅度上来看,诈骗罪的量刑也明显高于受贿罪。对国家工作人员收受他人财物但虚假承诺为他人办事的认定,刑法及司法解释的规定并不清晰,导致实践认定中存在分歧。

关于诈骗罪,《刑法》第二百六十六条规定,诈骗公私财物,数额较大的,处三年以下有期徒刑、拘役或者管制,并处或者单处罚金;数额巨大或者有其他严重情节的,处三年以上十年以下有期徒刑,并处罚金;数额特别巨大或者有其他特别严重情节的,处十年以上有期徒刑或者无期徒刑,并处罚金或者没收财产。本法另有规定的,依照规定。

依据2011年《最高人民法院、最高人民检察院关于办理诈骗刑事案件具体应用法律若干问题的解释》第一条第一款的规定:诈骗公私财物价值三千元至一万元以上、三万元至十万元以上、五十万元以上的,应当分别认定为刑法第二百六十六条规定的"数额较大"、"数额巨大"、"数额特别巨大"。

关于受贿罪,《刑法》第三百八十五条第一款规定,国家工作人员利用职务上的便利,索取他人财物的,或者非法收受他人财物,为他人谋取利益的,是受贿罪。依照《刑法》第三百八十三条有关贪污罪处罚的规定,受贿数额特别巨大或者有其他特别严重情节的,处十年以上有期徒刑或者无期徒刑,并处罚金或者没收财产;数额特别巨大,并使国家和人民利益遭受特别重大损失的,处无期徒刑或者死刑,并处没收财产。

依据2016年《最高人民法院、最高人民检察院关于办理贪污贿赂刑事案件适用法律若干问题的解释》第一条、第二条、第三条之规定,贪污或者受贿数额在三万元以上不满二十万元的,应当认定为刑法第三百八十三条第一款规定的"数额较大",依法判处三年以下有期徒刑或者拘役,并处罚金。

贪污或者受贿数额在二十万元以上不满三百万元的,应当认定为刑法第三百八十三条第一款规定的"数额巨大",依法判处三年以上十年以下有期徒刑,并处罚金或者没收财产。

贪污或者受贿数额在三百万元以上的,应当认定为刑法第三百八十三条第一款规定的"数额特别巨大",依法判处十年以上有期徒刑、无期徒刑或者死刑,并处罚金或者没收财产。

我国受贿罪和诈骗罪在量刑起点、量刑幅度、犯罪构成方面均存在较大差异,在认定时要相对慎重。国家工作人员虚假承诺也属于承诺的一种形式,即使收受财物时存在承诺但不办事的情形,也不应轻易适用诈骗罪进行认定,否则容易出现定罪量刑上的严重失衡。

裁判精要

国家工作人员不论是真实承诺还是虚假承诺,有无实际为他人谋取利益的行为,为他人谋取正当利益还是不正当利益,均不影响受贿罪的成立。国家工作人员在收受他人财物后存在诈骗行为的,以诈骗罪论处。

司法观点

(一) 构成诈骗罪

◎**收受财物但未想实际为他人办事的,构成诈骗罪而非受贿罪**

1. 国家工作人员虽有相应职权,但仅收受财物未想实际为他人办事,构成诈骗罪而非受贿罪,见【(2020)琼96刑初34号】张某慧受贿、诈骗、行政枉法裁判案一审刑事判决书。

在该判决书中,海南省第一中级人民法院认定,张某慧收取他人两笔款项构成诈骗罪。

2001年6月,被告人张某慧的邻居田某清因其子范某明被海口市中院一审判处死刑,遂请托曾在海南法院系统任职的张某慧夫妇帮忙疏通法院关系,以减轻范某明的刑罚。张某慧夫妇答应帮忙,并谎称疏通法院关系需要送给法院80万元。田某清信以为真,但提出经济困难,没有能力支付该款。双方遂商定,田某清将福海花园14号别墅作价80万元给张某慧夫妇,再由张某慧夫妇出资80万元去疏通法院关系。同年7月16日,双方以买卖方式将福海花园14号别墅过户到张某慧名下。因未实际支付购房款,张某慧夫妇担心田某清告其诈骗,遂要求田某清出具了收到购房款的相关凭证。

2001年7月初,张某慧看中了田某清家的一座花果山雕刻工艺品,便想通过先购买再骗回支付款的方式据为己有。后张某慧假意向田某清提出以10万元购买该工艺品。田某清信以为真,在收到张某慧支付的10万元后将工艺品交给张某慧。几天后,张某慧又谎称范某明案仍需给法官送钱,将支付给田某清的10万元要回。

"范某明案件审理过程中,张某慧夫妇并未请托承办法官及相关人员对范某明减轻处罚，也未向相关人员支付任何费用。经鉴定，福海花园 14 号别墅于 2001 年 7 月 16 日的认定价格为 112.13 万元；花果山雕刻工艺品于 2001 年 7 月的认定价格为 31.48 万元。"

法院最后综合认定：被告人张某慧和刘某生主观上具有非法占有为目的，客观上实施了虚构事实的行为，致使被害人田某清陷入错误认识，而以买卖方式将福海花园 14 号别墅过户给张某慧，将一座花果山雕刻工艺品交付给张某慧。被告人张某慧的行为符合诈骗罪的构成要件，依法应当以诈骗罪追究其刑事责任。最后法院就张某慧收取的田某清两笔款项，以诈骗罪判处其有期徒刑十年，并处罚金人民币 50 万元。

◎**通过诈骗方式佯装答应为请托人提供帮助的，构成诈骗罪**

2. 国家工作人员答应为请托人提供帮助，存在提供虚假材料行为的，构成诈骗罪，见【（2017）新 40 刑终 469 号】廖某峰受贿案二审刑事裁定书。

在该裁定书中，新疆维吾尔自治区伊犁哈萨克自治州塔城地区中级人民法院认为：

2014 年 4 月至 11 月期间，被告人廖某峰利用担任昭苏县畜牧兽医局项目办工作人员的职务之便，答应为新世公司伊宁分公司总经理仲某在昭苏县饲草基地建设项目的玻璃管道上提供帮助，并在昭苏县畜牧兽医局准备考察相关玻璃钢管公司时，将新世公司伊宁分公司添加在考察名单上。其间，被告人廖某峰以各种借口向仲某索要 16 万元，并全部用于个人日常开销。2014 年 7 月至 12 月期间，被告人廖某峰虚构监控设施工程项目，以提供虚假工程资料、承诺得到工程项目等方式，骗取被害人陈某 6 万元，并全部用于个人日常开销。

对公诉机关指控的第二起犯罪中，被告人廖某峰以非法占有为目的，在明知昭苏县畜牧局无监控工程项目的情况下，仍然隐瞒事实真相，提供其他文件材料，致使被害人陈某陷入错误的认识，骗取被害人陈某 6 万元，数额巨大，其行为符合诈骗罪的构成要件，应以诈骗罪追究刑事责任。

最后法院维持原判，仍认定被告人廖某峰第二起犯罪构成犯诈骗罪，判处有期徒刑三年六个月，并处罚金 30000 元。

(二) 构成受贿罪

◎**行为人虚假承诺办事不影响受贿罪的认定**

1. 不论是真实承诺还是虚假承诺，为他人谋取正当利益还是不正当利益，是否实际谋取到利益,均不影响受贿罪的构成,见【(2016)苏 1204 刑初 192 号】曹某东犯受贿案一审刑事判决书。

在该判决书中,江苏省泰州市姜堰区人民法院认为:

本院查明的第一、二、四、五、六起受贿事实中,被告人均是利用自身职务便利,为他人谋取利益。表现形式,要么是承诺,要么是实施,至于是真承诺,还是虚假承诺,是为他人谋取正当利益,还是不正当利益,是否实际谋取到利益,均不影响受贿罪的构成。起诉指控的第三起受贿事实中,被告人时任控申科副科长,虽不直接参与刑事诉讼活动,但利用了本人职权或者地位形成的便利条件,通过其他国家工作人员职务上的行为,为请托人杨某甲谋取对其妻从轻刑事处罚的利益,显然为不正当利益,依刑法第三百八十八条之规定,应以受贿论处。

二审裁定维持原判。

◎行为人无实际为他人谋利的行为不影响受贿罪的认定

2. 虚假承诺或有无实际为他人谋取利益的行为,不影响受贿的认定,见【(2016)闽 03 刑再 4 号】黄某奉受贿案再审刑事判决书。

在该判决书中,福建省莆田市中级人民法院认为:

黄某奉在苏某提出对其经营药店免除或减轻处罚以及及时恢复"医保定点"药店资格、"医保定点"业务监管给予关照的请托事项,并送给黄某奉现金 8 万元后予以允诺;黄某奉许诺的事项与其职务行为有关。黄某奉明知苏某送其钱财是想通过自己职务上的便利为其谋取利益而予以收受,已构成受贿;黄某奉虚假承诺或有无实际为苏某谋取利益的行为,均不影响受贿的认定。

律师建议

虚假承诺也属于承诺的一种形式,受贿罪的本质特征是国家工作人员职务行为的不可交易性,出资人在给付国家工作人员财物时主观目的就是行贿,而国家工作人员收受财物所利用的也是其职务,符合受贿罪权钱交易的特征;同时,认定为诈骗罪也会导致国家工作人员利用职务从事犯罪行为在定罪量刑上的失衡。

017 收受他人礼金是否构成受贿罪？

律师提示

判断国家工作人员收受他人礼金是否构成受贿罪，需要甄别正常人情往来与受贿行为的界限，结合双方之间是否具有长期亲友关系、交往是否与职务相关、金钱往来是否对等、是否有具体请托事项、是否超出正常范围等来进行判断。如果双方具有超越职权关系的长期人情往来，送礼人无具体请托事项，双方金钱往来对等且数额不大，没有超出正常范围，则可以认定为正常人情往来；如果双方并没有长期人情往来，送礼人有具体的请托事项，收受礼金数额较大，则应认定为超出人情往来范畴，构成受贿罪。

争议焦点

关于国家工作人员收受他人礼金是否构成受贿罪，理论和实践中均存在一定的争议。

《刑法》第三百八十五条规定：国家工作人员利用职务上的便利，索取他人财物的，或者非法收受他人财物，为他人谋取利益的，是受贿罪。

国家工作人员在经济往来中，违反国家规定，收受各种名义的回扣、手续费，归个人所有的，以受贿论处。

2016年《最高人民法院、最高人民检察院关于办理贪污贿赂刑事案件适用法律若干问题的解释》第十三条规定：

具有下列情形之一的，应当认定为"为他人谋取利益"，构成犯罪的，应当依照刑法关于受贿犯罪的规定定罪处罚：

（一）实际或者承诺为他人谋取利益的；

（二）明知他人有具体请托事项的；

（三）履职时未被请托，但事后基于该履职事由收受他人财物的。

国家工作人员索取、收受具有上下级关系的下属或者具有行政管理关系的被管理人员的财物价值三万元以上，可能影响职权行使的，视为承诺为他人谋取利益。

《中国共产党纪律处分条例》第八十八条规定，收受可能影响公正执行公务的礼品、礼金、消费卡和有价证券、股权、其他金融产品等财物，情节较轻的，给予警告或者严重警告处分；情节较重的，给予撤销党内职务或者留党察看处分；情节严重的，给予开除党籍处分。

收受其他明显超出正常礼尚往来的财物的，依照前款规定处理。

第八十九条规定，向从事公务的人员及其配偶、子女及其配偶等亲属和其他特定关系人赠送明显超出正常礼尚往来的礼品、礼金、消费卡和有价证券、股权、其他金融产品等财物，情节较重的，给予警告或者严重警告处分；情节严重的，给予撤销党内职务或者留党察看处分。

司法事务中甄别受贿行为与正常人情往来之间的界限，需要结合双方关系、数额大小、是否有请托事项等具体情形进行分析判断。

裁判精要

甄别受贿行为与正常人情往来，应根据双方之间否具有长期亲友关系、是否具有请托事项、数额大小、相互往来是否对等、是否符合常理等来进行综合判断。在有具体请托事项、双方互动不对等且数额较大的情况下，一般认定为超出人情往来范畴，构成受贿罪；如果双方互有馈赠，无具体请托事项，涉案数额不大，一般可认为是人情往来，不以受贿罪论处。

司法观点

（一）构成受贿罪

◎**礼金数额较大超出人情往来范畴的，应认定为受贿**

1. 双方具有隶属关系，收受礼金数额较大超出人情往来范畴的，构成受贿罪，见【（2018）湘刑终357号】王某平受贿案二审刑事裁定书。

在该裁定书中，湖南省高级人民法院认为：

王某平上诉提出"收受唐某所送贿赂款中应当扣减双方人情往来数额20.7万元及公务开支费用13万元"的理由，经查：王某平在春节、端午、中秋以及过生日收受唐某所送财物的行为，均发生在王某平为唐某调任株洲县民政局局长之后，唐某是出于感谢王某平的关照及因上下级隶属关系而以拜节为名行贿赂之实，且金额超出了人情往来的范畴。王某平收受唐某20万元株洲百某购物卡及5

万元株洲华某酒店消费卡的事实清楚，证据确实充分，至于王某平将该购物卡和消费卡用于何种开支，不影响受贿犯罪的性质。故上述上诉理由不能成立。

◎**甄别受贿与礼金应结合职务相关性及常理综合判断**

2. 甄别受贿行为与正常人情往来，应根据双方之间人际交往是否与职务相关、是否符合常理、相互之间的往来是否对等来判断；双方往来明显不对等，超出正常馈赠价值的，构成受贿罪，见【（2018）湘01刑申7号】谢某林受贿案再审刑事通知书。

在该通知书中，湖南省长沙市中级人民法院经审查认为：

关于你提出的关于"原裁定认定你收取刘某清、宋某玲、李某宏所送钱财系人情往来，没有利用职务便利为他人谋利"和"原裁定认定你退赃15万元与事实不符"的申诉理由。经审查认为：甄别受贿行为与正常人情往来，应根据双方之间人际交往是否与职务联系、是否符合常理、相互之间的往来是否对等来判断。本案中，你收受刘某清1.99万元现金、李某宏3万元现金和宋某玲2.5万元现金均发生在你任职省政府期间，并发生在负责、参与相应事务期间或履职结束后不久，且你及证人刘某清、宋某玲、李某宏在侦查阶段均称送钱的目的是请你帮忙或者为了感谢你，而且你所收钱物超出了正常的馈赠价值，你亦未提供充分有效的证据证明你给予了对方同等价值钱物，明显双方往来不对等，故你收受上述钱物的行为不属于正常人情往来，依法符合受贿罪的构成要件。

3. 无具体请托事项时数次收受数额较少的财物，有明确请托事项时另行收受数额较大甚至巨大财物的，受请托前收受的财物应计入受贿数额，见【《刑事审判参考》第1149号指导案例】毋某良受贿案。

在该案中，安徽省高级人民法院认为：

行贿人长期连续给予受贿人财物，且超出正常人情往来，其间只要发生过具体请托事项，则可以把这些连续收受的财物视为一个整体，全额认定为受贿数额。在认定时应当注意以下两点：一是收受的连续性，这是得以在法律上将之作为整体行为对待的事实基础；二是排除人情往来因素。本案中，被告人收受财物在时间上较为连贯，权钱交易性质明显，故不能将前期无请托事项时给予财物的行为与之后的关照、提拔割裂开来，而应作为同一整体对待，将多次收受的财物累计计算，以受贿论处。

4. 长期数次收受购物卡、香烟、茶叶等累计数量可观，明显超出正常人情往来的，是借馈赠之名行贿赂之实，应予累计计算，以受贿罪处罚，见

【(2018)新刑终256号】王某斌受贿案二审刑事裁定书。

在该裁定书中,新疆维吾尔自治区高级人民法院认为:

关于购物卡、香烟、茶叶等物品推理累计计算,不符合法律规定的上诉理由和辩护意见。经查,根据相关司法解释的规定,商业贿赂中的财物既包括金钱和实物,也包括可以用金钱计算数额的财产性利益。涉案的购物卡及第二起中的香烟、茶叶的具体数额是根据行贿人的证言,或与王某斌稳定的供述相印证或与相关的购物凭证相印证,辩护人提出该数额系推理计算无事实依据。行贿人长期数次给王某斌送的购物卡、香烟、茶叶的累计数量可观,也明显超出正常人情往来的数额,是借馈赠之名行贿赂之实,应予累计计算。

5. 双方虽属师生关系,但具有请托事项且数额明显超过正常人情往来的,应以受贿罪论处,见【(2018)鲁0781刑初349号】刘某某受贿案一审刑事判决书。

在该判决书中,山东省青州市人民法院认为:

关于被告人刘某某的辩护人所称,被告人刘某某与起诉书指控的第6起行贿人袁某某系师生关系,二人之间的经济往来属于礼尚往来,不能认定为受贿的辩护意见,经查,虽被告人刘某某与袁某某系师生关系,但在被告人刘某某担任青州市弥河中心学校校长期间,袁某某承揽了刘某某辖区范围内多所学校的监控安装及改造工程,袁某某为感谢被告人刘某某的帮助而送了1万元,而并非因为师生关系,且该数额明显超过正常人情往来的数额,故被告人刘某某收受袁某某所送1万元应认定为受贿。

(二) 不构成受贿罪

◎双方互有馈赠且收受礼金数额不大的,不构成受贿罪

1. 生日收受礼金数额不大,且双方互有馈赠,可认为是人情往来,不以受贿罪论处,见【(2018)皖08刑初5号】徐某涛受贿案一审刑事判决书。

在该判决书中,安徽省安庆市中级人民法院认为:

对于被告人徐某涛提出姚某、张某、陈某等人过生日时其也送过礼,这部分礼金应该从受贿数额中扣除的辩解,经查:在案证据证明,徐某涛收受贿赂后,仅送了刘某、张某少量现金。徐某涛与刘某十余年间互送生日礼金,礼金相当,可认为是人情往来,公诉机关在起诉时已将徐某涛收受刘某所送生日礼金共计3万元从受贿数额中扣除。

该案一审后徐某涛未上诉。

2. 子女结婚所收礼金数额不大且双方互有帮助和经济上往来的，宜认定为正常人情往来，不构成受贿，见【（2017）皖0104刑初538号】丁某受贿案一审刑事判决书。

在该判决书中，安徽省合肥市蜀山区人民法院认为：

关于辩护人辩称吴某在丁某住院期间送的8000元人民币、丁某儿子结婚送的5000元人民币系正常人情往来。经查，两家间多年以来确实互有帮助和经济上的往来，且该8000元人民币系吴某四兄弟各凑2000元，该5000元系吴某2000元、其余三兄弟各凑1000元，吴某的其余兄弟与丁某间并无业务上的联系。综合考虑两家关系、所涉事由、钱款数额，宜认定为正常人情往来。公诉机关该部分指控不能成立，辩护人该点意见能够成立。

◎双方有礼尚往来关系且金额基本相当的，不构成受贿罪

3. 无具体的请托事项，每次送钱数额较小，双方有礼尚往来关系，金额基本相当的，可不作犯罪论处，见【（2017）鄂0323刑初179号】贺某受贿案一审刑事判决书。

在该判决书中，湖北省十堰市竹山县人民法院认为：

公诉机关指控被告人贺某收受刘某2000元（第四笔）、收受李某22000元（第五笔）中的2000元、收受万某3800元的烟、酒的事实，经查，刘某在2014年下半年，贺某女儿出生时送400元，2015年下半年贺某女儿周岁时送600元，2016年9月，巧遇贺某搬家送1000元，三次共计2000元，刘某无具体的请托事项，且每次送钱数额较小，贺某虽收受了财物，但不具有为他人谋取利益的意图及行为，属不正之风的违纪行为，不应认定为受贿。李某在2015年9月贺某女儿周岁时送2000元，数额不大，贺某与李某有礼尚往来关系，金额基本相当，可不作犯罪论处。万某于2016年春节，以拜年名义送贺某茅台酒两瓶、南京九五至尊香烟两条，公诉机关未提供该烟、酒的价格证明，且被告人贺某对其真假提出质疑，涉案物又不复存在，故指控该烟、酒价值3800元的证据不足，不予认定。被告人贺某及其辩护人提出的上述数额不应认定为受贿数额的辩解和辩护意见成立，应予以采纳。

◎逢年过节出于联络感情收受下级单位"慰问金"，不构成受贿

4. 逢年过节收受下级单位"慰问金"，仅仅是出于一般的联络感情的考虑，不具有权钱交易性质，不以受贿罪论处，见【《刑事审判参考》第218号指导案

例】姜某受贿案。

在该案例中,关于逢年过节收受下级单位"慰问金"的行为如何定性,法院认为:

在社会生活中,下级单位逢年过节期间出于各种不同的目的,以给上级单位及其工作人员发放所谓的"奖金""福利""慰问金"等名义送钱送物的情况较为普遍。收受钱物的一方是否构成受贿?对此,应当区分不同情况,结合受贿犯罪的构成要件即是否具有为他人谋取利益这一点来加以具体认定。仅仅出于人情往来,不具有为他人谋取利益的意图及行为,属于不正之风,应按一般的违纪处理,不应认定为受贿犯罪;如借逢年过节这些传统节日之机,明知他人有具体请托事项,或者根据他人提出的具体请托事项、承诺为他人谋取利益而收受他人财物的,则不管是单位还是个人,均应认定为受贿行为。本案中,被告人姜某于1998年和1999年春节前的一天,先后两次收受时任清浦公安局闸口派出所所长唐某东所送的共计人民币1800元,以及于2000年和2001年春节前的一天,先后两次收受时任清浦公安局盐河派出所所长陈某中所送共计人民币2500元。这些款项系基层派出所经集体研究在春节之际慰问干警家属时将时任局长的姜某一并作为慰问对象所发放的"慰问金",相关基层派出所在送钱给姜某时并无特定的目的和动机,仅仅是出于一般的联络感情的考虑,不具有权钱交易性质。故法院未将该笔"慰问金"数额认定为受贿数额,是妥当的。

律师建议

甄别正常人情往来与受贿行为的界限,应结合双方之间是否具有长期亲友关系、交往是否与职务相关、金钱往来是否对等、是否具有具体请托事项、是否符合正常范围等来进行判断。辩护律师应注意主动收集双方具有长期往来以及金钱往来对等的证据,以最大限度维护当事人合法权益。

018 接受性贿赂能否构成受贿罪?

律师提示

接受性贿赂一般情况下不构成受贿罪,除非性贿赂能折算成货币价值。如果请托人为国家工作人员支付嫖资,该嫖资属于财产性利益,可以认定为受贿款;如果请托人自己或寻找他人向国家工作人员进行性贿赂,但没有转换成可用货币折算的形式,则不能认定为受贿罪。

争议焦点

《刑法》中没有对性贿赂的定罪处罚规定,相关司法解释中也没有明确的认定标准。而现实中性贿赂这种形式并不鲜见,在权钱交易中扮演着重要的角色,社会大众对这种现象进行惩治的呼声也很高。如何认定性贿赂的性质,是否应将其纳入受贿罪治理范畴,在司法实践中也存在较大争议。

2003年《全国法院审理经济犯罪案件工作座谈会纪要》及之后的一些司法解释,均将财产性利益纳入受贿罪的认定范围,凡是可以用金钱计价的利益,均可以受贿罪定罪处罚。但鉴于性贿赂的特殊之处,很多情况下很难将性贿赂折算为金钱价值,因此,仍有待对性贿赂问题进行更为细致的法律规定或出台司法解释。

性贿赂有伤风化,毒害社会风气,违背社会主义核心价值观,严重败坏国家机关和国家工作人员的形象,即使不能认定为受贿罪,也应受到党纪国法的惩治。

裁判精要

性贿赂符合一定条件可以构成受贿罪。如果请托人为国家工作人员支付嫖资,该嫖资可以以货币形式折算的,属于财产性利益,可以认定为受贿款;如果请托人自己或寻找他人向国家工作人员进行性贿赂,但没有转换成可用货币折算的形式,则不能认定为受贿罪。

司法观点

(一) 构成受贿罪

◎接受他人支付嫖资和包养费用,构成受贿罪

1. 接受他人支付嫖资和包养费用构成受贿,见【(2020)川3223刑初38号】黄某元受贿案一审刑事判决书。

在该判决书中,四川省茂县人民法院认为:

经审理查明：2016年至2020年，被告人黄某元在任汶川县国有资产管理办公室、汶川县国有资产服务中心负责人期间，利用职务之便，为他人谋取利益，多次收受或索取他人所送现金共计254.9万元（其中索贿146.9万元，接受他人支付嫖资和包养费用共计14万元）。本院认为，被告人黄某元利用职务便利，为他人谋取利益，多次索取或非法收受他人现金人民币共计254.9万元，数额巨大，其行为已构成受贿罪。本案事实清楚，证据确实、充分，公诉机关指控罪名成立，本院依法予以支持。

◎嫖资属于"财产性利益"，可依法认定为受贿罪中的财物

2. 嫖资属于"财产性利益"，依法可以认定为受贿犯罪中的财物，见【（2016）粤20刑初74号】晏某军贪污、受贿案一审刑事判决书。

在该判决书中，广东省中山市中级人民法院认为：

关于起诉书指控的第1宗受贿是否构成犯罪以及开房费用和嫖资金额的认定问题。经查，（1）被告人晏某军的供述、行贿人郭某、证人黄某的证言一致证实，被告人晏某军曾经利用职务便利，在郭某取得荔湾区多宝路××号地块临时停车场经营权的过程中提供帮助，且郭某为了与晏某军搞好关系，以得到晏某军的长期关照，因此贿送财物给晏某军，被告人晏某军构成受贿罪无疑。（2）行贿人郭某的证言及被告人晏某军的供述均证实，郭某在威斯汀酒店等地开房供其二人及黄某勇等人一起打牌，这样的次数共计300多次，其中200多次郭某有为晏某军安排嫖娼，每名卖淫女的嫖资为3000元或5000元，费用均由郭某支付。开房由晏某军、郭某、黄某勇等人共同使用，本案现有证据不能证实开房费用是郭某向晏某军行贿的款项。而嫖资属于财产性利益，依法可以认定为受贿犯罪中的财物。晏某军和郭某一致证明开房次数和嫖资金额，多名证人的证言印证了晏某军和郭某所称的嫖资金额，根据疑点利益归于被告人原则，从低认定嫖娼次数200次，每次嫖资3000元，故嫖资共计60万元。

3. 支付嫖资的费用，可以认定为受贿犯罪中的财物，依法构成受贿罪，见【（2013）丽景刑初字第90号】赵某枢受贿案一审刑事判决书。

在该判决书中，浙江省丽水市景宁畲族自治县人民法院认为：

2010年，被告人赵某枢在江西省东乡县，与富泰米业有限公司经理赵某丙签订储备粮采购合同。赵某丙将被告人赵某枢带至东乡县一家KTV唱歌期间，赵某枢看中一女孩子，赵某丙给赵某枢1500元人民币用于支付嫖娼费用，被告人赵某枢予以收受并转付嫖资。关于公诉机关指控"2010年，被告人赵某枢在

东乡县与赵某丙签订储备粮委托采购合同后，在一家 KTV 唱歌，赵某丙给被告人赵某枢 2500 元用于支付嫖娼费用"一节，除被告人赵某枢的供述和亲笔供词以外，有证人赵某丙的证言和亲笔证词证实。只是在贿赂款数额上有出入，不足以推翻公诉机关指控被告人赵某枢收受该笔贿赂款的事实，本院将部分支持公诉机关指控，综合相关证据后，认定被告人赵某枢收受赵某丙该笔贿赂款的具体数额为 1500 元。

（二）不构成受贿

◎支付嫖资数额无法确定的，不认定为受贿数额

支付嫖资数额、嫖娼次数都只是根据大概推算出来的，估算的数额无法排除合理怀疑的，不认定为受贿数额，见【(2016) 粤 0112 刑初 322 号】曾某受贿案一审刑事判决书。

在该判决书中，广东省广州市黄埔区人民法院认定：

关于被告人曾某及其辩护人提出，施某乙代被告人曾某支付嫖资、吃饭、娱乐等费用部分属于认定事实不清，每年吃饭次数、付费次数以及嫖娼次数都只是大概推算出来的，估算的数额存在无法排除的合理怀疑。而且两人有共同的校友、老师、朋友，如果招待上述人的开支全算到被告人曾某头上不公平的辩护意见。本院采纳嫖资不认定为受贿数额的辩护意见，其余意见不予采纳，理由如上所述。

律师建议

在司法实践中，将性贿赂认定为受贿罪的案例非常少，主要在请托人为国家工作人员支付嫖资的情况下，才能将性贿赂认定为受贿罪。对于性贿赂折算的受贿款认定也比较严格，不能简单地进行估算。性贿赂的本质是权色交易，而刑法中受贿罪的本质是权钱交易，在司法实践中不能将两者混淆。

019 国家工作人员以投资分红名义获取的财物是否构成受贿？

阅读提示

实务中应综合国家工作人员有无实际出资、有无参与管理经营、投资内容是

否具有独立性、利润分配是否合理等要素进行判断。如果国家工作人员实际出资并参与实际经营，且其收益与资金、技术、智力的付出相当并具有直接相关性，则不构成受贿罪；如果国家工作人员没有实际出资、没有参与经营，或者参与出资、经营但收益明显超出正常收入的，构成受贿罪。

争议焦点

以投资分红名义获取的财物是否构成受贿，因投资分红的形式复杂多样，且涉及民刑交叉问题，在司法实践中存在较大争议。

国家工作人员以投资名义分红，可以分为多种形式。第一种是未实际出资且未实际参与管理经营的；第二种是未实际出资但参与了实际管理经营；第三种是有实际出资也进行了正常分红，且分红未利用职务便利为公司或他人谋取利益；第四种是有实际出资也进行了分红，但利用职务便利为公司或他人谋取了利益。除了上述四种基本的情形之外，国家工作人员投资分红还可以划分出其他类型，不同的投资分红类型在认定是否构成受贿时有不同的判断标准，需要进行细致区分。

2007年《最高人民法院、最高人民检察院关于办理受贿刑事案件适用法律若干问题的意见》第二条"关于收受干股问题"规定：干股是指未出资而获得的股份。国家工作人员利用职务上的便利为请托人谋取利益，收受请托人提供的干股的，以受贿论处。进行了股权转让登记，或者相关证据证明股份发生了实际转让的，受贿数额按转让行为时股份价值计算，所分红利按受贿孳息处理。股份未实际转让，以股份分红名义获取利益的，实际获利数额应当认定为受贿数额。

该意见第三条"关于以开办公司等合作投资名义收受贿赂问题"规定：国家工作人员利用职务上的便利为请托人谋取利益，由请托人出资，"合作"开办公司或者进行其他"合作"投资的，以受贿论处。受贿数额为请托人给国家工作人员的出资额。

国家工作人员利用职务上的便利为请托人谋取利益，以合作开办公司或者其他合作投资的名义获取"利润"，没有实际出资和参与管理、经营的，以受贿论处。

在认定是否构成合作投资型受贿时，对于司法解释明确的两种情况还是比较容易判断的，对于其他不完全符合司法解释的情况，则需要综合国家工作人员有无实际出资、有无参与管理经营、投资内容是否具有独立性、利润分配是否合理等要素进行综合判断。

在理解"实际参与管理经营"时要注意以下两点：一是国家工作人员是否实质性地参与了管理经营。参与的经营活动具有实质性和有效性，对企业的生产、发展能产生实质性影响，而不是形式上的管理经营，比如，偶尔到企业看看、过问项目进度等，才可能不按受贿处理。二是国家工作人员参与经营管理活动是否利用了职务之便。在合作投资中，公职人员具有双重身份，既是民事投资主体，又是行使公权力的公职人员，如果在合作投资中公职人员利用职权或职务行为给企业发展创造机会、为企业承揽工程等，则所谓的"实际参与管理经营"实质是利用职务便利为他人谋取利益。

裁判精要

国家工作人员未实际出资也未参与管理经营的，收受他人股份及分红构成受贿；未实际出资只有辅助性管理经营行为的，收受股份及分红构成受贿；即使有实际出资，但从出资伊始就是为了掩盖权钱交易的，分红款以受贿罪论处；有实际出资但明显超出出资比例获取分红款的，也以受贿罪论处。有正常出资且未利用职务之便为公司或他人谋利的，一般不认定为受贿罪；若国家工作人员未实际出资但参与了实际管理经营，其收益与资金、技术、智力的付出相当且具有直接相关性的，则不作刑法上的评价。

司法观点

（一）构成受贿罪

◎**未实际出资和参与经营收受他人股份的，构成受贿罪**

1. 国家工作人员没有实际出资，也没有参与管理经营，收受他人股份的，以受贿罪论处，见【（2015）普中刑终字第18号】鲍某德受贿案二审刑事裁定书。

在该裁定书中，云南省普洱市中级人民法院认为：

对于上诉人鲍某德及其辩护人提出鲍某德没有利用职务上的便利为他人谋取利益，所得人民币170000元系其与曾某某合作经营所得利润，其行为不构成受贿罪，应改判其无罪的上诉理由及辩护意见。根据最高人民法院、最高人民检察院《关于办理受贿刑事案件适用法律若干问题的意见》第三条规定："国家工作人员利用职务上的便利为请托人谋取利益，由请托人出资，'合作'开办公司或者进行其他'合作'投资的，以受贿论处。受贿数额为请托人给国家工作人员的出资额。""国家工作人员利用职务上的便利为请托人谋取利益，以合作开办公司或者其他合作投资的名义获取'利润'，没有实际出资和参与管理、经营的，以受贿论处。"经查，在案证据能与上诉人鲍某德在侦查阶段的有罪供述相互印证，充分证实上诉人鲍某德与曾某某之间不存在合伙关系，鲍某德既没有实际出资，也没有参与管理、经营，却利用职务上的便利为曾某某获取松树苗和核桃苗的供苗承包权，收受曾某某所给"利润"人民币170000元的事实。上诉人鲍某德的行为根据上述司法解释的规定，应以受贿论处。故该上诉理由及辩护意见与查明的事实不符，本院不予采纳。

◎ **以投资入股方式掩盖权钱交易本质取得分红的，构成受贿**

2. 如果投资入股之初就是为了掩盖权钱交易的本质，即使国家工作人员确有真实出资，投资分红也应认定为受贿，见【（2018）浙06刑终472号】秦某受贿案二审刑事裁定书。

在该裁定书中，浙江省绍兴市中级人民法院认定：

关于永通公司股权分红款、收购款的性质。2006年10月，永通公司成立，注册资本20万元，秦某出资6万元、陈某出资6万元、孙某出资8万元，秦某的股份由其妻嫂白某代持股份，陈某、孙某的股份亦由他人代持。之后，秦某利用其担任市商贸办商贸处处长等职务便利和影响，先后多次为永通公司在申领元通二手车市场名称登记证、加入同业公会参与利润分配等事项上提供帮助。2007年6月，元通二手车市场加入同业公会会员单位的利润分配体系，获得了远远超出其自营收入的利润。2007年7月至2010年2月，元通二手车市场的净利润为2960596.74元，秦某按出资比例分得888179.02元。证人孙某、陈某1的证言、上诉人秦某的供述相印证，均证明，在永通公司成立之时，孙某、陈某3让秦某入股6万元的目的就是利用秦某的职务便利谋取利益，所谓成立公司入股分红，均系为了掩盖权钱交易的真相。嗣后，秦某利用职权为陈某3、孙某二人谋取利益，并收取二人以永通公司分红名义所输送的利益，符合权钱交易的本质特征，秦某所收受的分红款、收购款即为受贿款项。

3. 国家工作人员以低价购买股权的行为表面上看似投资，实际上是为他人谋利后收受的贿赂款，应以受贿罪定罪处罚，见【（2019）粤0103刑初810号】钟某阳受贿、贪污、滥用职权案一审刑事判决书。

在该判决书中，广东省广州市荔湾区人民法院认为：

关于辩护人提出被告人钟某阳出资200万元购买顺途公司新增股权435股属于合法的投资行为，不属于受贿的辩护意见。经查，被告人钟某阳利用职务便利，为赖某、丘某、毕某等人在改制中获取最大利益，顺利从安顺公司脱管并获得原有线路经营权事宜上提供了帮助，被告人钟某阳以低价购买435股股权的行为表面上看似投资，实际上是毕某、赖某等人在改制中获得最大利益后对他的贿赂。故该宗犯罪事实清楚，证据确定、充分，依法认定被告人钟某阳构成受贿，数额为235万元。故辩护人的上述辩护意见，与查明事实不符，本院不予采纳。

◎**明知公司效益好且没有融资需求而入股分红的，以受贿罪论处**

4. 公司没有融资需求，国家工作人员明知公司效益好而投资入股，获取超高投资收益的，以受贿罪论处，见【（2018）内01刑初26号】李某镕等贪污案一审刑事判决书。

在该判决书中，内蒙古自治区呼和浩特市中级人民法院认为：

关于被告人李某镕及其辩护人提出的胡某萍、李某和珊某系正常投资，没有无偿取得分红，亦未超越股东身份，李某镕不构成受贿罪的辩解辩护意见，经查，李某镕明知汇能公司效益好、分红高，为增加家庭收入，保障情人珊某的生活，利用职务便利指使胡某萍、李某和珊某入股汇能公司，且在8年间获取10倍于投资款的收益；从汇能公司将珊某的入股款登记为集资款来看，汇能公司并无资金需求，故李某镕具有受贿故意，构成受贿罪，该辩解辩护意见不能成立，本院不予采纳。

◎**明显超出投资比例获取分红的，构成受贿**

5. 利用职务便利为自己与他人合作的项目谋取利益，后明显超出出资比例获取分红的，以受贿罪论处，见【《刑事审判参考》第1250号指导案例】张某受贿案。

在该案件中，最高法院法官认为：

本案被告人问题的焦点在于：（1）被告人"利用职务便利"为项目谋利，是否属于股东正常参与项目的经营管理行为；（2）被告人为自己谋利的同时是否也为他人谋利；（3）被告人获取的分红中是否有他人份额，也即是否收受了他人财物。现解析如下：

第一，被告人张某"利用职务便利"为项目谋利，不属于股东正常参与项目的经营管理行为。本案中，被告人张某时任太和县建设局副局长，对建设项目用地和审批等有直接的职务便利，张某亮、刘某忠等人会选择与张某合作该项目正是基于对张某该职务便利的期待，双方对这一点均明知。合作后，张某积极利用了其职务便利为项目谋利。由上可见，张某利用的是其担任建设局副局长这一领导职务的便利，使与其有制约或者隶属关系的他人按照其要求为涉案项目谋取利益，而非利用地缘、人缘等职务外便利或普通工作上的便利，不属于辩方所提正常参与项目经营的行为，其侵犯了公权的不可私用性，具备受贿犯罪的第一个要件。

第二，被告人张某为自己谋利的同时亦为他人谋利。太和世家项目不论发起、出资、分配利润，自始至终不是张某一人，张某仅在其中占有少量比例（约定20%，实际只出资15%余），项目所获利润并非张某一人所有，其完全明知自己是在为整个项目的获得和顺利进行而向他人"打招呼"，是为项目所涉每个股东谋取利益；而后的分红情况和证人证言进一步证明，张某拥有并利用了能为项目协调解决问题、为股东谋取利益的职权，这是其他股东同意张某出资15%余却按20%分红的原因所在。因此，尽管张某自己在项目中亦有所出资，亦有利益，不影响认定其主观明知并客观在为自己谋利的同时为他人谋取了利益，并成为后面其要求从其他股东的份额里获得超额分红的对价，从而具备了受贿犯罪的第二要件。

第三，被告人张某获取的超额分红中应含有他人的份额，亦即收受了他人财物。张某实际出资额15%余，但按20%分红，各股东同意其超出出资比例分红，既有对其前期行为的感谢也有对其后续行为的期待。张某显然明知利益的获取与其职务行为有关，而其他股东也显然不是基于平等自愿的意思自治同意多给张某股份，而正是看中张某职务所能带来的便利和利益，把自己应得的利润让渡给了张某。故权钱交易特征明显。张某所获分红款中既有其自己投资所得，亦有其他股东投资应得但考虑到张某的职务帮助而让渡给张某的部分，故应认定张某超出出资比例所获分红款系其非法收受的他人的财物，具备受贿犯罪的第三要件。

综上，本案被告人张某利用职务便利，为自己与他人合作的项目谋取利益，后在项目中获取明显超出出资比例分红的行为，构成受贿罪。

(二) 不构成受贿罪

◎国家工作人员实际投资分红且未以权谋私的，不构成受贿

1. 国家对国家工作人员经商、办企业是禁止的，但是对投资、入股等投资行为没有禁止性强制规定，对投资取得收益没有入刑的规定。根据疑罪从无原则，对投资分红行为不应认定为受贿罪，见【（2018）闽0123刑初19号】林某受贿、贪污案一审刑事判决书。

在该判决书中，福建省福州市罗源县人民法院认为：

被告人林某实际出资投资于王某处，取得分红，不能以受贿认定。被告人林某确实实际出资了2.5万元与于某共同出资5万元，投资于凤翔烟花爆竹公司实际承包人王某处，取得投资收益是投资行为，不是受贿行为，不能以受贿认定。被告人林某是合同制工人，不在国家禁止经商办企业之列。目前，我国禁止相关人员经商办企业的相关规定主要是《事业单位人事管理条例》第二十八条，《中国共产党员领导干部廉洁从政若干准则》第二条，以及《中共中央、国务院关于严禁党政机关和党员干部经商、办企业的决定》和《公务员法》部分条款。对经商、办企业是禁止的，但是对投资、入股等投资行为没有禁止性强制规定，对投资取得收益没有处罚性规定，更没有入刑的规定。根据疑罪从无原则，不能认定被告人林某出资投资于王某处取得分红行为为受贿行为。

2. 现有证据不能排除国家工作人员真实出资的可能性，则不能认定为受贿，见【（2013）长中刑二终字第00300号】傅某仁受贿案二审刑事判决书。

在该判决书中，湖南省长沙市中级人民法院认为：

上诉人傅某仁上诉称，一审判决认定其于2012年春节收受刘某某、晏某某所送的10万元为受贿款（即原审判决认定的第四笔犯罪事实）系认定事实错误，因其在晏某某、刘某某的合伙中有投资，故该10万元应认定为投资所得利润。经查，有上诉人傅某仁在侦查阶段的供述及证人刘某某、晏某某、熊某某在二审庭审中的证言相互印证，证明上诉人傅某仁之妻熊某某在刘某某、晏某某合伙搞水利工程之初投资了4万元的事实，原有证据已不具备排除该事实可能存在的排他性。根据最高人民法院、最高人民检察院《关于办理受贿刑事案件适用法律若干问题的意见》第三条第二款："国家工作人员利用职务上的便利为请托人谋取利益，以合作开办公司或者其他合作投资的名义获取'利润'，没有实际出资和参与管理、经营的，以受贿论处"的规定，上诉人傅某仁在刘某某、晏某某的合伙中存在实际出资的可能性，故原审判决认定上诉人傅某仁收受晏某某、刘某某10万元，构成受贿罪的证据不足，上诉人傅某仁的上诉理由本院予以采纳。

◎**国家工作人员实际投资经营且收益与付出具有相关性的，不构成受贿**

3. 若国家工作人员参与了实际管理经营，其收益与资金、技术、智力的付出相当且具有直接相关性的，则不作刑法上的评价；若违反相关党规党纪，则应给予相应处分，见在中央纪委、国家监委网站公布的倪某兴受贿案。①

在该案件中，中纪委、国家监委认为：

江苏省苏州市吴某区震泽镇园林绿化管理站站长倪某兴与妻弟周某某出资成立一家绿化公司，两人各占股50%。倪某兴在公司工程投标金额确定、苗木种植养护等方面直接参与经营活动，先后8次取得利润分红551.93万元。因按投资比例，倪某兴与周某某各获得50%分红，且倪某兴直接参与经营，不确定为职务犯罪，倪某兴因违规经商办企业受到留党察看二年处分。

4. 国家工作人员以劳务入伙投资并参与具体经营活动的，有权取得相应报酬，不构成受贿，见【《刑事审判参考》第15号指导案例】刘某祥受贿案。

在该案中，二审法院经审理认为：

刘某祥主观上没有索贿的故意，客观上没有利用职务上的便利。刘某祥从下属业务员赵某青手中拿走11.9余万元，并非抗诉书所称是利用职务的便利，其向赵某青索要的款项，部分已用于业务活动，部分系其本人劳动所得。本案刘某祥向赵索要的款项属于正当合伙承包经营所得的分成。第一，刘某祥参与了赵某青的业务活动。二人之间共同经营关系虽然没有书面协议，但能够认定。刘某祥的行为是参与赵某青的业务，而不是抗诉书上所说的"只参与行政管理，业务协调和对业务员进行业务指导。"业务指导是宏观行为，参与业务活动是微观行为，是具体的活动。刘某祥从联系业务、制定价格、签订合同、供货直到货款回收全过程都参加了，这就大大超出了行政管理、业务协调和对业务员进行业务指导的范畴。第二，刘某祥参与赵某青的业务活动，得到了公司领导与公司职工认可，本公司又有开展承包活动的规定，因而是合法的。第三，刘某祥参与了业务活动，付出了劳动，应当取得相应的报酬。综上，刘某祥参与赵某青承包经营，向赵索要11.9万元，不是索贿，不构成受贿罪，检察机关的抗诉理由不能成立，原判宣告被告人无罪是正确的。

---

① 《代为出资、直接获利、出资未经营……从5个案例看党员干部哪些合作投资算受贿》，https：//www.ccdi.gov.cn/toutiaon/202009/t20200911_98066.html，2023年5月10日访问。

律师建议

在对投资分红型受贿进行辩护时,要综合国家工作人员有无实际出资、有无参与管理经营、投资内容是否具有独立性、利润分配是否合理等要素提出辩护意见。在正常出资且未利用职务之便为公司或他人谋利的情况下,一般不认定为受贿罪;若国家工作人员虽未实际出资但参与了实际管理经营,其收益与资金、技术、智力的付出相当且具有直接相关性的,也不应认定为受贿。

020 仅口头约定收受干股但未实际分红是否构成受贿?

律师提示

实践中,受贿犯罪成立既遂的首要条件是实际取得财物,实际取得财物是前提,只有实际收受或索得了财物,行为人的犯罪目的才能得以实现,因此口头约定收受干股但未实际分红的,一般应认定为受贿未遂。在证据不够充足的情况下,对此类案件不应认定为受贿。

争议焦点

仅口头约定收受干股但未实际分红是构成受贿既遂,还是构成受贿未遂,抑或是不构成受贿?实践中存在巨大争议。

2007年《最高人民法院、最高人民检察院关于办理受贿刑事案件适用法律若干问题的意见》第二条"关于收受干股问题"规定:干股是指未出资而获得的股份。国家工作人员利用职务上的便利为请托人谋取利益,收受请托人提供的干股的,以受贿论处。进行了股权转让登记,或者相关证据证明股份发生了实际转让的,受贿数额按转让行为时股份价值计算,所分红利按受贿孳息处理。股份未实际转让,以股份分红名义获取利益的,实际获利数额应当认定为受贿数额。

根据当前的法律规定,仅口头约定收受干股但未实际分红的情况下,到底是构成犯罪既遂、犯罪未遂还是不构成犯罪,并不十分明确,司法实践中的判例更是很不统一,有待完善。

裁判精要

受贿犯罪成立既遂的首要条件是实际取得财物,只有实际收受或索得了财物,行为人的犯罪目的才能得以实现,因此口头约定收受干股但未实际分工的,一般应认定为受贿未遂。在证据不够充足的情况下,对此类案件不应认定为受贿。

司法观点

◎**口头约定收受干股实际未分红的,构成受贿未遂**

1. 国家工作人员与他人口头约定收受干股但未实际分红的,构成受贿未遂,见【(2017)赣1127刑初50号】唐某阳受贿案一审刑事判决书。

在该判决书中,江西省上饶市余干县人民法院认定:

2010年至2012年期间,唐某以电联公司、鑫达公司丰城分公司的名义挂靠销运公司从事煤炭经营业务。为感谢并希望继续得到唐某阳在挂靠业务上提供的帮助,唐某先后答应累计给唐某阳好处费达200万元,但唐某并未实际给唐某阳。2012年下半年,唐某与江西省能源集团合作成立赣中储运公司,其中江西省能源集团占股51%,唐某占股49%,后唐某邀唐某阳入股,唐某阳遂实际出资110万元,加上唐某答应以好处费的形式送给唐某阳的200万元,唐某阳共计310万元以唐某的名义入股,后因公司亏损,唐某阳未分红。

关于唐某阳收受唐某的200万元是犯罪既遂还是犯罪未遂,法院认为:受贿犯罪成立既遂的首要条件是实际取得财物,实际取得财物是前提,因为只有实际收受或索得了财物,行为人的犯罪目的才能得以实现。就本案而言,唐某阳为唐某谋取了利益,约定了给唐某阳数额累计为200万元,但由于意志以外的多种原因最终没有兑现,唐某阳无法实际占有、实际控制或支配这200万元,实施受贿犯罪行为所追求的结果没有发生,犯罪目的未实现,符合犯罪未遂的法律特征,即已经着手实施犯罪,由于犯罪分子意志以外的原因而未得逞的犯罪形态。因此,被告人唐某阳收受唐某的200万元应属受贿罪未遂。

◎**口头约定收受干股分红但未约定具体数额的,不构成受贿**

2. 口头约定收受干股但未分红不构成受贿,见在【(2019)川0108刑初544号】罗某东受贿案一审刑事判决书。

在该判决书中,四川省成都市成华区人民法院认为:

关于公诉机关起诉被告人受贿20万元的指控，本院认为，被告人罗某东与余某某等人并未在事前约定好行贿的具体金额，仅口头约定了收益25%的一个比例。事后，被告人罗某东实际收取了余某某11.5万元以后，双方就未支付的部分并未约定支付的时间、地点和其他事宜，被告人罗某东主观上也未想继续索要，余某某也因为其他原因未继续支付，故被告人罗某东受贿的金额应当以其实际收受的11.5万元予以认定，故公诉机关起诉指控的金额不当，本院不予支持。

3. 口头约定收受干股未分红也构成受贿既遂，见【(2016) 川16刑初8号】张某富受贿案一审刑事判决书。

在该判决书中，四川省广安市中级人民法院认为：

被告人张某富收受泸州兴利某投资有限公司15%干股（价值150万元）。2012年初，泸州市公安局启动机动车社会化考场项目。张某富利用其泸州市副市长兼市公安局局长的职务便利，为开发商王某、钟某、刘某顺利承建该项目提供帮助，后王某、钟某、刘某3人将泸州兴利某投资有限公司15%的股份（价值150万元）送给张某富以示感谢（该股份由刘某以其个人名义代持，张某富未实际出资也不参与经营管理），言明按持股比分红。2014年7月，王某向张某富通报了项目盈利情况和拟将盈利用于生产再投入的决定，张亦表示同意。截至2014年11月30日，张某富应分利润1194615.67元。最后法院判处被告人张某富犯受贿罪，判处有期徒刑十年，并处罚金人民币50万元。

律师建议

仅口头约定收受干股但未实际分红是否构成受贿，实践中有很大辩护空间。辩护律师可以根据2007年《最高人民法院、最高人民检察院关于办理受贿刑事案件适用法律若干问题的意见》中"股份未实际转让，以股份分红名义获取利益的，实际获利数额应当认定为受贿数额"的规定，对仅有口头约定收受干股但未分红的行为进行无罪辩护，并结合该类案件一般仅有证言而无客观证据的情形开展程序性辩护。

021 收受房产等财物后未变更权属登记构成受贿未遂还是既遂？

律师提示

收受房产等财物后未变更权属登记是构成受贿未遂还是既遂，主要看国家工作人员收受财物后是否实际控制和使用了该财产。如果收受房产、车辆等财物后已实际控制和使用，即使未办理产权登记，一般也认定为受贿既遂；也有的法院认为，如果收受房产、车辆等财物后已实际控制和使用，且未办理产权登记，构成受贿未遂。

争议焦点

受贿犯罪客观上表现为收取财物，判断是否收取财物应以受贿人客观上是否实际控制贿赂财物为准。房屋系不动产，不动产权属证书固然是权利人享有物权的证明，但这是民事法律的认定标准。对于以房屋为对象的受贿犯罪，应当从受贿人是否实际使用房屋，是否获取了房屋钥匙、门禁卡等出入工具或凭证以实际控制房屋来认定。

2007年《最高人民法院、最高人民检察院关于办理受贿刑事案件适用法律若干问题的意见》第八条"关于收受贿赂物品未办理权属变更问题"第一款规定：国家工作人员利用职务上的便利为请托人谋取利益，收受请托人房屋、汽车等物品，未变更权属登记或者借用他人名义办理权属变更登记的，不影响受贿的认定。

2003年最高人民法院《全国法院审理经济犯罪案件工作座谈会纪要》第二条第一款"贪污罪既遂与未遂的认定"规定：贪污罪是一种以非法占有为目的的财产性职务犯罪，与盗窃、诈骗、抢夺等侵犯财产罪一样，应当以行为人是否实际控制财物作为区分贪污罪既遂与未遂的标准。对于行为人利用职务上的便利，实施了虚假平账等贪污行为，但公共财物尚未实际转移，或者尚未被行为人控制就被查获的，应当认定为贪污未遂。行为人控制公共财物后，是否将财物据为己有，不影响贪污既遂的认定。

实践中存在一个误区，即没有办理权属变更登记，即使属于受贿也应认定未遂。最高人民法院发布的《全国法院审理经济犯罪案件工作座谈会纪要》中规定，应以行为人是否实际控制财物作为区分既遂与未遂的标准。所以，虽然没有办理权属变更登记，但受贿人已经对房屋进行了控制的，如进行了交与钥匙、装修、实际居住等行为，则应当认定为受贿罪既遂。相反，如果仅仅有行贿受贿的意图，如口头承诺将房子送给对方，对方口头答应，但是没有实际控制房屋的行为，则属于受贿罪未遂。

裁判精要

产权登记并非认定受贿既遂的法定要件。收受房产、车辆等财物未办理产权登记，但由收受人实际控制和使用的，一般认定为受贿既遂；也有的法院认为，收受房产、车辆等财物未办理产权登记，且未实际控制和使用的，以受贿罪未遂论处。

司法观点

（一）构成受贿既遂

◎以借为名实际收受他人房产未过户的，构成受贿既遂

1. 认定以房屋、汽车等物品为对象的受贿，应注意与借用的区分，借用车辆虽未办理产权转移登记，但综合判断不属于借用的，应以受贿既遂论处，见【（2018）兵08刑终108号】赵某违法发放贷款、受贿案二审刑事裁定书。

在该裁定书中，新疆生产建设兵团第八师中级人民法院认为：

关于上诉人赵某及其辩护人提出赵某系借用姜某某车辆，其行为不构成受贿罪的意见。认定以房屋、汽车等物品为对象的受贿，应注意与借用的区分。具体认定时，除双方交代或者书面协议之外，主要应当结合以下因素进行判断：（1）有无借用的合理事由；（2）是否实际使用；（3）借用时间的长短；（4）有无归还的条件；（5）有无归还的意思表示及行为。赵某虽辩称其是向姜某某借用车辆，但根据本案查明的事实，首先，姜某某本身具有眼疾，不具有驾驶资格，其系为了与赵某搞好关系，于2014年7月专门购买汽车交给赵某使用；其次，赵某从姜某某处接受车辆后一直实际使用该车辆，且使用期限长达近一年时间；再次，相关人员多次督促赵某及时归还车辆，但赵某不但不归还，还对外宣称该车辆是

自己购买；最后，赵某系在违法发放贷款行为被银行发现后，为掩饰其犯罪行为才将车辆归还给姜某某。综合以上因素，赵某收受姜某某赠送车辆的行为不属于借用他人车辆，该行为应认定为受贿。因此，对上诉人赵某及其辩护人提出的该项意见，本院不予采纳。

◎收受商铺后实际收取租金未过户的，构成受贿既遂

2. 商铺已实际交付且国家工作人员实际收取租金的，虽未办理产权登记，仍应以受贿既遂论处，见【（2017）桂 0330 刑初 75 号】李某健受贿案一审刑事判决书。

在该判决书中，广西壮族自治区桂林市平乐县人民法院认为：

对于辩护人提出的 B110 商铺属不动产，被告人未实际获得商铺的所有权，应认定为未遂的辩护意见。最高人民法院、最高人民检察院《关于办理受贿刑事案件适用法律若干问题的意见》中关于收受贿赂物品未办理权属变更问题规定"国家工作人员利用职务上的便利为请托人谋取利益，收受请托人房屋、汽车等物品，未变更权属登记或者借用他人名义办理权属变更登记的，不影响受贿的认定"。经查，B110 商铺涉案已于 2005 年初交付使用，证人罗某、丁某、关某、刘某等人的证言均证实 B110 商铺实际为李某健所得，多年来商铺租金都由李某健妻子丁某林收取。因此，虽 B110 商铺被告人李某健未办理权属变更登记，但不影响受贿的认定，辩护人提出的该商铺应认定为未遂的辩护意见不能成立。

3. 行为人实际使用车辆长达三年之久，其间没有归还的意思表示，超出了实际借用的范围，属于受贿既遂，见【（2016）鄂 13 刑初 37 号】王某志受贿案一审刑事判决书。

在该判决书中，湖北省随州市中级人民法院认为：

关于被告人王某志收受汪某轿车的价值认定以及是否构成索贿的问题。《最高人民法院、最高人民检察院关于办理受贿刑事案件适用法律若干问题的意见》第八条规定："国家工作人员利用职务上的便利为请托人谋取利益，收受请托人房屋、汽车等物品，未变更权属登记的，不影响受贿的认定。"本案涉案现代牌轿车在被王某志借用时虽未办理过户手续，但该车已被王某志（之子）实际使用长达三年之久，其间亦没有归还的意思表示，超出了实际借用的范围，其行为符合两高《意见》的规定，受贿行为自借车之日即已发生，且王某志主动向汪某提出"借"车，构成索贿。涉案车辆系汪某 2004 年 9 月购买，10 月便交给王某志（之子）实际使用，证人汪某和王某均证实涉案车辆在借用当时是新车，故公诉机关指控王某志受贿车辆的价值就是该车购买的实际价格及办理相关手续的总价14.38万元的证据确实，理由充分，本院予以认定，王某志辩护人提出"王某志不存在索取的故意及涉案车辆价值认定不清，证据不足"的辩护理由不能成立，本院不予支持。

4. 收受房产虽尚未办理产权登记，但被告人已具有对该房产的支配和处分能力，具有对该房产的控制权，应认定为受贿罪既遂，见【（2013）二七刑初字第181号】张某受贿案一审刑事判决书中。

在该判决书中，河南省郑州市二七区人民法院认为：

关于被告人张某收受宋某别墅一套并未进行产权登记取得其所有权，应属于犯罪未遂，依法应从轻、减轻处罚的辩护意见，经当庭查证，宋某以48万元的价格购买该套别墅后，经被告人张某授意，以张某岳父刘某丙的名义开具收据，并将购房收据以及房屋钥匙交付张某。本院认为，即使该套别墅尚未办理产权登记，但被告人张某已具有对该别墅的支配和处分能力，具有对该别墅的控制权，应认定为受贿罪既遂。故该辩护意见不成立，本院不予采纳。

（二）构成受贿未遂

◎ **实际收受他人房产但未办理过户的，构成受贿未遂**

1. 双方有送、收的意思表示，行为人实际行使着房屋的占有权、使用权，虽未办理产权登记，但应以受贿未遂论处，见【（2017）新01刑初179号】曾某刚受贿案一审刑事判决书。

在该判决书中，新疆维吾尔自治区乌鲁木齐市中级人民法院认为：

关于别墅，曾某刚是受贿未遂还是借住的问题。根据二人证实的情况，行贿人张某2与被告人曾某刚之间有权钱交易关系。行贿方已提出给曾某刚送房一套，至于送哪里的房子尚未确定，条件是曾某刚帮行贿人完成矿的收购，对此，曾某刚虽未明确表态，但事实上确实在帮行贿方实施对矿的收购。所以，在曾某刚全家人参观别墅表现出感兴趣之后，张某1提出让曾某刚在北京的女儿先行居住，而曾某刚也同意其家属经常去该别墅居住，也就是说行使着房屋的占有权、使用权，双方有送、收的意思表示，受贿方也实际占有房屋，所以曾某刚的行为可认定为受贿。对此行为之所以不认定为借用，一是曾某刚女儿在北京结婚有房，因为空气质量不好而住郊区别墅，其实只是借口；二是双方并无私交，而只是一种权钱交易，从借用时间上看，长达两年之久，可以归还却直至案发；三是曾某刚后来明确表示不要此房，但是在事情未办成的情况下，即在收受贿赂之后。所以，考虑到该房没有过户，曾某刚没有完成所托之事，后来又被双规，所以曾某刚收受此房的行为可以认定为受贿未遂。

◎未实际占有他人房产且未过户的，构成受贿未遂

2. 涉案房屋系期房，国家工作人员未实际控制和占有，且房屋未办理产权转移登记的，以受贿罪未遂论处，见【（2014）川刑终字第45号】陶某伟受贿案二审刑事裁定书。

在该裁定书中，四川省高级人民法院认为：

关于胡某甲送给陶某伟价值156.0145万元的住房一套（含车库），是否属于受贿（未遂）的问题。经查，2010年，胡某甲承建了夹江城区道路"黑化"工程项目，在工程未竣工的情况下，由陶某伟出面协调，将新地房地产公司提前支付的4000万元土地出让金预付给胡作为"黑化"项目新增工程的工程款，相当于在工程未完工的情况下，提前支付了工程款。为此，陶某伟提出让胡某甲送他房子，购房地点在成都心语花园小区，是陶某伟妻子张甲所选，车库也是张甲挑选，且按陶某伟的意思在办购房手续的过程中暂时登记在胡某甲的名下，等到要交房的时候再决定如何处理。以上除有被告人陶某伟的供述外，还有行贿人的陈述、证人证言等证据在案证实，且供述和证言之间能够相互印证，证实陶某伟利用职权为胡某甲谋利，收受胡所送房产的事实。被告人陶某伟及其辩护人辩称期房不属于"物品"，且该房案发前尚未交付，被告人未实际控制和占有，不应当认定为受贿。本院认为，被告人陶某伟身为国家工作人员，其利用职务上的便利为请托人谋取利益，收受请托人房屋，虽然尚未变更权属登记，但并不影响本罪的成立。原判考虑其因购买该房屋系期房，尚未交付，亦未登记在陶某伟名下，陶某伟未实际控制，认定其系受贿（未遂）正确。故该笔不构成受贿的上诉理由和辩护意见均不能成立。

律师建议

实务中，国家工作人员收受房产、汽车等财物后是否构成受贿既遂，一般不是以是否办理变更权属登记为判断标准，而是以国家工作人员对财物是否具有控制权、是否实际使用为判断标准。在涉及此类案件的辩护时，要注意不能将辩护重点放在产权是否登记上，而应将重点放在行为人未实际控制和使用该财产上，或者产权未转移登记是否属于临时借用等情形上。

022 如何区分正常借贷与"以借为名"的受贿？

律师提示

在具体认定正常借贷与"以借为名"的受贿时，除了综合借款人有无借用的合理事由、是否实际使用、借用时间的长短、有无归还的条件、有无归还的意思表示及行为等五个方面进行判断外，还应考虑借款去向、双方有无经济往来、借款人是否具有还款能力、未归还原因等因素。

争议焦点

正常借贷与"以借为名"的受贿，在实务中有时并不容易区分。司法实践中，存在将正常借贷认定为受贿的情形，也有对"以借为名"的受贿不予追究的情形。实践中如何区分正常借贷与"以借为名"的受贿，是一个具有争议的问题。

2007年《最高人民法院、最高人民检察院关于办理受贿刑事案件适用法律若干问题的意见》就如何区分正常借贷与"以借为名"的受贿，进行了具体规定。该意见第八条"关于收受贿赂物品未办理权属变更问题"第二款规定：认定以房屋、汽车等物品为对象的受贿，应注意与借用的区分。具体认定时，除双方交代或者书面协议之外，主要应当结合以下因素进行判断：（1）有无借用的合理事由；（2）是否实际使用；（3）借用时间的长短；（4）有无归还的条件；（5）有无归还的意思表示及行为。

上述规定对于实务中正确区分正常借贷与"以借为名"的受贿，具有重要的指导意义。除了上述五个方面之外，以下四个方面也对正确区分两者具有意义：

第一，借款去向。借款用于挥霍的，则可能构成受贿；借款用于正当事由的，则结合其他因素进行判断。

第二，双方平时关系如何、有无经济往来。双方平时没有任何关系且此前也一直无经济往来，则可能构成受贿；双方本身就存在亲朋好友等关系，并存在经济往来的，则有可能认定为正常借款。

第三，是否有归还能力。如果借款数额巨大，远远超出了行为人偿还能力，则可能构成受贿；如果借款数额在正常范围内，再结合其他因素判断是否属于正常借款。

第四，未归还的原因。如果借款人有能力偿还却长期不归还借款，则有可能构成受贿；如果借款人因客观上难以克服的原因没有及时归还借款，再结合其他因素判断是否属于真实借款。

裁判精要

借款人所称借款没有出具借条、没有约定还钱的时间、没有约定借款利息，违背正常借款的惯例的；出借方对借款方有利益请求，处于被监管方地位，借款人平时无特殊经济往来而借款的；被告人向出借人借款用于较高风险的股票投资，但未约定借款的期限、利息，未办理借款手续，对借款风险只字不提，明显不符合常理的，均应认定为受贿。借款是基于双方之间真实、有效的民间借贷合同的；从借款真实性和交易习惯来看，确有借款的真实需求，支付利息规定也符合常理的；双方虽无书面形式的借款合同，但有证据证明借款事由正当、合理，且钱款去向明确，具有真实的借贷意思表示和行为的；主客观证据相互印证属于借用，不符合"权钱交易"受贿特征的，均不构成受贿。

司法观点

（一）属于"以借为名"的受贿

◎借款约定不明且不符合正常借款惯例的，构成受贿

1. 所谓借款没有出具借条、没有约定还钱的时间、没有约定借款利息，违背正常借款惯例的，属于"以借为名"的受贿，见【（2019）黔02刑初42号】黄某斌受贿案一审刑事判决书。

在该判决书中，贵州省六盘水市中级人民法院认为：

关于被告人黄某斌的辩护人提出"黄某斌收受黄某1600余万元系借款，而非受贿"的辩护意见。经查，有收集在案的黄某斌的自书及供述、证人黄某1等人的证言、银行流水等能够相互印证的证据证实，虽然黄某斌多次向某水生"借钱"600万元，但是没有出具借条、没有约定还钱的时间、没有约定借款的利息，违背正常借款的惯例，且借款长达四年之久，多达14次借款，均没有还款意向，同时黄某斌供述也称以向某水生借钱为名收受黄某1贿赂600万元人民

币，在这过程中黄某斌确系利用职务之便为黄某1在贵州经商提供帮助，可见该600万元并非真正意义上的借款，而系黄某斌的受贿款，故该辩护意见不成立，本院不予采纳。

2. 被告人向出借人借款用于较高风险的股票投资，但未约定借款的期限、利息，未办理借款手续，对借款风险只字不提的，明显不符合常理，应认定为受贿，见【（2016）鄂08刑初19号】陈某根、吴某旋受贿案一审刑事判决书。

在该判决书中，湖北省荆门市中级人民法院认为：

关于被告人陈某根的辩护人所提起诉书第八起指控系被告人陈某根向韩某借钱并委托炒股，双方系民事法律关系，虽然韩某有行贿的犯意，但陈某根没有受贿的犯意，双方没有形成行贿、受贿的合意，不符合受贿罪的构成要件的辩护意见。经查：（1）从民间借款的特征上看，被告人陈某根与韩某商量借钱炒股时，并未约定借款的期限、利息等，也未办理借款手续；相关款项系用于具有较高风险的股票投资，而双方只约定了炒股的收益归陈某根，对炒股的风险承担事宜则只字不提，明显不符合常理；虽然陈某根在借款时向韩某提供内幕消息称某股票要停牌重组，但韩某证实陈某根所述情况不准，该股票当年一直没有停牌重组，其给他的20万元不是根据内幕消息赚的钱，也不是购买股票的分红款，故不符合民间借款的一般特征。（2）从双方的犯意上看，证人韩某证实其出资购买的股票如果亏损了，不会找陈某根归还，就当是花钱跟他搞好关系，表明韩某出于其投资的源宝公司经营发展的需要，确有通过出资代为炒股向陈某根行贿的犯意；陈某根亦供认，韩某给其20万元是要与其搞好关系，让其支持他在随州的项目，加之陈某根主动提出借钱炒股之事，导致韩某产生行贿的犯意，嗣后其又主动索取炒股的收益，可以认定其具有以借为名索贿的犯意，双方在犯意上形成了对合关系，该起事实应当认定为受贿犯罪。故该辩护意见不能成立，本院不予采纳。

◎行为人无正常理由向被监管人借款未还的，属于受贿

3. 出借方对借款方有利益请求，处于被监管方地位，与借款人平时无特殊经济往来的，应认定为以借为名向他人索取财物的行为，见【（2015）龙新刑初字第870号】林某勇玩忽职守、受贿案一审刑事判决书。

在该判决书中，福建省龙岩市新罗区人民法院认为：

关于受贿罪部分，被告人及辩护人提出向林某乙借款500000元、向苏某借款100000元、向吴某甲借款250000元、向郭某甲借款100000元、向陈某乙借

款80000元、向张某乙借款150000元有借条,是借贷关系不构成索贿。本院认为,国家工作人员利用职务上的便利以借为名向他人索取财物,或者非法收受财物为他人谋取利益的,应当认定为受贿。本案被告人林某勇向其监管对象借款,平时关系一般并无特殊经济往来,且出借方均有开办公司企业或有利益请求,处于被监管或利益请求方地位,故应当认定被告人林某勇与上述六人之间不属于平等主体间的民间借贷关系,应当认定为以借为名向他人索取财物的行为。被告人及辩护人的该节辩护意见不成立,本院不予采纳。

(二) 不属于"以借为名"的受贿

◎基于真实民间借贷协议借款的,不认定为受贿

1. 借款是基于双方之间真实、有效的民间借贷合同的,不应认定为行贿,见【(2018)湘0903刑初15号】欧某轶农行贿案一审刑事判决书。

在该判决书中,湖南省益阳市赫山区人民法院认为:

关于被告人欧某轶农的辩护人提出起诉书指控的第三笔的行贿事实是基于民间借贷法律关系,欧某轶农向李某支付的借款利息不应认定为行贿犯罪数额的辩护意见。经查,被告人欧某轶农对于其向李某借款的金额、支付方式、期限、还款方式等内容有详细的供述,与个人活期明细账查询单、中国建设银行卡客户交易明细等书证显示的金额、时间等内容相吻合,同时证人李某的证言也证实了欧某轶农向他借款15万元、还款15万元以及支付利息的事实。因此,被告人欧某轶农向李某借款15万元后支付19000元利息是基于双方之间真实、有效的民间借贷合同,该行为不应认定为行贿。故对上述辩护意见,本院予以采纳。

◎确有真实借款需求且正常支付利息的,不构成受贿

2. 从借款真实性和交易习惯来看,确有借款的真实需求,支付利息规定也符合常理的,不应认定为受贿,见【(2016)川01刑初62号】郭某刚受贿案一审刑事判决书。

在该判决书中,四川省成都市中级人民法院认为:

关于郭某刚收受唐某某40万元后又出借给唐某某,所收本息金额的性质认定问题。公诉机关认为本金40万元及相应利息56.768万元均应认定为受贿金额。被告人郭某刚的辩护人认为该部分受贿金额应认定为40万元,其余56.768万元应认定为孳息。本院经审查认为,首先,从两部分钱款产生原因来看,40万元系唐某某为了感谢郭某刚的帮助而送给郭某刚,具有贿赂款的性质;其余

56.768万元并非基于对郭某刚在项目方面提供帮助的感谢,而是基于对郭某刚出借40万元而支付的利息。其次,从唐某某借款的真实性和交易习惯来看,唐某某确实有借款的真实需求,除该40万元外,还向郭某刚真实借款300余万元,除向郭某刚借款外,还向雍某等人借款,而且唐某某向郭某刚和雍某支付利息的年利率均为20%,并未给郭某刚更高的利率。最后,从公诉机关的起诉标准来看,对于郭某刚收受唐某甲100万元后又作为投资款交给唐某甲使用所获的分红,公诉机关均认定为孳息,该行为与收受唐某某40万元后又借给唐某某使用的行为虽然有一定差别,但本质基本相同。因此,对于该部分钱款,应认定40万元为受贿款,56.768万元为孳息。对于辩护人所提该项辩护意见,本院予以采纳。

3. 有证据证明借款事由正当、合理,且钱款去向明确,具有真实的借贷意思表示和行为,双方虽无书面形式的借款合同,但法律并未禁止自然人之间以口头形式订立借款合同的,应当认定为借贷关系成立,见【(2014)绍虞刑初字第886号】马某受贿案一审刑事判决书。

在该判决书中,浙江省上虞市人民法院认为:

关于15万元现金的定性问题。本院认为,结合被告人马某陈述及相关证人证言,马某与王某乙之间就15万元现金的借款事由正当、合理,且钱款去向明确,钱款亦通过第三人即王某乙的驾驶员从公司财务领出并交付给马某,具有真实的借贷意思表示和行为。虽然双方无书面形式的借款合同,但法律并未禁止自然人之间以口头形式订立借款合同。故应认定马某与王某乙之间借贷关系成立。如公诉机关指控该笔15万元现金系马某以借为名非法收受的贿赂款,则需要证明上述借款合同设定的债权债务关系已归于消灭,双方之间基于利益关系形成行贿、受贿的合意。本案中,双方之间在借款时及借款后未有行贿与受贿的意思表示,仅是马某表示钱暂时还不出,而王某乙则表示没关系,先用着好了。虽然王某乙证言表示如果马某不还给其这笔钱,其也只能算了,不会向马某强行讨要。王某乙同时表示如果马某还给其15万元,也是好的,其并没有向马某明确免除该笔15万元的债务或放弃债权的意思表示,故马某与王某乙之间的债权债务关系依然存续,双方之间并未形成明确的行贿、受贿合意,借款也无法转化为贿赂款。综上,公诉机关指控被告人马某以借为名向王某乙索要现金15万元证据不足,本院不予认定。

◎ **属真实借款且不具有权钱交易特征的，不构成受贿**

4. 主客观证据相互印证属于借用，不符合"权钱交易"受贿特征的，不构成受贿，见【（2016）晋04刑终374号】宋某斌受贿案二审刑事判决书。

在该判决书中，山西省长治市中级人民法院认为：

上诉人宋某斌涉案的晋AZY3××帕萨特轿车是借用还是受贿，应当根据现有证据综合判断。经查，宋某斌供述，证人李某、王某、崔某、秦某、赵某证言，证明涉案车辆用于宋某斌日常上下班或他人使用处理公务，且总的指向是宋某斌借用了涉案车辆，属于借用性质；证人秦某、闫某、杨某证言，证明在"清退违规用车专项活动"期间，宋某斌在镇政府会议表示要将借用车辆退还，并将借车情况向时任纪检书记的杨某作了请示，表明了其公开告知、接受监督的心态和意愿；送变电公司固定资产入库单、机动车档案资料目录等，证明涉案车辆在购买时已上户、记入郭某所属公司的固定资产，无证据证明该车所有权发生了转移，并置于宋某斌名下；宋某斌在侦查、原审及本院审理期间的供述、证人郭某证言等证据，证明其于检察机关立案乃至纪检部门调查前的2015年3月，已将涉案车辆退还给了郭某，不足以证明其形成了事实上的占有；在案的其他证据，其中证明宋某斌与秦某置换车辆的事实，虽证明其有还车的条件而未及时归还，但无证据证明其否认和不还。显然，以上主、客观证据相互印证，能证明宋某斌借用涉案车辆公私兼用的事实存在，系"清退违规用车专项活动"之前形成的违规现象，不符合"以权换利""权钱交易"的受贿特征，原审将晋AZY3××帕萨特轿车认定为受贿存疑，不宜以受贿论处，应将该车价值236194元从宋某斌涉案的数额中扣除，认定其受贿数额为775000元。

律师建议

在涉及区分正常借贷与"以借为名"的受贿案件中，要特别重视案卷材料的审查和借款证据的收集。案卷材料中往往包含着大量对当事人有利的信息，辩护律师应耐心细致地将这些证据资料梳理出来，综合对有无借款合同、利率规定、归还能力、归还意思和行为等方面进行整体分析并说服法官。当事人也应积极配合律师寻找属于正常借贷的各种证据，与律师形成合力，更好地维护犯罪嫌疑人和被告人的合法权益。

023 收受银行卡或会员卡未实际支取或消费的应如何认定？

律师提示

行为人收受银行卡后虽未实际支取，但对银行卡已实际控制且随时能够支取的，一般应认定为受贿既遂；收受银行卡后未实际支取，但送卡人后来对银行卡进行挂失或更改密码，导致收受人丧失对该卡内钱款的控制且不能随时支取的，一般认定为受贿未遂；收受会员卡的金额无法确定的，一般不认定为受贿。

争议焦点

司法实践中，银行卡或会员卡受贿情形五花八门。《最高人民法院、最高人民检察院关于办理商业贿赂刑事案件适用法律若干问题的意见》第八条对收受银行卡如何认定进行了规定：收受银行卡的，不论受贿人是否实际取出或者消费，卡内的存款数额一般应全额认定为受贿数额。使用银行卡透支的，如果由给予银行卡的一方承担还款责任，透支数额也应当认定为受贿数额。该条对收受银行卡的认定进行了规定，即对收受银行卡的，不论受贿人是否实际取出或者消费，均应认定为受贿数额，但该数额是既遂数额还是未遂数额并不明确。

该司法解释第七条对收受会员卡的认定进行了规定：商业贿赂中的财物，既包括金钱和实物，也包括可以用金钱计算数额的财产性利益，如提供房屋装修、含有金额的会员卡、代币卡（券）、旅游费用等。具体数额以实际支付的资费为准。该条对收受会员卡的认定进行了明确，具体数额以实际支付的资费为准，但未支付的数额是否应认定为未遂，规定得并不明确。

需要注意的是，上述司法解释对收受银行卡和会员卡的认定适用了不同的规则，这也给司法实践带来了一些混乱。对于收受银行卡或会员卡未实际支取或消费的，在具体认定中应结合具体情况进行分析和适用。

裁判精要

行为人收受银行卡后虽未实际支取，但对会员卡已实际控制且随时可以支取的，一般应认定为受贿既遂；收受银行卡后未实际支取，但后来送卡人进行挂失或更改密码，导致收受人丧失对该卡内钱款的控制不能随时支取的，一般认定为受贿未遂；收受会员卡的金额无法确定的，一般不认定为受贿。

司法观点

（一）构成受贿既遂

◎**收受并长期使用他人银行卡的，构成受贿既遂**

1. 收受人虽不知卡内具体数额，但对该卡的收受存在故意，且实际控制该财产时间较长的，应认定为受贿既遂，见【（2015）济阳刑初字第230号】周某龙受贿案一审刑事判决书。

在该判决书中，山东省济南市济阳县人民法院认为：

关于辩护人提出的被告人周某龙收受四人累计17万元不应该计入受贿数额的辩解意见，合议庭经合议评判如下：一、收受殷某某以自己名义存的十万元银行卡，被告人周某龙不知道卡里的数额，截至案发前也没有用过此卡，是否应该计入受贿额？最高人民法院、最高人民检察院《关于办理商业贿赂刑事案件适用法律若干问题的意见》第八条规定："收受银行卡的，不论受贿人是否实际取出或者消费，卡内的存款数额一般应全额认定为受贿数额。"据此，被告人周某龙虽然不知道卡内的具体数额，但对该卡的收受存在故意，且被告人实际控制该财产时间较长，合议庭认为收受行贿人该银行卡的数额应该计入受贿数额。

◎**收受他人银行卡且知晓密码的，是否支取不影响受贿既遂成立**

2. 受贿人收受银行卡且知晓密码，无论是否实际支取银行卡中的款项，均不影响受贿既遂的认定，见【（2013）北刑初字第83号】李某受贿案一审刑事判决书。

在该判决书中，河北省张家口市张北县人民法院认为：

关于被告人李某的辩护人提出本案中，李某受贿既遂金额为1万元，扣除帮助购买顶管机感谢费用后卡内剩余金额应认定为未遂的辩护意见及其理由。经查，高某某分三次向其给李某的银行卡内存入120000元，其中的110000元有银行出具的银行回单，该回单上注明存款时间及金额，且高某某在该回单上标注"210918"字样，其中10000元，高某某存入款后，电话告知李某，2013年1月，李某取款10000元。综上，在案发前，李某对卡内金额是确知的，且李某取款的时间及金额均由其自由支配，其只要需要，就可以一次性或分次取完120000元，李某在2013年1月从此张银行卡内支取过1万元的情节也能证明这一点，李某对卡内 120000 元已实际占有、控制。依照最高人民法院、最高人民检察院《关于办理商业贿赂刑事案件适用法律若干问题的意见》第八条"收受银行卡的，不论受贿人是否实际取出或者消费，卡内的存款数额一般应全额认定为受贿数额"之规定，该意见未规定未取出或者未消费的数额应认定为受贿未遂的具体情形，故，李某的受贿数额为 120000 元，且为既遂，对以上辩护意见不予采纳。

（二）构成受贿未遂

◎行为人收受银行卡但不知道密码的，构成受贿未遂

1. 受贿人收受银行卡但行贿人未告知银行卡密码的，构成受贿未遂，见【（2017）黑 09 刑终 28 号】李某某受贿案二审刑事裁定书。

在该裁定书中，黑龙江省七台河市中级人民法院认为：

被告人李某某收受了曹某某的银行卡，承诺帮助其女儿安排工作，虽然不知银行卡密码，没有实际控制财物，但主观上有受贿的故意，客观上已实施了收受财物的行为，构成犯罪未遂，故辩护人的"被告人没有占有，也不可能支配，不应认定为受贿"的辩护意见，不予采纳。

2. 行贿人行贿后又将银行卡进行挂失或更改密码的，构成受贿未遂，见【（2011）濮中刑二终字第 78 号】卢某生贪污、受贿案二审刑事裁定书。

在该裁定书中，河南省濮阳市中级人民法院认为：

上诉人卢某生于 2002 年 3 月被濮阳市人民政府任命为濮阳人民广播电台台长，并兼任单位党支部书记，系国家工作人员。濮阳人民广播电台职工王某设为使其女儿到该单位工作，分别于 2009 年 5 月 15 日、2010 年 1 月某日到卢某生办公室，先后送给卢某生 30000 元存单一张及 30000 元银行卡一张，并将密码告知卢某生。卢某生表示愿意帮忙，并将存单及银行卡据为己有。2010 年 3 月 28 日，王某设认为卢某生不能为其帮忙，遂将上述存单及银行卡挂失并更改账户密码。

濮阳市中级人民法院认为，卢某生收受王某设存单 30000 元、储蓄卡 30000 元，该两笔款项因王某设已将存单和银行卡挂失，属犯罪未遂。

（三）不构成受贿

◎收受的会员卡价值无法确定的，不认定为受贿

收受会员卡以实际支付的资费为准计算具体受贿数额，符合刑法主客观一致的定罪原则，会员卡价值无法确定的，不认定为受贿，见【《刑事审判参考》第

562号指导案例】梁某琦受贿案。

在该判决书中，重庆市中级人民法院认为：

被告人梁某琦利用其职务上的便利，为他人谋取利益，先后共计收受他人财物折合人民币1589.3836万元。其中，2005年初梁某琦应重庆国际高尔夫俱乐部总经理杨某全的请托，调整了国际高尔夫俱乐部的规划，增加了居住用地、商业用地和公共绿地。为此，杨某全送给梁某琦人民币18万元和一张免费高尔夫荣誉会员消费卡，梁某琦使用该卡实际消费人民币12292元。

最高人民法院、最高人民检察院《关于办理商业贿赂刑事案件适用法律若干问题的意见》第七条规定："商业贿赂中的财物，既包括金钱和实物，也包括可以用金钱计算数额的财产性利益，如提供房屋装修、含有金额的会员卡、代币卡（券）、旅游费用等。具体数额以实际支付的资费为准。"该规定将商业贿赂罪中"财物"的外延解释为，既包括金钱和实物，也包括可以用金钱计算数额的财产性利益。虽然该规定是针对商业贿赂案件作出的，但我们在处理受贿罪时遇到类似问题时，也可参照执行上述司法解释。一方面，被告人的受贿金额与被告人实际所获利益不符，有违评价的客观准确；另一方面，有的案件中，也可能出现行贿人与受贿人为规避法律制裁，往往卡（券）面标注金额远远低于实际可消费金额，甚至不标注金额而让持卡（券）人无限制地消费，这时如果仍以标注金额计算受贿金额明显不符合案件的客观事实，给犯罪分子留下逃避处罚的机会，因此，解释以"以实际支付的资费为准"计算具体受贿数额，符合刑法主客观一致的定罪原则。

本案中，重庆国际高尔夫俱乐部有限公司总经理杨某全送给梁某琦一张该高尔夫俱乐部荣誉会员卡，承诺持卡人所有消费均享受免费待遇，由于该俱乐部所有会员卡均没有实际对外销售，办案部门走访了有关鉴定机构，无法对该卡价值进行鉴定和价格评估，该会员卡的价值无法确定，故应以梁某琦夫妇持该卡在俱乐部签单免费消费的12292元来计算其本次受贿金额。

律师建议

对行为人收受银行卡或会员卡未实际支取或消费的情形，在辩护过程中不能片面理解最高人民法院、最高人民检察院《关于办理商业贿赂刑事案件适用法律若干问题的意见》第八条的规定，将收受银行卡后未实际支取的一概认定为受贿既遂，而应结合收受人是否实际控制和支配该银行卡内的钱款、是否有收受人不知情的款项、送卡人是否具有挂失和修改密码等情形进行具体分析和判断，最大程度上维护当事人合法权益。

024 如何判断国家工作人员与"特定关系人"是否共同受贿？

律师提示

判断国家工作人员与"特定关系人"是否共同受贿，关键在于国家工作人员是否与"特定关系人"具有受贿共谋，在得知"特定关系人"收受财物后是否坚决要求退还。如果国家工作人员与特定关系人共谋受贿，或者国家工作人员知晓特定关系人索取、收受请托人财物后，虽有要求退还的意思表示，但发现特定关系人未归还后予以默许的，或者国家工作人员口头要求特定关系人退还财物但事后不再过问此事，特定关系人实际未退还财物的，应认定为共同受贿。但国家工作人员知晓特定关系人索取、收受请托人财物后坚决要求特定关系人退还，但特定关系人不肯退还财物或欺骗国家工作人员财物已退还的，一般不认定国家工作人员受贿。

争议焦点

2016年《最高人民法院、最高人民检察院关于办理贪污贿赂刑事案件适用法律若干问题的解释》第十六条第二款规定：特定关系人索取、收受他人财物，国家工作人员知道后未退还或者上交的，应当认定国家工作人员具有受贿故意。

2007年《最高人民法院、最高人民检察院关于办理受贿刑事案件适用法律若干问题的意见》第七条"关于由特定关系人收受贿赂问题"规定：国家工作人员利用职务上的便利为请托人谋取利益，授意请托人以本意见所列形式，将有关财物给予特定关系人的，以受贿论处。

特定关系人与国家工作人员通谋，共同实施前款行为的，对特定关系人以受贿罪的共犯论处。特定关系人以外的其他人与国家工作人员通谋，由国家工作人员利用职务上的便利为请托人谋取利益，收受请托人财物后双方共同占有的，以受贿罪的共犯论处。

第十一条"关于'特定关系人'的范围"规定：本意见所称"特定关系人"，是指与国家工作人员有近亲属、情妇（夫）以及其他共同利益关系的人。

除此之外，该意见第六条"关于特定关系人'挂名'领取薪酬问题"规定：国家工作人员利用职务上的便利为请托人谋取利益，要求或者接受请托人以给特定关系人安排工作为名，使特定关系人不实际工作却获取所谓薪酬的，以受贿论处。

根据该意见规定，"特定关系人"是指"与国家工作人员有近亲属、情妇（夫）以及其他共同利益关系的人"。根据《刑事诉讼法》第八十二条之规定，近亲属是指"夫、妻、父、母、子、女、同胞兄弟姐妹"。其他共同利益关系的人，关键在于该人是否与国家工作人员具有共同利益关系。

在"特定关系人"未告知国家工作人员自己受贿，或者国家工作人员在知晓"特定关系人"受贿后要求其退还财物的情形下，如何认定国家工作人员是否与"特定关系人"构成共同受贿，在理论和实践中均有争议。

裁判精要

国家工作人员与"特定关系人"共谋受贿，或者国家工作人员知晓"特定关系人"索取、收受请托人财物后，虽有要求退还的意思表示，但发现"特定关系人"未归还后予以默许的，或者国家工作人员口头要求特定关系人退还财物但事后不再过问，"特定关系人"实际未退还财物的，应认定为共同受贿。但国家工作人员知晓"特定关系人"索取、收受请托人财物后坚决要求特定关系人退还，而"特定关系人"不肯退还财物或欺骗国家工作人员财物已退还的，一般不认定国家工作人员受贿。判断国家工作人员与"特定关系人"是否构成共同受贿的关键，在于国家工作人员是否与"特定关系人"具有受贿共谋，或者在得知"特定关系人"收受财物后是否坚决要求退还。

司法观点

（一）构成共同受贿

◎明知"特定关系人"受贿未要求其归还的，构成共同受贿

1. 国家工作人员知道"特定关系人"索取、收受请托人财物后，虽有退还的意思表示，但发现"特定关系人"未归还后予以默许的，或者国家工作人员

口头要求"特定关系人"退还财物，事后不再过问，"特定关系人"实际未退还财物的，应认定为共同受贿，见【《刑事审判参考》第1145号指导案例】朱某平受贿案。

在该案中，法院列举了几种应当认定国家工作人员与"特定关系人"构成共同受贿的情形：

第一种情形：国家工作人员知道"特定关系人"索取、收受请托人财物后，虽有退还的意思表示，但发现"特定关系人"未退还后予以默认的。在朱某平受贿案中，被告人朱某平应妻子金某的要求为请托人刘某承接工程提供帮助，事后得知妻子收受刘某所送金条。从主观上看，朱某平对所收受财物的性质有明确的认识，知道该金条是其先前利用职权为刘某谋利行为的回报。被告人朱某平得知妻子收受金条后，的确有要求妻子退还的意思表示，但最终发现妻子并未按其要求退还金条后，未再坚持让妻子退还，亦未将金条上交，说明朱某平经一番权衡考虑之后，还是心存侥幸，对收受请托人财物持默许、认可和接受的态度，当然应对这种客观上未退还的不法后果担责。

第二种情形：国家工作人员知道"特定关系人"索取、收受请托人财物后，口头要求"特定关系人"退还财物，事后不再过问，"特定关系人"实际未退还财物的。司法实践中此种情形并不少见，需要结合具体案情，包括国家工作人员有无积极监督、督促"特定关系人"退还财物，国家工作人员事后有无接触并问询请托人，有无亲自向请托人退还财物的条件，有无上交财物的条件等，综合判断国家工作人员要求"特定关系人"退还财物的意思表示是随口说说，还是确有此意。如果国家工作人员对退还财物本无真心，实际上持"还不还根本无所谓"的心态，事后也不再过问财物是否退还，甚至在得知"特定关系人"再次索要、收受请托人财物后仍默许和收受的，应当认定其主观上具有受贿的故意。

◎明知"特定关系人"受贿且提供职务帮助的，构成共同受贿

2. 情人属于公职人员的"特定关系人"，公职人员知晓情人收受他人财物而不予制止的，构成共同受贿，见【（2018）湘刑终260号】刘某和受贿、滥用职权案二审刑事裁定书。

在该裁定书中，湖南省高级人民法院认为：

刘某和上诉提出，肖某2、肖某1不是刘某和的"特定关系人"，其对肖某2、肖某1的行为不知情，原判认定其与他人共同受贿483.2415万元没有事实和法律依据。经查，根据最高人民法院、最高人民检察院《关于办理受贿刑事案件

适用法律若干问题的意见》的规定,"特定关系人"是指与国家工作人员有近亲属、情妇(夫)以及其他共同利益关系的人。肖某2、肖某1、吴某1的证言及刘某和在侦查阶段的供述均证明刘某和与肖某2系情人关系,故应当认定肖某2、肖某1系刘某和"特定关系人"。刘某和利用职务上的便利为肖某2、肖某1谋取利益,应当以受贿论处。在案证据亦证明,刘某和系与肖某2、肖某1通谋,共同实施受贿犯罪,应当认定为共同犯罪。故对该上诉理由不予采纳。

◎**近亲属、情人以及其他共同利益关系人,属于"特定关系人"**

3. 与公职人员保持不正当两性关系的人属于"特定关系人",可以构成共同受贿,见【(2018)川刑申235号】周某平受贿案再审审查与审判监督刑事通知书。

在该通知书中,四川省高级人民法院认定:

关于你提出原裁判错误认定你与莫某明是"特定关系人"的申诉理由。经查,你与莫某明在侦查阶段的供述均证实你二人自认识后,在一定时间内保持了不正当两性关系,此事实亦为证人姚某、谢某的证言印证,同时还有你二人在交往期间的多次开房记录佐证。原裁判认定你与莫某明具有特定关系的事实清楚,证据确实充分。

4. 表兄弟属于公职人员的"特定关系人",公职人员明知特定关系人收受他人财物,仍利用职权为其谋取利益,存在共同受贿的故意,构成受贿罪的共犯,见【(2018)粤18刑终134号】莫某峰受贿、玩忽职守案二审刑事裁定书。

在该裁定书中,广东省清远市中级人民法院认为:

关于上诉人莫某峰是否对罗某收取的200万元承担刑事责任。第一,罗某与上诉人莫某峰系表兄弟关系,为莫某峰做过多年的司机,罗某辞职后成立中基公司从事与土地相关的业务。根据莫某峰及罗某的供述显示,莫某峰表明会帮助、支持罗某公司的业务;罗某亦明确表示赚到钱会感谢莫某峰;在莫某峰需要用钱的时候,罗某肯定会给的。可见莫某峰与罗某已就共同利益关系形成默契,故认定罗某是上诉人莫某峰的"特定关系人"。第二,上诉人莫某峰在得知罗某准备为他人代理办一个位于石角的石场的开采证,并收取200万元办证费时,莫某峰利用职权向清城国土分局局长蔡某新、国土资源局矿管科长罗某波"打招呼"为罗某办理采矿权证提供便利,鉴于上诉人莫某峰在明知"特定关系人"罗某收受他人财物,仍利用职权为其谋取利益,存在共同受贿的故意,故莫某峰与"特定关系人"罗某构成受贿罪的共同犯罪。

5. 不属于"特定关系人",但其与公职人员共同收受他人贿赂的,构成共同受贿,见【(2017)粤刑终1513号】刘某明、陈某谋受贿案二审刑事裁定书。

在该裁定书中,广东省高级人民法院认为:

经查,在案证据证实,虽然陈某谋在2002年是金某公司的法律顾问,但从共同受贿的犯罪构成上看,陈某谋究竟是谁的法律顾问,其与行贿人是否有借贷关系,与其是否与刘某明构成共同受贿犯罪并无直接关联。在案证据证实,卢某、李某向陈某谋提出请托事项,请求陈帮忙做刘某明的工作,并就收取好处费达成合意。陈某谋对利用国家工作人员刘某明的职权为他人谋取利益有明确的认识,并有收取贿赂款的行为。在此过程中,即使陈某谋是金某公司或捷某公司的法律顾问,其也是与刘某明同谋后,由刘某明利用职务上的便利为请托人谋取利益,而非从事法律服务合同约定的事务。陈某谋的供述、证人卢某、李某的证言均证实,双方的借贷关系与约定的"好处费"没有关系。因此,陈某谋与刘某明构成共同受贿犯罪,是本案的共犯。

(二) 不属于共同受贿

◎知晓"特定关系人"受贿后明确要求其退还的,不构成共同受贿

1. 国家工作人员知道"特定关系人"索取、收受请托人财物后坚决要求"特定关系人"退还,但"特定关系人"不肯退还或欺骗国家工作人员财物已退还的,一般不认定国家工作人员受贿,见【《刑事审判参考》第1145号指导案例】朱某平受贿案。

在该判决书中,法院列举了国家工作人员与"特定关系人"不构成共同受贿的两种情形:

第一种情形:国家工作人员知道"特定关系人"索取、收受请托人财物后,要求"特定关系人"退还,"特定关系人"欺骗国家工作人员财物已经退还。这种情形下,客观上财物未退还或者上交,能否依据2016年《最高人民法院、最高人民检察院关于办理贪污贿赂刑事案件适用法律若干问题的解释》认定符合"国家工作人员知道后未退还或者上交"的要求,直接判定国家工作人员具有受贿的故意?法院认为,还是应当从案件实际情况出发谨慎判断受贿故意的有无。若国家工作人员知道"特定关系人"收受财物后强烈反对,坚决要求"特定关系人"及时退还财物并多次提醒、督促,"特定关系人"欺骗国家工作人员财物已经退还,根据案件的具体情况,确有合理理由相信国家工作人员被蒙蔽,确信

财物已经退还的，不宜认定其主观上具有受贿的故意。

第二种情形：国家工作人员知道"特定关系人"索取、收受请托人财物后，坚决要求"特定关系人"退还，而"特定关系人"始终不肯退还并和国家工作人员就此发生矛盾、冲突，最终财物未退还或者上交。在此种情形中，国家工作人员要求退还财物的态度是明确的，表明收受财物实质上违背了国家工作人员的意愿，但由于在利益共同体内部，国家工作人员和"特定关系人"就是否退还财物发生了激烈的对抗冲突，此时能否将"特定关系人"收受财物的结果归责于国家工作人员？法院认为，由于国家工作人员和"特定关系人"利益的一致性和关系的亲密性，法律对国家工作人员提出了"退还或者上交财物"的严格要求，只要客观上财物未退还或者上交的，在考察国家工作人员是否具有受贿意图时通常会做出不利于国家工作人员的推断，但这种情形也不能一概而论。例如，国家工作人员的情妇收受请托人一块翡翠，国家工作人员知道后坚决要求情妇退还，情妇不肯退还并和国家工作人员发生争吵甚至大打出手，情妇将翡翠藏匿并以揭发其与国家工作人员的特殊关系相要挟，拒绝退还翡翠，国家工作人员为此和情妇断交。在此情况下，国家工作人员坚持要求退还、和情妇断交等一系列的行为，反映其主观上并没有受贿的故意，但由于情妇藏匿翡翠，国家工作人员客观上无法退还和上交翡翠，又因情妇以告发关系相威胁，很难期待国家工作人员主动揭发情妇、鱼死网破。在类似案例中，应从案件的基本情况出发，客观、公正地认定国家工作人员是否具有受贿故意，谨慎地判断是否以受贿罪追究国家工作人员的刑事责任。

◎**帮助"特定关系人"改善生活条件"打招呼"的，不构成共同受贿**

2. 国家工作人员出于帮助"特定关系人"改善生活条件的目的向有关人员"打招呼"的，不能认定具有共同受贿的犯意和通谋，见【（2016）鄂08刑初19号】陈某根、吴某旋受贿案一审刑事判决书。

在该判决书中，湖北省荆门市中级人民法院认为：

关于被告人陈某根的辩护人所提起诉书第一起指控陈某根与被告人吴某旋共同受贿52.6万元的事实不能成立，其所获得的52.6万元是根据与罗某的约定应当获得的劳务报酬，不构成受贿共同犯罪的辩护意见。经查：从主观方面看，被告人陈某根、吴某旋没有共同受贿的通谋。本案系吴某旋主动找到罗某，双方商定共同承接烟火燃放项目的各自分工、利润分配等事宜后，吴某旋才请陈某根出面"打招呼"帮忙承接该项目，陈某根系出于帮助吴某旋从中赚点钱，改善吴某旋家生活条件之目的而向湖北卫视有关人员打招呼，并不是为了与吴某旋共同收受贿赂。吴某旋一直未告知陈某根关于罗某的具体身份，陈某根对此亦不知情，不存在陈某根授意罗某将有关财物给予吴某旋的问题，不符合有关特定关系人受贿问题的规定，不能认定二被告人有共同受贿的犯意和通谋。

◎无证据证明与"特定关系人"有同谋的，不构成共同受贿

3. 国家工作人员与其"特定关系人"通谋收受贿赂是构成共同犯罪的前提条件，无证据证明具有通谋的，不应认定为共同受贿，见【（2016）青刑再2号】郑某山、李某受贿案再审刑事裁定书。

在该裁定书中，青海省高级人民法院认为：

关于李某是否系郑某山的"特定关系人"的问题。本案中，郑某山参与寰琨公司的经营管理、产品研发等工作，为寰琨公司重大事项出谋划策，并以其姐姐郑某敏名义持有寰琨公司股份，郑某山与李某经济来往密切，具有共同的利益关系，李某符合《2007年"两高"若干问题的意见》规定的"特定关系人"之特征，应认定李某系郑某山的特定关系人。

关于郑某山和李某是否构成受贿罪的问题。国家工作人员构成受贿罪或者与其"特定关系人"共同构成受贿罪的条件是，国家工作人员对请托人有授意行为或者国家工作人员与其"特定关系人"通谋收受贿赂。本案没有证据证明郑某山和李某事前、事中、事后就李某收受长荣公司200万元进行通谋，也没有证据证明郑某山授意丁某将200万元交给其特定关系人李某的事实。原审被告人郑某山、李某的行为不符合《刑法》和《2007年"两高"若干问题的意见》规定受贿罪的构成要件，不构成受贿罪。

律师建议

在国家工作人员与"特定关系人"涉嫌共同受贿的案件中，辩护律师要重点分析国家工作人员是否与"特定关系人"存在受贿共谋，事后是否知晓"特定关系人"利用本人职权收受贿赂，是否坚决要求"特定关系人"退还财物等。在国家工作人员并不知情的情况下，"特定关系人"收受他人财物且后来也不知情的，国家工作人员不构成受贿，"特定关系人"依照利用影响力受贿罪等罪名定罪处罚。

025 国家工作人员收受"特定关系人"钱物是否构成受贿？

律师提示

国家工作人员与"特定关系人"存在三代以内直系亲属关系或夫妻关系，因双方具有紧密的家庭关系和一定程度的共同财产关系，特定关系人给予国家工作人员财物的，一般不宜认定国家工作人员构成受贿；兄弟姐妹之间、情人之间具有较深的感情基础和一定的共同经济关系，在认定双方是否具有权钱交易关系、国家工作人员是否构成受贿罪时要慎重，特别要考虑双方之间超越一般人的经济往来和馈赠。对于上述"特定关系人"以外的其他亲戚关系、同学关系、朋友关系等，一般按照通常的标准来认定是否存在权钱交易关系。

争议焦点

国家工作人员与"特定关系人"存在特殊的关系，在包括亲属在内的"特定关系人"给予行为人财物的情况下，认定双方是否存在权钱交易、是否构成贿赂犯罪时会产生一定的困难，究竟是正常的人情往来还是贿赂犯罪，也容易产生较大分歧。

2007年《最高人民法院、最高人民检察院关于办理受贿刑事案件适用法律若干问题的意见》第十一条规定：本意见所称"特定关系人"，是指与国家工作人员有近亲属、情妇（夫）以及其他共同利益关系的人。

2008年《最高人民法院、最高人民检察院关于办理商业贿赂刑事案件适用法律若干问题的意见》第十条规定：办理商业贿赂犯罪案件，要注意区分贿赂与馈赠的界限。主要应当结合以下因素全面分析、综合判断：（1）发生财物往来的背景，如双方是否存在亲友关系及历史上交往的情形和程度；（2）往来财物的价值；（3）财物往来的缘由、时机和方式，提供财物方对于接受方有无职务上的请托；（4）接受方是否利用职务上的便利为提供方谋取利益。

父母和子女之间、夫妻之间、（外）祖父母与（外）孙子女之间不宜认定为权钱交易关系。父母和子女之间、夫妻之间、（外）祖父母与（外）孙子女之间存在特定的抚养、赡养和扶养关系，彼此间给予财物有法律依据，甚至是法定的义务。从人伦情理上来看，父母和子女之间、夫妻之间、（外）祖父母与（外）

孙子女之间，属于人类最亲密的社会关系。因此，国家工作人员利用职务上的便利为夫妻、父母、子女、（外）孙子女谋取利益，收受其财物的，不宜视为权钱交易，不宜认定国家工作人员构成受贿罪。

要慎重认定兄弟姐妹之间、保持长期关系的情人之间存在权钱交易关系。兄弟姐妹之间、情人之间具有较深的感情基础和一定程度的共同经济关系，在认定双方是否具有权钱交易关系、国家工作人员是否构成受贿罪时，应综合《关于办理商业贿赂刑事案件适用法律若干问题的意见》第十条规定的因素进行判断。总体而言，在认定兄弟姐妹之间、情人之间是否存在权钱交易关系上，要比认定国家工作人员与"特定关系人"之外的人存在权钱交易关系更为慎重，特别要考虑国家工作人员与"特定关系人"之间超越一般人的经济往来和馈赠。

对于父母和子女、夫妻、（外）祖父母与（外）孙子女、兄弟姐妹、长期情人以外的其他亲戚关系、同学关系、朋友关系等，一般按照通常的标准来认定是否存在权钱交易关系，以及国家工作人员是否构成受贿。在具体认定时，应考虑国家工作人员与上述人员之间可能存在高于一般人之间的经济往来和馈赠。

裁判精要

国家工作人员与"特定关系人"存在三代以内直系亲属关系或夫妻关系，因双方具有紧密的家庭关系和一定程度的共同财产关系，"特定关系人"给予国家工作人员财物的，一般不认定国家工作人员构成受贿；三代以内直系亲属或夫妻之外的其他"特定关系人"，如兄弟、情人等，如给予国家工作人员的财物超出一般亲属之间馈赠范围的，一般情况下可认定国家工作人员构成受贿，特殊情况下不认定国家工作人员构成受贿。

司法观点

（一）构成受贿

◎利用职务之便收受亲兄弟财物的，不影响受贿罪成立

1. 兄弟之间对每笔款项往来的数额、时间、原因、性质等都有相互印证的明确交代，构成行贿受贿，兄弟关系不影响受贿罪的认定，见【（2018）苏刑终328号】刘某平受贿、贪污案二审刑事裁定书。

在该裁定书中，江苏省高级人民法院认定：

对于上诉人所提"上诉人收受刘某的75万元在性质上均属于直系亲属之间的借款、人情往来,现有证据无法证明上诉人与刘某的财物往来系权钱交易"的上诉理由、辩护人所提"刘某平没有利用职务上的便利为刘某谋取利益,其所收受的55万元款项不应认定为贿赂"的辩护意见。经查,刘某平与刘某(系兄弟关系)对两人之间每笔款项往来的数额、时间、原因、性质等都有相互印证的明确交代,即刘某平与刘某之间虽有过多次借款、人情往来,但刘某平收受其弟刘某所送75万元不是借款也不是人情往来,该款项是基于刘某平多年来在承接工程、工程款支付等方面对刘某关照的酬谢,后因钟某被组织调查,刘某平害怕自己问题会暴露遂向刘某退清相关受贿款项。证人吴某的证言、在案的机动车档案资料、银行卡交易记录等书证能佐证上述事实。一审判决综合考虑到刘某为刘某平之子求学所送款项的特定事由及数额因素予以扣减,对刘某平因购车而收受的55万元认定为贿赂的定性正确。

2. 如果存在行受贿的事实,亲兄弟关系也不影响受贿的成立,见【(2017)黔0402刑初774号】夏某受贿案一审刑事判决书。

在该判决书中,贵州省安顺市西秀区人民法院认为:

被告人夏某的辩护人提出,被告人夏某与夏某1系亲兄弟关系,二人金钱上有来往符合情理,且现有证据不足以证实二人存在行受贿关系。经查,被告人夏某与夏某1虽系兄弟关系,但夏某1在无承建工程资质情况下,通过挂靠其他公司顺利承接西秀区财政局及其他单位的相关工程项目,均与被告人夏某系西秀区财政局局长这一职务有关联,夏某1亦明确表示其送给被告人夏某100万元是为感谢夏某对其承接工程项目的帮助,上述均有证人证言、被告人供述得以证实,故上述辩护意见不能成立,本院不予采纳。

◎**收受财物超过"特定关系人"之间馈赠范畴的,构成受贿罪**

3. 行为人所收受的财物超过亲戚之间馈赠范畴的,应认定为受贿,见【(2016)云03刑初4号】阳某府受贿案一审刑事判决书。

在该判决书中,云南省曲靖市中级人民法院认为:

阳某府自愿供述他是党委书记,李某(系被告人姨夫)才可能做乡一中综合楼等工程。李某才送他5万元,去参加宣威市农民小区统建房。该供述取证合法。阳某府辩解,李某之所以送钱给他,是因为李某在做工程期间经常在他家吃住。该辩解不符合常理。1995年作为乡党委书记的阳某府收入并不高,李某送5万元,已超出了亲戚之间的馈赠范畴,不再是馈赠性质。李某亦供述他送阳某府钱，是感谢阳某府让他承包了一中教学楼的工程，希望阳某府在工程的事情上多出面帮他协调，或者处理一些临时遇到的困难，让阳某府继续关照教学楼的事情。因此，该5万元应认定为受贿。

4. 情人之间的馈赠超出合理范围的，国家工作人员也可能构成受贿，见【（2014）济刑终字第92号】姜某受贿、私分国有资产案二审刑事裁定书。

在该裁定书中，山东省济宁市中级人民法院认为：

关于姜某及其辩护人提出一审认定其行为构成受贿罪事实不清、证据不足的上诉理由及辩护意见。经查，满某生、陈某为承揽修路工程，共同商议由刘某某联系姜某，交给刘某某现金3万元，由刘某某给姜某送礼。刘某某将送给姜某手表、钢琴、手机的情况也告知了满某生、陈某。刘某某送给姜某上述物品的目的，就是得到工程，而姜某也基于刘某某的要求，将工程包给满某、陈某施工。显然刘某某送财物给姜某不是所谓情人之间的馈赠，而是有求于姜某。至于姜某与刘某某是否情人关系，不影响姜某受贿事实的认定，且刘某某一直不承认与姜某是情人关系。

（二）不构成受贿

◎接受"发小"节日礼金未超正常范畴的，不构成受贿罪

1. "发小"属于特殊亲情关系，双方具有经济往来，节日期间所送财物未超过正常往来范畴的，不以受贿罪论处，见【（2014）高刑初字第297号】杜某某受贿案一审刑事判决书。

在该判决书中，山东省高密市人民法院认为：

被告人杜某某辩称，杜某杰是我的弟弟，我们是一个村、一条胡同，住的是南屋北屋，从小一起长大，我们两家关系一直非常密切，他的爸爸也就是我的叔，拜了我的奶奶为干妈，我们两家一直交流没间断，每年过节我都去看望杜某杰的父母，每次去都带着些礼品，我与杜某杰的关系不是亲兄弟胜似亲兄弟，他借过节机会走访，我认为是兄弟之间的感情交流。

法院认为，对于被告人受贿数额，鉴于被告人与杜某杰之间特殊的亲情关系，其与杜某杰的父母之间以及与杜某杰之间均有往来，且杜某杰送给被告人现金和购物卡均发生在传统节日期间，故对杜某杰于春节、中秋节期间送给被告人的现金和购物卡共计39000元，不宜认定为利用职务上的便利，非法收受他人财物，应从公诉机关指控的数额中予以扣除，即被告人受贿数额应为99500元。

◎**行为人与情人财产混同的，情人之间馈赠不构成受贿**

2. 国家工作人员与情人保持长期关系，二人个人财产混同，成为真正的利益共同体，对外可视为一人，不存在权钱交易的，不应认定为受贿，见【（2018）京刑终61号】王某受贿案二审刑事判决书。

在该判决书中，北京市高级人民法院认为：

如何看待王某收受王某欣609.5万元钱款的性质。本案中，检察机关认为王某与王某欣之间虽然具有情人关系，但并不排斥权钱交易的存在，属于"多因一果"。具体到个案中，要综合考虑二人间的情感背景、经济往来情况、请托事项与收取财物的对应关系等多方面因素。

首先，受贿罪的本质是不同利益主体之间的权钱交易，受贿罪的保护法益是国家工作人员职务行为的不可收买性。因此，不能在不考察上述法益是否被侵犯的情况下，仅以国家工作人员受财就一概认定为受贿罪。

其次，无论是事前受财还是事后受财，并不影响受贿罪权钱交易的行为本质，二者没有实质区别。从财物性质上看，二者都是国家工作人员职务行为的不正当报酬，财物与职务行为形成了对价关系。因此，试图从受财行为与请托事项在具体发生时间的先后顺序中判断二者的对应关系既不严谨，也无必要，甚至还很困难。

再次，从本案客观事实来看，在2009年8月至2012年10月长达三年时间内，王某与王某欣二人从恋爱交往、约定各自离婚、购置"婚房"后同居、为子女出国筹备留学费用直至最后分手，除已经指控的涉案大额资金外，王某欣交与王某使用的两张银行卡中，王某欣共转入98.86万元，对此检察机关并未指控。倘若认为情人关系不排斥权钱交易的存在，则应将该部分金额一并计入受贿金额，说明检察机关认为该部分金额虽系情人间的赠与，但不属于权钱交易；倘若要针对每一笔钱款均审查是否存在对应的谋利事项并据此来认定受贿金额，又会因审查人的主观判断差异导致缺乏统一的客观标准。这恰恰说明，王某收受财行为与王某欣请托事项之间的对应关系并不清晰、明确，不能排除二人以结婚为目的共同生活的合理怀疑。倘若最终王某与王某欣结为夫妻，双方间的财物往来就会成为二人的共同财产，二人就成为真正的利益共同体，对外可视为一人，就更不存在权钱交易。在王某收受王某欣钱款的真实原因问题上，根据现有证据不足以排除合理怀疑，得出具有唯一性的结论，事实上无论是一审判决还是检察机关都采取了自相矛盾的认定标准。

最后，由于王某按照约定先与前夫离婚，后王某欣在王某的压力下曾两次起诉离婚，直至 2012 年 6 月王某欣在保证书中仍承诺尽快娶王某为妻，二人存在长期的同居生活，个人财产存在混同的情况，应当考虑二人具有重组家庭的计划和感情基础。在此情形下，情人一方为另一方在事业提拔和责任追究方面建言献策、通风报信、出面斡旋有关领导，虽有违纪之嫌，但确属人之常情。王某与王某欣主观上并未将其视为一种交易，而是情感因素驱使下的自愿付出，因此不属于对国家工作人员职务行为廉洁性的收买。综上，王某收受王某欣给予 609.5 万元钱款的行为不应认定为受贿。

律师建议

从人伦情理上考虑，父母和子女之间、夫妻之间、（外）祖父母与（外）孙子女之间往往具有最亲密的关系，双方互相给予财物、互相为对方谋取利益往往出于人性的最本能，双方属于紧密的利益共同体和情感共同体，很难说双方存在权钱交易，从而认定国家工作人员构成受贿罪。将父母和子女之间、夫妻之间、（外）祖父母与（外）孙子女之间给予财物、帮忙谋利的行为定性为权钱交易、认定为贿赂犯罪，也不易被广大民众所理解和接受。

需要强调的是，父母和子女之间、夫妻之间、（外）祖父母与（外）孙子女之间不宜认定为行受贿关系，并不会造成刑罚处罚的漏洞。国家工作人员利用职权为"特定关系人"谋取不正当利益的，可以认定为受贿；"特定关系人"与国家工作人员共同收受财物的，可以构成共同受贿；"特定关系人"利用国家工作人员的影响力收受贿赂的，可以认定为利用影响力受贿罪。

026 "关系密切人"收受钱物构成受贿罪还是利用影响力受贿罪？

律师提示

从实质来看，"关系密切人"与"特定关系人"的内涵外延并无区别，都强调与国家工作人员具有超越一般关系的特殊关系。"关系密切人"收受他人财物构成受贿罪还是利用影响力受贿罪，关键在于"关系密切人"是否与国家工作人员形成利益共同体，是否共享利益。如果"关系密切人"与国家工作人员共谋且共享利益，则构成受贿罪；如果"关系密切人"与国家工作人员并无共谋也不共享利益，则构成利用影响力受贿罪。

争议焦点

"关系密切人"与"特定关系人"是两个易于混淆的概念，需要结合法律规定进行具体分析。

"特定关系人"这一概念主要规定在有关受贿罪认定的司法解释中。2007年《最高人民法院、最高人民检察院关于办理受贿刑事案件适用法律若干问题的意见》第十一条规定：本意见所称"特定关系人"，是指与国家工作人员有近亲属、情妇（夫）以及其他共同利益关系的人。

"关系密切人"这一概念主要出现在刑法上"利用影响力受贿罪"和"对有影响力的人行贿罪"这两个罪名中。

《刑法》第三百八十八条之一"利用影响力受贿罪"规定：国家工作人员的近亲属或者其他与该国家工作人员关系密切的人，通过该国家工作人员职务上的行为，或者利用该国家工作人员职权或者地位形成的便利条件，通过其他国家工作人员职务上的行为，为请托人谋取不正当利益，索取请托人财物或者收受请托人财物，数额较大或者有其他较重情节的，处三年以下有期徒刑或者拘役，并处罚金；数额巨大或者有其他严重情节的，处三年以上七年以下有期徒刑，并处罚金；数额特别巨大或者有其他特别严重情节的，处七年以上有期徒刑，并处罚金或者没收财产。

离职的国家工作人员或者其近亲属以及其他与其关系密切的人，利用该离职的国家工作人员原职权或者地位形成的便利条件实施前款行为的，依照前款的规定定罪处罚。

第三百九十条之一"对有影响力的人行贿罪"第一款规定：为谋取不正当利益，向国家工作人员的近亲属或者其他与该国家工作人员关系密切的人，或者向离职的国家工作人员或者其近亲属以及其他与其关系密切的人行贿的，处三年以下有期徒刑或者拘役，并处罚金；情节严重的，或者使国家利益遭受重大损失的，处三年以上七年以下有期徒刑，并处罚金；情节特别严重的，或者使国家利益遭受特别重大损失的，处七年以上十年以下有期徒刑，并处罚金。

从表面上来看，"特定关系人"与"关系密切人"是两个不太相同的概念，

"特定关系人"主要适用于受贿罪的认定中，而"关系密切人"主要适用于利用影响力受贿罪和对有影响力的人行贿罪的认定中，两个概念的外延似乎不太一样。但从实质来看，无论是"特定关系人"还是"关系密切人"，都强调其与国家工作人员具有不同于一般人的特殊关系，因此，两者并没有实质的区别。可以统一使用"特殊关系人"这一概念来指与国家工作人员具有特殊关系的人。

与国家工作人员具有特殊关系的人员收受他人财物，是构成受贿罪还是利用影响力受贿罪，关键在于"特殊关系人"是否与国家工作人员形成利益共同体，是否共享利益。如果"特殊关系人"与国家工作人员共谋且共享利益，则构成受贿罪；如果"特殊关系人"与国家工作人员并无共谋，也不共享利益，则构成利用影响力受贿罪。

裁判精要

"关系密切人"收受他人财物构成受贿罪还是利用影响力受贿罪，关键在于被利用的国家工作人员是否对"关系密切人"收受财物知情且利益共享，"关系密切人"利用的是本人的影响力还是其他国家工作人员的职权。如果"关系密切人"利用的是其他国家工作人员职务上的便利，且与其他国家工作人员有共谋且利益共享，则构成受贿罪；如果"关系密切人"利用的是本人职务形成的本人职权或者地位形成的便利条件，且其他国家工作人员对其收受财物不知情或利益不共享，则构成利用影响力受贿罪。

司法观点

（一）构成受贿罪

◎**利用"关系密切人"职务上的便利收受财物的，构成受贿**

1. 利用职务上的便利，通过其他国家工作人员职务上的行为收受财物的，符合斡旋受贿的构成要件，见【（2018）陕1025刑初13号】潘某斌受贿案一审刑事判决书。

在该判决书中，陕西省商洛市镇安县人民法院认为：

辩护人称被告人潘某斌通过中介的方式，协助请托人谭某健获取工程承包权，收受谭某健人民币55万元系中介费用，属违规违纪行为，不构成犯罪。经查，被告人潘某斌身为国家工作人员，在较长的时间内曾在商南县不同单位、不同部门担任领导职务，甚至单位的主要负责人，在当地具有一定的影响和人际关系，利用其职权和地位形成的便利条件，通过其他国家工作人员职务上的行为，为请托人获取到工程承包权，况请托人违背公平、公正原则，在招、投标中采用"围标"的非法方式谋取竞争优势，属谋取不正当利益，且事后被告人潘某斌收受请托人55万元，数额巨大，其行为符合斡旋受贿罪的构成要件，应当以受贿罪定罪处罚。

◎利用"关系密切人"职务上形成的人脉关系便利收受财物的，构成受贿

2. 行为人利用自身职务上形成的人脉关系的便利收受贿赂的，构成受贿罪而非利用影响力受贿罪，见【（2020）皖1323刑初81号】吴某飞受贿、行贿案一审刑事判决书。

在该判决书中，安徽省宿州市灵璧县人民法院认为：

关于辩护人提出被告人收受财物，利用的是"关系密切人"的职务影响，构成利用影响力受贿罪的意见。经查，被告人吴某飞系国家工作人员，于2014年至2017年下半年参与联合治超组，其于2017年3月、4月间即开始利用职权为他人提供"治超信息"；离开联合治超组后，因其长期参与联合治超组工作，其间因工作原因认识了参与联合治超的其他工作人员，其接着打探消息，继续向他人提供"治超信息"。该情形系被告人利用其职务上形成的人脉关系的便利而非与该国家工作人员关系密切的人，其行为符合受贿罪的构成要件。

◎利用职级较低"关系密切人"职务便利收受财物的，构成受贿

3. 行为人的职务相对较低，其影响力自然不能形成对上级工作人员的制约，其地位和职权作用不符合利用影响力受贿罪的法律规定，构成受贿罪，见【（2018）川1321刑初388号】秦某甲受贿案一审刑事判决书。

在该判决书中，四川省南充市南部县人民法院认为：

关于绮香公司邓某送给被告人秦某甲现金5万元的犯罪性质是受贿罪或是利用影响力受贿罪的问题。所谓受贿罪是指国家工作人员利用自身职务上的便利，索取他人财物的，或者非法收受他人财物，为他人谋取利益的行为。而利用影响力受贿罪是指国家工作人员的近亲属或者其他与该国家工作人员关系密切的人，通过该国家工作人员职务上的行为，或者利用该国家工作人员职权或者地位形成的便利条件，通过其他国家工作人员职务上的行为，为请托人谋取不正当利益，索取请托人财物或者收受请托人财物的行为。

绮香公司向工信部申报技改项目资金，是通过西充县经信局直接向省经信局申报，绮香公司邓某为了项目顺利得到审批，请被告人秦某甲出面协调中、省经信部门关系。被告人秦某甲的地位和职权从属于中、省经信部门，其影响力自然不能形成对上级工作人员的制约，其地位和职权作用不符合利用影响力受贿罪的法律规定。被告人秦某甲作为分管西充县经信局的市局领导，在处理分管部门工作时，收受服务对象的现金，属利用职务之便的受贿行为，应以受贿罪追究刑事责任。

(二) 构成利用影响力受贿罪

◎利用"关系密切人"职权形成的影响收受财物的，构成利用影响力受贿罪

1. 师生之间属于"关系密切人"，一方利用另一方的职权影响而收受他人财物的，构成利用影响力受贿罪，见【（2018）京03刑终260号】肖某利用影响力受贿案二审刑事裁定书。

在该裁定书中，北京市第三中级人民法院认为：

肖某与高某之间是否属于法律规定的"关系密切人"。根据被告人肖某的供述、证人韩某、高某、吴某、余某、崔某、王某的证言及相关书证等证据，足以证实肖某利用其与高某之间名义上的师生关系，通过师生聚会等平台，逐步加深与高某及高某亲属的交往，取得高某的信任，肖某与高某之间的关系属于法律规定的"关系密切人"，故肖某的辩解及其辩护人的相关辩护意见不能成立，本院不予采纳。

高某是否正常履职对肖某的行为性质是否存在影响。为他人谋取利益包括承诺、实施和实现三个阶段，只要具有其中一个阶段的行为，就具备了为他人谋取利益的要件，明知他人有具体请托事项而收受财物的，视为承诺为他人谋取利益。在本案中，根据被告人肖某的供述，证人韩某、高某、吴某的证言及相关证据，足以证实韩某在某医院采购设备的招标过程中，通过请厂家游说设备使用科室的人员、请托吴某在采购过程中予以照顾、请托肖某帮忙游说院长高某，并最终中标，虽属多因一果，但肖某接受韩某的请托并向高某推荐韩某代理设备的相关信息的行为，已使韩某公司及其关联公司在投标过程中获取了不正当的竞争优势，可以认定肖某的行为促使韩某公司及其关联公司中标，属于法律规定的"为请托人谋取不正当利益"，高某是否正常履职，在所不问，故肖某的辩解及其辩

护人的相关辩护意见不能成立，本院不予采纳。

2. 利用其他工作人员职务上的影响，收受他人财物的，构成利用影响力受贿罪，见【（2019）鄂10刑终29号】谢某志利用影响力受贿、行贿案二审刑事裁定书。

在该裁定书中，湖北省荆州市中级人民法院认为：

关于本案该否定性为利用影响力受贿罪的问题。本案中，上诉人谢某志与宋某、谢某1合作做房地产业务，谢某志利用时任荆州市房管局局长谢某2的职务便利分别给荆州市房管局下属的崇文房管所所长方某和荆州市房管局下属的房屋征收与管理办公室主任全某"打招呼"，取得了荆州市自行车总厂危房改造项目的开发权，为他人谋取利益，并从中收受他人财物共计人民币151.98万元。根据《刑法》第三百八十八条之一的规定，其行为符合利用影响力受贿罪的构成要件。故上诉人谢某志及辩护人所提"谢某志不构成利用影响力受贿罪，原判适用法律错误"之上诉理由和辩护意见不能成立。

3. 利用与其他工作人员之间的密切关系，通过其他工作人员职务上的便利收受财物的，构成利用影响力受贿罪，见【（2020）黔0327刑初64号】周某东利用影响力受贿案一审刑事判决书。

在该判决书中，贵州省遵义市凤冈县人民法院认为：

经审理查明，2013年至2016年间，被告人周某东利用其与廖某刚（历任凤冈县人民政府县长、县委书记）之间的密切关系（周某东系廖某刚妻弟），利用廖某刚职权和地位形成的便利条件，接受刘某、李某的请托，通过其他国家工作人员的职务便利，分别为刘某、李某在工程项目承包等事项中提供帮助，非法收受和索取刘某220万元、李某50万元。判决如下：被告人周某东犯利用影响力受贿罪，判处有期徒刑五年。

律师建议

在分析国家工作人员与"特殊关系人"是否构成共同受贿，以及"特殊关系人"是构成受贿罪还是利用影响力受贿罪时，辩护律师应重点从国家工作人员是否与"特殊关系人"形成利益共同体、是否共享利益的实质层面进行分析，而不是停留在"关系密切人"与"特殊关系人"的表面差异上。若国家工作人员与"特殊关系人"在收受财物问题上共谋或共享利益，则国家工作人员和"特定关系人"构成受贿罪；若国家工作人员与"特定关系人"在收受财物上没有共谋且没有共享利益,则只有"特定关系人"构成利用影响力受贿罪。

027 在案发前及时退交已收受财物的该如何处理?

律师提示

"及时退交不按犯罪处理"一般理解为主观上没有受贿的故意,客观上及时退还;主观上有犯罪故意,客观上已完成受贿行为的,即使主动退交也构成受贿罪;国家工作人员收受财物后,因与其受贿有关联的人、事被查处,为掩饰犯罪而退还的,不影响受贿罪的成立;受贿犯罪完成后又退交的,按量刑情节处理;刑法及司法解释对"及时退还"在时间上并没有作出明确界定,超过一年退还的根据情况也可认定为不构成受贿。

争议焦点

2007年最高人民法院、最高人民检察院《关于办理受贿刑事案件适用法律若干问题的意见》第九条规定:国家工作人员收受请托人财物后及时退还或者上交的,不是受贿。

国家工作人员受贿后,因自身或者与其受贿有关联的人、事被查处,为掩饰犯罪而退还或者上交的,不影响认定受贿罪。

该司法解释虽然规定了及时退还或上交的不是受贿,但对于及时退交的含义、及时退交的时间、退交之前国家工作人员的主观心理等方面,均没有明确规定,给司法实践带来了一定的困扰。

司法实践中,一般认为及时退交不应在收受财物后时间过长,但也有的认为超过一年时间也属于及时退交。对于退交之前国家工作人员的主观心理,一般认为国家工作人员收受财物时没有主观故意,但也有人认为即使当时具有主观故意,只要及时退交就不构成犯罪。总之,对于及时退交不认定犯罪的处理,在实践中存在诸多分歧。

裁判精要

刑法及司法解释规定的"及时上交不按犯罪处理"应理解为主观上没有受

贿的故意，客观上及时退还；主观上有犯罪故意，客观上具有受贿的行为，犯罪过程已完成的，构成受贿罪；国家工作人员收受财物后，因与其受贿有关联的人和事被查处，为掩饰犯罪而退还的，不影响受贿罪的成立；受贿犯罪完成后又退交的，按量刑情节处理；刑法及司法解释对"及时退还"在时间上并没有作出明确界定，超过一年退还的根据情况也可认定为不构成受贿。

司法观点

（一）构成受贿罪

◎**受贿已完成后有条件退还而未及时退还的，属于受贿既遂**

1. 刑法及司法解释规定的"及时上交不按犯罪处理"应理解为主观上没有受贿的故意，客观上及时退还；主观上有犯罪故意，客观上具有受贿的行为，犯罪过程已完成的，构成受贿罪，见【（2019）辽04刑终49号】解某红受贿案二审刑事裁定书。

在该裁定书中，辽宁省抚顺市中级人民法院认为：

关于上诉人解某红及其辩护人提出的原审判决认定的解某红收受韩某某20万元，杨某11万美元，共计人民币20万元、11万美元，因解某红在监察机关立案前已主动上交，不应计入犯罪数额的上诉理由及辩护意见，经查，根据法律规定，国家工作人员收受请托人财物后及时退还或者上交的，不是受贿。但该种情形要求行为人主观上没有受贿的故意，客观上表现为收受他人财物并非本人意愿，在条件允许的情况下，应及时归还，或在客观障碍消除后退还。现有证据表明，上诉人解某红收受了上述二人款项并为二人谋取利益，其主观上具有受贿的故意，客观上具有受贿的行为，犯罪过程已经完成，已构成受贿罪，虽主动上交，但不属于法律规定的及时上交情形，应以受贿罪论处。故对上诉人解某红及其辩护人的上述上诉理由及辩护意见，本院不予支持。

◎**收受财物后归还不具有主动性和及时性的，构成受贿**

2. 收受财物后归还不具有主动性和及时性的，构成受贿罪，见【（2019）渝0114刑初58号】陈某受贿案一审刑事判决书。

在该判决书中，重庆市黔江区人民法院认为：

关于被告人陈某的辩护人提出的收受龚某某、蔡某某80万元已退还了61万元，只应认定犯罪金额为19万元的辩护意见，经查，陈某利用自己的职务便利帮助蔡某某、龚某某将钱借给莫某某，蔡某某、龚某某得到利益240万元后，于2015年4月送给陈某80万元感谢费，此时陈某出于受贿的故意，收受了他人财物，双方行贿受贿行为已完成，在2016年陈某不再担任博宏公司法定代表人兼总经理职务之后，蔡某某、龚某某去找陈某退还该款项，陈某因害怕被查处退还二人部分钱款，并不是陈某的主动行为，且不具有及时性，其行为不符合最高人民法院、最高人民检察院《关于办理受贿刑事案件适用法律若干问题的意见》第九条第一款"国家工作人员收受请托人财物后及时退还或者上交的，不是受贿"的规定，故该意见不能成立，本院不予采纳。

◎受贿后为规避调查或掩饰犯罪而退还的，构成受贿

3. 因害怕有关部门调查才主动退还的，不影响受贿罪的成立，见【（2018）粤刑终1731号】陈某受贿、挪用公款案二审刑事裁定书。

在该裁定书中，广东省高级人民法院认为：

对于上诉及辩护提出陈某退还陈某清300万元应考虑不按犯罪处理或认定为犯罪中止的意见。经查：1. 陈某退给陈某清300万元发生在陈某收受陈某清贿赂一年半之后，该行为不属于收受财物后及时退还的情形；2. 陈某和陈某清均称是因为害怕有关部门调查，陈某才主动退款，其二人供述的情况一致；3. 陈某收取陈某清300万元时，其受贿行为已经实行终了，属犯罪既遂。因此，陈某于一年半后为了逃避调查而退还300万元给陈某清的行为属事后行为，对于其受贿行为性质的认定不具有决定性意义，不影响其受贿行为性质的认定，上诉及辩护所提理据不足，不予采纳。

4. 国家工作人员收受财物后，因与其受贿有关联的人和事被查处，为掩饰犯罪而退还的，不影响受贿罪的成立，见【（2019）鲁10刑终189号】郝某龙受贿案二审刑事裁定书。

在该裁定书中，山东省威海市中级人民法院认为：

关于上诉人郝某龙及其辩护人提出退还的21万元不构成受贿罪的问题。本院认为，2007年最高人民法院、最高人民检察院《关于办理受贿刑事案件适用法律若干问题的意见》中规定了"国家工作人员收受请托人财物后及时退还或者上交的，不是受贿"，该解释中"及时退还"是指国家工作人员收下财物后，或者发现暗中所送财物、家属代收财物后，及时退还或者上交，主观上没有收受财物的故意，不以犯罪论处的情形。如国家机关工作人员主观上有退还或上交的意思，但因为客观原因未能立即退还或者上交，在客观障碍消除后立即退还或者

上交的，应当认定"及时"。国家工作人员收受财物后，因与其受贿有关联的人、事被查处，为掩饰犯罪而退还的，不影响受贿罪的成立。具体到本案，郝某龙主观上有收受贿赂的故意，受贿行为已经完成，在侦查阶段，上诉人郝某龙供述是反腐形势紧张，2017年3月有人被查处，所以才将款项进行了退还，在此情况下上诉人退款行为不属于及时退还，上诉人及其辩护人的该上诉理由及辩护意见不成立，本院不予支持。

5. 行为人在案发前"及时退还"的，不构成受贿罪；行为人"被动退还"和"主动退还"，不影响受贿罪的成立，但"主动退还"可作为量刑情节考虑，见【《刑事审判参考》第1015号指导案例】周某受贿案。

在该案中，法院认为，行为人在案发前主动退还贿赂款的行为，应当区分三种情形进行处理。

第一种情形是"及时退还或者上交的"，可简称为"及时退还"。"及时退还"情形，要求行为人主观上没有受贿的故意，客观上表现为及时退还或者上交，不存在犯罪故意，故不构成犯罪。值得注意的是，判断行为人是否具有受贿故意，不能仅根据其本人供述，还应当结合其收受和退还财物的具体行为进行综合分析。首先，"及时退还"情形的行为人收受他人财物并非本人意愿，往往受当时的时空条件限制不得已接收或者"误收"，如请托人放下财物即离开，无法追及的；掺夹到正常物品中当时无法发现的；等等。其次，退还必须"及时"，在条件允许的情况下，一般是指即时退还。如将礼盒拿回家后发现里面放有现金，第二天即退还的。实践中，对"及时"不能作绝对化理解，只要在客观障碍条件消除后退还都算"及时"。如行为人因病无法即时退还，待数月后身体痊愈退还也应视为"及时"。

第二种情形是"为掩饰犯罪而退还或者上交的"，可简称为"被动退还"。"被动退还"情形，行为人在接受财物时存在受贿故意，后因自身或者与受贿相关联的人、事被查处，为了掩饰犯罪，才被动退还或者上交。这种情形下，行为人退还的时间距离接受财物的时间相对较长，距离被正式查处的时间相对较短，行为人对犯罪并没有真实悔意，一般不影响受贿罪的认定和处罚。另外，因请托人索要财物而不得已退还的，也属于"被动退还"情形。

第三种情形是行为人虽未及时退还或者上交，但在收受财物后至案发前的期间内主动退还或者上交的，此种情形可以简称为"主动退还"。在该情形下，行为人在接受财物时存在受贿的故意，但经过一定时间段后，因主客观原因等诸多因素的变化，自己主动退还或者上交收受的财物。从法理分析，行为人既具有受贿的故意，又具有受贿的行为，且犯罪过程已经完成，因此，应当构成受贿罪（既遂），至于后面的退还行为，应当视为犯罪后的"退赃"，可以作为处罚时的量刑情节，但不能改变已然犯罪的性质。实践中，"主动退还"的情况复杂多样，近年来"主动退还"被追诉的案件也越来越多，如何把握此类案件被告人的刑事责任，成为人民法院审判中的难题。我们认为，对于"主动退还"情形，可以结合收受财物的时间长短、数额大小以及是否牟利等具体情况，选择适用不以犯罪论处，依法从轻、减轻或者免除处罚。

本案中，被告人周某利用职务上的便利，收受他人现金 24 万元，既有收受他人贿赂的主观故意，又有接受并使用他人贿赂款的具体行为，只是因考虑到无法给请托人谋取利益，出于害怕犯罪暴露而主动向请托人退还贿赂款，虽然属于"主动退还"情形，但不属于《意见》规定的"及时退还"情形，故对其行为应当依法以受贿罪论处。

（二）不构成受贿罪

◎**刑法并未明确"及时退还"时间，一个月内退还的，可视为"及时退还"**

1. 刑法对"及时退还"在时间上并没有作出明确界定，依据有利于被告人的原则，被告人在一个月的时间退还的，不宜作为受贿犯罪评价，见【（2019）湘 0726 刑初 148 号】向某林受贿、巨额财产来源不明案一审刑事判决书。

在该判决书中，湖南省常德市石门县人民法院认为：

经查，该起指控中被告人向某林收受了毛某某 5 万美元及予以退还的事实本院予以认定，但被告人收受此笔钱财事实不宜作为受贿犯罪事实予以评价，理由如下：被告人退还该笔 5 万美元时间上不能确定为 2015 年 11 月。首先被告人就该款退还时间供述不稳定，即在 2019 年 2 月 24 日供述是"2015 年下半年的时候"，在同日的手写材料中又说是"大概在几个月后"，在 2019 年 3 月 12 日又供述称"距离收钱到底过了多久记不清了"，庭审中辩解称"收钱一个月就退了"；其次从公诉机关指控该笔退还时间上的证据来看，主要是证人毛某某等人的证言，其均是对时间较久远的事实凭回忆来还原客观事实，具有一定的主观性和不确定性，并没有其他有力证据加以印证，证据上不具有排他性。根据最高人民法院、最高人民检察院《关于办理受贿刑事案件适用法律若干问题的意见》第九条第一款的规定"国家工作人员收受请托人财物后及时退还或者上交的，不是受贿"，该条规定中对"及时退还"在时间上并没有作出明确界定。因此，在被告人退还此笔5万美元时间上应根据有利于被告人的原则来予以认定为及时退还并无不当。况且本案被告人立案查处时间是2018年9月29日，在退还该笔钱财时也不存在上述意见中第九条第二款规定的情形，即"国家工作人员受贿后，因自身或者与其受贿有关联的人、事被查处，为掩饰犯罪而退还或者上交的，不影响认定受贿罪"。综上，本院对公诉机关指控被告人收受毛某某第二笔5万美元并予以退还的事实不予认定为受贿犯罪事实，应作违纪行为处理。

◎**特殊情形下受贿后一年内退还的，可认定为"及时退还"**

2. 收受钱款一年以后退还的也可以认定为"及时退还"，见【（2018）冀02刑终863号】陈某山受贿、滥用职权案二审刑事裁定书。

在该裁定书中，河北省唐山市中级人民法院认为：

一审宣判后，原公诉机关唐山市古冶区人民检察院以原审判决认定事实错误，重罪轻判，适用刑罚明显不当为理由提出抗诉；唐山市人民检察院支持抗诉，提出原审判决将被告人陈某山案发前退还的229万元从其受贿数额中扣除不当，被告人陈某山是在收受钱款后一年多以后才退还，不属于及时退还；另外，被告人陈某山退还是由于得知与其受贿相关的虚假诉讼案件被唐山市路南区人民检察院调查，怕出事才退还。被告人陈某山案发前退还的229万元应认定为受贿罪犯罪数额。二审法院认为，原审法院根据唐山市古冶区人民检察院指控原审被告人陈某山犯受贿罪的事实及原审被告人陈某山的犯罪事实、性质、情节及社会危害性，依法在法定刑幅度内对其进行判处，量刑并无不当，维持原判。

3. 刑法及相关司法解释未明确规定"收受"系指没有受贿意图的被动收受行为，根据罪刑法定原则，行为人收受财物时具有犯罪意图但及时退还的，不应认定为受贿，见【（2017）湘04刑终417号之四】王某成受贿案二审刑事裁定书。

在该裁定书中，湖南省衡阳市中级人民法院认为：

抗诉机关还提出，一审认定王某成收受刘某、张某、陶某248.33万元后，已及时退还，不应认定为受贿，属认定事实错误；"及时退还"应指行为人在主观上无受贿故意，犯罪客体上没有侵犯国家工作人员职务的廉洁性的情况，本案王某成有受贿故意，另王某成系在3年内分四次收受款项，未表示过拒绝，无持续退还财物的行为，故王某成不符合"及时退还"的情况。

经查，王某成系在侦查机关未发现其受贿行为，谢某案及相关人员与王某成受贿无关联情况下，慑于国家反腐败政策，退还 248.33 万元。依据《关于办理受贿刑事案件适用法律若干问题的意见》第九条第一款之规定，该条的适用范围为"国家工作人员收受请托人财物后"的情况，而第九条第一款规定的"收受请托人财物"与《刑法》第三百八十五条描述的受贿罪罪状中的相关用语用词相同，故"收受"非被动行为，应指主动收取行贿人财物，根据罪刑法定原则，在刑法及相关司法解释未明确规定"收受"系指没有受贿意图的被动"收受行为"情况下，王某成的行为应属司法解释第九条的适用范围。另刑法及相关司法解释对及时退还的"及时"亦无明确规定，故根据罪刑法定原则，在王某成不存在《关于办理受贿刑事案件适用法律若干问题的意见》第九条第二款规定的不应适用第九条第一款的情形时，便应当认定王某成的退还行为符合《关于办理受贿刑事案件适用法律若干问题的意见》第九条第一款，所涉相关款项不再计入犯罪数额。对抗诉机关关于王某成退还款项的行为不应适用《关于办理受贿刑事案件适用法律若干问题的意见》第九条认定为及时退款，不是受贿的抗诉意见，本院不予支持。对王某成及其辩护人关于王某成相关行为符合《办理受贿罪件若干问题的意见》第九条，属于在案发前及时退还，不应认定为受贿的辩解、辩护意见，本院予以采纳。

律师建议

刑法及司法解释中对案发前及时退交已收财物的规定并不十分明确，这给辩护律师留下了很大的辩护空间。对于行为人及时退交的时间，并不一定限于一个月之内；对于及时退交的原因，并不完全排除担心被查处；对于退交前国家工作人员是否具有受贿的主观故意，法律规定得也并不明确，司法实践中还存在真实的判例，对于收受财物时有受贿故意但及时退交的未按受贿处理。

028 国家工作人员在何种情况下构成索贿？

律师提示

索贿的本质是违背行贿人的主观意愿。国家工作人员在收受贿赂过程中具有主动性、主导性、索取性等特征，违背了行贿人的主观意愿，则应认定为索贿；

国家工作人员在收受贿赂过程中不具有主动性、主导性、索取性等特征，并未违背行贿人的主观意愿，则不构成索贿。国家工作人员先提出财物要求不是认定索贿的唯一标准。索贿作为重要的法定从重情节，在具体认定过程中应严格把关，审慎认定。

争议焦点

国家工作人员在何种情况下构成索贿，索贿的特征有哪些，索贿的本质是什么，这些问题均存在一定争议。索贿也是重要的量刑情节，在审查时应严格把关，审慎认定。

《刑法》第三百八十六条规定：对犯受贿罪的，根据受贿所得数额及情节，依照本法第三百八十三条的规定处罚。索贿的从重处罚。

第三百八十九条第三款规定：因被勒索给予国家工作人员以财物，没有获得不正当利益的，不是行贿。该条款规定体现了法律对"被索贿者"的宽容与保护。

在索贿案件的认定中，应结合以下方面进行判断。一是国家工作人员是否具有索贿的主动性，如是否由国家工作人员最先提出财物要求。二是行贿是否违背行贿人的主观意愿，如行贿人本来是否有给予国家工作人员财物的主观意愿，国家工作人员是否向请托人施加了压力，故意不履行或找理由拖延履行职责，在请托人面前反复抱怨"经济压力大"，反复给请托人打电话要求"借款"等。三是国家工作人员在收受贿赂的整个过程中是否具有主导性，是否由其主要控制行贿受贿的过程。

在具体案件的认定过程中，还要严格审查认定索贿的相关证据，特别是请托人的证言。要谨慎认定请托人的证言，一般情况下，请托人为了赚取非法利益，会积极主动联系受贿人，其权钱交易的主观愿望更强烈，给予国家工作人员财物的意愿更主动，在案发后被调查时往往会将自己"主动给"说成国家工作人员"主动要"，在审查请托人证言时要结合其他证据客观分析。

在具体案件认定过程中，不能简单地以受贿人"主动要"作为认定索贿的唯一依据，而要结合案件实际情况进行实质判断。对于双方长期相互利用，已形成相对固定、默契的权钱交易关系的，即使受贿人"主动要"，也不违背请托人的主观意愿，与请托人"主动给"没有本质区别，一般不应认定为索贿。

裁判精要

索贿的本质是违背行贿人的主观意愿；国家工作人员在收受贿赂过程中具有主动性、主导性、索取性等特征，违背了行贿人主观意愿的，应认定为索贿；国家工作人员在收受贿赂过程中不具有主动性、主导性、索取性等特征，并未违背行贿人主观意愿的，则不构成索贿；国家工作人员首先提出财物要求不是认定索贿的唯一标准。

司法观点

（一）构成索贿

◎**以办事需要费用或以借为名主动索要财物的，构成索贿**

1. 以办事需要费用或以借为名索要财物，即使出具了借条，也不妨碍索贿的成立，见【（2019）鄂09刑终164号】魏某铭受贿案二审刑事裁定书。

在该裁定书中，湖北省孝感市中级人民法院认为：

上诉人魏某铭提出"一审判决法律适用不当，本案多起为借款关系，不构成索贿"的上诉理由，经查，相关证人证言均证实，当事人均是在请求被告人办理相关事项的过程中，被告人以办事需要费用或以借为名索要的，尽管被告人当时出具了借条，或事后自己或通过他人出具了借条，甚至通过诉讼程序形成了法律文书，部分或全部退还给了当事人，但民事法律文书及形式上的借条并不能抗辩或阻却行为的违法性，被告人的上述行为均构成受贿，并应以该罪定罪处罚。上诉人魏某铭提出"一审判决法律适用不当，本案多起为借款关系，不构成索贿"的上诉理由不能成立，予以驳回。

◎**贿赂款的收受由国家工作人员主导的，构成索贿**

2. 贿赂款的收受由国家工作人员主导的，符合索贿的构成条件，见【（2020）皖03刑终152号】高某田受贿、非法持有、私藏枪支、弹药案二审刑事裁定书。

在该裁定书中，安徽省蚌埠市中级人民法院认为：

关于高某田上诉称其收受圣宜公司200万元不构成索贿的上诉理由，经查，圣宜公司殷某、周某通过他人找到高某田外甥王某，进而结识高某田希望通过高某田的帮助追回被骗钱款、挽回损失，并在此期间多次表示会对高某田予以感谢。殷某等人在未明确感谢的方式、数额时，由王某向高某田询问具体数额，高某田通过王某向殷某等人提出200万元的贿赂款，殷某等人在与公司商量后才同意，又通过王某询问支付方式，后高某田要求现金支付，可以认定该笔200万元贿赂款的收受由高某田主导，主动向他人索要并收受财物的行为，符合索贿条件。

（二）不构成索贿

◎行为人在受贿过程中处于被动地位的，不构成索贿

1. 国家工作人员并无主动向请托人提起权钱交易的行为，在受贿过程中处于被动地位的，不构成索贿，见【（2018）粤刑终1006号】李某明受贿、帮助犯罪分子逃避处罚案二审刑事裁定书。

在该裁定书中，广东省高级人民法院认为：

关于上诉人李某明收受贿赂的行为是否具有索贿情节，经查，李某明将吴某明通过欧某文转达的、以不对吴某明实施抓捕为交换条件的贿赂请托事项转告曾某，由曾某确定是否同意请托事项后二人共同确定具体贿赂数额。在这一环节上李某明并无主动向请托人提起权钱交易的行为，现有证据尚不足以认定李某明具有主动向行贿方索取贿赂的情节，其行为不构成索贿。上诉人李某明及其辩护人对此所提意见成立，予以采纳。

◎行为人前期真实借款转换为贿赂款的，不构成索贿

2. 行为人前期属于借款，后期转换为贿赂款的，不属于索贿，见【（2017）鄂13刑终115号】沈某朝受贿案二审刑事裁定书。

在该裁定书中，湖北省随州市中级人民法院认为：

关于上诉人沈某朝和辩护人提出收受张某1万元不构成索贿的辩解和辩护理由，经查，沈某朝到案后主动交代了涉案受贿的事实，在侦查阶段、一审庭审时均供述因没钱用向张某借款，后向张某还款时，张某表示不用还，送给沈某朝，该供述内容稳定、一致，证实沈某朝本无向张某索取贿赂的意思，其本意是借款，后向张某还款时，张某送给沈某朝，该行为不构成索贿。故沈某朝和辩护人提出不构成索贿的辩解和辩护理由成立，本院予以采纳。

◎要求给予优惠但达不到索贿的主动性和索取性的，不构成索贿

3. 购买商铺时主动要求对方给予优惠，但整个过程中没有体现出索贿的主动性、索取性，不宜认定为索贿，见【（2019）粤12刑终218号】邓某森受贿案二审刑事判决书。

在该判决书中,广东省肇庆市中级人民法院认为:

对于上诉人邓某森是否存在索贿从重情节问题,出庭检察员有不同的意见:在本案中,虽然邓某森在购买商铺的时候要求有优惠价格,但是没有明确要求优惠的程度及优惠的金额。同时,是曾某提出会提供报酬的意见,而且根据程某的证言是曾某知道邓某森购买后就同意两个商铺一共减免80万元,整个过程没有具备索取的主动性、索取性的特征。索贿作为一个法定的从重情节,在行贿人曾某无法提供证言,在案证据情况并不明显符合索贿的情况下,基于"疑点利益归于被告"的原则,建议二审法院改判,不认定该索贿情节,只是认定邓某森受贿。

二审法院经审理认为,在案证据反映,曾某通过程某让上诉人邓某森在海景花园加建楼层审批一事上提供帮助,并承诺事成之后会感谢邓某森,邓某森与曾某此时已达成权钱交易的默契。邓某森在利用职务之便帮助曾某谋取利益后,主动向曾某提出要在其购买商铺时给予优惠的行为,不宜认定为索贿。肇庆市人民检察院认为上诉人邓某森收受曾某80万元的行为不构成索贿的意见,理据充分。一审认定上诉人邓某森收受曾某80万元的行为构成索贿,并对其从重处罚不当,致量刑偏重,予以纠正。

律师建议

对辩护律师而言,应重视从索贿的内在本质和外在特征来为当事人进行有效辩护。违背请托人主观意愿是索贿的内在本质,国家工作人员即使存在主动索要的情形,但并不违背行贿人主观意愿的,不应认定为索贿;主动性、主导性和索取性是索贿的外在特征,如果受贿人在整个行贿受贿过程中仅在部分阶段具备主动性、主导性和索取性,在整个过程中不具有上述三性的,也不应认定为索贿。索贿是法定从重情节,对当事人量刑具有重大影响,辩护律师在此问题上应当据理力争,特别是对行贿人的证言要严格审查,防止索贿认定的扩大化,最大限度维护当事人合法权益。

029 如何区分受贿罪与单位受贿罪？

律师提示

区分受贿罪与单位受贿罪，关键在于是单位行为还是个人行为，是单位意志还是个人意志，是单位获益还是个人获益。如果收受贿赂的决定是由单位领导集体作出或由单位主要负责人作出的，体现的主要是单位意志，所收受的贿赂款主要用于单位使用的，则构成单位受贿罪；如果收受贿赂的决定主要由单位领导个人作出，体现的主要是个人意志，且收受贿赂款主要由个人支配和使用的，则构成受贿罪。

争议焦点

如何区分个人受贿和单位受贿，司法实践存在一定的争议。

受贿罪是一种个人犯罪。《刑法》第三百八十五条第一款规定："国家工作人员利用职务上的便利，索取他人财物的，或者非法收受他人财物，为他人谋取利益的，是受贿罪。"

单位受贿罪是一种单位犯罪。单位犯罪是指以单位名义实施，违法所得归单位所有的犯罪。

《刑法修正案（十二）》通过前，《刑法》第三百八十七条规定：国家机关、国有公司、企业、事业单位、人民团体，索取、非法收受他人财物，为他人谋取利益，情节严重的，对单位判处罚金，并对其直接负责的主管人员和其他直接责任人员，处五年以下有期徒刑或者拘役。

前款所列单位，在经济往来中，在账外暗中收受各种名义的回扣、手续费的，以受贿论，依照前款的规定处罚。

《刑法修正案（十二）》通过后，《刑法》第三百八十七条第一款修改为：国家机关、国有公司、企业、事业单位、人民团体，索取、非法收受他人财物，为他人谋取利益，情节严重的，对单位判处罚金，并对其直接负责的主管人员和其他直接责任人员，处三年以下有期徒刑或者拘役；情节特别严重的，处三年以上十年以下有期徒刑。

《刑法修正案（十二）》对单位受贿罪的修改，主要体现在以下两个方面：

一是将"情节严重"的最高法定刑由五年降低为三年,二是增加了"情节特别严重"的规定,最高法定刑上升到十年。整体来看,国家加大了对单位受贿罪的惩治力度。

对于经单位集体研究决定收受贿赂,且贿赂款打入单位账户归单位所有的,认定单位受贿罪没有争议。争议较大的是,单位负责人个人决定收受贿赂的,应当认定为受贿罪还是单位受贿罪?如果单位负责人个人决定收受贿赂但将贿赂款主要用于单位控制和使用的,是否应当定单位受贿罪?这些在实践中均存在争议。

除此之外,国有单位内设机构能否构成单位受贿罪的主体?最高检察院就该问题有专门的答复。(2006)高检研发8号《最高人民检察院研究室关于国有单位的内设机构能否构成单位受贿罪主体问题的答复》规定:国有单位的内设机构利用其行使职权的便利,索取、非法收受他人财物并归该内设机构所有或者支配,为他人谋取利益,情节严重的,依照刑法第三百八十七条的规定以单位受贿罪追究刑事责任。

裁判精要

收受贿赂的决定主要是由单位领导集体作出或由单位主要负责人作出的,体现的是单位的意志,所收受的贿赂款主要用于单位使用的,构成单位受贿罪;收受贿赂的决定主要是由单位领导个人作出的,体现的并非单位意志而是个人意志,且收受贿赂款主要由个人支配和使用的,构成受贿罪。

司法观点

(一)构成个人受贿

◎个人决定收取贿赂款且未进入公司账目的,构成个人受贿

1. 回扣款的收取未经公司领导集体研究决定,法定代表人也未参与决定,回扣款的收受由法定代表人之外的个别领导决定,回扣款后也未进入公司账目而归个人支配使用,应认定为个人受贿而非单位受贿,见【(2020)粤18刑终85号】张某泉、阳某县水利水电工程有限公司受贿案二审刑事裁定书。

在该裁定书中,广东省清远市中级人民法院认为:

关于上诉人张某泉收受米某森60万元回扣款是属于单位受贿还是个人受贿

的问题。经查，上诉人张某泉作为时任阳某县水利局局长，指令阳某县水利局下属单位阳某县水利水电工程公司的经理梁某帆通过围标的方式使米某森挂靠的广东省水利水电第三工程局顺利中标，并据此收受米某森60万元回扣款。上述回扣款的收取未经阳某县水利水电工程公司领导集体研究决定，时任该公司法定代表人的曾某华也未参与商议、决定或者同意收受米某森给予的回扣款，公司领导集体或法定代表人也未授权经理梁某帆参与商谈收受回扣事宜，回扣款的收受均是由上诉人张某泉决定，张某泉收受回扣款后也未将款项入账到水利水电公司账目，款项均由张某泉个人支配使用，因此上诉人张某泉以阳某县水利水电工程公司名义收受60万元回扣款应认定为个人受贿。因此对于上诉人张某泉及其辩护人提出的该笔受贿属于单位受贿的上诉理由及辩护意见不成立，不予采纳。

◎收受贿赂未体现单位集体意志性的，构成个人受贿

2. 单位受贿体现的是单位集体意志和非法利益归于单位的特征，仅有单位负责人个人决定，且收受款项由单位负责人支配和使用的，构成个人受贿，见【（2019）川1523刑初126号】张某裕受贿案一审刑事判决书。

在该判决书中，四川省宜宾市江安县人民法院认为：

关于被告人及其辩护人提出本案系单位受贿的辩解和辩护意见。经查，单位受贿体现的是单位集体意志和非法利益归于单位的特征。本案中，首先，作为县收储中心副主任的牟某在事发之初仅仅系介绍了龙某与张某裕认识，其后事宜则系由张某裕和龙某二人具体商量。虽然张某裕是县收储中心主任，但县收储中心作为单位或部门对收取贿赂款一事并未集体研究或决定，或者由领导班子集体研究或决定，并未体现单位意志，而系由张某裕个人决定，体现了其个人意志。其后，作为县收储中心副主任的牟某和县收储中心的其他人员，甚至拆迁工作组的组员，也并不清楚张某裕收受龙某贿赂款的具体金额；对贿赂款的分配县收储中心也未集体研究，副主任牟某也不清楚张某裕所得贿赂款具体分给和分多少给哪些人。因此，在整个受贿过程中，没有体现单位或部门的集体决定收取、集体决定支配的单位集体意志。其次，本案的非法利益并未归于单位或部门。当非法利益获取后，张某裕个人自行对所得钱款进行了安排处理，作为县收储中心副主任的牟某并未从中分得钱款，县收储中心的其他一般工作人员也未从中分得钱款，更未留存部分钱款用于单位开支等，即县收储中心作为单位并未因此而获得任何非法利益。因此，不能认定本案的非法利益归于了单位或部门。综上，被告人及其辩护人的该辩解与辩护意见与查明的事实不符，本院不予采纳。

3. 单位中的个人收受回扣并未经单位集体决定，且回扣主要归个人占有的，不构成单位受贿罪，见【（2019）渝05刑终20号】孙某君受贿案二审刑事判决书。

在该判决书中，重庆市第五中级人民法院认为：

对于孙某君及其辩护人提出本案是单位犯罪的辩护意见，经查，法律规定的单位犯罪是指以单位的名义实施犯罪，违法所得归单位所有的行为，而本案中，相关销售人员、三腺外科相关医生等科室人员的证言均证实，科室人员对医疗设备、耗材、药品销售人员送给孙某君好处费的标准、地点、金额、方式等均不知情，且相关销售人员将医疗设备、耗材、药品的回扣按照同孙某君商谈的标准直接送给了孙某君，孙某君将绝大部分回扣个人占有。孙某君的行为不符合单位犯罪的相关法律规定，依法不能认定为单位犯罪。

（二）构成单位受贿

◎收受贿赂由单位主要领导决定且款项用于单位的，构成单位受贿罪

1. 收受贿赂系经主要负责人决定，代表单位意志，事后该款项也用于工作及发放给相应工作人员的，构成单位受贿罪，见【（2020）川15刑终60号】张某裕受贿案二审刑事判决书。

在该判决书中，四川省宜宾市中级人民法院认为：

本案系个人受贿还是单位受贿。上诉人张某裕及其辩护人提出，其收受龙某贿赂93万元，系县收储中心副主任牟某向龙某提出，自己作为该中心主任予以认可，且是沿袭该中心的惯例，系以单位名义收受，目的是推动房屋征收工作。该款事后在单位领导、工作组成员、村干部间进行了分配，其并非以个人占有为目的，属于单位账外收受回扣的行为。因此其行为并非个人受贿而是单位受贿。

经查，上诉人张某裕的供述及证人牟某的证言证实，收受龙某贿赂系作为县收储中心副主任的牟某、县收储中心主任的张某裕向龙某提出。而张某裕收到龙某贿赂后，作为工作负责人，将其中部分款项作为工作经费用于拆迁工作，并将大部分款项分配给负责相应拆迁工作的工作人员以及协助拆迁的村、组干部等人。因此，该收受贿赂行为系经收储中心主要负责人决定，代表单位意志，事后该款也用于工作及发放给相应工作人员。故其行为应当认定为单位受贿而非个人受贿。该诉辩意见成立，本院予以采纳。

◎ **法人为单位利益受贿且款项主要用于单位使用的，构成单位受贿罪**

2. 法定代表人为了单位利益实施的受贿行为，代表的是单位的意志，且其收受贿赂款主要用于单位使用的，构成单位受贿罪，见【（2015）鱼刑初字第111号】柳州市水利工程管理站、玉某单位受贿一审刑事判决书。

在该判决书中，广西壮族自治区柳州市鱼峰区人民法院认为：

关于被告单位及其辩护人提出本案应系被告人玉某个人受贿的相关意见。本院认为，被告人玉某作为被告单位管站的法定代表人，其为工管站利益实施的行为应系代表工管站意志，视为工管站的单位行为，而行贿单位明确行贿款是给工管站的，玉某代表工管站从行贿单位领得回扣款11万元后，有4万元明确用于了工管站的专家评审费支出，其余7万元，有证人罗某的证言、相关工程的书证、玉某的供述等证据印证证明亦用于了单位相关工程项目的开支等，系为单位利益而实施的；故本院认为本案应认定为工管站单位受贿而非玉某个人受贿，对被告单位及辩护人所提该相关意见不予采纳。

律师建议

《刑法修正案（十二）》提升了单位受贿罪的最高法定刑。单位受贿罪比受贿罪入罪门槛高，处罚力度低。单位受贿罪的入罪门槛是10万元，最高刑期为10年，而受贿罪的入罪门槛是3万元，最高刑期为死刑，两者的定罪量刑悬殊。因此，辩护律师应理解和把握好单位受贿罪与受贿罪的本质区别，在当事人触犯的是个人受贿还是单位受贿问题上据理力争。实际来看，构成单位受贿罪的关键在于将受贿款主要用于单位控制和使用，而是否由单位集体决定并不是关键。在涉及个人受贿还是单位受贿的问题上，辩护律师大有可为。

030 如何区分斡旋型受贿与利用影响力受贿罪？

律师提示

斡旋型受贿与利用影响力受贿罪的关键区别不在于客观方面，而在于主体方面。如果受贿人不具有国家工作人员身份，与被利用的国家工作人员之间具有超越工作关系的特殊关系，且在自己受贿问题上被利用的国家工作人员并不知情，应依利用影响力受贿罪处罚。如果受贿人本身具有国家工作人员身份,其与被利用的国家工作人员之间具有超越工作关系的特殊关系,且在自己受贿问题上被利用的国家工作人员并不知情,应依利用影响力受贿罪处罚;如果受贿人本身具有国家工作人员身份,其与被利用的国家工作人员之间仅具有工作关系而无其他特殊关系,且在自己受贿问题上被利用的国家工作人员并不知情,则依利用影响力受贿罪处罚。

争议焦点

斡旋型受贿与利用影响力受贿罪的区别,在实践中有一定的争议。

《刑法》第三百八十八条规定:国家工作人员利用本人职权或者地位形成的便利条件,通过其他国家工作人员职务上的行为,为请托人谋取不正当利益,索取请托人财物或者收受请托人财物的,以受贿论处。

第三百八十八条之一规定:国家工作人员的近亲属或者其他与该国家工作人员关系密切的人,通过该国家工作人员职务上的行为,或者利用该国家工作人员职权或者地位形成的便利条件,通过其他国家工作人员职务上的行为,为请托人谋取不正当利益,索取请托人财物或者收受请托人财物,数额较大或者有其他较重情节的,处三年以下有期徒刑或者拘役,并处罚金;数额巨大或者有其他严重情节的,处三年以上七年以下有期徒刑,并处罚金;数额特别巨大或者有其他特别严重情节的,处七年以上有期徒刑,并处罚金或者没收财产。

离职的国家工作人员或者其近亲属以及其他与其关系密切的人,利用该离职的国家工作人员原职权或者地位形成的便利条件实施前款行为的,依照前款的规定定罪处罚。

2003年《全国法院审理经济犯罪案件工作座谈会纪要》第三条第三款对"利用职权或地位形成的便利条件"进行了界定:刑法第三百八十八条规定的"利用本人职权或者地位形成的便利条件",是指行为人与被其利用的国家工作人员之间在职务上虽然没有隶属、制约关系,但是行为人利用了本人职权或者地位产生的影响和一定的工作联系,如单位内不同部门的国家工作人员之间、上下级单位没有职务上隶属、制约关系的国家工作人员之间、有工作联系的不同单位国家工作人员之间等。

该会议纪要将行为人利用本人职权或者地位产生的"一定的工作联系"也纳入"利用职权或地位形成的便利条件"范畴。

从斡旋受贿和利用影响力受贿的客观方面来看，两者都借助了其他国家工作人员的职权或便利，且斡旋受贿将工作关系也纳入到制裁的范畴，很难予以区分。因此，对于两者，应当主要从主体方面进行区分。

如果受贿人不具有国家工作人员身份，与被利用的国家工作人员之间具有超越工作关系的特殊关系，且在自己受贿问题上被利用的国家工作人员并不知情，则依利用影响力受贿罪处罚。如果受贿人本身具有国家工作人员身份，其与被利用的国家工作人员之间具有超越工作关系的特殊关系，且在自己受贿问题上被利用的国家工作人员并不知情，则依利用影响力受贿罪处罚；如果受贿人本身具有国家工作人员身份，其与被利用的国家工作人员之间仅具有工作关系而无其他特殊关系，且在自己受贿问题上被利用的国家工作人员并不知情，则依利用影响力受贿罪处罚。

裁判精要

国家工作人员利用本人职权、地位形成的便利条件，通过其他国家工作人员职务上的行为，为请托人谋取不正当利益的，构成受贿；双方主要是工作关系，即使有较深的私交，也属利用职权或地位形成的便利条件受贿，构成斡旋受贿；利用亲戚或长年好友担任国家工作人员的地位形成的便利条件，为他人谋取不正当利益，收受他人贿赂的，以利用影响力受贿罪论处；国家工作人员不具备利用职务便利为他人谋取利益的条件，且无证据证明其通过其他国家工作人员职务上的行为为他人谋取利益，不构成犯罪。

司法观点

（一）构成受贿罪

◎利用本人职务便利通过其他国家工作人员为他人谋利的，构成斡旋受贿

1. 利用本人职权、地位形成的便利条件，通过其他国家工作人员职务上的行为，为请托人谋取不正当利益，收受他人财物的，构成受贿，见【（2018）湘0103刑初548号】刘某军受贿案一审刑事判决书中。

在该判决书中，湖南省长沙市天心区人民法院认为：

被告人刘某军的辩护人发表以下辩护意见：被告人刘某军不具备"利用本人

职权、地位形成的便利条件"这一前提条件，不符合斡旋受贿的犯罪构成要件，更符合利用影响力受贿的前提条件。本院认为，被告人刘某军身为国家工作人员，利用本人职权、地位形成的便利条件，通过其他国家工作人员职务上的行为，为请托人谋取不正当利益，收受他人财物，数额特别巨大，侵犯了国家工作人员职务行为的廉洁性，其行为已构成受贿罪。长沙市天心区人民检察院指控被告人刘某军犯受贿罪的事实及罪名成立。对被告人刘某军的受贿行为应依法予以惩处。对辩护人此辩护意见本院不予采纳。

2. 双方主要是工作关系，即使有较深的私交，也属利用职权或地位形成的便利条件受贿，构成斡旋受贿，见【（2013）徐刑初字第 805 号】张某等受贿案一审刑事判决书。

在该判决书中，上海市徐汇区人民法院认为：

根据相关司法解释，行为人利用了本人职权或者地位产生的影响和一定的工作联系，如单位内不同部门的国家工作人员之间、上下级单位没有职务上隶属、制约关系的国家工作人员之间、有工作联系的不同单位的国家工作人员之间等均属利用本人职权或地位形成的便利条件。本案中涉案房产的更名虽非张某的职责或主管范围，但其与吴某某、汪某属同一单位内不同部门的国家工作人员，其不仅与汪某存在上下级关系，也对公司普通员工吴某某存在一定的地位优势和职务影响。即便双方真有较深的私交，张某与单位同事"打招呼"，为请托人谋取不正当利益，收受财物，也属利用职权或地位形成的便利条件受贿，该行为符合（斡旋）受贿犯罪的法律特征，故公诉机关指控罪名成立。此外，根据相关司法解释，利用影响力受贿中关系密切的人是指与国家工作人员有近亲属、情妇（夫）以及其他共同利益关系的人，而被告人张某与汪某、吴某某既非近亲属又无其他共同利益关系，故张某的主体身份与该罪的主体身份不符，张某辩护人的辩护意见本院不予采纳。

（二）构成利用影响力受贿罪

◎利用公职人员地位形成的便利条件为他人谋利的，构成利用影响力受贿罪

1. 利用亲戚担任国家工作人员的地位形成的便利条件，为他人谋取不正当利益，收受他人贿赂的，以利用影响力受贿罪论处，见【（2018）鄂 0323 刑初 22 号】向某利用影响力受贿案一审刑事判决书。

在该判决书中，湖北省竹山县人民法院认为：

辩护人指出，对指控向某触犯《刑法》第三百八十八条涉嫌受贿罪的定性持有异议，因《刑法》第三百八十八条规定的斡旋受贿是指国家工作人员利用本人职权或地位形成的便利条件，通过其他国家工作人员职务上的行为，为请托人谋取不正当利益，索取或收受请托人财物的行为。本案中，向某尽管具有国家工作人员的身份，但其收受黄某49万元的行为并非利用其十五冶对外工程有限公司财务总监的职权或地位形成的便利条件，且证人均证实给黄某安排工程是因向某打了招呼，向某是十五冶总经理马某的亲外甥，不能得罪向某的原因所致，向某是利用其舅舅马某系十五冶总经理的职权和地位形成的便利条件为请托人谋利，故向某收受黄某49万元的行为不符合斡旋受贿的形态，不构成受贿罪（斡旋）。

被告人向某利用其舅舅马某担任国有企业十五冶公司董事长、总经理身份、地位形成的便利条件，向十五冶分公司工作人员闵某、陈某、熊某"打招呼"，并通过该三名国家工作人员职务上的行为，为请托人黄某谋取不正当利益，收受请托人数额巨大的财物，其行为已构成利用影响力受贿罪。公诉机关指控的犯罪事实清楚，证据确实、充分，但指控向某犯受贿罪，因向某是利用其舅舅马某的身份地位形成的便利条件，通过马某下属工作人员的职务行为为请托人谋利，并非利用其自身的身份地位形成的便利条件而通过其他国家工作人员职务上的行为为请托人谋利，故指控受贿罪的罪名不当，应予改变。利用影响力受贿罪系2009年2月28日《中华人民共和国刑法修正案（七）》修改后增加的罪名，本案中向某收受黄某财物中有14万元系刑法修正前收受的，根据《中华人民共和国刑法》第十二条第一款规定的从旧兼从轻处罚原则，该14万元不应认定为向某利用影响力受贿的数额，故本案认定向某犯罪数额为35万元。

2. 利用多年朋友关系为他人"打招呼"收受他人贿赂的，以利用影响力受贿罪定罪处罚，见【（2016）苏0481刑初359号】陈某、鲁某宝受贿案一审刑事判决书。

在该判决书中，江苏省溧阳市人民法院认为：

关于公诉机关指控被告人鲁某宝犯受贿罪，经审理认为，被告人鲁某宝在客观上不存在"利用本人职权或地位形成的便利条件"为他人谋取利益，其只是利用了与被告人陈某之间是多年的好朋友关系，进而向被告人陈某"打招呼"才使得朱某能够成功中标，其行为应当定性为利用影响力受贿，故公诉机关对被告人鲁某宝的指控予以纠正。

（三）不构成犯罪

◎缺乏证据证明利用职务便利或便利条件为他人谋利的，不构成犯罪

国家工作人员调离原先岗位，不具备利用职务便利为他人谋取利益的条件，且无证据证明其通过其他国家工作人员职务上的行为为他人谋取利益的，不构成犯罪，见【（2016）皖16刑终312号】慕某受贿案二审刑事判决书。

在该判决书中，安徽省亳州市中级人民法院认为：

上诉人慕某利用其担任涡阳县高公镇农综站站长的职务便利，于2011年帮助巨星公司销售配方肥，并收取巨星公司法定代表人刘某11000元现金的事实清楚。但由于慕某于2012年2月调任临湖水利管理中心站站长，不再担任高公镇农综站站长，已经不具备在涡阳县"小麦高产攻关示范活动"中利用职务便利在为他人谋取利益的条件；且无证据证明慕某实施了"通过其他国家工作人员职务上的行为"，为请托人谋取不正当利益的行为，故原判认定的慕某担任临湖水利管理中心站站长期间，于2012年至2013年因帮助巨星公司、金禾公司销售配方肥，收受巨星公司刘某、金禾公司贾某34934.5元现金的行为，既不符合斡旋受贿的构成要件，也不符合利用影响力受贿的构成要件，将该34934.5元定性为受贿款，属于适用法律错误。

律师建议

斡旋受贿的最高刑期是死刑，而利用影响力受贿罪的最高刑期是七年以上有期徒刑。因此，区别斡旋受贿与利用影响力受贿对当事人利益影响巨大。受贿人与被利用的国家工作人员之间的关系是区分两罪的关键。如果受贿人与被利用的国家工作人员之间具有超越工作关系的特殊关系，且在自己受贿问题上被利用的国家工作人员并不知情，辩护律师应当紧紧围绕这一点进行辩护，最大限度为当事人争取权益。

031 如何区分斡旋型受贿与介绍贿赂罪？

律师提示

利用本人身份、职权、地位形成的便利条件，通过其他国家工作人员职务上的行为为他人谋取私利，收受他人财物的，构成斡旋受贿；介绍行贿人与国家工作人员认识，撮合双方达成交易，积极斡旋，并从中收取好处费，无论请托事项能否办成，均应以介绍贿赂罪追究刑事责任。斡旋受贿主要利用的是自己作为国家工作人员的职权，而介绍贿赂主要利用他人国家工作人员的职权。

争议焦点

斡旋型受贿与介绍贿赂罪都通过其他国家工作人员的职权帮助行贿人谋取私利，那么这两者之间有何区别？

《刑法》第三百八十八条规定：国家工作人员利用本人职权或者地位形成的便利条件，通过其他国家工作人员职务上的行为，为请托人谋取不正当利益，索取请托人财物或者收受请托人财物的，以受贿论处。

第三百九十二条第一款规定：向国家工作人员介绍贿赂，情节严重的，处三年以下有期徒刑或者拘役，并处罚金。

斡旋受贿罪与介绍贿赂罪在客观表现上比较相似，犯罪主体都是请托者和利用职务之便为请托者谋取利益者之间的中介人，都起到介绍、斡旋的作用，都可能从中索取或者收受请托人财物，都可能为请托者谋取到不正当利益。

从两者的主体来看，斡旋受贿的主体是国家工作人员，而介绍贿赂罪的主体不一定是国家工作人员；从被利用职权的归属性来看，斡旋受贿中被利用的职权主要是作为斡旋人的国家工作人员的职权，而介绍贿赂罪中被利用的职权主要是中间人之外的其他国家工作人员的职权；从刑罚处罚来看，受贿罪的最高刑期为死刑，而介绍贿赂罪的最高刑期为三年。

裁判精要

国家工作人员利用本人身份、职权、地位形成的便利条件，通过其他国家工作人员职务上的行为为他人谋求轻判之利，收受他人财物的，构成斡旋受贿；国家工作人员作为"中间人"，介绍行贿人与国家工作人员认识，撮合双方达成交易，积极斡旋，并从中收取好处费，无论请托事项能否办成，均应以介绍贿赂罪追究刑事责任。斡旋受贿主要利用的是自己作为国家工作人员的职权，而介绍贿赂主要利用他人国家工作人员的职权。

司法观点

(一) 构成斡旋受贿

◎**利用其他国家工作人员职务便利收受财物的，构成斡旋受贿**

1. 利用其他国家工作人员的职务便利，为行贿人违规进行资格审核提供帮助，收取好处费并进行分配，共同完成犯罪行为的，构成受贿罪，见【（2018）京0101刑初303号】张某等受贿案一审刑事判决书。

在该判决书中，北京市东城区人民法院认为：

关于张某的辩护人所提张某构成介绍贿赂罪的辩护意见，经查，张某在本案中提起犯意，为肖某南违规进行资格审核提供帮助，收取好处费并进行分配，其利用肖某南的职务便利，与肖某南相互配合，共同完成犯罪行为，其行为符合受贿罪与滥用职权罪的构成要件，二被告人在共同犯罪中作用相当，张某并非仅处于中间位置，其也未介绍陈某、肖某南二人相识，故辩护人所提张某构成介绍贿赂罪且不构成滥用职权罪的辩护意见，无事实及法律依据，本院不予采纳。

2. 在编工勤人员属于国家工作人员，客观上利用本人职权和地位形成的便利条件收受他人贿赂，构成斡旋受贿，见【（2018）皖08刑终198号】余某受贿案二审刑事裁定书。

在该裁定书中，安徽省安庆市中级人民法院认为：

对上诉人及其辩护人提出上诉人的行为不构成受贿罪，而属介绍贿赂罪的辩护意见，经查，余某系怀宁县公安局交通警察大队在编工勤人员，属国家工作人员，符合斡旋受贿犯罪的特殊主体资格。本案中，余某主观上具有为请托人谋取不正当利益、收受贿赂的故意，客观方面其利用本人职权和地位形成的便利条件，通过其他受委托从事公务的人员职务上的行为，为请托人谋取不正当利益。余某的行为符合斡旋受贿犯罪的法律特征，其行为构成受贿罪。故对上诉人及辩护人提出的该项意见，不予采信。

3. 利用本人身份、职权、地位形成的便利条件，通过其他国家工作人员职务上的行为为他人谋求轻判之利，收受他人财物的，构成斡旋受贿，见【（2017）粤0103刑初603号】李某威受贿案一审刑事判决书。

在该判决书中，广东省广州市荔湾区人民法院认为：

介绍贿赂罪是指向国家工作人员介绍贿赂，情节严重的行为。在主观方面，是明知在为受贿人或者行贿人牵线效劳，促成贿赂交易；在客观方面表现为行为人在行贿人和受贿人之间进行联系沟通关系、引荐、撮合，促使行贿与受贿得以实现的行为。本案被告人李某威没有为行贿人余某引荐、撮合过任何受贿人，从而使得余某行贿与受贿人的受贿得以实现的行为。因此，被告人的行为不属于介绍贿赂罪。所以，辩护人提出的本案的定性是介绍贿赂（未遂）的辩护意见不成立，本院不予采纳。被告人李某威收受款项后曾利用其身份、职权、地位形成的便利条件，并意图通过其他国家工作人员职务上的行为，为余某求谢某得轻判之利，事实上也收受了余某钱款，故被告人李某威利用自己公安人员的职务形成的便利条件，意图行贿有职权的国家工作人员，符合斡旋受贿的犯罪构成要件，应以受贿罪论处。

◎ **客观上实施的是直接受贿而非居间介绍行为的，构成受贿**

4. 行为人为谋取不当利益对单位行贿，已构成对单位行贿罪，而介绍贿赂是一种"居间"行为，仅限于转达双方意思、牵线搭桥，主观目的不同于行贿、受贿，见【（2015）固刑初字第279号】冯某、吴某等行贿案一审刑事判决书。

在该判决书中，河南省固始县人民法院认为：

被告人冯某、吴某、严某为谋取不当利益，对单位行贿20万元，其行为均已构成对单位行贿罪，且属共同犯罪。公诉机关指控被告人冯某、吴某、严某犯罪的事实成立，本院予以支持，但定性不当，三被告人应构成对单位行贿罪。关于本案定性问题，三辩护人提出的本案应定性为介绍贿赂罪的辩护意见，经查，从本案事实来看，三被告人与其他建房户的非法目的是一致的，均是"非法加建行为"，而介绍贿赂是一种"居间"行为，仅限于转达双方意思、牵线搭桥，主观目的不同于行贿、受贿，虽有帮助行为，但不属于行贿、受贿的帮助行为，因此，从主客观要件看，应认定为行贿犯罪，且系对单位行贿，应认定为对单位行贿罪，因此，三辩护人的该辩护意见，不予采纳。

（二）构成介绍贿赂罪

◎ **为撮合双方达成交易居间斡旋并收取好处费的，构成介绍贿赂罪**

1. 介绍行贿人与国家工作人员认识，撮合双方达成交易，积极斡旋，并从中收取好处费的，无论请托事项能否办成，均应以介绍贿赂罪追究刑事责任，见【（2016）粤01刑终2101号】徐某甲受贿案二审刑事裁定书。

在该裁定书中，广东省广州市中级人民法院认为：

关于上诉人徐某甲的行为是否构成介绍贿赂罪的问题，评判如下：徐某甲主观上认为姚某、汪某1是国家工作人员，其具有钱权交易、实施贿赂犯罪的意图，客观上介绍请托人温某与汪、姚二人认识，撮合双方达成交易，积极斡旋，并从中收取好处费，徐某甲主观上具有明显犯罪故意并已外化为犯罪行为，后查明姚某、汪某2并非国家工作人员，不影响对徐某甲的犯罪认定。徐某甲的行为反映我国当前司法腐败中的突出问题，无论请托事项能否办成，均严重损害司法公信力，侵害司法廉洁性，具有相当社会危害，应以介绍贿赂罪追究其刑事责任。

◎**未参与其他国家工作人员受贿过程的介绍人，构成介绍贿赂罪**

2. 介绍人未参与其他国家工作人员利用职务便利为行贿人谋取非法利益的行为，与其他国家工作人员共同受贿证据不足，应以介绍贿赂罪论处，见【（2019）赣1121刑初183号】何某、李某莹受贿案一审刑事判决书。

在该判决书中，江西省上饶县人民法院认为：

本案中，被告人李某莹供述称与何某商议找周某要钱，大家一起挣钱，何某知道其截留了周某所给的贿赂款；但同时李某莹供述其是私自截留，未经过何某的同意，何某也不知道李某莹具体截留的金额；李某莹未参与实施找纳百川案件办案人员说情的行为。被告人何某供述，其并不允许李某莹私自截留周某的贿赂款，在发现李某莹将贿赂款挪作他用后责问了李某莹，并要求李某莹补齐。根据两被告人供述，说明：1. 证明共同商议索要并瓜分周某贿赂款的证据只有被告人李某莹的供述；2. 李某莹所得的5万元贿赂款，未得到被告人何某的同意，是李某莹私自截留；3. 何某在得知李某莹截留了贿赂款后要求李某莹补齐，说明何某并未在事后默认李某莹的截留贿赂款。因此，认定被告人何某与被告人李某莹预谋共同受贿的证据仅有李某莹供述，证据不充分；何某事先不知道李某莹截留贿赂款，事后也未予以追认，何某并无与李某莹共同瓜分周某贿赂款之主观故意；此外，李某莹未参与何某利用职务便利为周某谋取非法利益的行为。综述，指控被告人李某莹与被告人何某共同受贿的证据不足，被告人李某莹的行为不应当认定为共同受贿；李某莹向国家工作人员介绍贿赂，应认定为介绍贿赂罪。在介绍贿赂过程中，被告人李某莹私自截留的5万元，宜作为从重量刑情节处理。

（三）受贿罪与介绍贿赂罪数罪并罚

◎**同时具有收受他人贿赂和居间介绍行贿行为的，数罪并罚**

国家工作人员利用职权和地位形成的便利条件收受他人贿赂，且介绍行贿人向其他国家工作人员行贿的，分别构成介绍贿赂罪、受贿罪，数罪并罚，不存在对其犯罪行为重复评价问题，见【（2018）晋01刑终117号】张某等受贿案二审刑事判决书。

在该判决书中，山西省太原市中级人民法院认为：

上诉人张某身为国家工作人员，利用职权和地位形成的便利条件，为请托人谋取不正当利益，收受章某川、高某业100万元，数额巨大，其行为已构成受贿罪。上诉人张某以章某川、高某业的名义转送郭某实200万元，其行为已构成介绍贿赂罪。上诉人张某及辩护人关于张某介绍贿赂与斡旋受贿是同一行为，应择一重罪处罚，原判认定张某构成二罪，予以数罪并罚，属于重复评价的上诉理由、辩护意见，经查，上诉人张某是在介绍章某川、高某业向郭某实行贿200万元的过程中，从中非法收受章某川、高某业给的100万元贿赂款的，其实施的是介绍贿赂和受贿二种不同的犯罪行为，不是同一行为触犯的二个罪名，原判认定张某分别构成介绍贿赂罪、受贿罪，予以数罪并罚，符合法律规定，不存在对其犯罪行为重复评价问题。

律师建议

斡旋受贿与介绍贿赂在客观上有相似之处，均存在利用其他国家工作人员职权为行贿人谋取私利的表象。但两者也有很大的区别，斡旋受贿主要利用的是自己作为国家工作人员的职权，而介绍贿赂主要利用他人国家工作人员的职权。斡旋受贿与介绍贿赂在量刑上存在巨大差异，辩护律师在两者的区别上有很大的辩护空间。

三 ▶ 行贿罪的认定

032 如何认定行贿犯罪中的"谋取不正当利益"?

律师提示

行贿人谋取的利益违反法律、法规、规章、政策规定,为自己提供帮助或者方便条件的,应认定为"谋取不正当利益";违背公平、公正原则,在经济、组织人事管理等活动中,谋取竞争优势的,应认定为"谋取不正当利益";虽然在相关民事诉讼中获得的是合法利益,但通过行贿行为让司法工作人员违反人民法院关于案件办理的规定,违规确定案件承办人,从程序上影响司法公正,应当认定为"谋取不正当利益";为索要工程款等正当收益而向国家工作人员进行请托的,一般不认定为"谋取不正当利益"。

争议焦点

行贿人谋取的哪些利益属于"不正当利益",哪些属于"正当利益",在实践中存在分歧。

2008年《最高人民法院、最高人民检察院关于办理商业贿赂刑事案件适用法律若干问题的意见》第九条规定:在行贿犯罪中,"谋取不正当利益",是指行贿人谋取违反法律、法规、规章或者政策规定的利益,或者要求对方违反法律、法规、规章、政策、行业规范的规定提供帮助或者方便条件。

在招标投标、政府采购等商业活动中,违背公平原则,给予相关人员财物以谋取竞争优势的,属于"谋取不正当利益"。

2012年《最高人民法院、最高人民检察院关于办理行贿刑事案件具体应用法律若干问题的解释》第十二条规定:行贿犯罪中的"谋取不正当利益",是指行贿人谋取的利益违反法律、法规、规章、政策规定,或者要求国家工作人员违反法律、法规、规章、政策、行业规范的规定,为自己提供帮助或者方便条件。

违背公平、公正原则,在经济、组织人事管理等活动中,谋取竞争优势的,应当认定为"谋取不正当利益"。

从上述司法解释来看,行贿罪中的"不正当利益",主要包括违法获得的利益、违反政策获得的利益和违反行业规范获得的利益。为在竞争中谋取特殊优势而行贿的，也属于"谋取不正当利益"。

对于为收取被欠的工程款、借款等而给予国家工作人员财物，请国家工作人员帮忙协调的，是否属于"谋取不正当利益"，实践中也存在分歧。有的认为通过给予国家工作人员财物的非法手段索要合法利益也属于"谋取不正当利益"，而有的认为即使通过给予国家工作人员财物的手段索要合法利益，也不应认定为受贿罪中的"谋取不正当利益"。

裁判精要

行贿人谋取的利益违反法律、法规、规章、政策规定，为自己提供帮助或者方便条件的，应认定为"谋取不正当利益"；违背公平、公正原则，在经济、组织人事管理等活动中，谋取竞争优势的，应认定为"谋取不正当利益"；虽然在相关民事诉讼中获得的是合法利益，但通过行贿行为让司法工作人员违反人民法院关于案件办理的规定，违规确定案件承办人，从程序上影响司法公正，应当认定为"谋取不正当利益"；为索要工程款等正当收益而向国家工作人员进行请托的，不属于"谋取不正当利益"。

司法观点

（一）属于"谋取不正当利益"

◎行贿人谋取的利益违反规定且具有不正当性的，应认定为"谋取不正当利益"

1. 行贿人为获得承包经营权给予国家工作人员以财物，其所获利益具有不正当性，符合行贿罪的构成要件，见【（2020）京刑终34号】吉某明行贿案二审刑事裁定书。

在该裁定书中，北京市高级人民法院认为：

关于吉某明的辩护人所提吉某明并未谋取不正当利益、李某仅为吉某明代持房产、吉某明不构成行贿罪的辩护意见，经查：本案中，吉某明与首控公司签署的协议虽名为经营管理合同，但按照协议约定，吉某明作为协议中的乙方，在完成向首控公司交纳税后利润的情况下，首控公司对吉某明的生产经营均不予干涉，故从客观事实来看，吉某明具有承包经营性质。在关于采矿权的相关文件规定中，明令禁止采矿权以承包等方式转给他人开采经营。吉某明承包经营牢寨煤矿未经招投标程序或首控公司董事会、总裁办公会等程序确定，李某在收取吉某明财物后，由其一人决定吉某明作为牢寨煤矿经营人。虽然吉某明的供述与李某的证言中均称关于涉案房产有代持协议，但二人对于为何要由李某代持房产说法不一，且李某并无合理解释。鉴于涉案房屋的购买时间与吉某明承包经营首控公司收购的牢寨煤矿发生于同一时期，李某作为首控公司的总经理，对吉某明可以承包经营该煤矿、收取吉某明经营保证金的数额、上缴利润数额均有决定权，因此二人之间的请托关系显而易见。涉案房屋从购买时起就登记在李某儿子名下，2007年6月，李某在未向吉某明支付房款的情况下，将涉案房产予以出售，吉某明对房产出售、资金去向等情况并不知晓。综上，足以证实涉案房屋系由吉某明出资为李某购买。吉某明为获得承包经营权给予国家工作人员李某以财物，其所获利益具有不正当性，符合行贿罪的构成要件。

◎**行贿人谋取竞争优势违背公平、公正原则的，应认定为"谋取不正当利益"**

2. 违背公平、公正原则，在经济、组织人事管理等活动中，谋取竞争优势的，应当认定为"谋取不正当利益"，见【（2019）粤刑再3号】杜某扬行贿案再审刑事判决书。

在该判决书中，广东省高级人民法院认为：

原审被告人杜某扬在本案中谋取了"不正当利益"。最高人民法院、最高人民检察院《关于办理行贿刑事案件具体应用法律若干问题的解释》明确，违背公平、公正原则，在经济、组织人事管理等活动中，谋取竞争优势的，应当认定为"谋取不正当利益"。原审被告人杜某扬在本案中所涉经济活动中谋取了包括但不限于以下竞争优势和利益：1. 通过时任国土局局长毛某东介绍参与邀请招标，并取得了财政出资工程的开发权；2. 通过毛某东介绍参与社会出资工程项目的施工；3. 在参与社会出资工程项目施工中，获得了预付工程款250万元；4. 收取工程款及协调后续施工等可预期利益。原审被告人杜某扬的行为属于在商业活动中违背公平原则，给予相关人员财物以谋取竞争优势，应当认定其"谋取不正当利益"。

◎**行贿人通过行贿意图影响司法公正的，应认定为"谋取不正当利益"**

3. 虽然在相关民事诉讼中获得的是合法利益，但通过行贿行为让司法工作人员违反人民法院关于案件办理的规定，违规确定案件承办人，从程序上影响司法公正的，应当认定为"谋取不正当利益"，见【（2018）渝03刑申8号】冉某林行贿案驳回申诉通知书。

在该通知书中，重庆市第三中级人民法院认为：

关于你提出侦查机关违法取证的申诉意见，因无充分证据证明，不能成立；提出没有"谋取不正当利益"的申诉理由，本院认为，虽然你提交的新证据证明你在相关民事诉讼中获得的是合法利益，但你通过行贿行为，让司法工作人员违反人民法院关于案件办理的规定，违规确定案件承办人，从程序上影响司法公正，所以应当认定为"谋取不正当利益"，该申诉理由不能成立；提出本案事实不清的申诉理由，经查，认定你行贿的事实有相关证人证言及刑事判决证明，足以认定，因此该申诉理由亦不成立。

（二）不属于"谋取不正当利益"

◎行为人未违背公平原则谋取竞争优势的，不构成"谋取不正当利益"

1. 不存在排斥其他买家、取得竞争优势的情形，双方交易没有违背公平原则的，不构成谋取不正当利益，见【（2018）最高法刑再3号】张某中诈骗、单位行贿、挪用资金案再审刑事判决书。

在该判决书中，最高人民法院认为：

第一，物美集团支付给赵某30万元好处费的行为，依法不构成单位行贿罪。

根据《刑法》第三百九十三条规定，单位为谋取不正当利益而行贿，或者违反国家规定，给予国家工作人员以回扣、手续费，情节严重的，构成单位行贿罪。物美集团给予赵某30万元好处费，属于违反国家规定，在经济活动中账外给予国家工作人员手续费的情形。但根据国旅总社转让所持泰康公司股权情况、会议纪要、股权转让分析报告、股权转让协议等书证，证人赵某、李某7等人的证言以及原审被告人张某中的供述等证据，本起事实具有以下情节：（1）国旅总社为缓解资金紧张意欲转让所持泰康公司股份，经泰康公司董事长陈某1沟通联系，物美集团决定收购并与国旅总社多次谈判后就股权转让达成一致，其间没有第三方参与股权收购，不存在排斥其他买家、取得竞争优势的情形，双方的交易没有违背公平原则。（2）在没有第三方参与、双方自愿达成收购意向的情况下，物美集团承诺给予好处费并非为谋取不正当利益。（3）国旅总社将其所持泰康公司股份转让给物美集团以及具体的转让价格等，均系国旅总社党政领导班子联席会议多次讨论研究决定，双方最终成交价格也在国旅总社预先确定的价格范围内，物美集团没有获得不正当利益，国旅总社的利益亦未受到损害。(4) 赵某作为国旅总社总经理办公室主任，其在股权交易过程中仅起到沟通联络作用，没有为物美集团谋取不正当利益。综合考虑上述情况，可以认定物美集团的行为尚不属于情节严重，依法不构成单位行贿罪。

第二，物美集团向李某3公司支付500万元的行为，依法不构成单位行贿罪。

在粤财公司意欲转让股份的情况下，陈某1向梁某提出由物美集团收购，并让张某中给梁某500万元好处费，后又向张某中提出该要求。因此，股权转让前，给梁某好处费系陈某1提出，张某中只是被动接受了陈某1的要求。

在案证据证实，梁某并没有同意物美集团提出的受让价格，且提议按高于该价格挂牌转让；物美集团与粤财公司最终的股权交易价格，是在粤财公司挂牌转让未果的情况下，经多次谈判而确定的，且高于物美集团提出的受让价格。因此，梁某在股权转让过程中没有为物美集团提供帮助，物美集团也没有因此获取任何不正当利益。

在案证据证实，签订股权转让协议后，物美集团并没有向梁某支付500万元好处费，梁某也未提及此事。直至数月后，在梁某并不知情的情况下，李某3通过陈某1向张某中索要该500万元，张某中才安排张某1将款汇至李某3公司的账户。梁某事后得知，明确表示与其无关，并拒绝接受该笔款项。该款一直被李某3的公司占有。因此，股权转让后，物美集团支付500万元系被李某3索要，并没有为谋取不正当利益而行贿的主观故意。

综上，原审被告人张某中及其辩护人、原审被告单位物美集团诉讼代表人所提30万元系给赵某的劳务报酬、物美集团不是收购股份及支付款项主体的辩解及辩护意见，与再审查明的事实不符，本院不予采纳。最高人民检察院出庭检察员所提30万元系物美集团给予赵某的好处费，物美集团是收购泰康公司股份主体的意见成立，本院予以采纳。检辩双方所提物美集团、张某中的行为不构成单位行贿罪的意见成立，本院予以采纳。

◎进行请托是为获取合法正当利益的，不属于"谋取不正当利益"

2. 请托事项是收取工程欠款，没有谋取不正当利益的，不构成"谋取不正当利益"，见【(2016)川0823刑初23号】杨某斌行贿案一审刑事判决书。

在该判决书中，四川省广元市剑阁县人民法院认为：

被告单位及被告人的辩护人提出尚某实业公司在承建三台县体育场工程期

间，被告人杨某斌向魏某某所送的 4 万元属于礼金，未谋取不正当利益，其行为不构成行贿罪的辩护意见。经查，被告人杨某斌在该工程承建前已与魏某某有交往，在 2001 年至 2003 年春节前其先后三次向魏某某拜年，共送礼金 4 万元，属违纪行为，该辩解、辩护意见本院采纳；被告单位及被告人的辩护人提出在修建绵阳市二环路 1、4 标段项目工程时，被告人杨某斌为了收取工程欠款向李某送的 30 万元，由于请托事项是收工程欠款，未谋取不正当利益，该行为不构成犯罪的辩护意见。经查，被告单位以名为联建实为挂靠的方式承建绵阳市二环路 1、4 标段项目工程后，该工程已经竣工验收，由于业主单位拖欠其工程款，为了收取工程欠款，被告人杨某斌向李某送钱 30 万元，后在李某帮助下业主单位支付了工程欠款。由于工程欠款属于合法权益，未谋取不正当利益，该行为不构成行贿罪，此辩解及辩护意见本院予以支持。

3. 被告人给予国家工作人员财物请求帮助索要修路款，利益本身是合法的，不构成行贿罪中的"谋取不正当利益"，见【（2018）鲁 1525 刑再 1 号】任某才行贿案再审刑事判决书。

该案一波三折，先后经历了两次再审。在该判决书中，山东省冠县人民法院认为：

本院于 2017 年 2 月 28 日以行贿罪作出（2017）鲁 1525 刑初 12 号刑事判决，认定被告人任某才通过胡某"打招呼"要的是东阿交通局欠李某的修路款，利益本身是合法的，任某才把李某给付的 6 万元原封不动地转交给胡某，也未获得任何利益。因此，被告人任某才和辩护人称，该 6 万元不符合行贿罪的构成要件。

本院经再审于 2017 年 12 月 20 日作出（2017）鲁 1525 刑再 1 号刑事判决，认定原审被告人任某才通过胡某"打招呼"催要东阿交通局欠李某的修路款，任某才把李某给付的 6 万元全部转交给胡某，虽然要的修路款本身是合法的利益，任某才也未获得任何利益，但是任某才通过不正当的方式、方法为他人要回修路款，违背了公平、公正原则，符合《刑法》第三百八十九条规定的"……在经济往来中，违反国家规定，给予国家工作人员以财物，数额较大的，……以行贿论处"以及最高人民法院、最高人民检察院《关于办理行贿刑事案件具体应用法律若干问题的解释》第十二条规定的"行贿犯罪中的'谋取不正当利益'是指……要求国家工作人员违反法律、法规、规章、政策、行业规范的规定，为自己提供帮助或者方便条件"。所以应当认定原审被告人任某才的该行为构成行贿罪。

本次再审，本院出示了聊城市中级人民法院在 2018 年 1 月 19 日对被告人胡某受贿一案作出的（2017）鲁 15 刑初 2 号刑事判决书和山东省高级人民法院在 2018 年 4 月 27 日二审对被告人胡某受贿一案作出的（2018）鲁刑终 117 号刑事裁定书。聊城市中级人民法院判决认为，被告人胡某因李某工程款一事向东阿县交通局局长王某 2 "打招呼" 要求予以关照，收受任某才送给的现金 6 万元，既非利用职务之便，又非通过其他工作人员为他人谋取不正当利益，不符合我国《刑法》第三百八十五条、第三百八十八条规定的受贿罪的构成要件，对公诉机关的该笔指控不予认定。被告人胡某上诉后，山东省高级人民法院裁定予以维持。

本院认为，生效刑事判决认定胡某收受任某才 6 万元好处费不构成受贿，被告人任某才给予胡某 6 万元现金的行为亦不应认定为行贿。原再审判决认定任某才给胡某 6 万元，符合行贿罪的构成要件，属于认定事实错误，应予纠正。最终判决撤销本院（2017）鲁 1525 刑再 1 号刑事判决，被告人任某才给予胡某 6 万元现金的行为不认定为行贿。

◎ **基于受贿人主动索取而交付财物的，不属于"谋取不正当利益"**

4. 受贿与行贿虽系对合犯，但并不等于构成受贿的行为对应的就一定构成行贿，行为人所送财物均是由于受贿人主动索取，行为人并未谋取不正当利益的，不构成行贿罪，见【（2018）渝 0118 刑初 265 号】周某华行贿案一审刑事判决书。

在该判决书中，重庆市永川区人民法院认为：

关于公诉机关指控被告人周某华从 2007 年到 2013 年期间，应李某平的要求而分四次给予李某平共计 130 万元的行为构成行贿罪的意见，和被告人及辩护人均认为该四笔犯罪事实系被告人应李某平的要求而给予，且在此期间被告人并未谋取不正当利益，不应认定为行贿的辩护意见。经查，我国刑法规定行贿罪的构成要件为谋取不正当利益，受贿与行贿虽系对合犯，但并不等于构成受贿的行为对应的就一定构成行贿。2007 年到 2013 年期间，被告人周某华多次应李某平的要求而给予其共计 130 万元，均系李某平主动索取，且在此期间周某华并未从南川人民医院获得不正当利益，上述事实有证人周某华的证言和被告人李某平的陈述相互印证。故周某华系被索要钱财 130 万元且未获得不正当利益，其不构成行贿罪，公诉机关的该部分指控不能成立，本院不予支持，辩护人认为该部分事实不构成行贿犯罪的辩护意见予以采纳。

律师建议

"谋取不正当利益"是行贿罪的构成要件,"不正当利益"主要包括违法获得的利益、违反政策获得的利益和违反行业规范获得的利益等。对于为索要正常的工程款等合法利益请托国家工作人员的,因谋取的是合法利益,即使实现正当利益的途径存在一定的问题,也不能轻易认定为"谋取不正当利益"。辩护律师在遇到该类案件时应开展有针对性的辩护,努力维护当事人合法权益。

033 如何认定行贿罪中的"使国家利益遭受重大损失"?

律师提示

行为人的行贿行为,致使税收款、扶贫款等国家财产超过100万元无法收回的,属于行贿"使国家利益造成重大损失";只有当行贿使国家利益遭受重大损失的结果能够归属于行贿行为时,才可能构成行贿罪规定的加重处罚情节;滥用职权等行贿以外的行为造成的国家利益重大损失后果,不应认定为"行贿使国家利益遭受重大损失"。

争议焦点

关于如何认定行贿罪中的"使国家利益遭受重大损失",实践中存在一些争议。

《刑法修正案(十二)》通过前,《刑法》第三百九十条第一款规定:对犯行贿罪的,处五年以下有期徒刑或者拘役,并处罚金;因行贿谋取不正当利益,情节严重的,或者使国家利益遭受重大损失的,处五年以上十年以下有期徒刑,并处罚金;情节特别严重的,或者使国家利益遭受特别重大损失的,处十年以上有期徒刑或者无期徒刑,并处罚金或者没收财产。

《刑法修正案(十二)》通过后,第三百九十条修改为:对犯行贿罪的,处三年以下有期徒刑或者拘役,并处罚金;因行贿谋取不正当利益,情节严重的,或者使国家利益遭受重大损失的,处三年以上十年以下有期徒刑,并处罚金;情节特别严重的,或者使国家利益遭受特别重大损失的,处十年以上有期徒刑或者无期徒刑,并处罚金或者没收财产。

有下列情形之一的,从重处罚:

(一)多次行贿或者向多人行贿的;

(二)国家工作人员行贿的;

(三)在国家重点工程、重大项目中行贿的;

(四)为谋取职务、职级晋升、调整行贿的;

(五)对监察、行政执法、司法工作人员行贿的;

(六)在生态环境、财政金融、安全生产、食品药品、防灾救灾、社会保障、教育、医疗等领域行贿,实施违法犯罪活动的;

(七)将违法所得用于行贿的。

行贿人在被追诉前主动交待行贿行为的,可以从轻或者减轻处罚。其中,犯罪较轻的,对调查突破、侦破重大案件起关键作用的,或者有重大立功表现的,可以减轻或者免除处罚。

《刑法修正案(十二)》对行贿罪处罚规定的修改,主要体现在以下三个方面:一是将行贿罪最低一档法定刑的最高刑,由五年调整为三年;二是细化并列举了行贿罪从重处罚的七种情形;三是将犯罪较轻的行贿人在被追诉前主动向监察机关交代行贿行为,并对调查突破重大案件起关键作用或者有重大立功表现的,也列为可以减轻或免除处罚的情形。

2016年《最高人民法院、最高人民检察院关于办理贪污贿赂刑事案件适用法律若干问题的解释》第八条第二款规定:为谋取不正当利益,向国家工作人员行贿,造成经济损失数额在一百万元以上不满五百万元的,应当认定为刑法第三百九十条第一款规定的"使国家利益遭受重大损失"。

行贿罪中认定国家利益遭受重大损失的关键,是行贿行为与国家利益遭受重大损失之间是否具有因果关系。除此之外,该重大损失是否可以弥补和归还,对该情节的认定也有一定影响。

裁判精要

行为人的行贿行为,致使国家财产超过100万元无法收回的,属于行贿"使国家利益造成重大损失";只有当行贿使国家利益遭受重大损失的结果能够归属于行贿行为时,才可能构成行贿罪规定的加重情节;滥用职权等行贿以外的行为造成的国家利益重大损失后果，不应认定为行贿"使国家利益遭受重大损失"；该重大损失应系无法归还的损失，行为人如果有能力和意愿归还的，不应认定为行贿"使国家利益遭受重大损失"。

司法观点

（一）不属于"使国家利益遭受重大损失"

◎因行贿以外原因造成重大损失的，不属于"使国家利益遭受重大损失"

1. 只有当谋取不正当利益的结果或者使国家利益遭受重大损失的结果，能够归属于行贿行为时，才可能构成该款规定的加重情节，见【（2018）鄂03刑终33号】余某清行贿案二审刑事判决书。

在该判决书中，湖北省十堰市中级人民法院认为：

因行贿谋取不正当利益，情节严重的，或者使国家利益遭受重大损失。该款适用条件的前提是因为行贿而谋取了重大的不正当利益或者使国家利益造成重大损失。行贿是原因，谋取了重大的不正当利益或者使国家利益遭受重大损失是结果。只有当谋取不正当利益的结果或者使国家利益遭受重大损失的结果，能够归属于行贿行为时，才可能构成该款规定的加重情节。在本案中，余某清在未向农机局或者其他单位国家工作人员行贿的情况下，即已申报农机补贴并获批准而其行贿行为发生在冷库项目已审批建设准备迎接检查验收时，并非以行贿行为的存在为前提才能造成补贴款被违规领取的后果。此外，上诉人余某清在二审审理期间已主动退缴违规领取的农机补贴款180万元，其所造成直接经济损失亦不足100万元。故上诉人余某清及其辩护人提出原判认定其向国家工作人员行贿12000元，致使农机局向其违规发放2795760元农机补贴资金，与本案事实不符的上诉理由和辩护意见成立，本院予以支持。

◎行贿与损失之间不具有必然因果关系的，不属于"使国家利益遭受重大损失"

2. 行为人的行贿行为与国家遭受重大损失之间没有必然的因果关系的，不认定为"因行贿使国家利益遭受重大损失"，见【（2017）湘0528刑初187号】唐某飞等滥用职权、受贿、行贿案一审刑事判决书。

在该判决书中，湖南省邵阳市新宁县人民法院认为：

公诉机关指控被告人何某1因行贿使国家利益遭受重大损失，指控不当。经查证，被告人何某1在获得国家补助资金后才确定向唐某飞等人行贿，造成国家利益遭受重大损失在行贿行为发生之前，在本案中，是唐某飞等人滥用职权的行为造成国家利益遭受重大损失，何某1的行贿行为与国家遭受重大损失之间没有必然的因果关系。故本院不予支持。

◎损失系由滥用职权而非受贿造成的，不属于行贿"使国家利益遭受重大损失"

3. 致使国家利益遭受重大损失是受贿人滥用职权的结果，而非行贿人行贿的后果的，不属于行贿"使国家利益遭受重大损失"，见【（2017）湘11刑终252号】陈某民行贿案二审刑事判决书。

在该判决书中，湖南省永州市中级人民法院认为：

关于陈某民及其辩护人提出"量刑过重"的理由和意见。经查，原判认定陈某民行贿致使国家利益遭受重大损失达100万元以上不满500万元的事实错误，致使国家土地出让金损失是刘某峰滥用职权所造成的后果，并非陈某民行贿所造成的后果。基于该事实认定错误，导致法律适用错误，最终导致量刑畸重。故该理由和意见成立，本院予以采纳。

（二）属于"使国家利益遭受重大损失"

◎因行贿致经济损失超100万元的，应认定为"使国家利益遭受重大损失"

1. 行为人为谋取不正当利益，在行贿过程中致使国家少征税款金额超过100万元的，依法应认定为"使国家利益遭受重大损失"，见【（2018）京刑终83号】么某行贿案二审刑事裁定书。

在该裁定书中，北京市高级人民法院认为：

么某的辩护人的辩护意见为：一审判决认定么某行贿的事实不清，证据不足，定性不准，量刑过重，么某构成介绍贿赂罪，且不应认定使国家利益遭受重大损失，请求二审法院依法改判。

对于么某所提上诉理由及其辩护人所提辩护意见，经查，么某单独或伙同孙某、王某，在他人办理房产过户交税过程中，向康某等人提出办理房产逃税的请托并给予税务人员钱款的行为，符合行贿罪的犯罪构成；其多次与康某沟通逃税事宜，参与帮助办理逃税事项，在行贿过程中发挥积极作用，是权钱交易中的重要环节，并非只为行、受贿双方牵线搭桥，一审法院以行贿罪对么某所作判决定罪正确。么某为4套房屋请托办理逃税的事实，有同案人的供述、证人证言、短信记录等证据在案证实，足以认定。么某为谋取不正当利益，在行贿过程中致使国家少征税款金额高达 182 万元，依法应认定为使国家利益遭受重大损失。一审法院根据么某犯罪的事实、性质和情节，已对其从轻处罚，量刑适当。么某所提上诉理由及其辩护人所提辩护意见，缺乏事实及法律依据，本院均不予采纳。

2. 依据司法解释规定，造成经济损 100 万元以上的，应认定为"使国家利益遭受重大损失"，见【（2018）苏 1291 刑初 141 号】王某如行贿案一审刑事判决书。

在该判决书中，江苏省泰州医药高新技术产业开发区人民法院认为：

关于辩护人提出本案行为发生在 2016 年司法解释公布实施前，不适用该解释中认定国家利益遭受重大损失相关条款，且该条款系针对主动行贿造成的国家经济损失的辩护意见，本院认为，刑法第三百九十条经《刑法修正案（九）》修订，于 2015 年 11 月 1 日起施行。相关司法解释是 2012 年两高关于办理行贿刑事案件具体应用法律若干问题的解释和 2016 年司法解释。上述司法解释均规定，造成经济损失 100 万元以上应当认定为刑法第三百九十条第一款规定的"使国家利益遭受重大损失"，辩护人所提不适用相关条款不影响本案有关量刑刑档的认定。

3. 行贿人行贿致使国家扶贫资金超过 100 万元无法归还，属于"致使国家利益遭受重大损失"，见【（2019）黔 2326 刑初 80 号】贺某江行贿案一审刑事判决书。

在该判决书中，贵州省黔西南布依族苗族自治州望谟县人民法院认为：

被告人贺某江在实施国家扶贫项目过程中为谋取不正当利益，给予国家工作人员财物，套取国家扶贫资金无法归还，致使国家利益遭受重大损失，其行为已触犯《刑法》第三百八十九条第一款、第三百九十条第一款之规定，构成行贿罪，依法应予以惩处。被告人贺某江向国家机关工作人员行贿 197200.00 元，给国家扶贫资金损失 1066351.50 元，属"使国家利益遭受重大损失"，对其应在五年以上十年以下有期徒刑，并处十万元以上犯罪数额二倍以下罚金的幅度内量刑。

律师建议

《刑法修正案（十二）》通过之后，对行贿罪的处罚有所调整，特别是增加了从重处罚的七种情形，辩护律师应根据法律规定的新变化积极应对。我国司法实践中，存在扩大适用行贿"使国家利益遭受重大损失"的情形，应当引起重视。行贿罪中认定国家利益遭受重大损失的关键，是行贿行为与国家利益遭受重大损失之间是否具有因果关系。如果重大损失不是由行贿行为引起的，而是由受贿人的滥用职权、玩忽职守行为引起的，不应认定为行贿"使国家利益遭受重大损失"，律师在辩护中应严格把握这一点。

034 如何区分行贿罪与单位行贿罪？

律师提示

经单位集体研究决定或由有关负责人员代表单位决定，为本单位谋取利益而行贿的，是单位行贿罪；行贿人为其作为法定代表人、实际控制人、股东的公司谋取不正当利益而行贿，所获利益亦归于公司，构成单位行贿罪；虽然行贿人的行贿行为使自己单位获益，但因行贿人个人收入与其业务量存在直接关系，行贿人也系行贿行为的获益者，且未经单位集体研究或负责人同意，以行贿罪论处。

争议焦点

个人行贿与单位行贿在理论上区分并不难，但司法实践中，单位中自然人的行贿行为到底是单位行贿还是个人行贿仍是认定中较为复杂的问题。鉴于两罪在起刑点和最高刑期上具有较大差异，对两者进行区分很有意义。

《刑法修正案（十二）》通过后，《刑法》第三百九十条对行贿罪的处罚规定作出调整。该条规定：对犯行贿罪的，处三年以下有期徒刑或者拘役，并处罚金；因行贿谋取不正当利益，情节严重的，或者使国家利益遭受重大损失的，处三年以上十年以下有期徒刑，并处罚金；情节特别严重的，或者使国家利益遭受特别重大损失的，处十年以上有期徒刑或者无期徒刑，并处罚金或者没收财产。

有下列情形之一的，从重处罚：

（一）多次行贿或者向多人行贿的；

（二）国家工作人员行贿的；

（三）在国家重点工程、重大项目中行贿的；

（四）为谋取职务、职级晋升、调整行贿的；

（五）对监察、行政执法、司法工作人员行贿的；

（六）在生态环境、财政金融、安全生产、食品药品、防灾救灾、社会保障、教育、医疗等领域行贿，实施违法犯罪活动的；

（七）将违法所得用于行贿的。

行贿人在被追诉前主动交待行贿行为的，可以从轻或者减轻处罚。其中，犯罪较轻的，对调查突破、侦破重大案件起关键作用的，或者有重大立功表现的，可以减轻或者免除处罚。

《刑法修正案（十二）》通过后，《刑法》第三百九十三条单位行贿罪的规定调整为：单位为谋取不正当利益而行贿，或者违反国家规定，给予国家工作人员以回扣、手续费，情节严重的，对单位判处罚金，并对其直接负责的主管人员和其他直接责任人员，处三年以下有期徒刑或者拘役，并处罚金；情节特别严重的，处三年以上十年以下有期徒刑，并处罚金。因行贿取得的违法所得归个人所有的，依照本法第三百八十九条、第三百九十条的规定定罪处罚。

一般而言，单位行贿罪与行贿罪并不难区分。单位行贿罪是经单位集体研究决定或由有关负责人员代表单位决定，为本单位谋取利益而实施的行贿犯罪，体现的是集体意志，追究的是单位利益；而行贿罪是由自然人实施的，其行贿目的是追求个人利益。

但在单位法定代表人未经集体研究进行行贿的情况下，到底应当认定为单位行贿罪，还是行贿罪？这在实务中存在很大的争议。有的法院认定法定代表人天然代表单位，其本人的行为就是代表单位职务行为，其为单位利益行贿应当以单位行贿罪论处；也有的法院认为，在进行犯罪活动时，法定代表人的行为并不天然代表单位，未经单位集体研究应以受贿罪论处。

对于自然人和单位共同行贿的，有的主张以主犯实施的罪名认定犯罪，有的则主张自然人和单位分别依行贿罪和单位行贿罪定罪处罚。

裁判精要

经单位集体研究决定或由有关负责人员代表单位决定，为本单位谋取利益而行贿的，是单位行贿罪；公司法定代表人是依照法律规定，代表公司行使职权的负责人，其行为对外代表公司，具有代表公司意志的效力，构成单位行贿罪；行贿人为其作为法定代表人、实际控制人、股东的公司谋取不正当利益而行贿，所获利益亦归于公司，构成单位行贿罪；虽然行贿人的行贿行为使自己单位获益，但因行贿人个人收入与其业务量存在直接关系，行贿人也系行贿行为的获益者，且未经单位集体研究或负责人同意，以行贿罪论处；自然人和单位共同行贿的，可以分别构成行贿罪和单位行贿罪。

司法观点

（一）构成行贿罪

◎ **未经单位集体研究或负责人同意而行贿的，构成行贿罪**

1. 虽然行贿人的行贿行为使自己单位获益，但因行贿人个人收入与其业务量存在直接关系，行贿人也系行贿行为的获益者，且未经单位集体研究或负责人同意，因此以行贿罪论处，见【（2017）鲁0811刑初859号】刘某、高某受贿、行贿案一审刑事判决书。

在该判决书中，山东省济宁市任城区人民法院认为：

单位犯罪是公司、企业、事业单位、机关、团体等法定单位，经单位集体研究决定或由有关负责人员代表单位决定，为本单位谋取利益而故意实施的犯罪行为。主观方面单位犯罪的故意出于集体意志，客观方面犯罪活动是以单位的名义实施，犯罪人实施犯罪活动的动机是为了实现单位利益。本案中，被告人徐某及其辩护人均提出向刘某、高某的行贿行为应是春雨公司单位行贿，但根据现有证据，虽然徐某的行贿行为必然使得春雨公司获益，但是因徐某的个人收入与其业务量存在直接关系，徐某也系其行贿行为的获益者。春雨公司经理严某、徐某所在部门负责人张某3、孔某均证实春雨公司没有安排徐某向刘某等人行贿，且没有证据能够证实春雨公司是经单位集体研究决定或由有关负责人员代表单位决定向刘某等人行贿，也没有相关书证可以证实行贿款系由春雨公司支付，即便被告人辩解的收款收据不是其本人签名及沈某媛转账的10万元是春雨公司安排，也不足以证实160万元是徐某受单位的指派代表春雨公司实施的单位行为，故被告人徐某及其辩护人提出的应认定系春雨公司向刘某、高某单位行贿160万元，徐某系单位行为直接责任人的辩解和辩护意见均不能成立，不予支持。

2. 行贿人系公司实际经营管理者，且行贿行为未经公司股东会或董事会同意的，应当以行贿罪追究刑事责任，见【（2017）桂0331刑初176号】杨某诚行贿案一审刑事判决书。

在该判决书中，广西壮族自治区桂林市荔浦县人民法院认为：

关于被告人及辩护人提出万某公司是有限公司并非被告人杨某诚一人公司，被告人行贿是为了公司谋取业务，因此被告人杨某诚构成的是单位行贿罪，而不是行贿罪的辩护意见。经查，杨某诚与刘某系夫妻关系，与杨某1系父子关系，桂林万某建筑咨询有限公司法定代表人是刘某，杨某诚以刘某的名义出资占股60%，杨某诚占股40%，杨某诚任公司总经理；云平台公司是杨某诚拿杨某1的身份证去办理的，刘某、杨某1虽然分别是二公司的法人代表，但二人从没有参与过公司的经营，公司成立以来亦没有分红，杨某诚是二公司的实际经营管理者，并且杨某诚行贿魏某、蒋某2、沈某属于公司没有开会决定，刘某、杨某1及公司员工均不知情的个人行为。以上事实，有公司营业执照、登记证、工商登记资料，证人魏某、蒋某2、沈某、刘某、杨某1的证言，被告人杨某诚的供述以及庭审中的查明等证据证实。因此，对被告人及辩护人提出被告人杨某诚构成的是单位行贿罪，而不是行贿罪的辩护意见，没有事实及法律依据，本院不予采纳。

（二）构成单位行贿罪

◎单位负责人和直接责任人为单位利益行贿的，构成单位行贿罪

1. 单位负责人和直接责任人为单位利益行贿的，其行为依法构成单位行贿罪而非（自然人）行贿罪，见【（2019）陕03刑终119号】吴某春单位行贿案二审刑事裁定书。

在该裁定书中，陕西省宝鸡市中级人民法院认为：

对于抗诉机关关于本案中原审被告人吴某春是个人行贿而不是单位行贿的抗诉意见，经查，单位犯罪是指公司、企业、事业单位、机关，团体为牟取本单位的利益由单位负责人或者经单位集体讨论所进行的、在刑法上有明文规定的严重危害社会的行为；本案中吴某春所控制的三个公司均为依法成立的有限责任公司，符合单位犯罪的主体要件，且无证据显示是吴某春为进行违法犯罪活动而设立的公司或者公司设立后以实施犯罪为主要活动，吴某春为了给其所控制的三个公司牟取利益向王某甲、陶某某、刘某某等人行贿，吴某春作为单位负责人和直接责任人，其实施的行为符合《刑法》第三十条、第三百九十三条之规定，其行为依法构成单位行贿罪，而并不构成（自然人）行贿罪，故此，抗诉机关的该项抗诉意见依法不能成立，本院不予支持；宝鸡市人民检察院的观点、上诉人吴某春及其辩护人的相关观点、意见均符合相关法律规定，本院依法予以采纳。

◎**公司法定代表人基于公司利益决定行贿的，构成单位受贿罪**

2. 公司法定代表人是依照法律规定，代表公司行使职权的负责人，其行为对外代表公司，具有代表公司意志的效力，构成单位行贿罪，见【（2016）琼9030刑初86号】麦某福单位行贿案一审刑事判决书。

在该判决书中，海南省琼中黎族苗族自治县人民法院认为：

按辩护人李某山的辩护观点，被告人麦某福的行为虽然构成行贿犯罪，但构成的是单位行贿犯罪，而非麦某福个人行贿犯罪。该辩护观点能否成立，关键是弄清楚单位行贿罪与行贿罪的区别。两罪在行为上均表现为为谋取不正当利益而行贿，但在犯罪主体、主观表现上，前罪是以单位整体身份出现，反映的是单位的整体意志，行为人以单位名义实施行贿犯罪，违法所得归单位所有；后罪是以公民个人身份出现，反映的是公民个人的意志，行为人以公民个人名义实施行贿犯罪，违法所得归个人所有。根据公诉机关和辩护人提交的证据，八一复合肥厂于1996年经海南省国营八一总场成立，系依法登记成立的国有企业，具有法人资格，法定代表人为麦某福。后于1997年八一总场与丰福公司签订合同，由丰福公司承包八一复合肥厂，企业性质仍为国有企业，法定代表人仍为麦某福，直至2010年改制为荣坤公司。辩护人提交的证据证实，从2002年开始，八一复合肥厂（荣坤公司）就有完整的员工花名册据以发放工资，具有企业组织形式和经营模式，并多次获得国家和省有关部门颁发的荣誉证书。因此，八一复合肥厂符合刑法规定的单位的定义。那么，麦某福作为该厂的法定代表人，是依照法律规定，代表该厂行使职权的负责人，其行为对外代表该厂，具有代表该厂意志的效力，是有职权作出向王某某、徐某某、王某2行贿的决定以为厂里谋取不正当利益然后以厂的名义实施。而且公诉机关提交的证据中坤农场的财物明细账簿、记账凭证、入库验收单，反映中坤农场是向八一复合肥厂购买化肥并向八一复合肥厂支付货款的；提交的东太农场的中国建设银行电汇凭证、借款单、海南省农垦物资购销合同，反映购销合同签订的双方是八一复合肥厂和东太农场，并盖有单位公章，肥料款汇款人为东太农场，收款人为八一复合肥厂，也佐证了以上事实并证实麦某福通过行贿谋取的不正当利益直接归八一复合肥厂所有，并没有归麦某福个人所有。因此，麦某福作为八一复合肥厂的法定代表人为了给厂谋取不正当利益向王某某、徐某某、王某2行贿的行为不构成行贿罪而构成单位行贿罪，辩护人李某山的辩护观点成立，予以采纳。

◎ **为了公司利益而行贿且所获利益归公司的,构成单位行贿罪**

3. 行贿人为其作为股东、法定代表人、实际控制人的公司谋取不正当利益而行贿,所获利益亦归于公司的,其行为应当认定为单位行贿罪而不是行贿罪,见【(2018)渝 0107 刑初 384 号】刘某单位行贿案一审刑事判决书。

在该判决书中,重庆市九龙坡区人民法院认为:

被告人刘某作为单位直接负责的主管人员,为谋取不正当利益,给予国家工作人员现金 200 万元,情节严重,其行为已构成单位行贿罪,依法应予处罚。被告人刘某到案后如实供述罪行,依法可对其从轻处罚。本案中,被告人刘某为其作为股东、法定代表人、实际控制人的公司谋取不正当利益而行贿,所获利益亦归于公司,其行为应当认定为单位行贿罪而不是行贿罪,公诉机关指控的基本事实成立,但定性不当,依法应予纠正。

(三) 自然人和单位分别构成行贿罪和单位行贿罪

◎ **自然人与单位共同行贿的,分别构成行贿罪与单位行贿罪**

自然人与单位共同行贿的,自然人构成行贿罪,单位构成单位行贿罪,见【(2019)粤刑终 124 号】陈某昌行贿案二审刑事判决书。

在该判决书中,广东省高级人民法院认为:

关于上诉人陈某昌的罪名认定问题。经查,现有证据证明陈某昌伙同民太公司在承接工程项目过程中共同向国家工作人员赠送巨额财物,原公诉机关指控陈某昌的行为构成行贿罪,原审判决以作为单位的民太公司在共同行贿犯罪中是起主要作用的主犯、作为个人的陈某昌在共同行贿犯罪中是起次要作用的从犯为由对陈某昌按单位行贿罪定罪量刑。

但是,首先,单位犯罪是刑法针对公司、企业、事业单位、机关、团体实施的危害社会的行为予以定罪处罚作出专门规定的特殊犯罪,其犯罪主体必须是单位而非自然人,只是追究刑事责任时不仅处罚犯罪单位,而且处罚对犯罪单位直接负责的主管人员和其他直接责任人员,而陈某昌既不是民太公司的股东或员工,也没有以其他单位的名义参与涉案行贿犯罪,不属于按单位犯罪处罚的人员范围。其次,陈某昌通过参与行贿承接涉案工程项目取得的经济利益直接归其个人所有而非民太公司或其他单位所有,根据刑法第三百九十三条"因行贿取得的违法所得归个人所有的,依照本法第三百八十九条、第三百九十条的规定定罪处罚"的规定,亦不宜按单位行贿罪对陈某昌予以定罪处罚。再次,在单位与个人共同实施的犯罪中，如果在单位是主犯、个人是从犯的情况下对参与共同犯罪的单位和个人均按单位所犯罪名进行定罪处罚（如本案），那么在个人是主犯、单位是从犯的情况下亦应对参与共同犯罪的个人和单位均按个人所犯罪名进行定罪处罚，这样的处理结果违反了刑法关于单位犯罪的规定，司法实践中也未见相关判例。因此，陈某昌的辩护人认为原审判决将陈某昌作为单位行贿罪的共犯处理理据不足，陈某昌所犯罪名应认定为行贿罪而非单位行贿罪。

另外，刑法对单位行贿罪和（自然人）行贿罪设置了不同的刑罚且对犯罪单位的主管人员和其他直接责任人员设置的刑罚轻于对犯罪自然人设置的刑罚，原审判决按单位行贿罪对陈某昌定罪量刑明显有利于陈某昌，而陈某昌的辩护人对原审判决的判决结果提出质疑，有违刑事诉讼法第三十五条"辩护人的责任是根据事实和法律，提出犯罪嫌疑人、被告人无罪、罪轻或者减轻、免除其刑事责任的材料和意见，维护犯罪嫌疑人、被告人的诉讼权利和其他合法权益"的规定。

本院认为，上诉人陈某昌为谋取不正当利益，伙同民某公司给予国家工作人员以财物，情节特别严重，其行为已构成行贿罪。在共同犯罪中，陈某某起次要作用，是从犯，且犯罪以后能自动投案，如实供述自己的罪行，是自首，依法可以减轻处罚。判决如下：撤销广东省珠海市中级人民法院（2017）粤04刑初131号刑事判决中对上诉人（原审被告人）陈某某的定罪部分；上诉人（原审被告人）陈某某犯行贿罪，判处有期徒刑二年，缓刑二年六个月。

律师建议

行贿罪的起刑点是6万元，最高刑期是无期徒刑；《刑法修正案（十二）》通过后，单位受贿罪的起刑点是20万元，最高刑期是十年；两者差距巨大。很多情况下，只要是为了公司利益，单位法定代表人、实际控制人或其他高级管理人员的行贿行为即使没有经过单位集体研究同意，也可以视为公司行为，代表公司意志，以单位受贿罪可以作为重要的辩护方向。自然人和单位共同行贿的，可以分别构成行贿罪和单位行贿罪。

035 如何区分行贿罪与对单位行贿罪？

律师提示

行贿罪与对单位行贿罪的主要区别在于行贿的对象。行贿罪的对象是国家工作人员，而对单位行贿罪的对象是国有单位。行贿人将回扣款返给个人还是返还给单位均不超出其犯意，应当认定为行贿罪；被告人在经济往来中，违反国家规定给予国有单位财物，其行为构成对单位行贿罪；给予单位赞助款的行为或者对单位行贿数额未达法定数额的，不构成对单位行贿罪。

争议焦点

《刑法修正案（十二）》通过后，《刑法》第三百九十一条第一款规定调整为：为谋取不正当利益，给予国家机关、国有公司、企业、事业单位、人民团体以财物的，或者在经济往来中，违反国家规定，给予各种名义的回扣、手续费的，处三年以下有期徒刑或者拘役，并处罚金；情节严重的，处三年以上七年以下有期徒刑，并处罚金。

单位犯前款罪的，对单位判处罚金，并对其直接负责的主管人员和其他直接责任人员，依照前款的规定处罚。

根据《最高人民检察院关于人民检察院直接受理立案侦查案件立案标准的规定（试行）》中"对单位行贿案"的有关规定，涉嫌下列情形之一的，应予立案：

1. 个人行贿数额在 10 万元以上、单位行贿数额在 20 万元以上的；

2. 个人行贿数额不满 10 万元、单位行贿数额在 10 万元以上不满 20 万元，但具有下列情形之一的：

（1）为谋取非法利益而行贿的；

（2）向 3 个以上单位行贿的；

（3）向党政机关、司法机关、行政执法机关行贿的；

（4）致使国家或者社会利益遭受重大损失的。

《刑法》第三百九十条规定，对犯行贿罪的，处三年以下有期徒刑或者拘役，并处罚金；因行贿谋取不正当利益，情节严重的，或者使国家利益遭受重大损失的，处三年以上十年以下有期徒刑，并处罚金；情节特别严重的，或者使国家利益遭受特别重大损失的，处十年以上有期徒刑或者无期徒刑，并处罚金或者没收财产。

有下列情形之一的，从重处罚：

（一）多次行贿或者向多人行贿的；

（二）国家工作人员行贿的；

（三）在国家重点工程、重大项目中行贿的；

（四）为谋取职务、职级晋升、调整行贿的；

（五）对监察、行政执法、司法工作人员行贿的；

（六）在生态环境、财政金融、安全生产、食品药品、防灾救灾、社会保障、教育、医疗等领域行贿，实施违法犯罪活动的；

（七）将违法所得用于行贿的。

行贿人在被追诉前主动交待行贿行为的，可以从轻或者减轻处罚。其中，犯罪较轻的，对调查突破、侦破重大案件起关键作用的，或者有重大立功表现的，可以减轻或者免除处罚。

行贿人的行贿意图指向的是国家工作人员还是国有单位，是司法实务认定中的难题。对于给予单位赞助款的行为如何认定，也存在一定的争议。

行贿罪的最高刑期是无期徒刑，而对单位行贿罪的最高刑期是七年。区分行贿罪与对单位行贿罪意义重大。

裁判精要

行贿罪的行贿对象是作为国家工作人员的自然人，而对单位行贿罪的行贿对象是国有单位。行贿人为达到向单位销售的目的而行贿，回扣款返给个人还是返还给单位均不超出其犯意，应当认定为行贿罪；被告人在经济往来中，违反国家规定给予国有单位财物，其行为构成对单位行贿罪；给予单位赞助款的行为或者对单位行贿数额未达法定数额的，不构成对单位行贿罪。

司法观点

（一）构成行贿罪

◎针对个人而非单位行贿的，构成行贿罪

1. 被告人的行贿行为系对个人的行贿行为，而非对单位的行贿行为的，不构成对单位行贿罪，见【（2017）粤 5103 刑初 644 号】郑某明行贿案一审刑事判决书。

在该判决书中，广东省潮州市潮安区人民法院认为：

关于辩护人提出的本案行贿对象不是林某 1，而应是校办文具厂，罪名应是对单位行贿罪的辩护意见。经查，从作案过程看，被告人郑某明直接与庵埠镇中心学校校长林某 1 联系，让林某 1 为其争取庵埠镇辖属各学校教辅材料和试卷的印刷业务。随后，林某 1 利用其任庵埠镇中心学校校长的职务之便，要求辖属各学校征订教辅资料，还违反规定安排庵埠镇中心学校主管的潮州市潮安区庵埠镇校办文具厂负责向潮州市潮安某塘明某印刷厂征订，并按约定收取回扣款。收取后林某 1 按比例将回扣款分给校办文具厂、潮州市潮安区庵埠镇文某小学等 29 所学校及庵埠镇中心学校工作人员。被告人郑某明与林某 1 协商好由林某 1 安排庵埠镇辖属各学校教辅材料和试卷的印刷业务及回扣款的比例。校办文具厂及各学校分得回扣款是林某 1 对赃款的分配行为，并非郑某明直接给予。因此被告人郑某明的行为系对林某 1 个人的行贿行为，其行为不构成对单位行贿罪，辩护人提出本案罪名应是对单位行贿罪的辩护意见，与事实不符，不予采纳。

◎**行贿人基于销售目的对回扣款去向持放任态度的，构成行贿罪**

2. 行贿人对回扣款的去向持放任态度，只要达成向单位销售目的，回扣款返给个人还是返还给单位均不超出其犯意的，应当认定行贿人的行贿行为是对个人的行贿行为，见【（2016）云 0628 刑初 137 号】林某飞行贿案一审刑事判决书。

在该判决书中，云南省昭通市彝良县人民法院认为：

关于起诉书认定被告人林某飞以向某一中按比例以返还回扣的名义对梁某行贿的定性是对单位行贿还是对个人行贿的性质，合议庭评议认为：公诉机关收集在卷的参与彝良一中向被告人林某飞订购校服的相关人员均证实不知道校服供应商有返利或回扣给学校或个人，学校也没有要求过校服供应商给任何返利或回扣给学校或个人的事实，相关证实的内容与梁某本人所作的有罪供述能相互印证，因此能够确认梁某在彝良一中采购校服时，是个人假借学校名义向被告人林某飞索要校服回扣 112465 元，被告人林某飞在侦查机关的供述也确认是梁某个人单独提出要按比例收取校服回扣。表面上说是返给学校，但不清楚梁某是否将回扣款交给了学校，是梁某个人占有此款还是返给了学校对其自身来讲都没有关系，只要给了他们好处，保证向其订购校服、能够做成生意就行了。因此，被告人林某飞对校服回扣款的去向持放任态度，只要达成向学校销售校服的目的，校服回扣款拿给梁某个人还是返还给学校均不超出其犯意，且本案客观事实是梁某假借学校名义的个人索贿行为，故应当认定被告人林某飞的此起行贿事实是对梁某的个人行贿行为。

（二）构成对单位行贿罪

◎行贿人对单位行贿且行贿款由单位支配的，构成对单位行贿罪

1. 被告人在经济往来中，违反国家规定，给予国有单位财物的，其行为构成对单位行贿罪，见【（2017）冀1102刑初31号】齐某华行贿案一审刑事判决书。

在该判决书中，河北省衡水市桃城区人民法院认为：

衡水市桃城区人民检察院指控，被告人齐某华于2010年2月至2015年12月间，在向河南省方城县人民医院骨科供应医疗器械过程中，为保持长期的合作关系，多次给予该医院骨科东区副主任（主持工作）于某冰（另案处理）回扣共计人民币63.8万元。对指控的事实，公诉机关向法庭提供了被告人供述、证人证言、银行卡交易明细、医院情况说明等证据，据此指控被告人齐某华为谋取不正当利益，在经济往来中，违反国家规定给予国家工作人员财物，数额较大，依照《刑法》第三百八十九条的规定，其行为已构成行贿罪。

本院认为，被告人齐某华在经济往来中，违反国家规定，给予事业单位财物，其行为已构成对单位行贿罪。衡水市桃城区人民检察院指控被告人齐某华犯罪事实清楚，证据充分，但罪名不妥，应予变更。依照《刑法》第三百九十一条第一款，第六十七条第三款，第七十二条第一款、第三款，第七十三条第二款、第三款和《最高人民法院、最高人民检察院关于办理贪污贿赂刑事案件适用法律若干问题的解释》第十九条第二款的规定，判决被告人齐某华犯对单位行贿罪，判处有期徒刑一年，缓刑一年，并处罚金人民币30万元。

2. 被告人为提高其代理药品在医院相关科室的使用量，而向科室行贿，行贿款由科室所有并支配，并非针对具体的个人行贿的，构成对单位行贿罪，见【（2017）皖0323刑初392号】张某仁行贿案一审刑事判决书。

在该判决书中，安徽省蚌埠市固镇县人民法院认为：

关于起诉书指控的第二起犯罪事实的定性。经查，被告人张某仁为了提高其代理的药品在蚌医一附院的销量，安排下属与相关科室负责人接触，以给付回扣

款的方式让相关科室在药品使用方面予以照顾。后张某仁及其下属根据各科室的药品使用情况按照一定标准给予相关科室回扣。蚌医一附院的相关科室在收到回扣款后在科室内部使用（分给医生、支付研究生生活费、支付科研费用等）。可见，被告人张某仁为了提高其代理的药品在蚌医一附院相关科室的使用量，而向科室行贿，行贿款由科室所有并支配，并非针对具体的个人行贿。因此，被告人张某仁给予各科室回扣款的行为应当认定为对单位行贿，而非行贿。故公诉机关指控的第二起犯罪事实，应认定为对单位行贿罪。

（三）不构成犯罪

◎行贿数额未达10万元的，不构成对单位行贿罪

1. 在经济往来中违反国家规定，给予国有医院内设部门药品回扣，但其个人行贿数额未达到10万元的，不构成对单位行贿罪，见【（2016）桂0303刑初125号】丁某群对单位行贿案一审刑事判决书。

在该判决书中，广西壮族自治区桂林市叠彩区人民法院认为：

虽然被告人丁某群在经济往来中违反国家规定，给予国有医院内设部门药品回扣共计人民币72260.6元，但其个人行贿数额未达到10万元，故根据《最高人民检察院直接受理立案侦查案件立案标准的规定（试行）》的规定，被告人丁某群的行为不构成对单位行贿罪，公诉机关提出应以对单位行贿罪追究被告人丁某群刑事责任的公诉意见，本院不予支持。

◎行贿人非为谋取非法利益而行贿的，不构成对单位行贿罪

2. 被告人对药房行贿的直接目的是获取医生用药数据，根据所获得的数据统方及时支付给医生回扣款从而销售出更多药品，其并非为谋取非法利益而行贿，不构成对单位行贿罪，见【（2016）闽09刑终346号】庄某某行贿、对单位行贿案二审刑事判决书。

在该判决书中，福建省宁德市中级人民法院认为：

关于上诉人庄某某及其辩护人辩称庄某某对两药房行贿的行为不构成对单位行贿罪的意见，经查，在案证据证实庄某某对两药房行贿直接目的是获取医生用药数据，根据所获得的数据统方及时支付给医生回扣款从而销售出更多药品，其并非为谋取非法利益而向两药房行贿，不属于《最高人民检察院关于行贿罪立案标准的规定》规定的"个人向单位行贿不满十万元、但为谋取非法利益而行贿的，应予立案情形"，庄某某对两药房行贿的行为不构成对单位行贿罪。故该诉辩意见有理，予以采纳。

◎**给予单位赞助款的行为，不构成对单位行贿罪**

3. 给予单位赞助款的行为不符合我国刑法关于对单位行贿罪的犯罪构成，不构成对单位行贿罪，见【（2017）湘12刑终420号】沅陵县裕某公司、朱某友对单位行贿二审刑事判决书。

在该判决书中，湖南省怀化市中级人民法院认为：

原审被告人朱某友与谢某共谋后，弄虚作假、套取国家专项补贴资金，致使国家利益遭受重大损失。朱某友的行为系谢某滥用职权犯罪得以实施的必不可少的环节，系共同故意犯罪，具有社会危害性，其行为已构成滥用职权罪。被告单位沅陵县裕某公司的行为均是在其法定代表人朱某友的安排下进行，应视为朱某友本人的行为，且因单位不构成滥用职权犯罪，故应宣告原审被告单位沅陵县裕某公司无罪。抗诉机关提出沅陵县裕某公司及朱某友构成对单位行贿罪的抗诉理由，经查，沅陵县裕某公司给予沅陵县商务局和沅陵县定点办赞助款的行为不符合我国刑法关于对单位行贿罪的犯罪构成，不构成对单位行贿罪，故该抗诉理由不能成立，本院不予采纳。

律师建议

对涉嫌对单位行贿罪的当事人，既要重视无罪辩护，也要重视轻罪辩护。给予单位赞助款的行为或者对单位行贿数额未达法定数额的，不构成对单位行贿罪。行贿罪的最高刑期是无期徒刑，而《刑法修正案（十二）》通过后对单位行贿罪的最高刑期是七年，最终确定的罪名，对当事人权益有重大影响，在该问题上刑辩律师大有可为。

四 ▶ 贪污罪的认定

036 如何认定贪污罪中的"利用职务上的便利"?

律师提示

贪污罪中的"利用职务上的便利"是指利用职务上主管、管理、经手公共财物的权力及方便条件,既包括利用本人职务上主管、管理公共财物的职务便利,也包括利用职务上有隶属关系的其他国家工作人员的职务便利。行为人不具有国家工作人员身份、超越法律规定的职权或已调离原岗位的,与相关人员无隶属关系的,不属于"利用职务上的便利";利用民事委托关系而非行政委托关系占有国有资产的,也不属于"利用职务上的便利"。贪污罪中"利用职务上的便利"主要强调国家工作人员对国有财产的管理关系;而受贿罪中的职务便利主要强调国家工作人员对公共事务的管理关系。

争议焦点

如何认定贪污罪中的"利用职务上的便利"?受贿罪与贪污罪在"利用职务上的便利"上有何不同?这些问题在司法实践中均存在一定争议。

《刑法》第三百八十二条第一款、第二款规定,国家工作人员利用职务上的便利,侵吞、窃取、骗取或者以其他手段非法占有公共财物的,是贪污罪。

受国家机关、国有公司、企业、事业单位、人民团体委托管理、经营国有财产的人员,利用职务上的便利,侵吞、窃取、骗取或者以其他手段非法占有国有财物的,以贪污论。

第三百八十五条第一款规定,国家工作人员利用职务上的便利,索取他人财物的,或者非法收受他人财物,为他人谋取利益的,是受贿罪。

第三百八十八条规定,国家工作人员利用本人职权或者地位形成的便利条件,通过其他国家工作人员职务上的行为,为请托人谋取不正当利益,索取请托人财物或者收受请托人财物的,以受贿论处。

1999年《最高人民检察院关于人民检察院直接受理立案侦查案件立案标准的规定(试行)》分别对贪污罪和受贿罪中的"利用职务上的便利"作了专门

的解释。该司法解释规定，贪污罪中的"利用职务上的便利"是指利用职务上主管、管理、经手公共财物的权力及方便条件；受贿罪中的"利用职务上的便利"是指利用本人职务范围内的权力，即自己职务上主管、负责或者承办某项公共事务的职权及其所形成的便利条件。

2003年最高人民法院出台了《全国法院审理经济犯罪案件工作座谈会纪要》，对受贿罪中的"利用职务上的便利"作了重新解释。该《纪要》第三条第一款指出：刑法第三百八十五条第一款规定的"利用职务上的便利"，既包括利用本人职务上主管、负责、承办某项公共事务的职权，也包括利用职务上有隶属、制约关系的其他国家工作人员的职权。担任单位领导职务的国家工作人员通过不属自己主管的下级部门的国家工作人员的职务为他人谋取利益的，应当认定为"利用职务上的便利"为他人谋取利益。

最高人民法院在2012年9月18日发布的第11号指导案例《杨某虎等贪污案》裁判要点中进一步明确，贪污罪中的"利用职务上的便利"，是指利用职务上主管、管理、经手公共财物的权力及方便条件，既包括利用本人职务上主管、管理公共财物的职务便利，也包括利用职务上有隶属关系的其他国家工作人员的职务便利。

贪污罪与受贿罪中的"利用职务上的便利"具有一定的区别。从本质上分析，贪污罪中"利用职务上的便利"，是指利用职务上主管、管理、经手公共财物的权力及方便条件，强调的是国家工作人员对国有财产的管理关系；而受贿罪中的职务便利，是指利用职权为他人谋利的职务便利，强调的是国家工作人员对公共事务的管理关系。

裁判精要

贪污罪中的"利用职务上的便利"，是指利用职务上主管、管理、经手公共财物的权力及方便条件，既包括利用本人职务上主管、管理公共财物的职务便利，也包括利用职务上有隶属关系的其他国家工作人员的职务便利。行为人不具有国家工作人员身份、超越法律规定的职权或已调离原岗位的，与相关人员无隶属关系的，不属于"利用职务上的便利"；利用民事委托关系而非行政委托关系占有国有资产的，也不属于"利用职务上的便利"；而受贿罪中"利用职务上的便利"是指利用本人职务范围内的权力，即自己职务上主管、负责或者承办某项公共事务的职权及其所形成的便利条件。

司法观点

（一）属于"利用职务上的便利"

◎利用职务上管理公共财物的权力及方便条件的，属于"利用职务上的便利"

1. 贪污罪中的"利用职务上的便利"，是指利用职务上主管、管理、经手公共财物的权力及方便条件，既包括利用本人职务上主管、管理公共财物的职务便利，也包括利用职务上有隶属关系的其他国家工作人员的职务便利，见【最高人民法院指导案例11号】杨某虎等贪污案。

在该案裁定书中，浙江省高级人民法院认为：

关于被告人杨某虎的辩护人提出杨某虎没有利用职务便利的辩护意见。经查，义乌国际商贸城指挥部系义乌市委、市政府为确保国际商贸城建设工程顺利进行而设立的机构，指挥部下设确权报批科，工作人员从国土资源局抽调，负责土地确权、建房建设用地的审核及报批工作，分管该科的副总指挥吴某某也是国土资源局的副局长。确权报批科作为指挥部下设机构，同时受指挥部的领导，作为指挥部总指挥的杨某虎具有对该科室的领导职权。贪污罪中的"利用职务上的便利"，是指利用职务上主管、管理、经手公共财物的权力及方便条件，既包括利用本人职务上主管、管理公共财物的职务便利，也包括利用职务上有隶属关系的其他国家工作人员的职务便利。本案中，杨某虎正是利用担任义乌市委常委、义乌市人大常委会副主任和兼任指挥部总指挥的职务便利，给下属的土地确权报批科人员及其分管副总指挥"打招呼"，才使得王某芳等人虚报的拆迁安置得以实现。

◎利用上级领导的职务便利，属于"利用职务上的便利"

2. 利用上级领导的职务便利骗取国有资产的，也属于"利用职务上的便利"，应当以贪污罪论处，见【（2017）鲁13刑终79号】朱某军贪污、受贿案二审刑事判决书。

在该判决书中，山东省临沂市中级人民法院认为：

对于抗诉机关所提"朱某军既是县住建局村镇办主任，又是县危房改造指挥部综合组副组长、工程质量与竣工验收组成员，利用职务之便，指使他人对其父亲申请危房改造的相关材料予以通过，骗取国家农村危房改造补助资金14000

元，应构成贪污罪，一审判决认定其构成诈骗罪属定性错误，适用法律不当"的抗诉理由及上诉人朱某军所提"上诉人的行为不构成诈骗罪"的上诉理由，经审理认为，朱某军作为沂南县住建局村镇办主任及沂南县农村危房改造指挥部成员，和镇乡建办是直接的领导与被领导关系，朱某军安排大庄镇乡建办主任李某1利用职务之便为其父亲朱某民伪造危房改造申请资料并予以上报，属于利用职务上有隶属关系的其他国家工作人员的职务便利骗取国家危房改造资金，其行为已符合贪污罪的犯罪构成，故对抗诉意见予以采纳，对上诉意见不予采纳。

◎利用下属单位领导的职务便利，属于"利用职务上的便利"

3. 贪污罪中"利用职务上的便利"，包括利用本人对下属单位领导、管理关系中的各种便利，担任单位领导职务的国家工作人员通过自己主管的下级部门的国家工作人员实施违法犯罪活动的，应当认定为"利用职务上的便利"；交警大队本身即是交警支队一个内设机构，行为人作为交警支队队长，虽不具有直接经管、支配内设机构交警大队财产的权力，但是其对交警大队具有管理职权，其向下属提出"为支队解决费用"的要求，非法占有交警大队的公共财物，构成贪污罪而非受贿罪，见【（2018）鲁01刑终216号】王某某贪污案二审刑事判决书。

在该判决书中，山东省济南市中级人民法院认为：

关于抗诉机关所提原审对上诉人王某某向东城区大队队长魏某丙索要10万元的行为认定为贪污罪错误，应依法认定王某某的行为构成受贿罪，且系索贿，应从重处罚的抗诉理由。经查，证人魏某丙、于某乙的证言以及王某某的供述等证据证实，东城区大队是在时任交警支队队长王某某的欺骗下，出于为支队解决其不能正常处理的费用的目的，而办理了10万元的银行卡交付给王某某，无论是东城区大队还是魏某丙个人，在主观上均不具有向王某某行贿的意图或认为是在被王某某索贿，王某某本人的主观故意内容也仅限于非法占有公共财物，并不具有收受或索取他人贿赂的故意，因此，王某某与东城区大队及魏某丙之间不存在受贿罪犯罪构成所要求的行贿与受贿或者索贿与被索贿之间的对应关系，双方的行为并不具备权钱交易这一受贿罪的本质特征。王某某利用其担任交警支队队长的职务便利，通过欺骗的手段非法占有本属于交警大队的财物，符合贪污罪的构成要件。一是贪污罪中"利用职务上的便利"，包括利用本人对下属单位领导、管理关系中的各种便利，担任单位领导职务的国家工作人员通过自己主管的下级部门的国家工作人员实施违法犯罪活动的，应当认定为"利用职务上的便利"。本案中，交警大队本身即是交警支队一个内设机构，王某某虽不具有直接经管、支配交警大队财产的权力，但是其作为交警支队队长，对交警大队具有管理职权，其向魏某丙提出"为支队解决费用"的要求，正是利用了该项职权。二是贪污罪的犯罪对象"公共财物"，并没有要求必须是行为人本单位的公共财物，本案中，王某某非法占有的交警大队的财物，属于公共财物。综上，王某某利用职务便利，以欺骗手段取得10万元公共财物的行为，构成贪污罪，原审认定罪名并无不当，抗诉机关所提此项抗诉理由不能成立，不予采纳。

（二）不属于"利用职务上的便利"

◎已调离职务岗位且与相关人员无隶属关系的，不属于"利用职务上的便利"

1. 行为人已经调离原岗位，与相关人员无隶属关系的，不应被认定为"利用职务上的便利"，见【（2018）吉刑终23号】蒋某萍贪污、受贿案二审刑事判决书。

在该判决书中，吉林省高级人民法院认为：

关于蒋某萍上诉及辩护人提出，蒋某萍在购买公有住房时，已调任通化市科技局局长，因梅河口市是省直管市，通化市科技局与梅河口市及政府办没有任何职务上的隶属关系，因此客观上不具有犯贪污罪的职务便利，经查，"利用职务便利"是贪污犯罪的主要行为特征，也是认定构成犯罪的客观要件。对于职务上的便利，刑法虽没有明确规定，但最高人民法院指导案例11号裁判要点确认，贪污罪中的利用职务便利，是指利用职务上主管、管理、经手公共财物的权力及方便条件，既包括利用本人职务上主管、管理、经手公共财物的职务便利，也包括利用职务上有隶属关系的其他国家工作人员的职务便利。本案中蒋某萍申请购买公寓房时已调任通化市工作，其本人已不具备职务上主管、管理、经手梅河口市公共财物的职务便利，同时对汪某亦不具备职务上的隶属关系，故蒋某萍及辩护人提出的此点理由有事实和法律依据，出庭检察员亦不否认，应予采纳。一审判决认定上诉人蒋某萍在离任后申请购买公寓房违规获利的事实虽存在，但缺少蒋某萍"利用职务便利的"要件，认定其与他人共同贪污的证据不足，故此起事实不构成贪污罪。

◎利用民事委托上的便利拒绝归还财物的，不属于"利用职务上的便利"

2. 行为人受国有单位委托代为诉讼事项，未将执行款交还国有单位的做法不当，但双方系平等民事主体之间的权利义务关系，本案中的"委托"并非刑法上的"委托"概念，不应认定为贪污罪，见【（2019）晋刑抗9号】孙某贪污案再审审查与审判监督刑事裁定书。

在该裁定书中，山西省高级人民法院认为：

抗诉机关指控，孙某作为能源公司干部，受公司委托接收法院判给能源公司的投资及利润补偿款后，应当按照协议内容即将其中的200万元交回公司，其截留公款并用于个人支配使用的行为符合"侵吞以及以其他手段非法占有国有财产"的情形。孙某及其辩护人认为，300万元执行款是孙某依合同约定取得的，不属于公款，其接收该款项的行为系履行合同的行为。

经查，本院（2004）晋民终字第00240号民事判决判给能源公司的300万元系利润补偿款。孙某受能源公司"委托"从事代为诉讼事项，法院判决的款项应当属于能源公司，孙某在接收执行款后不交回公司的做法不当。但是，根据能源公司会议纪要及合同约定的内容，孙某与能源公司之间系平等民事主体之间的权利义务关系，能源公司对此也予以认可，五份合同都没有对执行款的处理期限进行明确的约定。根据在案客观事实，不能认定孙某的行为是侵吞国有财产。

主体上，原审被告人孙某虽然具有国家工作人员的身份，但不存在利用其能源公司财务处副处长的职务之便的情形；孙某的行为也不属于受委托从事公务的行为，孙某并非贪污罪的适格主体。主观方面，现有证据不能证明孙某具有非法占有的故意，孙某依据合同和能源公司的证明得到执行款后，经能源公司催促与能源公司达成先交付140万元的合意，能源公司亦同意，孙某私自将款项截留未及时返还能源公司的行为不当，但不能以此认定其具有非法占有的故意，并作出其构成犯罪的评价。客观方面，孙某确实"受委托"从事了相关活动，但不属于利用职务上的便利，侵吞、窃取、骗取或者以其他手段非法占有公共财物的行为。客体上，本案中的"委托"并非刑法上"委托"的概念，能源公司没有就孙某不交回款项的行为诉诸司法机关，从能源公司的角度看，涉案款项无论是被孙某"贪污"，还是被孙某"侵占"，都没有给公司造成最终的损失，能源公司有通过民事诉讼解决争议的途径。综上，原审被告人孙某的行为不构成贪污罪。

◎**超越法律规定的职权获取非公共财物的，不属于"利用职务上的便利"**

3. 行为人实施了超越法律规定的职权，且所取得的财物不属于公共财物，不应认定为贪污罪，见【（2015）鄂东宝刑一初字第00095号】秦某某受贿案一审刑事判决书。

在该判决书中，湖北省荆门市东宝区人民法院认为：

根据国网湖北省电力公司荆门供电公司客户服务中心东宝分中心出具的《关于乡镇供电所有关问题的说明》，依据国家电力监督管理委员会发布的《供电度服务监管办法（试行）》第十一条第三款"供电企业不得对用户受电工程指定设计单位、施工单位和设备材料供应单位"的规定，乡镇供电所作为10千伏及以上业扩报装工程的监管主体之一，以及按照乡镇供电所职责的相关规定，供电所不得承揽10千伏及以上电力工程施工业务。被告人秦某某任职的团林供电所按其职责规定，不能承接变压器的买卖安装业务，秦某某承揽的鸿盛公司的变压器安装工程不属职务行为，其在支付了单位支出的材料费、人工费后所得利益不属于公共财物，故被告人秦某某的上述行为不属于利用职务上的便利侵吞公共财物，不符合贪污罪的构成要件，故公诉机关指控的该起事实不构成贪污罪，对被告人及辩护人提出的该起事实不构成贪污犯罪的辩解辩护理由本院予以采纳。

4. 当名义职务与实际职务范围不一致时，应以实际职务范围为标准判断行为人是否利用了职务之便，见【（2019）湘01刑终1071号】高某程盗窃、诈骗案二审刑事判决书。

在该判决书中，湖南省长沙市中级人民法院认为：

区分盗窃罪与职务侵占罪的关键点在于行为人是否利用了职务之便，而职务侵占罪中的"利用职务上的便利"，是指公司、企业或者其他单位人员利用自己的在单位担任的职务所形成的主管、保管或者经手本单位财物的权利。具体包括以下三种情况：一是主管财物的权力。这类人一般不直接接触本单位的财物，但有权对本单位的财物进行审批、安排、调拨等。二是保管财物的权利。这类人直接接触财物，虽无权决定财物的使用、调拨，但享有财物的直接保护、看管权力。三是经手财物的权力。这类人员由于工作的职责要求，对本单位财物不可避免地经手，但对财物不享有管理与支配的长期职责。因此，不能认为只有对财物具有直接控制权和独立支配权才属于"利用职务上的便利"，而间接地控制和支配财物则属于"工作便利"，否则只有直接接触财物的一般员工能够成立职务侵占罪，而作为不直接接触财物的管理者则不能成立职务侵占罪，这显然有悖常理。实践中，主管、管理、经手单位财物的通常不是一人，出于相互制约、相互监督的需要，单位财物的支配权、处置权及管理权往往由两人或两人以上共同行使，在这种情况下，行为人对单位财物的管理权限仍及于其职责范围的全部，其管理权能以及因该管理所产生的便利亦不因有其他共同管理人而受到影响，其单独利用其管理职务便利窃取单位财物的行为不影响"利用职务上的便利"的认定。

上诉人高某程虽任命为精品部经理，但从证据看，其仍在实质上从事销售车辆工作，这一点公司的二级销售商的证言、其银行卡明细多次收取卖车款并交至公司账户等书证可以印证，不管是以其本人名义还是公司其他销售人员名义进行销售都不否认其履行了销售职责；而且，作为公司的精品部经理，对车辆进行装修过程中，亦对车辆有短期保管职责，这也是其可以将车辆开出公司将车辆交付给二级经销商的原因和便利因素。按最高人民法院收集的刑事审判参考案例的观点，当名义职务与实际职务范围不一致时应以实际职务范围为标准判断行为人是否利用了职务之便。故应当认为上诉人高某程对涉案车辆及车辆销售款项具有管理和保管的职权，其采用窃取或骗取的方式达到了占有涉案车辆销售款项的行为利用了职务上的便利。高某程最初系挪用其经手保管的车款，并采用以后车款缴付前车款的方式，但高某程在偿还高利贷款项的时候，按其收入和财产状况，应当明知其无法归还，足以认定其具有非法占有的故意，故应以职务侵占罪而不是挪用资金罪定罪处罚。

律师建议

在司法实践中，往往将贪污罪与受贿罪中"利用职务上的便利"混淆，容易造成对贪污罪或受贿罪的错误认定。从本质上来看，贪污罪中"利用职务上的便利"，主要是指利用职务上主管、管理、经手公共财物的权力及方便条件，强调的是国家工作人员对国有财产的管理关系；而受贿罪中的职务便利，是指利用职权为他人谋利的职务便利，强调的是国家工作人员与公共事务之间的管理关系。正确区分两罪"利用职务上的便利"的不同，对于正确区分贪污罪与受贿罪，维护当事人合法权益具有重要意义。

037 如何认定贪污罪中的"公共财物"？

律师提示

贪污罪的犯罪对象是"公共财物"，其范围不局限于本单位的公共财物或本人管理、经手的"公共财物",还包括外单位的公共财物或他人管理、经手的"公共财物";不动产、土地使用权等财产性利益也属于"公共财物";国有单位中个人集资购买的财物所获收益、国有单位非法收取的财物等不属于"公共财物"。

争议焦点

何谓贪污罪中的"公共财物"？我国刑法中规定的"公共财产"与"公共财物"含义是否相同？贪污罪中的"公共财物"如何认定？这在实践认定中存在一定的争议。

《刑法》第九十一条规定,本法所称公共财产,是指下列财产:

（一）国有财产;

（二）劳动群众集体所有的财产;

（三）用于扶贫和其他公益事业的社会捐助或者专项基本的财产。

在国家机关、国有公司、企业、集体企业和人民团体管理、使用或者运输中的私人财产,以公共财产论。

第三百八十二条第一款、第二款规定,国家工作人员利用职务上的便利,侵吞、窃取、骗取或者以其他手段非法占有公共财物的,是贪污罪。

受国家机关、国有公司、企业、事业单位、人民团体委托管理、经营国有财产的人员,利用职务上的便利,侵吞、窃取、骗取或者以其他手段非法占有国有财物的,以贪污论。

1999年《最高人民法院关于村民小组组长利用职务便利非法占有公共财物行为如何定性问题的批复》明确指出:对村民小组组长利用职务上的便利,将村民小组集体财产非法占为己有,数额较大的行为,应当依照刑法第二百七十一条第一款的规定,以职务侵占罪定罪处罚。

2016年《最高人民法院、最高人民检察院关于办理贪污贿赂刑事案件适用法律若干问题的解释》第十六条第一款规定:国家工作人员出于贪污、受贿的故意,非法占有公共财物、收受他人财物之后,将赃款赃物用于单位公务支出或者社会捐赠的,不影响贪污罪、受贿罪的认定,但量刑时可以酌情考虑。

贪污罪中的"公共财物"与我国刑法第九十一条中的"公共财产"并不完全等同。贪污罪中的公共财物主要是指国有财产,以及由国家工作人员管理的非国有财产。

裁判精要

"公共财产"的范围除了国有财产、劳动群众集体所有的财产、用于扶贫和其他公益事业的社会捐助或者专项基金的财产外,在国家机关、国有公司、企业、集体企业和人民团体管理、使用或者运输中的私人财产,亦以公共财产论。新增耕地交易指标、不动产、土地使用权、物业帮助收取的电费、行政事业单位乱收费等财产性利益也属于公共财物;国有单位中个人集资购买的财物所获收益不属于公共财物、国有单位非法收取的财物等不属于公共财物。

司法观点

(一) 属于贪污罪中的"公共财物"

◎国有单位财产及国有单位管理中的非国有财产,属于"公共财物"

1. "公共财产"的范围除了国有财产、劳动群众集体所有的财产、用于扶贫和其他公益事业的社会捐助或者专项基金的财产外,在国家机关、国有公司、企业、集体企业和人民团体管理、使用或者运输中的私人财产,亦以公共财产论,见【(2020)桂05刑终87号】满某凤贪污案二审刑事裁定书。

在该裁定书中,广西壮族自治区北海市中级人民法院认为:

关于涉案的33块宅基地使用权是否属于公共财产的问题。经查,经协总公司工商登记资料、关于新世纪高科技产业城开发用地的请示报告、土地开发合作开发合同、北海市人民政府国有资产监督管理委员会的复函、证人刘某3的证言、上诉人满某凤的供述等证据一致证实,经协总公司是全民所有制企业,其与新世纪公司于1993年签订名为合作开发合同实为购地合同,合同签订后经协总公司向新世纪公司支付了部分购地款240万元,虽因还有部分款项未付清而未能办理过户手续,但合同已生效,且新世纪公司授权并一直认可经协总公司对涉案的33块宅基地进行全面管理、控制和投资使用。依照《刑法》第九十一条的规定,"公共财产"的范围除了国有财产、劳动群众集体所有的财产、用于扶贫和其他公益事业的社会捐助或者专项基金的财产外,在国家机关、国有公司、企业、集体企业和人民团体管理、使用或者运输中的私人财产,亦以公共财产论。涉案的33块宅基地使用权不仅包含了经协总公司先期投入的国企资金240万元,还直接处于经协总公司的管理、控制之下,完全符合上述法律对"公共财产"

的界定。故上诉人满某凤及其辩护人提出该33块宅基地使用权属新世纪公司所有，并非公共财物，不能认定为贪污罪的犯罪对象的意见，本院不予采纳。

◎处于国家工作人员管理下的私人财产，以"公共财产"论

2. 集资合作建房款的所有权属于参与集资合作建房和买房的公民个人，不属于国有财产，也不属于劳动群众集体所有的财产，也不属于用于扶贫和其他公益事业的社会捐助或者专项基金的财产，但处于国家工作人员管理下的私人财产，以"公共财产"论，见【（2018）新0107刑初5号】赵某某挪用公款案一审刑事判决书。

在该判决书中，新疆维吾尔自治区乌鲁木齐市达坂城区人民法院认为：

本案定案的关键在于被告人赵某某挪用款项的性质，即被挪用的210000元是否属于公款。我国并无关于公款的法律定义，但公款属于公共财产的范畴。《刑法》第九十一条规定，本法所称公共财产，是指下列财产：（一）国有财产；（二）劳动群众集体所有的财产；（三）用于扶贫和其他公益事业的社会捐助或者专项基金的财产。在国家机关、国有公司、企业、集体企业和人民团体管理、使用或者运输中的私人财产，以公共财产论。本案中赵某某所管理的集资合作建房款的所有权属于参与集资合作建房和买房的公民个人，不属于国有财产，也不属于劳动群众集体所有的财产，也不属于用于扶贫和其他公益事业的社会捐助或者专项基金的财产。故被告人是否构成挪用公款罪关键在于集资合作建房款是否受人防办管理。

本案中集资建房工程由人防办单位提出，为推进该项工程，在人防办的组织下成立了建房工作小组，并由人防办党组决定刻建房工作小组印章，并以人防办的名义与开发商南湖房产公司签订合作协议。在推进集资建房工作中，人防办亦多次召开行政办公会、党组会听取建房工作小组工作汇报，研究并解决集资建房具体问题。综上，人防办全面领导集资建房工作，集资建房工作小组是在人防办组织下成立，受人防办领导，而所有集资款的收取、支出全部集资建房工作小组在统一管理，故赵某某所挪用的款项，名义上是存在自己账户中的私款，实则该款项其个人并无支配权，该款属于受人防办管理的财产，故按照法律规定，该款项应以公款论。

3. 贪污罪侵犯的是公共财物而不是仅限于国有财产，部分人工林的权属不明但处于国有林地范围内，应视为公共财产，见【（2017）吉2426刑初169号】李某全、陆某相受贿案一审刑事判决书。

在该判决书中，吉林省延边朝鲜族自治州安图县人民法院认为：

关于被告人李某全提出的天然林的价值应从犯罪数额中扣除的辩解，及其辩护人提出的林木权属待定的林木不属于公共财物，不能成为贪污的对象，本案事实不清、证据不足，贪污罪疑罪从无的辩解及辩护意见。经查，对于涉案林地的国有性质，李某全在供述中予以承认，"插花地"政策恰恰是对国有林地中存在的集体和个人林木所有权问题而制定，结合董某到现场 GPS 测量数据、延边州森林调查规划院的鉴定测量数据等证据，可以认定涉案林地及天然林归国家所有。对于涉案人工林的国有问题，本院认为贪污罪侵犯的是公共财物而不是仅限于国有财产，本案中部分人工林的权属不明，但其处于国有林地范围内，根据我国刑法第九十一条规定，应视为公共财产。即李某全、陆某相骗取这些人工林亦构成贪污罪。被告人的辩解及辩护人的该项辩护意见不能成立，不予采纳。

4. 集体所有制企业的财产属于"公共财物"见【（2018）藏刑终 2 号】班某、李某启与李某贪污案二审刑事裁定书。

在该裁定书中，西藏自治区高级人民法院认为：

本院认为，东嘎水泥厂系集体所有制企业，其财产属于公共财产。上诉人班某某作为国家机关委派到东嘎水泥厂管理企业，从事公务的国家工作人员，在担任东嘎水泥厂董事长兼厂长期间，伙同企业监事会主席上诉人李某 2、财务负责人原审被告人李某 1，分别利用经营、管理企业和履行企业监督、财务工作职能的职务便利，通过截留企业水泥销售资金存入个人名义开设的银行账户，并从中超额领取企业高级管理人员年薪的形式侵吞企业资产 200.8523 万元，三人的行为已构成贪污罪。

◎土地使用权、耕地交易指标对价款等财产性利益，属于"公共财物"

5. 贪污罪的犯罪对象是公共财物，其范围不局限于本单位的公共财物或本人管理、经手的公共财物，还包括外单位的公共财物或他人管理、经手的公共财物，新增耕地交易指标的交易对价款属于"公共财物"，见【（2019）皖 02 刑终 111 号】尤某奎、王某春贪污、受贿、滥用职权案二审刑事裁定书。

在该裁定书中，安徽省芜湖市中级人民法院认为：

关于上诉人、辩护人关于土地指标交易系公司财产，并非贪污罪的对象"公共财物"的意见。经查，贪污罪的犯罪对象是公共财物，其范围不局限于本单位的公共财物或本人管理、经手的公共财物，还包括外单位的公共财物或他人管理、经手的公共财物。本案贪污罪的犯罪对象，即新增耕地交易指标的交易对价款，虽土地整理项目按资金来源可分为国家投资项目、外资投资项目、中外合资项目、合作项目、自筹资金项目和联合投资项目等多种形式，但无论是哪种融资方式，不改变新增耕地的验收标准，国家对新增耕地的验收标准均有明确的规定，作为在国土资源厅土地开发复垦整理处（耕地保护处）副处长的尤某奎应当对耕地保护处的职责是清楚的，其对项目的立项、验收、实地踏勘、指标交易等都有职务上的便利，属于其管理、经手的范围；在案证人证言、尤某奎等人供述等证据证实，尤某奎在明知案涉的土地现状开发成本高，且大圹圩四分场已有群众自发复垦，施工均不符合经济可行性原则的情况下，为获私利仍进行立项审批，又在明知王某伟施工的土地开发项目施工未到位，明显不符合验收标准的前提下，隐瞒土地开发现状，虚假验收，并利用耕地占补平衡及项目投资政策等，伙同他人以合作开发形式切割指标交易对价，实质侵害了国家对该土地开发项目的知情权、是否引入民营资本的选择权及国有土地收益权，非法骗取了本应由国家受益的土地指标交易对价款。虽然王某伟成立了润土公司，并与皖垦公司签订了土地开发复垦项目的协议、委托代建土地开发复垦项目合同等，后基于以上协议分配耕地指标收益，但以上协议只是尤某奎利用职务上的便利，与王某春、王某伟三人勾结在一起、共同谋取非法利益的手段，并不能掩盖其弄虚作假验收项目，非法骗取国家财产的本质。

6. 土地使用权具有财产性利益，属于《刑法》第三百八十二条第一款规定中的"公共财物"，可以成为贪污的对象，见【最高人民法院指导案例11号】杨某虎等贪污案。

在该案中，浙江省高级人民法院认为：

关于被告人杨某虎等人及其辩护人提出被告人王某芳应当获得土地安置补偿，涉案土地属于集体土地，不能构成贪污罪的辩护意见。经查，王某芳购房时系居民户口，按照法律规定和义乌市拆迁安置有关规定，不属于拆迁安置对象，不具备获得土地确权的资格，其在共和村所购房屋既不能获得土地确权，又不能得到拆迁安置补偿。杨某虎等人明知王某芳不符合拆迁安置条件，却利用杨某虎的职务便利，通过将王某芳所购房屋谎报为其祖传旧房、虚构王某芳与王某祥分家事实，骗得旧房拆迁安置资格，骗取国有土地确权。同时，由于杨某虎利用职务便利，杨某虎、王某芳等人弄虚作假，既使王某芳所购旧房的房主赵某某按无房户得到了土地安置补偿，又使本来不应获得土地安置补偿的王某芳获得了土地安置补偿。《土地管理法》第二条、第九条规定，我国土地实行社会主义公有制，即全民所有制和劳动群众集体所有制，并可以依法确定给单位或者个人使用。对土地进行占有、使用、开发、经营、交易和流转，能够带来相应经济收益。因此，土地使用权自然具有财产性利益，无论国有土地，还是集体土地，都属于《刑法》第三百八十二条第一款规定中的"公共财物"，可以成为贪污的对象。王某芳名下安置的地块已在2002年8月被征为国有并转为建设用地，义乌市政府文件抄告单也明确该处的拆迁安置土地使用权登记核发国有土地使用权证。因此，杨某虎等人及其辩护人所提该项辩护意见，不能成立。

7. 物业服务中心员工帮助收取的电费属于公共财物，私自截留不上交的行为构成贪污罪，见【（2021）川01刑终35号】郭某贪污案二审刑事判决书。

在该判决书中，四川省成都市中级人民法院认为：

第一，关于上诉人郭某及辩护人所提郭某截留的款项不属于公共财产的意见。本院经审查认为，根据在案证据证实德冠物业公司系国有全资子公司，其所属的成犀家园小区的公共区域用电和小区内商户用电所产生的电费由德冠物业公司向电力公司统一缴纳，同时成犀家园物业服务中心负责收取各商户的电费后缴至德冠物业公司。成犀家园物业服务中心向各商户收取电费行为系德冠公司经营范围的业务行为，故德冠公司实际向商户收取的电费是否高于其向电力公司缴纳的电费并不影响该电费属于公共财物的性质认定。而郭某利用担任物业中心经理的职务便利收取的电费应当属于公共财物，其私自截留不上交德冠公司的行为构成贪污罪。

◎ 行政事业单位违法收取的费用在未被查处前，属于"公共财产"

8. 对于行政事业单位违反行政法规滥用职权乱收费，在行政主管部门未对该乱收费行为进行查处前，这笔费用应当属于事业单位管理的公共财产，见【（2019）粤05刑终219号】林某、陈某贪污案二审刑事裁定书。

在该裁定书中，广东省汕头市中级人民法院认为：

关于学生纪念册制作费、热开水费、购买床上用品所涉款项不属于公共财物，不是贪污罪的犯罪对象的问题。首先，毕业纪念册与毕业相费用是澄海某校以学校名义违法收取的费用，对于行政事业单位违反行政法规滥用职权乱收费，在行政主管部门未对该乱收费行为进行查处前，这笔费用应当属于澄海某校管理的公共财产，上诉人林某与原审被告人陈某等人截留并侵吞该款的行为，侵犯了公共财物所有权。其次，黄某、林某1的证言与陈某1的供述相互印证床上用品费为学校统一收取后由徐某统一购买，其多出的部分同理亦应视为澄海某校管理的公共财产。最后，甲方澄海某校与乙方汕头市某管理有限公司签订的《食堂承包合同书》的确约定甲方按时向乙方结付热开水费的义务，但是乙方法定代表人陈某3、乙方派驻甲方食堂负责人陈某2的证言，同案人张某、陈某1的供述等均证明热、开水费系统改造后，该部分费用已经收归学校，乙方也以其行为默认同意，双方实际上就上述合同条款做出了变更。即使该款项合法所有者为乙方即食堂承包商，根据《刑法》第九十一条第二款的规定，在国家机关、国有公司、企业、集体企业和人民团体管理、使用或者运输中的私人财产，以公共财产论，本案中该款项经伪造收据等行为套取后实际为澄海某校占有，亦应认定为公款。因此，上诉人林某等将上述管理或经手的公共财物、违法收取的不合理费用加以隐匿、扣留，应上交的不上交，应支付的不支付，应入账的不入账，属于侵吞公款的贪污行为。

9. 事业单位的演出报酬，虽然根据协议可能会分配给参演师生个人，但在事业单位作出分配之前，演出报酬应当认定为公共财物，见【（2019）川11刑终89号】赵某红贪污案二审刑事裁定书。

在该裁定书中，四川省乐山市中级人民法院认为：

关于赵某某辩称本案涉案款项53.44万元不属于公共财物的意见。经查，乐山师范学院系国有事业单位，其单位性质决定了其收入属于国有财产。《学生实习基地协议》是乐山师范学院与大木偶剧院签订的协议，乐山师范学院根据协议约定组织音乐学院师生参与《圣象峨眉》舞蹈演出所获得的报酬，系乐山师范学院的收入；根据乐山师范学院"统一领导，集中管理"的财务管理制度，该收入应纳入乐山师范学院的统一管理和支配。虽然根据协议演出报酬可能会分配到参演师生个人，但在乐山师范学院作出分配之前，演出报酬也应当认定为公共财物。因此，不管《圣象峨眉》演出的性质是实习活动还是商业演出、参演师生是利用业余时间完成的演出还是教学时间完成的演出，均不影响演出收入的性质，即本案款项53.44万元的性质属于公共财物。故上诉人的该辩解意见，不予采纳。

（二）不属于贪污罪中的"公共财物"

◎国有单位中个人集资购买的财物所获收益，不属于"公共财物"

1. 国有单位中个人集资购买的财物所获收益不属于公共财物，见【（2020）鲁09刑终6号】邵某贪污、挪用公款、受贿案二审刑事判决书。

在该判决书中，山东省泰安市中级人民法院认为：

上诉人及辩护人提出，原审判决认定"顶管机收益款项性质为公共财产"错误，顶管机系上诉人等人集体决定集资购买，物权依法属于集资人，不属于华龙水业公司的公共财物；顶管机运营与华龙公司是两个独立的经济主体，独立存在、独立核算，经济往来依法入账，顶管机收益对外支出合伙人均知情，并非上诉人一人决定；工程分公司支付顶管机工程款是使用顶管机支付的合理对价，集资人并没有通过顶管机套取公司公款，只是收取合理的工程款，不属于公共财物。

上诉人及辩护人所提"涉及顶管机收益款项1504116元不能认定为公款，侵占该款项不构成贪污罪"的上诉理由和辩护意见。经审理认为，顶管机系邵某等个人集资购买，独立运营，现有证据不能证实以明显高于市场价格套取公司款项，工程款不能认定属于公共财物，邵某占有其中1504116元不属于侵占公共财物，不应计入贪污罪犯罪数额。原审法院对此认定不当，本院依法予以纠正。上诉人及辩护人诉辩意见成立，本院予以采纳。

2. 科研所系股份所有制企业，园林局是国家全额拨款的事业单位法人，不得成为股份制公司的股东或发起人，因此科研所的财产不应认定为公共财产，见【（2019）湘02刑终28号】张某佳贪污、受贿案二审刑事判决书。

在该判决书中，湖南省株洲市中级人民法院认为：

关于认定上诉人伙同刘某华贪污50万元的问题，该50万元不属于公共财物性质。关于上诉人2010年上半年、下半年在福尔莱酒店两次收受蔡某送来的科研所遗留资金共10万元，2010年下半年，上诉人去日本之前收到蔡某从科研所拿的遗留资金20万元，亦不宜认定其贪污。本院认为，张某佳、刘某华把科研所当成园林局的二级机构或者是自己的企业是没有法律依据的。科研所成立之初就注明是股份所有制企业，是由股东产生。科研所的运作，应该按照《公司法》的规定来运作。凡是国家全额拨款的事业单位法人不得成为公司的股东或发起人。株洲市园林局就属于财政全额拨款的事业单位法人，不能成为公司的股东或发起人。科研所的注册资金不实，但仍然有股东。园林局将有关业务指定给科研所办理，又将科研所的资金占有，是一种不合法的行为。不能把科研所的资金等同于园林局的资金，因为园林局是由财政拨款全额保证的。园林局的国有公共财物，应该是由财政拨款及根据法律规定所产生的收入，通过非法途径产生的收入不能成为公共财物。对上诉人及其辩护人的辩护意见予以采纳。

◎基层组织人员私自收取的社会抚养费，不属于"公共财物"

3. 身为协助人民政府从事计划生育工作的基层组织人员，并无征收社会抚养费的职权，在有权机关并未作出征收决定的情形下，该部分钱款不属于公共财物，见【（2015）永法刑初字第00479号】孔某某贪污案一审刑事判决书。

在该判决中，重庆市永川区人民法院认为：

被告人孔某某身为协助人民政府从事计划生育工作的基层组织人员，利用职务便利，收取他人现金共计73000元，数额较大，为他人谋取利益，其行为已构成受贿罪，应负刑事责任。关于辩护人提出的涉案钱款不属于公共财物的辩护意见，经查，被告人孔某某身为协助人民政府从事计划生育工作的基层组织人员，并无征收社会抚养费的职权，在有权机关并未作出征收决定的情形下，该部分钱款不属于公共财物，故对该辩护意见予以采纳。公诉机关贪污罪的指控，因涉案钱款不属于公共财物而不能成立，本院不予支持。

律师建议

在认定贪污罪中的"公共财物"时，主要不在于财物的外在形态，而在于该财物是否由国家工作人员管理。如果该财物是由国家工作人员依职权管理，则该财物即使是私人财物，也依"公共财物"论；如果该财物不是由国家工作人员依职权管理，则该财物即使是"公共财物"，也不构成贪污罪。

038 集体财产在何种情况下属于贪污罪的犯罪对象？

律师提示

贪污罪的犯罪对象主要是国有财产，而非集体财产。集体财产被认定为贪污罪的犯罪对象，主要存在于以下两种情形：一是在国有单位管理、使用或者运输中的集体财产；二是主要由国有单位直接投资的集体所有制企业中的财产，且涉嫌贪污犯罪的人员系国有单位直接委派到集体所有制企业任职的人员。

争议焦点

国有财产属于贪污罪的犯罪对象，这一点毋庸置疑。那么集体财产是否属于贪污罪的犯罪对象，在何种情况下属于贪污罪的犯罪对象？这一点在实践中争议颇大。

《刑法》第九十一条规定：本法所称公共财产，是指下列财产：

（一）国有财产；

（二）劳动群众集体所有的财产；

（三）用于扶贫和其他公益事业的社会捐助或者专项基金的财产。

在国家机关、国有公司、企业、集体企业和人民团体管理、使用或者运输中的私人财产，以公共财产论。

第三百八十二条将公共财物、国有财产列为贪污罪的犯罪对象。该条规定：国家工作人员利用职务上的便利，侵吞、窃取、骗取或者以其他手段非法占有公共财物的，是贪污罪。

受国家机关、国有公司、企业、事业单位、人民团体委托管理、经营国有财产的人员，利用职务上的便利，侵吞、窃取、骗取或者以其他手段非法占有国有财物的，以贪污论。

与前两款所列人员勾结，伙同贪污的，以共犯论处。

第二百七十一条将公司、企业或其他单位的本单位财物列为职务侵占罪的犯罪对象。该条规定：公司、企业或者其他单位的工作人员，利用职务上的便利，将本单位财物非法占为己有，数额较大的，处三年以下有期徒刑或者拘役，并处罚金；数额巨大的，处三年以上十年以下有期徒刑，并处罚金；数额特别巨大的，处十年以上有期徒刑或者无期徒刑，并处罚金。

国有公司、企业或者其他国有单位中从事公务的人员和国有公司、企业或者其他国有单位委派到非国有公司、企业以及其他单位从事公务的人员有前款行为的，依照本法第三百八十二条、第三百八十三条的规定定罪处罚。

2016年修订的《城镇集体所有制企业条例》第二条规定：本条例适用于城镇的各种行业、各种组织形式的集体所有制企业，但乡村农民集体举办的企业除外。

第四条规定：城镇集体所有制企业（以下简称集体企业）是财产属于劳动群众集体所有、实行共同劳动、在分配方式上以按劳分配为主体的社会主义经济组织。

前款所称劳动群众集体所有，应当符合下列中任一项的规定：

（一）本集体企业的劳动群众集体所有；

（二）集体企业的联合经济组织范围内的劳动群众集体所有；

（三）投资主体为两个或者两个以上的集体企业，其中前（一）、（二）项劳动群众集体所有的财产应当占主导地位。本项所称主导地位，是指劳动群众集体所有的财产占企业全部财产的比例，一般情况下应不低于51%，特殊情况经过原审批部门批准，可以适当降低。

第三十二条规定：厂长（经理）由企业职工代表大会选举或者招聘产生。选举和招聘的具体办法，由省、自治区、直辖市人民政府规定。

由集体企业联合经济组织投资开办的集体企业，其厂长（经理）可以由该联合经济组织任免。

投资主体多元化的集体企业，其中国家投资达到一定比例的，其厂长（经理）可以由上级管理机构按照国家有关规定任免。

在认定集体财产是否属于贪污罪的犯罪对象时，应结合我国集体所有制企业的产权归属、国有单位委派国家工作人员到集体所有制企业任职的历史背景、农村集体经济组织与城镇集体所有制企业的区别等进行综合认定。

裁判精要

国家工作人员直接委派至集体所有制企业从事经营、管理工作的，应认定为国家工作人员，从而可以构成贪污罪；身为村基层组织人员，利用协助人民政府从事土地征收、发放土地补偿款等公务行为的职务便利骗取国家补偿款的，符合贪污罪的主体要件；受国有单位聘任而非委派的人员、未经国有单位任命的集体所有制企业人员、村委会领导及成员、村集体企业财产管理人员等非法侵占集体财产的，构成职务侵占罪。

司法观点

（一）构成贪污罪

◎**受国家机关委派至集体所有制企业从事国资管理的人员，可以构成贪污罪**

1. 受国家机关委派至县属集体所有制企业从事经营、管理工作，且一直保留公务员身份的，应依法认定为国家机关委派到非国有单位从事公务的人员，构成贪污罪，见【（2018）藏刑终2号】班某、李某启与李某贪污案二审刑事裁定书。

在该裁定书中，西藏自治区高级人民法院认为：

东嘎水泥厂系集体所有制企业，其财产属于公共财产。上诉人班某作为国家机关委派到东嘎水泥厂管理企业，从事公务的国家工作人员，在担任东嘎水泥厂董事长兼厂长期间，伙同企业监事会主席上诉人李某启、财务负责人原审被告人李某，分别利用经营、管理企业和履行企业监督、财务工作职能的职务便利，通过截留企业水泥销售资金存入个人名义开设的银行账户，并从中超额领取企业高级管理人员年薪的形式侵吞企业资产200.8523万元，三人的行为已构成贪污罪。三人共同故意贪污公共财物，系共同犯罪。其中，班某、李某启应对所参与的全部200.8523万元范围内承担责任，李某应对其所参与的40.3631万元范围内承担责任，均属数额巨大。班某作为企业主要负责人，在决定、实施共同犯罪过程中所起作用较大，系主犯；李某启、李某所起作用较小，系从犯。三人归案后如实供述罪行，系坦白。原判综合三人的犯罪金额、情节以及坦白、退赃等情形，对班某、李某启予以从轻处罚，对李某予以减轻处罚，定罪准确，量刑适当，应予维持。

关于二上诉人提出的东嘎水泥厂企业性质名为集体企业实为股份合作制企业的问题。根据现有证据，东嘎水泥厂原系集体企业，1999年至2000年间实施改制。根据西藏堆龙东嘎水泥厂企业章程，改制后的企业股份主要由企业集体股和职工个人股组成，企业集体股占多数，章程明确规定企业集体股产权归本企业全体职工集体所有，工商营业执照及税务登记证登记类型为集体所有制。因此改制后的东嘎水泥厂在企业所有制类型上，仍属于集体所有制企业，其财产属于劳动群众集体所有。依据《刑法》第九十一条第一款规定，劳动群众集体所有的财产，属于公共财产。故东嘎水泥厂系集体所有制企业，其财产属于公共财产，该上诉理由不予采纳。

关于二上诉人提出的班某并非受国家机关委派从事公务，不具有贪污罪主体身份的上诉理由。根据查明的事实及证据，班某经原中共堆龙德庆县委、县政府委派至县属集体企业东嘎水泥厂从事经营、管理工作，应依法认定为国家机关委派到非国有单位从事公务的人员。后在企业改制后企业董事会选举担任董事长并兼任厂长，其一直保留公务员身份，并于2015年办理退休。依照《刑法》第九十三条第二款规定，国有公司、企业、事业单位、人民团体中从事公务的人员和国家机关、国有公司、企业、事业单位委派到非国有公司、企业、事业单位、社会团体从事公务的人员，以及其他依照法律从事公务的人员，以国家工作人员论。所谓委派，即委任、派遣，其形式多种多样，如任命、指派、提名、推荐等，不论被委派的人身份如何，只要是接受国家机关、国有公司、企业、事业单位委派，代表国家机关、国有公司、企业、事业单位在非国有公司、企业、事业单位、社会团体中从事组织、领导、监督、管理等工作，都可以认定为国家机关、国家公司、企业、事业单位委派到非国有公司、企业、事业单位、社会团体从事公务的人员。故班某的身份应认定为国家工作人员，该上诉理由不予采纳。

◎**基层组织人员协助政府从事公务时侵吞集体所有财产的，构成贪污罪**

2. 被告人身为村基层组织人员，利用协助人民政府从事土地征收，核实被征土地面积，审批申报、发放土地补偿款等公务行为的职务便利，虚报土地面积骗取征地补偿款的，符合贪污罪的构成要件，见【（2014）狮刑初字第1380号】邱某贪污、滥用职权、玩忽职守案一审刑事判决书。

在该判决书中，福建省石狮市人民法院认为：

对于辩护人提出被告人邱某不属于国家工作人员，没有公共管理职权，对邱某贪污部分的指控不能成立，其行为构成职务侵占、犯罪数额应认定为180000元的辩护意见。经查，被告人邱某身为村基层组织人员，利用协助人民政府从事土地征收，核实被征土地面积，审批申报、发放土地补偿款等公务行为的职务便利，虚报土地面积，并将不符合征地补偿范围的石窟地上报，骗取征地补偿款825000元，符合贪污罪的构成要件。公共财产既包括国有财产，也包括劳动群众集体所有的财产，从事公务行为过程中不论侵吞的款项是属于国有财产或是村集体所有财产均不影响贪污罪的认定。辩护人关于本案应定性为职务侵占罪的意见不能成立，不予采纳。

（二）不构成贪污罪

◎**非国家工作人员利用职务上的便利占有集体财产的，不构成贪污罪**

1. 被告人系集体所有制企业经营部经理，不属于国家工作人员，其利用职务上的便利截留、占用公司财物构成职务侵占罪，不构成贪污罪，见【（2014）榕刑再终字第3号】邓某基贪污案再审刑事判决书。

在该判决书中，福建省福州市中级人民法院认为：

福州市供销社为集体所有制性质，物资回收公司由其全额出资成立并主管，亦为集体所有制性质。经营部为物资回收公司下属部门，属集体所有制企业分支机构。原审被告人邓某基作为经营部经理，利用职务上的便利，截留、占用公司财物，金额达196299.17元，其行为已构成职务侵占罪。原审认定经营部的经济性质为全民所有制企业分支机构，进而认定邓某基犯贪污罪以及认定邓某基截留、占用的挂靠费手续费数额有误，再审予以纠正。原审被告人邓某基关于物资回收利用公司及其经营部系集体所有制性质，其不具备贪污罪主体身份的辩解成立，本院予以支持；其关于以经营部名义给公司人员发放过节费30700元，应予扣除的辩解，亦有事实依据，本院予以支持。

◎村集体企业管理人员侵占集体财产的，构成职务侵占罪

2. 村集体企业财产的管理人员利用职务之便非法占有村集体财产的，应以职务侵占罪而非贪污罪定罪量刑，见【（2020）冀11刑再1号】谷某烈职务侵占案再审刑事裁定书。

在该裁定书中，河北省衡水市中级人民法院认为：

上诉人谷某烈利用其为消防器材厂厂长的职务便利私自占有集体财产为其个人购买养老保险，具有非法占有的主观故意，其行为已构成职务侵占罪。根据1988年发布的《全国人民代表大会常务委员会关于惩治贪污罪贿赂罪的补充规定》，冀州市检察院对其以贪污罪侦查是正确的。1997年修订并施行的《刑法》将贪污罪的主体确定为国家工作人员，将非国家工作人员的公司、企业或者其他单位人员，侵占本单位财物的，规定为职务侵占罪。谷某烈作为村集体企业财产的管理人员非法占有村集体财产，应以职务侵占罪予以定罪量刑。其上诉所称本案涉案金额未达立案标准不构成刑事案件的意见，经查，根据《河北省高级人民法院关于转发最高人民法院法发【1995】23号文件的通知》的规定，确定侵占公司、企业财物"数额较大"的起点为一万元。上诉人谷某烈的犯罪数额已经达到当年河北省规定的职务侵占罪数额较大的立案标准，其该上诉理由不成立。其上诉所称本案认定事实不清，适用法律错误的意见，经查，与本案查明的事实不符，该上诉理由不成立，不予支持。

◎国家机关聘任而非委派的集体所有制企业负责人，不属于"国家工作人员"

3. 由国家机关聘任担任集体所有制企业负责人，并不属于国家工作人员，其利用职务之便将本集体所有制单位财物占为己有的，构成职务侵占罪而非贪污罪，见【（2015）鄂襄阳中刑终字第00029号】黄某云贪污案二审刑事裁定书。

在该裁定书中，湖北省襄阳市中级人民法院认为：

本院查明：1987年5月19日，原襄樊市樊西人民政府以樊西政办发（1987）13号文件通知成立襄樊市樊西工业供销物资站，隶属原襄樊市樊西经济委员会（以下简称樊西经委）。1988年8月，上诉人黄某甲被樊西经委聘为襄樊市樊西工业供销物资站经销部（以下简称樊西物资站经销部）副经理。1989年8月18日，经樊西经委申请，樊西物资站经销部在襄樊市工商行政管理局办理了营业执照，负责人为黄某甲，经济性质为集体所有制。1990年11月1日，樊西经委以樊西经字（1990）18号文件通知樊西物资站经销部更名为"襄樊市樊西工业物资调剂站"，并在工商行政管理机关办理了变更登记。1991年12月5日，中共樊西经委党委以樊西经党字（1991）22号文件任命黄某甲为樊西物资调剂站经理，确定该单位为集体性质，独立核算，自负盈亏。经樊西经委申请，并经原襄樊市樊西工商行政管理局审批，1991年12月16日，樊西物资调剂站变更为集体所有制企业法人，法定代表人黄某甲。1990年至1995年，樊西物资调剂站每年向樊西经委上交管理费。1996年，区划合并后，樊西物资调剂站处于脱管状态。2009年4月20日，樊西物资调剂站营业执照被工商行政管理机关吊销。樊西物资调剂站的资金来源由职工集资、银行贷款及企业经营收益等组成。

2002年12月2日，黄某甲将樊西物资调剂站位于樊城区某小区54号楼一单元六层12套公有住房并为6套，分别办理房屋产权人为黄某甲和其妻子刘某某、女儿黄某乙等六人名下。经湖北大维至信评估资产有限公司评估，上述12套房屋在评估基准日2002年12月2日（房改房屋所有权登记申报审批日期），价值人民币562840元。黄某甲及刘某某所购房改房屋价值188440元。

本院认为，上诉人黄某甲身为企业工作人员，利用职务上的便利，将本单位的财物占为己有，数额巨大，其行为已构成职务侵占罪。樊西经委文件、工商登记、证人证言等相关证据均能够证实樊西物资调剂站系由政府下文成立，隶属樊西经委，黄某甲本人也是由樊西经委聘任，同时结合该企业的工商注册、分配形式、经营管理等因素，可以认定是隶属樊西经委的集体企业。原判认定事实清楚，证据确实、充分，适用法律正确，量刑适当。审判程序合法。

4. 行为人利用担任村委会主任的职务便利，在协助人民政府从事行政管理工作中侵吞公共财物的，定贪污罪；在村务管理过程中侵占集体财产的，定职务侵占罪，见【（2019）晋08刑终584号】解某国贪污、职务侵占案二审刑事裁定书。

在该裁定书中，山西省运城市中级人民法院认为：

上诉人（原审被告人）解某国利用担任夏县裴介镇双庙村党支部书记兼村委会主任的职务便利，在协助人民政府从事行政管理工作中侵吞公共财物1334396元，非法占为己有，数额巨大的行为已构成贪污罪；上诉人（原审被告人）解某国利用担任夏县裴介镇双庙村党支部书记兼村长的职务便利，将双庙村集体财物1417755.43元非法占为己有，数额巨大的行为构成职务侵占罪；利用解某国的职务便利共同侵占双庙村集体财物80000元数额较大的行为均已构成职务侵占罪，且系共同犯罪。原判认定事实清楚，证据确实充分、定罪准确，量刑适当，审判程序合法。

律师建议

贪污罪的犯罪对象主要是国有财产，而非集体财产。我国之所以规定特定情况下集体财产也成为贪污罪的犯罪对象，主要源于我国改革开放早期国家所有制企业与集体所有制企业产权不清。一些集体所有制企业名义上属于集体性质，但实际上主要是由国有单位投资的，因此实质上具有国有财产的性质；这些集体所有制企业的领导，很多是由国有单位委派国家工作人员担任的，因此具有很强的国有色彩。了解到我国集体所有制企业的特色和认定集体财产为贪污罪犯罪对象的时代背景，有利于我们更好地理解这一历史遗留问题。

在当前情况下，集体财产被认定为贪污罪的犯罪对象，主要存在于以下两种情形：一是在国有单位管理、使用或者运输中的集体财产；二是主要由国有单位直接投资的集体所有制企业中的财产，且涉嫌贪污犯罪的人员系国有单位直接委派到集体所有制企业任职的人员。那种不做任何区分，简单将集体财产认定贪污罪的犯罪对象的做法，是对贪污罪的机械化、片面性理解。

039 如何认定贪污罪中的"非法占有目的"？

律师提示

国家工作人员利用职务之便，采用侵吞、窃取、骗取或者其他手段将公共财物具有己有，应认定具有非法占有的目的；使用公款后采用销毁财务账目等手段恶意隐瞒公共财物去向的，推定具有非法占有的目的；贪污罪中的非法占有目的需结合公款的具体去向及行为人的处置意思来加以综合认定，实践中应注意区分形式上的"侵占"行为与贪污罪中以非法占有为目的的侵吞行为，以免客观归罪。

争议焦点

如何认定贪污罪中的非法占有目的，在实践中存在一定争议。

《刑法》第三百八十二条第一款、第二款规定，国家工作人员利用职务上的便利，侵吞、窃取、骗取或者以其他手段非法占有公共财物的，是贪污罪。

受国家机关、国有公司、企业、事业单位、人民团体委托管理、经营国有财产的人员，利用职务上的便利，侵吞、窃取、骗取或者以其他手段非法占有国有财物的，以贪污论。

2003年《全国法院审理经济犯罪案件工作座谈会纪要》第四条第八款"挪用公款转化为贪污的认定"就非法占有目的作出如下规定：

挪用公款罪与贪污罪的主要区别在于行为人主观上是否具有非法占有公款的目的。挪用公款是否转化为贪污，应当按照主客观相一致的原则，具体判断和认定行为人主观上是否具有非法占有公款的目的。在司法实践中，具有以下情形之一的，可以认定行为人具有非法占有公款的目的：

1. 根据《最高人民法院关于审理挪用公款案件具体应用法律若干问题的解释》第六条的规定，行为人"携带挪用的公款潜逃的"，对其携带挪用的公款部分，以贪污罪定罪处罚。

2. 行为人挪用公款后采取虚假发票平账、销毁有关账目等手段，使所挪用的公款已难以在单位财务账目上反映出来，且没有归还行为的，应当以贪污罪定罪处罚。

3. 行为人截取单位收入不入账，非法占有，使所占有的公款难以在单位财务账目上反映出来，且没有归还行为的，应当以贪污罪定罪处罚。

4. 有证据证明行为人有能力归还所挪用的公款而拒不归还，并隐瞒挪用的公款去向的，应当以贪污罪定罪处罚。

实践中贪污罪非法占有目的认定，需要结合公共财物的具体去向及行为人的处置意思来加以综合认定。

裁判精要

国家工作人员利用职务之便，采用侵吞、窃取、骗取或者其他手段将公共财物据为己有，应认定具有非法占有的目的；使用公款后采用销毁财务账目等手段恶意隐瞒公共财物去向的，推定具有非法占有的目的；贪污罪中的非法占有目的需结合公款的具体去向及行为人的处置意思来加以综合认定，实践中应注意区分形式上的"侵占"行为与贪污罪中以非法占有为目的的侵吞行为，以免客观归罪；挪用公款后未采取虚假平账、销毁账目等手段隐瞒公共财物去向的，一般认定为具有非法占有的目的。

司法观点

（一）具有非法占有的目的

◎使用虚构或篡改财务信息手段侵占财物的，应认定为"具有非法占有目的"

1. 国家工作人员利用职务便利，虚构财务信息将财物据为己有的，应认定为具有非法占有的目的，见【（2019）湘01刑终435号】卢某贪污案二审刑事判决书。

在该判决书中，湖南省长沙市中级人民法院认为：

关于上诉人卢某及其辩护人提出上诉人卢某主观上不具有非法占有的意图，其行为不构成贪污罪的上诉理由及辩护意见。经查，上诉人卢某利用其审核、制单的职务便利，虚构支付理由或支付事项，伪造会计凭证，再通过他人财务操作系统进行复核操作或支付操作，将一些长期滞留在账上、无人认领的资金先转入亲戚、朋友账户，再转回自己的银行账户，已实际非法据为己有，足以认定上诉人卢某主观上具有贪污的故意，其行为已构成贪污罪。故对该上诉理由及辩护意见本院不予采纳。

2. 行为人私自篡改交给单位的财务发票，致使单位无法查明资金来源的，应认定为具有非法占有之目的，见【（2019）黑06刑终24号】刘某忠贪污案二审刑事判决书。

在该判决书中，黑龙江省大庆市中级人民法院认为：

被告人及辩护人提出被告人主观上不具有非法占有的目的，并构成挪用公款罪的辩护意见。本院认为，被告人在自己没有归还能力的前提下，违背公司管理制度，私自收取公司下一年度租金填补自己非法使用的差额，并私自篡改交给单位财务的租户发票，使单位财务无法查实资金来源，使之达到非法占有的目的。

故其辩护意见不予支持。

◎**使用销毁账目手段避免私设小金库被查的，推定为"具有非法占有目的"**

3. 国家工作人员私设小金库，且在被查时私自销毁账外资金账目的，推定具有非法占有的目的，见【（2018）川09刑终19号】唐某、陈某清贪污案二审刑事裁定书。

在该裁定书中，四川省遂宁市中级人民法院认为：

唐某上诉称，原判认定事实错误，其不具有非法占有的主观故意，不构成贪污罪，请求二审撤销原判，改判无罪。经查，上诉人唐某作为蓬溪县槐花乡党委书记，采取虚列支出、截留的手段非法占有国家财产，安排原审被告人陈某清私设账户保管资金，提出在陈某清处支取账外资金账户中的20万元，使用1.4万元，剩余18.6万元存入唐某私人银行卡。且在2016年9月20日，蓬溪县纪律检查委员会对信访反映唐某的有关问题进行初查时，唐某知道县纪委在清查陈某清信用联社的账户信息后，便电话联系陈某清要求处理账外资金账目，陈某清便在自己家中将账外资金账目全部销毁，其行为符合贪污罪的构成要件。该上诉意见与审理查明的事实不符，本院不予采纳。

（二）不具有非法占有的目的

◎**应结合公款具体去向及处置意思综合认定是否具有"非法占有目的"**

1. 贪污罪中的非法占有目的需结合公款的具体去向及行为人的处置意思来加以综合认定，实践中应注意区分形式上的"侵占"行为与贪污罪中以非法占有为目的的侵吞行为，以免客观归罪，见【《刑事审判参考》第292号指导案例】胡某玮贪污案。

在该案中，对于贪污罪中非法占有目的的推定，法院认为：

贪污罪中的非法占有目的需结合公款的具体去向及行为人的处置意思来加以综合认定，实践中应注意区分形式上的"侵占"行为与贪污罪中以非法占有为目的的侵吞行为，以免客观归罪。

在本案中，被告人胡某玮在1991年至1993年间，利用担任苏州物资集团公司汽车经营公司总经理、苏州物资集团公司第三贸易公司总经理的职务便利，在公司的经营活动中，采用"虚开发票"、"收入不入账"、"串票经营"、"两价结算"、"抬高进价、故意亏损"及虚设"外汇补差"、"联合经营钢材业务利润分成"等手段，将公司的公款 1777.620263 万元予以截留，并藏匿于他公司。应当说，该行为较为完整地具备了贪污罪客观方面的一些要件，且在当前国有公司经营领域发生的贪污行为中具有一定的代表性，即利用职务便利、采取虚构事实或者隐瞒真相等手段、将公司经营利润予以截留。同时，在无相反证据、事实的情况下，根据上述行为通常足以推定行为人具有非法占有所截留、隐匿公款的主观目的：此种情形中，或者通过平账或者通过不入账，公司的账物账簿已经反映不出该笔公款，公司已经实际失去了对该公款的支配和控制。但是作为一种客观推定（事实推定），就需遵循证据推理的一般规则，一方面据以推定的证据必须是真实的、一致的，相反证据须得到合理排除；另一方面推定的结论必须是确定的、唯一的，并且是可靠的。

本案的特殊性在于：第一，作为公司的总经理，被告人胡某玮事实上具有代表公司对公司资产作出处置的实际权力，在为公还是为私问题的判断上具有不确定性。这一点不同于公司的一般财务人员或者公司财产的经手人员，后者一般无权自行处置公司的财产，因而可径行推定成立非法占有目的要件。第二，被告人胡某玮截留公款事出有因，其与上属公司苏州物资集团公司（以下简称苏物贸）在经营理念及个人关系上均存在分歧和矛盾，不能对其关于摆脱上属公司的掣肘，另起炉灶成就一番事业，个人并无非法占有所截留公款的供述予以合理排除。可见，尽管被告人胡某玮采取不入账或者平账等手段，私自截留公款并予以藏匿，但因相反证据不能得到合理排除，且推定结论不具有确定性，故单纯地就其截留公款并予以藏匿的行为不足以认定其主观上的非法占有目的。在根据相关证据尚不足以判断行为人截留公款行为时的主观目的的情形中，就须结合公款的去向及行为人对于公款的具体处置行为等进一步行为来进行认定。

被告人将所截留公款中的 1658.8 万元用于开办全民与集体联营性质的苏外贸公司，且苏外贸公司为胡某玮个人所实际控制，但据此仍不足以推定其具有将该部分公款非法占有的主观目的。

认定被告人胡某玮对用于开办苏外贸公司的 1658.8 万元公款具有非法占有的主观目的，其前提是苏外贸公司的开办系基于被告人胡某玮的个人目的。尽管本案中苏外贸公司为胡某玮个人所实际控制，但基于下述事实和推理，仍不足以证明这一点：首先，胡某玮使用截留公款私自设立的苏州外贸机电产品公司（以下简称苏外贸），其工商登记为全民、集体联营，且苏外贸不同于通常所说的名为国有，实为个人所有的公司，是实实在在地以国有公司的模式进行经营、管理的。其间，进行过国资局的年检，与市财政局签订、履行过承包经营协议，还曾经就将苏外贸作为市直属单位向市计委打过报告。根据《全民所有制工业企业法》第二条第二款规定，"企业的财产属于全民所有……"说明苏外贸公司资产的所有权未发生变化，仍为国有资产，被告人胡某玮在法律上不得对苏外贸的资产主张所有权。其次，苏州汽车经营公司财务账面上对该公款已经没有任何反映，且苏外贸为胡某玮个人所实际控制、胡某玮有条件对苏外贸的财产进行处置，但其所能说明的仅仅是，胡某玮具备了将苏外贸据为己有的客观可能性，而不能据此推定胡某玮具有将苏外贸非法占为己有的主观目的。最后，1997年3月至1998年2月被告人胡某玮虽曾脱离苏物贸及其属下公司长达1年，但其国家干部的身份并未因为离职而变更。所以，被告人胡某玮主观上是否具有非法占有该1658.8万元公款的目的，还需结合其对于苏外贸资产的进一步处置意向和行为来认定。比如，通过兼并、收购等资产重组或者变更登记等手段将苏外贸的国有资产置换或变更为其个人资产。但在本案中除以"分配利润"的名义从苏外贸划走、用于个人的50万元外，并无被告人胡某玮对于苏外贸的具体处置意向的相关证据，故根据现有的证据，尚不足以认定其主观上的非法占有目的。

◎未采取难以在财务上反映出来的非法手段，推定为不具有"非法占有目的"

2. 行为人未采取虚假平账、销毁账目等手段使所挪用的公款难以在单位账目上反映出来的，不具有非法占有的目的，见【（2019）内0624刑初58号】宝某挪用公款案一审刑事判决书。

在该判决书中，内蒙古自治区鄂托克旗人民法院认为：

被告人辩称构成罪名应为贪污罪，本院认为挪用公款罪与贪污罪主要区别在于行为人主观上是否具有占有公款的目的，经查，被告人未携带公款潜逃，也没有采取虚假发票平账、销毁账目等手段使所挪用的公款难以在单位账目上反映出来，且归还部分挪用款项，综上，被告人不具有非法占有目的，故不予支持。

◎行为人所获得的资金是对投资的合理补偿的，不认定其具有"非法占有目的"

3. 国家工作人员已将世行资金发放给企业，所得资金是对其投资的合理补贴，不具有非法占有的目的，见【（2019）豫1425刑初758号】郭某颂贪污、受贿、滥用职权案一审刑事判决书。

在该判决书中，河南省商丘市虞城县人民法院认为：

郭某颂涉案的四家养殖场在申报过程中，实际建设了养牛场，进行了投资，虞城县世行办对申报工作进行了组织引导，资金拨付通过财政部门逐级拨付，所得资金是对其投资的合理补贴，不具有非法占有的目的，指控其构成贪污罪定性不当，应予纠正。辩护人提出的郭某颂的行为不构成贪污罪的辩护意见予以采纳。关于滥用职权情节问题，因涉案企业领取的世行补贴资金是世界银行按照程序拨付的不负有还款义务的资金，不属于违法所得，故不能以拨款数额作为给国家造成的经济损失数额来认定郭某颂滥用职权的行为属于情节特别严重情形。

◎单位对个人账户知情且未失去控制权的，不认为其具有"非法占有目的"

4. 以单位会计个人名义开立的公款账户且单位知情，单位对财物并未完全失去控制的，不能简单将个人开立公款账户中的钱款认定为贪污，见【（2007）浙刑再字第4号】黄某珍贪污、挪用公款案二审刑事判决书。

在该判决书中，浙江省高级人民法院认为：

再审还查明，原判认定原审被告人黄某珍于1998年8月至2000年1月间，将浦江县公安局的公款41.5万元存入浦江县浦阳农村信用合作社以其个人名字设立的私人账户63×××00后予以侵吞一节，其中的黄某珍分别于1998年9月9日、同年12月10日从该账户中挪用10万元、7.9万元，用于其父亲黄某富开办的企业归还银行贷款，本案案发前未归还的事实清楚，有黄某富等人的证言，浦江县浦阳农村信用合作社分户账、存取款凭条等证据与黄某珍供述相一致证实，再审予以确认。其余23.6万元认定黄某珍贪污的依据不足，现有证据证实，浦江县公安局财务结算中心以黄某珍名义在银行开户的公款存折有三个，三个账户均有公款存取；对此，单位的其他财务人员均是知情的。因黄某珍时任核算中心出纳，每天都有科、所、队的人来报销、借款，由于存取款频繁，当时浦江县公安局财务制度又不健全并缺乏有效监管，黄某珍又未按照有关财务制度建账，使实际现金支付与相应发票无法一一对应，黄某珍从浦阳信用社账户中支取的其余23.6万元款项的实际去向已无法从账面记录中予以核实，难以确认相关款项的去向。故，本案要认定黄某珍侵吞了浦阳农村信用合作社账户上的公款23.6万元的依据不足，应予纠正。

律师建议

是否具有非法占有的目的，是认定国家工作人员是否构成贪污罪的关键要素,也是区别贪污罪与挪用公款罪的主要方面。在司法实务中,刑辩律师要根据案件实践情况,将非法占有目的作为一个核心辩点进行无罪或罪轻辩护,最大限度维护当事人合法权益。

040 国家工作人员帮助他人骗取公共财物构成贪污罪还是滥用职权罪?

律师提醒

国家工作人员利用职务之便,在明知补偿申请人所提交材料虚假的情况下,仍帮助特定关系人超额套取国家补偿款,或者帮特定关系人之外的人套取国家补偿款后参与分赃的,构成共同贪污;国家工作人员帮助特定关系人之外的人套取国家补偿款后并未参与分赃的,构成滥用职权罪。

争议焦点

国家工作人员在明知补偿材料虚假的情况下,利用职务之便帮助第三人套取国家补偿款,是构成贪污罪还是滥用职权罪?我国刑法与司法解释并未就该问题进行明确规定,导致实践中存在较大争议。

有人认为,国家工作人员明知补偿材料虚假而帮助第三人套取国家补偿款,具有共同贪污的故意,应认定为贪污罪;有人则认为,国家工作人员虽然明知补偿材料虚假而帮助第三人套取国家补偿款,但国家工作人员仅是滥用了职权,并没有因职权获利,而贪污罪是一种获利型犯罪,因此国家工作人员构成滥用职权罪。

2000年《最高人民法院关于审理贪污、职务侵占案件如何认定共同犯罪几个问题的解释》第一条规定:行为人与国家工作人员勾结,利用国家工作人员的职务便利,共同侵吞、窃取、骗取或者以其他手段非法占有公共财物的,以贪污罪共犯论处。

第二条规定:行为人与公司、企业或者其他单位的人员勾结,利用公司、企业或者其他单位人员的职务便利,共同将该单位财物非法占为己有,数额较大的,以职务侵占罪共犯论处。

在构成共同贪污的情况下，是按共同贪污数额还是按个人贪污数额认定，也存在一些不同意见。

2003年《全国法院审理经济犯罪案件工作座谈会纪要》第二条第四款"共同贪污犯罪中'个人贪污数额'的认定"规定：刑法第三百八十三条第一款规定的"个人贪污数额"，在共同贪污犯罪案件中应理解为个人所参与或者组织、指挥共同贪污的数额，不能只按个人实际分得的赃款数额来认定。对共同贪污犯罪中的从犯，应当按照其所参与的共同贪污的数额确定量刑幅度，并依照刑法第二十七条第二款的规定，从轻、减轻处罚或者免除处罚。

2016年《最高人民法院、最高人民检察院关于办理贪污贿赂刑事案件适用法律若干问题的解释》第十六条第一款规定："国家工作人员出于贪污、受贿的故意，非法占有公共财物、收受他人财物之后，将赃款赃物用于单位公务支出或者社会捐赠的，不影响贪污罪、受贿罪的认定，但量刑时可以酌情考虑。"

在认定国家工作人员帮助第三人套取国家补贴案件中，应注意区分国家工作人员与第三人关系、国家工作人员是否参与实际分赃等情况综合认定。

裁判精要

国家工作人员利用职务之便，在明知补偿申请人所提交材料虚假的情况下，仍帮助特定关系人超额套取国家补偿款，或者帮特定关系人之外的人套取国家补偿款后参与分赃的，构成共同贪污；国家工作人员帮助特定关系人之外的人套取国家补偿款后并未参与分赃的，构成滥用职权罪。

司法观点

（一）构成贪污罪

◎收受他人财物且帮助套取公共财物的，构成贪污罪

1. 国家工作人员与他人共同非法占有套取的国家征地补偿款的，其行为应认定为贪污，见【（2019）甘0105刑初122号】魏某斌滥用职权案一审刑事判决书。

在该判决书中，甘肃省兰州市安宁区人民法院认为：

辩护人及被告人关于对于被告人魏某斌贪污罪的指控，因本案就魏某斌事前共谋证据不足，对于魏某斌收受财物的行为应认定为单独受贿，而不应构成贪污

罪的辩护及辩解意见理由不能成立，经查，魏某斌时任西岔镇副镇长兼征拆组副组长期间，与时任兰州新区西岔镇赵家铺村村支部书记王某及村主任张某1共谋，同案犯王某、张某1均供述在征地开始前与被告人魏某斌有协商为非法占有而套取国家征地补偿款的事实，在兰州新区土地过程中，以多丈量土地的方式虚报征收土地亩数，与他人共同非法占有套取的国家征地补偿款，其行为应认定为贪污，故对被告人的辩解意见和辩护人的辩护意见本院不予采纳。

◎行为人利用职务之便帮助亲属骗取公共财物的，构成贪污罪

2. 国家工作人员利用职务之便帮助亲属骗取公共财物，应认定为具有非法占有之目的，如利用职务之便帮助亲属之外的人骗取公共财物，则不应认定为具有非法占有之目的，见【（2017）皖01刑终98号】李某滥用职权、贪污案二审刑事判决书。

在该判决书中，安徽省合肥市中级人民法院认为：

关于上诉人及辩护人认为上诉人李某贪污的数额为5万元的意见。经查，上诉人李某利用协助政府从事拆迁安置工作的职务便利，以非法占有为目的，伙同杨某1、翟某跃骗取公共财物。上诉人李某虽然没有实际占有房屋，但其帮助亲属骗取公共财产，可以认定其具有非法占有的目的。关于上诉人李某伙同俞某骗取公共财物的行为，本院认为，上诉人李某与俞某非亲属关系，其利用职务上的便利为俞某骗取房屋的行为，在主观上不具有非法占有的目的，应当认定为滥用职权罪。因此，上诉人与辩护人关于上诉人帮助俞某骗取房屋的行为不构成贪污罪的意见，本院予以采纳。综上，上诉人李某贪污罪的数额应认定为198162元。

（二）构成滥用职权罪

◎利用职务帮助他人套取公共财物但未受贿的，构成滥用职权罪

1. 国家机关工作人员利用职务之便，在明知第三人所提补偿虚假的情况下，仍帮助第三人超额套取国家补偿款的，构成滥用职权罪，见【（2020）吉05刑初3号】油某某滥用职权案一审刑事判决书。

在该判决书中，吉林省通化市中级人民法院认为：

经审理查明：被告人油某某在担任吉林市城乡建设委员会副主任、榆树沟搬迁改造项目领导小组征收协商小组组长期间，明知鹿王公司不在搬迁安置范围内，仍按照时任吉林市建委主任孙某（另案处理）的要求，虚构"龙潭区国有工矿棚户区改造项目二期"项目用于征收该公司，并违规将该项目列入2015年

房屋征收专项计划、城市棚户区改造项目计划。在明知鹿王公司提出的 1.5 亿元补偿标准高于正常补偿标准的情况下，仍按照孙某的要求，通过高价评估、虚列项目、重复计算等方式，确定了 149463929.21 元的补偿标准。2015 年 12 月 23 日，经吉林市建委批准，确定由吉林市城投公司使用龙潭棚改项目专项资金支付鹿王公司房屋征收补偿款。截至 2018 年 10 月，龙潭区征收办实际支付鹿王公司 147960000.00 元。经鉴定，鹿王公司应得补偿款 54557221.65 元，违法多获得补偿款为 93402778.35 元，导致鹿王公司违法多获得国家征收补偿款 93402778.35 元，致使公共财产遭受重大损失。

本院认为，被告人油某某身为国家机关工作人员，滥用职权，致使公共财产遭受重大损失，情节特别严重的行为已构成滥用职权罪，鉴于被告人油某某案发后能主动投案自首，当庭认罪悔罪，自愿认罪认罚，且涉案损失均已被追回，可依法从轻处罚。依照《刑法》第三百九十七条、第七十二条、第七十三条之规定，判决如下：被告人油某某犯滥用职权罪，判处有期徒刑三年，缓刑三年（缓刑考验期从判决确定之日起计算）。

◎ **明知材料虚假提供帮助但不以非法占有为目的的，不构成贪污罪**

2. 国家机关工作人员虽然明知报销材料不真实，但没有非法占有的目的，不构成贪污罪，见【(2018) 苏 0481 刑初 558 号】周某平诈骗、行贿，关某滥用职权、受贿案一审刑事判决书。

在该判决书中，江苏省溧阳市人民法院认为：

关于辩护人提出被告人周某平不构成诈骗罪，而与被告人关某构成共同贪污罪的辩护意见，本院认为，被告人关某与周某平并不具备贪污的共同故意，关某虽然知道周某平所提供的报销材料中存在虚假和不真实的情况，但被告人关某并不具有非法占有目的，也没有与被告人周某平共谋贪污公共财产，且关某所收受的 24 万元也并非贪污所得，故对该辩护意见，不予采纳。

律师建议

在国家工作人员帮助第三人套取国家补贴案件中，辩护律师应特别注意区分国家工作人员与第三人关系、国家工作人员是否参与实际分赃等情况，制定有针对性的辩护思路，为当事人提供无罪、罪轻辩护，维护当事人合法权益，而不能在公诉机关指控当事人"共同贪污"的情况下，忽视当事人不构成犯罪或构成滥用职权罪、玩忽职守罪等轻罪的可能，损害当事人的权益。

041 如何区别贪污罪与私分罚没财物罪？

律师提示

区别贪污罪与私分罚没财物罪，主要看侵占罚没财物是集体决定还是个人决定，是以单位名义还是个人名义作出，受益人是单位多数人还是少数人。构成私分罚没财物罪需经单位领导集体研究决定，并以单位的名义发放给单位员工，其行为具备公开性、集体性，受益人数众多；而贪污罪一般具有私密性、个人性，受益人数较少，其犯罪对象也不仅包括罚没财物，还包括其他公共财产。

争议焦点

私分罚没财物罪与贪污罪具有相似之处，在实践中准确区分两罪，需要进行认真分析。

《刑法》第三百八十二条规定，国家工作人员利用职务上的便利，侵吞、窃取、骗取或者以其他手段非法占有公共财物的，是贪污罪。

受国家机关、国有公司、企业、事业单位、人民团体委托管理、经营国有财产的人员，利用职务上的便利，侵吞、窃取、骗取或者以其他手段非法占有国有财物的，以贪污论。

与前两款所列人员勾结，伙同贪污的，以共犯论处。

第三百九十六条规定，国家机关、国有公司、企业、事业单位、人民团体，违反国家规定，以单位名义将国有资产集体私分给个人，数额较大的，对其直接负责的主管人员和其他直接责任人员，处三年以下有期徒刑或者拘役，并处或者单处罚金；数额巨大的，处三年以上七年以下有期徒刑，并处罚金。

司法机关、行政执法机关违反国家规定，将应当上缴国家的罚没财物，以单位名义集体私分给个人的，依照前款的规定处罚。

在区分贪污罪与私分罚没财物罪时，应结合处置财物是单位领导集体决定还是个人决定、是以单位名义还是个人名义作出、受益人数是多还是少等方面进行综合判断。

裁判精要

私分罚没财物罪必须经过单位领导集体研究决定，并将应当上缴国家的罚没财物以单位福利的形式，擅自分给单位的所有成员或者绝大多数成员，私分行为具有公开性、集体性；未经集体研究，仅将财物分配给特定的人，不符合私分罚没财物罪要求集体私分的固有属性，应以贪污罪定罪处罚。

司法观点

（一）构成贪污罪

◎未经单位领导集体研究私分罚没财物的，以贪污罪论处

1. 私分罚没财物罪必须经过单位领导集体研究决定，将应当上缴国家的罚没财物，擅自分给单位的所有成员或者绝大多数成员，未经单位领导集体研究而私分罚没财物的，以贪污罪论处，见【（2016）晋刑申132号】刘某和等贪污案驳回申诉通知书。

在该通知书中，山西省高级人民法院认为：

关于五名申诉人所提原判认定五名原审被告人犯贪污罪属于定性错误的理由，经查，原审被告人刘某和、高某志、高某江身为国家警务人员，利用执行公务之便，以不出具罚款决定和收款凭证为手段，收取卖淫嫖娼人员交纳的罚款55000元，掩盖该笔款项的属性，不上账而予以私分、侵吞的行为构成贪污罪；原审被告人赵某宁、刘某明虽为公园派出所辅警人员，在配合执行公务期间，明知同案高某志收取卖淫嫖娼人员交纳的罚款，属于应当上缴国家的罚没财物，仍伙同高某志等人予以私分、侵吞，其行为符合贪污罪的构成要件。故原判定罪准确，该项申诉理由于法无据，不予支持。

关于五名申诉人所提原判适用法律错误，五名原审被告人的行为应定私分罚没财物罪的理由，经查，私分罚没财物罪必须经过单位领导集体研究决定，将应当上缴国家的罚没财物，擅自分给单位的所有成员或者绝大多数成员。本案中五名原审被告人以卖淫嫖娼违法行为为由，收取被处罚人员交纳的罚款，虽从性质上属于"应当上缴国家的罚没财物"，但五名原审被告人并未经过单位领导集体研究以单位名义集体私分，而是部分涉案人员利用职务之便，采取秘密的手段予以侵吞，不符合私分罚没财物罪的构成要件。故该项申诉理由与本案已查明的事实不符，本院不予支持。

2. 未经集体研究，仅将财物分配给特定的人，不符合私分罚没财物罪要求集体私分的固有属性，应以贪污罪定罪处罚，见【（2018）川1781刑初28号】

被告人黄某贪污、受贿案一审刑事判决书。

在该判决书中，四川省万源市人民法院认为：

关于辩护人认为被告人黄某伙同他人侵吞3.6万元的行为系私分罚没财物的辩护意见。私分罚没财物罪是指司法机关、行政执法机关违反国家规定，将应当上缴国家的罚没财物，以单位名义集体私分给个人，数额较大的行为，对其直接负责的主管人员和其他直接责任人员，处以刑罚。具体到本案，其一，为了将刑事案件降格为治安案件，杨某等人采取要求涉案人员在发还登记表上签字确认领回资金，但以不实际领回或少领资金的方式，非法扣留资金3.6万元，该3.6万元系涉案暂扣款项，应待案件查清后进行处置。办案机关的暂扣款依法视为公共资金，而非经法定形式确定的罚没财物。其二，渠县公安局治安大队，仅属于渠县公安局内设机构。被告人黄某伙同另外三名公安干警对扣留的资金3.6万元进行分配的行为，是四人临时口头商议的结果，未经集体研究决定，并非以单位的名义进行分配，并不能表现为一种群体犯罪意志。其三，该3.6万元仅分配给当天参与执法办案的民警，系特定的人，从这一点看也不符合私分罚没财物罪要求集体私分的固有属性。故被告人等人利用职务之便，截留涉案款物暗自占为己有或私分给部分干警的行为，符合贪污罪的犯罪构成。对辩护人的相关辩护意见，本院不予采纳。

◎私分罚没财产不具备公开性和集体性的，构成贪污罪

3. 行为人的行为不具备公开性、集体性的，不符合私分罚没财物罪的构成要件，应定贪污罪，见【（2014）文中刑终字第14号】唐某某挪用公款、贪污案二审刑事判决书。

在该判决书中，云南省文山壮族苗族自治州中级人民法院认为：

关于检察机关提出一审判决将唐某某伙同他人私分9000元罚没款的贪污行为定性为私分罚没财物属适用法律错误的抗诉意见。经查，根据刑法的相关规定，私分罚没财物罪是指司法机关、行政执法机关违反国家规定，将应当上交国家的罚没财物，以单位名义集体私分给个人，数额较大的行为。本案案发时该单位共有在职在编人员7人，而唐某某与王某某、侯某某在站上其他人不知情的情况下，即将站上9000元罚没款进行私分，三人私分罚没款的行为不具备公开性、集体性，不符合私分罚没财物罪的构成要件。故原判认定唐某某伙同他人私分9000元罚没款的行为定性为私分罚没财物属适用法律错误。检察机关的该抗诉理由成立，予以支持。

（二）构成私分罚没财物罪

◎将罚没财物以单位福利形式私分给个人的，构成私分罚没财物罪

1. 将应当上缴的罚没财物以单位福利的形式私分给个人的，构成私分罚没财物罪，见【（2018）冀04刑终458号】董某波、李某楠私分罚没财物案二审刑事裁定书。

在该裁定书中，河北省邯郸市中级人民法院认为：

原审被告人董某波作为武安市大同镇计划生育工作直接负责的主管人员，违反国家有关规定，将应当上缴财政的计生罚款和社会抚养费截留坐支，并以大同镇计划生育工作站的名义以奖金、补助和福利的形式私分给个人，数额较大；被告人李某楠作为大同镇计划生育工作站会计，未能严格遵守财经纪律，经手实施计生罚款和社会抚养费的截留、私分，为直接责任人，其行为均已构成私分罚没财物罪。

2. 将罚没的款项以单位名义作为福利私分给单位职工，数额较大的，其行为构成私分罚没财物罪，见【（2014）二中刑终字第34号】李某敏贪污、滥用职权案二审刑事裁定书。

在该裁定书中，天津市第二中级人民法院认为：

上诉人（原审被告人）李某敏身为国家工作人员，利用职务上的便利，非法多次指使郭某将安科中心的公款45万元取出用于其个人请客送礼，且拒不说出钱款去向，并默许郭某动用公款为其购买价值9700元冰箱一台，其行为已构成贪污罪；上诉人李某敏在担任原大港安监局局长期间，违反国家规定，私自决定以其他名目收取辖区企业因安全生产事故缴纳的罚金共计人民币329780元，不上缴国库，以单位名义作为福利私分给安监局干部职工，数额较大，其行为已构成私分罚没财物罪，均应依法惩处。上诉人李某敏犯数罪，依法应数罪并罚。原审判决认定基本事实清楚，证据充分，定罪准确，量刑适当，审判程序合法。

3. 擅自将收缴的各类罚没财物以单位名义给员工发放奖金福利的，构成私分罚没财物罪，见【（2018）皖1822刑初200号】汪某胜贪污、挪用公款、私分罚没财物案一审刑事判决书。

在该判决书中，安徽省广德县人民法院认为：

被告人汪某胜利用国家工作人员的职务便利，采取侵吞、骗取手段非法占有公共财物，数额较大，犯罪事实清楚，证据确实、充分，其行为构成贪污罪。被告人汪某胜挪用公款归个人使用，数额较大，进行营利活动或超过三个月未还，犯罪事实清楚，证据确实、充分，其行为构成挪用公款罪。旌德县公安局特（巡）警大队对收缴的各类罚款、赌资、保证金等其他财物未按规定上缴国库，以单位名义给大队干警发放奖金福利，数额较大，构成私分罚没财物罪，被告人汪某胜身为大队长，系直接负责的主管责任人员，亦应以私分罚没财物罪追究其刑事责任。

律师建议

私分罚没财物罪的最高刑期为七年有期徒刑，而贪污罪的最高刑期为死刑，两者在量刑上悬殊，律师在为国家工作人员做辩护时要十分重视这一点。如果国家工作人员在处置罚没财物时具有集体研究、以福利形式发给单位员工等特征，在没有无罪辩护空间的情况下，可以为当事人做轻罪辩护，可以在量刑上为当事人争取权益。

042 如何区分贪污罪与私分国有资产罪？

律师提示

私分国有资产罪的犯罪主体是单位，主要特征是以单位的名义实施的行为，代表单位的意志；在受益人员数量上具有多数性，在构成上具有广泛性，在单位内部具有普遍性、公开性，实际受益人不能仅仅局限于决策者或具体执行者等少数人员；而贪污罪属于个人犯罪，一般具有私密性、个人性、受益人员少数性等特征。

争议焦点

私分国有资产罪与贪污罪具有相似之处，在实践中准确区分两罪，需要进行认真分析。

《刑法》第三百八十二条规定，国家工作人员利用职务上的便利，侵吞、窃取、骗取或者以其他手段非法占有公共财物的，是贪污罪。

受国家机关、国有公司、企业、事业单位、人民团体委托管理、经营国有财产的人员，利用职务上的便利，侵吞、窃取、骗取或者以其他手段非法占有国有财物的，以贪污论。

与前两款所列人员勾结，伙同贪污的，以共犯论处。

第三百九十六条规定，国家机关、国有公司、企业、事业单位、人民团体，违反国家规定，以单位名义将国有资产集体私分给个人，数额较大的，对其直接负责的主管人员和其他直接责任人员，处三年以下有期徒刑或者拘役，并处或者单处罚金；数额巨大的，处三年以上七年以下有期徒刑，并处罚金。

司法机关、行政执法机关违反国家规定，将应当上缴国家的罚没财物，以单位名义集体私分给个人的，依照前款的规定处罚。

在区分贪污罪与私分国有资产罪时，应结合处置财物是单位领导集体决定还是个人决定、是以单位名义还是个人名义作出、受益人数是多还是少等方面进行综合判断。

裁判精要

私分国有资产罪的犯罪主体是单位，主要特征是以单位的名义实施的行为，代表单位的意志；在受益人员数量上具有多数性，在构成上具有广泛性，在单位内部具有普遍性、公开性，实际受益人不能仅仅局限于决策者或具体执行者等少数人员。而贪污罪属于个人犯罪，一般具有私密性、个人性、受益人员少数性等特征；对于由少数人共同实施，单位其他人员不知情或者不知实情，分取利益范围以参与决策、具体实施犯罪行为的少数人为限的，构成贪污罪。

司法观点

（一）构成贪污罪

◎国有资产由少数人决定并私分的，构成贪污罪

1. 是单位行为还是个人行为是区分贪污罪与私分国有资产罪的关键，对于由少数人共同实施，单位其他人员不知情或者不知实情，分取利益范围以参与决策、具体实施犯罪行为的少数人为限的，构成贪污罪，见【（2019）川1822刑初44号】杨某平贪污、私分国有资产案一审刑事判决书。

在该判决书中，四川省雅安市荥经县人民法院认为：

贪污罪与私分国有资产罪虽然犯罪主体和侵犯客体有所不同，是单位行为还是个人行为是区分两罪的关键。单位行为包含两个方面，即一方面是单位领导、负责人集体研究或者单位全体职工研究决定并由单位组织实施；另一方面是指在单位内部一定程度公开，单位不同层面的多数人获得利益的，应当认定为私分国有资产罪。在本案中，对于经新庙乡人民政府领导班子成员集体研究，以单位名义作出决策，将套取出的资金在2015年全年、2016年上半年，分三次向全单位职工发放公积金个人应缴部分，被告人杨某平作为单位直接负责财务人员，其行为应当认定为私分国有资产罪。对于少数人共同实施，单位其他人员不知情或者不知实情，分取利益范围以参与决策、具体实施贪污行为以及为贪污行为提供帮助等少数某一层面的人员，他们不是为了单位全体成员的利益，而是为了个人中饱私囊，其行为应当认定为贪污罪。

本案中，被告人杨某平在采取虚增、虚构工程的手段套取单位资金时，在主观上是出于非法占有公共财物的目的，也就是为了在年终的时候以辛苦费的名义比一般工作人员多获得额外资金；在客观上利用其作为新庙乡乡长、乡党委书记的职务便利，将套取出的单位资金以辛苦费等名目仅在班子成员、财务人员内部予以侵占，也就是单位的少数人，其主客观要件符合贪污罪的法律构成，其行为应当认定为贪污罪。

◎**私分国有资产在单位不具有公开性和广泛性的，构成贪污罪**

2. 私分国有资产罪的犯罪主体是单位，主要特征是以单位的名义实施的行为，代表单位的意志；在受益人员数量上具有多数性，在构成上具有广泛性，实际受益人不能仅仅局限于决策者或具体执行者等少数人员，见【（2018）鲁15刑终106号】李某宝、高某单位受贿案二审刑事裁定书。

在该裁定书中，山东省聊城市中级人民法院认为：

关于用40万元公款弥补炒股亏损的行为构成私分国有资产罪还是构成贪污罪的问题。审理认为，第一，私分国有资产罪的犯罪主体是单位，主要特征是以单位的名义实施的行为，代表单位的意志。东阿公积金管理部是聊城市住房公积金管理中心的内设办事机构，没有独立经费，实行报账制，其不能直接支配所管理的公款。本案上诉人李某宝、高某、臧某升、原审被告人张某经商议决定用小金库资金弥补炒股亏损没有按规定上报聊城市住房公积金管理中心进行审批，是为了个人利益，仅代表四人的个人意志，并不能代表单位的意志。第二，私分国有资产罪在受益人员数量上具有多数性，在构成上具有广泛性，实际受益人不能仅仅局限于决策者或具体执行者等少数人员。本案中，李某宝、高某、臧某升、张某将40万元支出用于弥补炒股亏损时，东阿公积金管理部除他们四人外还有郑某艳、郭某广、李某达等工作人员，实际受益人员没有体现到单位绝大多数人，仅分配给了四参与人员。第三，从本案行为人的行为方式上看，李某宝等人采取的是虚列支出的方式套取公款，具有相当的秘密和隐秘性，而不具有私分国有资产罪的公开性特征。因此，三上诉人伙同原审被告人张某在合伙炒股亏损后，经李某宝提议，四人共同商议，分两次伪造单据并签字将本单位占有、支配的收取的四海担保公司给予的好处费中的40万元支出用于弥补合伙炒股亏损的行为应认定为共同贪污犯罪，而不应认定为私分国有资产罪。因此，三上诉人及辩护人所提的相应上诉理由和辩护意见不成立，本院不予采纳。

（二）构成私分国有资产罪

◎单位全体或大部分人获利的，构成私分国有资产罪

1. 行为人侵犯的客体是国有资产，体现的是单位意志，单位全体或大部分人获利，具备公开性、集体性、私分人员广等特点的，构成私分国有资产罪，见【（2017）冀0209刑初250号】宋某军贪污案一审刑事判决书。

在该判决书中，河北省唐山市曹妃甸区人民法院认为：

唐山市曹妃甸区人民检察院指控被告人宋某军、弓某奇、尹某光、张某奇、靳某贺、何某、庞某磊犯贪污罪的罪名不能成立。被告人弓某奇、靳某贺的辩护人关于被告人弓某奇、靳某贺等人私分奖金的行为不构成贪污罪，应构成私分国有资产罪的辩护意见有理，本院予以采纳。私分国有资产罪体现为：第一，侵犯客体是国有资产，即"将国有资产集体私分"；第二，体现单位意志，属于单位犯罪，即"国家机关、国有公司、企业、事业单位、人民团体""以单位名义将国有资产集体私分"，所谓"以单位名义"，是指由单位领导、负责人决定，或者单位决策机构甚至单位全体成员集体讨论，体现了单位的意志，私分国有资产时，在单位内部通常是公开进行的，以发放奖金等名义进行私分；第三，单位全体或大部分人获利，即"集体私分"，获得财产利益的不是极个别人或极少部分人，而是单位的所有员工或者大多数员工，具有一定的公开性；第四，违背国家规定，一般表现为违背财务收支日常管理制度、财政国库管理制度、国家资产管理制度等。具有公开性、集体性、私分人员广的特点。本案的小金库账户内资金为国有财产，而且单位领导班子集体做决定私分，体现单位意志。对该资金有专门人员管理，该资金的支取私分是共同商量的结果，全体项目部职工均参与，均

获利，所以是公开的，不具隐秘性，在单位内部具有公开性。显然不是贪污，应构成私分国有资产罪。

◎私分国有资产在单位内部具有普遍性、公开性的，构成私分国有资产罪

2. 涉案单位向中层干部发放福利的范围不仅仅只有各上诉人，还包括在职期间的所有中层以上干部，在单位内部具有普遍性、公开性的，应认定为私分国有资产行为，见【（2019）甘01刑终39号】杜某某等贪污案二审刑事判决书。

在该判决书中，甘肃省兰州市中级人民法院认为：

对于上诉人杜某某、郑某某、周某、张某红及辩护人所提原判认定第三起事实中的21077元不应认定为贪污的上诉理由及辩护意见。经查，杜某某、郑某某、周某、张某红、王某的供述相互印证，证明兰州市某艺术剧团设立"小金库"及向全体职工及中层以上干部违规发放福利的行为在案发之前长期存在，涉案款项的发放是对违规"惯例"的延续，向全体职工、中层干部发放福利均是团务会讨论决定，并在"小金库"账目中明确记载。向中层干部发放福利的范围不仅仅只有各上诉人，还包括在职期间的所有中层以上干部，在单位内部具有普遍性、公开性。从各上诉人实际获得的钱款来看，在长达六年的时间里，除杜某某以"差旅费"名义多领取了17000余元外，其他中层以上领导均按照每人每月50元"劳务补贴"的标准领取，且向全体职工发放的资金中各上诉人领取的数额与其他职工一致，向中层以上领导比其他职工每人每月多发50元也符合单位管理模式，各上诉人并无贪污犯罪的主观故意，该款项性质与向全体职工发放的"福利费"相同，应认定为私分国有资产行为，该意见与本院审理查明的事实相符，予以采纳，原判对该起犯罪定性不当，应予纠正。

律师建议

私分国有资产罪的最高刑期为七年有期徒刑，而贪污罪的最高刑期为死刑，两者在量刑上相差巨大，律师在为国家工作人员做辩护时要十分重视这一点。如果国家工作人员在侵占国有资产时具有公开性、集体性、私分人员广等特点，在没有无罪辩护空间的情况下，可以为当事人做轻罪辩护，可以在量刑上为当事人争取权益。

043 如何区分贪污罪与为亲友非法牟利罪？

律师提示

区分贪污罪与为亲友非法牟利罪，关键是看国家工作人员利用职务之便是为自己获利还是为亲友获利。如果国家工作人员利用职务之便，未经单位领导班子集体研究决定和正当程序，私自决定将国有公司项目承包给亲友的公司，且采购价格明显高于市场价格，但自己没有直接获利的，构成为亲友非法牟利罪；如果国家工作人员利用职权将国有公司项目承包给自己实际控制的公司，或者承包给亲友实际控制的公司但自己直接参与利益分配的，则构成贪污罪。

争议焦点

为亲友非法牟利罪与贪污罪具有相似之处，在实践中需要对两个罪名进行准确分析。

《刑法》第三百八十二条规定，国家工作人员利用职务上的便利，侵吞、窃取、骗取或者以其他手段非法占有公共财物的，是贪污罪。

受国家机关、国有公司、企业、事业单位、人民团体委托管理、经营国有财产的人员，利用职务上的便利，侵吞、窃取、骗取或者以其他手段非法占有国有财物的，以贪污论。

与前两款所列人员勾结，伙同贪污的，以共犯论处。

《刑法修正案（十二）》通过前，《刑法》第一百六十六条规定，国有公司、企业、事业单位的工作人员，利用职务便利，有下列情形之一，使国家利益遭受重大损失的，处三年以下有期徒刑或者拘役，并处或者单处罚金；致使国家利益遭受特别重大损失的，处三年以上七年以下有期徒刑，并处罚金：

（一）将本单位的盈利业务交由自己的亲友进行经营的；

（二）以明显高于市场的价格向自己的亲友经营管理的单位采购商品或者以明显低于市场的价格向自己的亲友经营管理的单位销售商品的；

（三）向自己的亲友经营管理的单位采购不合格商品的。

《刑法修正案（十二）》通过后，《刑法》第一百六十六条修改为：国有公司、企业、事业单位的工作人员，利用职务便利，有下列情形之一，致使国家利益遭受重大损失的,处三年以下有期徒刑或者拘役,并处或者单处罚金;致使国家利益遭受特别重大损失的,处三年以上七年以下有期徒刑,并处罚金:

(一)将本单位的盈利业务交由自己的亲友进行经营的;

(二)以明显高于市场的价格从自己的亲友经营管理的单位采购商品、接受服务或者以明显低于市场的价格向自己的亲友经营管理的单位销售商品、提供服务的;

(三)从自己的亲友经营管理的单位采购、接受不合格商品、服务的。

其他公司、企业的工作人员违反法律、行政法规规定,实施前款行为,致使公司、企业利益遭受重大损失的,依照前款的规定处罚。

《刑法修正案(十二)》对为亲友非法牟利罪的修改,主要体现在以下两个方面:一是扩大了为亲友非法牟利罪的对象范围,以明显高于市场的价格从自己的亲友经营管理的单位接受服务或者以明显低于市场的价格向自己的亲友经营管理的单位提供服务,或者从自己的亲友经营管理的单位接受不合格服务的,也构成本罪;二是扩大了为亲友非法牟利罪的主体范围,不仅国有公司、企业的工作人员可以构成非法牟利罪,其他公司、企业的工作人员违反法律、行政法规规定,实施《刑法》第一百六十六条第一款行为,致使公司、企业利益遭受重大损失的,也同样构成本罪。

在区分贪污罪与为亲友非法牟利罪时,应当结合获利企业与国家工作人员之间的关系、国家工作人员是否为企业实际控制人、是否从中获取直接利益等方面进行综合判断。

裁判精要

区分贪污罪与为亲友非法牟利罪的关键在于,国家工作人员利用职务之便是为自己获利还是为亲友获利。行为人未经单位领导班子集体研究决定,未经市场考察,未经招投标程序,私自决定将国有公司工程项目承包给亲友的公司,且采购价格明显高于市场价格的,构成为亲友非法牟利罪。从犯罪构成特征看,贪污罪与为亲友非法牟利罪具有相似的一面,即均属于国家工作人员利用职务便利实施的化公为私、损公肥私型犯罪;但从法定刑设置看,贪污罪的最高法定刑为死刑,而为亲友非法牟利罪的最高法定刑仅为七年有期徒刑,从立法精神分析,为亲友非法牟利罪的社会危害性明显轻于贪污罪;获利公司系行为人自己投资或实际控制的公司,虽然登记在亲属的名下,其利用自身职权使自己公司获取超额利润的行为，仍构成贪污罪。

司法观点

（一）构成贪污罪

◎虽以亲属名义牟利但国家工作人员为实际获益人的，构成贪污罪

1. 虽然公司登记在行为人亲属名下，但行为人系获利公司实际控制人，其利用自身职权使自己公司获取超额利润的行为，构成贪污罪，见【（2019）辽1103刑初37号】刘某轩贪污案一审刑事判决书。

在该判决书中，辽宁省盘锦市兴隆台区人民法院认为：

经查，被告人刘某轩是盘锦诚呈物业公司的实际出资人、控制人，借用其亲属身份作为公司的法定代表人办理工商登记手续，利用本人职务的便利，未正常履行招投标程序，个人决定投标、中标企业及物业费价格，非法操纵招投标，使得未取得相应物业经营资质、未取得工商营业执照的盘锦诚呈物业公司取得锦兴花园小区物业经营权，抬高物业服务费价格，侵吞公款人民币359.31万元，其行为符合贪污罪的构成要件。为亲友非法牟利罪的客观方面表现为利用职务便利，损公肥私，实施法定的背职经营的行为。背职经营的行为包括将本单位的盈利业务交由自己的亲友进行经营，与本案的情形完全不符，故刘某轩的行为不符合为亲友非法牟利罪的客观方面要件。

◎以亲属公司名义为自己套取国有财产的，构成贪污罪

2. 国家工作人员出于保住自己职位的动机，配合他人套取国有财产的，构成贪污罪，见【最高人民法院公报案例】唐某华等五人贪污、职务侵占、企业人员受贿案。

在该案例中，上海市高级人民法院认为：

《刑法》第一百六十六条第二项规定，国有公司、企业、事业单位的工作人员，利用职务便利，"以明显高于市场的价格向自己的亲友经营管理的单位采购商品或者以明显低于市场的价格向自己的亲友经营管理的单位销售商品的"，构成为亲友非法牟利罪。本案中，宝强公司既无资金也无经营能力，实际上没有从事过任何一笔电器商品的正规购销业务，本身不是一个合法经营管理的单位；被告人唐某华设立宝强公司的目的，不是想以此参与市场经营，而是为套取国有、集体企业的资金；况且唐某华也不是被告人张某海自愿为其牟利的亲友。张某海拱手将三印厂的公款交给唐某华占有，是出于保住自己职位的动机。因此，张某海的行为不属于为亲友非法牟利罪。

(二) 构成为亲友非法牟利罪

◎ 为亲友谋取超额利润即使获利也构成为亲友非法牟利罪

1. 从犯罪构成特征看，贪污罪与为亲友非法牟利罪具有相似的一面，即均属于国家工作人员利用职务便利实施的化公为私、损公肥私型犯罪；但从法定刑设置看，贪污罪的最高法定刑为死刑，而为亲友非法牟利罪的最高法定刑仅为七年有期徒刑，从立法精神分析，为亲友非法牟利罪的社会危害性明显轻于贪污罪，见【(2014)李刑初字第471号】王某、张某贪污案一审刑事判决书。

在该判决书中，山东省青岛市李沧区人民法院认为：

被告人王某利用职务便利，结伙被告人张某，以明显高于市场价格向张某经营管理的单位采购商品，让张某赚取非法利润，侵犯了市场经济的正当竞争秩序和国家利益，二被告人均构成为亲友非法牟利罪。针对公诉机关关于二名被告人均构成贪污罪的指控，经查，本案的焦点在于被告人王某、张某的行为是构成贪污罪还是为亲友非法牟利罪。从犯罪构成特征看，二罪具有相同或相似的一面，即均属于国家工作人员利用职务便利实施的化公为私、损公肥私型犯罪；但从法定刑设置看，贪污罪的最高法定刑为死刑，而为亲友非法牟利罪的最高法定刑仅为七年有期徒刑，从立法精神分析，为亲友非法牟利罪的社会危害性明显轻于贪污罪，主要原因有二点：一是为亲友非法牟利罪中的亲友必须实施一定的经营行为，付出一定的经营性劳动，这是其获取非法利益的客观基础；贪污罪通常表现为利用职务便利直接侵占公共财物，其主客观方面的危害性更大。二是上述国有单位工作人员利用职务便利为亲友非法牟取的只是基于经营行为产生的利润，尽管经常表现为明显超出市场价格的暴利，但一般说来，利润通常受到市场规律的制约，在一般社会观念上必有一定的数额限度。因此，该种非法获取经营利润的行为对国有财产的侵害程度，较之贪污罪所表现的利用职务便利直接侵吞国有财产的行为，则具有相对有限的一面。

本案中，被告人王某与被告人张某共谋利用王某的职务便利，以明显高于市场价格向张某经营管理的单位采购商品，让张某赚取非法利润，被告人王某与被告人张某事前未就利润分配协商，事后王某亦未分得利润，其行为侵犯了市场经济的正当竞争秩序和国家利益，符合为亲友非法牟利罪的犯罪构成要件，故本院对公诉机关关于二被告人犯贪污罪的指控不予支持，对辩护人的相关辩护意见予以采纳。

◎ **将项目以明显高价承包给亲友的，构成为亲友非法牟利罪**

2. 行为人未经单位领导班子集体研究决定，未经市场考察，未经招投标程序，私自决定将国有公司工程项目承包给亲友的公司，且采购价格明显高于市场价格的，构成为亲友非法牟利罪，见【（2019）鲁11刑终58号】申某聚为亲友非法牟利案二审刑事裁定书。

在该裁定书中，山东省日照市中级人民法院认为：

关于上诉人申某聚提出"一审判决认定其犯为亲友非法牟利罪的事实定性错误"的上诉理由，经查，上诉人申某聚、申某会的供述，证人卜某、王某3的证言，价格认证中心的价格认定及相关书证均能够证实，上诉人申某聚未经单位领导班子集体研究决定，未经市场考察，未经招投标程序，私自决定将国有公司的工程项目承包给其与上诉人申某会成立的公司，且采购价格明显高于市场价格。可见，上诉人申某聚的行为符合利用职务便利，以明显高于市场的价格从亲友经营管理的单位采购商品，给国家造成146万余元的经济损失，其行为已构成为亲友非法牟利罪。故该上诉理由不能成立，本院不予采信。

律师建议

《刑法修正案（十二）》通过后，在为犯为亲友牟利罪的犯罪嫌疑人、被告人提供辩护时，要注意该罪构成要件的新变化。为亲友非法牟利罪的最高刑期为七年有期徒刑，而贪污罪的最高刑期为死刑，两者在量刑上相差巨大，律师在为国家工作人员做辩护时要重视这一点。如果国家工作人员利用职权为亲友牟利而没有为自己牟利，在没有无罪辩护空间的情况下，可以为当事人做轻罪辩护，可以在量刑上为当事人争取权益。

044 科研人员套取科研经费构成贪污罪还是诈骗罪？

律师提示

从实务判例来看，具有事业单位正式工作人员身份的科研人员，利用担任科研课题负责人负责科研经费使用的职务便利，采用签订虚假合同等手段，套取数额较大的科研经费用于个人使用的，一般以贪污罪论处。如果科研人员不具有事业单位工作人员正式身份，如博士研究生或民营企业或非营利组织的人员，其套取国家科研经费的行为一般以诈骗罪论处。

争议焦点

科研人员采取签订虚假合同、编制虚假预算、使用虚假发票冲账等手段套取科研经费，是否构成贪污犯罪，理论和实务界均存在较大争议。

有人认为，科研人员的科研活动属于技术性而非公务性劳动，不符合贪污罪的主体要件；科研人员套取经费利用的也不是担任公职的便利条件，而是利用自身获得科研基金项目的便利条件；科研经费并不属于公共财产。也有人认为，在事业单位从事科研活动的教师，无论是否具有行政职务，只要担任了课题负责人，均属于国家工作人员，符合贪污罪的主体要件；科研人员利用担任课题负责人的职务便利套取经费的，符合贪污罪"利用职务之便"的要件；无论是纵向课题经费还是横向课题经费，均由单位依财务制度统一管理，属于公共财产。

2003年《全国法院审理经济犯罪案件工作座谈会纪要》第一条第四款"关于'从事公务'的理解"规定：从事公务，是指代表国家机关、国有公司、企业、事业单位、人民团体等履行组织、领导、监督、管理等职责。公务主要表现为与职权相联系的公共事务以及监督、管理国有财产的职务活动。如国家机关工作人员依法履行职责，国有公司的董事、经理、监事、会计、出纳人员等管理、监督国有财产等活动，属于从事公务。那些不具备职权内容的劳务活动、技术服务工作，如售货员、售票员等所从事的工作，一般不认为是公务。

2005年《教育部、财政部关于进一步加强高校科研经费管理的若干意见》第二条规定：高校取得的各类科研经费，不论其资金来源渠道，均为学校收入，必须全部纳入学校财务部门统一管理、集中核算，并确保科研经费专款专用。除项目管理办法或项目合同另有规定外，凡使用科研经费购置的固定资产，均属于学校的国有资产，必须纳入学校资产统一管理。

2008年《最高人民法院、最高人民检察院关于办理商业贿赂刑事案件适用法律若干问题的意见》第五条规定：学校及其他教育机构中的国家工作人员，在教材、教具、校服或者其他物品的采购等活动中，利用职务上的便利，索取销售方财物，或者非法收受销售方财物，为销售方谋取利益，构成犯罪的，依照刑法

第三百八十五条的规定，以受贿罪定罪处罚。

学校及其他教育机构中的非国家工作人员，有前款行为，数额较大的，依照刑法第一百六十三条的规定，以非国家工作人员受贿罪定罪处罚。

学校及其他教育机构中的教师，利用教学活动的职务便利，以各种名义非法收受教材、教具、校服或者其他物品销售方财物，为教材、教具、校服或者其他物品销售方谋取利益，数额较大的，依照刑法第一百六十三条的规定，以非国家工作人员受贿罪定罪处罚。

2016年7月，最高人民检察院《关于充分发挥检察职能依法保障和促进科技创新的意见》第三条第七款规定：准确把握法律政策界限。充分考虑科技创新工作的体制机制和行业特点，认真研究科技创新融资、科研成果资本化产业化、科研成果转化收益中的新情况、新问题，保护科研人员凭自己的聪明才智和创新成果获取的合法收益。办案中要正确区分罪与非罪界限：对于身兼行政职务的科研人员特别是学术带头人，要区分其科研人员与公务人员的身份，特别是要区分科技创新活动与公务管理，正确把握科研人员以自身专业知识提供咨询等合法兼职获利的行为，与利用审批、管理等行政权力索贿受贿的界限；要区分科研人员合法的股权分红、知识产权收益、科技成果转化收益分配与贪污、受贿之间的界限；要区分科技创新探索失败、合理损耗与骗取科研立项、虚增科研经费投入的界限；要区分突破现有规章制度，按照科技创新需求使用科研经费与贪污、挪用、私分科研经费的界限；要区分风险投资、创业等造成的正常亏损与失职渎职的界限。坚持罪刑法定原则和刑法谦抑性原则，禁止以刑事手段插手民事经济纠纷。对于法律和司法解释规定不明确、法律政策界限不明、罪与非罪界限不清的，不作为犯罪处理；对于认定罪与非罪争议较大的案件，及时向上级检察机关请示报告。

在司法实践中，既要严厉打击科研人员套取科研经费的问题，也要保护好科研人员的科研积极性，不能将科研经费使用过程中存在的问题一概认定为犯罪。

裁判规则

高校等事业单位的正式员工，利用担任科研课题负责人负责科研经费使用的职务便利，采用签订虚假合同的手段，套取数额较大的科研经费用于个人支配的，其行为构成贪污罪；非国家工作人员如博士研究生、民办非营利组织的法人代表，即使实施或参与虚假报销行为，也不应以贪污罪论处，而应以诈骗罪追究刑事责任。

司法观点

（一）构成贪污罪

◎**科研项目负责人非法套取科研经费的，构成贪污罪**

1. 行为人作为在国有事业单位中从事公务的研究人员兼项目负责人，对科研经费具有监督、管理的职责，其套取科研经费的行为符合国家工作人员从事公务的认定标准，见【（2017）鲁01刑终14号】陈某某贪污案二审刑事判决书。

在该判决书中，山东省济南市中级人民法院认为：

关于上诉人陈某某及其辩护人提出的原判适用法律错误，陈某某在科研活动中从事的是劳务而非公务，其并非国家工作人员的问题。经查，依照山东大学科研经费管理及财务制度方面的规定，科研经费实行项目负责人"一支笔"审批开支制度，项目负责人应根据科研项目进度和经费预算，合理安排经费支出，并对科研经费使用的真实性、有效性承担法律责任和经济责任，并且所有向学校报账的单据都要经项目负责人签字审核，才能在学校财务部门报销，上诉人陈某某作为在国有事业单位中从事公务的研究所所长兼项目负责人，对研究所科研经费具有监督、管理的职责，其在本案套取科研经费中的行为符合国家工作人员从事公务的认定标准，因此，上诉人陈某某及其辩护人提出的此条辩解、辩护意见不能成立，不予采纳。上诉人陈某某犯贪污罪，判处有期徒刑二年六个月，并处罚金20万元。

2. 高校教授、工程院院士利用担任课题负责人的职务便利，侵吞、骗取国有财产数额特别巨大的，构成贪污罪，见【（2015）松刑初字第15号】李某、张某贪污案一审刑事判决书。

在该判决书中，吉林省松原市中级人民法院认为：

经审理查明，被告人李某系中国农业大学教授，担任中国农大重点实验室主任、李某课题组负责人，还担任国家科技重大专项课题等多项课题负责人。被告人张某系中国农大重点实验室特聘副研究员，其与中国农大重点实验室、李某课题组的其他组成人员也分别担任了农业部、科技部多项课题负责人。另外，由李某、张某分别担任总经理、副总经理的济普霖公司、济福霖公司作为其中某些课题的协作单位，也承担某些课题。自2008年7月至2012年12月，被告人李某伙同张某利用管理课题经费的职务便利，采取虚开发票、虚列劳务支出等手段，截留人民币 37566488.55 元的结余课题经费。

本院认为，被告人李某伙同张某利用李某国家工作人员职务上的便利，侵吞、骗取国有财产 37566488.55 元，且数额特别巨大，其行为均已构成贪污罪。公诉机关指控事实清楚，证据确实、充分，罪名成立。鉴于近年来国家对科研经费管理制度的不断调整，按照最新的科研经费管理办法的相关规定，结合刑法的谦抑性原则，依据李某、张某名下间接费用可支配的最高比例进行核减，对核减后的 3456555.37 元可不再作犯罪评价，但该数额仍应认定为违法所得，故被告人李某、张某贪污数额为 34109933.18 元。在共同犯罪中，李某起主要作用，系主犯，应依法惩处，鉴于其贪污赃款已部分追缴，可酌情从轻处罚。张某起次要作用，系从犯，其到案后主动交代办案机关不掌握的大部分同种犯罪事实，具有坦白情节，且认罪悔罪，可依法对其减轻处罚。一审判处被告人李某犯贪污罪，判处有期徒刑十二年，并处罚金人民币 300 万元；被告人张某犯贪污罪，判处有期徒刑五年八个月，并处罚金人民币 20 万元。

吉林省高级人民法院二审审理期间，上诉人李某自愿认罪认罚，提交了悔罪书，在其辩护律师见证下签署了《认罪认罚具结书》。2020 年 12 月 8 日，吉林省高级人民法院对李某及同案张某贪污上诉一案进行二审公开开庭审理并当庭宣判。二审维持松原市中级人民法院（2015）松刑初字第 15 号刑事判决第一项中对被告人李某犯贪污罪的定罪部分和第二、第三判项，撤销该判决中对李某的量刑部分，对上诉人李某以贪污罪改判有期徒刑十年，并处罚金人民币二百五十万元。

◎项目负责人以签订虚假合同手段套取科研经费的，构成贪污罪

3. 行为人利用担任科研课题负责人负责科研经费使用的职务便利，多次采用签订虚假合同的手段，从某大账户内套取数额较大的科研经费用于个人支配的，构成贪污罪，见【（2016）京 03 刑终 643 号】高某某贪污案二审刑事裁定书。

在该裁定书中，北京市第三中级人民法院认为：

北京市朝阳区人民检察院指控，2012 年 7 月至 2013 年 4 月间，被告人高某某（时任北京某大学教授）利用担任声磁课题、多点课题和高线课题负责人的职务便利，先后与声华公司、必创公司签订虚假合同，从某大账户套取科研经费共计 186400 元用于个人支配使用。

本院认为，关于高某某套取科研经费的行为是否造成公共财物的实际损失的问题。高某某使用虚假合同从某大账户内套取的涉案三笔科研经费，并利用学校关于固定资产登记备案方面存在的漏洞，进行虚假登记，致使某大支付了相应资金后并无对应的固定资产实际入账。高某某虚构的技术服务合同实际上并未履行，某大在没有得到技术服务的前提下支出相应款项，亦是某大公共财物的损失。因此，高某某虚构的三个合同用于套取科研经费的行为，导致某大支出相应钱款但并未获得相应的物资或技术服务，应认定为某大公共财物的损失。

被告人高某某作为国家工作人员，利用担任科研课题负责人负责科研经费的使用之职务便利，多次采用签订虚假合同的手段，从某大账户内套取数额较大的科研经费用于个人支配，其行为构成贪污罪，依法予以惩处。

（二）构成诈骗罪

◎**在读博士研究生虚假报销侵占科研经费的，构成诈骗罪**

1. 在读博士研究生不具有国家工作人员身份，即使参与帮助负责财务的人员进行报销的行为也并非职务行为，其虚假报销行为应当以诈骗罪追究刑事责任，见【（2016）沪0101刑初1058号】张某诈骗案一审刑事判决书。

在该判决书中，上海市黄浦区人民法院认为：

关于辩护人所提被告人张某具有一定的职务便利，与诈骗犯罪有所区别的辩护意见，本院认为，被告人张某系上海交通大学电信学院在读博士研究生，其就读某某学院并未担任任何财务相关职务，即使被告人有参与帮助负责财务的人员进行报销的行为，也并非职务行为，其虚假报销行为应当以诈骗罪追究刑事责任，公诉机关指控的罪名成立，应当予以支持。

本院认为，被告人张某以非法占有为目的，多次骗取上海交通大学有关科研项目经费864682.98元，数额特别巨大，其行为已触犯刑律，构成诈骗罪，应依法追究其刑事责任。鉴于被告人张某到案后如实供述自己的罪行，在家属帮助下退赔全部违法所得，挽回了学校科研经费的重大损失，并得到了被害单位的谅解，依法可对其减轻处罚。公诉机关相关量刑意见以及辩护人相关辩护意见，本院予以采纳。据此，依照《刑法》第二百六十六条、第六十七条第三款、第六十四条之规定，判决被告人张某犯诈骗罪，判处有期徒刑七年，并处罚金人民币5万元。

◎**民办非企业法人骗取国家科研补贴资金的，构成诈骗罪**

2. 非国家工作人员骗取国家科研补贴资金的，构成诈骗罪，见【（2019）晋0602刑初45号】席某诈骗案一审刑事判决书。

在该判决书中，山西省朔州市朔城区人民法院认为：

经审理查明：2014年7月14日，朔州市民政局批准成立了朔州市万申昌新能源研究中心民办非企业法人单位，被告人席某为法定代表人。2016年1月至8月，席某以该中心为申报单位，向山西省科技厅申报"智能反烧多回程低碳节能锅炉研发"项目，在此过程中违背了省科技厅对申报材料应真实、客观的要求，虚构平朔研石电厂工作人员武某为项目负责人，伪造武某受聘于朔州市万申昌新能源研究中心的工作证明及武某个人签名，盗用武某的职称证件，并将不符合专业要求、没有相应职称和研发能力的郑某1、马某1、赵某、李某1等人虚报为项目研究人员，骗取山西省科学技术厅项目专项补助资金20万元。2016年9月27日，朔州市万申昌新能源研究中心账户收到以上款项后，席某以虚构的支付科研材料、人工费名义，分批多次提现、转款私用。案发后，席某家属于2018年12月26日向国家金库山西省分库退回骗取的资金20万元。

本院认为，被告人席某以非法占有为目的，在其不符合相应申报要求及研发能力的情况下，伪造他人签名、盗用他人职称并提供虚假的研发团队和申报材料，骗取山西省科技厅专项补助资金，数额巨大，其行为已构成诈骗罪。公诉机关的指控有相应证据支持，指控罪名成立，应以诈骗罪追究被告人的刑事责任。鉴于被告人席某归案后积极全额退赃，且庭审中认罪态度较好，具有悔罪表现，可酌情从轻处罚。根据被告人的犯罪情节和悔罪表现、没有再犯罪的危险、宣告缓刑对所居住社区没有重大不良影响，可适用缓刑。为惩罚犯罪，维护社会稳定，根据被告人席某的犯罪事实、性质、情节和对社会的危害程度，依照《刑法》第二百六十六条、第六十一条、第七十二条第一款、第三款、第七十三条第二款、第三款之规定，判决被告人席某犯诈骗罪，判处有期徒刑三年，缓刑三年，并处罚金人民币1万元。

律师建议

在为涉嫌犯罪的高校等事业单位科研人员进行辩护时，存在如下两难：如果承认事业单位科研人员具备国家工作人员身份，当事人可能被认定为贪污罪，起刑点较高，量刑可能偏低；而如果否认事业单位科研人员具备国家工作人员身份，当事人可能被认定为诈骗罪，起刑点较低，量刑整体偏高。在进行轻罪辩护时，律师应当注意到这一点。另外，鉴于科学研究旨在科研创新，刑法应秉承谦抑之理念，对科研人员使用课题经费要适度宽容，在认定是否构成犯罪时不能过于机械与严苛，律师可以结合科研人员取得科研经费的情节、数额、动机、后果等多方面制定无罪辩护方案，维护当事人合法权益。

045 有身份者与无身份者共同侵吞单位财物如何定罪？

律师提示

有身份者与无身份者共同侵吞单位财物的定罪，关键在于区分利用了谁的身份和职权。如果仅利用了国家工作人员的职务便利，则依有身份者犯罪性质认定为贪污罪；如果仅利用了非国家工作人员的职务便利，则依无身份者认定为职务侵占罪；如果国家工作人员与非国家工作人员分别利用了各自的身份和职权，则依主犯确定罪名；如无法区分主从犯，则依有身份者犯罪性质确定罪名。

争议焦点

国家工作人员与非国家工作人员共同侵吞单位财物，是依照有身份者确定罪名，还是依据主犯确定罪名？如果无法区分主从犯，如何认定？这在实践中存在争议。

2000年《最高人民法院关于审理贪污、职务侵占案件如何认定共同犯罪几个问题的解释》第一条规定：行为人与国家工作人员勾结，利用国家工作人员的职务便利，共同侵吞、窃取、骗取或者以其他手段非法占有公共财物的，以贪污罪共犯论处。

第二条规定：行为人与公司、企业或者其他单位的人员勾结，利用公司、企业或者其他单位人员的职务便利，共同将该单位财物非法占为己有，数额较大的，以职务侵占罪共犯论处。

第三条规定：公司、企业或者其他单位中，不具有国家工作人员身份的人与国家工作人员勾结，分别利用各自的职务便利，共同将本单位财物非法占为己有的，按照主犯的犯罪性质定罪。

2003年《全国法院审理经济犯罪案件工作座谈会纪要》第二条第三款"国家工作人员与非国家工作人员勾结共同非法占有单位财物行为的认定"规定：对于国家工作人员与他人勾结，共同非法占有单位财物的行为，应当按照《最高人民法院关于审理贪污、职务侵占案件如何认定共同犯罪几个问题的解释》的规定定罪处罚。对于在公司、企业或者其他单位中，非国家工作人员与国家工作人员勾结，分别利用各自的职务便利，共同将本单位财物非法占有的，应当尽量区分主从犯，按照主犯的犯罪性质定罪。司法实践中，如果根据案件的实际情况，各共同犯罪人在共同犯罪中的地位、作用相当，难以区分主从犯的，可以贪污罪定罪处罚。

虽然我国有相应司法解释就有身份者与无身份者共同犯罪时罪名的确定进行了规定，但并不十分明确，需要查找法院案例来明确裁判规则，厘清认定思路。

裁判精要

确定有身份者与无身份者共同犯罪的罪名，关键在于区分利用了谁的身份和职权。如果仅利用了国家工作人员的职务便利，则依有身份者犯罪性质认定为贪污罪；如果仅利用了非国家工作人员的职务便利，则依无身份者认定为职务侵占罪；如果国家工作人员与非国家工作人员分别利用了各自的身份和职权，则依主犯确定罪名；如无法区分主从犯，则依有身份者犯罪性质确定罪名。

司法观点

（一）按有身份者触犯罪名认定

◎**有身份者与无身份者利用各自职权侵占单位财物的，按有身份者触犯罪名认定**

1. 贪污共犯、职务侵占共犯处理的规定，体现了无身份者应当按照有身份者所犯罪名定罪的处罚原则，见【（2020）鄂05刑终189号】官某龙、蔡某权贪污、非国家工作人员受贿案二审刑事裁定书。

在该裁定书中，湖北省宜昌市中级人民法院认为：

关于本案的罪名问题，上诉人及辩护人均提出涉及贪污罪的事实应构成职务侵占罪。经查，从被告人身份来看，湖北宜化集团有限公司系国有控股公司，其间接参股的新疆宜化矿业有限公司性质为国家出资企业，被告人官某龙系经湖北宜化集团有限公司批准，在新疆宜化矿业有限公司担任副总经理，依据《最高人民法院、最高人民检察院关于办理国家出资企业中职务犯罪案件具体应用法律若干问题的意见》第六条规定，应认定为国家工作人员；从侵吞财物性质来看，按照湖北宜化集团有限公司"五统一四监管"的管理模式，湖北宜化集团有限公司对下属的民营板块仍有资金调配权、财物监管权、人事调动权，新疆利达丰华科技有限公司作为其旗下的民营公司，其资金仍属国有公司企业管理的公共财产，故被告人官某龙利用职务之便侵吞该财物应认定为贪污罪。被告人蔡某权虽并非国家工作人员，但根据法律规定，刑法第三百八十二条第三款关于贪污共犯的规定以及2000年最高人民法院《关于审理贪污、职务侵占案件如何认定共同犯罪几个问题的解释》关于贪污共犯、职务侵占共犯处理的规定，都体现了无身份者应当按照有身份者所犯罪名定罪的处罚原则，故被告人蔡某权伙同另案被告人李某、被告人官某龙，分别利用各自职务侵吞本单位财产的行为，应认定为贪污罪的共犯。

◎**有身份者与无身份者存在意思联络的，依有身份者触犯罪名定罪**

2. 具有国家工作人员身份与不具有国家工作人员身份的被告人之间有共同意思联络和犯罪故意的，依有身份者定罪，见【（2019）甘0104刑初355号】张某彪、郭某祥、胡某春滥用职权案一审刑事判决书。

在该判决书中，甘肃省兰州市西固区人民法院认为：

关于被告人胡某春的行为是否构成犯罪的问题，因被告人胡某春不具有国家工作人员的身份，本案涉及有身份者与无身份者共同犯罪的问题，公诉机关的起诉书采用的是"统一定罪说"，对具有国家工作人员身份的被告人张某彪、被告人郭某祥和不具有国家工作人员身份的被告人胡某春均以滥用职权罪提起诉讼，认定被告人构成共犯。从共同犯罪的主观要件来说，各共同犯罪人必须有共同的意思联络和犯罪故意，本案中公诉机关提交的证据材料能够证实被告人胡某春在办理产权证过程中，明知提交的手续不全仍请求被告人张某彪、郭某祥予以办理，对滥用职权犯罪有共同的犯罪故意，应认定被告人胡某春对滥用职权罪有共同的犯罪故意，构成共犯。

3. 有身份者的身份因素仅是决定共同犯罪的性质，并不必然得出有身份者即为主犯；不宜划分主从犯的案件，应依有身份者的犯罪性质确定罪名，见【（2018）赣05刑终12号】万某受贿案二审刑事判决书。

在该判决书中，江西省新余市中级人民法院认为：

关于万某在与闻某共同受贿犯罪中是否应划分主、从犯问题。本院认为，在共同犯罪中，应根据共同犯罪人在共同犯罪中所起作用而决定是否划分主、从犯；无身份者与有身份者勾结，利用有身份者的身份因素共同实行犯罪的，有身份者的身份因素仅是决定共同犯罪的性质，并不必然得出有身份者即为主犯，无身份者即为从犯的结论，仍应根据前述原则进行区分。万某与闻某事先共同商量，并分工负责，闻某利用担任新余农商银行行长的职务便利协调银行内部的关系，万某负责寻找与银行有关的业务，所得利益二人均分，综合万某与闻某在共同犯罪中所起作用，本案不宜划分主、从犯，但万某作用相对较小。万某的辩护人提出的应划分主、从犯及万某为从犯的辩护意见，与事实、法律规定不符，本院不予采纳。

（二）按主犯触犯罪名认定

◎有身份者与无身份者利用各自职务占有单位财物的，依主犯犯罪性质定罪

1. 不具有国家工作人员身份的人与国家工作人员勾结，分别利用各自的职务便利，共同将本单位财物非法占为己有的，按照主犯的犯罪性质定罪，见【（2014）汕龙法刑初字第240号】林某民等贪污、职务侵占案一审刑事判决书。

在该判决书中，广东省汕头市龙湖区人民法院认为：

被告人林某民、刘某滨共同犯罪行为构成职务侵占罪。《最高人民法院关于审理贪污、职务侵占案件如何认定共同犯罪几个问题的解释》第三条规定："公司、企业或者其他单位中，不具有国家工作人员身份的人与国家工作人员勾结，分别利用各自的职务便利，共同将本单位财物非法占为己有的，按照主犯的犯罪性质定罪。"被告人刘某滨作为汕头分公司的业务员，利用其职务便利，采用虚增运费的方式套取公款并负责具体的操作，而林某民作为公司的经理（国家工作人员），并未采取有效措施予以阻止，对涉案航线运费偏高的有关审批单据仍予以核准，最终使被告人刘某滨达到套取公款的目的，并从中分得部分套取的公款。在此过程，被告人刘某滨的作用是主要的，而被告人林某民的作用相对次要，两被告人共同犯罪的行为应按照主犯被告人刘某滨犯罪的性质定为职务侵占罪。

2. 应当按照共同犯罪过程中主犯触犯的罪名确定罪名，见【（2018）冀0591刑初64号】覃某选、黄某挪用公款案一审刑事判决书。

在该判决书中，河北省邢台经济开发区人民法院认为：

被告人覃某选作为凯丰公司的法定代表人参与地瑞丰邢台分公司的经营管理，不属于国家工作人员，被告人黄某受国家事业单位中煤广西局的委派担任地瑞丰邢台分公司负责人，属于国家工作人员，在被告人覃某选、黄某分别利用各自的职务便利共同进行职务犯罪时，应当按照主犯的犯罪性质定罪。在本案中，首先是由赵某向被告人覃某选提出为颜某甲拆借资金 1000 万元，然后被告人覃某选向黄某提及此事，在黄某同意后，最终由被告人覃某选签字确认安排出纳员季某办理。被告人覃某选、黄某未经地瑞丰邢台分公司其他管理人员同意，擅自决定借给颜某甲 1000 万元用于万凤之凰公司申报注册资本，属于借给他人进行营利活动，在共同犯罪过程中，被告人覃某选起主要或者决定作用，是主犯，被告人黄某起次要或者辅助作用，是从犯，对被告人覃某选、黄某应当按照主犯覃某选的犯罪性质即挪用资金罪定罪。

3. 不具有国家工作人员身份的人与国家工作人员勾结，分别利用各自的职务便利，共同将本单位财物非法占为己有的，按照主犯的犯罪性质定罪，见【（2019）陕 0831 刑初 37 号】张某东、马某某贪污案一审刑事判决书。

在该判决书中，陕西省榆林市子洲县人民法院认为：

被告人马某某、张某某共同故意实施犯罪应属共同犯罪。在共同犯罪中，被告人张某某、马某某在犯罪过程中均积极参与，相互配合，均为主犯。根据《最高人民法院关于审理贪污、职务侵占案件如何认定共同犯罪几个问题的解释》第三条规定，公司、企业或者其他单位中，不具有国家工作人员身份的人与国家工作人员勾结，分别利用各自的职务便利，共同将本单位财物非法占为己有的，按照主犯的犯罪性质定罪，以及保险公司的赔偿款打入国家机关账户，其性质改变为公款，故辩护人辩解被告人马某某不构成贪污罪的理由不能成立。

律师建议

律师在就有身份者与无身份者共同犯罪进行辩护时，应重点关注两者在量刑上的差异。如果为有身份者辩护，要清楚地知道贪污罪与职务侵占罪相比量刑更重，因此要重点审查有身份者是否为从犯、是否主要利用了无身份者的职权；要清楚地知道贪污罪与盗窃罪等一般财产犯罪相比量刑更轻，因此重点审查有身份者是否为主犯、是否主要利用了有身份者的职权。只有在对不同身份者量刑差异进行客观分析的基础上，才能更好地制定辩护方案，维护当事人权益。

046 如何区分贪污罪的既遂与未遂？

律师提示

贪污罪是以非法占有为目的的财产性职务犯罪，与盗窃、诈骗、抢夺等侵犯财产罪一样，应当以行为人是否实际控制财物作为区分贪污罪既遂与未遂的标准；行为人控制公共财物后，是否将财物据为己有，不影响贪污既遂的认定；行为人未实际控制和占有公共财物的，应认定为贪污未遂。

争议焦点

贪污罪既遂与未遂的标准，理论和实务界均存在一些争议。

贪污罪既遂的判断标准，有"失控说""控制说""失控加控制说"等。失控说认为应以财产所有单位是否失去对公共财产的控制为界；控制说认为应以行为人是否实际控制其利用职务之便所侵吞、窃取、骗取或者以其他手段非法占有的公共财物为界；而失控加控制说认为应以公共财物是否已经脱离所有单位的控制和行为人是否实际控制公共财物为界。

《刑法》第三百八十二条第一款、第二款规定：国家工作人员利用职务上的便利，侵吞、窃取、骗取或者以其他手段非法占有公共财物的，是贪污罪。

受国家机关、国有公司、企业、事业单位、人民团体委托管理、经营国有财产的人员，利用职务上的便利，侵吞、窃取、骗取或者以其他手段非法占有国有财物的，以贪污论。

第二十三条规定：已经着手实行犯罪，由于犯罪分子意志以外的原因而未得逞的，是犯罪未遂。

对于未遂犯，可以比照既遂犯从轻或者减轻处罚。

2003年《全国法院审理经济犯罪案件工作座谈会纪要》采纳了"控制说"的观点。该纪要第二条第一款"贪污罪既遂与未遂的认定"规定：贪污罪是一种以非法占有为目的的财产性职务犯罪，与盗窃、诈骗、抢夺等侵犯财产罪一样，应当以行为人是否实际控制财物作为区分贪污罪既遂与未遂的标准。对于行为人利用职务上的便利，实施了虚假平帐等贪污行为，但公共财物尚未实际转移，或者尚未被行为人控制就被查获的，应当认定为贪污未遂。行为人控制公共财物后，是否将财物据为己有，不影响贪污既遂的认定。

2016年《最高人民法院、最高人民检察院关于办理贪污贿赂刑事案件适用法律若干问题的解释》第十六条第一款明确规定：国家工作人员出于贪污、受贿的故意，非法占有公共财物、收受他人财物之后，将赃款赃物用于单位公务支出或者社会捐赠的，不影响贪污罪、受贿罪的认定，但量刑时可以酌情考虑。该解释对贪污、贿赂犯罪既遂后，行为人出于各种目的将赃款用于公务性支出或者社会公益事业如何认定犯罪数额的问题进行了规定。

裁判精要

贪污罪是一种以非法占有为目的的财产性职务犯罪，应当以行为人是否实际控制财物作为区分贪污罪既遂与未遂的标准；无论贪污的公共财物是动产还是不动产，只要该公共财产转而由行为人控制、支配，处于随时可由其处置的状态，应认定为贪污既遂；行为人未实际取得所有权的房屋、车辆，无法领取的公款，因意志以外的原因未实际控制公共财物的，属于贪污未遂。

司法观点

（一）构成贪污既遂

◎ 已实际占有和控制公共财物的，构成贪污既遂

1. 贪污罪是一种以非法占有为目的的财产性职务犯罪，应当以行为人是否实际控制财物作为区分贪污罪既遂与未遂的标准。对于贪污的财物为不动产的，只要现实地转移了占有，实现了对不动产的控制和支配，即可认定为贪污既遂，而不要求必须进行不动产所有权的转移登记，见【（2013）陕刑二终字第00032号】李某华、李某强贪污案刑事二审裁定书。

在该裁定书中，陕西省高级人民法院认为：

贪污罪是一种以非法占有为目的的财产性职务犯罪，应当以行为人是否实际控制财物作为区分贪污罪既遂与未遂的标准。对于贪污的财物为不动产的，只要现实地转移了占有，实现了对不动产的控制和支配，即可认定为贪污既遂，而不要求必须进行不动产所有权的转移登记。本案中，二上诉人合谋，将1、3、10号楼通过虚假联建方式，将该三栋楼从安居办中分离出来，且李某华已将该三栋楼的大部分房产出售，在李某强的配合下将售楼款中的1842万余元非法据为己有。其中未出售的房屋和其套出的幼儿园房产，虽然从产权登记上看，所有权没有从部队转移，但已实际被李某华控制并出租受益或者将相关手续隐藏，仍然构成贪污既遂。

2. 贪污不动产犯罪，只要行为人利用职务之便，采取欺骗等非法手段，使公有不动产脱离了公有产权人的实际控制，并被行为人现实地占有的，或者行为人已经就所有权的取得进行了变更登记的，即可认定为贪污罪的既遂，见【《刑事审判参考》第 216 号指导案例】于某红贪污案。

在该指导案例中，法院分析认为：

被告人于某红利用职务上的便利，截留公有房屋并实际占有使用，虽未办理私有产权证，亦应认定为贪污既遂。

以不动产为对象的贪污以及一般的侵占类犯罪的既、未遂的认定问题，在理论和司法实务中均不无争议。其中，较为典型的意见有以下两种：一种观点认为实施了意图实现非法占有目的的行为，即可认定为贪污既遂；另一种意见认为只有当所有权登记结束之后，才构成贪污既遂。前者属于占有意思行为观点，其立论依据在于，行为人所侵占之不动产通常属于行为人所经手、管理之物，无需进一步实施转移占有的行为；后者属于严格的登记主义观点，其立论依据在于，不动产的转移以登记为其成立要件，未经登记即意味着所有权并未受到侵害。

我们认为，以上两种意见既有合理之处，又有偏颇之处。占有意思行为观点注意到了贪污罪的对象本来就是行为人所经手、管理之物这一点，是其可取之处，但过分地强调该一特点，势必从实际上排除贪污罪的未遂形态，而且也难免以偏概全有悖于客观实际，毕竟，将为他人管理、保管之物转化为自己占有之物，通常情况下尚需实施更为具体的行为，尤其是不动产。登记主义观点注意到了不动产转移的特殊性，但是片面强调这种法律意义上的转移，未能注意到贪污的对象物系行为人所管理之物及基于此所可能形成的事实性的转移，同样存在不足。在此需要说明的是，通过登记所达成的法律意义上的转移，因其行为的违法性，在法律上同样是无效的，因此，将刑法上的非法占有的认定标准完全等同于民法上的合法所有的认定标准是不妥当的，非法占有目的的实现并不以得到法律上的确认为条件，是否在法律上取得了对物的所有权，并不能对事实上占有某物的认定构成障碍。这一点，与我国刑法将赃款赃物、违禁品作为财产犯罪的对象是同样的道理。

故此，我们主张，作为以非法占有为目的的直接故意犯罪，贪污罪存在未遂形态；其既、未遂的判断标准，与盗窃、诈骗、抢夺等财产犯罪一样，应当视行为人是否实际取得财物而定。具体到贪污不动产犯罪，只要行为人利用职务之便，采取欺骗等非法手段，使公有不动产脱离了公有产权人的实际控制，并被行为人现实地占有的，或者行为人已经就所有权的取得进行了变更登记的，即可认定为贪污罪的既遂，而且，在办理不动产转移登记之后，即使不动产尚未实现事实上的转移，也不影响贪污罪既遂的成立。

在本案中，被告人于某红虽未就其所截留的公有房屋进行私有产权登记，但因该截留行为系在房屋移交过程中、房屋的所有权人不知情的情况下实施的，房屋所有权的代表人——房管所在一般情况下是不可能对该房屋主张权利的，被告人于某红弄虚作假、欺瞒所在单位截留公房的行为本身即意味着被告人于某红实现了对该公房事实上的占有。由于该公房已经实际脱离了房管所的控制，因此，被告人于某红将来是否进行私有产权登记，并不影响对其已经将该公房据为己有事实的认定。一、二审法院认定被告人于某红构成贪污既遂是正确的。

◎行为人控制公共财物后未实际据为己有的，不影响贪污既遂的认定

3. 贪污罪是以非法占有为目的的财产性职务犯罪，与盗窃、诈骗、抢夺等侵犯财产罪一样，应当以行为人是否实际控制财物作为区分贪污罪既遂与未遂的标准。行为人控制公共财物后，是否将财物据为己有，不影响贪污既遂的认定，见【（2020）甘11刑终74号】陈某某贪污案二审刑事裁定书。

在该裁定书中，甘肃省定西市中级人民法院认为：

贪污罪是一种以非法占有为目的的财产性职务犯罪，与盗窃、诈骗、抢夺等侵犯财产罪一样，应当以行为人是否实际控制财物作为区分贪污罪既遂与未遂的标准。行为人控制公共财物后，是否将财物据为己有，不影响贪污既遂的认定。本案中，陈某某将铁沟村原有的27.14亩村集体机动地退耕还林面积虚报在本人名下，后转到其妻子名下，在2009年至2019年，实际共计领取退耕还林补助资金36367.6元，套取的退耕还林资金均拨入陈某某或其妻子杨某名下的"一折统"内，且由陈某某亲自领取，陈某某实际上已经形成了对涉案财物的控制，至于是否如其所称用于垫缴了社会抚养费、地膜款等，不影响其贪污罪既遂认定。故对此节辩解、辩护意见，不予采纳。

◎贪污罪既遂标准的通说为"控制说"

4. 根据贪污罪既遂标准的通说"控制说"，只要行为人取得对公共财物的实际控制与支配，即构成贪污罪的既遂，行为人将赃款用于公务性支出的，不影响

对其贪污行为既遂的认定,见【《刑事审判参考》第1142号指导案例】王某龙挪用公款、贪污案。

在该案中,法官分析认为:

关于公务性支出能否从贪污数额中扣除,是本案的另一争议焦点,审理中也存在两种意见:一种意见认为,不论通阳公司、厚缘公司是否属于国有单位的"小金库",因部分涉案款项被王某龙用于公务性支出,王某龙对该部分款项没有占为己有的主观故意,客观上也没有使国有财产受到损失,对该部分款项应从贪污数额中予以扣除。另一种意见认为,本案涉案款项进入通阳公司、厚缘公司以后,王某龙的行为即成立贪污罪的既遂,此后即使王某龙将部分款项用于公务性支出,也属于对赃款的处分行为,该部分款项不能从贪污数额中扣除。

我们同意第二种意见。理由是:

被告人王某龙的贪污犯罪行为已经既遂。根据贪污罪既遂标准的通说"控制说",只要行为人取得对公共财物的实际控制与支配,即构成贪污罪的既遂。最高人民法院2003年11月13日印发的《全国法院审理经济犯罪案件工作座谈会纪要》第二条第一款专门就"贪污罪既遂与未遂的认定"作出规定:"贪污罪是一种以非法占有为目的的财产性职务犯罪,与盗窃、诈骗、抢夺等侵犯财产罪一样,应当以行为人是否实际控制财物作为区分贪污罪既遂与未遂的标准……行为人控制公共财物后,是否将财物据为己有,不影响贪污既遂的认定。"本案中,通阳公司、厚缘公司属于财务独立核算的私营企业,王某龙将本应由神牛公司收取的款项转由两家公司分别收取以后,便实际实现了对这部分款项的控制、支配,其贪污犯罪行为已经既遂。

行为人将赃款用于公务性支出的,不影响对其贪污行为的认定,用于公务支出的部分不能从贪污数额中扣除。根据犯罪既遂理论,犯罪既遂即代表着行为人的行为已经齐备了某种犯罪的全部构成要件,对其应以既遂状态下的行为及其结果定罪处罚。此后行为人对赃款、赃物的处分以及退赃、退赔等情形,不影响对其行为的定性,也不影响对犯罪数额的认定。这些事后行为只能在量刑时酌情考虑。

对此,2016年4月18日《最高人民法院、最高人民检察院关于办理贪污贿赂刑事案件适用法律若干问题的解释》第十六条第一款明确规定:"国家工作人员出于贪污、受贿的故意,非法占有公共财物、收受他人财物之后,将赃款赃物用于单位公务支出或者社会捐赠的,不影响贪污罪、受贿罪的认定,但量刑时可以酌情考虑。"该解释对贪污、贿赂犯罪既遂后,行为人出于各种目的将赃款用于公务性支出或者社会公益事业如何认定犯罪数额的问题进行了明确规定,统一了法律适用。

综上,被告人王某龙将部分赃款用于单位公务性支出,对该部分赃款不能从其贪污数额中扣除,只能在量刑时酌情考虑。

5. 公共财物被套取完成之时就已遭受损失,公共财产已经实际转移,国家也丧失了对该部分国有财产的控制和支配,转而由行为人等人控制、支配,处于随时可由其处置的状态的,应属犯罪既遂,见【(2015)宜刑初字第00026号】任某贪污、受贿案一审刑事判决书。

在该裁定书中,安徽省安庆市中级人民法院认为:

就房某林向被告人任某出具的欠条涉及的共计人民币200万元是否属于贪污未遂的意见。贪污罪为侵犯国家财产的犯罪,既损害了公共财产的所有权又损害了国家工作人员职务行为的廉洁性。本案中被告人任某伙同房某林(另案处理),采取虚报企业维修所需物料的手段,利用其担任国家出资企业分支机构主要负责人的职务之便,套取钢材款,其行为构成贪污罪。案件中非法套取的钢材款统一留存于房某林处,被告人任某需要使用钢材款之时,才指示房某林采取汇款转账、交付现金、直接购买等方式予以支付。即至钢材等物料被套取完成之时,不待钢材被出售,公共财产就已遭受损失,公共财产已经实际转移,国家也丧失了对该部分国有财产的控制和支配,转而由任某、房某林等人控制、支配,处于随时可由其处置的状态,应属犯罪既遂。被告人任某是否实际将套取的钢材款据为己有不影响贪污罪既遂的认定,且被告人任某先后离任第一炼铁总厂和煤焦化公司之刻,均要求具体存留赃款的房某林向其个人出具欠条,同时未向任何人提及此事。足见其对此笔资金支配及控制意愿,属于对此200万元赃款私自处置意愿的体现。故而,此200万元应属既遂。

6. 贪污罪既遂与未遂的认定应以行为人是否实际控制财物作为标准,行为人通过伪造材料骗取公共财产且款项已打入行为人账户的,构成贪污既遂,见【(2015)郴刑二终字第93号】唐某康挪用公款、贪污案二审刑事裁定书。

在该裁定书中,湖南省郴州市中级人民法院认为:

关于上诉人唐某康提出上诉人套取农合医疗款的行为属贪污未遂的上诉理由。经查,《全国法院审理经济犯罪案件工作座谈会纪要》规定,贪污罪既遂与未遂的认定应以行为人是否实际控制财物作为标准。本案中,上诉人唐某康通过伪造合作医疗报账资料骗取国家合作医疗资金20353.1元，2013年6月4日该款项已打入兰某账户，上诉人唐某康在当日取得该款项后，在合管办领导的催促下，直到2013年6月19日才退还，应当认定上诉人唐某康已实际控制该笔款项，属贪污既遂。故上诉人唐某康的该上诉理由于法无据，本院不予采纳。

（二）构成贪污未遂

◎**转移公共财物后未能实际控制的，构成贪污未遂**

1. 通过转让协议将侵占的公共财物打入其他公司后，其他公司未将资金实际支付给行为人的，构成贪污未遂，见【（2019）吉刑终87号】郭某军贪污、职务侵占案二审刑事判决书。

在该判决书中，吉林省高级人民法院认为：

关于郭某军的辩护人提出，如认定郭某军贪污2000万元，也应当认定为犯罪未遂，应当判处十年以下有期徒刑的意见。本院认为，郭某军利用担任国有公司法人、执行董事兼总经理的职务便利，隐瞒股东大会，采用签订不同价款的转让协议，侵占公司应得利益2000万元，其行为构成贪污犯罪，但由于平安种业公司未实际支付2000万元转让价款给郭某军，仅以欠据方式约定为郭某军享有2000万元债权，致使郭某军未实际占有或控制2000万元公司应得利益，应属贪污未遂。事后郭某军虽然按照与平安种业公司的约定，获得一年的债权利息400万元，但此400万元属于贪污犯罪所产生的孳息，依法应予没收，但不影响未遂的认定。辩护人提出郭某军如构成贪污犯罪，应属未遂的意见，有事实和法律依据，应予支持。

2. 将公款贪污后无法领取的，应认定为贪污未遂，见【（2019）陕07刑终202号】王某鹏贪污案二审刑事裁定书。

在该裁定书中，陕西省汉中市中级人民法院认为：

上诉人王某鹏及其辩护人提出，上诉人王某鹏的行为不构成贪污罪、挪用资金罪的上诉理由及辩护意见，经查，在贪污罪中，上诉人王某鹏以虚报移民搬迁户的方式骗取国家移民搬迁费用96万元，且并未将该款兑付给32户村民，该款性质仍然属于国有财产，其行为已经构成贪污罪。其将其中32万元以入住保证金名义上交洋州镇财政所，且在该款退还时因其已未担任村支书的原因，无法领取该32万元，故该32万元属于贪污未遂。

◎ **利用职务之便骗取国家拆迁安置房未得逞的，构成贪污未遂**

3. 国家工作人员利用职务之便，以未实际拆除的房产骗取国家拆迁安置房，最终未得手的，属于贪污未遂，见【（2019）鄂01刑终753号】喻某明贪污案二审刑事判决书。

在该判决书中，湖北省武汉市中级人民法院认为：

本院认为，上诉人喻某明身为国家工作人员，利用督办拆违控违工作的职务便利，将本应依法拆除的违建房屋继续建设并用于骗取国家拆迁补偿款，数额巨大，其行为已构成贪污罪。上诉人喻某明犯罪后自首，依法可以从轻处罚。对上诉人喻某明并未实际取得所有权的价值人民币163.6万元的400平方米拆迁安置房屋，属贪污未遂，可以比照既遂犯从轻处罚。原审判决认定事实清楚，定罪准确。审判程序合法。

4. 车辆未办理产权转移登记的，应认定为贪污未遂，见【（2019）辽04刑终21号】关某波受贿、贪污案二审刑事裁定书。

在该裁定书中，辽宁省抚顺市中级人民法院认为：

上诉人（原审被告人）关某某犯受贿罪，事实清楚，证据充分，一审判决定性准确，量刑适当。关于贪污犯罪，某某区人民政府为了水务局工作需要，筹集资金购置了一辆RAV4丰田车，因政府控购原因将该车挂靠在其他单位，再将该车交与水务局使用，该车所有权属于某某区人民政府。因此，本案RAV4丰田车可以成为上诉人的贪污客体。上诉人曾任某某区水务局负责人，系国家工作人员并实际控制本案RAV4丰田车，被免职后产生非法占有该车的意图，因此，上诉人可以成为贪污主体。上诉人为了实现非法占有本案RAV4丰田车的目的，在继续实际占有该车辆的同时，虚构该车辆已经顶账给他人的事实，拒绝归还某某区政府，一审法院结合本案的案情认定上诉人（原审被告人）关某某犯贪污未遂并无不当。

5. 行为人虚列征收补偿款项，但因意志以外的原因尚未拨付而未得逞的，系贪污未遂，见【（2019）晋08刑终47号】杨某业贪污案二审刑事裁定书。

在该裁定书中，山西省运城市中级人民法院认为：

被告人杨某业担任运城市安邑办事处东杨家卓村村委主任期间，在协助人民政府对土地征收、征用补偿费用管理工作中，利用职务便利，在村巷道硬化工程中，采取虚列、加大工程决算、伪造有关人员签名的手段，侵吞运城空港管委会拨付东某家某征地补偿款215664元；虚列的301788元因被告人意志以外的原因空港管委会尚未拨付而未得逞，系贪污未遂，数额巨大，其行为已构成贪污罪，依法应负刑事责任。公诉机关指控被告人杨某业的犯罪事实清楚，证据确实、充分，指控罪名成立，予以支持。

律师建议

犯罪未遂是法定从轻或减轻处罚情节，律师在为涉嫌贪污犯罪的当事人提供辩护时，应当注意是否存在未遂情节。贪污罪是以非法占有为目的的财产性职务犯罪，与盗窃、诈骗、抢夺等侵犯财产罪一样，应当以行为人是否实际控制财物作为区分贪污罪既遂与未遂的标准。对于公共财产处于失控状态但并未被当事人实际控制的情形，应当在庭审中及时提出贪污未遂的辩护意见。

五 ▶ 挪用公款罪的认定

047 挪用公款给其他单位使用是否构成挪用公款罪？

律师提示

挪用公款罪中的"其他单位"，不只局限于法人组织，还包括常设性组织及非常设性组织；单位领导集体决定将公款以单位名义挪给其他单位使用的，不构成挪用公款罪；个人决定以单位名义挪用公款给单位使用，谋取个人私利的，构成挪用公款罪；未谋取私利的，不构成挪用公款罪。

争议焦点

挪用公款给其他单位使用是否构成挪用公款罪，在理论和实践中均存在一定争议。

有人认为，挪用公款给其他单位使用，属于单位之间的正常借贷，是市场经济下的正常借贷行为，不应认定为犯罪；有人认为，挪用公款给其他单位使用，是违背国有单位意志的行为，只要存在公款私用，就构成挪用公款罪；还有人认为，挪用公款给其他单位，只有谋取个人利益的，才构成挪用公款罪。

《刑法》第三百八十四条规定：国家工作人员利用职务上的便利，挪用公款归个人使用，进行非法活动的，或者挪用公款数额较大、进行营利活动的，或者挪用公款数额较大、超过三个月未还的，是挪用公款罪，处五年以下有期徒刑或者拘役；情节严重的，处五年以上有期徒刑。挪用公款数额巨大不退还的，处十年以上有期徒刑或者无期徒刑。

挪用用于救灾、抢险、防汛、优抚、扶贫、移民、救济款物归个人使用的，从重处罚。

第一百八十五条第二款规定：国有商业银行、证券交易所、期货交易所、证券公司、期货经纪公司、保险公司或者其他国有金融机构的工作人员和国有商业银行、证券交易所、期货交易所、证券公司、期货经纪公司、保险公司或者其他国有金融机构委派到前款规定中的非国有机构从事公务的人员有前款行为的，依照本法第三百八十四条的规定定罪处罚。

2002年《全国人民代表大会常务委员会关于〈中华人民共和国刑法〉第三百八十四条第一款的解释》，将刑法第三百八十四条第一款规定的国家工作人员利用职务上的便利，挪用公款"归个人使用"的含义问题，解释如下：

有下列情形之一的，属于挪用公款"归个人使用"：

（一）将公款供本人、亲友或者其他自然人使用的；

（二）以个人名义将公款供其他单位使用的；

（三）个人决定以单位名义将公款供其他单位使用，谋取个人利益的。

2003年《全国法院审理经济犯罪案件工作座谈会纪要》第四条"关于挪用公款罪"规定：

（一）单位决定将公款给个人使用行为的认定

经单位领导集体研究决定将公款给个人使用，或者单位负责人为了单位的利益，决定将公款给个人使用的，不以挪用公款罪定罪处罚。上述行为致使单位遭受重大损失，构成其他犯罪的，依照刑法的有关规定对责任人员定罪处罚。

（二）挪用公款供其他单位使用行为的认定

根据全国人大常委会《关于〈中华人民共和国刑法〉第三百八十四条第一款的解释》的规定，"以个人名义将公款供其他单位使用的"、"个人决定以单位名义将公款供其他单位使用，谋取个人利益的"，属于挪用公款"归个人使用"。在司法实践中，对于将公款供其他单位使用的，认定是否属于"以个人名义"，不能只看形式，要从实质上把握。对于行为人逃避财务监管，或者与使用人约定以个人名义进行，或者借款、还款都以个人名义进行，将公款给其他单位使用的，应认定为"以个人名义"。"个人决定"既包括行为人在职权范围内决定，也包括超越职权范围决定。"谋取个人利益"，既包括行为人与使用人事先约定谋取个人利益实际尚未获取的情况，也包括虽未事先约定但实际已获取了个人利益的情况。其中的"个人利益"，既包括不正当利益，也包括正当利益；既包括财产性利益，也包括非财产性利益，但这种非财产性利益应当是具体的实际利益，如升学、就业等。

（三）国有单位领导向其主管的具有法人资格的下级单位借公款归个人使用的认定

国有单位领导利用职务上的便利指令具有法人资格的下级单位将公款供个人使用的，属于挪用公款行为，构成犯罪的，应以挪用公款罪定罪处罚。

……

实务中针对挪用公款给其他单位的行为，一般情况下领导个人决定将公款挪用给其他单位使用，个人谋取私利的，构成挪用公款罪；没有谋取个人私利的，不构成挪用公款罪。特殊情况需要具体问题具体分析。

裁判精要

挪用公款罪中的"其他单位"，不只局限于法人组织，还包括常设性组织及非常设性组织；个人决定将公款以单位名义借给其他单位用于经营活动，应认定为挪用公款供单位使用，个人谋取私利的，构成挪用公款罪；挪用公款名义上给其他单位使用，实际上公司由个人控制，收益也主要由个人获取的，构成挪用公款罪；经单位集体研究决定挪用公款给其他单位使用的，不构成挪用公款罪；单位领导个人决定挪用公款归个人使用，并未谋取私利，不构成挪用公款罪；挪用公款给名为个人实为本单位下属集体企业使用，且未谋取个人利益的，不宜按挪用公款罪论处。

（一）不构成挪用公款罪

◎ **单位集体研究决定将公款借给其他单位使用的，不构成挪用公款罪**

1. 将公款给其他单位使用系经集体讨论决定的，不构成挪用公款罪，见【（2020）鄂1024刑初33号】郑某禄挪用公款案一审刑事判决书。

在该判决书中，湖北省荆州市江陵县人民法院认为：

关于郑某禄的辩护人提出借款149万元是经口头商量的集体意见的辩护意见。经查，纺某公司出具的关于与桑某公司进行资金拆借的情况说明中，已明确提到经郑某禄、谷某、冯某1同意，且三人均在情况说明中签字确认，结合被告人郑某禄的供述、证人谷某的证言亦能印证，足以认定在借款前已经过集体商量。此项辩护意见成立，本院予以采纳。

本院认为，被告人郑某禄作为国家工作人员，利用职务便利，个人决定以集体名义挪用公款归其他公司进行营利活动使用，从中谋取私利，数额巨大，且超过三个月未还，其行为已构成挪用公款罪，江陵县人民检察院的指控成立，对被告人郑某禄应予处罚。纺某公司对外借款149万元，系经集体讨论决定，故公诉机关指控的挪用公款罪不当，应予纠正。被告人郑某禄能当庭自愿认罪，退缴大部分违法所得，对其可酌情从轻处罚。

◎单位领导集体决定公款私存的，不构成挪用公款罪

2. 经单位领导集体决定将公款存在私人账号下，是公款私存的违纪行为，不构成挪用公款罪，见【（2018）湘0202刑初32号】徐某等受贿、挪用公款案一审刑事判决书。

在该判决书中，湖南省株洲市荷塘区人民法院认为：

被告人徐某在醴陵市企业改制办任出纳期间，经改制办领导集体决定将公款存放在其私人账户名下，是公款私存的违纪行为；被告人徐某又将保管在其个人账户名下的公款转存在自己名下其他账户存定期以获取较高的收益，没有改变公款私存的属性，不构成挪用公款罪。

辩护人提出被告人徐某是临时工，不具备受贿罪的主体资格；受贿数额只有10万元的辩护意见与事实不符，不予采纳。其提出的被告人徐某是应驻醴株洲市国有企业改制办集体决定，将起诉书指控被挪用的费用存入其个人账户，不构成挪用公款罪以及被告人徐某是从犯，有自首情节的意见，本院予以采纳。

3. 经单位集体研究决定挪用公款给其他单位使用的，不构成犯罪，见【（2017）云0925刑初15号】杨某华滥用职权、贪污、挪用公款案一审刑事判决书。

在该判决书中，云南省临沧市双江拉祜族佤族布朗族傣族自治县人民法院认为：

被告人的行为是否构成挪用公款罪。《刑法》第三百八十四条规定"国家工作人员利用职务上的便利，挪用公款归个人使用，进行非法活动的，或者挪用公款数额较大、进行营利活动的，或者挪用公款数额较大、超过三个月未还的，是挪用公款罪"。《全国人民代表大会常务委员会关于〈中华人民共和国刑法〉第三百八十四条第一款的解释》规定"有下列情形之一的，属于挪用公款'归个人使用'：（一）将公款供本人、亲友或者其他自然人使用的；（二）以个人名义将公款供其他单位使用的；（三）个人决定以单位名义将公款供其他单位使用，谋取个人利益的"。2001年最高人民法院刑二庭《关于以单位名义挪用公款归个人使用是否构成挪用公款罪的处理》认为"为了单位利益，以单位名义挪用公款给个人使用的，实质上是一种单位行为。对于单位行为，刑法没有规定单位行为的，既不能追究单位的刑事责任，也不能追究单位中直接负责的主管人员和其他责任人的刑事责任。因此，经单位集体研究决定挪用公款给个人使用的，或者单位领导为了单位利益，利用本人职权，擅自决定挪用公款给个人使用的，均不

应按挪用公款罪追究刑事责任。"最高人民法院关于印发《全国法院审理经济犯罪案件工作座谈会纪要》规定"经单位领导集体研究决定将公款给个人使用，或者单位负责人为了单位的利益，决定将公款给个人使用的，不以挪用公款罪定罪处罚"。

公诉机关指控被告人杨某华在任双江自治县局长期间，经双江自治县林业局集体决定，设立隶属于双江自治县林业局的经济实体"林木种苗引种实验中心"，挪用林业专项资金14900000元和其他资金1667229元，用于该中心的经营。既为"经双江自治县林业局集体决定"，则该行为不符合挪用公款罪的构成要件，不应以挪用公款罪定罪处罚。

◎单位领导为公司利益将公款给个人使用的，不构成挪用公款罪

4. 单位领导个人决定挪用公款归个人使用，主观上是为全体提供的整体利益，属于挪用公款归单位使用，并未谋取私利，不构成挪用公款罪，见【（2014）铜中刑终字第00086号】何某、李某挪用公款案二审刑事裁定书。

在该裁定书中，安徽省铜陵市中级人民法院认为：

关于本案定性问题。根据《全国人民代表大会常务委员会关于〈中华人民共和国刑法〉第三百八十四条第一款的解释》第三项的规定，个人决定以单位名义将公款供其他单位使用，谋取个人利益的，属于挪用公款"归个人使用"。个人决定以单位名义将公款供其他单位使用，是否构成挪用公款罪，不在于使用单位的性质，关键是看其是否谋取了个人利益。本案中，何某担任排灌站站长期间，为了企业的生存和发展，更好地解决国有企业职工就业和收入问题，个人决定将排灌站的资金给铜北造船公司使用，其主观上是为排灌站全体职工的整体利益，属于挪用公款归单位使用，不属于挪用公款归个人使用，其行为不构成挪用公款罪。原审被告人李某将排灌站资金供铜北造船公司使用，是执行排灌站站长何某的决定，其行为也不构成挪用公款罪。

◎将公款挪给本下属集体企业使用且未谋私的，不构成挪用公款罪

5. 挪用公款给名为个人实为本单位下属集体企业使用，且未谋取个人利益的，不宜按挪用公款罪论处，见【《刑事审判参考》第236号指导案例】歹某学挪用公款案。

在该案中，法官分析认为：

准确理解和适用法律规定是案件正确处理的关键。大量证据已经证实，金华机械厂系农机公司集体研究决定成立的名为个体实为集体的下属企业，被告人歹

某学出于经营需要，将农机公司的资金挪用给金华机械厂使用，是否构成挪用公款罪？这关系到对"挪用公款归个人使用"这一挪用公款罪客观构成要件的理解。

"挪用公款归个人使用"是构成挪用公款罪的客观前提。为准确认定"挪用公款归个人使用"，刑法修订后，最高人民法院先后于1998年和2001年出台了《关于审理挪用公款案件具体应用法律若干问题的解释》《关于如何认定挪用公款归个人使用有关问题的解释》两个司法解释，对这一问题作出了规定。1998年《解释》第一条规定："挪用公款给私有公司、私有企业使用的，属于挪用公款归个人使用。"2001年《解释》第一条规定："国家工作人员利用职务上的便利，以个人名义将公款借给其他自然人或者不具有法人资格的私营独资企业、私营合伙企业等使用的，属于挪用公款归个人使用"，不再限定单位的性质。2001年《解释》第三条规定："本解释施行后，我院此前发布的司法解释的有关内容与本解释不一致的，不再适用。"可见，使用公款企业的性质也是决定是否属于"挪用公款归个人使用"的重要因素。如果挪用公款给不具备法人资格的个体工商户，则应认定属于"挪用公款归个人使用"。

本案中，金华机械厂的营业执照显示其性质为个体工商户，法人代表为歹某学，但新郑农机公司的文件和有关人员的证言，以及金华机械厂的具体运作过程，都证实其为新郑农机公司下属的集体企业，成立金华机械厂的受益人是新郑农机公司的全体职工。在这种情况下，是按照公诉机关的意见以营业执照为准，确定金华机械厂属于个体工商户，还是按照实际情况实事求是地认定金华机械厂属于单位而非个人？我们认为，挪用公款罪的本质特征是公款私用，对于名为个体实为集体的企业性质的认定，应实事求是地还原事物本来面目。对于国家工作人员出于经营需要，挪用公款给名为个体实为集体的企业使用，没有谋取私人利益的，不属于"挪用公款归个人使用"。本案中，被告人歹某学作为新郑农机公司的经理，将公款挪用给金华机械厂用于经营活动，实际上是新郑农机公司内部的资金流转，不符合挪用公款罪的构成要件，故二审法院的处理是正确的。

（二）构成挪用公款罪

◎常设性组织及非常设性组织是挪用公款罪中的"其他单位"

1. 挪用公款罪中的"其他单位"，不应只局限于法人组织，还应包括常设性组织及非常设性组织，见【（2017）甘0503刑初23号】王某1、张某2等滥职权案一审刑事判决书。

在该判决书中，甘肃省天水市麦积区人民法院认为：

我国刑法涉及"单位"概念的主要有两种情形：

第一，刑法总则单位犯罪中的关于"单位"的规定，《最高人民法院〈关于审理单位犯罪案件具体应用法律有关问题的解释〉》第一条将单位犯罪中除机关、团体外的"单位"定义为：包括国有、集体所有的公司、企业、事业单位，以及依法设立的合资经营、合作经营企业和具有法人资格的独资、私营等公司、企业、事业单位。

第二，刑法分则中以"其他单位"表述的"单位"，最高人民法院、最高人民检察院《关于办理商业贿赂刑事案件适用法律若干问题的意见》第二条规定：刑法第一百六十三条（非国家工作人员受贿罪）、第一百六十四条（对非国家工作人员行贿罪）规定的"其他单位"，包括事业单位、社会团体、村民委员会、居民委员会、村民小组等常设性组织，也包括为组织体育赛事、文艺演出或者其他正常活动而成立的组委会、筹委会、工程承包队等非常设性组织。

挪用公款罪中的"其他单位"不应局限于法人组织，应适用于上述第二种情形，即该罪的"其他单位"应包括常设性组织及非常设性组织。因单位犯罪所规制的是利用单位这种合法身份和法人人格进行犯罪的行为，"单位"是犯罪的主体，必须具备法人资格，而认定挪用公款罪的"其他单位"必须具备法人资格的观点缺乏法理和实践基础，该罪中关于"挪用公款供其他单位使用"的"单位"范畴不应限于法人单位的观点得到了最高司法机关的认可，即最高人民法院、最高人民检察院在《关于办理商业贿赂刑事案件适用法律若干问题的意见》中作了上述明确规定。涉案的省八建第十一项目部系因承揽工程而成立的非常设性组织，其亦作为合同一方主体与海天公司签订了合作协议，可见其具有民事主体身份，而甘谷县安远建筑公司第六工程处系该公司的分公司，而属常设性机构，二者均取得总公司同意在银行设有独立的财务账号，财务独立、自负盈亏，二者均符合上述司法解释关于"其他单位"的规定。故涉案的省八建第十一项目部以及甘谷县安远建筑公司第六工程处均属于挪用公款罪"其他单位"的概念范畴。

◎以个人名义将公款挪给其他企业使用的，构成挪用公款罪

2. 表面上将公款挪用给其他公司使用，实际上公司由个人控制，收益也主要由个人获得的，构成挪用公款罪，见【（2019）辽02刑终609号】刘某盛、

徐某南贪污、挪用公款、行贿案二审刑事判决书。

在该判决书中，辽宁省大连市中级人民法院认为：

关于上诉人刘某盛提出，原审认定刘某盛挪用公款罪中，其不具有国家工作人员身份，且系企业之间的正常借贷行为，案发前已还清本息，不构成犯罪的上诉理由以及上诉人徐某南的辩护人提出徐某南并非资金使用人的辩护意见，经查，吕某俊、杨某利挪用的款项虽经羊绒公司转入新星公司用于购买债权，但新星公司系刘某盛个人实际控制，仅以该公司名义对外履行相关手续而已，该债权实际由刘某盛和徐某南合伙购买，债权实现后获得的收益也并未用于公司，在扣除成本后，相关款项转入刘某盛账户，由刘某盛、徐某南与吕某俊、杨某利商议后决定分配，其资金的实际使用人应为刘某盛、徐某南个人，根据相关司法解释规定，使用人与挪用人共谋，指使或者参与策划取得挪用款的，以挪用公款罪的共犯定罪处罚，故原审认定刘某盛、徐某南构成挪用公款罪并无不当。该上诉理由及辩护意见与事实和法律不符，本院不予采纳。

3. 挪用公款名义上给其他单位使用，实际上是借给个人使用，构成挪用公款归个人使用，见【（2015）苏刑二终字第00019号】冯某皓犯贪污、挪用公款案二审刑事判决书。

在该判决书中，江苏省高级人民法院认为：

关于上诉人及其辩护人提出冯某皓挪用江南公司公款800万元的行为不构成挪用公款罪的上诉理由和辩护意见。经查，一审判决认定的第一笔挪用500万元，虽然是从江南公司打款给龙腾公司，但实际上是借给谢某个人使用，打款给单位只是为了走账，故实质上仍属挪用单位公款归个人使用。

◎个人决定将公款挪用给其他单位进行营利活动的，构成挪用公款罪

4. 个人决定将公款挪用给亲属参股公司进行营利活动的，属于个人决定挪用公款供其他单位使用，谋取个人利益的，构成挪用公款罪，见【（2015）邵中刑二终字第90号】周某军挪用公款案二审判决书。

在该判决书中，湖南省邵阳市中级人民法院认为：

上诉人（原审被告人）周某军身为新邵县水利局局长，利用职务上的便利指令具有法人资格的下级单位颜岭水库将公款40万元供其亲属参股的三良公司进行营利活动，其行为已构成挪用公款罪。周某军身为水利局局长，对颜岭水库负责人的职务任免存在制约关系，其虽以一种带商量的语气向下级单位提出借款要求，但从其特定的上下级关系来理解，应当认定为指令。指令具有法人资格的

下级单位将公款供个人使用，其本质仍属"个人决定以单位名义将公款供个人使用"，如果查实被指令者按指令实施了"将公款供个人使用"的行为，实现了指令者的意图，尽管被指令者的行为不一定符合《全国人民代表大会常务委员会关于〈中华人民共和国刑法〉第三百八十四条第一款的解释》所规定的挪用公款"归个人使用"的情形，也不影响对指令者的挪用公款行为认定。周某军指令下级单位以单位名义将公款供自己妻儿参股的三良公司进行营利活动，系"个人决定以单位名义将公款供其他单位使用，谋取个人利益"的情形，属于挪用公款"归个人使用"。周某军上诉及其辩护人辩护提出"未谋取个人利益"的意见和理由与查明的事实不符，本院不予采纳。

5. 个人决定将公款以单位名义借给其他单位用于经营活动，应认定为挪用公款供单位使用，个人谋取私利的，构成挪用公款罪，见【（2016）皖13刑终539号】晁某海挪用公款案二审刑事裁定书。

在该裁定书中，安徽省宿州市中级人民法院认为：

相关进账单、借条等书证，证人丁某、刘某、武某证言，上诉人晁某海供述等证据相互印证，证明上诉人晁某海个人决定将公款以单位名义借给禾香园宾馆用于经营活动，并非供丁某做其他使用，故对该行为应评价为挪用公款供单位使用。二审出庭检察员提出上诉人晁某海将公款挪用给丁某个人使用的意见不能成立。

本院认为：上诉人晁某海在任国有公司法定代表人期间，利用职务上的便利，个人决定将公款115万元借给其他单位使用，谋取个人利益，其行为构成挪用公款罪，依法应予惩处。上诉人晁某海及其辩护人的上诉理由、辩护意见均不能成立，本院不予采纳；二审出庭检察员部分意见成立，本院予以采纳。原判认定事实清楚，证据确实、充分，定罪准确，量刑适当。

律师建议

挪用公款给其他单位使用是否构成犯罪，实践中存在一定的争议，也为律师辩护提供了空间。律师在辩护时要着眼于以下三个方面：一是挪用公款给其他单位是否经单位领导集体研究决定，二是国有单位是否因给其他单位使用公款获得了利益，三是个人是否从中谋取了私利。以上三种情况可以作为无罪辩护的重要辩点。

048 单位领导集体决定将公款归个人使用是否构成挪用公款罪？

律师提示

经单位领导集体研究决定将公款给个人使用，或者单位负责人为了单位的利益，决定将公款给个人使用的，不以挪用公款罪定罪处罚；上述行为致使单位遭受重大损失，构成其他犯罪的，依照刑法的有关规定对责任人员定罪处罚，或者依法对责任人员进行政务处分；单位领导集体同意将公款暂存在个人账户上，只不过是公款保存场所发生了变化，并不改变公款的属性，个人擅自使用的，仍构成挪用公款罪。

争议焦点

单位领导集体决定将公款给个人使用，是否一概不认为构成挪用公款罪，实践中存在分歧。

《刑法》第三百八十四条第一款规定：国家工作人员利用职务上的便利，挪用公款归个人使用，进行非法活动的，或者挪用公款数额较大、进行营利活动的，或者挪用公款数额较大、超过三个月未还的，是挪用公款罪，处五年以下有期徒刑或者拘役；情节严重的，处五年以上有期徒刑。挪用公款数额巨大不退还的，处十年以上有期徒刑或者无期徒刑。

2001年最高人民法院刑二庭《关于以单位名义挪用公款给个人使用是否构成挪用公款罪的处理意见》认为："在司法实践中，有些国有公司、企业、事业单位或者人民团体的负责人为了单位利益，违反规定以单位名义将公款借给他人使用的，对于这种行为能否以挪用公款罪对单位中直接负责的主管人员和其他责任人追究刑事责任，实践中有不同的做法：有的以挪用公款罪定罪处罚，有的不以犯罪论处。我们认为，为了单位利益，以单位名义挪用公款给个人使用的，实质上是一种单位行为。对于单位行为，刑法没有规定单位犯罪的，既不能追究单位的刑事责任，也不能追究单位中直接负责的主管人员和其他直接责任人的刑事责任。因此，经单位领导集体研究决定挪用公款给个人使用的，或者单位领导为了单位利益，利用本人职权，擅自决定挪用公款给个人使用的，均不应按挪用公款罪追究刑事责任。"

2002年《全国人民代表大会常务委员会关于〈中华人民共和国刑法〉第三百八十四条第一款的解释》，将刑法第三百八十四条第一款规定的国家工作人员利用职务上的便利，挪用公款"归个人使用"的含义问题，解释如下：

有下列情形之一的，属于挪用公款"归个人使用"：

（一）将公款供本人、亲友或者其他自然人使用的；

（二）以个人名义将公款供其他单位使用的；

（三）个人决定以单位名义将公款供其他单位使用，谋取个人利益的。

2003年《全国法院审理经济犯罪案件工作座谈会纪要》第四条"关于挪用公款罪"规定：

（一）单位决定将公款给个人使用行为的认定

经单位领导集体研究决定将公款给个人使用，或者单位负责人为了单位的利益，决定将公款给个人使用的，不以挪用公款罪定罪处罚。上述行为致使单位遭受重大损失，构成其他犯罪的，依照刑法的有关规定对责任人员定罪处罚。

（二）挪用公款供其他单位使用行为的认定

根据全国人大常委会《关于〈中华人民共和国刑法〉第三百八十四条第一款的解释》的规定，"以个人名义将公款供其他单位使用的"、"个人决定以单位名义将公款供其他单位使用，谋取个人利益的"，属于挪用公款"归个人使用"。在司法实践中，对于将公款供其他单位使用的，认定是否属于"以个人名义"，不能只看形式，要从实质上把握。对于行为人逃避财务监管，或者与使用人约定以个人名义进行，或者借款、还款都以个人名义进行，将公款给其他单位使用的，应认定为"以个人名义"。"个人决定"既包括行为人在职权范围内决定，也包括超越职权范围决定。"谋取个人利益"，既包括行为人与使用人事先约定谋取个人利益实际尚未获取的情况，也包括虽未事先约定但实际已获取了个人利益的情况。其中的"个人利益"，既包括不正当利益，也包括正当利益；既包括财产性利益，也包括非财产性利益，但这种非财产性利益应当是具体的实际利益，如升学、就业等。

（三）国有单位领导向其主管的具有法人资格的下级单位借公款归个人使用的认定

国有单位领导利用职务上的便利指令具有法人资格的下级单位将公款供个人使用的，属于挪用公款行为，构成犯罪的，应以挪用公款罪定罪处罚。

……

2020年《公职人员政务处分法》第十条规定：有关机关、单位、组织集体作出的决定违法或者实施违法行为的，对负有责任的领导人员和直接责任人员中的公职人员依法给予政务处分。

依据上述规定，国有单位领导集体决定将公款给个人使用的，一般情况下不构成挪用公款罪，特殊情况下需要结合具体案件进行具体分析。

裁判精要

经单位领导集体研究决定将公款给个人使用，或者单位负责人为了单位的利益，决定将公款给个人使用的，不以挪用公款罪定罪处罚；单位领导集体同意将公款暂存在个人账户上，只不过是公款保存场所发生了变化，并不改变公款的属性，个人擅自使用的，仍构成挪用公款罪。

司法观点

（一）不构成挪用公款罪

◎ **单位领导集体决定将公款给个人使用的，不构成挪用公款罪**

1. 单位领导集体决定将公款给个人使用的，不构成挪用公款罪，见【（2017）内0204刑初163号】田某勇挪用公款案一审刑事判决书。

在该判决书中，内蒙古自治区包头市青山区人民法院认为：

被告人田某勇在担任石拐管委会经济运行部副部长等职务，分管石拐管委会驻区企业税收返还款时，按照石拐管委会会议精神将蒙源公司账户中的400万为石拐管委会招商引资企业恒远公司、鸿达公司提供注册资本的行为，是单位集体决定将公款给个人使用的行为，且被告人田某勇在此过程中并未谋取个人利益，被告人田某勇的行为不构成挪用公款罪，公诉机关指控的罪名不能成立。

2. 单位领导集体决定将公款供个人使用的，不构成挪用公款罪，见【（2017）川0682刑初123号】被告人陈某挪用公款、贪污案审刑事判决书。

在该判决书中，四川省什邡市人民法院认为：

对辩护人提出的"起诉书指控的将什邡市某处的资金130万元借给唐某使用，系由集体决定借给个人使用，不应认定为挪用公款罪"的辩护意见；本院认为，什邡市某处事业编制人员有陈某、尼某和杨某，事务的处理由这三人决定，将130万元借给唐某使用，是三人共同商量的结果，应认定为单位集体决定将公款借给个人使用，不应以挪用公款罪定罪处罚，对辩护人提出的起诉书指控的将130万元借给唐某使用不应认定为挪用公款罪的辩护意见本院予以采纳。

◎经政府批准将土地款以借款形式给他人使用的，不构成挪用公款罪

3. 经村支部书记批准，并报镇人民政府审查同意，明确约定了借款利息、签订了借款协议，符合该村确定的土地款用途及审批程序，应认定为民事借贷行为，不构成挪用公款罪，见【（2013）天全刑初字第39号】马某某挪用公款罪一审刑事判决书。

在该判决书中，四川省雅安市天全县人民法院认为：

被告人马某某向西城村借用土地款100000元以及将村上土地征用补偿款200000借给邹某某使用的行为，是由村主任、村文书、村妇女主任兼出纳等村委会成员兼村经济管理委员会成员认可后，经村支部书记杨某某批准，并报城厢镇人民政府审查同意，均明确约定了借款利息、签订了借款协议，且由借款人出具借据通过财务入账，符合该村确定的土地款用途及审批程序，该行为应认定为民事借贷行为，不构成犯罪。

（二）构成挪用公款罪

◎单位领导集体决定将公款私存后行为人擅自使用的，构成挪用公款罪

1. 单位领导集体研究决定将公款私存，是违反财政纪律的行为，但并不必然导致公款归个人使用，行为人将公款挪作他用属于个人行为，构成挪用公款罪，见【（2014）永中法刑二终字第98号】杨某玲挪用公款案二审刑事裁定书。

在该裁定书中，湖南省永州市中级人民法院认为：

上诉人（原审被告人）杨某玲身为国家工作人员，利用保管公款的职务便利，挪用公款1100000元进行营利活动；挪用公款309780元归个人使用，超过三个月未还，其行为已构成挪用公款罪，且属情节严重。杨某玲的辩护人提出"公款私存是单位决定的，单位有过错，党委政府监督不到位，也有过错"的意见，经查，公交公司领导层集体研究决定将公款私存，是违反财政纪律的行为，但并不必然导致本案的发生，杨某玲将公款挪作他用纯属其个人行为，故并不影响对其定罪量刑。

2. 单位领导集体同意将公款暂存在个人账户上，只不过是公款保存场所发生了变化，并不改变公款的属性，个人擅自使用的，构成挪用公款罪，见

【（2014）温泰刑初字第175号】张某玲挪用公款案一审刑事判决书。

在该判决书中，浙江省温州市泰顺县人民法院认为：

关于款项系经公司领导集体决定存放在张某某个人账户上，张某某并无"挪"的行为，而且与其个人的款项混同，性质已经发生改变不再属公款的辩护主张不能成立。公司将公款暂时存放在张某某的个人账户上，只不过是公款保存处发生了变化，并不改变公款的属性，不得因与私人的款项混杂存放就可以擅自挪用了。被告人将70万元公款通过转账方式出借给他人，挪用行为即已实行。

◎行为人超越业务范围借款给自己经营的公司的，构成挪用公款罪

3. 虽然国有创投公司董事会通过了相关协议和制度，但行为人超越投资业务范围借款给自己经营的公司的，构成挪用公款罪，见【（2020）川0802刑初158号】母某福、苟某和挪用公款案一审刑事判决书。

在该判决书中，四川省广元市利州区人民法院认为：

被告人母某福身为国家工作人员，明知自己任职的创投公司章程明确规定公司的经营范围为创业投资、创业投资咨询服务，不得经营从事担保业务和房地产业务；董事会虽通过了经理层（母某福）提议的相关决议并制定了《投资业务管理试行办法》，创投公司实际开展的业务有三大类：一是股权投资业务，二是债权类投资业务（包括委托贷款），三是担保业务，但董事会仍明确不能向房地产开发行业发放委托贷款和进行债权投资业务。被告人母某福、苟某和在自己经营的恒圣公司需用资金时，母某福仍利用职务之便安排相关人员以其他名义申请在创投公司取得贷款用于自己公司的经营活动，情节严重，其行为均已构成挪用公款罪，公诉机关指控的事实清楚、证据确实充分，罪名成立，应依法追究二被告人的刑事责任。

律师建议

集体决策是单位意志的直接表现。无论是将公款给其他单位使用还是给个人使用，只要经国有单位领导集体决定，一般都不构成挪用公款罪。领导集体决定将公款给个人使用的行为致使国有单位遭受重大损失，构成其他犯罪的，依照刑法的有关规定对责任人员定罪处罚；不构成其他犯罪的，依据《公职人员政务处分法》第十条的规定，对负有责任的领导人员和直接责任人员中的公职人员可以依法给予政务处分。但需要注意的是，一些特殊情况下可能构成挪用公款罪，例如，国有单位领导集体决定将公款暂存在个人账户上，仍未改变公款的性质，个

人擅自使用的，则触犯挪用公款罪。

049 如何认定挪用公款"进行非法活动"？

律师提示

挪用公款进行赌博、吸毒、行贿、走私、非法集资等活动，属于挪用公款进行非法活动；挪用公款进行非法活动应指与赌博、走私等行为相当的行为，体现为目的非法性，行为本身的非法性；挪用公款用于非法活动的证据不足或具体数额无法确定，不应认定为挪用公款进行非法活动。

争议焦点

《刑法》第三百八十四条第一款规定：国家工作人员利用职务上的便利，挪用公款归个人使用，进行非法活动的，或者挪用公款数额较大、进行营利活动的，或者挪用公款数额较大、超过三个月未还的，是挪用公款罪，处五年以下有期徒刑或者拘役；情节严重的，处五年以上有期徒刑。挪用公款数额巨大不退还的，处十年以上有期徒刑或者无期徒刑。

1998年《最高人民法院关于审理挪用公款案件具体应用法律若干问题的解释》第二条第三款规定：挪用公款归个人使用，进行赌博、走私等非法活动的，构成挪用公款罪，不受"数额较大"和挪用时间的限制。

挪用公款给他人使用，不知道使用人用公款进行营利活动或者用于非法活动，数额较大、超过三个月未还的，构成挪用公款罪；明知使用人用于营利活动或者非法活动的，应当认定为挪用人挪用公款进行营利活动或者非法活动。

2016年《最高人民法院、最高人民检察院关于办理贪污贿赂刑事案件适用法律若干问题的解释》第五条规定：挪用公款归个人使用，进行非法活动，数额在三万元以上的，应当依照刑法第三百八十四条的规定以挪用公款罪追究刑事责任；数额在三百万元以上的，应当认定为刑法第三百八十四条第一款规定的"数额巨大"。具有下列情形之一的，应当认定为刑法第三百八十四条第一款规定的"情节严重"：

（一）挪用公款数额在一百万元以上的；

（二）挪用救灾、抢险、防汛、优抚、扶贫、移民、救济特定款物，数额在五十万元以上不满一百万元的；

（三）挪用公款不退还，数额在五十万元以上不满一百万元的；

（四）其他严重的情节。

挪用公款罪中的"非法活动"，既包括违反刑法的活动，也包括违反其他法律的活动。但并非一切违法的活动均属于"非法活动"，违反刑法之外的其他法律的活动，要求具有较为严重的违法性，具体如何界定，在司法实践中存在很大分歧。

裁判精要

挪用公款进行赌博、吸毒、行贿、走私、购买彩票、包养情妇等活动，属于挪用公款"进行非法活动"；挪用公款"进行非法活动"应指与赌博、走私等行为相当的行为，体现为目的非法性，行为本身的非法性；挪用公款用于非法活动的证据不足或具体数额无法确定，不认定为挪用公款"进行非法活动"。

司法观点

（一）构成挪用公款"进行非法活动"

◎**挪用公款用于赌博、贩毒、包养情妇等，属于挪用公款"进行非法活动"**

1. 挪用公款用于赌博、购买彩票、包养情妇、夜场消费等非法活动的，其行为符合挪用公款的构成要件，见【（2017）藏0526刑初1号】索某挪用公款案一审刑事判决书。

在该判决书中，西藏自治区山南市措美县人民法院认为：

被告人索某身为国家机关工作人员，利用职务之便挪用山南市人民医院住院押金共计1152050元进行赌博、购买彩票、包养情妇、夜场消费等非法活动，其行为符合挪用公款的构成要件，构成挪用公款罪，公诉机关指控被告人索某所犯罪名成立，本院依法予以支持。被告人索某挪用公款数额较大进行非法活动，且不退还，系情节严重，处五年以上有期徒刑。被告人索某具有当庭认罪态度好，确有悔罪表现，依法可从轻处罚。

2. 挪用公款用于赌博和个人高消费活动的，属于挪用公款进行非法活动，见【(2015)保中刑终字第87号】王某峰挪用公款案二审刑事判决书。

在该判决书中,云南省保山市中级人民法院认为:

上诉人(原审被告人)王某峰身为国家工作人员,利用职务之便,将协助瓦房乡桂花烤烟生产专业合作社经管的578337.86元劳动群众集体所有的公款挪用于赌博和个人高消费等非法活动、任意挥霍的行为,并不符合最高人民法院司法解释及相关法规中规定挪用公款可以转化为贪污罪的四种情形,故其挪用公款进行非法活动的行为不能转化定性为贪污罪,只能定为挪用公款罪,属数额巨大、情节严重,应处十年以上有期徒刑。上诉人王某峰关于自己的行为构成挪用公款而不是贪污的意见成立,本院予以采纳。

3. 挪用公款用于贩卖毒品,属于挪用公款进行非法活动,见【(2017)云03刑初25号】徐某民走私、贩卖、运输、制造毒品、挪用公款案一审刑事判决书。

在该判决书中,云南省曲靖市中级人民法院认为:

曲靖市人民检察院指控,被告人徐某民在任昆明市寻甸回族彝族自治县特色产业园区管委会泽铁村委会麦冲村村民小组会计期间,按照特色产业园区管委会和泽铁村委会安排,收取村民2016年度社会养老保险人民币4.46万元。2016年2月20日,徐某民将收取的人民币4.46万元用于入股与黄某一起贩卖毒品,后被公安机关当场抓获。法院认为,被告人徐某民挪用公款进行非法活动,案发后虽然已将所挪用的公款退还,依照法律规定仍应以挪用公款罪追究刑事责任,辩护人提出被告人徐某民的行为不构成挪用公款的辩护意见不能成立。

◎ 挪用公款用于行贿的,属于挪用公款"进行非法活动"

4. 挪用公款用于行贿属于挪用公款用于非法活动,见【(2019)内0523刑初224号】胡某民挪用公款罪一审刑事判决书。

在该判决书中,内蒙古自治区通辽市开鲁县人民法院认为:

被告人胡某民以高价购买时任旗党委书记王某家用轿车的形式,为了达到自己职务调整、提拔的目的,这是一种变相的行贿行为,构成行贿罪。其又利用职务便利,指使单位会计挪用单位公款购买车辆,用于行贿属于非法活动,同时构成挪用公款罪。

(二)不构成挪用公款"进行非法活动"

◎ 证据不足不能认定为挪用公款"进行非法活动"

1. 挪用公款用于赌博的证据不足的,不应认定为挪用公款进行非法活动,见【（2018）鲁16刑终70号】李某卿挪用公款案二审刑事裁定书。

在该裁定书中，山东省滨州市中级人民法院认为：

关于上诉人李某卿所提"一审认定其挪用公款用于非法活动的金额过大，缺乏事实依据，达不到情节严重的程度"的上诉理由及辩护人所提"李某卿挪用公款进行非法活动的数额证据不足"、滨州市人民检察院所提"一审判决认定李某卿挪用公款从事赌球非法活动、购买彩票的证据达不到确实、充分的程度"的出庭意见，经查，原审法院认定上诉人李某卿挪用公款1022536.86元归个人使用，进行非法活动的证据，除李某卿本人供述外，虽然有滨州市公安局网络安全保卫支队出具的公（网安）勘【2018】001号远程勘验工作记录，但该证据仅能证实李某卿在BET365网站注册账户并参与网络赌球活动的事实，并不能证实李某卿参与该网站非法活动的具体数额。因此认定李某卿挪用公款进行赌球的数额为1022536.86元的证据仅有李某卿的供述，故原审法院认定李某卿挪用公款进行非法活动达到情节严重的标准证据不足。

2. 公诉机关提供的证据不能证明被告人挪用款项用于赌博、偿还高利贷及个人挥霍的具体金额的，属于挪用公款进行非法活动的证据不足，见【（2019）川3336刑初3号】李某挪用公款、贪污案一审刑事判决书。

在该判决书中，四川省甘孜藏族自治州乡城县人民法院认为：

关于公诉机关指控被告人李某挪用公款用于非法活动的公诉意见，经查，根据被告人李某的供述挪用款项部分用于赌博、部分用于偿还高利贷、部分用于个人开销，但是其不能说明所用的具体金额，且公诉机关提供的证据也不能证明被告人李某挪用款项用于赌博、偿还高利贷及个人挥霍的具体金额，故对公诉机关指控被告人李某将挪用公款进行非法活动的证据不足，本院不予支持。对于被告人李某的辩护人关于公诉机关指控挪用公款进行非法活动的具体金额及构成情节严重证据不足的辩护意见予以支持。

关于公诉机关指控被告人李某挪用公款的款项属于扶贫资金的公诉意见，经查，生源地信用助学贷款是国家出台的由国家开发银行等经批准的金融机构向符合条件的家庭经济困难的普通高校新生和在校生发放的、在学生入学前户籍所在县办理助学贷款的一种扶贫政策，申请生源地信用助学贷款的条件必须是家庭经济困难的普通高校新生和在校生，据此可以认定助学贷款在发放阶段属于扶贫资金，但是在本案中李某所挪用的款项均是学生归还的贷款本息，公诉机关也未提供相关证据证明归还的贷款本息将汇至扶贫专用账户并继续用于学生生源地信用助学贷款，故学生归还的贷款本息不宜认定为扶贫资金。

◎**挪用公款进行退赃的，不属于挪用公款"进行非法活动"**

3. 退回受贿款属于减轻罪责的行为，不属于挪用公款进行非法活动，见【（2014）四刑初字第 7 号】董某鹏贪污案一审刑事判决书。

在该判决书中，吉林省四平市中级人民法院认为：

关于被告人董某鹏是否挪用 12 万元公款问题。经查，被告人董某鹏挪用 12 万元公款，后用李某丁的收条冲抵该 12 万元，无证据证明挪用时间超过三个月，此时土地补偿费账面已经收支平衡，另行在董某鹏与李某丁之间已经形成普通的民事债权债务关系，通过 2011 年 8 月董某鹏个人偿还李某丁 12 万元的事实亦可证明此民事关系。同时董某鹏受贿属于犯罪行为，但退回受贿款属于减轻罪责的行为，不属于挪用公款进行非法活动。故董某鹏挪用公款时间不超过三个月，且挪用公款未进行非法活动，其行为不构成挪用公款罪。辩护人提出挪用公款罪定性不准确的辩护意见成立，予以采纳。

◎**为获得政府批准挪用公款的，不属于挪用公款"进行非法活动"**

4. 挪用公款中的"非法活动"应指与"赌博、走私"等行为相当的行为，体现为目的非法性，行为本身的非法性，见【（2019）内刑再 6 号】涂某英、英某登、赵某雷等贪污案再审刑事裁定书。

在该裁定书中，内蒙古自治区高级人民法院认为：

本院认为，《刑法》第三百八十四条规定挪用公款归个人使用，进行非法活动中的"非法活动"应指与"赌博、走私"等行为相当的行为，体现为目的非法性，行为本身的非法性。虽然本案中英某登等三原审被告人在申请政府扶持项目中，在没有自有资金情况下挪用了保管的其他扶贫款项，且存在未经村民同意编制合作社成员名单上报等情况，但行为的目的是希望政府拨款改善养殖条件，争取更多的资金及政策扶植，该项目是在政府批准同意的政府废弃的养猪场的原址上进行猪舍改扩建，并由政府直接委托施工队进行施工建设，该行为本身与赌博或走私等行为的实质违法性不相同。三原审被告人在项目申报中的行为是否属于非法活动，应结合案件的实际情况予以认定。虽然 2015 年旗财政局基于检察机关的建议书，收回了友谊合作社修建的猪舍等固定资产，但并不足以以此证明三原审被告人的行为即属刑法意义的非法活动。

律师建议

相较于进行营利活动而言，挪用公款进行非法活动处罚更严，挪用公款 3 万元即可入罪。因此，在当事人被指控挪用公款进行非法活动时，应重点审查被指控的行为是否具有与赌博、走私等行为的相当性，是否体现为目的非法性和行为本身的非法性，指控挪用公款进行非法活动的证据是否充足，具体数额是否确定等因素，制定有利于维护当事人合法权益的辩护方案。

050 如何认定挪用公款"进行营利活动"？

律师提示

认定挪用公款"进行营利活动"，主要看将挪用的公款用于何种用途。如果将挪用的公款用于经营性、营利性事项，例如，用于购买股票、债券，用于公司经营，且有可能赚取利润或收益，则认定为挪用公款进行营利活动；如果将挪用的公款用于非营利事项，例如，家人看病、家庭紧急支出等项目，则不应认定为挪用公款进行营利活动。

争议焦点

挪用公款在何种情况下属于"进行营利性活动"，我国刑法及相关司法解释并未作出十分明确的规定，在实践中也存在一定的争议。

《刑法》第三百八十四条规定：国家工作人员利用职务上的便利，挪用公款归个人使用，进行非法活动的，或者挪用公款数额较大、进行营利活动的，或者挪用公款数额较大、超过三个月未还的，是挪用公款罪，处五年以下有期徒刑或者拘役；情节严重的，处五年以上有期徒刑。挪用公款数额巨大不退还的，处十年以上有期徒刑或者无期徒刑。

挪用用于救灾、抢险、防汛、优抚、扶贫、移民、救济款物归个人使用的，从重处罚。

1998年《最高人民法院关于审理挪用公款案件具体应用法律若干问题的解释》第二条规定：

……

挪用公款归个人使用，数额较大、超过三个月未还的，构成挪用公款罪。挪用正在生息或者需要支付利息的公款归个人使用，数额较大，超过三个月但在案发前全部归还本金的，可以从轻处罚或者免除处罚。给国家、集体造成的利息损失应予追缴。挪用公款数额巨大，超过三个月，案发前全部归还的，可以酌情从轻处罚。

……

挪用公款给他人使用，不知道使用人用公款进行营利活动或者用于非法活动，数额较大、超过三个月未还的，构成挪用公款罪；明知使用人用于营利活动或者非法活动的，应当认定为挪用人挪用公款进行营利活动或者非法活动。

2003年《全国法院审理经济犯罪案件工作座谈会纪要》第四条第五款"挪用公款归还个人欠款行为性质的认定"规定：挪用公款归还个人欠款的，应当根据产生欠款的原因，分别认定属于挪用公款的何种情形。归还个人进行非法活动或者进行营利活动产生的欠款，应当认定为挪用公款进行非法活动或者进行营利活动。第四条第六款"挪用公款用于注册公司、企业行为性质的认定"规定：申报注册资本是为进行生产经营活动作准备，属于成立公司、企业进行营利活动的组成部分。因此，挪用公款归个人用于公司、企业注册资本验资证明的，应当认定为挪用公款进行营利活动。

2016年《最高人民法院、最高人民检察院关于办理贪污贿赂刑事案件适用法律若干问题的解释》第六条规定：挪用公款归个人使用，进行营利活动或者超过三个月未还，数额在五万元以上的，应当认定为刑法第三百八十四条第一款规定的"数额较大"；数额在五百万元以上的，应当认定为刑法第三百八十四条第一款规定的"数额巨大"。具有下列情形之一的，应当认定为刑法第三百八十四条第一款规定的"情节严重"：

（一）挪用公款数额在二百万元以上的；

（二）挪用救灾、抢险、防汛、优抚、扶贫、移民、救济特定款物，数额在一百万元以上不满二百万元的；

（三）挪用公款不退还，数额在一百万元以上不满二百万元的；

（四）其他严重的情节。

是否与企业相关的所有活动都属于"营利活动"？将挪用的公款存入银行、用于集资、购买股票、理财产品、国债等，或用于公司、企业注册资本验资证明，或者帮助亲友完成工作任务，是否应认定挪用公款进行营利活动？实践中存在一些争议，需要具体问题具体分析。

裁判精要

挪用公款归还个人欠款的，应当根据产生欠款的原因分别认定属于挪用公款的何种情形；挪用公款存入银行、用于集资、购买股票、理财产品、国债等，或用于公司、企业注册资本验资证明的，应认定挪用公款进行营利活动；为帮助亲友完成工作任务而挪用公款，虽然亲友完成工作任务后获得了劳动报酬，但该挪用公款行为可以不认定为营利活动；行为人挪用公款用于偿还购房贷款及透支款的行为，也不应认定为挪用公款进行营利活动。

司法观点

（一）认定为挪用公款"进行营利活动"

◎挪用公款用于还贷、理财、验资等，属于挪用公款"进行营利活动"

1. 挪用公款用于归还银行贷款的，属于挪用公款进行营利活动，见【（2016）鄂12刑终3号】郭某某、周某某挪用公款案二审刑事裁定书。

在该裁定书中，湖北省咸宁市中级人民法院认为：

关于上诉人周某某提出其个人向郭某某借款是为了偿还私营公司的合法债务，不属于营利活动，其行为不构成挪用公款罪的辩解。经查，2003年11月13日最高人民法院《全国法院审理经济犯罪案件工作座谈会纪要》规定："（五）挪用公款归还个人欠款行为性质的认定：挪用公款归还个人欠款的，应当根据产生欠款的原因，分别认定属于挪用公款的何种情形。归还个人进行非法活动或者进行营利活动产生的欠款，应当认定为挪用公款进行非法活动或者进行营利活动。"周某某供述做生意资金短缺，其私营公司急需归还银行的一笔到期贷款200万元，因差欠80万元，而向郭某某借款80万元归还银行贷款。根据上述规定，周某某借款为私营公司归还贷款的行为应认定为挪用公款进行营利活动，其行为已构成挪用公款罪。故上诉人周某某的该项辩解不成立，本院不予采纳。

2. 挪用公款归还个人欠款的，应当根据产生欠款的原因分别认定属于挪用公款的何种情形；挪用公款用于归还个人银行贷款的，属于挪用公款"进行营利活动"，见【（2016）闽06刑再1号】陈某甲挪用公款案再审刑事裁定书。

在该裁定书中，福建省漳州市中级人民法院认为：

本案的焦点问题是陈某甲挪用公款31000元的行为是否应认定为挪用公款

罪。分析如下：《全国法院审理经济犯罪案件工作座谈会纪要》第四条第五款规定"挪用公款归还个人欠款的，应当根据产生欠款的原因，分别认定属于挪用公款的何种情形。归还个人进行非法活动或者进行营利活动产生的欠款，应当认定为挪用公款进行非法活动或者进行营利活动"。根据查明事实，2014年9月10日原审被告人陈某甲挪用31000元公款，用于归还其个人银行到期贷款。该笔银行贷款形式上是陈某甲以个人名义向农村信用社贷款，实质上是用于严某甲、严某乙的经营资金周转，应属用于归还个人进行营利活动产生的欠款。因此，应认定陈某甲挪用该笔公款进行营利活动，构成挪用公款罪。

3. 挪用公款存入银行、用于集资、购买股票、国债等，属于挪用公款"进行营利活动"；挪用公款帮助他人完成工作的，不能否定被告人客观上存在营利行为，见【（2019）鲁1603刑初162号】吴某强挪用公款案一审刑事判决书。

在该判决书中，山东省滨州市沾化县人民法院认为：

关于被告人吴某强的辩护人所提"对于吴某强挪用的110万元，不构成挪用公款罪；对于吴某强挪用的100万元，不应认定进行营利性活动"的辩护意见，本院认为，该两笔挪用公款行为并不排除被告人吴某强具有帮助他人完成工作任务的目的，帮助他人完成工作亦不能否定被告人吴某强客观上存在的营利行为，根据《最高人民法院关于审理挪用公款案件具体应用法律若干问题的解释》【法释（1998）9号】第二条第一款第二项之规定：挪用公款存入银行、用于集资、购买股票、国债等，属于挪用公款进行营利活动。故辩护人的该项辩护意见，本院不予采纳。

4. 挪用公款用于个人购买理财产品、申购新股等，属于挪用公款"进行营利活动"，见【（2020）浙06刑终363号】李某娟挪用公款案二审刑事裁定书。

在该裁定书中，浙江省绍兴市中级人民法院认为：

关于挪用公款的用途是否系营利活动。在案证据证实，上诉人挪用公款系用于其个人购买理财产品、申购新股及提供给其丈夫钟某经营及转贷使用。其中前二项用途，均为营利性活动，辩护人以稳健型理财产品风险低、可自由赎回及申购新股未中签等为由，认为不存在危害公款安全的可能性，进而否定营利活动性质的意见不能成立，另辩护人关于以有无产生实际收益的结果来认定犯罪是否既遂的意见亦于法无据，本院不予采纳。至于提供给钟某的几笔款项，被告人供述，钟某、邵某、王某1的证言及在案情况说明等证据能够形成完整的证据链，足以证明该些款项系提供给钟某用于生意上的周转，包括酒水生意所需、公司经营流动资金所需、贷款所需等,且上诉人主观上明知,按相关司法解释规定,应当认定挪用公款用于营利活动。

5. 挪用公款归个人用于公司、企业注册资本验资证明的,应认定挪用公款"进行营利活动",见【(2018)津 0104 刑初 683 号】姚某祥贪污、挪用公款、滥用职权案一审刑事判决书。

在该判决书中,天津市南开区人民法院认为:

关于辩护人所提被告人姚某祥挪用公款数额应认定 46 万元的辩护意见及理由。经查,法律规定"挪用公款归个人使用"包括挪用者本人使用或者给他人使用。申报注册资本是为进行生产经营做准备,属于成立公司、企业进行营利活动的组成部分,因此,挪用公款归个人用于公司、企业注册资本验资证明的,应认定挪用公款进行营利活动,不受挪用时间限制。被告人姚某祥挪用公款 108 万元给刘某注册公司验资使用,属挪用公款进行营利活动,应以该数额对其定罪量刑。辩护人所提辩护意见,本院不予采纳。

6. 明知使用人用于营利活动而为其挪用公款的,应当认定为挪用公款"进行营利活动",见【(2017)琼刑终 5 号】赵某城受贿案二审刑事判决书。

在该判决书中,海南省高级人民法院认为:

赵某城的辩护人在二审庭审时出示一储公司电汇凭证、《粮食购进合同》、业务部付款申请、收据等证据证明一审认定的挪用公款罪名不成立,涉案款项均依据书面合同支付,货款是公对公账户转账完成,不符合挪用公款的客观构成要件。经查,蒙某的证言及赵某城的供述均证实,二人是通过签订虚假的粮食购销合同的方式来挪用一储公司的贷款给蒙某的公司使用,对于款项是蒙某个人使用还是蒙某的东银公司使用,不影响本案的犯罪构成。最高人民法院《关于审理挪用公款案件具体应用法律若干问题的解释》明确规定,明知使用人用于营利活动或者非法活动的,应当认定为挪用人挪用公款进行营利活动或者非法活动。因此,辩护人在二审出示的相关证据,仅能证明挪用公款的形式及款项的走向,不能证明赵某城的行为不构成挪用公款罪。

(二) 不应认定为挪用公款"进行营利活动"

◎ "进行营利活动"的数额无法区分的,应按挪用公款"进行其他活动"处理

1. 挪用公款购买彩票数额不明确的,从有利于被告人的角度,不应认定为

挪用公款进行营利活动，见【（2018）鲁16刑终70号】李某卿挪用公款案二审刑事裁定书。

在该裁定书中，山东省滨州市中级人民法院认为：

李某卿挪用公款进行营利活动的证据，除其本人供述外，证人范某、盖某娜、郭某1、任某等人的证言虽能证实其从事刷卡套现购买彩票的行为，但李某卿刷卡套现后用公款购买彩票的数额，亦不明确。因此，从有利于上诉人的角度，对李某卿挪用公款数额，按照其挪用公款超过三个月未还的部分进行认定，不再详细区分其从事非法活动和营利活动的具体数额。上诉人李某卿的此上诉理由及辩护人的辩护意见、滨州市人民检察院的出庭意见均成立，本院予以支持。

◎ **帮助亲友完成工作任务，不属于挪用公款"进行营利活动"**

2. 为帮助亲友完成工作任务而挪用公款的，虽然亲友完成工作任务后获得了劳动报酬，但该挪用公款行为不属于营利活动范畴，见【（2017）渝0233刑初238号】黄某祎挪用公款案一审刑事判决书。

在该判决书中，重庆市忠县人民法院认为：

关于被告人黄某祎帮助龚某挪用50万元用于其亲属完成银行揽储工作任务的行为是否构成挪用公款罪的问题。经查，2013年12月27日，经龚某要求，被告人黄某祎答应将忠县某有限公司公款挪出50万元用于龚某亲属完成银行揽储工作任务，同日，龚某以银行转账方式将忠县某有限公司6711账户中的50万元存入龚某重庆农村商业银行卡号尾号为2483银行卡中，待其亲属于2013年年底完成揽储任务后，龚某于2014年1月8日以银行转账方式归还前述公款。龚某前述行为未得到任何经济利益，龚某亲属因完成揽储工作任务而获得单位绩效奖励。根据前述事实，本院认为，根据相关法律规定，挪用公款进行非法活动，或进行营利活动，或挪用数额较大超过三个月未还的行为，构成挪用公款罪。龚某的亲友因完成揽储任务而获得"揽储奖金"，其性质是基于完成工作任务而获得的工作劳动报酬，不属于营利活动范畴。同时被告人黄某祎将50万元公款存入龚某账户后至归还期间，龚某对该50万元是否计算利息也不知情，即龚某也没有将公款用于营利活动的主观意图。被告人黄某祎帮助龚某挪用公款50万元不是用于营利活动，也未超过三个月未还，更未用于非法活动，故被告人黄某祎帮助龚某挪用50万元用于其亲友完成银行揽储任务的行为，不符合挪用公款罪的构成要件，不应计入黄某祎挪用公款数额，对公诉机关的该部分指控不予支持。

◎ **用于偿还房贷及透支款，不属于挪用公款"进行营利活动"**

3. 行为人挪用公款用于偿还购房贷款及透支款的，不应认定为挪用公款"进行营利活动"，见【（2019）黔0123刑初37号】曾某挪用公款案一审刑事判决书。

在该判决书中，贵州省贵阳市修文县人民法院认为：

关于公诉机关指控被告人曾某挪用公款进行营利活动的公诉意见。本案中，根据经质证确认的证据证实，被告人曾某挪用公款系为了偿还因购买住房产生的贷款及信用卡透支款。而挪用公款归还个人欠款的，应当根据产生欠款的原因分别认定属于挪用公款的何种情形，被告人曾某陈述其购房系为了自己居住，公诉机关未提供相关证据证实被告人曾某购房系为了营利，故对被告人曾某挪用公款偿还贷款及透支款的行为，应认定为挪用公款归个人使用，挪用数额应以其挪用超过三个月未还的金额予以认定为53800元。对公诉机关指控被告人曾某挪用公款进行营利活动的公诉意见，本院不予采纳。

律师建议

挪用公款"进行营利活动"，其处罚幅度较挪用公款进行非法活动而言略宽，起刑点为5万元而非3万元；较挪用公款进行非法或营利以外的其他活动而言略严，没有三个月的宽限期，只要挪用公款进行营利活动即构成犯罪。律师在进行辩护时，应结合挪用公款进行营利活动的本质特征，为当事人制定妥当的辩护方案。

051 如何认定挪用公款"进行其他活动"？

律师提示

挪用公款"进行其他活动"是指挪用公款进行非法活动和营利活动以外的活动，要结合非"非法性"和非"营利性"这两个特征进行判断。挪用公款用于个人一般性消费活动，如偿还借款、看病、购房、购车，以及证据不足以证明挪用公款进行非法活动和营利活动的，应认定为挪用公款"进行其他活动"，超过三个月未还的才构成挪用公款罪；挪用公款用于包养情妇、夜场消费、归还受贿款项等活动不属于"进行其他活动",三个月内归还也构成挪用公款罪。

争议焦点

哪些活动属于挪用公款用于非法活动和营利活动之外的其他活动,实践中也存在分歧。这种分歧主要源于对"非法活动"及"营利活动"范畴的不同理解。

《刑法》第三百八十四条第一款规定：国家工作人员利用职务上的便利,挪用公款归个人使用,进行非法活动的,或者挪用公款数额较大、进行营利活动的,或者挪用公款数额较大、超过三个月未还的,是挪用公款罪,处五年以下有期徒刑或者拘役；情节严重的,处五年以上有期徒刑。挪用公款数额巨大不退还的,处十年以上有期徒刑或者无期徒刑。

第二百七十二条第一款规定：公司、企业或者其他单位的工作人员,利用职务上的便利,挪用本单位资金归个人使用或者借贷给他人,数额较大、超过三个月未还的,或者虽未超过三个月,但数额较大、进行营利活动的,或者进行非法活动的,处三年以下有期徒刑或者拘役；挪用本单位资金数额巨大的,处三年以上七年以下有期徒刑；数额特别巨大的,处七年以上有期徒刑。

挪用公款罪中的"非法活动",一般是指违反刑法的活动（如走私、贩毒等）以及具有相当程度严重性的违反行政法的活动（如赌博）,并非违反所有法律的活动。

一般认为,挪用公款"进行其他活动",主要是指将公款用于个人日常生活消费支出,例如,用于购房、看病、还款等。除此之外,其他一些日常合法性、非营利性的使用公款行为也可能属于挪用公款"进行其他活动",只有超过三个月未还的,才构成挪用公款罪。

裁判精要

挪用公款用于个人合法及非营利的活动,例如,偿还借款、看病、购房、购车,以及证据不足以证明挪用公款进行非法活动和营利活动的,应认定为挪用公款"进行其他活动",超过三个月未还的才构成挪用公款罪；挪用公款用于包养情妇、夜场消费、归还受贿款项等活动不属于"进行其他活动",三个月内归还也构成挪用公款罪。

司法观点

（一）属于挪用公款"进行其他活动"

◎挪用公款用于偿还借款及个人看病的，属于挪用公款"进行其他活动"

1. 挪用公款用于偿还借款及个人看病使用的，属于挪用公款"进行其他活动"；超过三个月未还的，构成挪用公款罪，见【（2015）镇巴刑初字第00052号】黄某某挪用公款案一审刑事判决书。

在该判决书中，陕西省汉中市镇巴县人民法院认为：

被告人黄某某身为国家工作人员，利用职务之便，私自将公款34723元用于偿还借款及个人看病使用，超过三个月未还，其行为构成《刑法》第三百八十四条规定的挪用公款罪的构成要件，被告人黄某某犯挪用公款罪，公诉机关指控的犯罪事实及所犯罪名成立。被告人黄某某主动到案，如实供述自己的罪行，构成自首；认罪、悔罪态度好；案发后，所挪用公款已全部退缴，其犯罪较轻，依法可以免予刑事处罚。被告人黄某某的辩解理由符合案件事实，予以采纳。

2. 挪用公款用于给他人看病，属于挪用公款"进行其他活动"，主观恶性小，可酌情予以从轻处罚，见【（2017）黑7522刑初24号】张某某挪用公款案一审刑事判决书。

在该判决书中，黑龙江省五常市山河屯林区基层法院认为：

被告人张某某利用职务之便，挪用非正规就业人员和个体人员养老保险金人民币112672元归个人使用超过三个月未还，犯罪事实清楚，证据确实、充分，被告人张某某挪用公款数额较大，应当以挪用公款罪追究其刑事责任。检察机关起诉罪名成立。被告人张某某犯罪以后能够主动到纪委交代问题并在检察机关传唤归案后如实供述犯罪事实，属于自首，可依法予以从轻处罚，被告人张某某无前科劣迹，其所挪款项已上缴山河屯林业局社会保险局，被告人张某某是挪用公款借给其同学看病使用，主观恶性小，可酌情予以从轻处罚，被告人已全部归还本金及利息，依法可免予刑事处罚。

◎挪用公款用于购房、购车、垫付工程款的，属于挪用公款"进行其他活动"

3. 挪用公款用于个人买房，属于挪用公款"进行其他活动"，未超过三个月归还的，不构成挪用公款罪，在【（2016）青刑再3号】张某、黄某刚挪用公款案再审刑事判决书。

在该判决书中，青海省高级人民法院认为：

本案中，经西宁市土地权属登记中心时任主任丁某的同意，黄某刚将"小金库"资金转入张某名下后，张某从其个人保管的银行卡中将1265075.06元公款分三部分转出，其中第一部分、第二部分属于张某挪用公款归个人使用，但第三部分没有证据证明张某将提现的款项挪归个人使用。根据银行交易流水数据查询结果，张某在购房和个人消费前从中国工商银行的一个账号中提取过75万元现金，张某称家里已事先准备好现金用于买房的辩解无法排除可能性。2011年10月17日，张某带领检察机关侦查人员到其家中查获127万余元，并予以上缴。检察机关对于张某存放于家中127万余元现金，不能提供相应证据证明其来源，案发前也无大笔借款或凑款的事实。故现有的证据无法排除张某在购房和消费后在三个月内将公款归还的可能性。检察机关不能提交张某挪用公款超过三个月未还的其他证据，故认定其挪用公款超过三个月未还的证据不足。张某、黄某刚经单位领导同意，将"小金库"的公款私存在个人名下，但当时单位领导未对该笔款项的保管方式提出明确要求，对公款私存后的"小金库"资金的保管，不应严格按照公款管理的财务制度进行要求，不能因保管方式的改变便认定为挪用公款超过三个月未还。综上，认定张某构成挪用公款罪的证据不足，张某及其辩护人的辩解理由成立，应予采纳。

4. 挪用公款用于购买个人车辆，超过三个月未还的，构成挪用公款罪，见【（2018）甘0104刑初391号】孙某涛、吴某农挪用公款案一审刑事判决书。

在该判决书中，甘肃省兰州市西固区人民法院认为：

被告人孙某涛作为国有事业单位工作人员，在担任甘肃省地矿局测绘勘查院规划分院院长期间，利用职务上的便利，授意他人为被告人吴某农挪用公款用于购买个人车辆，超过三个月，二被告人的行为均已构成挪用公款罪，且属共同犯罪。公诉机关指控的犯罪事实和罪名成立。在该起犯罪中，被告人吴某农在案发前已将挪用款项全部归还，情节轻微，对二被告人可免予刑事处罚。

5. 挪用公款给特定关系人用于垫资建设工程的，超三个月未还，构成挪用公款罪，见【（2020）黔2731刑初11号】袁某林挪用公款案一审刑事判决书。

在该判决书中，贵州省黔南布依族苗族自治州惠水县人民法院认为：

对于被告人、辩护人就事实提出的辩解、辩护意见，本院评判如下：自1996

年以来，国家建立了"三重一大制度"，要求大额度资金的使用必须经集体讨论决定。被告人袁某林作为长期分管惠水县民政局财务工作的副局长或协助分管局财务领导工作的公务员，未经该局党组、班子集体讨论决定，2012年至2015年期间擅自挪用公款给自己或特定关系人使用，其中自己个人开支15.668553万元至今未归还，已经超过3个月；在约定由特定关系人垫资建设工程的情况下，挪用公款给他人使用107.5万元已经超过3个月，并且至今尚有56.5万元未归还，已经由量变发展到质变，根据法律规定：挪用公款归个人使用，超过3个月未归还，数额在5万元以上即构成挪用公款罪。故其辩称系公款公用，只是违反财经纪律不是犯罪的主张，不予采纳。

◎**无法证明公款被用于非法活动和营利活动的，认定为"进行其他活动"**

6. 仅有被告人的供述，不能证明存在赌博的非法行为，无法证明资金挪用去向的，应认定为挪用公款"进行其他活动"，超过三个月未还的才构成挪用公款罪，见【（2016）湘04刑终61号】秦某甲挪用公款案二审刑事判决书。

在该判决书中，湖南省衡阳市中级人民法院认为：

上诉人秦某甲及其辩护人认为，原判认定其挪用的第三笔、第五笔未超过三个月，第四笔以及其他款项没有充分证据证明，依法均不能认定，故挪用款项应为7.4万元。另原判还有部分款项没有核减。经查，上诉人秦某甲于2011年8月10日之前就已挪用24万元到其个人账户上，至其归还时已经超过三个月。原判认定秦某甲挪用安居建房补贴款9万元借给许某胜赌博及经营周转，上述情况仅有上诉人秦某甲在侦查期间的供述予以证明，未有许某胜的证言予以印证，故不能认定秦某甲挪用9万元给许某胜赌博和经营，但是上诉人秦某甲挪用该9万元属实，虽无法证明其挪用去向，但因已超过三个月未归还，故应认定为秦某甲挪用该9万元作个人使用。原判认定的秦某甲挪用其余款项用于个人开支因数额较大，均超过三个月未归还，应认定为犯罪数额。

（二）不属于挪用公款"进行其他活动"

◎**挪用公款用于归还受贿款项的，不属于挪用公款"进行其他活动"**

1. 挪用公款用于归还受贿款项，不属于挪用公款"进行其他活动"，不构成挪用公款罪，见【（2015）天刑初字第00481号】尹某受贿案一审刑事判决书。

在该判决书中，湖南省长沙市天心区人民法院认为：

公诉机关指控被告人尹某身为国家工作人员，利用职务上的便利，挪用公款归个人使用，进行非法活动，应当以挪用公款罪追究其刑事责任。本院认为，根据《最高人民法院关于审理挪用公款案件具体应用法律若干问题的解释》第二条规定：对挪用公款罪，应区分三种不同情况予以认定：（一）挪用公款归个人使用，数额较大、超过三个月未还的，构成挪用公款罪。（二）挪用公款数额较大，归个人进行营利活动的，构成挪用公款罪，不受挪用时间和是否归还的限制。在案发前部分或者全部归还本息的，可以从轻处罚；情节轻微的，可以免除处罚。（三）挪用公款归个人使用，进行赌博、走私等非法活动的，构成挪用公款罪，不受"数额较大"和挪用时间的限制。本案中被告人尹某挪用公款用于归还其受贿款项，不是非法活动，不符合挪用公款罪定罪的三种情形。故其行为不构成挪用公款罪。公诉机关指控被告人尹某犯挪用公款罪的事实与罪名不成立。

◎挪用公款用于包养情妇等非法活动的，不属于挪用公款"进行其他活动"

2. 挪用公款用于包养情妇、夜场消费等活动属于挪用公款"用于非法活动"，不受三个月未还的时间限制即构成挪用公款罪，见【（2017）藏0526刑初1号】索某挪用公款罪案一审刑事判决书。

在该判决书中，西藏自治区山南市措美县人民法院认为：

被告人索某身为国家机关工作人员，利用职务之便挪用山南市人民医院住院押金共计1152050元进行赌博、购买彩票、包养情妇、夜场消费等非法活动，其行为符合挪用公款的构成要件，构成挪用公款罪，公诉机关指控被告人索某所犯罪名成立，本院依法予以支持。被告人索某挪用公款数额较大进行非法活动，且不退还，系情节严重，处五年以上有期徒刑。被告人索某具有当庭认罪态度好，确有悔罪表现，依法可从轻处罚。

3. 现有证据证实行为人挪用公款从事网络赌球的非法活动和购买彩票的营利活动的，不属于"从事非法活动和营利活动以外的个人活动"，见【（2018）鲁1625刑初50号】李某卿挪用公款案一审刑事判决书。

在该判决书中，山东省滨州市博兴县人民法院认为：

关于被告人李某卿的辩护人提出"起诉书指控被告人李某卿挪用公款的数额以及挪用公款用于非法活动、营利活动的证据不足；被告人李某卿所挪用公款应认定为用于从事非法活动和营利活动以外的个人活动，且其中部分挪用款项不足三个月，不应认定构成犯罪；被告人李某卿的挪用行为不能认定达到情节严重的程度"的辩护意见。经查，被告人李某卿自2015年4月至2017年12月期间利用负责国家统计局滨州调查队会计工作和该调查队办公室工作的职务之便，采取公务卡套现后用"零余额"账户归还公务卡个人支出和开具现金支票获取资金的方式，先后多次挪用本单位公款1022536.86元进行网络赌球非法活动，挪用1056744.23元进行购买彩票营利活动。以上证据系办案机关依法取得，与案件事实相关联，具备证据的客观性，各证据之间相互印证，足以证实本案事实。因此，辩护人的上述辩护意见不能成立，不予采纳。

律师建议

挪用公款"进行其他活动"，要认真把握以下两个特征：一是非"营利性"，即并非用该公款获取额外利益；二是非"非法性"（并不完全等于合法性），即刑法上"非法性"以外的活动，主要是指违反刑法和严重违反行政法的特定活动，违反民法等其他法律以及违纪的活动，不一定属于"非法活动"。与非法活动和营利活动相比，"其他活动"的社会危害性相对较低，因此法律规定了三个月的归还期限，未超过三个月归还的，不认定为挪用公款罪。律师在进行辩护时，要重点关注该辩点。

052 "挪而未用"是否构成挪用公款罪？

律师提示

挪用公款罪侵犯的是公款的占有、使用权，其成立的标准在于"挪"而非"用"，即使"挪而未用"甚至"挪而不用"，均不影响挪用公款罪的认定；对公款"挪而未用"的，无论主观上是否具有进行非法活动或营利活动的主观目的，一般应按照"非法活动和营利活动以外的活动"进行认定，超过三个月未还的才构成挪用公款罪。

争议焦点

"挪而未用"，是指行为人利用职务便利将公款从国有单位挪出但并未实际使用的情形。对于"挪而未用",理论和实践中也存在一些争议。

有人认为,挪用公款罪只要将公款挪出即构成既遂,是否实际使用不影响挪用公款罪的认定;有人认为,行为人仅将公款挪出国有单位并未实际使用,并不构成犯罪既遂,而认定为挪用公款罪未遂;还有人认为,"用"是挪用公款罪的客观要件,挪而未用不构成挪用公款罪。

根据《全国法院审理经济犯罪案件工作座谈会纪要》第四条第七款规定:挪用公款后尚未投入实际使用的,只要同时具备"数额较大"和"超过三个月未还"的构成要件,应当认定为挪用公款罪,但可以酌情从轻处罚。

最高人民法院原副院长熊选国和刑二庭原副庭长苗有水在《职务型经济犯罪疑难问题对话录(15)》[1],就挪用公款罪中挪而未用的情形如何认定进行了分析:

苗有水:的确,在挪用公款犯罪中,行为人"挪"公款的行为与"用"公款的行为有时候是分离的。挪用公款后由于各种原因尚未投入实际使用的情形,是否符合挪用公款罪的构成要件?主要有三种意见:第一种意见认为,挪用公款罪以"归个人使用"为构成要件,这说明挪用公款罪的构成必须具有"挪"后并且"使用"的行为;无论以何种方式使用了公款,必须实际进行了"使用",否则就不构成挪用公款罪。第二种意见认为,"挪而未用"的情形属于挪用公款未遂。第三种意见认为,行为人虽然没有实际使用公款,但同样造成了公款失控的后果,侵犯了国有单位对公款的使用权和收益权,影响了国家工作人员职务行为的廉洁性,应当以挪用公款罪论处。

熊选国:实务上通常认为第三种意见较为合理。我也倾向于同意第三种意见,理由有:一方面,从词义上分析,挪用公款应当理解为"为了'用'而'挪'","用"是行为人实施"挪"这一行为的目的,无此目的,则不可能产生"挪"的行为。与此相联系,"挪"是挪用公款罪客观方面的行为要素,无此行为,则不成立挪用公款罪;但"用"不必是一种客观行为,而是一种目的要素。虽然在实际发生的绝大多数案件中,"用"是紧随"挪"发生之后的一种伴随行为,但在个别特殊的场合,行为人完成了"挪"的行为以后来不及使用公款即案发。如果能够查明挪用公款的目的在于将公款用于营利活动或者非法活动,则仍然应当按照挪用公款用于营利活动或者非法活动处理;如果无法查明被挪用的公款的目的用途,但在数额和时间方面符合法定的条件的,也可能充足挪用公款

---

[1] 熊选国、苗有水:《职务型经济犯罪疑难问题对话录(15)》,载《人民法院报》2005年8月3日。

罪的构成要件。这就是说，挪用行为中的"挪"应理解为挪用公款罪客观方面的构成要素，而"用"属于该罪主观方面的构成要素。另一方面，只要行为人挪动了公款并使公款脱离了单位的控制，就侵犯了单位对该款项的占有、使用和收益权，破坏了公款所有权的完整性，同时也侵犯了国家工作人员职务行为的廉洁性。司法认定中不应等待行为人将挪出的款项使用之后，才确认危害后果的发生。行为人挪出公款后，即使未及使用，只要具备法律规定的其他要件，完全可以认定其构成挪用公款罪既遂。

"挪而未用"面临的一个主要问题是，如何判断行为人挪用公款时是否是要进行非法活动或营利活动。即使行为人一开始计划进行非法活动或营利活动，但最终将公款用于何种用途，只有活动实际做出后才能最终判断。因此，在"挪而未用"的情况下，一般推定为行为人挪用公款用于非法活动和营利活动以外的其他活动，超过三个月的才认定为挪用公款罪。

裁判精要

因挪用公款罪侵犯的是公款的占有、使用权，其成立的标准在于"挪"而非"用"，即使"挪而未用"甚至"挪而不用"，均不影响挪用公款罪的认定；对公款"挪而未用"的，无论主观上是否具有进行非法活动或营利活动的主观目的，一般应按照"非法活动和营利活动以外的活动"进行认定，超过三个月未还的才构成挪用公款罪。

司法观点

◎ "挪而未用"或"挪而不用"的，构成挪用公款罪

1. 挪用公款罪侵犯的是公款的占有、使用权，其成立的标准在于"挪"而非"用"，即使"挪而未用"甚至"挪而不用"，均不影响挪用公款既遂的成立，见【（2015）浮刑初字第95号】张某某挪用公款案一审刑事判决书。

在该判决书中，江西省景德镇市浮梁县人民法院认为：

被告人张某某身为国家工作人员，利用职务之便，挪用公款5万元归个人使用，数额较大，超过三个月未还，其行为已构成挪用公款罪，公诉机关指控的犯罪事实与罪名成立。针对被告人张某某及其辩护人提出的被告人系履行了合法的审批手续向居委会借款，张某某与居委会之间形成了合法的民事借贷关系的辩护意见，经查，张某某确实履行了借款手续，但"挪用"本身也包含"借用"，本

案中被告人为购买个人养老保险而挪用公款，同时具备"归个人使用""数额较大"和"超过三个月未还"的构成要件，应当认定为挪用公款罪，故对被告人及辩护人的该辩护意见不予采纳；辩护人提出第2、3点辩护意见系建立在其前述辩护意见的基础上，故对其第2、3点辩护意见亦不予采纳；被告人提出其给女儿用于购房的3万余元系自己的钱，不是公款，因挪用公款罪侵犯的是公款的占有、使用权，其成立的标准在于"挪"而非"用"，即使"挪而未用"甚至"挪而不用"，均构成挪用公款既遂，被告人利用职务之便将公款5万元挪至自己个人的银行账户上，超过三个月未还，已经构成挪用公款罪，至于其是否从该5万元中借款给女儿购房，并不影响本罪的成立。

◎ **挪用公款为个人办理理财贵宾卡的，构成挪用公款罪**

2. 挪用公款为个人办理理财贵宾卡，该笔款虽未实际使用，但超过三个月未归还的，构成挪用公款罪，见【（2014）商梁刑初字第00199号】田某法挪用公款案一审刑事判决书。

在该判决书中，河南省商丘市梁园区人民法院认为：

关于辩护人辩称被告人田某法挪公款50万元为其子办理银行金卡，该笔款项系挪而未用，依法不应计入挪用公款数额之内的辩护意见，经查，被告人田某法利用其担任商丘市梁园区平原街道办事处新区社区居民委员会会计的职务便利，为了其子田某1经营生意方便，为其"办理银行金卡"提供资金支持，挪用公款50万元电汇给田某1，田某1申请并办理了中国银行中银理财贵宾卡，该笔款项超过了三个月未还，上述事实有被告人田某法供述、证人田某1和田某2证言在卷佐证。被告人的该行为符合司法解释规定的将公款供其亲友使用的规定，属于挪用公款归个人使用数额巨大、超过三个月未还的情形，构成挪用公款罪，故其辩护人的上述辩护意见不成立，本院不予采纳。

◎ **使拆迁补偿款脱离法院及被拆迁人控制的，构成挪用公款罪**

3. 虽无证据证实行为人将挪用的公款投入实际使用，但该款已实际脱离了人民法院及被拆迁人的控制的，根据《全国法院审理经济犯罪案件工作座谈会纪要》规定，此笔款项应认定为行为人挪用，见【（2016）内22刑终132号】赵某强挪用公款案二审刑事裁定书。

在该裁定书中，内蒙古自治区兴安盟中级人民法院认为：

关于上诉人赵国某提出原审判决认定的第一笔款项，其只是保管没有挪用的上诉理由，经查，赵国某于2005年8月19日提取刘翠某拆迁补偿款后，既未存入法院相关账户，也未付给被拆迁人刘翠某，而是于当日存入本人银行账户，又于2005年10月2日将款项全部取出，直至2008年7月21日才将该笔拆迁补偿款存入扎旗法院财会账户，在此期间，虽无证据证实赵国某将该款投入实际使用，但该款已实际脱离了扎赉特旗人民法院及被拆迁人刘翠某的控制，根据《全国法院审理经济犯罪案件工作座谈会纪要》规定，"挪用公款后尚未投入实际使用的，只要同时具备"数额较大"和"超过三个月未还"的构成要件，应当认定为挪用公款罪，但可以酌情从轻处罚"，故此笔款项应认定赵国某挪用。

◎将公款挪至个人股票账户的，构成挪用公款罪

4. 将公款挪至个人股票账户，即使未实际开始进行股票买卖的，也属于挪用公款进行营利活动，不受挪用时间的限制，见【（2013）开刑初字第356号】于某挪用公款案一审刑事判决书。

在该判决书中，河南省郑州市高新技术产业开发区人民法院认为：

关于辩护人辩称公诉机关指控挪用的2207.56万元中有113.36万元属于"挪而未用"，不构成挪用公款罪的辩护意见，经查，根据《全国法院审理经济犯罪案件工作座谈会纪要》意见，挪用公款后尚未投入实际使用的，只要同时具备"数额较大"和"超过三个月未还"的构成要件，应当认定为挪用公款罪，但可以酌情从轻处罚；而挪用公款数额较大，归个人进行营利活动的，不受挪用时间和是否归还的限制；于某将公款挪至其股票账户，属于归个人进行营利活动，不受挪用时间的限制，辩护人的该项辩护意见，本院不予采纳。

律师建议

对于挪用公款"挪而未用"的情形，即使挪用人主观上具有进行非法活动或营利活动的主观心态，但鉴于行为人在实际使用公款时，有可能并未进行非法活动或营利活动，因此对于这种情形，应当根据"就低不就高"的原则，依据"进行非法活动或营利活动以外的其他活动"作为认定基础，只有超过三个月未还的，才构成挪用公款罪。律师在进行辩护时，应加以注意。

053 如何认定挪用公款"超过三个月未还"？

律师提示

在认定挪用公款"超过三个月未还"时，司法实践中一般采取"案发日"标准，案发前未超过三个月的，不构成挪用公款罪；超过三个月但案发前已归还的，可以从轻直至免除处罚；也有法院认为挪用公款数额较大，超过三个月未还的截止期限为实际归还日，即使案发时未超过三个月，但案发后未继续归还超过三个月的，也构成挪用公款罪。

争议焦点

关于挪用公款罪中"超过三个月未还"的计算标准，也存在一些争议。

1998年《最高人民法院关于审理挪用公款案件具体应用法律若干问题的解释》第二条规定：对挪用公款罪，应区分三种不同情况予以认定：

（一）挪用公款归个人使用，数额较大、超过三个月未还的，构成挪用公款罪。

挪用正在生息或者需要支付利息的公款归个人使用，数额较大，超过三个月但在案发前全部归还本金的，可以从轻处罚或者免除处罚。给国家、集体造成的利息损失应予追缴。挪用公款数额巨大，超过三个月，案发前全部归还的，可以酌情从轻处罚。

（二）挪用公款数额较大，归个人进行营利活动的，构成挪用公款罪，不受挪用时间和是否归还的限制。在案发前部分或者全部归还本息的，可以从轻处罚；情节轻微的，可以免除处罚。

挪用公款存入银行、用于集资、购买股票、国债等，属于挪用公款进行营利活动。所获取的利息、收益等违法所得，应当追缴，但不计入挪用公款的数额。

（三）挪用公款归个人使用，进行赌博、走私等非法活动的，构成挪用公款罪，不受"数额较大"和挪用时间的限制。

挪用公款给他人使用，不知道使用人用公款进行营利活动或者用于非法活动，数额较大、超过三个月未还的，构成挪用公款罪；明知使用人用于营利活动或者非法活动的，应当认定为挪用人挪用公款进行营利活动或者非法活动。

该司法解释对"超过三个月未归还"截止日期的计算，采取的主要是"案发日"的标准，辅之以"实际归还日"的标准。如果超过三个月但在案发前归还的，可以从轻或者免除处罚。

实践中对于案发前未超过三个月但案发后超过三个月仍未归还的，是否按挪用公款罪论处，也存在一定的争议。有人认为案发前未超三个月，司法机关不应介入；有的认为，案发前未超三个月，但案发后犯罪嫌疑人被限制人身自由无法归还，因此应当以案发前为标准计算。

裁判精要

行为人挪用公款归个人使用，至案发日超过三个月而仍未归还的，一般认定为挪用公款罪；挪用公款虽然超过三个月，但在案发前已归还的，构成挪用公款罪，可以从轻直至免除处罚；也有法院认为挪用公款数额较大，超过三个月未还的截止期限为实际归还日，即使案发时未超过三个月，但案发后未继续归还超过三个月的，也构成挪用公款罪。行为人挪用公款未进行非法活动或营利活动，至实际归还日未超过三个月的，不构成挪用公款罪。

司法观点

（一）截至案发之日计算是否超过三个月

◎以案发之日为标准起算"超过三个月未还"

1. 行为人擅自挪用公款，至案发日超过三个月而仍未归还的，构成挪用公款罪，见【（2019）皖1125刑初176号】赵某武贪污案一审刑事判决书。

在该判决书中，安徽省滁州市定远县人民法院认为：

关于被告人赵某武占有冰利公司款项的行为是否构成挪用公款罪的评析。被告人赵某武辩解，公诉机关指控的涉案500000元不属于国有资金，其行为不构成挪用公款罪；其辩护人辩称，涉案500000元资金不具有公款性质，不应认定被告人赵某武构成挪用公款罪。被告人赵某武作为国家机关工作人员，利用其实际保管涉案款项的职务便利，未经合法程序批准，也未经他人允许，擅自挪用该笔款项支用，至案发日超过三个月而仍未归还，其行为符合刑法中关于挪用公款罪的规范，故对被告人赵某武的辩解及其辩护人的辩称，本院不予采信。

2. 行为人挪用公款归个人使用，至案发之日超过三个月未归还的，其行为构成挪用公款罪，见【（2018）鄂 0202 刑初 1 号】刘某慧挪用公款案一审刑事判决书。

在该判决书中，湖北省黄石市黄石港区人民法院认为：

本院认为，被告人刘某慧身为国有企业工作人员，利用职务上的便利，挪用公款共计人民币 8905329.51 元归个人使用，超过三个月未还，至案发之日仍有 5565329.51 元未归还，情节严重，其行为已构成挪用公款罪。公诉机关指控的罪名成立，本院予以确认。被告人刘某慧主动投案并如实供述犯罪事实，系自首，可以减轻处罚；其与前夫在案发后自愿以共有房屋抵还未归还的 5565329.51 元，可酌情从轻处罚。对于辩护人提出的上述减轻、从轻处罚的意见，本院予以采纳。

3. 挪用公款超过三个月但在案发前已归还的，构成挪用公款罪，可以从轻直至免除处罚，见【（2014）清刑初字第 7 号】程某平挪用公款案一审刑事判决书。

在该判决书中，甘肃省天水市清水县人民法院认为：

被告人程某平在担任清水县白沙乡马沟村村委会主任期间，利用职务便利，擅自挪用危旧房改造项目补助资金 61240 元，用于家庭日常开支，数额较大，且超过三个月未还，其行为已构成挪用公款罪，公诉机关指控的罪名成立，予以确认。根据最高人民法院《关于审理挪用公款案件具体应用法律若干问题的解释》第二条第一款第一项"挪用公款数额较大，超三个月未还"，指挪用公款用于自己或他人合法生活，自挪用之日起至案发之日，超过三个月未还的情况。但在案发前也就是被司法机关、主管部门发现前已归还的，构成挪用公款罪，可以从轻处罚，直至免除处罚。公诉机关提出被告人程某平案发前已将挪用的公款全额归还，且认罪态度较好，犯罪情节较轻，建议对被告人在法定刑幅度内量刑处罚的公诉意见，结合被告人认罪、悔罪的情况，予以采纳。

（二）截至实际归还日是否超过三个月

◎以实际归还日为标准起算"超过三个月未还"

1. 挪用公款数额较大，超过三个月未还的，截止期限为实际归还日，见【（2016）藏 01 刑初 13 号】粟某挪用公款案一审刑事判决书。

在该判决书中，西藏自治区拉萨市中级人民法院认为：

被告人粟某利用身为中国石油天然气股份有限公司西藏拉萨销售公司曲水加

油站经理的职务便利,将依职权经手的该单位油料款232.176521万元挪用后进行营利性活动,挪用公款29.138106万元用于归还个人债务,超过三个月未归还,其行为已构成挪用公款罪,且情节严重,依法应予惩处。起诉书指控的犯罪事实清楚,证据确实、充分,但指控犯罪金额有误,依法予以更正。鉴于被告人粟某自动投案,如实供述犯罪事实,系自首,依法予以从轻处罚。关于辩护人所提粟某挪用公款29.138106万元用于偿还个人贷款,至案发未超过三个月,其行为不构成犯罪的辩护意见。本院认为,挪用公款数额较大,超过三个月未还的截止期限为实际归还日。粟某挪用该29.138106万元公款至今未归还,应认定为超过三个月未还。故对该辩护意见,本院依法不予采纳。关于辩护人所提粟某具有自首情节的辩护意见,与本院查明事实及法律规定相符,依法予以采纳。

2. 为帮助亲友完成工作任务而挪用公款,该挪用公款行为不属于营利活动范畴,至实际还款日未超过三个月归还的,不构成挪用公款罪,见【(2017)渝0233刑初238号】刘某平、黄某祎挪用公款案一审刑事判决书。

在该判决书中,重庆市忠县人民法院认为:

关于被告人黄某祎帮助龚某挪用50万元用于其亲属完成银行揽储工作任务的行为是否构成挪用公款罪的问题。经查,2013年12月27日,经龚某要求,被告人黄某祎答应将忠县某有限公司公款挪出50万元用于龚某亲属完成银行揽储工作任务,同日,龚某以银行转账方式将忠县某有限公司6711账户中的50万元存入龚某重庆农村商业银行卡号尾号为2483银行卡中,待其亲属于2013年年底完成揽储任务后,龚某于2014年1月8日以银行转账方式归还前述公款。龚某前述行为未得到任何经济利益,龚某亲属因完成揽储工作任务而获得单位绩效奖励。根据前述事实,本院认为,根据相关法律规定,挪用公款进行非法活动,或进行营利活动,或挪用数额较大超过三个月未还的行为,构成挪用公款罪。龚某的亲友因完成揽储任务而获得"揽储奖金",其性质是基于完成工作任务而获得的工作劳动报酬,不属于营利活动范畴。同时被告人黄某祎将50万元公款存入龚某账户后至归还期间,龚某对该50万元是否计算利息也不知情,即龚某也没有将公款用于营利活动的主观意图。被告人黄某祎帮助龚某挪用公款50万元不是用于营利活动,也未超过三个月未还,更未用于非法活动,故被告人黄某祎帮助龚某挪用50万元用于其亲友完成银行揽储任务的行为,不符合挪用公款罪的构成要件,不应计入黄某祎挪用公款数额,对公诉机关的该部分指控不予支持。

律师建议

虽然司法实践中一般以案发日计算是否超过三个月未归还，但有两种特殊情况需要律师和当事人特别注意：一是超过三个月但在案发前退还公款的，可以从轻或免除处罚；二是有的法院以实际还款日计算三个月的归还期限，如果案发时未到三个月，律师要提醒当事人及其家属及时归还，以争取无罪机会。辩护律师要充分了解这两个辩点，为当事人争取最大利益。

054 不同用途的挪用公款数额能否累计计算？

律师提示

依据我国刑法规定，挪用公款的用途分为三类，即进行"非法活动"、"营利活动"和"其他活动"。三种不同用途的挪用行为构成要件不同，因此，在对同时存在上述两种或三种用途的挪用公款行为时，数额能否累计计算，应当具体问题具体分析。对于每一种用途的挪用行为均单独达到入罪标准的，挪用不同用途公款可以累计计算，"非法活动"或"营利活动"作为量刑情节予以考量；对于其中一种用途的挪用公款行为单独未达到入罪标准的，挪用不同用途的公款一般不可以累计计算。

争议焦点

挪用公款分别用于"非法活动""营利活动"和"其他活动"等不同用途的活动，能否将挪用公款数额进行累计计算？刑法及司法解释并未对此进行细致规定，理论界和实务界对此也存在争议。

一般认为，挪用公款用于不同用途，挪用公款的数额可以累计计算，挪用公款进行"非法活动"和"营利活动"还可以作为犯罪情节在量刑时予以考虑。

但累计计算不同用途公款存在一些问题，如挪用公款进行"其他活动"要求具备超过三个月未归还的条件，而挪用公款进行"非法活动"和"营利活动"则不要求超过三个月未归还；挪用公款进行"非法活动"的入罪标准是3万元，挪用公款进行"营利活动"和"其他活动"的入罪标准是5万元。那么，如果挪用公款进行的不同用途活动中有的未达到入罪标准，将不同用途公款数额累计计算是否合理？

1998年《最高人民法院关于审理挪用公款案件具体应用法律若干问题的解释》第四条规定：多次挪用公款不还，挪用公款数额累计计算；多次挪用公款，并以后次挪用的公款归还前次挪用的公款，挪用公款数额以案发时未还的实际数额认定。

2016年《最高人民法院、最高人民检察院关于办理贪污贿赂刑事案件适用法律若干问题的解释》第五条规定：挪用公款归个人使用，进行非法活动，数额在三万元以上的，应当依照刑法第三百八十四条的规定以挪用公款罪追究刑事责任；数额在三百万元以上的，应当认定为刑法第三百八十四条第一款规定的"数额巨大"。具有下列情形之一的，应当认定为刑法第三百八十四条第一款规定的"情节严重"：

（一）挪用公款数额在一百万元以上的；

（二）挪用救灾、抢险、防汛、优抚、扶贫、移民、救济特定款物，数额在五十万元以上不满一百万元的；

（三）挪用公款不退还，数额在五十万元以上不满一百万元的；

（四）其他严重的情节。

第六条规定：挪用公款归个人使用，进行营利活动或者超过三个月未还，数额在五万元以上的，应当认定为刑法第三百八十四条第一款规定的"数额较大"；数额在五百万元以上的，应当认定为刑法第三百八十四条第一款规定的"数额巨大"。具有下列情形之一的，应当认定为刑法第三百八十四条第一款规定的"情节严重"：

（一）挪用公款数额在二百万元以上的；

（二）挪用救灾、抢险、防汛、优抚、扶贫、移民、救济特定款物，数额在一百万元以上不满二百万元的；

（三）挪用公款不退还，数额在一百万元以上不满二百万元的；

（四）其他严重的情节。

裁判精要

挪用公款分"非法活动""营利活动""其他活动"三种不同用途，每种用途数额均达到入罪标准的，挪用公款数额可以累计计算，"非法活动"或"营利活动"作为量刑情节予以考量；挪用某一种用途公款未达法定入罪标准的，一般不可以与其他用途款项进行累计计算。

司法观点

（一）不同用途金额能够累计计算

◎**不同用途的挪用数额均达到入罪标准的，可以累计计算**

1. 挪用公款用于三种不同用途，每种用途均达到入罪标准的，可以累计计算挪用公款数额，见【（2019）苏0205刑初816号】田某鸣挪用公款案一审刑事判决书。

在该判决书中，江苏省无锡市锡山区人民法院认为：

经审理查明：2011年4月起，被告人田某鸣担任无锡市锡山区安镇街道办事处财政所记账员，负责街道国库集中支付清算及其他资金拨付工作。2019年2月至6月间，被告人田某鸣利用上述职务便利，使用该财政所副所长夏某交给其使用的银行U盾，先后多次通过网银转账的方式挪用本单位公款共计114.18万元归个人使用。其中，被告人田某鸣将挪用的32.2万元用于赌博等非法活动，将62.98万元用于进行理财投资等营利活动，将19万元归个人使用超过三个月未归还。本院认为，被告人田某鸣作为国家工作人员，利用其担任无锡市锡山区安镇街道办事处财政所记账员，负责本单位资金转账支付等的职务之便，挪用本单位公款归个人使用，进行非法活动；挪用公款数额较大、进行营利活动；挪用公款数额较大、超过三个月未还，其行为均已构成挪用公款罪。

2. 挪用三种不同性质的公款，每种分别达到入罪标准的，挪用公款数额可以累计计算，见【（2019）鲁1522刑初449号】姬某挪用公款案一审刑事判决书。

在该判决书中，山东省聊城市莘县人民法院认为：

经审理查明，2013年3月至2014年11月，被告人姬某系聊城市公安局网安支队司机，其在明知网安大队内勤李某（另案处理）负责保管支队包括涉案款在内的各项款项的情况下，以经营烧烤、归还贷款及买地建房等理由，先后10次主动提出向李某借用公款共计213万元。其中，姬某用于非法活动35万元，营利活动67万元，个人使用超过三个月未还111万元。2014年12月10日、2019年5月5日、2019年5月7日，李某分三次将挪用公款补齐全部上交国库。

本院认为，被告人姬某伙同其他国家工作人员，利用国家工作人员职务上的便利，挪用公款归个人使用，进行非法活动；挪用公款数额较大，进行营利活动；挪用公款数额较大，超过三个月未还，情节严重；其行为构成挪用公款罪，公诉机关指控被告人姬某的犯罪事实及罪名成立。判决被告人姬某犯挪用公款罪，判处有期徒刑五年零六个月。

3. 挪用公款准备进行营利活动的，挪用时间未超过三个月也可累计计入挪用公款犯罪数额，见【（2019）湘12刑终183号】曾某挪用公款案二审刑事裁定书。

在该裁定书中，湖南省怀化市中级人民法院认为：

关于上诉人曾某将15万元公款借给杨某的行为是否应认定为挪用公款数额较大，进行营利活动，以及其该行为是否构成挪用公款罪，该笔被挪用的公款是否应计入其挪用公款犯罪数额的问题。经查，虽该笔15万元公款被挪用的时间仅23天，且杨某实际上没有将所借的该笔公款用于经营活动，但在该笔15万元公款被挪用之前，上诉人曾某明知杨某欲将所借的该笔15万元公款用于经营活动，应当认定上诉人曾某挪用该笔15万元公款数额较大，进行营利活动，并将被挪用的该笔15万元公款累计计入曾某挪用公款的犯罪数额。上诉人曾某及其辩护人提出的辩护意见均不能成立，本院不予采纳。

（二）不同用途金额不能累计计算

◎挪用某一用途款项未达数额较大标准的，不能累计计算

1. 挪用某一种用途款项未达数额较大标准的，不能与其他用途款项进行累计计算，见【（2016）浙0523刑初853号】鲁某明挪用资金案一审刑事判决书。

在该判决书中，浙江省湖州市安吉县人民法院认为：

安吉县人民检察院指控：第一，2015年6月5日，被告人鲁某明利用担任安吉县某某街道某某社区居民委员会党总支书记的职务便利，挪用某某社区下属企业安吉天目某某市场（以下简称某某市场）集体资金15万元用于归还其个人银行贷款，2015年6月9日，被告人鲁某明将15万元归还。第二，2013年1月24日，被告人鲁某明利用担任某某社区党总支副书记、居委会主任的职务便利，挪用某某市场集体资金3万元，并出借给他人使用，过了一年左右，鲁某明归还1万元；2015年9月，被告人鲁某明归还剩余2万元，挪用时间超过3个月。第三，2013年5月18日，被告人鲁某明利用担任某某社区党总支副书记、居委会

主任的职务便利，挪用某某市场集体资金 4.7 万元给他人使用，2015 年 9 月，被告人鲁某明将 4.7 万元归还，挪用时间超过 3 个月。

本院认为，被告人鲁某明利用职务之便，挪用本单位资金归个人使用，虽未超过三个月，但数额较大、进行营利活动，其行为已触犯刑律，构成挪用资金罪。公诉机关指控的罪名成立。关于起诉书指控的第 2、3 笔事实，现有指控证据不能证实挪用进行营利活动，不宜与第 1 笔指控事实进行累计认定，此外该两笔挪用时间虽已超过三个月，但累计后仍尚未达数额较大之标准，且在被追诉前业已归还，故本院对该两笔指控事实不做刑法范畴评价。

◎挪用公款的用途证据不足的，不累计计算

2. 挪用公款进行非法活动或营利活动的证据不足且未超过三个月的，仅以挪用公款进行其他活动的数额定罪处罚，不进行累计计算，见【(2018) 鲁 16 刑终 70 号】李某卿挪用公款案二审刑事裁定书。

在该裁定书中，山东省滨州市中级人民法院认为：

经二审审理查明，上诉人李某卿自 2010 年 2 月至 2017 年 12 月期间，负责国家统计局滨州调查队会计工作，自 2015 年 4 月至 2017 年 12 月期间，李某卿利用负责国家统计局滨州调查队会计工作和该调查队办公室工作的职务之便，采取挪用单位"中央往来资金零余额"账户和单位财政基本账户归还公务卡套现支出及开具现金支票的方式，先后多次挪用本单位公款共计 2136065 元，用于网络赌球、购买彩票等活动，其中超过三个月未还的公款数额为 1814467 元。

关于上诉人李某卿所提"一审认定其挪用公款用于非法活动的金额过大，缺乏事实依据，达不到情节严重的程度"的上诉理由及辩护人所提"李某卿挪用公款进行非法活动的数额证据不足"、滨州市人民检察院所提"一审判决认定李某卿挪用公款从事赌球非法活动、购买彩票的证据达不到确实、充分的程度"的出庭意见，经查，原审法院认定上诉人李某卿挪用公款 1022536.86 元归个人使用，进行非法活动的证据，除李某卿本人供述外，虽然有滨州市公安局网络安全保卫支队出具的公(网安)勘【2018】001 号远程勘验工作记录，但该证据仅能证实李某卿在 BET365 网站注册账户并参与网络赌球活动的事实，并不能证实李某卿参与该网站非法活动的具体数额。因此认定李某卿挪用公款进行赌球的数额为 1022536.86 元的证据仅有李某卿的供述，故原审法院认定李某卿挪用公款进行非法活动达到情节严重的标准证据不足。李某卿挪用公款进行营利活动的证据，除其本人供述外，证人范某、盖某娜、郭某、任某等人的证言虽能证实其从事刷卡套现购买彩票的行为，但李某卿刷卡套现后用公款购买彩票的数额，亦不明确。因此，从有利于上诉人的角度，对李某卿挪用公款数额，按照其挪用公款超过三个月未还的部分进行认定，不再详细区分其从事非法活动和营利活动的具体数额。上诉人李某卿的此上诉理由及辩护人的辩护意见、滨州市人民检察院的出庭意见均成立，本院予以支持。

本院认为，上诉人（原审被告人）李某卿挪用公款 1814467 元归个人使用，超过三个月未还，从事非法活动或营利活动，其行为构成挪用公款罪。上诉人李某卿系自首，可以从轻处罚；涉案公款在案发前已经全部归还，酌情予以从轻处罚。原判对部分事实认定不清，本院予以纠正。考虑到李某卿挪用公款的数额、手段及挪用公款进行非法活动和营利活动等情节，原审对其判处有期徒刑四年，系在法定刑幅度内处刑，并无不当。

律师建议

依据公款使用的用途不同，挪用公款的犯罪行为可以分为挪用公款进行"非法活动"、挪用公款进行"营利活动"和挪用公款进行"其他活动"。鉴于三种不同用途的挪用行为构成要件不同，在同时存在上述两种或三种用途的挪用公款行为时，挪用公款数额能否累计计算，应当具体问题具体分析。对于其中一种用途的挪用公款行为单独未达到入罪标准的，该种用途的公款不能累计计算至挪用公款总数额中，否则就违背了罪刑法定原则，律师在进行辩护时应充分重视这一点。

055 如何认定"挪新还旧"的数额？

律师提示

行为人在前次挪用公款大部分或全部归还的情况下再次挪用的，应以挪用的最高一笔公款数额计算；多次挪用公款并以后次挪用公款归还前次挪用公款的，应以案发时未还的实际数额认定；行为人多次挪用的公款每次均是独立的，且单次挪用均构成犯罪的，则挪用不同笔数的公款数额应累计计算。

争议焦点

1998《最高人民法院关于审理挪用公款案件具体应用法律若干问题的解释》第四条规定：多次挪用公款不还，挪用公款数额累计计算；多次挪用公款，并以后次挪用的公款归还前次挪用的公款，挪用公款数额以案发时未还的实际数额认定。

根据上述司法解释规定，立法的目的是在于追责公款账户中未还的实际数额，只有在多次挪用公款不还的情况下，才将数额累计计算，且货币是种类物，存在多次重复使用的情况，在被告人将挪用的公款全部归还情况下，不应加重被告人的处罚，应计算其中的最高额一笔。如果在已全部归还的情况下累计计算，与没有归还累计计算等同处罚，明显罪责刑不相适应。

挪用公款中的"挪旧还新"问题看似简单，实际上比较复杂。什么情况下属于"挪旧还新"，"挪旧还新"的用途，"挪旧还新"的时间是否超过三个月，以及"挪旧还新"的数额等，一定程度上均对"挪旧还新"的数额认定存在影响。律师在提供辩护时，应努力抓住其中的多个辩点，为当事人争取利益最大化。

裁判精要

行为人多次挪用的公款每次均是独立的，且单次挪用数额均构成犯罪的，则挪用不同笔公款应累计计算数额；行为人在前次挪用公款大部分或全部归还的情况下再次挪用的，应以挪用的最高一笔公款数额计算；多次挪用公款并以后次挪用公款归还前次挪用公款的，应以案发时未还的实际数额认定。

法院裁判

◎ "挪旧还新"数额累计计算

1. 行为人多次挪用的公款每次均是独立的，所对应的单位及数额也是确定的，不能认定为"以后次挪用归还前次挪用"的情形，可以累计计算，见【（2016）晋04刑再1号】张某禄贪污、挪用公款案再审刑事判决书。

在该判决书中，山西省长治市中级人民法院认为：

原审上诉人张某禄挪用公款的数额应为30890000元，且挪用数额超过"数额巨大"标准的数百倍，虽在案发前全部退还，但不影响对其的定罪量刑。原

一、二审适用《最高人民法院关于审理挪用公款案件具体应用法律若干问题的解释》第四条"多次挪用公款不还，挪用公款数额累计计算；多次挪用公款，并以后次挪用的公款归还前次挪用的公款，挪用公款数额以案发时未还的实际数额认定。"本案中原审上诉人张某禄多次挪用的公款均是独立的，所对应的单位及数额也是确定的，且各单位交存的保证金数额不一，因此不能认为其挪用行为是以后次挪用归还前次挪用的情形。故原一、二审适用该司法解释条款错误，应予纠正。山西省人民检察院抗诉有理，应予以支持。

2. 反复将自己保管的公款挪用于其他公司经营的行为，应当累计计算挪用公款数额，见【（2017）苏12刑终158号】马某华挪用公款案二审刑事判决书。

在该判决书中，江苏省泰州市中级人民法院认为：

反复挪用同一笔款项应当如何确定犯罪数额？经查，张某某系在经同意采取保值增值方式保管清算组款项后，将资金保存至个人银行卡中。上诉人马某华及同案人张某某供述均反映清算组账上资金最多时只有七八十万元。在2007年至2014年长达七年的期间内，上诉人马某华伙同张某某14次挪用公款，累计数额739万余元。本院认为，尽管2007年之后清算组资金一直由张某某保管在个人银行卡上不属于挪用公款，但上诉人马某华伙同张某某14次将银行卡上的资金再挪用于其他公司经营的行为，均已符合挪用公款罪的犯罪构成，原判对数额累计计算，符合立法宗旨。但上诉人马某华确属反复挪用同一笔款项，应在量刑时予以充分考虑。

◎ "挪旧还新"数额依最高一笔数额计算

1. 在前次挪用公款大部分或全部归还的情况下再次挪用的，应以挪用的最高一笔公款数额计算，见【（2018）闽0302刑初230号】何某新挪用公款案一审刑事判决书。

在该判决书中，福建省莆田市城厢区人民法院认为：

关于挪用公款数额认定问题，本院分析认定如下：《最高人民法院关于审理挪用公款案件具体应用法律若干问题的解释》第四条规定：多次挪用公款不还，挪用公款数额累计计算；多次挪用公款，并以后次挪用的公款归还前次挪用的公款，挪用公款数额以案发时未还的实际数额认定。本案虽是多次挪用公款，但并非以后次挪用的公款归还前次挪用的公款，而是在前次挪用公款大部分或全部归还的情况下的再次挪用，且在案发前已全部归还，与上述规定又有不同。根据上述司法解释规定，立法的目的是在于追责公款账户中未还的实际数额，只有在多次挪用公款不还的情况下，才将数额累计计算，且货币是种类物，存在多次重复使用的情况，本案在被告人何某新已将挪用的公款全部归还情况下，不应加重被告人的处罚，应计算其中的最高额一笔。如果在已全部归还的情况下累计计算，与没有归还累计计算等同处罚，明显罪责刑不相适应。被告人何某新挪用公款350万元用于理财，在理财周期结束5天后再次挪用公款150万元用于理财，该两次购买理财产品间隔时间短且系使用同一账户购买同样的理财产品，应按单次挪用最高数额即350万元认定。同时，根据规定，挪用公款存入银行，属于挪用公款进行营利活动，所获取的利息、收益等非法所得，应当追缴，但不计入挪用公款的数额，故被告人何某新挪用公款购买理财产品的金额应按350万元认定。

2. 连续挪用同笔公款中不同或相同数额的，应以最高一笔数额计算，见【（2017）皖1502刑初58号】黄某芳挪用公款案一审刑事判决书。

在该判决书中，安徽省六安市金安区人民法院认为：

关于辩护人提出起诉书指控的第一起犯罪事实中的挪用数额系重复计算的辩护意见，经查，被告人黄某芳工行尾号1717账户中存有的公款数额最高时也只有200多万元，被告人黄某芳自2011年9月至2012年1月使用该账户内公款购买了8次理财产品，挪用数额分别为200万元、200万元、100万元、100万元、120万元、90万元、100万元和120万元，每次都是挪用完毕归还后下一次再继续挪用，属连续挪用同笔公款中不同或相同的数额，实际上是侵害了同一种类公款的使用和收益权，应认定为反复挪用而不应重复累计进行计算。故被告人挪用工行尾号1717账户中的公款数额应以其单次最高挪用的数额200万元计算，而不应累计计算为1030万元。故辩护人此节辩护意见成立，本院予以采信。

3. 多次挪用同一笔公款的，以该笔公款的总额计算挪用公款数额，见【（2017）豫17刑终534号】焦某星挪用公款案二审刑事判决书。

在该判决书中，河南省驻马店市中级人民法院认为：

关于挪用公款的犯罪数额问题。挪用公款罪保护的是公款的安全性，本案中建房集资款的总额为1783.99万元，该数额是固定的，不论挪用多少次，处于风险中的公款数额也不超过1783.99万元，故本案以集资款总额1783.99万元作为犯罪数额，较为适当。原判将焦某星多次挪用公款的数额累计计算，将犯罪数额认定为5667.98万元不当，予以纠正。焦某星挪用公款的次数可以作为量刑情节予以考虑。

◎ "挪旧还新"数额依案发时未还数额计算

1. 多次挪用公款并以后次挪用公款归还前次挪用公款的，以案发时未还的实际数额认定，见【（2019）皖01刑终189号】王某行贿、挪用公款案二审刑事裁定书。

在该裁定书中，安徽省合肥市中级人民法院认为：

关于上诉人王某及其辩护人提出王某不构成挪用公款罪的上诉理由、辩护意见。经查，自2011年以来，王某与时任省旅游集团财务部副总经理的许某共谋，利用许某职务上的便利，将省旅游集团及下属公司的大量资金截留自用。截至2014年11月，尚有1.43亿元资金未归还。2014年11月，为应付省旅游集团董事长的离任审计，王某与许某共谋，利用许某管理省旅游集团下属公司安兴联合总公司财务的职务之便，使用空白转账支票将安兴联合总公司账上资金4000万元提供给王某，采取转出再转回、转出资金不记账、转回资金计入还款账目、多次循环的方式，经4次反复操作共计转回1.43亿元使王某控制的公司的在账面上将省旅游集团及其下属公司的欠款还清的事实。王某与国家工作人员许某共谋，利用许某职务上的便利，多次挪用公款，并以后次挪用的公款归还前次挪用的公款，至案发时尚有1.43亿元未实际归还，应以挪用公款罪的共犯对其定罪处罚，挪用公款的数额应以案发时未归还的1.43亿元实际数额认定。

2. 以后次挪用的公款归还前次挪用的公款的，挪用公款数额以案发时未还的实际数额认定，见【（2019）皖0124刑初75号】束某明挪用公款案一审刑事判决书。

在该判决书中，安徽省庐江县人民法院认为：

对于公诉机关指控本起事实中被告人束某明挪用公款5590000元的问题，经查，按照《最高人民法院关于审理挪用公款案件具体应用法律若干问题的解释》的规定，多次挪用公款，并以后次挪用的公款归还前次挪用的公款，挪用公款数额以案发时未还的实际数额认定。具体到本案，被告人束某明伙同王某于2018年3月23日从庐江县郭河镇财政所18账户中挪用3890000元，主观上是为了填平之前挪用的3400000元的账，客观上也确实将其中的3400000元用于归还2018年1月挪用的1800000元、2018年2月挪用的1600000元。因此，在被告人束某明后期挪用的3890000元公款中，有3400000元是用于归还前期挪用的公款，应以被告人束某明最后挪用的3890000元认定为挪用公款数额，前期已经用该款归还的3400000元，不再认定为挪用公款数额。公诉机关将同案人王某用自有资金归还的公款1700000元从挪用的公款数额中扣除，不符合上述司法解释的规定。

律师建议

挪用公款中的"挪旧还新"问题看似简单，实际上比较复杂。什么情况下属于"挪旧还新"，"挪旧还新"的用途，"挪旧还新"的时间是否超过三个月，以及"挪旧还新"的数额等，一定程度上均对"挪旧还新"的数额认定存在影响。律师在提供辩护时，应努力抓住其中的多个辩点，为当事人争取利益最大化。

056 如何认定挪用公款罪中的"情节严重"？

律师提示

挪用公款进行"非法活动"时"情节严重"的认定条件，一般情况下为挪用数额100万元以上不满200万元，特殊情况下为50万元以上不满100万元；挪用公款进行"营利活动"或"其他活动"时"情节严重"的认定条件，一般情况下为挪用数额200万元以上，特殊情况下为100万元以上不满200万元；新贪污贿赂司法解释出台后，原司法解释中规定的手段恶劣、多次挪用、因挪用严重影响生产、经营等情形均不再属于挪用公款罪中的"严重情节"。

争议焦点

关于挪用公款罪中"情节严重"的认定，司法实践中存在一些分歧。

1998年《最高人民法院关于审理挪用公款案件具体应用法律若干问题的解释》第三条第一款规定：……挪用公款"情节严重"，是指挪用公款数额巨大，或者数额虽未达到巨大，但挪用公款手段恶劣；多次挪用公款；因挪用公款严重影响生产、经营，造成严重损失等情形。

2016年《最高人民法院、最高人民检察院关于办理贪污贿赂刑事案件适用法律若干问题的解释》第五条规定：挪用公款归个人使用，进行非法活动，数额在三万元以上的，应当依照刑法第三百八十四条的规定以挪用公款罪追究刑事责任；数额在三百万元以上的，应当认定为刑法第三百八十四条第一款规定的"数额巨大"。具有下列情形之一的，应当认定为刑法第三百八十四条第一款规定的"情节严重"：

（一）挪用公款数额在一百万元以上的；

（二）挪用救灾、抢险、防汛、优抚、扶贫、移民、救济特定款物，数额在五十万元以上不满一百万元的；

（三）挪用公款不退还，数额在五十万元以上不满一百万元的；

（四）其他严重的情节。

第六条规定：挪用公款归个人使用，进行营利活动或者超过三个月未还，数额在五万元以上的，应当认定为刑法第三百八十四条第一款规定的"数额较大"；数额在五百万元以上的，应当认定为刑法第三百八十四条第一款规定的"数额巨大"。具有下列情形之一的，应当认定为刑法第三百八十四条第一款规定的"情节严重"：

（一）挪用公款数额在二百万元以上的；

（二）挪用救灾、抢险、防汛、优抚、扶贫、移民、救济特定款物，数额在一百万元以上不满二百万元的；

（三）挪用公款不退还，数额在一百万元以上不满二百万元的；

（四）其他严重的情节。

鉴于1998年《关于审理挪用公款案件具体应用法律若干问题的解释》和2016年《关于办理贪污贿赂刑事案件适用法律若干问题的解释》对挪用公款罪"情节严重"的规定存在一定的差异，到底两者的规定均为有效、互相补充，还是新司法解释替代了原司法解释的规定，改变了挪用公款罪中"情节严重"的认定条件，实践中也存在一定的争议。

从2016年贪污贿赂司法解释的规定可以看出，新司法解释未将1998年司法解释中规定的"手段恶劣""多次挪用""因挪用严重影响生产、经营等情形"规定为"严重情节"，根据刑法从旧兼从轻的原则，应当依照2016年新司法解释认定挪用公款罪中的"情节严重"。

裁判精要

一般情况下挪用公款进行"非法活动"在100万元以上不满200万元，特殊情况下挪用数额在50万元以上不满100万元的，构成挪用公款"情节严重"；一般情况下挪用公款进行"营利活动"或"其他活动"在200万元以上，特殊情况下挪用数额 100 万元以上不满 200 万元的，构成挪用公款"情节严重"；新贪污贿赂司法解释出台后，原司法解释中规定的手段恶劣、多次挪用、因挪用严重影响生产经营等情形均不再属于挪用公款罪中的"情节严重"。

司法观点

（一）属于"情节严重"

◎挪用公款用于营利和其他活动超过 200 万元的，属于"情节严重"

1. 挪用公款用于"营利活动"或"其他活动"超过 200 万元的，应认定为挪用公款"情节严重"，见【（2021）鄂 09 刑终 20 号】周某挪用公款案二审刑事裁定书。

在该裁定书中，湖北省孝感市中级人民法院认为：

上诉人周某的挪用公款行为每次均达到"数额较大"标准，且每次均归个人进行营利活动，每次独立行为均构成犯罪。周某的挪用公款行为，每一次挪出后均将公款置于高度危险之中，严重侵犯了单位对公共资金的占有、使用权及国家公务人员的职务廉洁性。本案中挪用的公款系应城市东马坊办事处财政资金，不属于挪用公款的对象金额在 100 万元以内，以最高单次挪用金额 100 万元计算的情形。且周某所辩解的"王某主任的 100 万元可支配资金审批权限"与本案无必然联系，亦不能等同于挪用行为所对应资金对象。从客观社会危害性看，上诉人周某犯挪用公款罪的数额应累计计算为 260 万元。根据《2016 年解释》第六条第（一）款规定，挪用公款数额在二百万元以上的，应当认定为挪用公款罪"情节严重"情形。上诉人周某挪用公款 260 万元，属于挪用公款罪"情节严重"情形，原判已经考虑周某有"自首、认罪认罚、所挪用的公款在案发前已全部归还，挽回了经济损失"的量刑情节对其减轻处罚，原判量刑适当。

◎挪用特定款项用于营利或其他活动 100 万-200 万元的，属于"情节严重"

2. 挪用特定款项进行"营利活动"或"其他活动"，数额在 100 万元以上不满 200 万元的，构成挪用公款"情节严重"，见【（2018）鲁 17 刑终 273 号】牛某芳挪用公款案二审刑事判决书。

在该判决书中，山东省菏泽市中级人民法院认为：

关于抗诉机关提出的"牛某芳挪用优抚等特定资金 135 万元，系挪用公款情节严重，一审判决以其存在自首和案发前退还本息等情节，认定其犯罪情节轻微，对其免予刑事处罚系量刑错误"的抗诉理由，经查，《最高人民法院、最高人民检察院关于办理贪污贿赂刑事案件适用法律若干问题的解释》第六条规定，挪用救灾、抢险、防汛、优抚、扶贫、移民、救济特定款物归个人使用，进行营利活动，数额在一百万元以上不满二百万元的，应当认定为刑法第三百八十四条第一款规定的"情节严重"，处五年以上有期徒刑。《最高人民法院、最高人民检察院关于办理职务犯罪案件严格适用缓刑、免予刑事处罚若干问题的意见》规定，挪用特定款物的，一般不适用缓刑或者免予刑事处罚，根据全案事实和量刑情节，认为确有必要适用缓刑或者免予刑事处罚的，应经审判委员会讨论决定。原审被告人牛某芳挪用特定款物135万元进行营利活动，系挪用公款"情节严重"，根据上述法律规定，应对其判处五年以上有期徒刑，其虽有自首等情节，但不属于《刑法》第三十七条规定的犯罪情节轻微，一审判决对其免予刑事处罚量刑不当。该抗诉理由能够成立，予以采纳，辩护人提出的一审判决量刑适当的辩护意见不能成立，不予采纳。但鉴于原审被告人牛某芳具有自首情节，挪用公款时间较短，且在案发前均已归还，后将所得利息上缴，有悔罪表现，没有再犯罪的危险，宣告缓刑对所居住社区没有重大不良影响，可以依法对其减轻处罚并适用缓刑。

◎挪用公款进行"非法活动"超过50万元未归还的，属于"情节严重"

3. 挪用公款用于"非法活动"虽未超过100万元，但超过50万元不退还的，应认定为挪用公款"情节严重"，见【（2020）陕0425刑初88号】张某宁挪用公款案一审刑事判决书。

在该判决书中，陕西省咸阳市礼泉县人民法院认为：

被告人张某某作为国家工作人员，利用其担任礼泉县供销合作社联合社会计的职务便利，多次挪用本单位由其管理的公款69.912841万元用于赌博非法活动，且不能退还，情节严重，其行为已构成《中华人民共和国刑法》第三百八十四条所规定的挪用公款罪。公诉机关指控被告人张某某犯挪用公款的犯罪事实和罪名成立，依法应予惩处。被告人张某某能够主动投案，并如实供述其犯罪事实，系自首，且认罪认罚，依法可减轻处罚。公诉机关量刑建议适当，予以支持，对辩护人刘某营的辩护意见予以采纳。

（二）不属于"情节严重"

◎挪用公款未达法定数额要求的，不属于"情节严重"

1. 挪用公款进行"营利活动"不满200万元且积极退还的，不构成挪用公款罪"情节严重",见【(2020)云0111刑初279号】蒋某频挪用公款案一审刑事判决书。

在该判决书中,云南省昆明市官渡区人民法院认为:

被告人蒋某频身为国家工作人员,利用职务上的便利,挪用公款进行营利活动,数额较大,依法应当判处五年以下有期徒刑或者拘役。公诉机关起诉指控被告人蒋某频犯挪用公款罪的事实及罪名成立,本院予以确认。

被告人蒋某频挪用本单位款项1517011.33元用于营利活动,系挪用公款数额较大,鉴于其至一审宣判前已全部退赃,故不符合《关于办理贪污贿赂刑事案件适用法律若干问题的解释》第六条关于"挪用公款不退还,数额在一百万元以上不满二百万元的"构成"情节严重"的规定,故本院对公诉机关认定被告人蒋某频构成挪用公款数额较大且情节严重的意见不予采纳,对辩护人提出被告人蒋某频已全部退赃且不构成"情节严重"的意见予以采纳。

2. 挪用特定款项用于"非法活动"不超过50万元的,不构成挪用公款"情节严重",见【(2017)湘05刑终11号】上诉人谢某润挪用公款案二审刑事判决书。

在该判决书中,湖南省邵阳市中级人民法院认为:

上诉人谢某润身为国家工作人员,利用负责征缴和管理城镇居民医疗保险基金资金工作的职务便利,多次挪用医保基金资金合计474400元归个人使用,其中挪用376480元进行非法活动;挪用86240元超过三个月未还,其行为已构成挪用公款罪。谢某润犯罪后主动向其所在单位投案,并如实交代了自己的主要犯罪事实,是自首,依法可以从轻或减轻处罚。谢某润上诉提出根据《最高人民法院、最高人民检察院关于办理贪污贿赂刑事案件适用法律若干问题的解释》的规定,其犯罪的情形不属于情节严重。经查,2016年出台的《最高人民法院、最高人民检察院关于办理贪污贿赂刑事案件适用法律若干问题的解释》(法释〔2016〕9号)已没有规定多次挪用公款的情形为犯罪情节严重,谢某润非法挪用的公款数额没有达到100万元,挪用公款不退还,数额也没有达到50万元,均不符合法释〔2016〕9号司法解释第五条挪用公款情节严重的规定。按照从旧兼从轻的法律适用原则,不宜认定被告人谢某润的犯罪情形属于情节严重。原判认定上诉人的行为属情节严重,系适用法律错误,二审适当予以改判。

◎ "多次挪用"情形不能认定为"情节严重"

3. 新司法解释未将"多次挪用"认定为"情节严重"的情形,则不应以

"情节严重"论处,见【(2019)川 3336 刑初 3 号】李某挪用公款、贪污案一审刑事判决书。

在该判决书中,四川省甘孜藏族自治州乡城县人民法院认为:

关于公诉机关指控被告人李某多次挪用公款属于情节严重的情形的公诉意见。经查,《最高人民法院关于审理挪用公款案件具体应用法律若干问题的解释》中规定多次挪用属于情节严重的情形,但《最高人民法院、最高人民检察院关于办理贪污贿赂刑事案件适用法律若干问题的解释》中规定的情节严重的情形并不包括多次挪用,同时根据该解释第二十条规定"此前发布的司法解释与本解释不一致的,以本解释为准",故对该公诉意见不予支持。

4. 多次挪用过程中有的未达到入罪标准,不属于"多次挪用",不应认定为"情节严重",见【(2013)鹤刑终字第 101 号】张某昌挪用公款案二审刑事判决书。

在该判决书中,河南省鹤壁市中级人民法院认为:

关于上诉人张某昌及其辩护人提出"挪用公款并非情节严重,原判量刑过重"的上诉理由和辩护意见,经查,张某昌两次挪用公款给刘某强做生意,每次 2 万元,未达到"数额较大"的起点,虽其另挪用 6 万元借给朋友魏某强做生意,挪用 5 万元用于给其外甥看病,但张某昌案发后退出赃款,自愿认罪,悔罪态度较好,不足以认定其行为达到"情节严重"。该上诉理由和辩护意见成立,予以采纳。

◎已按多次累计计算挪用数额的,不能再认定为"情节严重"

5. 已经按照多次累计计算金额,不能再以多次挪用认定为"情节严重",见【(2014)鄂随州中刑再终字第 00004 号】杨某挪用公款案再审刑事裁定书。

在该裁定书中,湖北省随州市中级人民法院认为:

原审上诉人杨某身为国家工作人员,利用职务上的便利,挪用公款归个人使用,并进行营利活动,挪用数额较大,其行为构成挪用公款罪。检察机关抗诉认为,杨某挪用公款数额接近"数额巨大"以及在两起挪用公款事实中的分次转款行为,应认定为多次的意见,经查,杨某挪用公款总额中,两次有明确的故意,即挪用 31000 元用于还信用卡透支款和挪用 100000 元获取高额利息,虽然每起事实中都有两次转款行为,但其是出于同一犯意下,为实现同一犯罪目的的过程,且转款时间连续,故只能认定其两次挪用行为,共计 131000 元。不能单纯地将每次的转、取款行为都认定为犯罪次数。对于另外的 34222 元,应该属于公私款项混用，也无法确认每次每笔挪用的具体时间、金额和用途，只是案发时累计未还的实际数额，根据最高人民法院《关于审理挪用公款案件具体应用法律若干问题的解释》第四条"多次挪用公款不还，挪用公款数额累计计算"的规定，最后34222元就是属于累计计算的金额，已经按照多次累计计算金额，不能再以多次挪用认定为情节严重。故不能认定杨某多次挪用公款，其行为不构成情节严重。公诉机关指控和法院一、二审及本院再审认定的数额均为165222元，虽然接近"数额巨大"的标准，但仍属"数额较大"的范围，依法也不能按照"数额巨大"的标准予以评判。检察机关上述抗诉意见本院不予支持。

律师建议

对挪用公款罪"情节严重"的认定，不仅涉及新旧司法解释的适用问题，也涉及对司法解释规定的体系性理解问题。只有将对法律条文的理解上升到体系化的程度，才能更精准地理解法律规定的精神内涵，更好地领会刑事政策的变迁，更好地为当事人提供高质量的法律服务。

057 挪用公款"情节严重"判处五年以上有期徒刑能否超过十年？

律师提示

通过对刑法第三百八十四条上下文逻辑关系的分析可以认为，挪用公款"情节严重"判处五年以上有期徒刑的规定在前，挪用公款"数额巨大不退还"判处十年以上有期徒刑规定在后，而"情节严重"相较于"数额巨大不退还"而言社会危害性要小，其量刑幅度也应当低于"数额巨大不退还"规定的十年以上，因此挪用公款"情节严重"判处五年以上有期徒刑不能超过十年，这样的体系性解释才更合理。

争议焦点

刑法规定挪用公款"情节严重"的判处五年以上有期徒刑，这里的"五年以上有期徒刑"是否包括十年以上至十五年有期徒刑，实践中存在分歧。

《刑法》第三百八十四条第一款规定：国家工作人员利用职务上的便利，挪用公款归个人使用，进行非法活动的，或者挪用公款数额较大、进行营利活动的，或者挪用公款数额较大、超过三个月未还的，是挪用公款罪，处五年以下有期徒刑或者拘役；情节严重的，处五年以上有期徒刑。挪用公款数额巨大不退还的，处十年以上有期徒刑或者无期徒刑。

2016年《最高人民法院、最高人民检察院关于办理贪污贿赂刑事案件适用法律若干问题的解释》第五条规定：挪用公款归个人使用，进行非法活动，数额在三万元以上的，应当依照刑法第三百八十四条的规定以挪用公款罪追究刑事责任；数额在三百万元以上的，应当认定为刑法第三百八十四条第一款规定的"数额巨大"。具有下列情形之一的，应当认定为刑法第三百八十四条第一款规定的"情节严重"：

（一）挪用公款数额在一百万元以上的；

（二）挪用救灾、抢险、防汛、优抚、扶贫、移民、救济特定款物，数额在五十万元以上不满一百万元的；

（三）挪用公款不退还，数额在五十万元以上不满一百万元的；

（四）其他严重的情节。

第六条规定：挪用公款归个人使用，进行营利活动或者超过三个月未还，数额在五万元以上的，应当认定为刑法第三百八十四条第一款规定的"数额较大"；数额在五百万元以上的，应当认定为刑法第三百八十四条第一款规定的"数额巨大"。具有下列情形之一的，应当认定为刑法第三百八十四条第一款规定的"情节严重"：

（一）挪用公款数额在二百万元以上的；

（二）挪用救灾、抢险、防汛、优抚、扶贫、移民、救济特定款物，数额在一百万元以上不满二百万元的；

（三）挪用公款不退还，数额在一百万元以上不满二百万元的；

（四）其他严重的情节。

对挪用公款"情节严重"能否判处十年以上有期徒刑的理解，应当结合刑法第三百八十四条规定的前后文逻辑关系、司法解释与刑法条文之间的逻辑关系、刑法总则和刑法分则之间的关系等，进行体系性解释和理解。

裁判精要

有的法院认为，挪用公款构成"情节严重"情形的，应当在五年以上十年以下有期徒刑幅度内量刑；有的法院认为，挪用公款构成"情节严重"情形的，即使未认定"挪用公款数额巨大不退还"，也可以判处十年以上有期徒刑；依体系性解释方法分析，挪用公款罪构成"情节严重的"应在五年以上十年以下量刑。

司法观点

◎挪用公款"情节严重"的，可判处五年以上十五年以下有期徒刑

1. 挪用公款"数额巨大"是该罪"情节严重"的情形之一，判处有期徒刑五年以上、十五年以下完全符合刑法的规定应判处五年以上有期徒刑，见【（2020）粤刑终329号】邢某跃贪污、挪用公款案二审刑事裁定书。

在该裁定书中，广东省高级人民法院认为：

辩护人提出原判认定邢某跃"挪用公款数额巨大"，却按照"挪用公款数额巨大不退还"的规定判处十年以上有期徒刑，属适用法律错误。实际上，挪用公款"数额巨大"是该罪"情节严重"的情形之一，依法应判处五年以上有期徒刑，原判对邢某跃在有期徒刑五年以上、十五年以下决定其刑期完全符合刑法的规定。辩护人认为只有"挪用公款数额巨大不退还的"才能判处十年以上有期徒刑，是其对刑法的错误理解，不能成立。

2. 挪用公款数额巨大，情节严重，即使未认定"挪用公款数额巨大不退还"，也可以判处十年以上有期徒刑，见【（2018）鄂01刑终228号】向某高、李某国挪用公款案二审刑事裁定书。

在该裁定书中，湖北省武汉市中级人民法院认为：

根据最高人民法院、最高人民检察院《关于办理贪污贿赂刑事案件适用法律若干问题的解释》第六条的规定，挪用公款数额在200万元以上，应依法认定为挪用公款情节严重。根据我国刑法第三百八十四条的规定，挪用公款情节严重的，处五年以上有期徒刑。向某高挪用公款890万元，原审认定其挪用数额巨大，构成挪用公款情节严重，并依量刑规范化确定其宣告刑为十年以上有期徒刑符合法律规定。原审并未认定向某高挪用公款数额巨大不退还，故原审适用法律并非有误。向某高及其辩护人关于原审适用法律错误的上诉理由及辩护意见不能成立。

3. 挪用公款"情节严重"判处五年以上有期徒刑，包括十年以上，见【（2017）粤18刑终82号】严某满挪用公款案二审刑事判决书。

在该判决书中，广东省清远市中级人民法院认为：

连州市人民检察院抗诉提出，原判认定事实准确，但适用法律错误，量刑畸重。主要理由：1. 被告人严某满身为村民小组组长，利用管理征地补偿款、青苗补偿款的工作便利，挪用公款共计 2783112.17 元用于赌博非法活动，情节严重，不应适用《最高人民法院、最高人民检察院关于办理贪污贿赂刑事案件适用法律若干问题的解释》第六条第一项的规定，而应适用该解释第五条第一项的规定；2. 根据《刑法》第三百八十四条的规定，被告人严某满的行为属于挪用公款情节严重，其法定刑应处五年以上有期徒刑，但不属于挪用公款数额巨大不退还，处十年以上有期徒刑或者无期徒刑的情形。其在犯罪后自动投案并如实供述自己的罪行，根据《刑法》第六十七条第一款的规定，可以从轻处罚。连州市人民法院对其判处有期徒刑十二年，量刑畸重。清远市人民检察院支持抗诉提出与连州市人民检察院抗诉理由一致的意见。

经查，原审被告人严某满挪用公款属于情节严重，依法应处五年以上有期徒刑。原审被告人严某满挪用农民的征地补偿款、青苗补偿款，并用于赌博非法活动，案发后也没有退还。原审量刑时已对严某满自首及认罪态度较好等情节进行综合评价，并在法律规定的量刑幅度范围内判处严某满有期徒刑十二年，原判量刑并无不当。综上所述，抗诉机关及清远市人民检察院支持抗诉认为原判对原审被告人严某满挪用公款情节严重属于适用法律不当的意见，理由成立，予以采纳。抗诉机关及清远市人民检察院支持抗诉提出原判对原审被告人严某满量刑畸重的意见，理由不充分，不予支持。

4. 挪用公款从事经营活动，数额巨大超 300 万元未能归还的，属于"情节严重"，应在五年以上十五年以下有期徒刑幅度内量刑，见【(2017) 粤 18 刑终 72 号】蔡某挪用公款案二审刑事裁定书。

在该裁定书中，广东省清远市中级人民法院认为：

关于上诉人蔡某所提的上诉理由。经查，根据《刑法》第三百八十四条第一款及最高人民法院、最高人民检察院《关于办理贪污贿赂刑事案件适用法律若干问题的解释》第六条第一项的规定，上诉人挪用公款 6804385.36 元归个人使用，从事营利活动，尚余 3738190 元未能归还，属情节严重，应在五年以上十五年以下有期徒刑幅度内量刑。鉴于原判已根据上诉人自首及主动退出部分赃款的法定从轻及酌情从轻情节，依法对上诉人在法定量刑幅度内从轻处罚，量刑恰当，本院予以维持。上诉人要求二审改判的理由不成立，本院不予采纳。

◎ **挪用公款"情节严重"的，只能判处五年以上十年以下有期徒刑**

1. 挪用公款归个人使用构成"情节严重"情形的，应在五年以上十年以下量刑，见【（2019）川08刑初34号】李某勇挪用公款案一审刑事判决书。

在该判决书中，四川省广元市中级人民法院认为：

关于被告人及其辩护人所提检察机关调整后量刑建议过高的意见。《最高人民法院、最高人民检察院关于办理贪污贿赂刑事案件适用法律若干问题的解释》第六条规定，具有下列情形之一的，应当认定为刑法第三百八十四条第一款规定的"情节严重"：……（三）挪用公款不退还，数额在一百万元以上不满二百万元的……本案中，李某勇与李某杰共谋，挪用公款290万元归个人使用，至案发时290万元未归还，属于挪用公款归个人使用"情节严重"之情形，对其刑期应在五年以上十年以下判处。

2. 挪用公款进行"非法活动"数额在50万元以上不满100万元不退还的，系"情节严重"，应当在五年以上十年以下有期徒刑内量刑，见【（2016）湘02刑终12号】邓某华挪用公款案二审刑事判决书。

在该判决书中，湖南省株洲市中级人民法院认为：

上诉人邓某华身为国家工作人员，利用职务上的便利，多次挪用公款归个人使用，进行非法活动，情节严重，其行为构成挪用公款罪。上诉人邓某华提出"量刑过重"的理由，经审查，原审法院在法定刑幅度内对其量刑适当，上诉人邓某华的上诉理由不能成立。在二审审理期间，最高人民法院、最高人民检察院颁发了《关于办理贪污贿赂刑事案件适用法律若干问题的解释》，其中第五条第三项规定，挪用公款数额在五十万元以上不满一百万元不退还的，系情节严重，应当在五年以上十年以下有期徒刑内量刑。故对上诉人的量刑幅度为五年以上十年以下有期徒刑。原判认定事实清楚、证据确实充分、定罪准确、审判程序合法。二审法院改判上诉人邓某华犯挪用公款罪，判处有期徒刑七年。

3. 挪用公款用于非法活动数额在50万元以上不满100万元的，应认定为"情节严重"，在五年以上十年以下有期徒刑内处罚，见【（2018）陕0728刑初69号】邵某挪用公款案一审刑事判决书。

在该判决书中，陕西省汉中市镇巴县人民法院认为：

被告人邵某身为国家税务机关工作人员，利用职务之便，挪用公款996726.10元，用于自己生活消费、偿还债务及进行网络赌博的非法活动，其行为符合《刑法》第三百八十四条规定的挪用公款罪的构成要件，被告人邵某犯挪用公款罪，公诉机关指控其犯罪事实及所犯罪名成立。被告人邵某挪用公款996726.10元，无力退还，给国家造成了一定的经济损失，根据《最高人民法院、最高人民检察院关于办理贪污贿赂刑事案件适用法律若干问题的解释》第五条第三项之规定：挪用公款不退还，数额在五十万元以上不满一百万元的，应认定为情节严重，在五年以上十年以下有期徒刑内处罚。法院依法判决被告人邵某犯挪用公款罪，判处有期徒刑六年。

律师建议

通过对《刑法》第三百八十四条上下逻辑关系的分析，可以得出如下结论，即挪用公款"情节严重"判处五年以上有期徒刑，不包括十年以上至十五年有期徒刑。判处十年以上有期徒刑的条件是"数额巨大不退还"，而"情节严重"相较于"数额巨大不退还"而言，社会危害性要小，量刑幅度也应当低于"数额巨大不退还"。对于司法实践中没有定论的疑难问题，辩护律师应深夯法理功底，苦练逻辑推理，掌握刑法体系性解释的科学方法，最大限度为当事人争取合法利益。

058 如何认定挪用公款"数额巨大不退还"判处十年以上有期徒刑？

律师提示

挪用公款"数额巨大不退还"，是指挪用公款数额巨大，因客观原因在一审前不能退还；不能退还数额达到或超过数额巨大标准的，认定为挪用公款"数额巨大不退还"，一般应判处十年以上有期徒刑；挪用公款"数额巨大不退还"，是指未退还部分达到数额巨大，未退还数额达不到数据巨大标准的，不认定为挪用公款"数额巨大不退还"，一般应判十年以下有期徒刑；对于公款有办案机关追回的情况，不宜认定构成挪用公款"数额巨大不退还"。

争议焦点

如何认定挪用公款"数额巨大不退还"，实践中存在争议，主要体现在未退还数额是否要求达到"数额巨大"标准，以及没有退还是主观原因还是客观原因上。

《刑法》第三百八十四条第一款规定：国家工作人员利用职务上的便利，挪用公款归个人使用，进行非法活动的，或者挪用公款数额较大、进行营利活动的，或者挪用公款数额较大、超过三个月未还的，是挪用公款罪，处五年以下有期徒刑或者拘役；情节严重的，处五年以上有期徒刑。挪用公款数额巨大不退还的，处十年以上有期徒刑或者无期徒刑。

1998年《最高人民法院关于审理挪用公款案件具体应用法律若干问题的解释》第五条规定："挪用公款数额巨大不退还的"，是指挪用公款数额巨大，因客观原因在一审宣判前不能退还的。

2016年《最高人民法院、最高人民检察院关于办理贪污贿赂刑事案件适用法律若干问题的解释》第五条规定：挪用公款归个人使用，进行非法活动，……数额在三百万元以上的，应当认定为刑法第三百八十四条第一款规定的"数额巨大"……第六条规定：挪用公款归个人使用，进行营利活动或者超过三个月未还，……数额在五百万元以上的，应当认定为刑法第三百八十四条第一款规定的"数额巨大"……

从司法实践来看，认定构成挪用公款"数额巨大不退还"，一般要求未归还的公款数额达到"数额巨大"的标准。对于公款由办案机关追回的情况，应慎重认定构成挪用公款"数额巨大不退还"。

裁判精要

挪用公款"数额巨大不退还"，是指挪用公款数额巨大，因客观原因在一审前不能退还；不能退还数额达到或超过数额巨大标准的，认定为挪用公款"数额巨大不退还"，一般应判处十年以上有期徒刑；挪用公款达到数额巨大标准，公款系办案机关追回而非被告人退还的，构成"数额巨大不退还"；挪用公款"数额巨大不退还"，是指未退还部分达到数额巨大，未退还数额达不到数据巨大标准的，不认定为挪用公款"数额巨大不退还"，一般应判十年以下有期徒刑。

司法观点

（一）属于挪用公款"数额巨大不退还"，应判处十年以上有期徒刑

◎挪用公款未退还数额达到巨大标准的，应判处十年以上有期徒刑

1. 挪用公款数额巨大不退还，是指挪用公款数额巨大，因客观原因在一审

前不能退还；不能退还数额达到或超过数额巨大标准的，认定为"挪用公款数额巨大不退还"，应判处十年以上有期徒刑，见【（2016）皖刑终 296 号】黄某武受贿、挪用公款、巨额财产来源不明案二审刑事裁定书。

在该裁定书中，安徽省高级人民法院认为：

对上诉人黄某武及其辩护人提出的黄某武不属于"挪用公款数额巨大不退还"的情节的上诉理由及辩护意见，经查，根据《最高人民法院关于审理挪用公款案件具体应用法律若干问题的解释》第五条规定"挪用公款数额巨大不退还的"，是指挪用公款数额巨大，因客观原因在一审宣判前不能退还的。本案被告人黄某武挪用公款 1400 万元给他人进行营利活动，因客观原因在一审宣判前不能退还。至于住建公司提起民事诉讼，要求解除与借款人刘某某签订的商品房买卖合同并将借给刘的 1400 万元与刘支付的 2650 万元购房款中进行冲抵，无论该民事诉讼二审期间是否执行，均不影响对黄某武挪用公款数额巨大不退还的认定。黄某武的上诉理由和相关辩护意见不能成立，本院不予采纳。

2. 挪用公款进行"营利活动"，未退还数额达到数额巨大标准的，依法应处十年以上有期徒刑，见【（2019）沪刑终 35 号】朱某武挪用公款案二审刑事裁定书。

在该裁定书中，上海市高级人民法院认为：

关于原判量刑是否适当的问题本院认为，上诉人朱某武与国家工作人员盛某某共谋，由盛某某个人决定利用其职务便利，挪用公款共计 1.295 亿元给朱某武负责经营的单位进行营利活动，谋取个人利益，朱某武的行为已构成挪用公款罪，且有 3900 万元未归还，属挪用公款数额巨大不退还，依法应处十年以上有期徒刑或者无期徒刑、剥夺政治权利，原判鉴于朱某武在共同犯罪中起重要作用，依法判处其有期徒刑十四年，剥夺政治权利四年，符合罪责刑相适应原则，量刑适当。

◎**数额巨大且系办案机关追回而非被告人退还的，属于"数额巨大不退还"**

3. 挪用公款达到数额巨大标准，公款系办案机关追回而非被告人退还的，构成"数额巨大不退还"，应判处十年以上有期徒刑，见【（2018）浙 07 刑终 238 号】周某刚挪用公款案二审刑事裁定书。

在该裁定书中，浙江省金华市中级人民法院认为：

被告人周某刚上诉及其辩护人辩护提出，由于被告人周某刚的积极配合，涉案赃款已全部追回，故周某刚的行为不属于数额巨大不退还情形，依法应予从轻处罚。原判量刑过重，请求二审依法从轻改判。针对上诉理由，经查，银行流水明细、网上交易平台网页打印件、付款凭证与被告人周某刚的供述相互印证，证明 2008 年 1 月至 2017 年 4 月期间，周某刚将挪用的公款用于中天香港黄金、第一金汇环球有限公司等网上交易平台的外汇、黄金交易及购买福利彩票，因交易亏损已无法归还；兰溪市监察委员会留置令、协助冻结金融资产通知书、中国工商银行账户明细及证明，证明被告人周某刚于 2017 年 11 月 6 日被留置，之后办案机关于 2017 年 12 月以后向第一金汇环球有限公司、第一亚洲商人金银业有限公司等追回涉案款项，该款项系办案机关追回，并非周某刚退还，一审法院据此认定周某刚挪用公款数额巨大不退还并无不当。故被告人周某刚及其辩护人所提周某刚不属于数额巨大不退还情形的上诉理由和辩护意见，依据不足，本院不予采纳。

（二）不属于挪用公款"数额巨大不退还"，应判十年以下有期徒刑

◎不退还数额未达巨大标准的，不属于"数额巨大不退还"

1. 挪用公款进行"营利活动"，未退还数额达不到数据巨大的标准的，不认定为挪用公款"数额巨大不退还"，见【（2017）闽 09 刑初 7 号】肖某挪用公款案一审刑事判决书。

在该判决书中，福建省宁德市中级人民法院认为：

关于辩护人辩护称肖某在一审宣判前未退赃数额已降至数额巨大标准以下，不属于挪用公款数额巨大不退还情形的意见。经查，《最高人民法院、最高人民检察院关于办理贪污贿赂刑事案件适用法律若干问题的解释》第六条规定，挪用公款数额 200 万元以上的，属情节严重，挪用公款数额在 500 万元以上的，应当认定为数额巨大。根据《最高人民法院关于审理挪用公款案件具体应用法律若干问题的解释》第五条规定"'挪用公款数额巨大不退还的'，是指挪用公款数额巨大，因客观原因在一审宣判前不能退还的"。本案肖某挪用公款 1630 万元，虽已达数额巨大标准，但其到案后已退出赃款 1193.083668 万元，未退还数额为 436.916332 万元，不属于数额巨大不退还情形。故该辩护意见有理，予以采纳。

2. 挪用公款数额巨大但已有部分资金在工程款中予以扣除的，不属于"数额巨大不退还"的情形，见【（2018）豫 07 刑终 310 号】刘某阳挪用公款案二审刑事判决书。

在该判决书中，河南省新乡市中级人民法院认为：

关于上诉人刘某阳辩护人辩称如果认定本案构成挪用公款犯罪，也不应认定具有"数额巨大不退还"情节的意见。经查，挪用公款罪中"数额巨大不退还"是指挪用公款数额巨大，因客观原因在一审宣判前不能退还的。本案中，上诉人刘某阳在工程竣工后，与新乡服装城进行建筑费用分摊过程中，对乙方（刘某某）借甲方的工程款部分进行了扣减，即在双方最终确认新乡服装城欠刘某阳工程款 288.633 万元数额中已经扣除刘某阳借款部分，不应认定上诉人刘某阳不退还，故上诉人刘某阳该上诉理由及其辩护人辩护意见符合法律规定，本院予以采纳。

◎ "数额巨大不退还"是指未退还数额巨大而非涉案数额巨大

3. 挪用公款数额巨大不退还，是指未退还部分达到数额巨大，见【（2019）皖 0124 刑初 1 号】王某知挪用公款案一审刑事判决书。

在该判决书中，安徽省合肥市庐江县人民法院认为：

被告人王某知身为国家工作人员，利用职务上的便利，多次单独或伙同他人挪用公款 966.6 万元归个人使用，进行营利活动，情节严重，其行为已构成挪用公款罪。依法应当追究其刑事责任。公诉机关指控的罪名成立，本院予以支持。"挪用公款数额巨大不退还"是指行为人挪用公款"数额巨大不退还"，即未退还部分达到数额巨大。本案被告人未归还的公款未达到数额巨大，故公诉机关指控被告人挪用公款数额巨大不退还，不符合法律规定，本院不予支持。

律师建议

挪用公款"数额巨大不退还"的，判处十年以上有期徒刑或无期徒刑，因此，是否构成"数额巨大不退还"，对当事人的量刑产生重大影响。虽然司法解释仅对挪用公款"数额巨大"的标准进行了界定，未对"数额巨大不退还"的标准进行界定，但依据对刑法条文及司法解释条文上下文的体系性理解，"数额巨大不退还"的具体数额，也应达到"数额较大"的标准。未退还数额达不到"数额巨大"标准的，不应认定为"数额巨大不退还"，这样才更符合逻辑，也在司法实践中得到了广泛应用。律师在就此问题进行辩护时应充分注意到这一点。

059 公款使用人能否成为挪用公款的共犯？

律师提示

公款使用人与挪用人共谋，指使或者参与策划取得挪用款的，以挪用公款罪的共犯定罪处罚；只要共谋行为能够为犯罪行为作出指引，达到犯罪目的即可，具有详细、周密的犯罪实施方案不是构成挪用公款罪共同犯罪的必要要件；公款使用人没有参与密谋、指使、策划，对挪用公款本身未起到附加作用的，不构成挪用公款罪的共犯。

争议焦点

关于公款使用人在何种情况下与挪用人构成挪用公款罪的共犯，实践中也存在一定的争议。

《刑法》第二十五条第一款规定：共同犯罪是指二人以上共同故意犯罪。

1989年最高人民法院、最高人民检察院《关于执行〈关于惩治贪污罪贿赂罪的补充规定〉若干问题的解答》第二条第六项规定：在挪用公款给其他个人使用的案件中，使用人与挪用人共谋，指使或者参与策划取得挪用款的，是共同犯罪……

1998年《最高人民法院关于审理挪用公款案件具体应用法律若干问题的解释》第八条规定：挪用公款给他人使用，使用人与挪用人共谋，指使或者参与策划取得挪用款的，以挪用公款罪的共犯定罪处罚。

司法实践中，如何理解挪用公款的共犯主要看主观上是否有意思联络的共同故意，客观上是否参与了挪用公款的行为。

裁判精要

挪用公款给他人使用，使用人与挪用人共谋，指使或者参与策划取得挪用款的，以挪用公款罪的共犯定罪处罚；只要共谋行为能够为犯罪行为作出指引，达到犯罪目的即可，而有具体、详细、周密的犯罪实施方案，并不是构成挪用公款罪共同犯罪的必要要件；公款使用人要求出借人履行债务不属于挪用公款"共谋"，客观方面没有指使、参与策划，不符合挪用公款罪共犯的条件；行为人的行为对挪用公款本身未起到任何作用，不构成挪用公款罪的共犯。

司法观点

（一）公款使用人构成共犯

◎**公款使用人与挪用人共谋的，构成挪用公款罪共犯**

1. 公款使用人因公司经营所需，与国家工作人员共谋，利用国家工作人员职务之便挪用公款用于经营活动的，构成挪用公款罪共犯，见【（2018）鄂刑终369号】李某光、丁某晟受贿、挪用公款案二审刑事判决书。

在该判决书中，湖北省高级人民法院认为：

关于上诉人丁某晟及其辩护人提出一审判决认定丁某晟挪用公款的事实不清，丁某晟的行为不构成挪用公款罪的上诉理由及辩护意见。经审查，一审判决认定李某光、丁某晟合谋挪用公款1373万元的事实，有证人证言、借款和还款的单位收款收据、转账支票、领款单、个人报销账据等财务凭证、迪奥药业工业项目投资协议、承诺书、国有建设用地使用权转让合同、武汉市汉南区湘口街党工委会议纪要等证据证实，李某光、丁某晟亦作过供述，事实清楚，证据确实、充分，足以认定。上诉人丁某晟虽不具备国家工作人员身份，但其因公司经营所需，与李某光共谋利用李某光的职务之便，先后挪用汉南农场的公款共计1373万元给迪奥药业用于经营活动，依照《最高人民法院关于审理挪用公款案件具体应用法律若干问题的解释》第八条"挪用公款给他人使用，使用人与挪用人共谋，指使或者参与策划取得挪用款的，以挪用公款罪的共犯定罪处罚"的规定，丁某晟与李某光已构成挪用公款罪的共犯。故该上诉理由及辩护意见不能成立，本院不予采纳。

2. 公款使用人与他人合谋策划挪用公款给自己使用的，构成挪用公款罪共犯，见【（2016）赣刑终296号】雷某鸿、黄某军挪用公款案二审刑事判决书。

在该判决书中，江西省高级人民法院认为：

经查，黄某军在明知雷某鸿准备出借给其的资金系公款的情况下，仍然与雷某鸿、游某甲、毛某等人合谋、策划通过中国工商银行江西省丰城市支行以委托贷款方式将上述资金挪给其使用。以上事实有江西省丰城市投资公司记账凭证、银行进账单、交易记录等书证，游某甲、毛某等人的证言，雷某鸿、黄某军的供述等证据可以证明。根据《最高人民法院关于审理挪用公款案件具体应用法律若干问题的解释》第八条的规定，挪用公款给他人使用，使用人与挪用人共谋，指使或者参与策划取得挪用款的，以挪用公款罪的共犯定罪处罚。黄某军的行为符合挪用公款罪的共同犯罪的要件。黄某军及其辩护人的此项上诉理由和辩护意见不符合事实和法律规定，不予采纳。

3. 只要共谋行为能够为犯罪行为作出指引，达到犯罪目的即可，而有具体、详细、周密的犯罪实施方案，并不是构成挪用公款罪共同犯罪的必要要件，见【（2018）浙06刑终268号】章某立挪用公款案二审刑事裁定书。

在该裁定书中，浙江省绍兴市中级人民法院认为：

关于上诉人章某立及其辩护人屠某超的意见。经查，上诉人章某立明知城投公司通过金某公司流转、应当即时转回城投公司的贷款是公款，仍通过非法给予城投公司董事长、总经理吕某仁财物，向其提出挪用公款要求，吕表示同意并对公款放松监管，章某立指使他人将公款转出使用，挪用公款犯罪行为完成。根据最高人民法院《关于审理挪用公款案件具体应用法律若干问题的解释》第八条规定：挪用公款给他人使用，使用人与挪用人共谋，指使或者参与策划取得挪用款的，以挪用公款罪的共犯定罪处罚。本案中，公款已在金某公司账户，城投公司只要不催促转账，后续由金某公司一方通过银行操作即可实现。因此，一方征求意见，另一方表示同意，共谋行为即已完成。只要共谋行为能够为犯罪行为作出指引，达到犯罪目的即可，而有具体、详细、周密的犯罪实施方案并不是构成挪用公款罪共同犯罪的必要要件。

4. 公款使用人主动提出资金使用需求，以签订借款协议的方式，通过国家工作人员职务之便挪用公款进行营利活动的，构成挪用公款罪共犯，见【（2021）晋05刑终52号】刘某湖挪用公款案二审刑事裁定书。

在该裁定书中，山西省晋城市中级人民法院认为：

关于上诉人刘某湖及其辩护人所提刘某湖不构成挪用公款罪的相关上诉理由及辩护意见。经查：李某证实其与刘某湖到曹某宏办公室和曹某宏商量借款，曹某宏同意给凯天公司提供1500万元借款，李某电话联系刘某湖，刘某湖同意李某代刘某湖签协议以及刘某湖给曹某宏送金条的事实；曹某宏证实刘某湖、李某找自己，并提出由兰煜公司向凯天公司借款，自己未上经理办公会，个人决定向凯天公司提供借款，交代董某起草协议以及收受李某、刘某湖财物的事实；董某证实事后曹某宏安排其制作多份兰煜公司与凯天公司虚假购销合同、合作协议的事实；晋城市华清会计师事务所鉴定报告证实2012年10月8日至2013年8月1

日,由曹某宏个人决定将兰煜公司公款26907031.01元无偿提供给凯天公司使用的事实;刘某湖供述证实其与曹某宏几次接触,提出借款请求,其知道公款不能给私企使用以及其给曹某宏送金条的事实。以上证据相互印证,上诉人刘某湖作为凯天公司的法定代表人,与李某及兰煜公司董事长兼总经理曹某宏商议,由刘某湖、李某主动提出资金使用需求,曹某宏个人决定,通过凯天公司与兰煜公司签订借款协议的方式,将兰煜公司公款供凯天公司使用,该行为构成挪用公款罪,其与曹某宏系共同犯罪。原判认定上诉人刘某湖犯挪用公款罪的事实清楚,证据充分。上诉人刘某湖及其辩护人所提上诉人刘某湖不构成挪用公款罪的上诉理由及辩护意见不能成立,不予采纳。

(二) 公款使用人不构成共犯

◎公款使用人与挪用人未共谋的,不构成挪用公款罪共犯

1. 公款使用人要求出借人履行债务不属于挪用公款"共谋",客观方面也没有指使、参与策划的,不符合挪用公款罪共犯的条件,不构成挪用公款罪,见【(2018)鄂09刑终148号】吴某明、袁某仁等挪用公款、受贿案二审刑事裁定书。

在该裁定书中,湖北省孝感市中级人民法院认为:

关于原审被告人袁某仁、吴贵某是否构成挪用公款罪的共犯问题。检察员认为,最高人民法院《关于审理挪用公款案件具体应用法律若干问题的解释》第八条规定,挪用公款给他人使用,使用人与挪用人共谋,指使或者参与策划取得挪用款的,以挪用公款罪的共犯定罪处罚。本案中,被告人袁某仁、吴贵某向吴某明提出,在云梦县房地产公司尚欠工程款的情况下,向云梦县房地产公司借钱,被告人袁某仁、吴贵某非常清楚二人借的是公款,正是因为二人的借款行为,才有被告人吴某明挪用公款的行为,被告人吴某明答应借钱给被告人袁某仁、吴贵某时,三人已经达成了挪用公款的共谋,被告人袁某仁、吴贵某指使、参与挪用公款,是挪用公款罪的教唆犯、帮助犯。

本庭审查认为,1. 袁某仁在云梦县房地产公司欠其工程款的情况下因资金困难等原因向云梦县房地产公司借支工程款并无不当,不能因为云梦县房地产公司暂时可以不向袁某仁、吴贵某支付所欠工程款,而否定袁某仁借支工程款的合理性,而且吴某明证明跟袁某仁说是向藤某局长汇报同意的,因此,吴某明挪用公款的行为与袁某仁借款行为之间不具有必然的因果关系,袁某仁、吴贵某与吴

某明不具有挪用公款的"共谋"。2. 吴某明同意以工程款名义借支，并要求投标后及时归还，既可以满足袁某仁的要求，也可以顺利通过财务方面的审核，是通过权衡考虑私自作出的决定。认定袁某仁、吴贵某指使、参与策划或提供帮助取得挪用款的证据不足。3. 仅仅知道使用的是行为人挪用的公款，不应以挪用公款罪的共犯追究刑事责任。（见周某鸾、张某、熊某、高某主编《刑法罪名解释》第四版下）综上，本案公款出借人与使用人之间因具有债务关系，使用人要求出借人履行债务不属于挪用公款"共谋"，客观方面袁某仁、吴贵某也没有指使、参与策划，不符合挪用公款罪共犯的条件，不构成挪用公款罪。对该项抗诉意见不予支持。

2. 行为人既没有自己使用公款，也未与他人共谋、参与策划，没有谋取个人利益的，不构成挪用公款罪共犯，见【（2015）鄂樊城刑一初字第00396号】熊某甲等挪用公款案一审刑事判决书。

在该判决书中，湖北省襄阳市樊城区人民法院认为：

关于被告人马某某、魏某甲认为二人不构成挪用公款罪的辩护意见，挪用公款的共犯是指挪用公款给他人使用，使用人与挪用人共谋，指使或者参与策划取得挪用公款。本案中，马某某、魏某甲只是作为财务人员按被告人熊某甲的安排将公款转给宋某某使用，既没有自己使用，也未与使用人共谋、参与策划，没有谋取个人利益，因此，马某某、魏某甲的行为不构成挪用公款罪，对于马某某、魏某甲不构成挪用公款罪的共犯的辩解意见，本院予以采纳。

3. 行为人出具单位定期存款开户证实书时，其他人挪用公款的犯罪行为已既遂，行为人的行为对挪用公款本身未起到任何作用的，不构成挪用公款罪的共犯，见【（2014）宁刑终字第63号】张某宁挪用公款、行贿，沈某军挪用公款、受贿，孟某挪用公款，余某某违规出具金融票证案二审刑事判决书。

在该判决书中，宁夏回族自治区高级人民法院认为：

关于上诉人余某某及其辩护人提出的"余某某没有挪用公款的主观故意，在张某宁等人挪用公款时没有犯意联络，其行为至多评价为违规出具金融票证罪，有自首情节，因已过追诉时效应当依法宣告无罪"的上诉理由及辩护意见，经查，上诉人余某某出具单位定期存款开户证实书时，上诉人张某宁、沈某军、孟某已将被挪用的公款用于炒股进行营利活动，犯罪已经既遂，上诉人余某某的行为对挪用公款行为本身未起到任何作用，因此其不构成挪用公款罪的共犯。上诉人余某某身为银行工作人员，在明知西北第二民族学院应解汇款及临时存款账户已无资金的情况下，违反规定，为他人出具单位定期存款开户证实书，致使西北第二民族学院的涉案公款直至案发才被发现已被挪用且未追回，情节严重，其行为构成违规出具金融票证罪，具有自首情节，因已过追诉时效且不是必须追诉的，依法应当对余某某终止审理。故其上诉理由及辩护意见部分成立，予以采纳。

4. 现有证据不足以证明公款使用人与挪用人具有共同犯罪故意的，不构成挪用公款罪的共犯，见【（2014）鄂随州中刑终字第00066号】张某成、杨某新挪用公款案二审刑事判决书。

在该判决书中，湖北省随州市中级人民法院认为：

上诉人杨某新作为执法大队招聘的人员并兼任执法大队的报账员，在管理执法大队公款时，听从其单位负责人即上诉人张某成的安排，将公款存入上诉人张某成个人银行卡中及交给上诉人张某成保管，其不知上诉人张某成将公款用于购买股票，也无证据证实上诉人张某成告诉其将该公款用于购买股票，故上诉人杨某新没有与上诉人张某成一同挪用公款的主观故意。因此，上诉人杨某新的行为不构成挪用公款罪的共犯。原审判决认定事实清楚，但适用法律有误。

律师建议

公款使用人是否构成挪用公款罪的共犯，在司法实践中存在一定程度的扩大适用。公款使用人构成共犯的前提是与挪用人共谋犯罪、参与犯罪，而非使用公款；虽然公款使用人与挪用人就公款的使用达成一致，但使用人使用公款时是善意的，对公款的使用程序和要求并不十分清楚，也不知晓挪用人挪用公款是恶意的，则公款使用人不构成挪用公款罪的共犯。律师在就公款使用人是否构成挪用公款罪共犯进行辩护时，要特别注意这一点。

060 国家工作人员挪用特定款物构成何罪？

律师提示

构成挪用特定款物犯罪必须同时具备"情节严重"与"致使国家和人民群众利益遭受重大损害"两个要件，且以改变特定款物专项用途、挪作其他公共用途为客观要件；国家工作人员将特定款项挪作个人使用，应当以挪用公款罪从重处罚；国家工作人员挪用特定款物分别用于其他公用和个人使用的，同时构成挪用特定款物罪和挪用公款罪；国家工作人员挪用特定款物使国家和人民利益遭受重大损失的，其行为同时符合滥用职权罪的犯罪构成，根据普通法条与特别法条的竞合关系适用原则，应以挪用特定款物罪定罪处罚。

争议焦点

国家工作人员利用职务之便挪用特定款物，是构成挪用特定款物罪还是构成挪用公款罪，需要结合两罪的不同构成要件进行具体分析。

《刑法》第二百七十三条规定：挪用用于救灾、抢险、防汛、优抚、扶贫、移民、救济款物，情节严重，致使国家和人民群众利益遭受重大损害的，对直接责任人员，处三年以下有期徒刑或者拘役；情节特别严重的，处三年以上七年以下有期徒刑。

第三百八十四条规定：国家工作人员利用职务上的便利，挪用公款归个人使用，进行非法活动的，或者挪用公款数额较大、进行营利活动的，或者挪用公款数额较大、超过三个月未还的，是挪用公款罪，处五年以下有期徒刑或者拘役；情节严重的，处五年以上有期徒刑。挪用公款数额巨大不退还的，处十年以上有期徒刑或者无期徒刑。

挪用用于救灾、抢险、防汛、优抚、扶贫、移民、救济款物归个人使用的，从重处罚。

根据相关司法解释，挪用失业保险基金、下岗职工基本生活保障资金、退休职工社会养老金、民族贸易和民族用品生产贷款利息补贴等，均属于特定款物。

区分国家工作人员挪用特定款物构成挪用特定款物罪还是构成挪用公款罪，关键在于将挪用的款项用于"其他公用"，还是"归个人使用"。

裁判精要

挪用特定款物罪的客观要件为擅自将国家专用款物挪作单位他用，如将专款挪作个人使用，应当以挪用公款罪从重处罚；构成挪用特定款物犯罪必须同时具备"情节严重"与"致使国家和人民群众利益遭受重大损害"两个要件，且以改变特定款物专项用途、挪作其他公共用途为客观要件；国家工作人员利用职务便利，挪用特定款物分别用于其他公用和个人使用的，同时构成挪用特定款物罪和挪用公款罪；国家工作人员挪用特定款物使国家和人民利益遭受重大损失的，其行为同时符合滥用职权罪的犯罪构成，根据普通法条与特别法条的竞合关系适用原则，应以挪用特定款物罪定罪处罚。

司法观点

（一）构成挪用公款罪

◎挪用特定款物归个人使用的，以挪用公款罪从重处罚

1. 国家工作人员利用职务便利，挪用特定款物归个人使用的，构成挪用公款罪，从重处罚，见【（2019）闽0722刑初31号】罗某明挪用公款案一审刑事判决书。

在该判决书中，福建省南平市浦城县人民法院认为：

被告人罗某明身为农村基层组织人员，利用协助人民政府从事行政管理工作的职务便利，挪用搬迁补助资金和危房改造补助资金归个人营利使用，其行为已构成挪用公款罪，公诉机关指控的罪名成立。被告人罗某明挪用扶贫款归个人使用，应从重处罚。辩护人提出被告人罗某明所使用的资金已经进入补助对象的个人账户，不属于村集体可支配的公款，村集体研究决定暂缓发放该款且由村里统筹使用，属于违纪行为；被告人罗某明违规保管该资金并未经补助对象的同意将该资金挪作他用，进行营利活动，其行为构成挪用特定款物罪的辩护意见，不予采纳。理由为被告人罗某明在保管政府下拨的搬迁补助资金和危房改造补助资金时，擅自将该资金归个人用于营利活动，是挪用公款，其行为应构成挪用公款罪。

2. 挪用特定款物罪的客观要件为擅自将国家专用款物挪作单位他用或其他公用，如将专款挪作个人使用的，应当以挪用公款罪从重处罚，见【（2015）平刑初字第73号】周某祥贪污案一审刑事判决书。

在该判决书中，贵州省黔南布依族苗族自治州平塘县人民法院认为：

被告人周某祥身为平塘县大塘镇新场村村民委员会基层组织人员，在协助政府实施农村危房改造工作中，其身份属于依照法律从事公务的人员，以国家工作人员论。被告人周某祥在担任新场村村委会领导期间，利用职务上的便利，通过制作虚假验收材料套取危房改造补助资金54100元，并将该笔款项挪用于个人及家庭生活开支等，其行为已构成挪用公款罪。公诉机关指控被告人周某祥犯贪污

罪，定性不当，应认定为挪用公款罪。辩护人提出被告人周某祥的行为不构成贪污罪而应定性为挪用特定款物罪的辩护意见，经审查认为，挪用特定款物罪的客观要件为擅自将国家专用款物挪作单位他用或其他公用，如将专款挪作个人使用，应当以挪用公款罪从重处罚。本案中被告人周某祥利用职务上的便利，采用伪造建房材料的手段，套取农村危房改造补助款，将5户危改户共计54100元的危房改造补助款挪作己用，其行为完全符合挪用公款罪的构成要件。故辩护人提出被告人周某祥的行为应定性为挪用特定款物罪的辩护意见没有事实和法律依据，本院不予采纳。

3. 国家工作人员挪用特定款物归个人使用的，其行为构成挪用公款罪，从重处罚，见【(2018)陕0116刑初457号】刘某、杨某挪用公款案一审刑事判决书。

在该判决书中，陕西省西安市长安区人民法院认为：

被告人刘某作为国有公司工作人员，在其担任驻村第一书记兼扶贫工作队副队长并履行扶贫公务期间，利用职务便利，挪用由其负责保管的扶贫资金归他人使用，且数额较大、超过三个月未予归还，其行为已触犯《刑法》第三百八十四条之规定，构成挪用公款罪。被告人杨某明知刘某保管的资金系公款，仍唆使刘某挪用数额较大的公款归其使用，且超过三个月仍未归还，其行为亦已触犯《刑法》第三百八十四条之规定，构成挪用公款罪。公诉机关指控被告人刘某、杨某之犯罪事实清楚，证据确实、充分，所犯罪名成立。据查明事实，本案涉案款项虽属扶贫资金，但公诉机关并未指控二被告人系挪用特定款物，故对二被告人应依据刑法第三百八十四条第一款之规定予以处罚。

4. 国家工作人员挪用特定款物归个人使用，构成犯罪的，应以挪用公款罪追究刑事责任，从重处罚，见【(2013)莲刑初字第155号】李某甲玩忽职守、贪污案一审刑事判决书。

在该判决书中，山东省日照市五莲县人民法院认为：

被告人李某甲身为国家工作人员，利用保管和发放农村低保金的职务便利，私自截留并挪用其代为保管的农村低保金79747.86元，超过三个月未还，其行为构成挪用公款罪。被告人李某甲挪用的农村低保金属于扶贫款，对其定罪量刑的数额标准应参照挪用公款归个人使用进行非法活动的数额标准。公诉机关指控被告人李某甲的行为构成玩忽职守罪，事实不清、证据不足，本院不予支持。关于辩护人提出被告人的行为构成挪用特定款物罪的辩护意见，根据我国刑法第三百八十四条第二款的规定，国家工作人员挪用特定款物归个人使用，构成犯罪的，应以挪用公款罪追究刑事责任，从重处罚，故对辩护人的该项辩护意见本院不予采纳。

5. 挪用特定款物罪的客观要件为擅自将国家专用款物挪作单位他用，如将专款挪作个人使用的，应当以挪用公款罪从重处罚，见【（2015）南刑终字第157号】郑某挪用特定款物、挪用资金案二审刑事裁定书。

在该裁定书中，福建省南平市中级人民法院认为：

上诉人郑某利用职务便利，挪用村集体资金借贷给他人，数额巨大，其行为已构成挪用资金罪；违反特定款物专用的财经制度，伪造47户村民签名截取应发放给村民个人的扶贫救济款，挪作村集体使用，情节严重，致使国家和人民群众利益遭受重大损害，其行为又构成挪用特定款物罪。挪用特定款物罪的客观要件为擅自将国家专用款物挪作单位他用，如将专款挪作个人使用，应当以挪用公款罪从重处罚。上诉人郑某提出是按照村两委集体决定，将造福工程款用于道路等村公共基础设施建设，不构成挪用特定款物罪的上诉理由，没有法律依据，不能成立。对上诉人郑某提出挪用特定款物行为已超过追诉时效，不应追究刑事责任的上诉理由，因上诉人郑某等人截取应发放给村民个人的扶贫救济款行为一直延续至2010年3月，检察机关于2014年3月发现郑某等人挪用特定款物的行为即立案侦查；且上诉人郑某于2009年至2014年间，又犯挪用资金罪，依照《刑法》第八十七条第一项、第八十九条之规定，并未超过追诉时效。上诉人郑某的上诉理由均不能成立，不予采纳。

（二）构成挪用特定款物罪

◎将特定款项挪作其他非个人用途的，构成挪用特定款物罪

1. 国家工作人员利用职务之便将特定款项挪作他用，使国家和人民利益遭受重大损失，其行为符合滥用职权罪的犯罪构成，同时亦符合挪用特定款物罪的犯罪构成，根据普通法条与特别法条的竞合关系适用原则，应当认定构成挪用特定款物罪，见【（2017）藏2521刑初02号】田某庆、拉某挪用特定款物、受贿、贪污案一审刑事判决书。

在该判决书中，西藏自治区阿里地区普兰县人民法院认为：

被告人田某庆作为县级人民政府分管扶贫工作的领导人员，被告人拉某作为县级人民政府专门从事国家扶贫工作的部门负责人，二人均对本县的扶贫项目及资金负有管理、监督等职责，但二被告人无视法律及国家关于扶贫工作管理的相关规定，不正当行使职权，伪造相关手续套取国家扶贫项目资金挪作他用，造成依据国家扶贫政策赋予相关组织、民众本应享有的财产利益流失，致使国家和人民利益遭受重大损失，其行为符合滥用职权罪的犯罪构成，同时亦符合挪用特定款物罪的犯罪构成，根据普通法条与特别法条的竞合关系适用原则，应当认定二被告人均构成挪用特定款物罪。公诉机关指控二被告人构成滥用职权罪不当。被告人拉某在将国家扶贫项目资金套取并部分挪作他用后，利用职务上的便利，将剩余资金非法据为己有，其行为还构成贪污罪。

2. 国家工作人员利用职权将特定款物套取后挪作其他非个人用途，致使国家和人民群众利益遭受了重大损害的，符合挪用特定款物罪的构成要件，见【（2017）藏25刑终5号】田某庆、拉某滥用职权、受贿、贪污、挪用特定款物、挪用公款案二审刑事裁定书。

在该裁定书中，西藏自治区阿里地区中级人民法院认为：

关于上诉人田某庆、拉某及上诉人田某庆的辩护人提出的不构成挪用特定款物罪的上诉理由和辩护意见，经查，本案涉案的资金均为经阿里地区和日土县扶贫部门审批并拨付的特定扶贫项目资金，且数额巨大，二上诉人身为县级人民政府扶贫部门和分管扶贫工作的负责人，利用职权直接或会同他人伪造相关材料将上述资金套取后挪作其他非个人用途，致使本应实施或享有上述扶贫项目的单位或个人流失相关扶贫项目资金或无法享有相关扶贫项目，二上诉人的上述行为显然致使国家和人民群众利益遭受了重大损害，且均为直接责任人员，其行为符合挪用特定款物罪的构成要件，上述上诉理由和辩护意见不能成立，不予采纳。

（三）构成挪用特定款物罪和挪用公款罪

◎挪用特定款物分别用于其他公用和个人使用的，构成挪用特定款物罪和挪用公款罪，数罪并罚

1. 国家工作人员利用职务便利，挪用特定款物分别用于其他公用和个人使用的，同时构成挪用特定款物罪和挪用公款罪，见【（2018）粤0882刑初709号】邓某挪用特定款物、挪用公款案一审刑事判决书。

在该判决书中，广东省雷州市人民法院认为：

被告人邓某无视国家法律，利用其担任村党支部书记、村委会主任的职务便利，在协助政府从事扶贫管理工作过程中伙同他人挪用扶贫资金总计205000元

作为村委会日常开支使用,情节严重,致使国家和人民群众利益遭受重大损害;伙同他人挪用公款人民币 45000 元归自己及其他村干部个人使用,且超过三个月未还,其行为触犯了《刑法》第二百七十三条、第三百八十四条之规定,已分别构成挪用特定款物罪、挪用公款罪,依法应数罪并罚追究其刑事责任。公诉机关指控被告人邓某犯挪用特定款物罪、挪用公款罪的犯罪事实清楚,证据确实、充分,适用法律准确,罪名成立,本院予以支持。被告人邓某挪用的公款系扶贫资金,本院依法予以从重处罚。

2. 国家工作人员利用职务便利,挪用特定款物分别用于其他公用支出和个人使用的,同时构成挪用特定款物罪和挪用公款罪,见【(2016)川 1323 刑初 99 号】唐某林挪用公款案一审刑事判决书。

在该判决书中,四川省南充市蓬安县人民法院认为:

被告人唐某林身为基层组织工作人员,在协助人民政府发放低保款过程中,利用职务上的便利,将部分低保款 41033.72 元挪用归个人使用、超过三个月未还,其行为触犯了《刑法》第三百八十四条之规定,构成挪用公款罪;被告人唐某林又将低保款 80652.50 元挪作村上其他支出使用,情节严重,致使国家和人民群众的利益遭受重大损害,其行为触犯了《刑法》第二百七十三条之规定,构成挪用特定款物罪。公诉机关指控罪名成立,本院予以支持。

(四)不构成挪用特定款物罪或挪用公款罪

◎**构成挪用特定款物罪须具备"情节严重"和"重大损害"两个要件**

1. 构成挪用特定款物罪必须同时具备"情节严重"与"致使国家和人民群众利益遭受重大损害"两个要件,并且该罪须以将特定款物挪用于其他公共用途为客观要件,见【(2015)沈中刑三终字第 53 号】郭某挪用公款案二审刑事裁定书。

在该裁定书中,辽宁省沈阳市中级人民法院认为:

关于辽宁省沈阳市人民检察院支持抗诉所提的郭某为其子留学而挪用的 30 万元来源于沈阳市慈善总会拨款及社会捐助,郭某擅自将该款挪作他用的行为构成挪用特定款物罪,一审法院对上述事实未予认定系遗漏犯罪事实的抗诉意见,经查,根据挪用特定款物罪的刑法条文规定及该罪名的立法原意,构成挪用特定款物罪必须同时具备"情节严重"与"致使国家和人民群众利益遭受重大损害"两个要件,并且该罪须以将特定款物挪用于其他公共用途为客观要件。对于将特定款物挪用归个人使用的，则应以挪用公款罪审查认定。本案相关证据显示，上诉人郭某挪用的30万元来源于沈阳市慈善总会、辽宁省教育厅等对汶川学子的助学捐赠款及助学金，上诉人郭某挪用30万元救济款的目的并非其他公用用途，而是为其子留学提供银行存款担保，即归其个人使用。同时，根据现有证据，无法得出上诉人挪用30万元救济款的行为，致使国家和人民群众利益遭受重大损害的结论。综上，原判以现有证据不能证实原审被告人郭某挪用30万元救济款归个人使用已超三个月，从而认定不构成挪用公款罪的同时，亦未认定其行为构成挪用特定款物罪，并非遗漏犯罪事实。故对辽宁省沈阳市人民检察院支持抗诉的意见，不予支持。

2. 挪用特定款物罪的挪用是指由有关单位改变专用款物用途，如将优抚资金用于建办公楼等，若将特定款物挪作个人使用的，视行为主体的情形认定为挪用公款罪或者挪用资金罪，见【（2016）湘0405刑初184号】刘某挪用特定款物案一审刑事判决书。

在该判决书中，湖南省衡阳市珠晖区人民法院认为：

公诉机关指控刘某挪用危房改造资金用于支付丈夫住院费、借给亲友使用的情形构成挪用特定款物罪的定性错误、认定事实错误。挪用特定款物罪的挪用是指由有关单位改变专用款物用途，如将优抚资金用于建办公楼等，若将特定款物挪作个人使用的，视行为主体的情形认定为挪用公款罪或者挪用资金罪。结合本案，首先，刘某身为基层组织的工作人员，若挪用特定款物归个人使用，应定性为挪用公款罪并从重处罚，故公诉机关定性错误。其次，刘某挪用公款超过三个月归还，但挪用金额应认定为460元，故不构成挪用公款罪；刘某分别支取4.99万元、5万元借给亲友使用，但未超过三个月就已归还，其行为亦不构成挪用公款罪。

综上，公诉机关指控刘某挪用危房改造资金归个人使用的行为构成挪用特定款物罪，系定性错误，本院不予支持；另刘某挪用危房改造资金归个人使用，因其挪用金额未达到立案数额或未超过三个月已归还，故刘某的行为不构成挪用公款罪。

◎ **套取国家扶持资金，构成滥用职权罪而非挪用特定款物罪**

3. 套取国家扶持资金的行为是一种滥用职权的行为，不应以挪用特定款物罪或挪用公款罪定罪处罚，见【（2018）鲁1326刑初345号】王某宝职务侵占案一审刑事判决书。

在该判决书中，山东省临沂市平邑县人民法院认为：

对于公诉机关就该事实以被告人犯挪用特定款物罪、贪污罪的指控，经审理认为，被告人王某宝为获取国家补助，伪造虚假资料，套取国家扶持资金，是一种滥用职权的行为。其所套取的国家资金，不是真正的扶贫款项，不具有特定款物的性质。其将该款项用于村集体公共支出，并没有非法占为己有，故其行为不构成挪用特定款物罪及贪污罪。公诉机关指控的罪名不当，应予以更正。对被告人及其辩护人的相关辩护意见，本院予以采纳。

律师建议

区分国家工作人员挪用特定款物构成挪用特定款物罪还是挪用公款罪，在实践中具有重要意义。挪用特定款物罪的最高刑为七年有期徒刑，而挪用公款罪的最高刑为无期徒刑，两者区别巨大。将挪用的款项用于"其他公用"还是"归个人使用"，是区别两个罪名适用的关键。

061 挪用"非特定公物"是否构成挪用公款罪？

律师提示

挪用公物予以变现并使用的行为，追求的是公物的价值而非使用价值，本质上与挪用公款的性质一致，应以挪用公款罪论处；挪用公款罪的对象是公款、金融凭证、有价证券等资金凭证以及"特定公物"，不包括"非特定公物"，不能将单位房产、车辆等认定为挪用公款罪的对象；行为人利用单位房产办理抵押贷款并使用该款项的，构成滥用职权罪而非挪用公款罪。

争议焦点

挪用公款罪中的"公款"是否保护"特定款物"之外的"非特定公物"？这在实践中存在很大争议。

关于挪用公款罪中的"公款"是否包括"公物"，存在不同的理解。有人认为"公款"包括"公物"，两者都属于公共财物；有人认为"公款"包括"特定公物"，即救灾、抢险、防汛、优抚、扶贫、移民、救济款物，而不包括除此之外的"非特定公物"。

《最高人民检察院关于国家工作人员挪用非特定公物能否定罪的请示的批复》规定国家工作人员挪用非特定公物归个人使用的行为,对这种行为不以挪用公款罪定罪处罚;如果构成其他犯罪的,依照刑法的有关规定定罪处罚。

"公款"与"公物"既有联系又有区别,科学界定挪用公款罪中"公款"的含义,对于正确理解和使用挪用公款罪及其他犯罪具有重要意义。

裁判精要

挪用公物予以变现并使用的行为,追求的是公物的价值而非使用价值,本质上与挪用公款的性质一致,应以挪用公款罪论处;挪用公款罪的对象是公款、金融凭证、有价证券等资金凭证以及特定公物,不包括非特定公物,不能将单位房产认定为挪用公款罪的对象;行为人利用单位房产办理抵押贷款并使用该款项的,构成滥用职权罪而非挪用公款罪。

司法观点

(一)构成挪用公款罪

◎挪用公物予以变现并使用的,构成挪用公款罪

1. 挪用公物予以变现并使用的行为,追求的是公物的价值,行为人将公物转化为公款的,本质上与挪用公款的性质一致,应以挪用公款罪论处,见【(2020)京03刑申35号】端木某某挪用公款案驳回申诉通知书。

在该通知书中,北京市第三中级人民法院认为:

关于端木某某认为其挪用的车辆属于非特定公物,不应以挪用公款罪论处的理由。经查,本案中,端木某某的行为系挪用公物予以变现并使用的行为,端木某某在实施挪用行为时追求的就是公物的价值,即行为人将公物转化为公款,本质上与挪用公款的性质一致,故端木某某的该项理由,不符合《最高人民检察院关于国家工作人员挪用非特定公物能否定罪的请示的批复》的精神实质,本院不予支持。

2. 挪用人挪用公物追求的是该公物的价值,而非该公物的使用价值,主观上具有将公物变现款予以挪用并从事营利活动的故意的,其行为性质与一般的挪用公款本质上是一致的,见【(2013)息刑初字第309号】姬某、马某挪用公款案一审刑事判决书。

在该判决书中，河南省信阳市息县人民法院认为：

被告人姬某及其辩护人以被告人主观上不具有挪用公款的故意，挪用非特定公物不能成为挪用公款罪的犯罪对象为由认为不构成挪用公款罪的辩护意见，本院不予采纳。其理由是：

其一，被告人姬某在明知未办理小麦出库手续不能出库的情况下，仍然同意被告人马某将6号仓的小麦运出变现，以用于被告人马某做生意周转资金使用。被告人姬某、马某追求的是该公物的价值，而非该公物的使用价值，主观上具有将公物变现款予以挪用并从事营利活动的共同故意，其行为性质与一般的挪用公款本质上是一致的，并有被告人姬某的多次供述予以印证。被告人姬某、马某在庭审中辩称当时6号仓的小麦出现了霉变，是为了响应相关上级文件关于2000吨以下粮仓归零的精神，才同意先将小麦运出变卖，再将变现款支付给郑州粮食市场的辩称意见，经查，虽然有2000吨以下粮仓归零的文件，但二被告人并没有将小麦变卖后得款支付给郑州粮食市场，而是将变卖后所得款用于马某做生意周转资金使用，故其辩称意见本院不予采纳。

其二，最高人民检察院2000年3月公布的《关于国家工作人员挪用非特定公物能否定罪的请示的批复》中对"挪用非特定公物归个人使用的行为"不以挪用公款罪论处的规定，应指的是以追求公物使用价值为目的的挪用非特定公物的行为，而不应理解为包括以追求实际使用公物的变现款为目的的挪用非特定公物的行为。

其三，被告人姬某、马某在实施挪用行为时，追求的并非公物的使用价值，而是公物价值的载体，即公款。行为人将公物予以变现，则公物转化为公款，并且被告人马某也实际使用该公款从事了营利性活动。

因此，被告人姬某、马某的行为符合挪用公款罪的特征，应以挪用公款罪论处。

（二）不构成挪用公款罪

◎挪用人民币纪念币的，不构成挪用公款罪

1. 挪用公款罪的犯罪对象仅限于公款和救灾、抢险等特定公物，第四版人民币为收藏品，系非特定公物，不能成为挪用公款罪的犯罪对象，见【（2015）大刑再终字第1号】陈某挪用公款、贪污案再审刑事判决书。

在该判决书中，黑龙江省大兴安岭地区中级人民法院再审认为：

原审被告人陈某身为国家工作人员，利用管理库房的职务便利，私自将库存的503套第四版人民币取出后变卖，并将变卖所得款项占为己有，用于个人消费。陈某的上述行为表明其主观上对犯罪结果是积极追求的，其希望利用职务上的便利，达到将处于自己职权支配下的503套第四版人民币永久非法占有的主观目的。客观上陈某已将503套第四版人民币进行了处分，侵吞了其负责保管的503套第四版人民币，其行为侵犯了单位对503套第四版人民币的所有权，触犯了《刑法》第三百八十二条第一款的规定，构成贪污罪。原审判决认定陈某私自取出第四版人民币变卖的行为构成挪用公款罪适用法律错误。首先，根据刑法第三百八十四条的规定，挪用公款罪的犯罪对象仅限于公款和救灾、抢险等特定公物。本案中的第四版人民币为收藏品，系非特定公物，不能成为挪用公款罪的犯罪对象。原审被告人陈某辩称第四版人民币不是收藏品与事实不符，该辩解理由不成立。其次，挪用公款罪侵犯的是公共财产的占有权、使用权和收益权，不包括处分权。本案被告人陈某的行为不但侵犯了单位对503套第四版人民币的占有权、使用权、收益权，还侵犯了单位对503套第四版人民币的处分权，其犯罪目的是永久占有503套第四版人民币。基于上述两点，原审被告人陈某的行为不符合挪用公款罪的行为特征，不构成挪用公款罪，原判认定陈某变卖503套第四版人民币的行为构成挪用公款罪适用法律错误，应予纠正。

◎挪用单位房产为自己办理抵押贷款的，构成滥用职权罪

2. 挪用公款罪的对象是公款、金融凭证、有价证券等资金凭证，不包括非特定公物，不能将单位房产认定为挪用公款罪的对象；行为人利用单位房产办理抵押贷款并使用的，构成滥用职权罪而非挪用公款罪，见【（2012）商刑终字第228号】付某某挪用公款案二审刑事判决书。

在该判决书中，河南省商丘市中级人民法院认为：

关于上诉人及辩护人称付某某行为不构成挪用公款罪的问题。本院认为，根据《最高人民法院、最高人民检察院关于办理国家出资企业中职务犯罪案件具体应用法律若干问题的意见》第三项之规定"国家出资企业的工作人员在公司、企业改制过程中为购买公司、企业股份，利用职务上的便利，将公司、企业的资金或者金融凭证、有价证券等用于个人贷款担保的，依照刑法第二百七十二条或者第三百八十四条的规定，以挪用资金罪或者挪用公款罪定罪处罚"。最高人民检察院在《关于国家工作人员挪用非特定公物能否定罪的请示》中答复"刑法

第384条规定的挪用公款罪中未包括挪用非特定公物归个人使用的行为，对该行为不以挪用公款罪论处"。根据上述司法解释的规定，挪用公款罪的对象是公款、金融凭证、有价证券等资金凭证，不包括非特定公物。被告人付某某利用单位房产抵押贷款70万元，不能将单位房产认定为挪用公款罪的对象。同时，付某某抵押贷款70万元，其是借款合同的主债务人，需要承担还款责任，且房产与贷款之间不是直接的对价关系，另外付某某抵押房产后，单位对该房屋并没有丧失所有权，因此，付某某抵押的单位房产及所贷款项不是挪用公款罪的犯罪对象，原判认定付某某的行为构成挪用公款罪不当。被告人上诉理由及辩护人辩护意见成立，予以支持。

关于被告人付某某行为定性问题。本院认为，中房商丘总公司为贷款方便将单位房产产权办在付某某个人名下，并由付某某配合单位贷款，付某某对该房有一定管理权利，其擅自将单位办其名下的房产证挂失重新办理房产证，将单位房产置于其控制之下，并将房租据为己有，又将该房产抵押贷款，使单位长期对该房产无法行使占有、使用、收益权利，致使国家利益遭受重大损失，其行为构成国有公司人员滥用职权罪。

综上，原判认定事实清楚，证据确实充分，审判程序合法，但适用法律不当，应予纠正。

律师建议

结合罪刑法定原则和体系性解释原理，挪用公款罪中的"公款"应当包括属于国家所有的现金、金融凭证、有价证券等资金凭证，以及救灾、抢险、防汛、优抚、扶贫、移民、救济款物等特定公款，而不应包括房屋、汽车等非特定公物。行为人利用房屋、汽车等非特定公物获取利益的，可能构成滥用职权罪等其他犯罪，不一定构成挪用公款罪。辩护律师不能想当然地认为挪用"非特定公物"构成挪用公款罪。

六 ▶ 巨额财产来源不明罪的认定

062 如何认定行为人能否说明财产来源？

律师提示

公诉机关提供证据证实行为人有来源不明的巨额财产，行为人对该财产数额有异议的，应当提交相关证据或线索证明；行为人拒不说明财产来源、无法说明财产的具体来源、所说财产来源经司法机关查证并不属实，以及提供财产来源线索不具体的，构成巨额财产来源不明罪；行为人在审查起诉阶段向公诉机关提供了合法收入的线索清单，对其合法收入来源进行了说明，即使具体数额不能确定，也不能排除该财产来源合法的可能性和合理性，不能认定为巨额财产来源不明。

争议焦点

如何认定行为人是否说明了财产的来源？这涉及对"不能说明"程度的理解问题，在司法实践中也存在一定的争议。

《刑法》第三百九十五条第一款规定：国家工作人员的财产、支出明显超过合法收入，差额巨大的，可以责令该国家工作人员说明来源，不能说明来源的，差额部分以非法所得论，处五年以下有期徒刑或者拘役；差额特别巨大的，处五年以上十年以下有期徒刑。财产的差额部分予以追缴。

2003年《全国法院审理经济犯罪案件工作座谈会纪要》第五条"关于巨额财产来源不明罪"第一款"行为人不能说明巨额财产来源合法的认定"规定：刑法第三百九十五条第一款规定的"不能说明"，包括以下情况：

（1）行为人拒不说明财产来源；

（2）行为人无法说明财产的具体来源；

（3）行为人所说的财产来源经司法机关查证并不属实；

（4）行为人所说的财产来源因线索不具体等原因，司法机关无法查实，但能排除存在来源合法的可能性和合理性的。

判断行为人是否说明了财产来源，应当结合公诉机关提供的证据和行为人提供的证据、线索，综合判断能否排除该财产来源合法的可能性和合理性，从而作出判断。

裁判精要

公诉机关提供证据证实行为人有来源不明的巨额财产，行为人对该财产数额有异议的，应当提交相关证据证明；行为人拒不说明财产来源、无法说明财产的具体来源、所说财产来源经司法机关查证并不属实，以及提供财产来源线索不具体的，构成巨额财产来源不明罪；行为人在审查起诉阶段向公诉机关提供了合法收入的线索清单，对其合法收入来源进行了说明，即使具体数额不能确定，也不能排除该财产来源合法的可能性和合理性，不能认定为巨额财产来源不明。

司法观点

（一）属于"不能说明财产来源"

◎对数额有异议但未提交证据证明财产来源的，属于"不能说明财产来源"

1. 行为人对财产数额有异议，应当提交相关证据证明该财产的来源但未提交的，构成巨额财产来源不明罪，见【（2020）湘03刑终107号】陈某某受贿、巨额财产来源不明案二审刑事裁定书。

在该裁定书中，湖南省湘潭市中级人民法院认为：

关于上诉人陈某某的行为是否构成巨额财产来源不明罪的问题。经查，一审判决根据在案证据认定上诉人陈某某不能说明财产来源的数额为1848441.75元。上诉人陈某某对该财产数额有异议，应当提交相关证据证明该财产的来源，但上诉人没有提交相关证据予以证明。上诉人陈某某的行为构成巨额财产来源不明罪，上诉人陈某某及辩护人提出其行为不构成巨额财产来源不明罪的上诉理由和辩护意见不成立，本院不予采纳。

◎提供的财产来源线索不具体且明显不合理的，属于"不能说明财产来源"

2. 被告人提供的线索不具体，司法机关无法查实，且明显不合常理的，应认定为不能说明来源，见【（2017）鲁0124刑初73号】刘某某受贿案一审刑事判决书。

在该判决书中，山东省平阴县人民法院认为：

关于被告人辩解其父生前曾经给其450000元及自己家庭10年间卖木耳盈利40万元的问题。合议庭评议认为，2003年11月13日，最高人民法院《全国法院审理经济犯罪案件工作座谈会纪要》就巨额财产来源不明罪的法律适用问题纪要如下：（一）行为人不能说明巨额财产来源合法的认定刑法第三百九十五条第一款规定的"不能说明"，包括以下情况：（1）行为人拒不说明财产来源；（2）行为人无法说明财产的具体来源；（3）行为人所说的财产来源经司法机关查证并不属实；（4）行为人所说的财产来源因线索不具体等原因，司法机关无法查实，但能排除存在来源合法的可能性和合理性的。被告人陈述出售木耳多年，但木耳的进货地点、销售对象因线索不具体等原因，司法机关无法查实，且按照刘某某所述其没有固定的进货渠道，亦无固定的销售网点，该陈述明显不合常理，按照刘某某的供述，其父亲去世前已经91岁，在去世前在民间放高利贷挣取了40万元，该陈述亦明显不合常理，对以上两笔的财产收入的辩解不予采纳。

（二）不属于"不能说明财产来源"

◎行为人提供证据或线索能够说明财产来源的，不属于"不能说明财产来源"

1. 被告人在审查起诉阶段向公诉机关提供了合法收入的线索清单，对其合法收入来源进行了说明，其能够说明来源的合法收入超过指控的巨额财产来源不明的数额，且现有证据不能排除确系其合法收入的合理怀疑的，不构成巨额财产来源不明罪，见【（2019）晋刑抗9号】孙某贪污案再审审查与审判监督刑事裁定书。

在该裁定书中，山西省高级人民法院认为：

关于巨额财产来源不明的问题，抗诉机关认为，在审查起诉阶段，孙某提交的26项收入来源线索，侦查机关据此收集、调取的相关银行流水记录、证人证言、收入支出证明等一系列证据，证明孙某有355.276161万元巨额财产不能说明来源；孙某及其辩护人认为，原审时孙某已提交书面材料，对其合法收入来源进行了说明，其不构成巨额财产来源不明罪。

经查，《全国法院审理经济犯罪案件工作座谈会纪要》规定：刑法第三百九十五条第一款规定的"不能说明"，包括以下情况：（1）行为人拒不说明财产来源；（2）行为人无法说明财产的具体来源；（3）行为人所说的财产来源经司法机关查证并不属实；(4) 行为人所说的财产来源因线索不具体等原因，司法机关无法查实，但能排除存在来源合法的可能性和合理性的。原审被告人孙某在审查起诉阶段向公诉机关提供了 26 项合法收入的线索清单，并在原第一审时提供了 13 组证据对其合法收入来源进行了说明，其能够说明来源的合法收入超过指控的巨额财产来源不明的数额，且现有证据不能排除确系其合法收入的合理怀疑，现有证据不足以证明孙某构成巨额财产来源不明罪。

2. 被告人已提供了收入来源的具体线索，且有证据证实有相应事实，仅是否赚钱、赚多少钱不能确定，不能排除被告人赚取相应数额钱款的可能性和合理性，其讲的收入来源不属于不能说明财产来源的情况的，应认定为对相应财产能说明来源，从而应计算为其家庭收入，见【(2018) 粤 53 刑初 8 号】叶某某行贿、巨额财产来源不明案一审刑事判决书。

在该判决书中，广东省云浮市中级人民法院认为：

关于被告人叶某某提出的上述四项收入是否认定问题。现已有证据证实叶某某确实有做过汽车生意、木材生意、炒内部股、承包血浆站的事实，只是叶某某是否赚钱、赚钱金额多少只有叶某某所讲。根据《全国法院审理经济犯罪案件工作座谈会纪要》第五条"关于巨额财产来源不明罪"第一款："行为人不能说明巨额财产来源合法的认定，刑法第三百九十五条第一款规定的'不能说明'，包括以下情况：(1) 行为人拒不说明财产来源；(2) 行为人无法说明财产的具体来源；(3) 行为人所说的财产来源经司法机关查证并不属实；(4) 行为人所说的财产来源因线索不具体等原因，司法机关无法查实，但能排除存在来源合法的可能性和合理性的。"在本案中，被告人叶某某已经提供了上述四项收入来源的具体线索，且有证据证实有相应事实，仅是否赚钱、赚多少钱不能确定，在这种情况下，不能排除被告人叶某某在上述生意中赚取相应数额钱款的可能性和合理性，其讲的收入来源不属于不能说明财产来源的情况，应认定为对相应财产能说明来源，从而应计算为其家庭收入。现按照被告人叶某某所讲金额的最低认定，上述四项收入共计 400 万元。故被告人叶某某及其辩护人所提相应意见理由成立，予以采纳。

3. 特定财产的数额无法具体计算，现有证据不足以证明行为人合法来源的数额的，不应认定为"巨额财产来源不明"，见【(2017) 鲁 06 刑终 189 号】孙某某受贿案二审刑事判决书。

在该判决书中，山东省烟台市中级人民法院认为：

关于上诉人孙某某及其辩护人提出的上诉人不构成巨额财产来源不明罪的上诉理由及辩护意见，经查，上诉人孙某某自1978年至1994年先后担任烟台海上救助打捞局船员、船长等职务，作为特殊行业的从业人员，且其后来成为本行业的专家，其在工作期间的收入与其他普通行业人员的收入无可比性，二审期间出庭作证的证人证言亦证实，救助船出海船员有劳务费、捆扎费、清仓费、装卸费等收入，船长还另有自引费等收入，船员出国有带家用电器等物品回来卖赚钱的情况，每个人的收入不一样，船长肯定比船员多，因此，上诉人孙某某任船员及船长期间的收入无法具体计算。一审判决虽然考虑了一审期间被告人及辩护人提出的辩解理由及辩护意见，扣除了有证据的654565.67元，认定上诉人孙某某犯巨额财产来源不明罪的数额为997469.43元，但现有证据仍然不能证明该数额为上诉人孙某某不能说明合法来源的数额，因此，原审判决认定上诉人孙某某犯巨额财产来源不明罪的事实不清，证据不足，依法应予纠正。上诉人孙某某及其辩护人提出的其不构成巨额财产来源不明罪的上诉理由及辩护意见，与事实和法律相符，本院予以采纳。

◎财产存在来源合法的可能性和合理性的，不属于"巨额财产来源不明"

4. 行为人的巨额财产存在来源合法的可能性和合理性的，不属于"巨额财产来源不明"，见【（2016）甘0402刑初384号】宗某受贿案一审刑事判决书。

在该判决书中，甘肃省白银市白银区人民法院认为：

对于公诉机关指控被告人宗某巨额财产来源不明的数额，根据庭审查明的事实，宗某委托杨某保管的钱款产生的孳息，虽为非法收入，但能够说明来源，应当扣除；扣押在案的字画，鉴于宗某系兼职教授，曾出版多部著作，宗某辩解字画系文友互赠，存在来源合法的可能性和合理性，故字画鉴定价值应当从巨额财产来源不明数额中予以扣除。

◎行为人提供来源线索后公诉机关无法证否的，不属于"巨额财产来源不明"

5. 行为人一定程度上能说清财产的来源，且公诉机关提交的证据不足以认定财产来源不明的，不应以巨额财产来源不明罪论处，见【（2017）鲁0681刑初77号】刘某某贪污、受贿、巨额财产来源不明案一审刑事判决书。

在该判决书中，山东省龙口市人民法院认为：

被告人及其辩护人关于"起诉书指控被告人犯巨额财产来源不明罪不成立"

的辩解及辩护意见。起诉书指控，刘某某的合法收入与其总支出及名下的财产相当，但尚有隐匿在他人名下价值1013901元的财产不能说明来源。(1) 关于邹某名下的60万元存单。被告人刘某某当庭供述，该60万元中既有其平时从邹某处要的钱，也有孙某在得知其肇事给其的十七八万元，还有其个人其他收入（包括合法收入、非法收入）。该供述与李某、孙某的证言能够相互印证。李某当庭证实，其从刘某某处花3万元购得洋酒一瓶、花5万元购得手表一块；孙某在侦查机关证实，其得知刘某某肇事后，多次给他十七八万元。本院认为，以上款项，既有合法收入，也有非法收入，被告人能够说明来源，而起诉书所说的合法收入并未包括上述款项，现有证据认定该60万元来源不明事实不清，证据不足，且上述款项中的非法收入已被起诉书认定为贪污、受贿，同一事实不能重复认定。被告人及辩护人的该辩解及辩护意见，本院予以采纳。(2) 关于刘某名下某小区的房产。辩护人当庭提交2012年12月24日刘某某出具给朱某兴的收条一份，证实刘某名下的某小区A19号楼3单元402室及车库购买款的来源，经当庭质证，公诉机关并无证据驳斥。本院认为，起诉书指控的该项事实不清，证据不足，不能认定。被告人及辩护人的该辩解及辩护意见，本院予以采纳。

6. 辩护人提交了被告人家属的说明材料和相关银行交易记录，考虑被告人作为家中独子，该财产来源线索具有一定合理性，公诉机关认为与被告人不具有关联性，但未通过补充侦查提供相关证据的，该财产应从不明财产总额中扣除，见【(2015) 和刑初字第0124号】崔某犯受贿、巨额财产来源不明案一审刑事判决书。

在该判决书中，天津市和平区人民法院认为：

关于巨额财产来源不明罪的定性及数额。办案机关根据被告人的供述和提供线索，起获了1350万元的信托财产，被告人对指控其犯有巨额财产来源不明罪无异议，但认为指控的数额过高，有部分是其个人和家人的合法财产。关于财产来源，公诉机关提供了被告人记录的便签、记录本，辩护人提交了被告人父母、妻子的说明材料和银行交易记录及有关证明材料，根据2003年《全国法院审理经济犯罪案件工作座谈会纪要》，行为人不能说明巨额财产来源合法，是指 (1) 行为人拒不说明财产来源；(2) 行为人无法说明财产的具体来源；(3) 行为人所说的财产来源经司法机关查证并不属实；(4) 行为人所说的财产来源因线索不具体等原因，司法机关无法查实，但能排除存在来源合法的可能性和合理性的。本案中，辩护人提交了被告人家属的说明材料和相关银行交易记录，考虑被告人作为家中独子，该财产来源线索具有一定合理性，公诉机关认为与被告人不具有关联性，但未通过补充侦查提供相关证据，故对辩护人关于该财产中有被告人家人合法财产的辩护意见本院予以采纳。

律师建议

判断行为人是否就财产说明了来源，关键在于行为人提供的证据或财产线索是否在一定程度上证实了该财产具有来源合法的可能性和合理性，而不是要求具有相当程度的确定性。侦查机关是调查刑事案件证据的法定机关，具有调查刑事案件证据的法定职责，承担主要的举证责任；被告人没有义务自证其罪，对于侦查机关有较为充足证据证实其拥有来源不明的巨额财产时，才有义务提供证据或财产线索，且该举证义务只要达到"合理怀疑"程度即可。

063 如何判断财产来源线索是否具体或合理？

律师提示

虽然行为人向司法机关提供了财产来源的线索，但其提供的线索无法寻找，司法机关无法查实的，属于财产来源线索不具体，该部分财产应以巨额财产来源不明罪论处；行为人向法庭提交的关于家庭财产的说明、银行存款活期明细信息等财产线索，对财产来源的合法性予以了说明，公诉机关未作进一步查证的，不能排除财产来源合法的可能性，对该部分财产不应以巨额财产来源不明罪论处。

争议焦点

2003年《全国法院审理经济犯罪案件工作座谈会纪要》将财产来源线索是否具体作为判断"不能说明"的情形之一，对实践中巨额财产来源不明罪的认定提供了指引。但对于如何判断财产来源是否具体或合理，实践中也存在争议。

该《纪要》第五条"关于巨额财产来源不明罪"第一款"行为人不能说明巨额财产来源合法的认定"规定：刑法第三百九十五条第一款规定的"不能说明"，包括以下情况：

（1）行为人拒不说明财产来源；

(2) 行为人无法说明财产的具体来源；

(3) 行为人所说的财产来源经司法机关查证并不属实；

(4) 行为人所说的财产来源因线索不具体等原因，司法机关无法查实，但能排除存在来源合法的可能性和合理性的。

财产来源是否具体，应当结合证据存在的现实性、调取的可能性、财产真实存在的可能性等方面进行综合判断。即使行为人提供的财产来源线索不具体，侦查机关也有义务进行调查，而不能直接推定该财产属于来源不明财产。只有司法机关经调查后排除合理怀疑的，才能够推定为来源不明财产。

裁判精要

虽然行为人向司法机关提供了财产来源的线索，但其提供的一些知情人因身份不明无法寻找，财产来源线索不具体，司法机关无法查实，可以排除财产来源合法的可能性与合理性，应以巨额财产来源不明罪论处；辩护人向法庭提交了被告人家属关于家庭财产的说明、银行存款活期明细信息等，对被告人财产来源的合法性予以了说明，并提供了线索，公诉机关未作进一步查证，不能排除该财产来源合法的可能性，该部分财产不应以巨额财产来源不明罪论处。

司法观点

（一）来源线索不具体或不合理

◎ **财产来源线索无法寻找或无法印证的，属于来源线索不具体**

1. 虽然行为人向司法机关提供了财产来源的线索，但其提供的一些知情人或因身份不明无法寻找，或因年老病亡无法印证，财产来源线索不具体，司法机关无法查实，可以排除财产来源合法的可能性与合理性的，应以巨额财产来源不明罪论处，见【（2016）内07刑初42号】冯某某受贿、巨额财产来源不明、非法持有枪支、弹药、贪污案一审刑事判决书。

在该判决书中，内蒙古自治区呼伦贝尔市中级人民法院认为：

关于被告人冯某某所提其自20世纪八九十年代即开始倒卖汽车，先后卖过钢材、药酒，开过烟店，倒过房产，挣了一千六七百万元的辩解，及辩护人所提虽然冯某某夫妇接车及倒卖汽车的知情者并未全部被找到，但在案证据可以证实此事真实存在，对其合法收入的可能性与合理性应予以认定的辩护意见。经查，被告人冯某某虽然向司法机关提供了财产来源的线索，由于被告人提供的一些知情人或因身份不明无法寻找，或因年老病亡无法印证，财产来源线索不具体，司法机关无法查实。通过审查全案证据，可以排除指控冯某某 3400 万元财产来源合法的可能性与合理性，被告人的该项辩解与辩护人的辩护意见不能成立，本院不予采纳。

2. 行为人提供的财产线索不具体，司法机关无法证实的，以巨额财产来源不明论处，见【（2018）新 32 刑终 482 号】王某某受贿案二审刑事裁定书。

在该裁定书中，新疆维吾尔自治区和田地区中级人民法院认为：

关于一审法院认定王某某犯巨额财产来源不明罪中数额计算是否正确的问题。王某某上诉提出的其与谢某买卖玉石 220 万元的事实、王某某 400 余万元合法收入未计算、王某某向何某的借款应予扣除、王某某继承其父亲 30 万元遗产意见，本院认为，王某某的上述意见属于《全国法院审理经济犯罪案件工作座谈会纪要》中关于巨额财产来源不明罪对行为人"不能说明"的情形，即王某某所说的财产来源线索不具体，司法机关无法查实。另，王某某向何某的借款均系王某某涉嫌违法犯罪立案调查之后的借款行为，王某某请求在其巨额财产来源不明数额中予以扣除其向何某的借款的意见，因缺乏法律依据而不予采纳。

◎**财产来源证据矛盾且缺乏合理性的，属于来源线索不合理**

3. 行为人的陈述相互矛盾，缺乏合理性，且无法提供证人住址、职业、联系方式等信息，侦查机关根本不能核对其真实性的，不能构成调查线索，见【（2014）吐中刑终字第 39 号】吴某某受贿、巨额财产来源不明案二审刑事判决书。

在该判决书中，新疆维吾尔自治区吐鲁番地区中级人民法院认为：

关于上诉人吴某某关于赌博收入 600 多万元和卖玉收入约 350 万元不属于来源不明财产的陈述。本院认为，关于卖玉和赌博收入的情况，被告人吴某某有义务提供财产来源线索，便于相关人员核查。上诉人吴某某对卖玉收入只有其陈述，但在侦查和审判中对玉石的来源和买卖不能提供任何线索，也缺乏合理性，本院对其卖玉收入的陈述不应采信。上诉人对赌博的事实陈述相互矛盾，缺乏合理性。上诉人吴某某提供的赌场洗码人陈某、田某国只有姓名，没有其他的信息，无法构成调查线索。其提供的廖某某的公证证言只能证实廖某某的陈述，不能证明该证言的真实性。同时廖某某的公证证言中无廖某某的相关住址、职业、联系方式等信息，根本不能核对真实性，也不能构成调查线索。故上诉人吴某某赌博和卖玉的收入符合因行为人所说的财产来源线索不具体等原因,司法机关无法查实的情况。本院对其赌博和卖玉的陈述不予认可。故检察机关关于巨额财产来源不明罪的抗诉理由和指控的数额成立,应当认定上诉人吴某某的行为构成了巨额财产来源不明罪,数额为 14873597.01 元和 300 克黄金。

(二) 来源线索具体、合理

◎**财产线索具有一定合理性且无法证否的,不属于来源线索不合理**

1. 辩护人提交了被告人家属的说明材料和相关银行交易记录,财产来源线索具有一定合理性,公诉机关认为与被告人不具有关联性,但未通过补充侦查提供相关证据的,应当认为该部分财产已经说明了来源,见【(2015)和刑初字第 0124 号】崔某犯受贿、巨额财产来源不明案一审刑事判决书。

在该判决书中,天津市和平区人民法院认为:

根据 2003 年最高人民法院《全国法院审理经济犯罪案件工作座谈会纪要》,行为人不能说明巨额财产来源合法,是指(1)行为人拒不说明财产来源;(2)行为人无法说明财产的具体来源;(3)行为人所说的财产来源经司法机关查证并不属实;(4)行为人所说的财产来源因线索不具体等原因,司法机关无法查实,但能排除存在来源合法的可能性和合理性的。本案中,辩护人提交了被告人家属的说明材料和相关银行交易记录,考虑被告人作为家中独子,该财产来源线索具有一定合理性,公诉机关认为与被告人不具有关联性,但未通过补充侦查提供相关证据,故对辩护人关于该财产中有被告人家人合法财产的辩护意见本院予以采纳。

◎**公诉机关对财产线索未查证的,不属于来源线索不具体**

2. 辩护人向法庭提交的被告人家属关于家庭财产的说明、银行存款活期明细信息等,对于被告人财产来源的合法性予以说明,并提供了线索,公诉机关未作进一步查证的,不能排除该财产来源合法的可能性,见【(2017)鲁 71 刑终 11 号】于某某贪污、巨额财产来源不明案二审刑事裁定书。

在该裁定书中,山东省济南铁路运输中级法院认为:

原审法院认定,公诉机关对被告人于某某尚有 68.26 万元人民币不能说明来源合法的指控,经查,辩护人向法庭提交的被告人于某某之妻王某敏出具的关于家庭财产的说明、建行烟台保税港区支行个人活期明细信息及王某敏对活期明细信息的说明等,对于某某财产来源的合法性予以说明,并提供了线索,公诉机关未作进一步查证，不能排除于某某财产来源合法的可能性。因此，公诉机关对被告人于某某该项犯罪的指控，事实不清，证据不足，本院不予支持。对于辩护人的该项辩护意见，原审法院予以采纳。二审维持原判。

律师建议

行为人提供的财产来源线索是否具体，应当结合证据存在的现实性、调取的可能性、是否排除合理怀疑等方面进行综合判断。如果财产来源线索具体且可查实，不能认定为来源不明财产；如果财产来源线索不具体且不可查实，但司法机关又无法通过调查排除来源合法的可能性和合理性的，也不能认定为来源不明财产。

064 近亲属能否成为巨额财产来源不明罪的共犯？

律师提示

如果近亲属同为国家工作人员，均负有说明差额巨大家庭财产真实来源的义务，否则两人均可能构成巨额财产来源不明罪；如果近亲属一方为国家工作人员，另一方为非国家工作人员，其中非国家工作人员协助保管、窝藏、转移非法财产的，则国家工作人员构成巨额财产来源不明罪，非国家工作人员构成掩饰、隐瞒犯罪所得、犯罪所得收益罪或洗钱罪。

争议焦点

关于近亲属能否成为巨额财产来源不明罪的共犯，实践中争议较大。

一般认为，近亲属如果同为国家工作人员，是可以构成巨额财产来源不明罪的共犯的。因为同为国家工作人员，均具有说清家庭财产来源的义务，如果拒不说清或不能说清，则应当承担不利后果，以巨额财产来源不明罪论处。

但也存在一些其他情况。虽然近亲属也是国家工作人员，但如果家庭财产主要是职位较高或职位较为重要的亲属一方获得的，其不一定将财产来源全部告诉职位较低或职位不是很重要的亲属一方。在这种情况下，不知情的亲属一方不能说清财产来源，也不应以巨额财产来源不明罪论处。

近亲属如果不是国家工作人员的，一般不能认定为与国家工作人员构成巨额财产来源不明罪的共犯，但有可能单独构成掩饰、隐瞒犯罪所得、犯罪所得收益罪或洗钱罪。

裁判精要

如果家属双方同为国家工作人员，均负有说明差额巨大的家庭财产真实来源的法定义务，办案机关责令说明真实来源，二人能说明而不说明或作虚假说明，经查排除存在合法来源的可能性和合理性，均以巨额财产来源不明罪论处；如果家属一方并非国家工作人员，明知作为国家工作人员的家属利用职务之便获取了非法利益，而予以保管、窝藏、转移的，构成掩饰、隐瞒犯罪所得、犯罪所得收益罪或洗钱罪。

司法观点

（一）构成巨额财产来源不明罪的共犯

◎**夫妻可以成为巨额财产来源不明罪的共犯**

1. 夫妻二人同为国家工作人员，妻子明知丈夫多年来通过职务之便获取非法利益，以本人身份在银行开立多个存款账号用于储蓄丈夫非法所得的，构成巨额财产来源不明罪的共犯，见【（2017）辽1282刑初46号】邢某某巨额财产来源不明案一审刑事判决书。

在该判决书中，辽宁省开原市人民法院认为：

经审理查明：在2002年至2016年5月，被告人于某拓担任开原市林业局森林病虫防治检疫站长期间，曾多次向苗木经销商开具植物检疫证书并私自收取费用占为己有。于某拓妻子被告人邢某某明知于某拓多年来通过向苗木经销商开具植物检疫证书获取非法利益，2012年至今每年都以本人身份在辽宁省农村信用合作社开立数十个存款账号用于储蓄于某拓非法所得。经司法机关查证，邢某某家庭总财产5837482.11元，除去能够说明来源的家庭合法收入560178.94元和其他收入1036350元（借款他人获利80万元+于某拓儿子升学收礼金5万元+与任某做生意获利9万元+于某拓父亲过寿收礼金7万元+200元+罚没26150元），尚有4240953.17元不能说明其来源。

对于辩护人认为被告人邢某某没有与其丈夫于某拓有共同犯罪的故意；被告

人从事卖菜、卖粮油等小本生意，持续20余年，要求被告人自己提供证据证明其生意经营收入，缺乏客观可操作性的辩护意见，经查，公诉机关没有指控被告人邢某某与其丈夫于某拓属共同犯罪。被告人身为国家工作人员，法律禁止其从事经营活动，另外被告人也没有提供任何证据证明其从事了经营活动。因此对辩护人的该节辩护意见，本院不予支持。法院判决：一、被告人邢某某犯巨额财产来源不明罪，判处有期徒刑一年八个月。二、对被告人邢某某没收、追缴的财产与其丈夫于某拓的数额一致（于某拓来源不明财产总计4211150元，扣押现场交易植物检疫证书赃款200元予以没收；于某拓非法所得29803.17元予以追缴）。

2. 夫妻二人同为国家工作人员，都负有说明差额巨大的家庭财产真实来源的法定义务，办案机关责令说明真实来源，二人能说明而不说明或作虚假说明，经查排除存在合法来源的可能性和合理性的，属于"不能说明来源"，均以巨额财产来源不明罪论处，见【（2019）鄂07刑终118-2号】周某、王某某受贿、巨额财产来源不明案二审刑事裁定书。

在该裁定书中，湖北省鄂州市中级人民法院认为：

对于上诉人周某及其辩护人提出周某只负责管理家庭财产，财产来源是否合法应由王某某说明，不构成巨额财产来源不明罪共犯的上诉理由和辩护意见。经查，在案书证、证人证言、王某某、周某的供述等证据证明，王某某、周某均系国家机关工作人员，王某某的个人收入均交其妻周某保管，其家庭全部财产来源于王、周二人，均由周某负责管理和支配。周某为掩饰家庭实际资产数额，将8869879.96元巨额资金以他人名义存入银行或购买理财产品，足见其对所管理和支配的家庭财产和支出数额明显超出家庭合法收入，拥有差额巨大的财产是完全明知的。王某某、周某同为国家工作人员，都负有说明差额巨大的家庭财产真实来源的法定义务。办案机关责令说明真实来源，二人能说明而不说明，或作虚假说明经查排除存在合法来源的可能性和合理性，属"不能说明来源"。综上，王某某、周某对差额巨大的家庭财产负有说明来源的法定义务，客观上实施共同的不作为行为，共同形成法益的侵害，具备不作为共同正犯的要件，均构成巨额财产来源不明罪。该项上诉理由和辩护意见不能成立，本院不予采纳。

（二）构成掩饰、隐瞒犯罪所得罪

◎近亲属拒不说明家庭财产来源的，可能构成掩饰、隐瞒犯罪所得罪

1. 妻子明知其家庭财产与合法收入明显不符，大量钱款应为作为国家工作

人员的丈夫的犯罪所得而仍予以窝藏的，构成掩饰、隐瞒犯罪所得罪，见【（2016）内01刑初7号】庞某受贿、行贿、巨额财产来源不明，贾某某掩饰、隐瞒犯罪所得案一审刑事判决书。

在该判决书中，内蒙古自治区呼和浩特市中级人民法院认为：

公诉机关指控，被告人贾某某与被告人庞某系夫妻关系，应当明知其家庭财产与合法收入明显不符，大量钱款应为被告人庞某的犯罪所得仍予以窝藏。至案发，被告人贾某某名下共有银行存款合计14251814元。关于被告人贾某某提出的辩解意见及其辩护人提出的第2项辩护意见。经查，与被告人庞某家庭收入明显不符的大额存款主要存于被告人贾某某及其儿子名下的银行账户中，并由贾某某对相关存折和银行卡进行保管，其作为被告人庞某的妻子，二人关系特定，且其不能合理说明上述存款的来源，可见其对巨额存款的来源是概括知情的，在案亦无相反证据证实贾某某对其及其儿子名下存有大额存款并不知情，故对以上辩解及辩护意见本院不予采纳。法院一审判决：被告人贾某某犯掩饰、隐瞒犯罪所得罪，判处有期徒刑三年，缓刑四年，并处罚金人民币50万元。

◎近亲属帮助隐瞒受贿房产来源的，构成掩饰、隐瞒犯罪所得罪

2. 明知房产系作为国家工作人员的近亲属利用职务之便所收取的犯罪所得，仍将该房产转移至自己名下以转移、隐瞒该房屋来源的，侵犯了社会管理秩序及司法机关的正常活动，构成掩饰、隐瞒犯罪所得罪，见【（2017）内0221刑初8号】许某掩饰、隐瞒犯罪所得、犯罪所得收益案一审刑事判决书。

在该判决书中，内蒙古自治区土默特右旗人民法院认为：

被告人许某明知通辽科尔沁区某小区4#楼1号商铺是许某1受贿的犯罪所得，而按照许某1的指示办理以虚假的水泥款抵顶房款手续并将房屋产权登记在自己名下以转移、隐瞒该房屋来源，其行为侵犯了社会管理秩序及司法机关的正常活动，构成掩饰、隐瞒犯罪所得罪，应当依法追究其刑事责任。被告人许某掩饰、隐瞒的金额为205.48万元，达到《最高人民法院关于审理掩饰、隐瞒犯罪所得、犯罪所得收益刑事案件适用法律若干问题的解释》第三条规定的掩饰、隐瞒犯罪所得及其产生的收益价值总额十万元以上的，认定为"情节严重"的标准，应当依法定罪量刑。基于被告人许某与许某1系近亲属，许某系为近亲属掩饰、隐瞒犯罪所得，且系初犯、偶犯，且庭前将代许某1保管的钱款退还办案机关，可以对其酌情从轻处罚。

（三）构成洗钱罪

◎**妻子帮助隐瞒、转移犯罪财产的，构成洗钱罪**

妻子明知作为国家工作人员的丈夫交与管理的钱款系其利用职务之便收受的财物，仍然以收受、持有、窝藏、转移和使用的方式，为其掩饰、隐瞒其来源和性质的，其行为构成洗钱罪，见【（2017）湘0921刑初330号】肖某某受贿、巨额财产来源不明、胡某某洗钱案一审刑事判决书。

在该判决中，湖南省乐业县人民法院认为：

被告人肖某某身为国家工作人员，利用职务之便为他人谋利，非法收受和索取他人财物278.5万元，数额巨大；对家庭超过收入与支出630.213424万元的巨额财产不能说明合法来源，其行为已分别构成受贿罪、巨额财产来源不明罪。被告人胡某某知被告人肖某某交与管理的48.301万元系其利用职务之便收受的贿赂财物，仍然以收受、持有、窝藏、转移和使用的方式，为其掩饰、隐瞒其来源和性质，其行为已构成洗钱罪。公诉机关指控被告人肖某某犯受贿罪、巨额财产来源不明罪的罪名成立；指控被告人胡某某掩饰、隐瞒犯罪所得犯罪的罪名指控不当，依法予以纠正。

律师建议

根据罪责刑相适应原则和罪刑法定原则，国家工作人员职务犯罪获取非法所得，其不能说明巨额财产来源的，主要应由国家工作人员承担刑事责任，期待近亲属全面了解、知晓该来源不明财产的具体来源，不具有刑法上的期待可能性。因此，即使同为国家工作人员，一般也不应苛求职务较低或较不重要的近亲属一方承担刑事责任。律师在进行辩护时，可以从刑法原则、期待可能性、情理法理等角度分析近亲属不构成巨额财产来源不明罪共犯理由，最大程度上维护当事人的合法权益。

七 ▶ 一般渎职罪的认定

065 如何认定滥用职权罪中的"滥用职权"？

律师提示

滥用职权是指国家机关工作人员超越职权，违法决定、处理其无权决定、处理的事项，或者违反规定处理公务，致使公共财产、国家和人民利益遭受重大损失的行为；如公诉机关未能举出充分证据证实行为人超越相关权限，是否滥用职权不明确，则不应认定为滥用职权。

争议焦点

滥用职权罪是指国家机关工作人员超越职权，违法决定、处理其无权决定、处理的事项，或者违反规定处理公务，致使公共财产、国家和人民利益遭受重大损失的行为。

我国刑法把滥用职权罪与玩忽职守罪一并规定在第三百九十七条第一款中。该款具体规定：国家机关工作人员滥用职权或者玩忽职守，致使公共财产、国家和人民利益遭受重大损失的，处三年以下有期徒刑或者拘役；情节特别严重的，处三年以上七年以下有期徒刑。本法另有规定的，依照规定。

1999年《最高人民检察院关于人民检察院直接受理立案侦查案件立案标准的规定（试行）》第二条第一款第一项规定：滥用职权罪是指国家机关工作人员超越职权，违法决定、处理其无权决定、处理的事项，或者违反规定处理公务，致使公共财产、国家和人民利益遭受重大损失的行为。

滥用职权的行为主要表现为以下四种情况：一是超越职权，擅自决定或处理无权决定、处理的事项；二是玩弄职权，随心所欲地对事项作出决定或者处理；三是故意不履行应当履行的职责，或者说任意放弃职权职责；四是以权谋私、假公济私，不正确地履行职权职责。

滥用职权的认定，需要结合行为人单位性质、职权范围、程序规定、行为手段等进行综合判断。

裁判精要

滥用职权是指国家机关工作人员超越职权，违法决定、处理其无权决定、处理的事项，或者违反规定处理公务，致使公共财产、国家和人民利益遭受重大损失的行为；如公诉机关未能举出充分证据证实行为人超越相关权限，是否滥用职权不明确，或滥用职权行为与损害之间不具有刑法上的因果关系，不构成滥用职权罪。

司法观点

（一）属于"滥用职权"

◎**因超越职权或违法决定造成重大损失的，属于"滥用职权"**

1. 滥用职权是指国家机关工作人员超越职权，违法决定、处理其无权决定、处理的事项，或者违反规定处理公务，致使公共财产、国家和人民利益遭受重大损失的行为，见【（2018）粤01刑终393号】梁某某滥用职权案二审刑事裁定书。

在该裁定书中，广东省广州市中级人民法院认为：

关于上诉人梁某某及其辩护人所提的上诉及辩护意见，经查，根据法律的规定，滥用职权是指国家机关工作人员超越职权，违法决定、处理其无权决定、处理的事项，或者违反规定处理公务，致使公共财产、国家和人民利益遭受重大损失的行为。本案中，证人吴某、何某、马某、陈某、胡某的证言以及上诉人梁某某的供述均证实，解除重点风险监控标识的操作流程是，先由企业向税收管理员提出申请，税收管理员先核查企业的资金流、货物流、账册等资料，再由两名以上的税收管理员到企业进行现场实地核查，认为符合要求的，报税务分局局长审批，在分局长批准以后再交由税政处审核并解除风险标识。现有证据不能证实梁某某具有直接解除风险企业重点风险标识的职权。梁某某作为涉案国家税务局的税收管理员，无权直接解除风险企业重点风险监控标识，其在没有按照规定进行资料审查、现场核查并逐级上报的情况下，超越职权，擅自从其本人的防伪税控系统中，先后共计33次为带有重点风险监控标识的18家企业解除风险监控标识，导致七家企业大量虚开增值税专用发票，造成国家税款损失4612085.54元，其行为依法构成滥用职权罪。

◎ **因违反法律规定的权限和程序造成重大损失的，属于"滥用职权"**

2. 行为人违反法律规定的权限和程序，滥用职权或者超越职权，违法决定或处理无权事项，违规处理公务，导致公共财产、国家和人民利益遭受重大损失的，构成滥用职权罪，见【（2017）赣0102刑初843号】曾某某滥用职权、受贿案一审刑事判决书。

在该判决书中，江西省南昌市东湖区人民法院认为：

本案的争议焦点是：被告人曾某某是否构成滥用职权罪？被告人曾某某及其辩护人均辩称其系按照领导安排及抄告单进行拆迁，没有超越职权范围行使职权，故不构成滥用职权罪。经查，滥用职权是指国家机关工作人员超越职权，违法决定、处理其无权决定、处理的事项，或者违反规定处理公务，致使公共财产、国家和人民利益遭受重大损失的行为。本案中，被告人曾某某作为生米镇拆迁办副主任及拆迁补偿具体经办人，在明知同案犯陈某违反法律规定的权限和程序，滥用职权或者超越职权，违法决定或处理无权事项，违规处理公务，明知按照抄告单内容进行拆迁补偿违反拆迁政策法规的情况下，既未向生米镇时任领导提出反对意见，也未向红谷滩新区房屋征收和补偿安置办公室报备和征求意见，反而作为经办人与相关企业签订拆迁补偿协议，导致了公共财产、国家和人民利益遭受重大损失，其行为已构成滥用职权罪。上述辩护意见与事实和法律不符，本院不予采纳。

3. 滥用职权是指国家机关工作人员超越职权，违法决定、处理其无权决定、处理的事项，或者违反规定处理公务，致使公共财产、国家和人民利益遭受重大损失的行为，见【（2018）冀0708刑初12号】王某某滥用职权、贪污、受贿案一审刑事判决书。

在该判决书中，河北省张家口市万全县人民法院认为：

滥用职权是指国家机关工作人员超越职权，违法决定、处理其无权决定、处理的事项，或者违反规定处理公务，致使公共财产、国家和人民利益遭受重大损失的行为。被告人王某某作为处长地乡主要领导，违反专项资金的管理、使用规定，滥用职权，在副科干部会议上研究决定套取并违规使用专项资金，指使郭某、闫某虚报申报材料套取专项资金，故意不把这些专项资金列入乡政府财务账簿，进行"体外循环"，形成单位小金库，且违反专项资金专款专用的规定，改变专项资金的用途，造成了专项资金的实际损失。

（二）不属于"滥用职权"

◎经单位集体研究决定后实施的行为，不属于"滥用职权"

1. 所谓滥用职权是指超越职权的范围或者违背法律授权的宗旨、违反职权行使程序行使职权，通常表现为擅自处理，决定其无权处理、决定的事项；或者自以为是、蛮横无理、随心所欲地作出处理决定；行为人的行为是在县委县政府集体研究决定后实施的，不符合滥用职权罪的客观要件，见【（2017）云06刑终370号】唐某某受贿、滥用职权案二审刑事裁定书。

在该裁定书中，云南省昭通市中级人民法院认为：

所谓滥用职权，是指超越职权的范围或者违背法律授权的宗旨、违反职权行使程序行使职权，通常表现为擅自处理，决定其无权处理、决定的事项；或者自以为是、蛮横无理、随心所欲地作出处理决定。结合唐某某的行为是在巧家县委、政府作出决定后，才召集本单位的相关人员开会研究集体作出决定，其行为客观上不符合上述法律规定。法土村管网工程全长有10公里左右，而从法土村到生态园只有2公里左右，在生态园修建了200立方米的水池，现有证据不能证明该工程给国家造成了30万元以上的损失。唐某某的行为不符合滥用职权罪的主、客观构成要件，现有证据也不能证明唐某某的行为给国家造成了30万元以上的损失，故原审认定公诉机关指控唐某某构成滥用职权罪的事实不清，证据不足是恰当的。检察机关抗诉认为唐某某的行为构成滥用职权罪的意见不能成立，本院不予采纳。

2. 公诉机关未能举出充分证据证实行为人行使职权的行为超越相关权限，行为人在此过程中是否滥用职权不明确，不应以滥用职权罪追究行为人的刑事责任，见【（2017）桂05刑初9号】韦某某滥用职权、受贿、巨额财产来源不明案一审刑事判决书。

在该判决书中，广西壮族自治区北海市中级人民法院认为：

关于公诉机关指控被告人韦某某犯滥用职权罪是否正确的问题。经查，各级政府为了招商引资，推动经济发展，赋予了县、区一级政府一定的给予企业优惠政策的权限，建设扶持资金是其中一项优惠政策，但是，目前国家对建设扶持资金的审批权限、发放标准等尚未作出统一、明确的规定，各地做法不同。在本案中，韦某某作为经开区管委会主任，主持召开经开区招商引资的相关会议，代表经开区和小某公司、申某公司、中某公司签订协议，审批给予该三个公司建设扶持金。公诉机关未能举出充分的证据证实经开区给予小某公司、申某公司和中某公司建设扶持金的行为超越了在招商引资工作中能够给予企业优惠政策的相关权限，韦某某在此过程中是否滥用职权不明确。此外，小某公司、申某公司和中某公司通过"招拍挂"的方式竞得相关工业用地的使用权并已足额缴纳土地出让金，经开区是从该区财政账户中以建设扶持金的名义拨款给小某公司、申某公司和中某公司，而不是直接从接收土地出让金的专户中拨款，公诉机关当庭举出的证据不能证实经开区给予小某公司、申某公司和中某公司的建设扶持金和该三个公司缴纳的土地出让金具有关联性，指控经开区给予该三个公司建设扶持金就是返还或变相返还土地出让金的证据不足。综上，公诉机关指控被告人韦某某犯滥用职权罪属事实不清、证据不足，本院不予支持，对韦某某及其辩护人根据上述理由提出的韦某某不构成滥用职权罪的辩解和辩护意见本院予以采纳。

◎**违规行为与损害结果没有直接因果关系的，不属于"滥用职权"**

3. 滥用职权是指国家机关工作人员超越职权，违法决定、处理其无权决定、处理的事项，或者违反规定处理公务，致使公共财产、国家和人民利益遭受重大损失的行为，如违规行为与损害之间不具有刑法上的因果关系，则不构成滥用职权罪，见【（2013）黔高刑再终字第4号】席某龙滥用职权案再审刑事判决书。

在该判决书中，贵州省高级人民法院认为：

滥用职权是指国家机关工作人员超越职权，违法决定、处理其无权决定、处理的事项，或者违反规定处理公务，致使公共财产、国家和人民利益遭受重大损失的行为；本规定中的直接经济损失，是指与行为有直接因果关系而造成的财产损毁、减少的实际价值。而福大、裕辉公司不能及时归还银行贷款而产生的利息损失，系福大、裕辉公司自身违反贷款合同行为造成，本案原判认定造成该经济损失系买受人卓信公司未及时付款直接所致不当。原审被告人席某龙在执行中确有违规行为，但是，该违规行为与福大、裕辉公司200余万元利息损失之间并不具有刑法上的因果关系。故原判认定原审被告人席某龙滥用职权的行为造成福大、裕辉公司200余万元损失的证据不足，不能认定席某龙构成滥用职权罪，应予纠正。

律师建议

滥用职权罪中的滥用职权是一种积极作为、违背职责的行为，是一种主观故意心态支配下的行为。这与玩忽职守罪中的消极行为、主观过失心态下支配的行为具有一定的区别。对滥用职权的认定，应结合行为人单位性质、职权范围、程序规定、行为手段、因果关系等进行综合判断。

066 如何认定玩忽职守罪中的"不履行或不正确履行职责"？

律师提示

国家机关工作人员在工作中不负责任，违反程序规定和职责义务，不履行或消极履行法定职责，致使国家遭受重大经济损失或造成其他严重后果，属于"不履行或不正确履行职责"，构成玩忽职守罪；国家机关工作人员履行职责时穷尽了法律规定的要求，或者履行了基本的职责但有瑕疵，其行为仅属于一般工作失误，不属于"不履行或不正确履行职责"；对于超过国家机关工作人员专业知识和决策权力的事项，国家机关工作人员无法定义务做出专业判断，不构成玩忽职守罪。

争议焦点

我国刑法把玩忽职守罪和滥用职权罪一并规定在第三百九十七条第一款中。该条具体规定：国家机关工作人员滥用职权或者玩忽职守，致使公共财产、国家和人民利益遭受重大损失的，处三年以下有期徒刑或者拘役；情节特别严重的，处三年以上七年以下有期徒刑。本法另有规定的，依照规定。

1999年《最高人民检察院关于人民检察院直接受理立案侦查案件立案标准的规定（试行）》第二条第二款第一项规定：玩忽职守罪是指国家机关工作人员严重不负责任，不履行或者不认真履行职责，致使公共财产、国家和人民利益遭受重大损失的行为。

玩忽职守罪的认定，需要结合行为人职权范围、程序规定、行为方式、违反职责和义务的程度等进行综合判断。玩忽职守罪，无论是作为还是不作为，都与国家机关工作人员的职责紧密相连。国家机关工作人员的职责一般都在国家的法律法规、各个机关或者单位的组织纪律、规章制度中有具体明确规定。这些规定是判定国家机关工作人员的行为是否构成玩忽职守的基本依据。一般而言，玩忽职守行为都是明显违反这些规定的行为，没有违反这些规定的，无违反注意义务的主观过失，不能以玩忽职守罪论处。

裁判精要

国家机关工作人员在工作中不负责任，违反程序规定和职责义务，不履行或消极履行职责，致使国家遭受重大经济损失或造成其他严重后果，属于"不履行或不正确履行职责"，构成玩忽职守罪；国家机关工作人员履行职责时穷尽了法律规定的要求，或者履行了基本的职责但有瑕疵，其行为仅属于一般工作失误，不属于"不履行或不正确履行职责"；对于超过国家机关工作人员专业知识和决策权力的事项，国家机关工作人员无法定义务做出专业判断，不构成玩忽职守罪。

司法观点

（一）构成"不履行或不正确履行职责"

◎未严格执行文件规定导致重大损失的，属于"不履行或不正确履行职责"

1. 国家机关工作人员在工作中不负责任，不履行或不正确履行职责，未查看、审核被征收人土地及房屋权属证书，未严格执行征收文件规定的相应补偿标准，对本应降低补偿标准的房屋升格补偿，致使国家遭受重大经济损失的，构成玩忽职守罪，见【（2020）宁04刑终81号】安某、连某等玩忽职守案二审刑事裁定书。

在该裁定书中，宁夏回族自治区固原市中级人民法院认为：

上诉人安某、连某、蒋某身为国家机关工作人员，受委托参与固原市轻工产业园土地房屋征收工作，在工作中不负责任，不履行或不正确履行职责，未查看、审核被征收人土地及房屋权属证书，未严格执行征收文件规定的相应补偿标准，对本应降低补偿标准的房屋升格补偿，对海某及其母亲马某某多补偿324700.39元，且截至该案立案前该补偿款尚未追回，应认定为造成国家经济损失324700.39元，三上诉人的行为已构成玩忽职守罪。

2. 国家机关工作人员不履行或不正确履行职责，对黑恶势力违法犯罪有案不立、立案不查、查案不力、违规办理、拖延处理，客观上助长了黑社会性质组织的嚣张气焰，纵容了该犯罪集团逐步发展壮大，严重损害了公安机关的威信及公信力，造成了恶劣的社会影响，其行为构成玩忽职守罪，见【（2020）云06刑终229号】申某某玩忽职守案二审刑事裁定书。

在该裁定书中，云南省昭通市中级人民法院认为：

上诉人（原审被告人）申某某在担任镇雄县公安局五德派出所指导员期间，不履行或不正确履行职责，对黑恶势力违法犯罪有案不立、立案不查、查案不力、违规办理、拖延处理，客观上助长了袁某等黑社会性质组织的嚣张气焰，纵容了该犯罪集团逐步发展壮大，最终做大成势，严重损害了公安机关的威信及公信力，造成了恶劣的社会影响，其行为已构成玩忽职守罪。原判根据本案的具体犯罪事实、情节、造成的后果及被告人申某某归案后的悔罪表现，根据《刑法》第三百九十七条第一款之规定，从轻判处其有期徒刑一年零六个月并无不当。

◎严重不负责任导致重大损失的，属于"不履行或不正确履行职责"

3. 国家机关工作人员在工作中不履行或不正确履行职务，导致不符合拆迁安置资格的人员被认定在拆迁名单中，最终使国家利益遭受重大损失，侵犯了国家机关的正常管理活动，其行为符合玩忽职守罪的犯罪构成要件，见【（2018）皖0104刑初347号】沈某某玩忽职守、受贿案一审刑事判决书。

在该判决书中，安徽省合肥市蜀山区人民法院认为：

关于被告人沈某某的行为是否构成玩忽职守罪。玩忽职守罪是指国家机关工作人员玩忽职守，致使公共财产、国家和人民利益遭受重大损失的行为。本罪的主观方面是由过失构成，即应当预见自己玩忽职守的行为会致使公共财产、国家和人民利益遭受重大损失，因为疏忽大意而没有预见，或者已经预见而轻信能够避免；客观方面表现为不履行或不正确履行职责，致使公共财产、国家和人民利益遭受重大损失。本案中，沈某某被安排至胡某郢从事拆迁安置工作后，作为现场拆迁安置的负责人，主要职责为全面负责拆迁现场工作，统筹、协调、监督胡某郢结算安置等事项，包括审核、复核王某、郭某等人报送的拆迁安置资料，监督、纠正违规操作、违规结算等安置情况。沈某某作为拆迁项目负责人，在审核张某某、万某户的拆迁安置资格时，已发觉该两户的安置资格有异常，但采取不作为、不履责的做法，未予深究，最终导致郭某、王某利用该两户获得90平方米安置面积和过渡补偿费的事实。结合该事实可以认定沈某某作为国家机关工作人员，在工作中不履行或不正确履行职务，导致不符合拆迁安置资格的张某某、万某户被认定在拆迁名单中，最终使国家利益遭受重大损失，侵犯了国家机关的正常管理活动。该损害结果与沈某某不履行职责或怠于履行职责有直接的因果关系，其行为符合玩忽职守罪的犯罪构成要件。被告人及辩护人关于沈某某不构成玩忽职守罪的意见与事实、法律均不相符，本院不予采信。

（二）不构成"不履行或不正确履行职责"

◎一般性工作失误，不属于"不履行或不正确履行职责"

1. 国家机关工作人员在履行职责时巡查不到位，未及时发现并制止违法建房，但这与玩忽职守罪中违反工作纪律和规章，对工作极端不负责任有着本质的区别，其行为属于一般工作失误，不属于"不履行或不正确履行职责"，不构成玩忽职守罪，见【（2017）晋08刑终246号】杨某某玩忽职守案二审刑事判决书。

在该判决书中，山西省运城市中级人民法院认为：

玩忽职守罪，是指国家机关工作人员严重不负责任，不履行或不正确履行自己的工作职责，致使公共财产、国家和人民利益遭受重大损失的行为。本罪在客观方面表现为国家机关工作人员违反工作纪律、规章制度，擅离职守，不尽职责义务，或者不正确履行职责义务，致使公共财产、国家和人民利益遭受重大损失的行为。本案上诉人（原审被告人）杨某某是否构成玩忽职守罪从以下两个方面分析：一是上诉人杨某某是否有玩忽职守的行为？本案中，出事房屋是2015年8月筹建，上诉人杨某某2016年1月18日开始负责运城市规划区内东片的巡查工作，2016年4月11日施工人员在给外墙抹灰中发生事故。上诉人杨某某对城中村巡查不到位，未及时发现并制止违法建房，但这与玩忽职守罪中违反工作纪律和规章，对工作极端不负责任有着本质的区别。因此，杨某某的行为应属于一般工作失误。二是杨某某的行为与施工人员死亡之间是否具有刑法上的因果关系？本案中，虽然上诉人杨某某确有失职行为，但导致施工人员死亡的原因是其违规作业所致，二者之间并无必然的因果关系。综上，上诉人杨某某虽然负有疏于监管的责任，但其失职行为与施工人员违规作业发生事故无刑法上的因果关系，故对上诉人杨某某的上诉理由，本院予以采纳。经本院审判委员会讨论决定，依照《刑事诉讼法》第二百二十五条第一款第二项、第一百九十五条第二项的规定，判决如下：一、撤销山西省运城市盐湖区人民法院（2016）晋0802刑初488号刑事判决；二、上诉人（原审被告人）杨某某无罪。

2. 国家机关工作人员履行了基本的监督职责，其在日常监督检查过程中是否马虎塞责亦没有证据证实的，不属于"不履行或不正确履行职责"，见

【(2017)鄂03刑终18号】周某玩忽职守案二审刑事裁定书。

在该裁定书中,湖北省十堰市中级人民法院认为:

关于周某是否有不履职或不正确履职的行为,有证据证实,周某所在的卫生监督所多次对特区太某玄德大药房进行检查,由于张某并非公开非法行医,故周某并未发现太某玄德大药房的非法行医问题。周某也没有接到相关投诉或线索而不查处的行为,且其在武当山特区开展移民工作期间被抽调专门从事库底清淤消毒工作,周某也不可能专职从事卫生监督工作。张某是在太某玄德大药房非法行医致人死亡,并非在医院或者挂牌的个人诊所非法行医,造成一人死亡的严重后果与周某的履职行为之间无必然的因果关系。周某没有不履职或不正确履职的行为。原判关于"无证据证实周某存在不履职或不正确履职的行为,指控被告人周某不认真履行监督职责的事实不清、证据不足,被告人周某在日常执法监督检查过程中是否马虎塞责,亦没有证据证实"的认定正确。

◎行为人穷尽法律赋予的职责的,不属于"不履行或不正确履行职责"

3. 国家机关工作人员在其职责范围内穷尽了法律赋予的职责,不能认定行为人构成不履行或不正确履行职责,见【(2014)同刑终字第128号】韩某雄玩忽职守案二审刑事判决书。

在该判决书中,山西省大同市中级人民法院认为:

根据《刑法》对玩忽职守罪的规定,上诉人(原审被告人)韩某雄是否构成该罪,关键看两点,一是在收缴过程中是否存在不履行或不认真履行职责的行为;二是山西东某置地房地产开发有限公司欠税1560.7万元,是否认定使国家利益遭受重大损失。从查明的事实来看,上诉人韩某雄在收缴过程中,经大同市南郊区地税局直属二分局作出决定,依据税收管理员的职责,采取向企业下达税收法律文书的方式,向企业实施了催缴,在企业不交纳的情况下,又依据规定实施了处罚,在其职责范围内,穷尽了法律赋予税收人员的职责,不能认定上诉人韩某雄有不履行或不正确履行职责的行为。就结果来讲,根据大同市城区人民法院对山西东某置地房地产开发有限责任公司的判决,认定该公司是欠税,欠税不是法律意义上的经济损失。现有证据不能认定使国家利益遭受重大损失。综上,认定上诉人韩某雄构成玩忽职守罪缺失法定的两个要件,依法不构成玩忽职守罪。

◎ **超出行为人知识和决策权力的事项，不属于"不履行或不正确履行职责"**

4. 行为人对超出自己专业知识和决策权力的事项不能承担玩忽职守的法律责任，见【（2018）辽03刑再1号】张某某玩忽职守案再审刑事判决书。

在该判决书中，辽宁省鞍山市中级人民法院认为：

本院再审查明，原审判决认定张某某作为代表国家机关行使职权的从事公务的人员，在履行职责中，工作严重不负责任，致使按照动迁补偿实施方案不应该得到养殖物补偿的养殖圈被错误补偿，造成国家财产的重大损失，其行为已构成玩忽职守罪的事实不清，证据不足。

上述张某某的供述，证明其在动迁办公室参与海参圈普查和评估工作中的具体情况。其之前多年一直担任乡工业办统计员的工作。按照动迁工作流程，公告后应有专人对涉及的养殖圈轮流值守防止继续投入、抢建、滥建，张某某被指派参与涉案海参圈的普查和评估，说明之前无人发现该海参圈异常。现场普查及评估工作中，张某某虽从个人认知角度对海参圈现状和评估情况有所疑问，但现场监督中其并未发现评估过程存在问题，在同行工作人员未提出异议并签字确认的情况下，其在评估单上签字确认的行为，并未违反工作职责。且其在动迁办公室中的职责属工作程序的中间环节，其签字是对评估工作程序的确认。张某某不具有否定评估结论的专业知识和决策权力。原审以其供述证明张某某工作严重不负责任，属片面扩大和加重了张某某作为评估现场统计员的职责和义务。在造成损失事实不确定的前提下，仅凭上述证据不能认定其工作中严重不负责任构成犯罪。

律师建议

玩忽职守罪中的"不履行或不正确履行职责"，并非要求国家机关工作人员穷尽一切手段履行职责。原则上只要国家机关工作人员履行了基本职责，履行了基本程序，即使造成了重大损失，也不应苛求国家机关工作人员承担玩忽职守的刑事责任。对于国家机关工作人员工作上的一般性失误，可以进行行政上的惩戒，但不应上升为刑罚上的惩罚。另外，唯结果论的刑罚理念是罪刑法定原则的谬读和误解，不应仅依据出现的损害结果对国家机关工作人员追究刑事责任。

067 如何区分滥用职权罪与玩忽职守罪？

律师提示

一般认为，滥用职权罪与玩忽职守罪的主要区别在于主观方面，故意不履行或不正确履行法定职责的构成滥用职权罪，过失不履行或不正确履行法定职责的构成玩忽职守罪；也有的法院认为，滥用职权罪与玩忽职守罪的主要区别在于行为方式不完全相同，滥用职权罪主要表现为违反权限和程序的积极作为行为，而玩忽职守罪主要表现为违反职责义务的消极不作为行为。

争议焦点

滥用职权罪与玩忽职守罪的区别主要在于主观方面，还是行为方式方面，抑或是主观方面加行为方式方面，在司法实践中存在很大争议。

玩忽职守罪是指国家机关工作人员严重不负责任，不履行或者不认真履行职责，致使公共财产、国家和人民利益遭受重大损失的行为；滥用职权罪是指国家机关工作人员超越职权，违法决定、处理其无权决定、处理的事项，或者违反规定处理公务，致使公共财产、国家和人民利益遭受重大损失的行为。

《刑法》第三百九十七条第一款规定：国家机关工作人员滥用职权或者玩忽职守，致使公共财产、国家和人民利益遭受重大损失的，处三年以下有期徒刑或者拘役；情节特别严重的，处三年以上七年以下有期徒刑。本法另有规定的，依照规定。

我国刑法将滥用职权罪和玩忽职守罪规定在一个法条当中，以相同的法定后果和法定情节作为犯罪构成要素，以同样的刑罚进行处罚，体现出两者具有很大的相似性。但同时，两者作为不同罪名，也存在一定的区别，在司法适用过程必须将两者区分清楚。

裁判精要

许多法院认为，滥用职权罪与玩忽职守罪的区别关键体现在是故意还是过失，故意实施的违背职责的行为是滥用职权罪，过失实施的违背职责的行为是玩忽职守罪；有的法院认为滥用职权罪与玩忽职守罪的主要区别在于行为方式不完全相同，滥用职权罪主要表现为违反权限和程序的积极作为行为，玩忽职守罪主要表现为违反职责义务的消极不作为行为；还有的法院认为两者的区别体现在主观要件及行为方式上，滥用职权罪是一种积极作为、违背职责的行为，是故意犯罪；而玩忽职守罪是疏忽、不认真履行职责的行为，是过失犯罪。

司法观点

◎两者区别主要体现在主观要件是故意还是过失上

1. 滥用职权罪与玩忽职守罪的区别关键体现在是故意还是过失，故意实施的违背职责的行为，是滥用职权罪；过失实施的违背职责的行为，是玩忽职守罪，见【（2017）鲁1623刑初146号】孙某某滥用职权案一审刑事判决书。

在该判决书中，山东省滨州市无棣县人民法院认为：

关于被告人孙某某以及其辩护人所提出的被告人孙某某不构成滥用职权罪，应当构成玩忽职守罪的辩护意见，经查，滥用职权罪与玩忽职守罪的区别关键体现在是故意还是过失，故意实施的违背职责的行为，是滥用职权罪；过失实施的违背职责的行为，是玩忽职守罪。本案中，孙某某作为无棣县民政局民管科科长，在掌握无棣县中小企业投融资服务中心非法吸收公众存款进行存放贷的情形下，未按规定对其采取警告、撤销登记并公告等行政处罚措施，使该服务中心于2013年、2014年两年顺利通过年检。2015年以后该服务中心未按规定向无棣县民政局上报年检材料，无棣县民政局未对其进行年检。另其在明知农村资金互助社属于金融机构，应由银监会审批，且其成立条件亦不符合《社会团体登记管理条例》的规定的情况下，超越职权，发棣民字（2013）13号"关于成立无棣县农村资金互助社的批复"文件，准予无棣县农村资金互助社成立登记。后在明知该互助社存在非法吸收公众存款进行存放贷活动的情形下，故意不履行其法定职责，未及时予以取缔，致使人民利益遭受重大损失。因此，被告人孙某某在本案中系故意不履行法定职责，符合滥用职权罪的构成要件，应当构成滥用职权罪，而不是玩忽职守罪。故本院对其及其辩护人的该项辩护意见不予采纳。

2. 行为人主观上是故意还是过失是判断玩忽职守罪与滥用职权罪的重要区分依据之一，见【（2020）粤15刑终35号】魏某某滥用职权案二审刑事裁定书。

在该裁定书中，广东省汕尾市中级人民法院认为：

行为人主观上是故意还是过失是判断玩忽职守罪与滥用职权罪的重要区分依

据之一。2013年至2018年3月，上诉人魏某某担任陆丰市国土资源局南塘国土资源所副所长、所长，全面负责辖区内国土资源动态巡查工作，及时发现、制止和报告国土资源违法行为，并建立巡查登记制度，对巡查中发现的重要情况应及时上报有关领导和上级主管部门，具有依法履行职务的职责。但上诉人魏某某在巡查中发现李某招等人非法占用农用地挖土进行非法采矿后，未按规定及时收集相关证据材料，且擅自交代南塘国土所工作人员不能随意通过在线巡查系统上传南塘后西村违法用地行为信息，其本人亦开具了623号卫星图斑为后西村堆沙场的虚假证明，且交代后西村开具624号、626号卫星图斑是后西村民李某招自建农民房的虚假证明。上诉人魏某某的上述违规执法行为，纵容、包庇了李某招等人在后西村、风仪村的非法占用农用地、非法采矿行为，是导致国家农用地和矿产资源遭受重大损失的重要原因，两者之间具有因果关系。因此，上诉人魏某某故意违反规定处理公务，致使国家利益遭受重大损失，情节特别严重，其行为已构成滥用职权罪。

3. 滥用职权罪与玩忽职守罪的客观表现基本无异，两罪的主要区别在于责任形式不同，故意地实施违背职责的行为属滥用职权，过失地实施违背职责的行为，构成玩忽职守罪，见【（2012）深福法刑初字第1225号】曾某洪滥用职权案一审刑事判决书。

在该判决书中，深圳市福田区人民法院认为：

滥用职权罪与玩忽职守罪的客观表现基本无异，两罪的主要区别在于责任形式不同，故意地实施违背职责的行为属滥用职权，过失地实施违背职责的行为，构成玩忽职守罪。现有证据证实在沙尾文化综合楼建设和违建过程中，曾某洪及其所在的执法队确曾做过一定的工作，对该综合楼违建、加建的行为进行过制止，不宜认定其属故意不履行查违职责；但其工作马虎草率，多次巡查未发现违建且未能采取措施制止违建的最终建成，属严重不负责任，不履行或不正确履行查违工作职责，其行为导致沙尾文化综合楼违建最终建成并被报道的重大后果，故其行为更符合玩忽职守罪的规定。

◎ 两者区别主要体现在行为方式是作为还是不作为上

1. 滥用职权罪与玩忽职守罪的主要区别在于行为方式不完全相同，前者主要表现为违反权限和程序的积极作为行为，后者主要表现为违反职责义务的消极不作为行为，见【（2016）京0108刑初1668号】周某某受贿案一审刑事判决书。

在该判决书中，北京市海淀区人民法院认为：

关于辩护人提出的第一起事实的罪名应为玩忽职守罪而非滥用职权罪的意见，法庭认为，滥用职权罪与玩忽职守罪的主要区别在于行为方式不完全相同，前者主要表现为违反权限和程序的积极作为行为，后者主要表现为违反职责义务的消极不作为行为。本案被告人周某某在负责两个系统的建设中，明知不达标、不合格，仍随意行使权力，虚构系统建设成果，积极促使合同价款的全额支付，致使国家遭受巨额利益损失，其行为不仅存在疏于监督管理的问题，而且存在不认真履行职权，甚至违反规定和程序随意行使权力的问题，属于不认真履职和随意履职的滥用职权行为，应当认定为滥用职权罪。

2. 滥用职权罪在客观方面的本质属性是行为人对其职权的"滥用"，这种职权的"滥用"既包含行为人超越法定权限，违法决定无权决定的事项、擅自处理无权处理的事务，也包含行为人违反法定办事程序，违法处理公务；而玩忽职守的本质属性是"玩忽"行为，即行为人严重不负责任，该为而不为，或者在行使职权时马虎草率、敷衍搪塞，见【（2017）鄂01刑终751号】詹某、黄某滥用职权案二审刑事裁定书。

在该裁定书中，湖北省武汉市中级人民法院认为：

关于上诉人詹某、黄某诉称其行为应构成玩忽职守罪的上诉理由，及其辩护人相同的辩护意见。经查，滥用职权罪与玩忽职守罪所侵犯的客体均为国家机关的正常管理活动，但滥用职权罪在客观方面的本质属性是行为人对其职权的"滥用"，这种职权的"滥用"既包含行为人超越法定权限，违法决定无权决定的事项、擅自处理无权处理的事务，也包含行为人违反法定办事程序，违法处理公务。而玩忽职守的本质属性是"玩忽"行为，即行为人严重不负责任，该为而不为，或者在行使职权时马虎草率、敷衍搪塞。本案中，上诉人詹某、黄某身为中国人民武装警察部队序列的公安消防部队人员，应当清楚知道其所肩负的消防监管职责，以及相关法律、法规对消防建审、验收的规范要求，但其仍然违反相关消防安全技术规范的规定，违规操作，具体表现为：上诉人詹某明知湖北铁桥经贸股份有限公司申请消防建审的紫荆嘉苑F1地块1、2号楼不符合消防建审的规范要求，违反建审程序和相关法律规定，滥用职权，使不符合建审条件的该违章建筑通过消防建审；上诉人黄某在对紫荆嘉苑F1地块1、2号楼消防验收时，明知消防检测中存在A类子项不合格的情况下仍然判定该子项为合格，并出具该项建设工程消防整体合格的消防验收意见书。因此，二上诉人在主观上并非马虎大意、敷衍搪塞的过错，而是严重违反法定办事程序，违法处理公务的过错，致使人民利益遭受重大损失，其行为符合滥用职权罪的构成要件。原审依法认定二上诉人的行为构成滥用职权罪正确。故上诉人詹某、黄某及其辩护人诉称其行为应构成玩忽职守罪的上诉理由和辩护意见均不能成立。

◎两者区别体现在主观要件及行为方式上

1. 滥用职权罪与玩忽职守罪关键区别在于行为方式与主观要件不同，滥用职权罪是一种积极作为、违背职责的行为，是故意犯罪；而玩忽职守罪是疏忽、不认真履行职责的行为，是过失犯罪，见【（2017）琼97刑终247号】周某某滥用职权案二审刑事裁定书。

在该裁定书中，海南省第二中级人民法院认为：

关于上诉人周某某的上诉理由，经查，滥用职权罪与玩忽职守罪关键区别在于行为方式与主观要件不同，滥用职权罪是一种积极作为、违背职责的行为，是故意犯罪；而玩忽职守罪是疏忽、不认真履行职责的行为，是过失犯罪。本案中，上诉人周某某在负责佛罗镇危房改造工作中，违反工作规定，未正确履行工作职务，不进行调查、核实农户的申请和提供的材料，超越职权认定农户旧房的危房等级，并编造与农户新建房屋实际面积不符的数据。其行为并非不作为的玩忽职守行为，而符合滥用职权罪的构成要件。故原判定性准确，适用法律并无不当。原判在量刑时，已综合本案多因一果的现实情形，并充分考虑到上诉人周某某的犯罪情节、悔罪表现等因素，对其判处有期徒刑二年，缓刑三年的量刑适当。综上，上诉人周某某的上诉理由不能成立，本院不予采纳。

2. 滥用职权罪主观方面是故意，而玩忽职守罪主观方面是过失。滥用职权罪主要表现为营私擅权、超越职权而造成重大损失的行为，属于一种积极行为；而玩忽职守罪表现为工作中马马虎虎、草率从事、疏忽大意而没有正确履行自己的职责，或者擅离职守而不履行自己的职责并造成重大损失的行为，是一种消极的不作为，见【（2018）闽08刑终183号】沈某某玩忽职守案二审刑事判决书。

在该判决书中，福建省龙岩市中级人民法院认为：

滥用职权罪与玩忽职守罪的不同之处主要表现在两个方面：一是主观方面不同。滥用职权罪主观方面是故意，而玩忽职守罪主观方面是过失。二是客观方面表现不同。滥用职权罪主要表现为营私擅权、超越职权而造成重大损失的行为，属于一种积极行为，是一种作为。玩忽职守罪表现为工作中马马虎虎、草率从事、疏忽大意而没有正确履行自己的职责，或者擅离职守而不履行自己的职责并造成重大损失的行为，这种行为表现为一种消极的不作为。本案中被告人沈某某作为挂钩联系山子尾严某煤矿的龙岩市永定区龙潭煤炭管理所工作人员,对山子尾严某煤矿负有监督管理职责,其明知该矿系停产和列入关闭矿井,已被责令停止一切生产建设活动,且其在日常巡查中亦发现有移动硐口内设置的用于阻止矿车通过的挡墙、组织工人下井拆水管、采煤等情形,但严重不负责任,不认真履行自己的监管职责,致使该矿持续违法组织工人下井作业,并最终导致发生5名工人被烧伤的"5·20"瓦斯燃烧事故,造成了人民利益遭受重大损失,其行为应构成玩忽职守罪,被告人沈某某辩护人的该项辩护意见予以采纳。公诉机关指控被告人沈某某犯滥用职权罪定性有误,予以纠正。

律师建议

虽然在司法实践中不同的法院对滥用职权罪和玩忽职守罪的区分标准不尽相同,有的法院以主观要件作为区分标准,有的法院以客观行为方式作为区分标准,还有的法院以主观要件加行为方式作为区分标准。但从本质上分析,滥用职权罪和玩忽职守罪均可以用积极的作为方式和消极的不作为方式做出,两者的根本区别主要体现在主观要件上,即滥用职权罪主要体现为故意犯罪,而玩忽职守罪主要体现为过失犯罪。

068 经"集体研究"是否影响渎职犯罪的构成?

律师提示

以集体研究形式实施的渎职犯罪,应当依照刑法分则第九章的规定追究国家机关负有责任的人员的刑事责任。对于具体执行人员,应当在综合认定其行为的性质、是否提出反对意见、危害结果大小等情节的基础上决定是否追究刑事责任和应当判处的刑罚。具体执行人员的行为与危害结果之间没有因果关系的,不构成渎职犯罪。

争议焦点

经"集体研究"作出的决定造成重大损失的,国家机关负责人员或执行人员是否承担渎职的刑事责任?实践中存在一些争议。有的认为,通过集体研究形式作出的决定，即使造成重大损失，也不应当追究刑事责任；有的认为，通过集体研究形式作出的决定，造成重大损失的，应当追究负责人员或执行人员的刑事责任。

2012年《最高人民法院、最高人民检察院关于办理渎职刑事案件适用法律若干问题的解释（一）》第五条规定：国家机关负责人员违法决定，或者指使、授意、强令其他国家机关工作人员违法履行职务或者不履行职务，构成刑法分则第九章规定的渎职犯罪的，应当依法追究刑事责任。

以"集体研究"形式实施的渎职犯罪，应当依照刑法分则第九章的规定追究国家机关负有责任的人员的刑事责任。对于具体执行人员，应当在综合认定其行为性质、是否提出反对意见、危害结果大小等情节的基础上决定是否追究刑事责任和应当判处的刑罚。

上述司法解释对于通过集体研究实施的渎职行为，区分决定人员和执行人员，依据具体情况进行责任追究，一定程度上明确了以集体研究形式所实施的行为是否构成渎职犯罪。但对于具体案件，还应结合具体情况进行综合分析判断。

裁判精要

以集体研究形式实施的渎职犯罪，应当依照刑法分则第九章的规定追究国家机关负有责任的人员的刑事责任。对于具体执行人员，应当在综合认定其行为的性质、是否提出反对意见、危害结果大小等情节的基础上决定是否追究刑事责任和应当判处的刑罚。具体执行人员的行为与危害结果之间没有因果关系的，不构成渎职犯罪。

司法观点

（一）不构成渎职犯罪

◎履职行为经集体研究且与损害结果无直接关系的，不构成渎职犯罪

1. 行为人实施的行为并非出自个人决定，而是经过集体研究后履行工作职责的行为，该行为与造成的损害结果之间没有因果关系的，不构成玩忽职守罪，见【（2017）闽06刑终53号】陈某某玩忽职守、渎职案二审刑事判决书。

在该判决书中，福建省漳州市中级人民法院认为：

上诉人陈某某的上述行为是履行其工作职责，依程序层层上报，该发放行为

并非陈某某个人决定，是经过集体研究，并履行相关手续后发放的。根据《最高人民法院、最高人民检察院关于办理渎职刑事案件适用法律若干问题的解释（一）》第五条第二款："以'集体研究'形式实施的渎职犯罪，应当依照刑法分则第九章的规定追究国家机关负有责任的人员的刑事责任。对于具体执行人员，应当在综合认定其行为性质、是否提出反对意见、危害结果大小等情节的基础上决定是否追究刑事责任和应当判处的刑罚。"上诉人的审查行为与造成的损害结果之间并没有因果关系，故不构成玩忽职守罪。

◎**行为人未参与以集体研究形式实施的渎职犯罪的，不构成渎职犯罪**

2. 行为人未参与涉案事实的调查处理，不属于"以集体研究形式实施的渎职犯罪"，不构成滥用职权罪，见【（2017）豫1522刑初46号】周某某滥用职权、玩忽职守案一审刑事判决书。

在该判决书中，河南省信阳市光山县人民法院认为：

指控被告人周某某犯滥用职权罪的事实不清，证据不足，本院不予支持，其理由是：周某某知道金色水岸项目双证不齐全，不符合按历史遗留问题处理，且向当时的人防办主任孔某汇报过，其出具的调查意见初稿被孔某修改为"该宗地土地取得和开工时间均符合人防历史遗留问题办理的条件"，后周某某按孔某修改的内容出具了正式的调查意见，并根据此调查意见对金色水岸项目按历史遗留问题进行处理。根据《最高人民法院、最高人民检察院关于办理渎职刑事案件适用法律若干问题的解释（一）》第五条第一款的规定："国家机关负责人员违法决定，或者指使、授意、强令其他国家机关工作人员违法履行职务或者不履行职务，构成刑法分则第九章规定的渎职犯罪的，应当依法追究刑事责任。"因此在金色水岸项目中，孔某作为单位负责人违法决定、指使、授意周某某对本不符合按历史遗留问题处理的项目按历史遗留问题处理，少收该项目人防易地建设费1819567元，给国家造成重大损失。在此过程中，周某某不能改变领导的决定，只是执行领导的决策。同时，该司法解释规定"以'集体研究'形式实施的渎职犯罪，应当依照刑法分则第九章的规定追究国家机关负有责任的人员的刑事责任。对于具体执行人员，应当在综合认定其行为性质、是否提出反对意见、危害结果大小等情节的基础上决定是否追究刑事责任和应当判处的刑罚"。从庭审查明的事实看，该起指控的渎职犯罪系时任人防办主任孔某一人独自决策所致，主管副主任李某因当时出差在外，未参与调查处理，不属于"以集体研究形式实施的渎职犯罪"，故周某某在金色水岸项目中的行为不构成滥用职权罪。被告人周某某及其辩护人的辩解、辩护意见成立，本院予以采纳。

（二）构成渎职犯罪

◎以集体研究形式实施渎职犯罪的，主要责任人员构成渎职犯罪

1. 以集体研究形式实施的渎职犯罪，对于主要责任人员应当依渎职罪追究刑事责任，见【（2019）桂12刑终284号】蒙某某受贿案二审刑事裁定书。

在该裁定书中，广西壮族自治区河池市中级人民法院认为：

对于辩护人提供的证据材料所证明内容与本案查明事实并无直接关联，是否属于违法违规行为应由相关部门核查后另做评判。根据两高《关于办理渎职刑事案件适用法律若干问题的解释》第五条规定，"以'集体研究'形式实施的渎职犯罪，应当依照刑法分则第九章的规定追究国家机关负有责任的人员的刑事责任。对于具体执行人员，应当在综合认定其行为性质、是否提出反对意见、危害结果大小等情节的基础上决定是否追究刑事责任和应当判处的刑罚"，蒙某某作为该项目的分管领导及协议的审批签发人之一，该项目由其分管，其应当承担相应的刑事责任。上诉人蒙某某的行为构成玩忽职守罪。上诉人蒙某某及其辩护人认为蒙某某的行为不构成玩忽职守罪的上诉理由及辩护意见不能成立，不予采纳。

2. 以集体研究形式实施的渎职犯罪，对造成严重损失负有最直接和最主要责任的人员，应当追究刑事责任，见【（2018）云26刑初5号】王某某受贿、滥用职权、贪污案一审刑事判决书。

在该判决书中，云南省文山壮族苗族自治州中级人民法院认为：

关于辩护人王某祥提出被告人王某某的行为不构成滥用职权罪的辩护意见。经查，在案证据证实被告人王某某组织班子成员开会研究套取林业项目资金6454005.00元并使用完毕，根据《最高人民法院、最高人民检察院关于办理渎职刑事案件适用法律若干问题的解释（一）》第一条"国家工作人员滥用职权造成经济损失150万元以上的，应当认定为刑法第三百九十七条规定的情节特别严重"及第五条第二款"以'集体研究'形式实施的渎职犯罪，应当依照刑法分则第九章的规定追究国家机关负有责任的人员的刑事责任"的规定，作为时任西畴县林业局局长的王某某对西畴县林业局集体研究套取林业项目资金并造成国家林业项目资金严重损失的情况负有最直接和最主要的责任，应以滥用职权罪对王某某定罪处罚，公诉机关指控被告人王某某犯滥用职权罪成立，王某祥的辩护

意见与法律规定和案件事实不符，本院不予采纳。

律师建议

渎职犯罪不存在单位犯罪，对于以集体研究形式实施的渎职犯罪行为，一般追究主要责任人员的刑事责任。对于具体执行人员，应当在综合认定其行为性质、是否提出反对意见、危害后果大小等情节的基础上，决定是否追究刑事责任，以及判处何种刑罚。

069 如何认定滥用职权与玩忽职守罪中的"重大损失"？

律师提示

国家机关工作人员在履行职责过程中，不履行职责或不正确履行职责，致使公共财产遭受损失达到法定数额的，属于致使"公共财产"遭受重大损失，构成滥用职权罪或玩忽职守罪；为他人违法犯罪提供必要条件，损害国家民族政策和计划生育政策的，属于致使"国家利益"遭受重大损失；公安机关办案人员为恶势力犯罪集团提供非法保护，严重破坏当地群众安全感和医疗秩序的，或者在办理刑事案件侦查过程中因疏忽大意，没有尽到保护报案人及对犯罪嫌疑人采取相应措施义务的，属于致使"人民利益"遭受重大损失，构成玩忽职守罪或滥用职权罪。国家机关工作人员虽然在客观方面未认真履行审查职责，但现有证据不能证实国家补贴数额为国家资金损失，或没有证据证明案涉公司被宣告破产、潜逃及去向不明等丧失清偿其债务等实际损失情形，不能认定为"致使公共财产、国家和人民利益遭受重大损失"。

争议焦点

《刑法》第三百九十七条第一款规定：国家机关工作人员滥用职权或者玩忽职守，致使公共财产、国家和人民利益遭受重大损失的，处三年以下有期徒刑或者拘役；情节特别严重的，处三年以上七年以下有期徒刑。本法另有规定的，依照规定。

2006年《最高人民检察院关于渎职侵权犯罪案件立案标准的规定》第一条

"渎职犯罪案件"规定：

（一）滥用职权案（第三百九十七条）

滥用职权罪是指国家机关工作人员超越职权，违法决定、处理其无权决定、处理的事项，或者违反规定处理公务，致使公共财产、国家和人民利益遭受重大损失的行为。

涉嫌下列情形之一的，应予立案：

1. 造成死亡1人以上，或者重伤2人以上，或者重伤1人、轻伤3人以上，或者轻伤5人以上的；

2. 导致10人以上严重中毒的；

3. 造成个人财产直接经济损失10万元以上，或者直接经济损失不满10万元，但间接经济损失50万元以上的；

4. 造成公共财产或者法人、其他组织财产直接经济损失20万元以上，或者直接经济损失不满20万元，但间接经济损失100万元以上的；

5. 虽未达到3、4两项数额标准，但3、4两项合计直接经济损失20万元以上，或者合计直接经济损失不满20万元，但合计间接经济损失100万元以上的；

6. 造成公司、企业等单位停业、停产6个月以上，或者破产的；

7. 弄虚作假，不报、缓报、谎报或者授意、指使、强令他人不报、缓报、谎报情况，导致重特大事故危害结果继续、扩大，或者致使抢救、调查、处理工作延误的；

8. 严重损害国家声誉，或者造成恶劣社会影响的；

9. 其他致使公共财产、国家和人民利益遭受重大损失的情形。

国家机关工作人员滥用职权，符合刑法第九章所规定的特殊渎职罪构成要件的，按照该特殊规定追究刑事责任；主体不符合刑法第九章所规定的特殊渎职罪的主体要件，但滥用职权涉嫌前款第1项至第9项规定情形之一的，按照刑法第397条的规定以滥用职权罪追究刑事责任。

（二）玩忽职守案（第三百九十七条）

玩忽职守罪是指国家机关工作人员严重不负责任，不履行或者不认真履行职责，致使公共财产、国家和人民利益遭受重大损失的行为。

涉嫌下列情形之一的，应予立案：

1. 造成死亡1人以上，或者重伤3人以上，或者重伤2人、轻伤4人以上，或者重伤1人、轻伤7人以上，或者轻伤10人以上的；

2. 导致 20 人以上严重中毒的；

3. 造成个人财产直接经济损失 15 万元以上，或者直接经济损失不满 15 万元，但间接经济损失 75 万元以上的；

4. 造成公共财产或者法人、其他组织财产直接经济损失 30 万元以上，或者直接经济损失不满 30 万元，但间接经济损失 150 万元以上的；

5. 虽未达到 3、4 两项数额标准，但 3、4 两项合计直接经济损失 30 万元以上，或者合计直接经济损失不满 30 万元，但合计间接经济损失 150 万元以上的；

6. 造成公司、企业等单位停业、停产 1 年以上，或者破产的；

7. 海关、外汇管理部门的工作人员严重不负责任，造成 100 万美元以上外汇被骗购或者逃汇 1000 万美元以上的；

8. 严重损害国家声誉，或者造成恶劣社会影响的；

9. 其他致使公共财产、国家和人民利益遭受重大损失的情形。

国家机关工作人员玩忽职守，符合刑法第九章所规定的特殊渎职罪构成要件的，按照该特殊规定追究刑事责任；主体不符合刑法第九章所规定的特殊渎职罪的主体要件，但玩忽职守涉嫌前款第 1 项至第 9 项规定情形之一的，按照刑法第 397 条的规定以玩忽职守罪追究刑事责任。

……

2012 年《最高人民法院、最高人民检察院关于办理渎职刑事案件适用法律若干问题的解释（一）》第一条规定：国家机关工作人员滥用职权或者玩忽职守，具有下列情形之一的，应当认定为刑法第三百九十七条规定的"致使公共财产、国家和人民利益遭受重大损失"：

（一）造成死亡 1 人以上，或者重伤 3 人以上，或者轻伤 9 人以上，或者重伤 2 人、轻伤 3 人以上，或者重伤 1 人、轻伤 6 人以上的；

（二）造成经济损失 30 万元以上的；

（三）造成恶劣社会影响的；

（四）其他致使公共财产、国家和人民利益遭受重大损失的情形。

……

就公共财产遭受重大损失而言，可以直接以经济损失数额作为计算标准，一般不存在争议；但是，对于国家利益和人民利益遭受重大损失的判决，不能简单地以经济损失数额为计算标准，而应结合伤亡情况、社会影响等情形进行具体判断。具体如何判断，实践中存在争议。

裁判精要

国家机关工作人员在履行职责过程中，不履行职责或不正确履行职责，致使公共财产遭受重大损失达法定数额的，或者为他人违法犯罪提供必要条件，或者使不符合变更条件的人顺利变更为少数民族成份并生育二孩，损害国家民族政策和计划生育政策，致使国家利益遭受重大损失的；或者公安机关办案人员在办理刑事案件侦查过程中因疏忽大意，没有尽到保护报案人及对犯罪嫌疑人采取相应措施的义务，致使报案人被杀，或者为恶势力犯罪集团提供非法保护，严重破坏当地群众安全感和医疗秩序，致使人民利益遭受重大损失的，均属于"致使公共财产、国家和人民利益遭受重大损失"。国家机关工作人员虽然客观上有渎职行为，但无法证明该渎职行为致使公共财产、国家和人民利益遭受重大损失，例如，不能证实国家的补贴数额为国家资金损失，不能证明纳入评估范围的资产最终处置变现的价值及该公司其他权益资产等形成的财产价值，不能证明案涉公司被宣告破产、潜逃及去向不明等丧失清偿其债务等情形的，不能认定为滥用职权罪。

司法观点

（一）应认定为"重大损失"

◎渎职造成公共财产损失达到法定数额的，属于渎职罪中的"重大损失"

1. 国家机关工作人员未尽对补贴资金申请材料全面性、真实性审核的职责要求，致使公共财产遭受重大损失达到法定数额的，构成玩忽职守罪，见【（2019）鲁13刑终776号】康某玩忽职守案二审刑事判决书。

在该判决书中，山东省临沂市中级人民法院认为：

上诉人康某在担任临沂市人力资源开发服务办公室培训科科长期间，未能达到对培训过程的全程有效监管，网络视频监管没有起到应有的监管作用，未尽到对补贴资金申请材料全面性、真实性审核的职责要求，致使各培训学校在培训课时严重缩减、弄虚作假提供材料后骗取到培训补贴，致使公共财产遭受重大损失，情节特别严重，其行为构成玩忽职守罪，依法应予惩处。上诉人康某如实供述犯罪事实、认罪态度较好，可对其从轻处罚，适用缓刑不致危害社会，对所居住的社区没有重大不良影响，可以宣告缓刑。

2. 国家机关工作人员负有组织实施、监管、检查验收等重要职责，严重不履行职责，致使公共财产遭受重大损失达到法定数额的，属于玩忽职守，该损失在立案后是否追回以及追回数额的大小并不影响定罪，见【（2020）新40刑终68号】苑某受贿、玩忽职守案二审刑事裁定书。

在该裁定书中，新疆维吾尔自治区高级人民法院伊犁哈萨克自治州分院认为：

关于苑某及其辩护人提出"回收站点'以租代建'不是其擅自决定，而系自治区相关领导视察项目时提出的方案，原判认定造成中央项目资金流失126万元与事实不符，其不构成玩忽职守罪"等上诉理由、辩护意见。经查，苑某关于"'以租代建'系上级领导指示"的辩解，在本案中并无相应证据印证。即使其辩解成立，本案实际上也不存在"租赁"回收站点的事实，证人黄某、贾某、袁某的证言与苑某的供述相互印证，证实5个租赁点仅签订了租赁合同，并没有实际租赁，只是应付检查验收。苑某作为国家项目实施单位的负责领导及联系人，对该项目的组织实施、监管、检查验收等负有重要职责，但其严重不履职，显然属于"玩忽职守"。上述证人的证言及苑某的供述也证实，本应作为新建回收站点项目资金的国家拨款，一部分被挪用于抵付袁某、贾某的"其他工程款"，另一部分被黄某挪用于其公司日常支出。同时，《刑法》第三百九十七条规定的"致使公共财产遭受重大损失"，是指玩忽职守行为已经造成的重大经济损失，应当以立案时造成的经济损失予以计算，该损失在立案后是否追回以及追回数额的大小并不影响定罪。另根据《最高人民法院、最高人民检察院关于办理渎职刑事案件适用法律若干问题的解释（一）》第一条第一款第二项的规定，本案造成国家经济损失30万元以上，应认定为"致使公共财产、国家和人民利益遭受重大损失"。故对苑某严重不履行职责，致使中央专项项目资金遭受重大损失的行为，应以玩忽职守罪论处。苑某及其辩护人的相关上诉理由、辩护意见本院均不予采纳。

3. 国家机关工作人员不正确履行职责，为他人违法犯罪提供必要条件，致使国家利益遭受重大损失达到法定数额的，构成滥用职权罪，见【（2021）新40刑终61号】李某帅等受贿案二审刑事裁定书。

在该裁定书中，新疆维吾尔自治区高级人民法院伊犁哈萨克自治州分院认为：

关于上诉人李某帅及其辩护人提出滥用职权罪名不成立的上诉理由及辩护意见。经查，滥用职权罪是指国家机关工作人员超越法律法规规定的权限，决定处理其无权决定处理的事项，或者违反相关规定处理公务，从而给国家和人民利益造成重大损失的行为。本罪侵犯的客体为国家机关的正常活动，客观方面表现为滥用职权给公共财产、国家和人民利益造成损害，主观方面表现为明知滥用职权的行为会导致公共财产、国家和人民利益受到损害，仍然希望或放任发生。李某帅身为户籍民警，不正确履行职责，违规为他人办理虚假户籍及身份信息，为他人骗取养老保险待遇提供了必要条件，造成国家养老保险金损失1455278.20元。李某帅的滥用职权行为和损害结果之间具有直接的因果关系，具有滥用职权的主体身份、主观故意和客观行为，符合滥用职权罪的法律特征，其行为构成滥用职权罪。

◎渎职损害民族政策和计划生育政策的，属于致使国家利益遭受"重大损失"

4. 国家机关工作人员在办理变更民族成份及审查少数民族成份工作过程中，未按规定履行职责，致使不符合变更条件的人顺利变更为少数民族成份，其中数人取得二孩指标并生育二孩，损害了国家民族政策和计划生育政策，致使国家利益遭受重大损失，应以玩忽职守罪论处，见【（2019）琼刑再1号】符某某玩忽职守案再审刑事判决书。

在该判决书中，海南省高级人民法院认为：

原审被告人符某某身为国家机关工作人员，在办理变更民族成份及审查少数民族成份工作过程中，未按规定履行职责，致使不符合变更条件的24人顺利变更为少数民族成份，其中8人取得二孩指标并生育二孩，损害了国家民族政策和计划生育政策，致使国家利益遭受重大损失，其行为已构成玩忽职守罪。原判决、裁定认定的犯罪事实清楚，证据确实、充分，定罪准确。审判程序合法。但原判决、裁定认定符某某犯罪情节轻微，对符某某免予刑事处罚不当，应予纠正。海南省人民检察院关于原判认定符某某的行为属于犯罪情节轻微，判处符某某免予刑事处罚属于适用法律错误的抗诉意见有理，应予支持。原审被告人符某某及其辩护人的辩护意见均不能成立，不予采纳。

◎公安办案人员失职导致报案人被杀的，属于致使人民利益遭受"重大损失"

5. 公安机关办案人员在办理刑事案件侦查过程中因疏忽大意，没有正确履行职责，没有尽到保护报案人及对犯罪嫌疑人采取相应措施的义务，致使报案人被杀的，属于致使人民利益遭受重大损失，构成玩忽职守罪，见【（2019）内刑再7号】徐某某等玩忽职守案再审刑事裁定书。

在该裁定书中，内蒙古自治区高级人民法院认为：

原审被告人徐某某、王某某作为国家机关工作人员，玩忽职守，致使人民利益遭受重大损失，其行为已构成玩忽职守罪。原审被告人徐某某、王某某作为公安机关办案人员，在初查池某某被强奸案件时，因疏忽大意，没有正确履行职责，没有尽到保护报案人及对犯罪嫌疑人采取相应措施的义务，致使池某某母女被杀，其行为构成玩忽职守罪。原审被告人徐某某、王某某的辩护人提出徐某某、王某某的行为不构成玩忽职守罪的辩护意见，不能成立，本院不予采纳。虽因被告人徐某某、王某某没有正确履职致使池某某母女被杀，但二被告人的行为不是造成池某某母女被杀的唯一原因。原审裁判认为原审被告人徐某某、王某某的行为构成玩忽职守罪，对其判处免予刑事处罚，并无不当。

◎为恶势力提供非法保护破坏群众安全感的，属于致使人民利益遭受"重大损失"

6. 国家机关工作人员为恶势力犯罪集团提供非法保护，严重破坏当地群众安全感和医疗秩序的，属于致使人民利益遭受重大损失，构成滥用职权罪，见【（2020）粤03刑申90号】陈某某受贿、滥用职权案刑事申诉通知书。

在该通知书中，广东省深圳市中级人民法院认为：

本案二审判决认定廖某炎的犯罪事实，有银行转账记录、媒体报道材料等书证，郑某友等人的证言，廖某炎的供述与辩解等证据，证据间相互印证，形成完整的证据链，上述证据均经庭审质证，来源合法，足以认定廖某炎徇私舞弊滥用职权，为恶势力犯罪集团提供非法保护，严重破坏当地群众安全感和医疗秩序，致使人民利益遭受重大损失，其行为构成滥用职权罪。

（二）不应认定为"重大损失"

◎渎职致使不合条件企业享受国家补贴的，不属于致使国家遭受"重大损失"

1. 国家机关工作人员客观方面未认真履行审查职责，为不符合资质条件的企业产品出具检验报告和鉴定报告，使相关产品通过推广鉴定并享受国家补贴，但现有证据不能证实国家的补贴数额为国家资金损失，故不构成玩忽职守罪，见

【（2018）晋1121刑再1号】郝某玩忽职守案再审刑事判决书。

在该判决书中，山西省吕梁市文水县人民法院认为：

原审被告人郝某在担任山西省农业机械质量监督管理站检验人员期间，在履行农机机械推广鉴定职责时，未认真履行审查职责，为不符合资质条件的企业产品出具检验报告和鉴定报告，使相关产品通过推广鉴定，后经该企业申请，相关农机产品最终进入山西省农机购置补贴并享受国家补贴，但该补贴数额依据中华人民共和国农业部办公厅农机办［2014］22号文件精神，实惠最终落到了农民手里，不宜认定为给国家造成资金损失，综上，原审被告人郝某在主体上虽符合玩忽职守的构成要件，客观方面有未认真履行审查职责，使相关产品通过推广鉴定的行为，但现有证据不能证实国家的补贴数额为国家资金损失，故原公诉机关对原审被告人郝某的行为构成玩忽职守罪的指控不能成立，本院不予支持。最终法院裁定撤销本院（2016）晋1121刑初34号刑事判决，原审被告人郝某无罪。

◎渎职造成的损失无法计算的，不属于造成"重大损失"

2. 国家机关工作人员违反国家扶贫项目资金管理规定，擅自决定将扶贫项目资金借给某公司，其滥用职权的行为成立，但不能证明纳入评估范围的资产最终处置变现的价值及该公司其他权益资产等形成的财产价值，且没有证据证明案涉公司被宣告破产、潜逃及去向不明等丧失清偿其债务等情形的，不能认定构成滥用职权，见【（2016）黔05刑终字393号】朱某受贿、滥用职权案二审刑事裁定书。

在该裁定书中，贵州省毕节市中级人民法院认为：

朱某违反国家扶贫项目资金的管理规定，擅自决定将100万元扶贫项目资金借给绿某公司，其滥用职权的行为成立，但指控朱某滥用职权的行为给国家造成100万元重大经济损失的证据不足，罪名不能成立。理由是，在本案立案前，纳雍县扶贫办已向纳雍县人民法院提起民事诉讼，请求判令该公司返还400万元的借款本金及其利息。纳雍县人民法院已对绿某公司的相关财产进行了保全，并判决绿某公司偿还纳雍县扶贫办借款400万元及相应的利息。贵州宏黔资产评估事务所（2016）宏黔评字第87号评估报告载明的财产评估价值，只能证明绿野公司纳入本次评估范围的资产在评估基准日的评估价值，但不能证明纳入评估范围的资产最终处置变现的价值及该公司其他权益资产等形成的财产价值，且没有证据证明绿某公司被宣告破产、潜逃及去向不明等丧失清偿其债务的情形，故不能据此认定朱某滥用职权的行为给国家造成了100万元的重大经济损失。因此，对朱某及其辩护人所提绿某公司的资产不仅只是评估价值的辩解及辩护意见，本院予以采纳。

3. 国家机关工作人员在公司登记过程中虽然有滥用职权的行为，但没有证明证实造成损失的，不构成滥用职权罪，见【（2017）辽09刑终139号】王某某、李某某滥用职权案二审刑事判决书。

在该判决书中，辽宁省阜新市中级人民法院认为：

原判认定的第二起即2012年2月10日德某暖通公司法人及股东变更登记，已经阜新市细河区人民法院判决，撤销此次变更登记，工商局已纠正了违法行为，被抵押的房产已撤销，现没有证据证实造成了损失。……而且，构成滥用职权罪必须造成国家或者个人经济损失30万元以上的后果。现有证据证明在王某某办理申请股东变更之前，王某乙自愿将其在德某公司的股权转让给吴某某，王某乙若想主张其财产权利，完全可以通过法定渠道实现。王某某、李某某二人的行为不能造成王某乙不可挽回的损失。综上，原判认定上诉人王某某、原审被告人李某某构成滥用职权罪错误。经本院审判委员会研究决定，依照《刑事诉讼法》第一百九十五条第一款第二项、第二百二十五条第一款第三项之规定，判决如下：一、撤销阜新市海州区人民法院（2017）辽0902刑初190号刑事判决。二、上诉人王某某无罪。三、原审被告人李某某无罪。

4. 国家机关工作人员在工作上有不认真、不到位之处，但情节轻微，且资金有结余，可通过相关的财物制度予以逆转，于国家而言并未造成财产损失的，不构成玩忽职守罪，见【（2014）新刑初字第000324号】吴某贪污、受贿案一审刑事判决书。

在该判决书中，河南省南阳市新野县人民法院认为：

本案中，被告人吴某在任职期间，造成两个乡镇卫生院的基本公共卫生项目补助资金结余120万余元，其工作上有不认真、不到位之处，但情节轻微，且资金有结余，可通过相关的财物制度予以逆转，于国家而言并未造成财产损失；于方城县城乡居民而言，该专项补助资金未使用，造成的是应当得到的基本公共卫生服务没有得到或者没有足额得到，减少的只是应得的利益，没有造成直接的财产损失；本案也无证据证实，方城县城乡居民因为该专项资金未使用，造成人身伤亡事故；故，因被告人吴某的失职行为，并未造成"公共财产、国家和人民利益遭受重大损失"的结果，故，被告人吴某的行为不构成玩忽职守罪。

律师建议

在滥用职权或玩忽职守罪中,是否构成"重大损失",对辩护律师而言是一个非常重要的辩点。有的案件虽然表面上看造成了重大损失,但这些损失并非最终的实际损失,没有具体量化的方法,也没有充足的证据证明确实造成了重大损失,因此不宜认定为渎职犯罪。对于致使国家利益和人民利益遭受重大损失,也不能纯粹看社会影响和社会舆论,要结合行为的实际社会危害性进行具体判断。

070 如何认定滥用职权和玩忽职守罪中"造成恶劣社会影响"?

律师提示

滥用职权罪和玩忽职守罪中"造成恶劣社会影响"属于无形损失,应当结合国家机关工作人员行为造成的危害后果、社会影响、行为性质、手段等因素进行综合判断;对于损害国家机关声誉和形象导致政府公信力降低的,引发新闻媒体广泛关注并引发强烈社会反响的,或者造成大规模上访或引发暴力冲突事件的,一般认定为"造成恶劣社会影响";仅造成他人信访、在网上发帖或领导进行过批示等情形的,一般不认为达到了"造成恶劣社会影响"的程度。

争议焦点

国家机关工作人员的行为是否"造成恶劣社会影响",是判断滥用职权、玩忽职守行为是否达到"致使公共财产、国家和人民利益遭受重大损失"的标准之一。

根据 2012 年《最高人民法院、最高人民检察院关于办理渎职刑事案件适用法律若干问题的解释(一)》第一条的规定,国家机关工作人员滥用职权或者玩忽职守,应当认定为刑法第三百九十七条规定的"致使公共财产、国家和人民利益遭受重大损失"的情形,不仅包括人员伤亡和经济损失,还包括造成恶劣社会影响。

但是,造成恶劣社会影响属于无形损失,在实践中认定相对难以把握。对此类无形损失的认定,应当根据滥用职权或玩忽职守行为造成的危害后果、社会影响等客观实际，结合行为性质、手段等因素综合分析判断。

对于滥用职权或玩忽职守造成恶劣社会影响的认定，实践中一般从以下方面进行把握：是否损害了国家机关声誉和形象，导致政府公信力降低；是否引发了新闻媒体广泛关注，引发强烈社会反响；是否造成大规模上访，引发暴力冲突事件发生等。

裁判精要

滥用职权罪和玩忽职守罪中的"造成恶劣社会影响"属于无形损失，应当根据行为造成的危害后果、社会影响等客观实际，结合行为性质、手段等因素综合分析判断；国家机关工作人员滥用职权或玩忽职守的行为，损害国家机关声誉和形象，导致政府公信力降低的；或者引发新闻媒体广泛关注，引发强烈社会反响的；或者造成大规模上访或引发暴力冲突事件的，一般认定为"造成恶劣社会影响"；渎职犯罪相关司法解释中对何谓造成恶劣社会影响没有明确具体规定，需要根据案件事实、行为、后果等因素进行综合评判和裁量，仅造成他人信访、在网上发帖或领导进行过批示的，未达到"造成恶劣社会影响"的程度。

司法观点

（一）构成"造成恶劣社会影响"

◎**应结合行为性质、手段、影响等综合判断是否"造成恶劣社会影响"**

1. 滥用职权罪中的"造成恶劣社会影响"属于无形损失，应当根据被告人滥用职权行为造成的危害后果、社会影响等客观实际，结合滥用职权行为的性质、手段等因素综合分析判断，见【《刑事审判参考》第1089号指导案例】杨某林滥用职权、受贿案。

在该案中，法官就"滥用职权造成恶劣社会影响的认定"作出如下分析：

滥用职权罪，是指国家机关工作人员滥用职权，致使公共财产、国家和人民利益遭受重大损失的行为。换言之，滥用职权行为，只有致使公共财产、国家和人民利益遭受重大损失的，才成立犯罪。一般认为，国家机关工作人员滥用职权造成的损失可以分为有形损失和无形损失。实践中，对有形损失如造成的经济损失、人员伤亡情况等的认定较为容易，但对无形损失的认定则相对难以把握。

2013年1月，《最高人民法院、最高人民检察院关于办理渎职刑事案件适用法律若干问题的解释（一）》（以下简称《渎职解释一》）第一条第一款规定了滥用职权罪的入罪门槛，即明确了刑法第三百九十七条第一款中滥用职权"致使公共财产、国家和人民利益遭受重大损失"的认定，具体包括四种情形：(1) 造成死亡1人以上，或者重伤3人以上，或者轻伤9人以上，或者重伤2人、轻伤3人以上，或者重伤1人、轻伤6人以上的；(2) 造成经济损失30万元以上的；(3) 造成恶劣社会影响的；(4) 其他致使公共财产、国家和人民利益遭受重大损失的情形。其中，第三项"造成恶劣社会影响"就属于无形损失。对此类无形损失的认定，我们认为，应当根据被告人滥用职权行为造成的危害后果、社会影响等客观实际，结合滥用职权行为的性质、手段等因素综合分析判断。

本案中，在案证据证实，金隆煤矿发生事故后，被告人杨某林未履行职责，且授意他人不将煤矿事故上报、不到现场救援，安排他人提供虚假材料，作虚假调查，要求他人隐瞒事故真相。因事故真相被隐瞒，一方面，致使事故调查、处理工作延误，相关责任人员未被追究责任；另一方面，煤矿存在重大安全隐患而未整改，仍组织矿工冒险下井生产作业，致使煤矿得以继续违法开采。同时，事故真相被隐瞒期间，数名记者以调查金隆煤矿安全事故为由，向金隆煤矿敲诈勒索财物共计数十万元，在当地造成的社会影响极坏，致使政府公信力受到人民群众的质疑。据此，一、二审法院认定杨某林滥用职权行为，严重损害了国家机关公信力，在当地造成了恶劣社会影响。依照刑法第三百九十七条第一款、《渎职解释一》第一条第一款第三项的规定，杨某林的行为构成滥用职权罪。

综上，我们认为，司法实践中对国家机关工作人员渎职犯罪"造成恶劣社会影响"的认定，在正确认识渎职犯罪行为侵犯的是国家机关公务的合法、公正、有效执行以及人民群众对此的信赖这一法益的基础上，一般可从以下方面予以把握：(1) 渎职行为严重损害国家机关形象，致使政府公信力下降的；(2) 渎职行为引发新闻媒体广泛关注，引起强烈社会反响的；(3) 渎职行为造成大规模上访、暴力冲突等事件，影响国家机关正常职能活动的；(4) 渎职行为诱发民族矛盾纠纷，严重影响民族团结、社会稳定的；(5) 渎职行为造成其他恶劣社会影响的。

◎**渎职行为严重损害国家机关形象的，属于"造成恶劣社会影响"**

2. 国家机关工作人员与他人共谋删除公安机关吸毒人员动态管控系统中的吸毒人员信息，是一种不正当的超越职权的故意行为，造成公安机关失去了对相关吸毒人员的安全管控，给公安机关的执法公信力造成严重影响，严重损害国家机关声誉，属于造成恶劣社会影响，见【（2018）宁02刑终11号】尤某、侯某等滥用职权案二审裁定书。

在该裁定书中，宁夏回族自治区石嘴山市中级人民法院认为：

上诉人尤某与侯某、侯某与马某某共谋通过删除公安机关吸毒人员动态管控系统中的吸毒人员信息收取好处费为吸毒人员谋取不当利益的行为，按照法律规定构成受贿共同犯罪；同时，上诉人尤某与侯某、侯某与马某某共谋通过删除公安机关吸毒人员动态管控系统中的吸毒人员信息，又是一种不正当的超越职权的故意行为，该行为造成公安机关失去了对相关吸毒人员的安全管控，给公安机关的执法公信力造成严重影响，严重损害国家机关声誉，造成恶劣社会影响，上诉人尤某、侯某、马某某按照法律规定同时构成滥用职权共同犯罪。

3. 国家机关工作人员的行为严重损害国家机关形象，致使政府公信力下降的，属于造成恶劣社会影响，见【（2016）鲁11刑终83号】吕某某滥用职权、受贿、单位受贿、贪污案二审刑事裁定书。

在该裁定书中，山东省日照市中级人民法院认为：

本案中上诉人吕某某的滥用职权行为是否造成恶劣社会影响，可从以下几个方面予以考量：第一，本案中的举报信系匿名举报，举报信中所列举的事实基本属实，与本案查明的事实基本一致。第二，证人安某等人的证言能够证实，很多企业的经营者对东港区安监局在55号令施行后甚至在山东省相关实施细则出台后继续要求无储存危化品经营企业出具安全评价报告的行为表示不满，影响很差。第三，证人张某、李某、宁某等十余名无储存危化品经营企业的经营者的证言能够证实，上诉人吕某某或东港区安监局工作人员在55号令施行后要求他们继续提供安全评价报告，且要求他们委托吕某某的妻弟王某名下的日照市志安安全评价公司进行安全评价的行为，给企业造成了一定的经济负担，增加了经营成本。第四，本案涉及的无储存危化品经营企业数量众多，覆盖了东港区辖区内大量无储存危化品经营企业，该滥用职权的行为在地区行业内产生了较差的影响，且在滥用职权的行为背后存在非法利益输送，该行为严重损害了政府的公信力。综上，可认定上诉人吕某某滥用职权的行为严重损害了国家机关形象，致使政府公信力下降，造成恶劣社会影响。该上诉理由及辩护意见不成立，本院不予支持。

◎**渎职行为引起媒体或社会强烈关注的，属于"造成恶劣社会影响"**

4. 负有查办犯罪职责的检察人员，放任他人违法犯罪而不予追究，被多家主流媒体广泛转载，引发社会广泛关注，造成特别恶劣影响，构成滥用职权罪，见【（2019）黑06刑终288号】郭某某滥用职权案二审裁定书。

在该裁定书中，黑龙江省大庆市中级人民法院认为：

1993年1月2日，海林市人民检察院书记员陈某伟在海林市金座卡拉OK歌厅与他人发生口角，开枪将歌厅服务员艾某1打死。案发后，陈某伟的父亲陈某1向孙某请托帮忙，孙某让韩某照顾陈某伟。韩某将孙某"打招呼"一事告诉了郭某某，郭某某指派董某、关某与被害人的父亲艾某2商谈处理此事并达成协议，赔偿艾某25万元。郭某某在公安机关尚未对陈某伟杀人案定性的情况下，安排起草了《关于我院干部陈某伟误伤人命一事的报告》，作出陈某伟杀人行为是"因制止流氓滋扰鸣枪示警，误伤致死一人"的错误结论，于1993年1月6日以海林市人民检察院党组名义向牡丹江市人民检察院和海林市委、市政法委、市人大上报，后海林市人民检察院、海林市公安局未对陈某伟作任何处理。1993年5月30日，郭某某同意在陈某伟个人简历职务栏存在虚构法警身份的《吸收录用干部审批表》上加盖海林市人民检察院公章，陈某伟被违规录用为国家干部。此后，陈某伟未被追究刑事责任，又涉嫌多起犯罪。2016年至2018年间，人民网、搜狐网、今日头条、澎湃网、新浪网、凤凰网等多家主流媒体转载刊发关于陈某伟未受处罚的负面新闻，引发社会广泛关注造成特别恶劣影响。上诉人郭某某在担任海林市人民检察院检察长期间，没有依法履行法定职责，滥用职权，造成特别恶劣的社会影响，其行为已构成滥用职权罪，且情节特别严重。

◎**渎职造成大规模上访影响国家机关正常活动的，属于"造成恶劣社会影响"**

5. 负有工程监督、拨付资金职责的国家机关工作人员，在工作中故意不履行职责，默许不具备施工资质的公司参与项目谈判，造成工程款不能按时发放的严重后果，由此引发分包人因拖欠工程款集体上访、围堵国家机关，造成恶劣社会影响，构成滥用职权罪，见【（2018）豫11刑终93号】甘某某滥用职权、受贿案二审裁定书。

在该裁定书中，河南省漯河市中级人民法院认为：

时任城管局副调研员、内河治理雨污分流BT项目负责人的被告人甘某某，在项目管理过程中，负有工程监督管理职责、拨付资金监管职责。在工作中，故意不履行职责，默许不具备施工资质的公司借用资质参与BT项目谈判，并与之签订《投资协议》。其知晓施工单位违反规定存在严重的分包、转包、收取保证金，并让分包单位垫资施工的现象而不制止、不纠正，导致该项目资金拨付后被挪作他用，造成工程款不能按时发放的严重后果。由此引发分包人因拖欠工程款集体上访、围堵国家机关，造成恶劣社会影响。上诉人（原审被告人）甘某某身为国家机关工作人员，滥用职权，造成恶劣社会影响和经济损失4000余万元，情节特别严重，其行为已构成滥用职权罪。

6. 看守所民警放弃职责为在押人员创造诸多不法活动便利条件，严重破坏看守所正常监管秩序的，属于社会影响恶劣，见【（2017）晋02刑终197号】崔某某滥用职权案二审刑事裁定书。

在该裁定书中，山西省大同市中级人民法院认为：

关于上诉人所提未造成恶劣社会影响的上诉理由，经查，上诉人崔某某作为看守所管教民警，本应严格履行法定监管职责，依法管理在押人员遵守监规，但为了获取在押人员杨某某给予的各种贿赂，却放弃了看守所民警应尽的法定职责，与其他涉案管教民警共同为在押人员杨某某、胡某某创造诸多不法活动的便利条件，严重破坏了看守所正常的监管秩序，社会影响恶劣，故其所提该上诉理由不能成立，本院不予采纳。

（二）不构成"造成恶劣社会影响"

◎认定渎职造成恶劣社会影响证据不足的，不属于"造成恶劣社会影响"

1. 国家机关工作人员的行为给公共财产、国家和人民利益遭受重大损失的隐患随着政策的改变而消失，认定其行为"造成恶劣社会影响"的证据不足的，不认定为滥用职权罪，见【（2020）冀11刑终249号】孙某某滥用职权案二审刑事判决书。

在该判决书中，河北省衡水市中级人民法院认为：

滥用职权罪系以危害结果为构成要件的渎职犯罪，危害结果是该罪的本质特征。经本院审理后认为，原判认定孙某某滥用职权的危害结果特征证据不足：一、现时没有造成公共财产、国家和人民利益的重大损失的客观表现；二、给公共财产、国家和人民利益遭受重大损失的隐患条件也随着国家政策的改变自然消失。从查明的事实看，冀人防（2010）51号文件根据河北省人防办公室《关于部门规范性文件清理结果的通知》冀人防字〈2015〉31号被明令废止，废止的文件自2015年8月1日起停止执行。对此，衡水市人防办出具证明：冀人防

(2010) 51号文废止后，人防办再未收到过上级有关部门关于确定防空地下室防护等级的文件，之后批建防空地下室工作一直以《河北省实施人民防空办法》和《河北省结合民用建筑修建防空地下室管理规定》为依据，与现任科长苏某证言称，"该文件被废止后，现在所依据的国家和河北省的政策法规文件有：除单位证明使用的两个文件外还依据国家四部委文件，即《国家国防动员委员会、国家发展计划委员会、建设部、财政部关于颁发人民防空工程建设管理规定的通知》，在以后的批建结建工程均按照核6常6批建"相符。以上证据表明，孙某某将5级降为6级标准的行为，自2015年8月1日后又符合现有的国家文件规定，给公共财产、国家和人民利益遭受重大损失的隐患自然随着政策的改变而消失。故认定孙某某犯滥用职权罪构成要件缺失，其行为不构成滥用职权罪。上诉人及其辩护人认为"上诉人的行为不构成滥用职权罪"之意见，依法予以采纳。检察机关认为上诉人孙某某的行为"造成恶劣社会影响"的证据不足，不予支持。

◎**渎职引发的上访经过批示或社会影响不大的，不属于"造成恶劣社会影响"**

2. 国家机关工作人员玩忽职守的行为，导致有人到相关部门进行过信访，相关部门及领导对该情况进行过批示的，不能证明造成了恶劣社会影响，见【(2019) 宁刑再5号】白某、马某某等玩忽职守案再审刑事裁定书。

在该裁定书中，宁夏回族自治区高级人民法院认为：

关于检察机关抗诉提出"三原审被告人的行为造成恶劣社会影响的证据确实充分，原判认为证据不足，属采信证据及认定事实错误"的意见。经查，《中共中卫市委政法委员会关于曹某、王某与麦某、吴某某民间借贷纠纷两案的执行方案的意见》、中卫市政法委出具的情况说明、协议、时任中卫市市长徐某某的批示和证人王某4等人的证言及麦某、吴某某书写的上访材料等证据仅能反映麦某、吴某某就中卫市沙坡头区人民法院查封其粮食问题向相关部门进行过信访，相关部门及领导对麦某的信访情况进行过批示，不能证明造成了恶劣社会影响。中卫市沙坡头区人民法院对麦某采取罚款、司法拘留及以麦某涉嫌拒不执行人民法院判决、裁定罪移交公安机关查处均是因麦某有能力履行而拒不履行生效的民事判决，被中卫市沙坡头区人民法院依法采取的强制措施，是为推动执行工作，维护司法权威，保护胜诉当事人合法权益，并非损害了法院的公信力。故检察机关的该抗诉意见不能成立，不予采纳。

3. 相关司法解释中对何谓"造成恶劣社会影响"没有明确具体规定，需要根据案件事实、行为、后果等因素进行综合评判和裁量，仅造成他人信访及在网上发帖的，未达到造成恶劣社会影响的程度，见【（2014）枣刑二终字第8号】刘某某受贿、滥用职权案二审刑事裁定书。

在该裁定书中，山东省枣庄市中级人民法院认为：

关于原审被告人刘某某滥用职权行为造成的社会影响，经审查认为，相关司法解释中对何谓"造成恶劣社会影响"没有明确具体规定，需要根据案件事实、行为、后果等因素进行综合评判和裁量。本院认为，虽然李某数次前往市中区政府、枣庄市信访局上访，并在大众论坛上发帖，但尚未达到造成恶劣社会影响的程度。故抗诉机关所提相关理由于法无据，不予采纳，原审被告人及其辩护人所提相关辩护意见予以采纳。原审被告人刘某某滥用职权的行为造成的经济损失数额尚未达到滥用职权罪定罪标准，亦未造成恶劣社会影响，其行为不构成滥用职权罪。

律师建议

滥用职权或玩忽职守中的"造成恶劣社会影响"属于无形损失，法律和司法解释的规定并不明确，实践中认定时也存在较大争议，这为律师开展辩护工作提供了空间。实践中认定"造成恶劣社会影响"时往往存在扩大化的情形，只要案件被媒体广泛报道，或者有人因此上访，则较容易被认定，尽管有时这种媒体报道存在一定的误差，或者上访基于一定的功利目的。实践中认定"造成恶劣社会影响"时体现出的"唯结果论"倾向，是有悖于罪刑法定的基本原则的，也有悖于构成要件符合性的基本要求。对于滥用职权罪和玩忽职守罪中"造成恶劣社会影响"的认定，辩护律师发挥作用的空间很大。

071 如何认定滥用职权和玩忽职守罪中的"情节特别严重"？

律师提示

国家机关工作人员滥用职权或玩忽职守，造成经济损失150万元以上或者造成人员伤亡达到法定标准的，应认定为"情节特别严重"；行为人的渎职行为造成的经济损失虽未达150万元,但造成群众多次集体上访、给国家政策的贯彻落实造成极大障碍,或者致使发生重大事故等情形的,属于"情节特别严重"。行为人的渎职行为造成伤亡人数虽然达到了"情节特别严重"的标准,但行为人负有的是重要领导责任而非主要领导责任,事故发生后积极参与救援、处理善后等相关工作,事故的发生系多因一果的,不应认定为"情节特别严重";国家机关渎职行为虽然造成了集体上访等后果,但尚未达到造成特别恶劣的社会影响及社会反应强烈的后果,不属于"情节特别严重"。

争议焦点

《刑法》第三百九十七条规定:国家机关工作人员滥用职权或者玩忽职守,致使公共财产、国家和人民利益遭受重大损失的,处三年以下有期徒刑或者拘役;情节特别严重的,处三年以上七年以下有期徒刑……

根据2012年《最高人民法院、最高人民检察院关于办理渎职刑事案件适用法律若干问题的解释(一)》第一条第二款之规定,具有下列情形之一的,应当认定为刑法第三百九十七条规定的"情节特别严重":

(一)造成伤亡达到前款第(一)项规定人数3倍以上的;

(二)造成经济损失150万元以上的;

(三)造成前款规定的损失后果,不报、迟报、谎报或者授意、指使、强令他人不报、迟报、谎报事故情况,致使损失后果持续、扩大或者抢救工作延误的;

(四)造成特别恶劣社会影响的;

(五)其他特别严重的情节。

在认定国家机关工作人员滥用职权或玩忽职守行为是否达到"情节特别严重"时,经济损失标准(150万元以上)和伤亡标准相对较为容易认定,但造成特别恶劣社会影响或其他"情节特别严重"的情形在认定时存在争议,需要进一步明确。

裁判精要

国家机关工作人员滥用职权或玩忽职守,致使国家损失超过150万元,或者造成人员伤亡达到法定标准的,应认定为致使公共财产遭受重大损失且"情节特别严重";行为人的渎职行为造成的经济损失未达到150万元,但造成群众多次集体上访且被国务院列为大督查交办案件，或者给国家政策的贯彻落实造成极大障碍，或者致使发生重大事故的，属于"情节特别严重"。行为人的渎职行为造成伤亡人数虽然达到了"情节特别严重"的标准，但行为人负有的是重要领导责任而非主要领导责任，事故发生后积极参与救援、处理善后等相关工作，事故的发生系多因一果的，不应认定为"情节特别严重"；国家机关工作人员的行为造成损失后，为了平息纠纷、减少矛盾积极组织调解，虽然群众上访维权、阻拦施工固然对社会造成一定的不良影响，但尚未达到造成特别恶劣的社会影响及社会反应强烈的后果，不属于"情节特别严重"；国家机关工作人员滥用职权的行为造成了恶劣的社会影响，但现有证据无法认定超过150万元的经济损失是行为人滥用职权行为造成的直接损失，不属于"情节特别严重"。

司法观点

（一）构成"情节特别严重"

◎渎职造成的经济损失达到法定数额的，属于"情节特别严重"

1. 国家机关工作人员玩忽职守造成经济损失150万元以上，同时因渎职行为被群众多次集体上访、进京上访，被国务院列为大督查交办案件，造成特别恶劣社会影响的，属于"情节特别严重"，见【（2020）湘05刑终186号】刘某某玩忽职守、受贿案二审刑事裁定书。

在该裁定书中，湖南省邵阳市中级人民法院认为：

关于上诉人刘某某及其辩护人提出的不构成玩忽职守罪及不属于情节特别严重的理由和意见。经查，刘某某作为项目现场负责人，违反国务院、湖南省、新宁县相关部门法律、法规、政策的规定，明知中标建筑公司违法转包，既没有采取有效措施予以制止，也未向有关职能部门有效反映，导致不具有资质的个人继续承建房屋；同时其作为项目现场负责人本应了解相关法律、法规、政策，但其既不知晓相关部门关于湖南省建设工程质量检测机构资质的相关文件，还在委托新宁县质监站人员联系检测公司检测时，因过于信赖质监站人员，而忽视对新宁县检测公司基本情况及检测资质进行审核；对日常监管流于形式，没有按《监督计划表》《国有林场危改工程指挥部水头集中建设点工作实施方案》等规章制度对工程质量进行监管。刘某某不认真正确履行职责的行为与新宁县国有林场棚户区工程出现质量问题存在刑法上的因果关系。本案中因房屋质量问题而进行鉴定及该工程恢复整改设计共计开支费用151.6万元，已造成经济损失150万元以上，同时集资职工因房屋质量问题多次集体到省、国家信访部门上访并多次进京上访，被国务院列为大督查交办案件，造成了特别恶劣的社会影响。根据最高人民法院、最高人民检察院《关于办理渎职刑事案件适用法律若干问题的解释（一）》第一条之规定，造成经济损失150万元以上或者造成特别恶劣社会影响的情形均可以认定为刑法第三百九十七条规定的"情节特别严重"。上诉人刘某某上诉及其辩护人提出的理由和意见与查明的事实不符，本院对出庭检察员的意见予以支持。

2. 国家机关工作人员滥用职权，致使国家损失超过150万元的，应认定为致使公共财产遭受重大损失且情节特别严重，见【（2018）云刑终1227号】王某某受贿、滥用职权、贪污案二审刑事裁定书。

在该裁定书中，云南省高级人民法院认为：

关于王某某上诉提出量刑过重，辩护人提出王某某滥用职权犯罪不属情节特别严重，建议对其免予刑事处罚的上诉理由和辩护意见。经查，上诉人王某某作为西畴县林业局局长，本应通过正确行使职权，确保国家项目资金的合规使用，但其却逾越职权，通过召集班子会议集体研究，采用弄虚作假的手段套取国家项目资金放入单位"小金库"，导致国家项目资金共计6454005元脱离监管，被其单位滥支滥用于办公、招待、发放职工福利及跑项目等，根据《刑法》第三百九十七条以及最高人民法院、最高人民检察院《关于办理渎职刑事案件适用法律若干问题的解释（一）》第一条第二款第二项之规定，应认定为致使公共财产遭受重大损失且情节特别严重。

◎造成重大伤亡、重大污染等特别恶劣社会影响的，属于"情节特别严重"

3. 行为人滥用职权的行为虽未达到150万元以上的经济损失，但造成了重大损失且引起新的社会矛盾，给国家退耕还林还草政策的贯彻落实造成极大障碍，造成特别恶劣社会影响的，属于情节特别严重，见【（2019）新22刑终23号】阿某某滥用职权案二审刑事裁定书。

在该裁定书中，新疆维吾尔自治区哈密市中级人民法院认为：

上诉人阿某某上诉认为原审认定给国家带来重大损失没有事实及法律依据。经查，上诉人阿某某的滥用职权行为造成重大损失同时，引起新的社会矛盾，给国家退耕还林还草政策的贯彻落实造成极大障碍，造成特别恶劣的社会影响，情节特别严重。符合《最高人民法院、最高人民检察院关于办理渎职刑事案件适用法律若干问题的解释（一）》第一条规定的"造成特别恶劣社会影响"。故该上诉理由不成立，本院不予支持。

4. 国家机关工作人员滥用职权，致使发生重大环境污染事故，造成特别恶劣社会影响的，其行为已构成滥用职权罪，且系情节特别严重，见【（2016）浙01刑终1023号】郑某某滥用职权、受贿案二审刑事裁定书。

在该裁定书中，浙江省杭州市中级人民法院认为：

关于上诉理由，经查，余杭区环保局在2010年10月对荣某公司作出行政处罚决定至2011年6月上述行政处罚结案期间，上诉人郑某某明知荣某公司存在违规使用储罐的情况，但并未据实作出处理，擅自同意上报行政处罚结案，且没有采取有效措施督促荣某公司停止使用储罐。2011年6月行政处罚结案至荣某公司污染环境案发期间，上诉人郑某某明知荣某公司还存在违规使用储罐的情况，仍未采取措施加以制止，且在多次对荣某公司进行实地检查，明知荣某公司违规使用储罐的情况下仍放任不管。上诉人郑某某不正确履职的行为，致使荣某公司长期违规使用未经环保审批验收的储罐，累计非法储存危险废物达1万余吨，给当地环境保护产生巨大风险，之后由于荣某公司为非法牟利而故意实施的直接排放行为，最终发生重大环境污染事故，造成特别恶劣社会影响。上诉人郑某某不正确履职的渎职行为与危害后果之间具有刑法上的因果关系。上诉人郑某某作为国家机关工作人员，滥用职权，致使发生重大环境污染事故，造成特别恶劣社会影响，其行为已构成滥用职权罪，且系情节特别严重。

5. 国家机关工作人员玩忽职守的行为导致19人死亡的重大事故发生，致使公共财产、国家和人民利益遭受重大损失，属于情节特别严重，见【（2015）鄂武汉中刑终字第00162号】曾某、张某甲玩忽职守案二审刑事判决书。

在该判决书中，湖北省武汉市中级人民法院认为：

关于上诉人张某甲提出其玩忽职守犯罪不属于情节严重，请求适用缓刑的上诉理由以及辩护人提出事故的发生是多因一果，张某甲的行为属于没有履行好安全监督职责，是次要责任，其犯罪不属于情节特别严重的辩护意见。

经审查，湖北省人民政府武汉市东湖生态旅游风景区"9·13"重大建筑施工事故调查组出具的事故调查报告认定洪山区建管站及下属和平分站作为东湖景园建设安全监管单位，其安全监管责任是导致事故发生的重要原因。上诉人张某甲作为安全巡查小组责任人、安全监督员，是该项目安全监管直接责任人员，其玩忽职守犯罪行为是事故发生的重要原因，应当负相应的刑事责任，并非次要责任。根据《刑法》第三百九十七条、第七十二条第一款第一项以及《最高人民法院、最高人民检察院关于办理渎职刑事案件适用法律若干问题的解释（一）》第一条第二款第一项、第二项的规定，上诉人张某甲玩忽职守犯罪行为导致19人死亡的重大事故发生，致使公共财产、国家和人民利益遭受重大损失，属于情节特别严重，不属于犯罪情节较轻，不符合缓刑适用的法定条件。上诉人张某甲及辩护人提出的上述上诉理由和辩护意见不能成立。

（二）不构成"情节特别严重"

◎对重大伤亡负重要领导责任而非主要领导责任的，不构成"情节特别严重"

1. 造成伤亡人数虽然达到了"情节特别严重"的标准，但行为人负有的是重要领导责任而非主要领导责任，事故发生后积极参与救援、处理善后等相关工作，归案后如实供述犯罪事实，庭审中自愿认罪，且事故的发生系多因一果的，依法认定其犯罪情节轻微，见【（2017）黔2327刑初81号】王某玩忽职守案一审刑事判决书。

在该判决书中，贵州省黔西南布依族苗族自治州册亨县人民法院认为：

被告人王某身为国家机关工作人员，在安全生产日常检查和监督管理中不认真履行工作职责，致使公民的人身及国家财产遭受重大损失，造成严重后果，其行为已构成玩忽职守罪，应依法惩处。根据《最高人民法院、最高人民检察院关于办理渎职刑事案件适用法律若干问题的解释（一）》第一条第二款第一项，具有下列情形之一的，应当认定为刑法第三百九十七条规定的"情节特别严重"：造成伤亡达到前款第一项规定人数3倍以上的。本案事故死亡人数达12人，依照刑法第三百九十七条之规定，应当判处三年以上七年以下有期徒刑。鉴于被告人王某在日常的安全生产工作中制定有相应制度，但未正确履行职责，督促指导不力，对事故发生负有重要领导责任，并非主要领导责任，其责任相对较轻；事故发生后，其积极参与救援、处理善后等相关工作；其归案后，能如实供述其犯罪事实，庭审中自愿认罪，有悔罪表现，具有坦白情节；且同时，考虑本次事故的发生系多因一果；结合本案实际，依法认定其犯罪情节轻微，对其免予刑事处罚。

◎ **尚未达到法定数额或未造成特别恶劣影响的，不属于"情节特别严重"**

2. 国家机关工作人员的行为造成损失后，为了平息纠纷、减少矛盾积极组织调解，虽然群众上访维权、阻拦施工固然对社会造成一定的不良影响，但尚未达到造成特别恶劣的社会影响及社会反应强烈的后果的，不属于"情节特别严重"，见【（2016）桂14刑终84号】冯某、李某某滥用职权二审刑事判决书。

在该判决书中，广西壮族自治区崇左市中级人民法院认为：

关于上诉人冯某及原审被告人李某某犯罪情节是否属"情节特别严重"及是否造成特别恶劣的社会影响。根据《最高人民法院、最高人民检察院关于办理渎职刑事案件适用法律若干问题的解释（一）》第一条的规定，具有下列情形之一的，应当认定为刑法第三百九十七条规定的"情节特别严重"。其中规定，造成经济损失150万元以上的或造成经济损失30万元以上损失后果，不报、迟报、谎报或者授意、指使、强令他人不报、迟报、谎报事故情况，致使损失后果持续、扩大或者抢救工作延误的。本案中，上诉人冯某及原审被告人李某某的渎职行为造成国家财产的损失为1343576.88元（总拨款1565315.59元−191738.71元−30000元），该数额还包含了青苗所有者的合理补偿款，故冯某及李某某的行为造成的损失没有达到"情节特别严重"的150万元的法定标准。另外，经查，案发前，崇靖高速公路大新县分指挥部将1565315.59元补偿款拨付到村民赵某、零某勤、零某宁的账户，冯某、李某某所在的征地小组领导成员是知道的，还组织村民进行调解，冯某、李某某等参与组织村民进行调解，目的是平息纠纷，减少矛盾，并非故意作假，其行为不属于不报、迟报、谎报或者授意、指使、强令他人不报、迟报、谎报事故情况，致使损失后果持续、扩大或者抢救工作延误的情形。还有，先屯群众的部分群众对发放该款项的对象产生争议后，多次到县市区上访反映情况，或到建设工地阻拦施工，虽每次经有关部门的疏导、劝说后均能自行返回驻地，没有发生严重的后果。先屯群众上访维权、阻拦施工固然对社会造成一定的不良影响，但尚未达到造成特别恶劣的社会影响及社会反应强烈的后果。综上，抗诉机关的该抗诉意见没有事实和法律依据，不予采纳。

3. 国家机关工作人员滥用职权的行为造成了恶劣的社会影响，致使国家和人民利益遭受重大损失的，构成滥用职权罪；但现有证据无法认定超过150万元的经济损失是行为人滥用职权行为造成的直接损失，因此不属于情节特别严重，见【（2014）抚刑二终字第48号】万某受贿、滥用职权案二审刑事判决书。

在该判决书中，江西省抚州市中级人民法院认为：

上诉人万某及其辩护人还提出，一审法院认定其构成滥用职权罪，事实不清，证据不足。首先，自己不具有滥用职权的犯罪主体资格；其次，自己的行为不属于滥用职权的行为，认定造成300多万元的损失不实。经查，万某身为东乡县城管局监察大队的大队长兼非法办成员，且在非法办履行一定的职责，具备滥用职权罪的主体资格。行贿人陈某甲等四人所进行的非法房地产开发行为所属的位置属于东乡县国土资源局的执法范围，不属于上诉人万某所在东乡县城管局规划监察大队的执法范围，其超越职权，擅自决定处理没有权限的事项正是滥用职权罪的表现形式。上诉人万某违规决定，对不属于非法房地产整治办监管的房屋，纳入其非法房地产开发清理整理范围，并下发处理通知书，导致东乡县国土局、城管局等单位无法对其进行监管，纵容非法房地产开发建房9720.12平方米，造成了恶劣的社会影响，致使国家和人民利益遭受重大损失。但是无法认定399.843668万元是万某滥用职权的行为造成的直接的损失。因此，万某的行为构成滥用职权罪，但不属于情节特别严重。

律师建议

国家机关工作人员渎职行为是否构成"情节特别严重"，对国家工作人员的量刑具有重大影响。在渎职行为仅造成"重大损失"的情况下，量刑幅度为三年以下有期徒刑或者拘役，而构成"情节特别严重"情形的，量刑幅度为七年以上有期徒刑。因此，严格审查是否构成"情节特别严重"对涉嫌渎职犯罪的国家机关工作人员意义重大。在判断国家机关工作人员的渎职行为是否构成"情节特别严重"时，除了考虑"情节特别严重"的法定标准外，还要注意因果关系等因素对量刑的影响，如经济损失是否为直接损失，行为人所负责任是主要责任还是次要责任等。

072 如何认定滥用职权与玩忽职守罪中的"徇私舞弊"情节？

律师提示

国家机关工作人员滥用职权或玩忽职守，主观上为徇私情或者私利，客观上实施故意违背事实和法律，隐瞒真相，弄虚作假行为，应当认定为"徇私舞弊"

情节。国家机关工作人员滥用职权或玩忽职守，但主观上没有追求私利目的，客观上被动收受他人钱财的，或者客观上在此过程中有一些私交行为，但是无法证明其徇私情、谋私利的，不构成"徇私舞弊"。

争议焦点

我国刑法在滥用职权和玩忽职守罪中规定了"徇私舞弊"这一从重处罚情节。《刑法》第三百九十七条第二款规定：国家机关工作人员徇私舞弊，犯前款罪的，处五年以下有期徒刑或者拘役；情节特别严重的，处五年以上十年以下有期徒刑。本法另有规定的，依照规定。

2006年实施的《最高人民检察院关于渎职侵权犯罪案件立案标准的规定》附则第五条，对"徇私舞弊"作出了明确解释：徇私舞弊，是指国家机关工作人员为徇私情、私利，故意违背事实和法律，伪造材料，隐瞒情况，弄虚作假的行为。

在认定国家机关工作人员滥用职权或玩忽职守行为存在"徇私舞弊"情节时，主观上包括徇私情或者徇私利两个方面，客观上包括行为人实施了违规行为或者弄虚作假的行为，需要同时符合主观要件和客观要件才能构成"徇私舞弊"，实务中在客观行为的认定上需进一步明确证明标准。

裁判精要

国家机关工作人员滥用职权或玩忽职守，不以受贿为目的，为徇私情，基于私交违规办理相关手续或者故意违背事实和法律，隐瞒实情、弄虚作假的，应当认定为"徇私舞弊"情节；行为人不以受贿为目的，为徇私利，如为谋求职务升迁，而充当恶势力团伙"保护伞"的，应当认定为"徇私舞弊"情节；徇私舞弊是指行为人以谋利为目的主动追求私利，或者基于亲友情义而徇私，包括徇私利和徇私情两个方面；国家机关工作人员被动收受他人钱款，其不具有主动追求私利的主观目的，不构成"徇私舞弊"情节；国家机关工作人员滥用职权或者玩忽职守，并在此过程中有一些私交行为，但是无法证明其徇私情、谋私利的，不构成"徇私舞弊"情节。

司法观点

(一) 具有"徇私舞弊"情节

◎**违规办理人情案、为谋升迁充当恶势力保护伞的，属于"徇私舞弊"**

1. 国家机关工作人员多次接受他人说情，并违规办理"人情案"的，是为徇私情；为谋取职务升迁，充当恶势力团伙的"保护伞"的，是为徇私利，构成滥用职权罪中的"徇私舞弊"情节，见【(2019) 新40刑终13号】高某某贪污、受贿、滥用职权案二审刑事裁定书。

在该裁定书中，新疆维吾尔自治区伊犁哈萨克自治州塔城地区中级人民法院认为：

关于高某某提出"滥用职权罪部分应适用刑法第三百九十七条第一款的规定进行处罚"的意见。经查，刑法第三百九十七条第二款规定的"徇私舞弊"，是指国家机关工作人员为徇私情、私利，故意违背事实和法律，伪造材料，隐瞒情况，弄虚作假的行为。本案中，高某某多次接受他人说情，并违规办理"人情案"，是为徇私情；为谋取职务升迁，充当恶势力团伙的"保护伞"，是为徇私利。综合全案，应认定其行为符合刑法第三百九十七条第二款之规定，故该上诉意见不予采纳。

◎**基于私交违规为他人办理案件的，属于"徇私舞弊"**

2. 徇私舞弊是指徇个人私情、私利，国家机关工作人员多次接受他人宴请，在为他人审核增值税一般纳税人资格的过程中基于私交，违反规定为其进行资格认定的，具有徇私舞弊的情节，见【(2014) 姑苏刑二初字第00419号】李某滥用职权案一审刑事判决书。

在该判决书中，江苏省苏州市姑苏区人民法院认为：

被告人李某是否具有徇私舞弊的情节。本院认为，所谓徇私舞弊，是指徇个人私情、私利，被告人李某因工作关系认识李某乙后，多次接受李某乙的宴请等，交往甚密，因此在李某乙的春某公司申请增值税一般纳税人资格的过程中，基于与李某乙的私交，违反规定为其进行资格认定，被告人李某也供称之所以没有按照规定去春某公司的经营现场查看，是因为李某乙几次"打招呼"，其之前吃了他的、拿了他的，现在拉不下脸做绝，就让他通过了，不然正常情况下别人申请增值税一般纳税人资格肯定是要现场查看的，这次是看在李某乙的关系上，没有按照制度办事。以上足以说明，被告人李某基于与李某乙的个人私情而违规为李某乙的春某公司进行增值税一般纳税人的资格认定，具有徇私舞弊的情节。对辩护人的该点辩护意见，不予采纳。

◎为徇个人私情弄虚作假办理案件的，属于"徇私舞弊"

3. 徇私舞弊是指国家机关工作人员为徇个人私情、私利，故意违背事实和法律，伪造材料，隐瞒情况，弄虚作假的行为；国家机关工作人员为徇个人私情，伪造材料，并非出于受贿目的而滥用职权，属于徇私舞弊滥用职权，不属于重复评价，见【（2014）台三刑初字第450号】胡某某滥用职权、受贿案一审刑事判决书。

在该判决书中，浙江省台州市三门县人民法院认为：

关于辩护人提出公诉机关指控被告人胡某某徇私舞弊犯滥用职权罪与受贿罪属重复评价，故适用法律错误的辩护意见。本院认为，徇私舞弊是指国家机关工作人员为徇个人私情、私利，故意违背事实和法律，伪造材料，隐瞒情况，弄虚作假的行为。经查，胡某某与陈某甲平时相识，并有在一起吃饭等情节，胡某某为徇个人私情，伪造材料，并非出于受贿目的而滥用职权。公诉机关指控被告人胡某某徇私舞弊滥用职权适用法律得当，不属于重复评价，辩护人就此提出的辩护意见本院不予采纳。

4. 监狱人民警察从监外为服刑人员"捎买带"物品以获取差价，其主观上具有徇私利的犯罪目的，在接受安检时谎称携带的物品是供个人使用或办公室公用，其客观上实施了弄虚作假的行为，构成徇私舞弊的情节，应以滥用职权罪论处，见【（2014）阜刑终字第00437号】燕某某滥用职权案二审刑事裁定书。

在该裁定书中，安徽省阜阳市中级人民法院认为：

对于抗诉机关提出应认定燕某某在实施滥用职权行为中具有徇私舞弊情节的抗诉意见。经查，2006年实施的《最高人民检察院关于渎职侵权犯罪案件立案标准的规定》附则第五条，对"徇私舞弊"作出明确解释，徇私舞弊是指国家机关工作人员为徇私情、私利，故意违背事实与法律，伪造材料，隐瞒情况，弄虚作假的行为。根据该《规定》的解释，认定徇私舞弊，不仅要求行为人主观上具有徇私情、私利的目的，还要求客观上实施了弄虚作假的行为。本案中，上诉人燕某某通过为服刑人员从监区外"捎买带"物品以获取差价，其主观上具有徇私利的犯罪目的。燕某某为服刑人员从监区外"捎买带"物品，在接受安检时，谎称携带的物品是供个人使用或办公室公用，或将监外物品放入进出监狱的车辆内逃避检查，其客观上实施了弄虚作假的行为。综上，足以认定上诉人燕某某在滥用职权中具有徇私舞弊情节。

本院认为，上诉人（原审被告人）燕某某在担任阜阳监狱监区民警期间，为谋取私利，违反监规，为多名监区服刑人员多次从监狱外购买食品、香烟及其他日用品，造成服刑人员之间互相攀比，严重影响了正常的监管秩序，损害国家机关的声誉，造成了恶劣的社会影响，其行为构成滥用职权罪，依法应予惩处。

（二）不具有"徇私舞弊"情节

◎无主动追求私利目的且被动收取钱款的，不属于"徇私舞弊"

1. 徇私舞弊是指行为人以谋利为目的主动追求私利，或者基于亲友情义而徇私，包括徇私利和徇私情两个方面；国家机关工作人员被动收受他人钱款的，其不具有主动追求私利的主观目的，认定徇私舞弊情节的证据不足，见【（2016）鲁17刑终419号】田某某、邵某某滥用职权、受贿案二审刑事裁定书。

在该裁定书中，山东省菏泽市中级人民法院认为：

关于抗诉机关提出的"田某某在滥用职权过程中收受他人7000元，具有徇私舞弊和伪造环评文件的情节，原判未予认定，量刑畸轻"的抗诉意见。经查，徇私舞弊是指行为人以谋利为目的主动追求私利，或者基于亲友情义而徇私，包括徇私利和徇私情两个方面，本案现无证据证实，田某某存在徇私利或者徇私情的情形，田某某收受他人钱款均是被动接受，其不具有主动追求私利的主观目的，据此，抗诉机关指控田某某具有徇私舞弊情节的证据不足，本院不予采纳。

◎现有证据不足以证明徇私情私利的，不属于"徇私舞弊"

2. 国家机关工作人员虽有同他人吃饭的行为，但是否故意违背事实和法律，伪造材料，隐瞒情况，弄虚作假，是否存在徇私情、私利证据不足的，不构成徇私舞弊情节，见【（2016）晋0110刑初70号】梁某某玩忽职守案一审刑事判决书。

在该判决书中，山西省太原市晋源区人民法院认为：

关于公诉机关认为被告人梁某某存在徇私舞弊情节的公诉意见。本院认为，玩忽职守罪中的"徇私舞弊"是指国家机关工作人员为徇私情、私利，故意违背事实和法律，伪造材料，隐瞒情况，弄虚作假的行为，本案中，被告人梁某某虽存在向宝某柯尔公司介绍会计，同该公司相关人员吃饭的行为，但是否存在徇私情、私利，故意违背事实和法律，伪造材料，隐瞒情况，弄虚作假的行为，证据不足，故对该公诉意见不予认定。

律师建议

"徇私舞弊"是滥用职权罪和玩忽职守罪的法定加重情节，国家机关工作人员滥用职权或者玩忽职守，致使国家利益遭受重大损失的，在没有"徇私舞弊"的情形下，量刑幅度为三年以下有期徒刑或者拘役，存在"徇私舞弊"情形的，量刑幅度为五年以下有期徒刑或者拘役。因此，律师在辩护过程中应仔细斟酌是否存在"徇私舞弊"情形，"徇私舞弊"情节要求行为人主观上包括徇私情或者徇私利两个方面，客观上包括行为人实施了违规行为或者弄虚作假的行为，需要同时符合主观要件和客观要件才能构成"徇私舞弊"。

073 "徇私舞弊"情节能否在受贿罪和渎职罪中两次评价？

律师提示

"徇私舞弊"情节能否在渎职罪和受贿罪中进行两次评价，主要看该徇私舞弊行为是否与渎职罪或受贿罪直接关联，能否在一罪中对该情节进行全部评价。国家机关工作人员在行使职权过程中徇私情或徇私利，但主要目的是收受他人贿赂的，该"徇私舞弊"情节在受贿罪中予以评价，在渎职罪中不再单独评价；国家机关工作人员在行使职权过程中徇私情或徇私利，主要目的不是收受他人贿赂或者与受贿行为没有实际关联的，该"徇私舞弊"情节可以分别在渎职罪和受贿罪中进行两次评价。

争议焦点

关于"徇私舞弊"情节能否在渎职罪和受贿罪中进行两次评价，在司法实践中存在很大争议。

《刑法》第三百八十五条规定：国家工作人员利用职务上的便利，索取他人财物的，或者非法收受他人财物，为他人谋取利益的，是受贿罪。

国家工作人员在经济往来中，违反国家规定，收受各种名义的回扣、手续费，归个人所有的，以受贿论处。

第三百八十八条规定：国家工作人员利用本人职权或者地位形成的便利条件，通过其他国家工作人员职务上的行为，为请托人谋取不正当利益，索取请托人财物或者收受请托人财物的，以受贿论处。

第三百九十七条第二款规定：国家机关工作人员徇私舞弊，犯前款罪的，处五年以下有期徒刑或者拘役；情节特别严重的，处五年以上十年以下有期徒刑。本法另有规定的，依照规定。

根据《最高人民法院、最高人民检察院关于办理渎职刑事案件适用法律若干问题的解释》规定，国家机关工作人员实施渎职犯罪并收受贿赂，同时构成受贿罪的，除刑法另有规定外，以渎职罪和受贿罪数罪并罚。

上述法律规定对"徇私舞弊"情节能否在渎职罪和受贿罪中进行两次评价，何种情形下只能进行单独评价等问题，并未作出明确具体的规定，司法机关在实际判案过程中存在较大差异，有必要进一步厘清。

裁判精要

"徇私舞弊"情节能否在渎职罪和受贿罪中进行两次评价，主要看该徇私舞弊行为是否与渎职罪或受贿罪直接关联，能否在一罪中对该情节进行全部评价。国家机关工作人员在渎职期间收受贿赂，存在徇私情、私利的主观动机的，应认定为构成受贿罪和渎职犯罪的"徇私舞弊"情节，数罪并罚；行为人在渎职期间徇私情、私利，但收受他人贿赂与渎职行为无关的，应将"徇私舞弊"情节在受贿和渎职中进行两次评价。行为人滥用职权过程中徇私情或徇私利，但根本原因在于收受他人巨额贿赂的，为避免重复评价，量刑时不再考虑"徇私舞弊"情节；行为人在受贿之前就已经实施渎职行为的，不再评价为"徇私舞弊"。

司法观点

（一）不属于"重复评价"

◎徇私情私利受贿同时渎职的可两次评价，不属于"重复评价"

1. 国家机关工作人员实施渎职犯罪期间收受贿赂、接受吃请的，应认定其有徇私情、私利的主观动机，以渎职罪和受贿罪数罪并罚，见【（2018）鲁02刑终421号】周某某滥用职权、受贿案二审刑事裁定书。

在该裁定书中，山东省青岛市中级人民法院认为：

关于上诉人周某某及其辩护人所提"其没有徇私舞弊的主观动机和行为表现，一审法院认定其具有徇私舞弊情节系与受贿行为的重复评价"的上诉理由和辩护意见，经查，上诉人周某某收受青岛西某优化公司宋某贿赂的5万元，接受宋某吃请等，以及从鑫某公司高某处获取9万元均发生在两公司申报合同能源管理项目期间，根据周某某的行为应认定其具有徇私的主观动机；《最高人民法院、最高人民检察院关于办理渎职刑事案件适用法律若干问题的解释》规定，国家机关工作人员实施渎职犯罪并收受贿赂，同时构成受贿罪的，除刑法另有规定外，以渎职罪和受贿罪数罪并罚。《刑法》第三百九十七条第二款规定滥用职权犯罪有"徇私舞弊"情节的，加重处罚。徇私舞弊的"徇私"应理解为徇个人私情、私利，徇私舞弊的加重处罚情节与其受贿的情节不属重复评价，应数罪并罚。一审法院适用法律及定性并无不当。故上诉人的该项上诉理由和辩护人的该项辩护意见不成立，本院不予采纳。

◎**徇私利受贿同时渎职的，构成受贿及渎职罪"徇私舞弊"情节**

2. 行为人收受他人贿赂，违反法定权限和程序非法获利，造成国家经济损失严重，具有徇私情节，同时构成受贿罪和滥用职权罪的"徇私舞弊"情节，应数罪并罚，见【（2020）鄂刑终47号】周某某滥用职权、受贿、贪污案二审刑事裁定书。

在该裁定书中，湖北省高级人民法院认为：

关于周某某及其辩护人提出认定周某某滥用职权造成国家经济损失411.130828万元的事实不清，证据不足的上诉理由及辩护意见。经查，该笔滥用职权的犯罪事实省纪委并未掌握，系周某某"两规"期间主动交代，已认定为自首情节。该笔犯罪中违规点明确，该项目因全垫资才采用议标的方式，该方式经咸宁开发区主任办公会通过，并报咸宁市政府同意，同时以垫资方式签合同还给予了优惠，同批其他工程均严格按照合同约定履行，提前支付工程款的方式违反了合同的约定，且周某某收受周某3的贿赂，并通过参与部分工程非法获利，具有徇私情节。侦查机关提取了证人周某3、陈某1、程某、熊某、杨某、彭某等的证言，收集了招标文件、施工合同、工程款支付凭证等证据。经鉴定，因违反合同提前支付工程款增加的资金成本，导致国家损失为411.130828万元。足以认定。故该上诉理由及辩护意见不能成立，本院不予采纳。原审法院认为的被告人周某某身为国家机关工作人员，违反法定权限和程序，徇私舞弊，滥用职权，造成国家财产损失411.130828万元，情节特别严重，其行为构成滥用职权罪，本院予以支持。

3. 行为人收受他人财物，未依法查处违法事实，还试图掩盖违法犯罪事实，存在徇私情节，构成徇私舞弊的滥用职权罪，见【（2019）浙10刑终1030号】王某某受贿案二审刑事裁定书。

在该裁定书中，浙江省台州市中级人民法院认为：

关于上述人王某某及其辩护人提及"收受李某钱物的行为在受贿罪中已经评价，在滥用职权罪中再认定徇私舞弊滥用职权，系重复评价，导致量刑过重"的上诉意见和辩护理由，经查，被告人王某某收受李某手表、香烟、干股分红款之后，为徇私情，未依法查处上官砂场的无证采矿、提前采矿及超深、超范围开采行为，要求浙江省钱塘江管理局勘测设计院在测量时对上官砂场的超深、超范围开采行为予以关照，以责令整改的方式让上官砂场对超深、超范围开采的位置予以回填、整平，试图掩盖上官砂场的违法犯罪事实，原判认定其系徇私舞弊的滥用职权犯罪并无不当。综上，被告人王某某的上诉理由及其辩护人的辩护意见不能成立，不予采纳。

（二）属于"重复评价"

◎行为人徇私渎职是受贿赂引诱的，不能重复评价

1. 虽然行为人滥用职权过程中存在徇私的感情基础和犯罪心理，但根本原因在于巨额贿赂的引诱，收受巨额贿赂已在受贿罪中评价，为避免重复评价，量刑时不再考虑"徇私舞弊"，见【（2018）皖02刑初13号】许某某受贿、滥用职权案一审刑事判决书。

在该判决书中，安徽省芜湖市中级人民法院认为：

关于徇私舞弊量刑情节的认定问题。客观综合全案分析，许某某滥用职权违规为创某公司提供担保，明知徽某公司从事虚假贸易而不采取切实有效措施导致巨额经济损失，正如其自己认罪时表明了自己具有不可推卸的法律责任。综合全案分析，许某某之所以滥用职权，有其内在的动机和主观恶性，那就是其收受巨额贿款与滥用职权是相伴而生的，无论是收受创某公司和徽某公司主要领导还是收受徐州牛头山金某1高达百万元的金钱都最终在其履职过程中对其决策产生重大影响，如果没有这些见不得人的行受贿行为的存在，或许许某某没有滥用职权的动机和目的，没有许某某滥用职权的胆量和行动。当然这其中也包括许某某接受下级公司的低价装修和他人之宴请。但是相比巨额的贿赂而言，这些违纪行为的发生不足以导致许某某内心天平的倾斜，从而失去理智地行滥用职权犯罪的行为。所以许某某在滥用职权过程中当然存在徇私的感情基础和犯罪的心理状态，而综观其滥用职权的表现形式往往是通过办公会议、集体研究等各种表面合规的方式方法，正是其舞弊行为的彰显，这一切的根本在于巨额贿赂的引诱。所以虽然许某某在滥用职权的过程中具有徇私舞弊的情节，但是其徇私的主要因素受贿行为，已经在本案中依法予以处理，为避免重复评价，在量刑时可不作为从重情节考虑。

◎**行为人受贿前已经渎职的，不再将受贿评价为"徇私舞弊"**

2、虽然行为人受贿款中一部分与渎职有关，但其受贿前已经实施了渎职行为，没有证据证明其渎职是为了徇私情、私利，且该受贿款已经在受贿罪中予以评价，不应再认定为滥用职权中的"徇私舞弊"情节，见【（2011）成刑再终字第11号】吴某某、何某某、段某某滥用职权案审判监督刑事判决书。

在该判决书中，四川省成都市中级人民法院认为：

吴某某作出对染病奶牛不作无害化处理的决定，主要考虑的是当地奶牛业发展和减少奶牛养殖户损失，没有证据证实吴某某作出该决定是为了个人私情、私利。虽然吴某某的受贿事实中有一笔是奶牛业主张某某为感谢其对染疫奶牛不作无害化处理而送的3000元，但该受贿事实发生在吴某某已决定不作无害化处理之后，送钱的业主也仅是大量受益业主中的一个，不能认定为吴某某作出该决定的原因，且该受贿事实已纳入对吴某某受贿罪的指控事实，从"禁止重复评价"原则出发，也不应作为徇私舞弊情节又在滥用职权罪中予以考量。故抗诉机关所提吴某某在滥用职权犯罪中具有徇私舞弊情节的意见不能成立。

◎**渎职徇私获利已认定为其他犯罪的，不再重复评价为"徇私舞弊"**

3. 行为人通过滥用职权行为从中获利的，已经认定为贪污罪，不应再重复评价为徇私舞弊，见【（2020）黔01刑终136号】刘某贪污受贿、滥用职权案二审刑事裁定书。

在该裁定书中，贵州省贵阳市中级人民法院认为：

关于抗诉机关提出"原判认定被告人刘某滥用职权中具有徇私利的情节不当，原判适用法律错误"的抗诉理由。经查，原审被告人（上诉人）刘某在滥用职权中，其开办的山某苑公司也从中获利，但已经认定为系贪污，就不应该重复评价为徇私利，从而加重对被告人的处罚。该抗诉理由成立，本院予以采纳。

关于上诉人刘某的辩护人提出"滥用职权是多种原因造成的，让被告人个人承担责任不公平，且认定为具有徇私舞弊行为不当，原判量刑过重"的辩护意见。经查，在每一个政策文件的具体实施中不是查办一个部门就能决定的，中间具有很多环节和很多部门参与，存在多种因素，属于多因一果，但对于如何实施，查办起到主导作用，其他原因可作为量刑时酌情考虑的情节。该辩护意见有理，本院予以酌情采纳。

律师建议

"徇私舞弊"作为渎职犯罪的加重情节，能否在受贿罪和渎职罪中进行两次评价是律师辩护时必须要注意的点，因为同时犯除徇私枉法罪之外的其他渎职犯罪与受贿罪的，应当数罪并罚，如果"徇私舞弊"情节在受贿和渎职中进行了两次评价，对被告人来说无疑要遭受更重的刑罚。我国法律对"徇私舞弊"情节能否在渎职罪和受贿罪中进行两次评价，何种情形下只能进行单独评价等问题，并未作出明确具体的规定，因此对于辩护律师来说是有很大辩护空间的，在辩护过程中，可以从徇私舞弊行为与渎职罪或受贿罪的关联性大小、能否在一罪中对该情节进行全部评价等方面展开辩护思路。

074 渎职犯罪中如何判断"介入因素"对因果关系的影响？

律师提示

渎职犯罪中存在介入因素的场合下，一般是通过判断介入因素是否具有"相当性"来认定渎职行为与危害结果之间的因果关系，此过程需要考虑渎职行为导致最后结果发生的概率、介入因素异常性大小、介入因素对结果发生的影响力等因素。渎职行为导致损害结果发生的概率较小、介入因素过于异常、介入因素对结果发生的影响力较大的，一般可以认定介入因素阻却了渎职行为与损害结果之间的因果关系；反之，如果渎职行为导致损害结果发生的概率较大、介入因素不属于异常、介入因素对结果发生的影响力较小，或者渎职行为对于结果的发生作用相当或互为条件的，一般应视为原因行为，渎职行为与损害结果之间具有因果关系。

争议焦点

2012年《最高人民法院、最高人民检察院关于办理渎职刑事案件适用法律若干问题的解释（一）》第五条第二款规定：以"集体研究"形式实施的渎职犯罪，应当依照刑法分则第九章的规定追究国家机关负有责任的人员的刑事责任。对于具体执行人员，应当在综合认定其行为性质、是否提出反对意见、危害结果大小等情节的基础上决定是否追究刑事责任和应当判处的刑罚。

2006年《最高人民检察院关于渎职侵权犯罪案件立案标准的规定》中关于滥用职权案的规定：滥用职权罪是指国家机关工作人员超越职权，违法决定、处理其无权决定、处理的事项，或者违反规定处理公务，致使公共财产、国家和人民利益遭受重大损失的行为。

涉嫌下列情形之一的，应予立案：

1. 造成死亡1人以上，或者重伤2人以上，或者重伤1人、轻伤3人以上，或者轻伤5人以上的；

2. 导致10人以上严重中毒的；

3. 造成个人财产直接经济损失10万元以上，或者直接经济损失不满10万元，但间接经济损失50万元以上的；

4. 造成公共财产或者法人、其他组织财产直接经济损失20万元以上，或者直接经济损失不满20万元，但间接经济损失100万元以上的；

5. 虽未达到3、4两项数额标准，但3、4两项合计直接经济损失20万元以上，或者合计直接经济损失不满20万元，但合计间接经济损失100万元以上的……

该《规定》第三部分附则中的第四款规定：本规定中的"直接经济损失"，是指与行为有直接因果关系而造成的财产损毁、减少的实际价值；"间接经济损失"，是指由直接经济损失引起和牵连的其他损失，包括失去的在正常情况下可以获得的利益和为恢复正常的管理活动或者挽回所造成的损失所支付的各种开支、费用等。

渎职犯罪在因果关系问题上由于存在介入因素又具有自身的特殊性。一般而言，直接导致结果发生的并不是渎职行为，而是介入因素。但并不能因此就一概否认渎职行为与损害结果之间不具有因果关系。所以，合理认定介入因素对渎职行为与损害结果之间因果关系的影响就成为一个重要且复杂的问题。由于立法难以对介入因素"相当性"的认定作出明确的规定,因此实践中对这一问题往往是通过最高人民法院的指导性案例或者相关司法文件进行把握。那么,实践中对存在介入因素的情形下,渎职行为与损害结果之间是否存在因果关系是如何认定的呢?

裁判精要

国家机关工作人员的渎职行为引起介入因素的发生,间接导致自己负责的项目受到严重损失,介入因素无法阻却渎职行为与损害结果之间的因果关系;作为最后签批责任的领导,其渎职行为与其他介入因素共同导致损害结果发生的,应认定其行为与造成国家损失的后果之间具有因果关系;作为领导明知有违法行为而不予查处,导致违法行为作为介入因素致使损害结果发生的,应认定其渎职行为与损害结果之间存在因果关系;在存在介入因素的场合下,因介入因素的发生导致渎职行为对结果的发生在法律上已经不具有影响力,应认定渎职行为与损害结果之间没有因果关系;作为介入因素的行为与损害结果之间具有直接因果关系的,应认定渎职行为与损害结果之间没有因果关系;现有证据无法排除介入因素导致损害结果发生的合理怀疑的,应认定为渎职行为与损害结果之间不存在因果关系。

司法观点

(一)介入因素未能阻却因果关系

◎**介入因素系渎职行为引起且不属异常的,构成渎职犯罪**

1. 行为人作为项目实际负责人,其渎职行为导致他人通过借户转账的方式将工程款转走,实际使得损害结果发生,虽然是"借户转账行为"作为介入因素直接导致损害结果发生,但该介入因素是由行为人渎职行为引起的,并不异常,无法阻却渎职行为与损害结果之间的因果关系,见【(2018)桂03刑终156号】蒋某某玩忽职守案二审刑事判决书。

在该判决书中,广西壮族自治区桂林市中级人民法院认为:

关于公款最终是在退管办账户上被转走而造成的直接经济损失,与上诉人无关的问题。经查,在案证据证实,财务处长贲某某虽然是将建设办的专款转到退管办账户后再将该款转入其个人账户并导致损失,但是损失的该款是龙胜境建设办的项目工程款，并不属于退管办所有，退管办对该工程款并没有管理的义务与使用的权利，本案中，退管办账户只是被贲某某利用而成为其非法挪用和占有龙胜境建设办工程款的一个工具，贲某某真正挪用和占有的是龙胜境建设办的项目工程款，龙胜境建设办才是实际受损失单位，而不是退管办。蒋某某作为龙胜境建设办实际负责人，其不履行或不正确履行职责的行为与该重大损失之间有因果关系。故辩护人的该辩护意见不能成立，本院不予支持。

◎ **介入因素无法阻断行为与结果之间因果关系的，构成渎职犯罪**

2. 虽然多种介入因素导致国家损失的结果发生，但行为人作为负最后签批责任的领导，未认真履行职责，其渎职行为导致最后结果发生的概率极高，应当认定其渎职行为与造成国家损失的后果之间具有必然因果关系，见【（2020）粤刑终702号】韦某某受贿、玩忽职守案二审刑事裁定书。

在该裁定书中，广东省高级人民法院认为：

韦某某的行为与国家损失之间具有因果关系。涉案工程虚增工程量及价格、超预算结算支付的过程，涉及招标、评审、审核、签批等多个环节，党校、财政局、评审中心、县政府等多个职能部门及人员参与其中，导致国家损失的结果是多种因素综合作用所致，韦某某的行为并非唯一的原因，但其作为负最后签批责任的领导，未认真履行职责，草率敷衍，导致虚增工程量及价格的情况未被及时发现，其行为与造成550万余元国家损失的后果之间具有必然因果关系，依法构成玩忽职守罪。

3. 损害结果由多种介入因素所致，但行为人作为主管领导明知有违法行为而不予查处，仍滥用职权予以放任介入因素的发生，介入因素无法阻却渎职行为与损害结果之间的因果关系，见【（2020）京01刑终92号】李某某受贿、滥用职权案二审刑事裁定书。

在该裁定书中，北京市第一中级人民法院认为：

卜某某非法经营砂石厂导致农地遭受严重破坏的结果，虽非仅因李某某一人放纵所致，但李某某作为稽查执法部门的主管领导，明知有违法行为而不予查处，仍滥用职权予以放任，这使得卜某某的非法采矿行为未被及时查处叫停，得以持续扩大对涉案农地造成破坏，最终导致严重破坏的结果。经过对卜某某销售砂石的相关材料进行核实，仅自2016年9月李某某签署核查报告起至案发，卜某某销售砂石金额就高达6000余万元。上述事实足以认定李某某滥用职权的行为与卜某某造成的损害结果之间具有因果关系。

(二) 介入因素阻却因果关系

◎介入因素异常且成功阻断因果关系的，不构成渎职犯罪

1. 在具有介入因素的情形下，因介入因素的发生导致渎职行为对结果的发生在法律上已经不具有影响力，认定介入因素成功阻却渎职行为与损害结果之间的因果关系，见【《刑事审判参考》第294号指导案例】龚某玩忽职守案。

在该案例中，法官就渎职犯罪中因果关系的认定分析如下：

就本案而言，从本案的行为与结果之间的联系看，与"8·20"特大交通事故有联系的因素有三个：一是被告人龚某在蒋某凡换证时的体检失职行为；二是换证以后各年度审验中的他人审验失职行为；三是驾驶员蒋某凡的违章驾驶行为。从行为与结果联系的紧密程度看，在上述三个因素中，最后一个因素是导致事故发生的直接原因，前两个因素不可能单独导致交通事故的发生，其只有依附于最后一个因素，才能产生本案的结果。在不存在第二个因素的情况下，判断被告人的行为与交通事故之间是否存在因果关系并不困难。正是由于其介入在被告人龚某的失职行为与本案的损害后果之间，使得判断被告人龚某的失职行为与损害结果之间是否存在因果关系的问题变得较为困难和复杂。

由于被告人龚某为蒋某凡出具的虚假体检结论的效力只有1年，如果蒋某凡驾驶的汽车在其换证的当年度由于其本人的原因而发生了交通事故，毫无疑问，该损害结果与被告人龚某的玩忽职守行为之间存在刑法上的因果关系，其应对损害结果负责。在龚某出具虚假体检结论之后的年度审验中，蒋某凡能够通过审验，完全是由于他人体检失职行为所致，而非龚某的失职行为所致，因为龚某的体检行为在1年之后已经归于无效。在其后的年度审验中，相关人员如果认真履行了职责，则蒋某凡不可能通过审验，其当然也就不可能合法地从事驾驶工作，"8·20"特大交通事故也可能就不会发生。就龚某的失职行为和其后的失职行为对交通事故发生的影响力而言，前者对结果的发生在法律上已经不具有影响力。故，龚某的失职行为与交通事故之间不存在刑法上的因果关系。尽管被告人龚某客观上存在失职行为，可依照其他有关规定予以行政处分，但其行为不构成玩忽职守罪。

◎介入因素与损害结果具有直接因果关系的，不构成渎职犯罪

2. 出具鉴证书的行为不是借款合同成立的必经程序，也不对合同的履行起法律上的保证作用；对外拆借资金是企业决策机构作出的一种企业行为，作为介入因素其与遭受经济损失之间存在直接的因果关系，可以阻却滥用职权行为与重大损失之间的因果关系，见【《刑事审判参考》第 327 号指导案例】包某某受贿、滥用职权案。

在该案中，法院就滥用职权行为与损失后果之间是否具有因果关系分析如下：

本案中，包某某在担任南京市劳动局局长期间，未经集体研究，擅自决定以该局的名义，为正某公司出具鉴证书的行为是一种超越职权的滥用职权行为，在客观上也发生了重大损失，但根据刑法第三百九十七条的规定，是否构成滥用职权罪，还要求滥用职权行为与危害后果之间存在刑法上的因果关系。而本案中，不存在这种因果关系，故对于包某某滥用职权以南京市劳动局的名义，为正某公司出具鉴证书的行为，不能以滥用职权罪定罪处罚。理由如下：

第一，被告人包某某的滥用职权行为与南京计某器厂、南京某厂、南京长某玻璃厂将资金拆借给正某公司而造成重大损失没有必然的因果关系。本案中，正某公司是南京市劳动局下属企业控股的公司，为解决资金运转困难，经与南京计某器厂、南京某厂、南京长某玻璃厂协商，拟从 3 家企业借用资金 3700 万元。借贷双方均明知企业间相互拆借资金违反了财经纪律，为规避财经管理制度，采取以假联营的形式拆借。出借方为了保证资金的安全要求正某公司出具劳动局鉴证的鉴证书，包某某为了帮助下属公司解决资金困难而擅自决定以南京市劳动局名义出具了鉴证书，但鉴证不是借款合同成立的必经程序，也不对合同的履行起法律上的保证作用。3 家企业作为市场经济的主体，对此应当是明知的。没有证据证实包某某在企业拆借过程中起决定性的作用，3 家企业将资金拆借给正某公司是 3 家企业决策机构作出的一种企业行为，非法拆借与遭受经济损失之间存在直接的因果关系，所造成的重大损失与包某某的滥用职权行为之间没有刑法上的因果关系。

第二，正某公司破产是南京计某器厂、南京某厂、南京长某玻璃厂不能收回借款的直接原因，但正某公司破产、无力偿还所拆借资金系由正某公司经营管理不善、资金周转困难等多种原因造成的，不是包某某帮助促成借款造成的，直接责任人应是该公司的负责人，而不是该公司的上级主管部门领导包某某，况且资金借来后亦用于正某公司的正常经营活动，与该公司的破产无必然的因果关系。

第三，鉴证不具有担保性质，南京市劳动局不需要对南京计某器厂、南京某厂、南京长某玻璃厂的资金拆借损失承担赔偿责任。根据 1997 年 11 月 3 日国家工商行政管理局发布的《合同鉴证办法》的规定，鉴证是工商行政管理机关审查合同的真实性、合法性的一种监督管理制度。本案鉴证书内容为："我局将督促正某公司切实履行协议中的各项条款，如其违约，我局将负责追究其经济责任，并确保其补偿一切损失。"南京市劳动局并未承诺当正某公司不能偿还借款时，由劳动局承担偿还责任或承担连带赔偿责任，而仅是承诺承担督促正某公司切实履行协议的行政管理责任。该鉴证书的内容没有超出鉴证的范围。同时，根据担保法第八条的规定，国家机关不得为保证人。南京计某器厂、南京某厂、南京长某玻璃厂对此应当是明知的，在没有担保的情况下将资金拆借给正某公司，也应当知道当正某公司无力偿还所拆借资金时必然会自己承担所遭受损失，而无法向南京市劳动局追偿。虽然在正某公司破产后，经过南京市政府协调，南京市劳动局陆续借给上述3家企业1700余万元，该款在法律属性上是借款，而不是代为偿还，不能认为是该局履行担保责任的行为。上述3家企业和正某公司的相关负责人对本案所造成的重大经济损失，负有重要责任。

综上，包某某出具鉴证书的行为与造成重大经济损失之间不具有刑法上的因果关系，其行为不符合滥用职权罪的构成要件，其对超越职权行为最终发生的结果，只能承担行政领导责任，而不是刑事责任。故二审法院依法撤销一审刑事判决中对被告人包某某犯滥用职权罪的定罪量刑部分是适当的。

3. 虽然存在滥用职权的行为，但是现有证据不足以排除受害人死亡是由其他介入因素导致的合理怀疑的，应以事实不清、证据不足原由认定滥用职权行为与损害结果之间不存在刑法上的因果关系，见【（2017）赣0112刑初48号】袁某某滥用职权案一审刑事判决书。

在该判决书中，江西省南昌市新建区人民法院认为：

仅凭上述证据不能排除雷某真实的死亡原因系其在自缢过程中其他并发症并发并致死的合理怀疑，故本案被告人袁某某虽然实施了滥用职权的行为，但公诉机关指控该行为与死者雷某死亡是否存在刑法上的因果关系，事实不清、证据不足，本案证据不能达到确实、充分，不能认定被告人袁某某有罪，公诉机关指控被告人袁某某犯滥用职权罪事实不清、证据不足，指控的犯罪不能成立。

律师建议

因为介入因素的存在，导致行为与损害结果之间是否存在因果关系的判定尤为复杂，对于存在介入因素的渎职犯罪中，一般而言，直接导致结果发生的并不是渎职行为，而是介入因素，但并不能因此完全阻断渎职行为与损害结果之间的因果关系。所以，介入因素对渎职行为与损害结果之间因果关系的影响尤为重要，律师在此过程中需要考虑到介入因素异常性大小、介入因素对结果发生的影响力以及没有该介入因素时渎职行为导致最后结果发生的概率等因素，进而判定介入因素是否阻断了渎职行为与损害结果之间的因果关系。

075 "多因一果"情形下是否构成渎职犯罪？

律师提示

在"多因一果"的情形下，国家机关工作人员负有主要或重要领导责任，或者系直接负责人员，其渎职行为对损害结果的发生关联度较大，应当认定为具有刑法上的因果关系，构成渎职犯罪；在"多因一果"的情形下，国家机关工作人员不具有主要或重要领导责任，或者并非直接负责人员，其渎职行为对损害结果的发生关联度不大，则不应认定为具有刑法上的因果关系，不构成渎职犯罪。

争议焦点

我国刑法及相关司法解释在行为与损害结果之间因果关系的判断方面，没有明确的规定。实践中，重大损失的产生往往"多因一果"，主客观原因交织在一起，错综复杂，不易判断。

有些渎职犯罪案件中，行为人有一定滥用职权行为，但介入了其他人的行为或者客观方面的因素，多种因素共同作用，最终导致重大损失的发生。这种"多因一果"情形下是否能够判定渎职行为与损害结果之间存在因果关系从而构成渎职犯罪，何种情况下两者之间没有因果关系不构成渎职犯罪，我国相关法律亦未涉及。不同司法机关在认定该种情况下是否构成渎职犯罪时也存在较大差异。因此，有必要对此问题进一步明确。

裁判精要

国家机关工作人员不履行职责，导致一系列事件发生，最终该一系列事件的发生造成了重大损失，应当认定渎职行为与损害结果之间存在因果关系，该行为人构成渎职犯罪；作为最后签批责任的领导未认真履行职责，虽然其行为并非导致损害结果发生的唯一原因，但应认定其行为与造成国家损失的后果之间具有因果关系，构成渎职犯罪；在"多因一果"的情形下，渎职行为与损害结果之间关联度不大，并非渎职行为直接导致危害结果的发生的，不再将渎职行为认定为犯罪；损害结果系多种原因交织在一起不断叠加产生的，渎职行为与损害结果之间不存在必然的、直接的因果关系，不构成渎职犯罪。

司法观点

（一）构成渎职犯罪

◎渎职行为引发系列事件叠加造成损害结果的，构成渎职犯罪

1. 行为人滥用职权导致了一系列事件发生，该一系列事件堆叠在一起最终导致损害结果发生的，应当认定行为人的渎职行为与损害结果之间有因果关系，构成渎职犯罪，见【（2021）豫15刑终199号】郑某某、王某等滥用职权案二审刑事裁定书。

在该裁定书中，河南省信阳市中级人民法院认为：

本案中，房某斗骗取贷款导致的危害后果是一系列行为因素导致，包括三名上诉人滥用职权为其办理房屋所有权证的行为，火灾后房屋虽然部分灭失但未履行变更登记，信贷人员亦未认真审核的行为，及他项权证工作人员未认真审核的行为，房某斗自身伪造贷款手续的行为等。以上行为在房某斗骗取贷款并导致危害后果的过程中属于多因一果的链条式关系。以上介入因素并非完全独立存在，对结果发生均起到一定作用，后介入行为不足以成为导致危害结果发生的直接、关键因素。三名上诉人的滥用职权行为与本案导致公共财产、国家利益遭受重大损失之间存在法律上的因果关系，一审认定本案系多因一果并无不当，上诉人及其辩护人的该上诉理由和辩护意见不能成立。

◎"多因一果"情形下渎职行为作用力较大的，构成渎职犯罪

2. 虽然导致国家损失的结果是多种因素综合作用所致，国家机关工作人员的行为并非唯一原因，但其作为负最后签批责任的领导，未认真履行职责，导致虚增工程量及价格的情况未被及时发现，其行为与造成国家损失的后果之间具有必然因果关系，依法构成玩忽职守罪，见【（2020）粤刑终702号】韦某某受贿、玩忽职守案二审刑事裁定书。

在该裁定书中，广东省高级人民法院认为：

韦某某的行为与国家损失之间具有因果关系。涉案工程虚增工程量及价格、超预算结算支付的过程，涉及招标、评审、审核、签批等多个环节，党校、财政局、评审中心、县政府等多个职能部门及人员参与其中，导致国家损失的结果是多种因素综合作用所致，韦某某的行为并非唯一的原因，但其作为负最后签批责任的领导，未认真履行职责，草率敷衍，导致虚增工程量及价格的情况未被及时发现，其行为与造成550万余元国家损失的后果之间具有必然因果关系，依法构成玩忽职守罪。

（二）不构成渎职犯罪

◎"多因一果"情形下渎职行为作用力较小的，不构成渎职犯罪

1. 在"多因一果"的场合下，判断渎职行为与结果之间是否存在刑法上的因果关系时，应以行为时客观存在的一切事实为基础，依据一般人的经验进行判断；如果是其他因素直接导致危害结果的发生的，不再将渎职行为认定为犯罪，见【《刑事审判参考》第294号指导案例】龚某玩忽职守案。

在本案中，重庆市第四中级人民法院认为：

从本案的行为与结果之间的联系看，与"8·20"特大交通事故有联系的因素有三个：一是被告人龚某在蒋某凡换证时的体检失职行为；二是换证以后各年度审验中的他人审验失职行为；三是驾驶员蒋某凡的违章驾驶行为。从行为与结果联系的紧密程度看，在上述三个因素中，最后一个因素是导致事故发生的直接原因，前两个因素不可能单独导致交通事故的发生，其只有依附于最后一个因素，才能产生本案的结果。

由于被告人龚某为蒋某凡出具的虚假体检结论的效力只有1年，在龚某出具虚假体检结论之后的年度审验中，蒋某凡能够通过审验，完全是由于他人体检失职行为所致，而非龚某的失职行为所致，因为龚某的体检行为在1年之后已经归于无效。在其后的年度审验中，相关人员如果认真履行了职责，则蒋某凡不可能通过审验，其当然也就不可能合法地从事驾驶工作，"8·20"特大交通事故也可能就不会发生。故此，龚某的失职行为与交通事故之间不存在刑法上的因果关系。尽管被告人龚某客观上存在失职行为，可依照其他有关规定予以行政处分，但其行为不构成玩忽职守罪。

◎**损害结果系多种原因叠加导致的，不构成渎职犯罪**

2. 虽然存在玩忽职守行为，但损害结果系多种原因交织在一起不断叠加产生的，玩忽职守行为与损害结果之间不存在必然的、直接的因果关系，不构成玩忽职守罪，见【（2018）豫 07 刑终 515 号】耿某玩忽职守案二审刑事裁定书。

在该裁定书中，河南省新乡市中级人民法院认为：

关于原审被告人耿某的行为与危害后果之间是否存在刑法上的因果关系，经查，玩忽职守罪，是指国家机关工作人员玩忽职守，致使公共财产、国家和人民利益遭受重大损失的行为，危害行为与危害后果之间应具有刑法上的因果关系，即内在、必然的因果关系。本案的发生属于多因一果，农某院、天某公司、购房户、公职人员等多个法律关系主体在不同程度上介入此案，多种原因力交织在一起产生不断叠加的损害后果，其中，原审被告人耿某的失职行为直接导致的是违法调解协议被法院确认的法律后果，但经法院确认的调解书并不必然都产生物权变动的效力，不动产的转让还需到有权机关履行必要的登记、公示等手续，才能对外产生公信力，目前涉案土地仍然属于国有，土地性质并未改变，本案中，天某公司在未缴纳土地出让金、未办理土地过户手续、未办理房屋预售手续的情况下违规对外卖房甚至一房多卖，是导致产生一系列诉讼，多方利益纠葛缠诉局面产生的直接原因。原审被告人耿某身为国家审判机关工作人员，在办理案件过程中未尽到审查义务，对违反法律强制性规定的调解协议予以确认并出具民事调解书，主观方面存在过失，但本案系多因一果，原审被告人耿某的行为与损害后果之间不存在必然的、直接的因果关系，因此，其行为不构成玩忽职守罪。

律师建议

在司法实践中，重大损失的产生往往系"多因一果"，主客观原因交织在一起，错综复杂，不易判断，但这也为律师提供了辩护空间。对于有些渎职犯罪案件来说，行为人有一定滥用职权行为，但介入了其他人的行为或者客观方面的因素，多种因素共同作用导致重大损失的发生。这种"多因一果"情形下判定渎职行为与损害结果之间是否存在因果关系，律师应当从介入因素的特殊性、渎职行为导致损害结果发生的可能性大小等多方面进行综合判断。

076 "多因一果"情形下渎职犯罪能否从轻或减轻处罚?

律师提示

"多因一果"情形下行为人构成渎职犯罪的,应当依照"罪责刑相适应"的原则,考虑其渎职行为在一系列原因行为中所占的比重,综合判断"多因一果"是否可以在其量刑时作为从轻或者减轻处罚的情节,如果所占比重较小,则"多因一果"可以作为酌定从轻处罚的情节;如果所占比重小并有其他量刑情节的,可以综合考虑对其减轻处罚;如果所占比重较大,则不能作为从轻或者减轻处罚情节。

争议焦点

《刑法》第六十一条规定:对于犯罪分子决定刑罚的时候,应当根据犯罪的事实、犯罪的性质、情节和对于社会的危害程度,依照本法的有关规定判处。

2021年《最高人民法院、最高人民检察院关于常见犯罪的量刑指导意见(试行)》中第一条规定了量刑的指导原则:

(一)量刑应当以事实为根据,以法律为准绳,根据犯罪的事实、性质、情节和对于社会的危害程度,决定判处的刑罚。

(二)量刑既要考虑被告人所犯罪行的轻重,又要考虑被告人应负刑事责任的大小,做到罪责刑相适应,实现惩罚和预防犯罪的目的。

(三)量刑应当贯彻宽严相济的刑事政策,做到该宽则宽,当严则严,宽严相济,罚当其罪,确保裁判政治效果、法律效果和社会效果的统一。

(四)量刑要客观、全面把握不同时期不同地区的经济社会发展和治安形势的变化,确保刑法任务的实现;对于同一地区同一时期案情相似的案件,所判处的刑罚应当基本均衡。

在"多因一果"的情形下,判定渎职行为与损害结果之间具有因果关系时,"多因一果"能否作为从轻量刑的情节,我国法律及相关司法解释并没有明确规定,只有"罪责刑相适应"的原则性规定,这就导致实务中此类案件在量刑上存在较大差异,有些法院将"多因一果"认定为酌定从轻情节,有些法院则不考虑"多因一果"对量刑的影响,所以,有必要进一步对此作出明确规定。

裁判精要

在"多因一果"情形下,判定行为人构成渎职犯罪的,量刑时应综合考虑其罪责地位和大小,其滥用职权行为或者玩忽职守行为在整个案件中并非直接原因、主要原因或者所起的作用相对较小的,可以将"多因一果"情形作为酌定从轻处罚的情节。在"多因一果"情形下,判定行为人构成渎职犯罪的,如果其渎职行为情节轻微、社会危害程度较小,可以对其减轻处罚;如果其还有自首等其他量刑情节,可以将"多因一果"情形与其他情形综合考虑,判定对其减轻处罚。在"多因一果"情形下,判定行为人构成渎职犯罪的,如果其滥用职权行为或玩忽职守行为在整个案件中起主要或者重要作用的,不再将"多因一果"作为从轻处罚的情节;或者其行为符合"情节特别严重"的,不再将"多因一果"作为从轻处罚情节。

司法观点

(一) 能从轻处罚

◎ "多因一果"情形下渎职行为非直接原因的,可从轻处罚

1. 事故系多因一果,行为人的玩忽职守行为并非直接原因或主要原因,可对行为人从轻处罚,见【(2014)铜中刑终字第75号】崔某等玩忽职守案二审刑事判决书。

在该判决书中,贵州省铜仁市中级人民法院认为:

原审被告人崔某、陶某在参与对谯家新生煤矿进行复工验收检查时,未认真履行职责,没有严格按照验收标准进行检查,使不具备复工建设条件的新生煤矿通过验收复工建设,导致新生煤矿"4·26"透水事故发生,造成重大损失,二原审被告人的行为已构成玩忽职守罪。原判对二被告人定罪准确,本院予以确认。在此次事故中,造成2人死亡,9人无生还可能,经济损失1000余万元,二原审被告人应认定属情节特别严重,原判在没有法定减轻处罚情节情况下,判处二原审被告人免予刑事处罚不当,应依法判处三年以上七年以下有期徒刑,故原判对二原审被告人的量刑不当,应予改判。抗诉机关提出原判量刑畸轻的抗诉理由成立,本院予以采纳。鉴于沿河新生煤矿"4·26"透水事故系多因一果,二

原审被告人的玩忽职守行为并非直接原因或主要原因，可对二原审被告人从轻处罚。二审中，原审被告人陶某检举并陪同非法持有枪支犯罪嫌疑人杨某清向公安机关投案，具有一般立功表现，可对其减轻处罚。根据犯罪情节和悔罪表现，可对二被告人宣告缓刑。

◎ "多因一果"情形下渎职行为系原因之一的，可从轻处罚

2. 造成的重大损失除行为人作为直接责任人员的滥用职权行为外还存在其他原因的，属"多因一果"，对滥用职权行为人可以酌情从轻处罚，见【（2020）豫11刑终25号】刘某某滥用职权、受贿案二审刑事裁定书。

在该裁定书中，河南省漯河市中级人民法院认为：

上诉人（原审被告人）刘某某在担任漯河市人民防空办公室工程管理科（行政审批服务科）科长期间，在漯河广某帝景城、龙某馨园、螺某小镇、文某幸福春天、三某轩小区和漯河润某汽车销售服务有限公司项目不符合易地建设或免缴易地建设费等情况下，滥用职权违规审批，致使国家利益遭受重大损失，情节特别严重，其行为已构成滥用职权罪；刘某某身为国家工作人员，利用职务上的便利以借款为名索取和非法收受他人财物共计180000元，为他人谋取利益，其行为已构成受贿罪。刘某某在被留置期间如实供述监察机关尚未掌握的受贿罪罪行，应属自首，其到案后能如实供述滥用职权罪的罪行，属坦白，其家属案发后代为退出全部赃款，可以从轻处罚；本案造成的重大损失除刘某某作为直接责任人员的滥用职权行为外还存在其他原因，属多因一果，可以酌情从轻处罚。

（二）能减轻处罚

◎ "多因一果"情形下渎职行为系原因之一的，可减轻处罚

1. 行为人玩忽职守的行为已经构成"情节特别严重"，但其损害后果的发生，系多种原因导致的一个结果，行为人玩忽职守的行为只是其中的一个环节、其中的一个原因，根据行为人的犯罪事实、性质、情节和对社会危害程度，可适用缓刑，见【（2017）黔2326刑初90号】韦某某玩忽职守案一审刑事判决书。

在该判决书中，贵州省黔西南布依苗族自治州望谟县人民法院认为：

被告人韦某某身为国家机关工作人员，不认真履行职责，致使国家和个人造成房屋倒塌等重大经济损失及2人死亡的严重后果，情节特别严重，其行为已构成玩忽职守罪，公诉机关指控被告人韦某某犯玩忽职守罪的事实清楚，证据确实充分，指控罪名成立，本院予以确认。《刑法》第三百九十七条规定，国家机关

工作人员滥用职权或者玩忽职守，致使公共财产、国家和人民利益遭受重大损失的，处三年以下有期徒刑或者拘役；情节特别严重的，处三年以上七年以下有期徒刑。《最高人民法院、最高人民检察院关于办理渎职刑事案件适用法律若干问题的解释（一）》第一条第二款第二项规定，造成经济损失150万元以上的，应当认定为刑法第三百九十七条规定的"情节特别严重"。本案中，侦查机关在查办罗某胜、龙某涉嫌滥用职权案的过程中，通知韦某某到案配合调查，韦某某积极、主动交代自己的问题，属自首，具有法定从轻或减轻处罚情节，本院予以减轻处罚。其关于不构成玩忽职守罪的辩解，系对行为性质的辩解，不影响自首的认定。本案虽属《刑法》第三百九十七条规定的"情节特别严重"，但其损害后果的发生，系多种原因导致的一个结果，被告人韦某某玩忽职守的行为只是其中的一个环节、其中的一个原因。按照罚当其罪，罪刑相称的原则，被告人韦某某只承担自己应当承担的责任，不能将全部责任归罪于被告人韦某某。本案结果的发生，系"多因一果"，事故发生责任分散。根据被告人韦某某的犯罪事实、性质、情节和对社会危害程度，可适用缓刑。

◎ **"多因一果"情形下有自首等情节的，可减轻处罚**

2. 行为人严重不负责任，不正确履行自己的职责，致使国家财产遭受重大损失，但考虑行为人自首、已追回部分赃款、案件系"多因一果"等情节，对其减轻处罚，见【（2020）黔05刑终148号】王某某玩忽职守案二审刑事裁定书。

在该裁定书中，贵州省毕节市中级人民法院认为：

上诉人王某某身为国家机关工作人员，在担任贵州织金经济开发区财政局会计期间，严重不负责任，不正确履行自己的职责，致使国家财产遭受重大损失，其行为已构成玩忽职守罪，依法应予惩处。王某某的行为属情节特别严重，依法应当判处三年以上七年以下有期徒刑。一审已充分考虑王某某自首、已追回部分赃款、本案系"多因一果"等情节，对其减轻处罚。一审判决事实清楚，定罪准确，量刑适当。审判程序合法。

（三）不能减轻处罚

◎ **"多因一果"情形下渎职犯罪不能减轻处罚**

1. 在"多因一果"的情形下，行为人不履行职责，未起到应有的监管效果，导致有弄虚作假行为发生，最终导致损害结果的发生，其他弄虚作假行为的发生并不能减轻行为人玩忽职守、监管不力的责任，见【（2019）鲁13刑终776号】康某玩忽职守案二审刑事裁定书。

在该裁定书中，山东省临沂市中级人民法院认为：

关于上诉人所提"科室进行了明确分工，且培训后需要取得鉴定科和考核科最后鉴定，合格后才能取得补贴资金，应负间接责任"的上诉理由，经审理认为，本案中危害后果虽然是"多因一果"的情况产生，但上诉人的行为是最早出现的行为，其监督不到位导致培训学员在考核和鉴定环节顺利过关，其行为与危害后果之间联系更紧密，应当认定其行为与危害后果之间存在刑法上的因果关系，其应当对危害后果的发生承担刑事责任。故该上诉理由不能成立，本院不予采纳。

关于上诉人所提"通过回访，大部分学员表示培训过，是学员和学校共同弄虚作假取得补贴资金"的上诉理由，经审理认为，上诉人虽然安排采取全部电话回访、采用网络视频监督方式监管，但对回访及视频中发现的问题，未按照文件规定采取通报批评、限期整改、取消定点培训机构资格等有效措施，未起到应有的监管效果，致使培训机构通过提供虚假申报材料骗取培训补贴资金，学员和培训学校的弄虚作假行为并不能减轻上诉人工作中玩忽职守、监管不力的责任。故该上诉理由不能成立，本院不予采纳。

◎**犯罪情节特别严重的，属于"多因一果"情形也不能减轻处罚**

2. 行为人滥用职权的行为为他人骗取国家金融机构贷款造成可乘之机，致使国家遭受重大财产损失，属于犯罪情节特别严重的情形，即使属于"多因一果"，也不能减轻处罚，见【（2019）内04刑终198号】李某某滥用职权案二审刑事裁定书。

在该裁定书中，内蒙古自治区赤峰市中级人民法院认为：

上诉人李某某身为国家机关工作人员违反法律规定的权限和程序，滥用职权，致使国家利益遭受重大损失，其行为已构成滥用职权罪。原判认定上诉人李某某犯滥用职权罪的事实清楚，证据确实充分。抗诉机关认为上诉人李某某的滥用职权的行为，致使国家遭受重大损失，属于情节特别严重，且无任何法定减轻、免于刑事处罚的情节，量刑幅度应为三年以上七年以下有期徒刑。上诉人李某某的行为与重大损失之间的因果关系是多因一果，符合滥用职权罪的特征，不属于犯罪情节轻微。抗诉机关的上述观点符合事实和法律依据，应予支持。

原判以造成危害结果是多种原因所致，上诉人李某某犯罪情节轻微为由，对其免于刑事处罚。经查，滥用职权罪的犯罪特征是多因一果，原判对此认定虽然正确，但依据上述查明的事实，上诉人李某某的一系列滥用职权行为，为他人骗取国家金融机构贷款造成可乘之机，致使国家遭受重大财产损失，且至今无法挽回，其犯罪情节特别严重。原判认定上诉人李某某犯罪情节轻微，免于刑事处罚的判决结果与查明的事实相悖，属适用法律错误，应予纠正。

律师建议

在"多因一果"构成渎职犯罪的情形下，"多因一果"能否作为从轻或者减轻量刑的情节，我国法律及相关司法解释并没有明确规定，司法实践中大多数是依据"罪责刑相适应"的原则性规定进行酌情考虑，而且也存在有法院将"多因一果"情形认定为减轻处罚的情节，所以"多因一果"情况下律师在量刑辩护过程当中可以尝试利用"多因一果"发表减轻处罚的辩护意见。

077 事业单位人员构成滥用职权罪还是事业单位人员滥用职权罪？

律师提示

在事业单位从事对外管理性公务的人员，以及国家机关委派到事业单位从事对外管理性公务的人员，滥用职权导致发生重大损失的，构成滥用职权罪；在事业单位中从事非对外管理性公务的人员，以及国家机关委派到事业单位从事非对外管理性公务的人员，滥用职权导致发生重大损失的，构成事业单位人员滥用职权罪。

争议焦点

《刑法》第一百六十八条规定：国有公司、企业的工作人员，由于严重不负责任或者滥用职权，造成国有公司、企业破产或者严重损失，致使国家利益遭受重大损失的，处三年以下有期徒刑或者拘役；致使国家利益遭受特别重大损失的，处三年以上七年以下有期徒刑。

国有事业单位的工作人员有前款行为，致使国家利益遭受重大损失的，依照前款的规定处罚。

国有公司、企业、事业单位的工作人员,徇私舞弊,犯前两款罪的,依照第一款的规定从重处罚。

第三百九十七条第一款规定:国家机关工作人员滥用职权或者玩忽职守,致使公共财产、国家和人民利益遭受重大损失的,处三年以下有期徒刑或者拘役;情节特别严重的,处三年以上七年以下有期徒刑。本法另有规定的,依照规定。

2002年《全国人民代表大会常务委员会关于〈中华人民共和国刑法〉第九章渎职罪主体适用问题的解释》中规定:在依照法律、法规规定行使国家行政管理职权的组织中从事公务的人员,或者在受国家机关委托代表国家机关行使职权的组织中从事公务的人员,或者虽未列入国家机关人员编制但在国家机关中从事公务的人员,在代表国家机关行使职权时,有渎职行为,构成犯罪的,依照刑法关于渎职罪的规定追究刑事责任。

2006年《最高人民检察院关于渎职侵权犯罪案件立案标准的规定》中附则部分第三款规定:本规定中的"国家机关工作人员",是指在国家机关中从事公务的人员,包括在各级国家权力机关、行政机关、司法机关和军事机关中从事公务的人员。在依照法律、法规规定行使国家行政管理职权的组织中从事公务的人员,或者在受国家机关委托代表国家行使职权的组织中从事公务的人员,或者虽未列入国家机关人员编制但在国家机关中从事公务的人员,在代表国家机关行使职权时,视为国家机关工作人员。在乡(镇)以上中国共产党机关、人民政协机关中从事公务的人员,视为国家机关工作人员。

2012年《最高人民法院、最高人民检察院关于办理渎职刑事案件适用法律若干问题的解释(一)》第七条规定:依法或者受委托行使国家行政管理职权的公司、企业、事业单位的工作人员,在行使行政管理职权时滥用职权或者玩忽职守,构成犯罪的,……适用渎职罪的规定追究刑事责任。

虽然我国刑法和相关立法、司法解释中对国家机关工作人员进行了规定,但是各司法机关对该规定的理解不同,导致实务中在认定行为人是否符合国家机关工作人员主体要求、其工作是否属于公务时存在较大差异,进而在罪名的确定上也有所不同,因此有必要进一步明确国家机关工作人员与国家工作人员、对外管理型公务和非对外管理型公务的区别。

裁判精要

事业单位中从事对内管理性公务的人员,其滥用职权的行为构成事业单位人员滥用职权罪；国家机关委派到事业单位并对内从事普通行政工作及其他非对外管理性公务性工作的人员，在任职期间滥用职权造成重大损失的，构成事业单位人员滥用职权罪。行为人在依法或受委托行使国家行政管理职权的事业单位中从事公务工作的，其滥用职权行为导致国家遭受损失的，构成滥用职权罪；在事业单位从事对外管理性公务的人员，其滥用职权行为致使国家遭受损失的，构成滥用职权罪。

司法观点

（一）构成滥用职权罪

◎**具有对外管理性职权的事业单位人员滥用职权的，构成滥用职权罪**

1. 行为人在受委托行使国家行政管理职权的事业单位中从事公务的，任职期间滥用职权造成重大损失的，应当按照滥用职权罪追究其刑事责任，见【（2021）辽11刑终8号】巩某某、辽宁金社农供销集团有限公司对非国家工作人员行贿、单位行贿案二审刑事裁定书。

在该裁定书中，辽宁省盘锦市中级人民法院认为：

关于被告人巩某某的辩护人提出被告人巩某某不具有国家机关工作人员的主体身份，不构成滥用职权罪的辩护意见，经查，根据全国人民代表大会常务委员会《关于〈中华人民共和国刑法〉第九章渎职罪主体适用问题的解释》规定："在依照法律、法规规定行使国家行政管理职权的组织中从事公务的人员，或者在受国家机关委托代表国家机关行使职权的组织中从事公务的人员，或者虽未列入国家机关人员编制但在国家机关中从事公务的人员，在代表国家机关行使职权时，有渎职行为，构成犯罪的，依照刑法关于渎职罪的规定追究刑事责任。"及最高人民法院、最高人民检察院《关于办理渎职刑事案件适用法律若干问题的解释（一）》第七条：依法或者受委托行使国家行政管理职权的公司、企业、事业单位的工作人员，在行使行政管理职权时滥用职权，构成犯罪的，适用渎职罪的规定追究刑事责任。本案中，依据《财政部供销总社〈关于组织申报2010年新农村现代流通服务网络工程专项资金的通知〉》《财政部新农村现代流通服务网络工程专项资金管理办理》要求，申请专项资金的申报材料，需经同级供销社审核盖章，报上级部门审核，审核过程中需要"对相关证明材料的真实性认真审核，并要对项目投资确认书进行实地审核"。以及中华全国供销合作总社《关于建立新农村现代流通服务网络工程项目责任制度的通知》要求各市供销社要"承担对项目资金的监管职责，建立有效的财政扶持资金使用跟踪问效机制"，"新网工程责任制度以项目单位的法定代表人、项目承担单位的上级主管部门（县市级供销合作社法定代表人和省级供销合作社的主管负责人为责任主体人）分别履行项目责任人、项目推荐人和项目监督人职责，共同签订《'新网工程'项目实施责任书》"。根据上述规定，被告人巩某某在担任市、县供销社党委书记、理事会主任期间，依法受国家委托对国家专项资金行使审核权，且作为项目推荐人在项目实施责任书上签字，承诺履行职责、承担责任，符合受委托行使国家行政管理职权的组织中从事公务的人员的条件，应当按照滥用职权罪追究其刑事责任。辩护人的该项意见不予采纳。

2. 在事业单位中从事对外管理职权工作的人员，其在任职期间超越职权，擅自改变专款资金用途，致使国家遭受损失的，其行为构成滥用职权罪，见【（2018）青2223刑初34号】嫚某、张某某贪污、滥用职权案一审刑事判决书。

在该判决书中，青海省海北藏族自治州海晏县人民法院认为：

被告人嫚某的行为构成滥用职权罪。滥用职权罪是指国家机关工作人员超越职权，违法决定、处理其无权决定、处理的事项，或者违反规定处理公务，致使公共财产、国家和人民遭受重大财产损失的行为。本罪犯罪主体是国家机关工作人员，《刑法》第九十三条规定"本法所称国家工作人员，是指国家机关中从事公务的人员。国有公司、企业、事业单位、人民团体中从事公务的人员和国家机关、国有公司、企业、事业单位委派到非国有公司、企业、事业单位、社会团体从事公务的人员，以及其他依照法律从事公务的人员，以国家工作人员论"。本案中被告人嫚某所在单位海晏县能源站（农广校）为事业单位，其身份为能源站站长兼农广校校长，是在事业单位中从事公务的人员，具备国家工作人员身份，其辩护人提出的被告人嫚某不符合该罪主体资格的辩护意见不予采纳。被告人嫚某明知青海省财政厅下达的"农村劳动力阳光工程""新型职业农民培育工程"款为专项培训资金，只能用于培训期间产生的教师授课费、教学耗材、教材编印、学员及教师食宿费、交通费的开支，必须做到专款专用，被告人嫚某却超越职权，擅自改变专项培训资金用途，将套取出来的200000元上交上级主管部门，174500元用于单位日常支出，该行为虽然没有造成国家资金对外流失，但是扰乱了国家专项资金的管理秩序，改变了专项培训资金的用途，导致专项培训资金流失，造成了国家专项培训资金损失的实际存在，其行为构成滥用职权罪。

后二被告人均提出上诉，青海省海北藏族自治州中级人民法院最终维持原判。

3. 学校校长作为事业单位工作人员，对该校的对外招生工作具有管理职责，认定其工作性质负有对外管理性职权，其滥用职权的行为构成滥用职权罪，见【（2016）黔01刑终895号】付某某受贿、滥用职权案二审刑事裁定书。

在该裁定书中，贵州省贵阳市中级人民法院认为：

关于上诉人付某某及其辩护人所提"其主体身份不符合滥用职权罪的主体要件"的上诉理由及辩护意见。经查，根据《教育法》第二十八条"学校及其他教育机构行使下列权利：（三）招收学生或者其他受教育者"的规定、第七十七条"在招收学生工作中徇私舞弊的，……构成犯罪的，依法追究刑事责任"，《义务教育法》第二十六条"学校实行校长负责制。校长应当符合国家规定的任职条件。校长由县级人民政府教育部门依法聘任"，《刑法》、《全国人民代表大会常务委员会关于〈中华人民共和国刑法〉第九章渎职罪主体适用问题的解释》及最高人民法院、最高人民检察院《关于办理渎职刑事案件适用法律若干问题的解释（一）》第七条"依法或者受委托行使国家行政管理职权的公司、企业、事业单位的工作人员，在行使行政管理职权时滥用职权或者玩忽职守，构成犯罪的，应当依照《全国人民代表大会常务委员会关于〈中华人民共和国刑法〉第九章渎职罪主体适用问题的解释》的规定，适用渎职罪的规定追究刑事责任"的相关规定。上诉人付某某作为花溪区第一实验小学校长，对该校的招生工作负有管理职责，其主体身份符合滥用职权罪关于犯罪主体的规定，在招生工作中，违规招生片外生，已造成恶劣的社会影响，其行为已构成利用职权罪。故上诉人付某某及其辩护人所提该上诉理由均不能成立，本院不予采纳。

（二）构成事业单位人员滥用职权罪

◎具有对内管理性职权的事业单位人员滥用职权的，构成事业单位人员滥用职权罪

1. 国有公司、企业、事业单位中从事对内管理性公务的人员，是国家工作人员而非国家机关工作人员，其滥用职权的行为构成国有公司、企业、事业单位人员滥用职权罪，见【（2019）苏01刑终675号】夏某国有公司、企业、事业单位人员滥用职权案二审刑事裁定书。

在该裁定书中，江苏省南京市中级人民法院：

关于上诉人夏某是否具有国有公司人员滥用职权罪的犯罪主体身份的问题。根据《最高人民法院、最高人民检察院关于办理国家出资企业中职务犯罪案件具体应用法律若干问题的意见》第六条规定，经国有公司、企业提名、推荐、任命、批准等，在国有控股、参股公司中从事公务的人员，应当认定为国家工作人员。上诉人夏某经国有公司海某集团推荐，在国有参股公司外贸公司担任董事长、总经理，并兼任外贸公司下属子公司丽某新材料公司董事长、总经理，代表国有公司在国有参股公司中从事管理等公务活动，依法应当认定为国家工作人员，符合国有公司人员滥用职权罪的犯罪主体身份。相关上诉意见、辩护意见均不能成立，本院不予采纳。

◎被委派到事业单位从事非公务工作的人员，构成事业单位人员滥用职权罪

2. 行为人作为国家机关委派到事业单位主持行政工作的人员，滥用职权造成国家利益遭受造成重大损失的，构成事业单位人员滥用职权罪，见【（2019）粤1521刑初225号】张某某贪污、滥用职权案一审刑事判决书。

在该判决书中，广东省汕尾市海丰县人民法院认为：

被告人张某某在主持汕尾市国有黄羌林场行政工作期间，身为国家工作人员，利用职务上的便利，采用虚构工程项目套取、骗取国家专项资金的手段，非法占用汕尾市国有黄羌林场公款合计214.337万元，数额巨大，其行为已构成贪污罪。被告人张某某作为受汕尾市林业局委派到事业单位汕尾市国有黄羌林场主持行政工作的工作人员，滥用职权，造成汕尾市国有黄羌林场国家专项资金损失达201.791万元，致使国家利益遭受重大损失，其行为又构成事业单位人员滥用职权罪。公诉机关指控被告人张某某所犯罪名成立，本院予以支持。

3. 受国家机关委派到事业单位的非从事公务的工作人员，属于国家工作人员而非国家机关工作人员，其滥用职权致使国家遭受重大损失的，构成事业单位人员滥用职权罪，见【（2019）粤15刑终239号】郑某某、许某某贪污、滥用职权案二审刑事裁定书。

在该裁定书中，汕尾市中级人民法院认为：

一审法院认定被告人郑某某作为受汕尾市林业局委派到事业单位汕尾市国有红岭林场任职副场长（负责全面工作）、场长的工作人员，被告人许某某作为受汕尾市林业局委派到事业单位汕尾市国有红岭林场任职财务股股长、副场长的工作人员，滥用职权，造成汕尾市国有红岭林场国家专项资金损失达4588376.07

元,致使国家利益遭受重大损失,其行为已构成事业单位人员滥用职权罪。被告人郑某某、许某某均一人犯数罪,依法应当实行数罪并罚。二审法院维持原判。

律师建议

滥用职权罪属于渎职罪,事业单位人员滥用职权罪属于破坏社会主义市场经济秩序罪,除了侵犯的客体不一致外,两者的区别还在于主体不同,前者的主体是国家机关工作人员,后者的主体是事业单位人员,但根据相关法律规定,事业单位人员与国家机关工作人员有交叉部分,所以并非所有的事业单位人员滥用职权造成重大损失的,均构成事业单位人员滥用职权罪,而要看该事业单位人员从事的工作性质。因此,律师在辩护过程中要区分行为人在事业单位中的工作性质是否属于对外管理型公务,由此判定其究竟是普通的事业单位人员还是国家机关工作人员。

078 玩忽职守罪能否由"共同过失"构成?

律师提示

多个国家机关工作人员均存在玩忽职守行为,且玩忽职守行为之间具有一定的关联性,最终导致危害结果的发生,认定其存在"共同过失",均构成玩忽职守罪;在多个过失行为场合下,各个行为人之间的渎职行为没有关联性,且并非行为人的玩忽职守行为直接导致危害结果的发生的,不认定为"共同过失",不构成玩忽职守罪;因其他行为人的介入,导致玩忽职守行为与损害结果之间的因果关系受到阻断,不认定玩忽职守行为人与其他行为人之间存在"共同过失",不构成玩忽职守罪。

争议焦点

《刑法》第二十五条规定:共同犯罪是指二人以上共同故意犯罪。

二人以上共同过失犯罪,不以共同犯罪论处;应当负刑事责任的,按照他们所犯的罪分别处罚。

第三百九十七条第一款规定:国家机关工作人员滥用职权或者玩忽职守,致使公共财产、国家和人民利益遭受重大损失的，处三年以下有期徒刑或者拘役；情节特别严重的，处三年以上七年以下有期徒刑。本法另有规定的，依照规定。

在多个玩忽职守行为共同造成损害结果发生的场合，每个行为人的玩忽职守行为与损害结果之间是否存在因果关系，各个行为人的玩忽职守行为之间是否存在关联性，在实务中判断起来均较为困难，我国相关法律亦未对其作出明确的判断标准，有必要进一步厘清。

裁判精要

多个国家机关工作人员严重不负责任，玩忽职守，叠加在一起最终导致损害结果发生的，认定各行为人之间存在共同过失，构成"共同过失"型玩忽职守罪；多个国家机关工作人员玩忽职守，且各行为人之间关联性较大，最终导致损害结果发生的，认定各行为人之间存在共同过失，构成"共同过失"型玩忽职守罪。多个国家机关工作人员严重不负责任，玩忽职守，若各行为人之间没有关联性的，不认为行为人之间存在"共同过失"；若后续玩忽职守行为的发生阻断了前一个玩忽职守行为与损害结果之间的因果关系的，不认为行为人之间存在"共同过失"；若没有证据证明各渎职行为与损害结果之间存在因果关系的，也不认为行为人之间存在"共同过失"，亦无法构成"共同过失"型玩忽职守罪。

司法观点

（一）构成"共同过失"

◎**多个渎职行为有关联性且与损害结果有因果关系的，构成"共同过失"型玩忽职守罪**

1. 重大损失是多部门、多环节、多层次共同导致的，系多个玩忽职守行为叠加产生，属"多因一果"情形，玩忽职守行为人与其他行为人构成"共同过失"，见【（2016）粤1621刑初237号】被告人练某某玩忽职守案一审刑事判决书。

在该判决书中，广东省河源市紫金县人民法院认为：

被告人练某某身为国家机关工作人员，在工作中不负责任，未认真履行职责，致使不符合申报条件的农户获得国家补助资金；同时违反规定发放补助款，致使国家遭受重大损失，其行为已构成玩忽职守罪。公诉机关的指控，事实清楚，证据确实、充分，本院予以支持。本案是共同过失犯罪，并非共同故意犯罪，依法不能区分主从犯，故辩护人提出被告人练某某系从犯的辩护意见不能成立，本院不予采纳，被告人练某某与其他共同过失人应根据各自的过失程度分别予以量刑。被告人练某某在工作中虽有不认真履行职责的行为，但南坑村、塘丰村不符合申报条件的农户最终获得国家建房补助资金的原因是多方面的，是多部门、多环节、多层次的，责任较分散，属"多因一果"，且其案发后能自动投案，如实供述自己的罪行，属自首，依法可对其从轻处罚。最后法院判决被告人练某某犯玩忽职守罪，判处有期徒刑九个月。

◎损害结果是由多个过失渎职行为造成的，构成"共同过失"型玩忽职守罪

2. 多个国家机关工作人员均存在玩忽职守行为，且其玩忽职守行为之间有一定的关联性，最终导致危害结果的发生，认定其存在"共同过失"，均构成玩忽职守罪，见【(2016) 豫 0703 刑初 197 号】杨某某、闫某某玩忽职守案一审刑事判决书。

在该判决书中，河南省新乡市卫滨区人民法院认为：

被告人杨某某、闫某某身为国家机关工作人员，在工作中严重不负责任，致使国家和人民利益遭受重大损失，其行为均已构成玩忽职守罪。被告人杨某某、闫某某系共同过失犯罪，应当按照他们所犯的罪分别处罚。公诉机关对被告人杨某某、闫某某的指控成立，适用法律正确，意见予以采纳。被告人杨某某、闫某某经电话传唤到案，并如实供述自己的犯罪事实，系自首，可以从轻或者减轻处罚；其中犯罪较轻的，可以免除处罚。最终判决杨某某与闫某某玩忽职守罪，免予刑事处罚。

3. 国家机关工作人员在各自负责的工作中严重不负责任，致使国家淘汰落后产能奖励资金被骗，最终给国家造成重大损失，这些行为人具有"共同过失"，构成玩忽职守罪，见【(2018) 陕 0422 刑初 46 号】艾某某、程某某、党某等玩忽职守案二审刑事判决书。

在该判决书中，陕西省咸阳市三原县人民法院认为：

在整个案件发生过程中，四被告人的责任应当是从魏某、程某某、艾某某、党某依次递减。根据《刑法》第二十五条：二人以上共同过失犯罪，不以共同犯罪论处；应当负刑事责任的，按照他们所犯的罪分别处罚。本案的发生是四被告人共同过失所造成的，从项目的联系、现场考察、资料申报、设备拆除及奖励

资金的下拨等环节看，魏某全部参与，其过失远大于其他三被告人，应当承担更大的责任。本案造成国家损失 280 万元，属于"情节特别严重"，对魏某应当在三年以上处刑；其他三被告人只参与了该项目的某个环节，虽有一定的过失，但均不是关键性的，根据罪、责、刑相一致的原则，可以认定其他三被告人情节轻微，可免予刑事处罚。

二审陕西省咸阳市中级人民法院维持了原判。

（二）不构成"共同过失"

◎**多个渎职行为无关联性且与损害结果无直接因果关系的，不属于"共同过失"**

1. 在多个过失行为场合下，各个行为人之间的渎职行为没有关联性，且并非行为人的玩忽职守行为直接导致危害结果的发生的，不再将玩忽职守行为认定为犯罪，各行为人之间不存在"共同过失"，见【《刑事审判参考》第 294 号指导案例】龚某玩忽职守案。

在本案中，重庆市第四中级人民法院认为：

从本案的行为与结果之间的联系看，与"8·20"特大交通事故有联系的因素有三个：一是被告人龚某在蒋某凡换证时的体检失职行为；二是换证以后各年度审验中的他人审验失职行为；三是驾驶员蒋某凡的违章驾驶行为。从行为与结果联系的紧密程度看，在上述三个因素中，最后一个因素是导致事故发生的直接原因，前两个因素不可能单独导致交通事故的发生，其只有依附于最后一个因素，才能产生本案的结果。

由于被告人龚某为蒋某凡出具的虚假体检结论的效力只有 1 年，在龚某出具虚假体检结论之后的年度审验中，蒋某凡能够通过审验，完全是由于他人体检失职行为所致，而非龚某的失职行为所致，因为龚某的体检行为在 1 年之后已经归于无效。在其后的年度审验中，相关人员如果认真履行了职责，则蒋某凡不可能通过审验，其当然也就不可能合法地从事驾驶工作，"8·20"特大交通事故也可能就不会发生。故此，龚某的失职行为与交通事故之间不存在刑法上的因果关系。尽管被告人龚某客观上存在失职行为，可依照其他有关规定予以行政处分，但其行为不构成玩忽职守罪。

◎**无证据证明多个渎职行为与损害结果有因果关系的，不构成渎职犯罪**

2. 多个行为人存在渎职行为，但无法证明造成的损失与渎职行为之间有直接因果关系，并且尚未对国家事业单位造成声誉上严重不良影响的，不认定为渎职犯罪，见【（2007）宜中刑终字第00230号】许某等滥用职权、玩忽职守案二审刑事判决书。

在该判决书中，湖北省宜昌市中级人民法院认为：

许某在船舶检验工作中，不按规定程序进行实船检验、水上试航，仅凭江某公司提供的虚假资料，违法出具船舶检验证书簿，属滥用职权行为；原审被告人闫某某对许某出具的违法文书把关不严、随意用印，亦存在工作过失。但认定二被告人分别构成滥用职权罪、玩忽职守罪的法律依据不足，二被告人也未触犯其他罪名，同时鉴于许某、闫某某的行为尚未对国家事业单位造成声誉上的严重不良影响，本案应当认定不构成犯罪。理由其一，滥用职权、玩忽职守行为构成犯罪一般是指与造成的严重危害结果之间有必然因果联系的行为，否则，一般不构成犯罪，而是属于一般工作上的错误，应由行政主管部门处理。本案中许某、闫某某的违法行为与信用社贷款损失之间不存在直接的、内在的、必然的因果关系。因此许某出具"航某1号"船舶检验证书簿的行为与点某信用社300万元贷款被骗没有直接联系。而"航某18号"船舶在任某某取得所有权登记之前已由蔡某在宜昌海事局取得所有权登记，个中缘由检察机关未予查实。综上，原判认定部分事实细节不清，定罪的法律依据不足。两被告不构成滥用职权、玩忽职守犯罪。

◎介入因素阻断玩忽职守与损害结果之间因果关系的，不认定存在"共同过失"

3. 因其他行为人的介入，导致玩忽职守行为与损害结果之间的因果关系受到阻断，不认定玩忽职守行为人与其他行为人之间存在"共同过失"，玩忽职守行为人不构成玩忽职守罪，见【（2017）黔0112刑初237号】田某某受贿、玩忽职守案一审刑事判决书。

在该判决书中，贵州省贵阳市乌当区人民法院认为：

关于公诉机关指控被告人田某某犯玩忽职守罪，原判认为，被告人田某某依据筑某咨询公司作出的评估结果和中某联律师事务所出具的法律意见书在协议书签字并无不当，该签字行为与公共财产遭受重大损失的结果之间没有刑法意义上的因果关系，亦即该因果关系已被筑某咨询公司作出评估这一介入因素予以中断，故控方对"被告人田某某犯玩忽职守罪"的指控不能成立。

律师建议

在多个玩忽职守行为共同造成损害结果发生的场合下，究竟是某个玩忽职守行为人构成玩忽职守罪还是均构成玩忽职守罪，在实务中判断起来较为困难，并且每个行为人的玩忽职守行为与损害结果之间是否存在因果关系，各个行为人的玩忽职守行为之间是否存在关联性，我国相关法律亦未对其提出明确的判断标准，该种情况对于律师来说，是存在着较大的辩护空间的，可以从各个玩忽职守行为人之间的关联性、其他介入因素的特殊性等入手，综合判断某个玩忽职守行为与损害结果是否存在因果关系。

079 贯彻上级命令能否构成渎职犯罪？

律师提示

国家机关工作人员在贯彻上级领导命令时，如果命令存在明显错误，其未尽到本职内的监督管理义务仍旧盲目执行而导致损害结果发生的，构成渎职犯罪；如果命令存在错误，但其尽到了自己的监督管理义务或者已经请示了上级领导，领导仍旧要求执行命令的，不构成渎职犯罪。

争议焦点

2006年《最高人民检察院关于渎职侵权犯罪案件立案标准的规定》规定，玩忽职守罪是指国家机关工作人员严重不负责任，不履行或者不认真履行职责，致使公共财产、国家和人民利益遭受重大损失的行为。

2013年《最高人民法院、最高人民检察院关于办理渎职刑事案件适用法律若干问题的解释（一）》第五条第二款规定，以"集体研究"形式实施的渎职犯罪，应当依照刑法分则第九章的规定追究国家机关负有责任的人员的刑事责任。对于具体执行人员，应当在综合认定其行为性质、是否提出反对意见、危害结果大小等情节的基础上决定是否追究刑事责任和应当判处的刑罚。

《人民警察法》第三十二条规定，人民警察必须执行上级的决定和命令。

人民警察认为决定和命令有错误的，可以按照规定提出意见，但不得中止或者改变决定和命令的执行；提出的意见不被采纳时，必须服从决定和命令；执行决定和命令的后果由作出决定和命令的上级负责。

第三十三条规定，人民警察对超越法律、法规规定的人民警察职责范围的指令，有权拒绝执行，并同时向上级机关报告。

《公务员法》第六十条规定，公务员执行公务时，认为上级的决定或者命令有错误的，可以向上级提出改正或者撤销该决定或者命令的意见；上级不改变该决定或者命令，或者要求立即执行的，公务员应当执行该决定或者命令，执行的后果由上级负责，公务员不承担责任；但是，公务员执行明显违法的决定或者命令的，应当依法承担相应的责任。

现实中因执行上级错误命令或信任上级错误指示而导致国家利益受损的情况屡见不鲜。但是，依法行政是依法治国基本方略的重要内容，每一名公务人员必须根据法律法规的规定执行公共事务，如果认真履行职责，便完全有可能阻断危害结果的发生。因此，在贯彻上级命令的情形下，何时构成渎职犯罪，应当进一步明确。

裁判精要

国家机关工作人员在集体研究形式中针对领导的错误意见盲目服从，导致损害结果发生的，应认定其构成渎职犯罪；国家机关工作人员在日常工作中不认真履行职责，盲目听从领导命令，导致损害结果发生的，应当认定其构成渎职犯罪；国家机关工作人员在执行领导正确命令时，不认真履行职责，最终导致损害结果发生的，应当认定为渎职犯罪。国家机关工作人员在领导下达错误命令时，在自己职责范围内提出了异议，或者尽到了自己的注意义务，或者已经请示上级领导的，不再认定为渎职犯罪。

司法观点

（一）构成渎职犯罪

◎**行为人未尽合法性审查职责造成重大损失的，构成滥用职权罪**

1. 行为人作为县工商局法制科科长，具有对该局相关业务及法律文书合法性审查的职权，未尽合法性审查职责造成国家重大损失的，构成滥用职权罪，见【（2019）冀刑申269号】赵某某滥用职权案再审刑事通知书。

在该通知书中，河北省高级人民法院认为：

原审查明，临漳县工商局在作出对中石油邯郸分公司三加油站的行政处罚决定书并向临漳县人民法院提出强制执行的申请后，又以召开局长办公会的形式决定向法院撤回该申请，由时任该局法制科科长的你做会议记录。会后，该局局长王某某指派时任该局邺城分局副分局长马某维作为委托代理人到临漳县人民法院申请撤回强制执行申请，由你陪同前往。马某维提出在会议记录上补记与其无关的相关文字，你在王某某同意下进行了补记，与马某维到临漳县人民法院办理了相关撤回强制执行申请的手续。临漳县人民法院遂裁定终结对三份相关行政处罚决定书的执行。截至申请执行时效期间届满，涉案行政处罚决定书确定的罚款321242元和应加处罚款321242元，除中石油邯郸分公司向临漳县工商局交纳5万元外，余款未能执行。原裁判认为，你系临漳县工商局法制科科长，具有对该局相关业务及法律文书合法性审查的职权，根据《最高人民法院、最高人民检察院关于办理渎职刑事案件适用法律若干问题的解释（一）》相关规定，以"集体研究"形式实施的渎职犯罪，对于具体执行人员，应当在综合认定其行为性质、是否提出反对意见、危害结果大小等情节的基础上决定是否追究刑事责任和应当判处的刑罚。你身为国家机关工作人员，滥用职权，不正确履行职责，给国家财产造成重大损失，你的行为已构成滥用职权罪。原裁判以你犯滥用职权罪，判处免予刑事处罚，符合法律规定。

◎**行为人未尽职责而盲目相信领导造成重大损失的，构成玩忽职守罪**

2. 行为人作为对道路工程质量具有监督管理责任的人员，置国家利益于不顾，盲目相信领导，没有到实地验收便在领导提供的验收报告单上签字，使尚未达到合同要求的项目工程通过竣工验收并得以结算，从而给国家造成重大经济损失的，被告人的行为与损失结果之间具有刑法上的因果关系，构成玩忽职守罪，见【（2013）巴刑初字第73号】韦某玩忽职守案一审刑事判决书。

在该判决书中，广西省河池市巴马瑶族自治县人民法院认为：

被告人韦某在代表国家机关从事公务活动过程中，工作严重不负责任，不履行职责，致使国家利益遭受重大损失，其行为已触犯刑律，构成了玩忽职守罪。公诉机关指控被告人韦某犯玩忽职守罪的罪名成立。关于被告人提出"其受领导欺骗，其行为只是工作失误，不构成玩忽职守罪"的辩解，根据《刑法》第三百九十七条第一款规定，玩忽职守罪是指国家机关工作人员严重不负责任，不履行或者不认真履行职责，致使公共财产、国家和人民利益遭受重大损失的行为。

该案中，被告人韦某在巴马瑶族自治县发改局工作期间，代表县发改局作为以工代赈道路工程的验收委员会人员，对道路工程质量具有监督管理责任，但其置国家利益于不顾，盲目相信领导，没有到实地验收便在领导提供的验收报告单上签字，使尚未达到合同要求的项目工程通过竣工验收并得以结算，从而给国家造成经济损失456200元，被告人的行为与损失结果之间具有刑法上的因果关系，故被告人该辩解理由不成立，本院不予采纳。鉴于本案损失已大部分追回，且造成的经济损失是由数人的行为综合作用而造成，系多因一果，被告人归案后也能够如实供述自己的罪行，可对其免予刑事处罚。

（二）不能构成渎职犯罪

◎行为人按领导指示办理手续犯罪情节显著轻微的，可不认定为犯罪

1. 行为人作为司法工作人员，按领导指示违法为他人办理取保候审手续，但与其领导在本案中的地位和作用相比，该工作人员犯罪情节显著轻微，危害性不大的，可不以犯罪论处，见【（2018）湘10刑终319号】蒋某军、蒋某波徇私枉法案二审刑事判决书。

在该判决书中，湖南省郴州市中级人民法院认为：

关于上诉人蒋某波提出原审判决认定事实错误，适用法律不当，请求宣告无罪的上诉理由。经查，证人段某证实，因担心上诉人蒋某波年纪较轻，办案经验少，遂安排蒋某军和蒋某波共同承办李某非法持有毒品案，结合其他证人证言、书证及上诉人蒋某军、蒋某波供述，可以证实，在李某非法持有毒品一案中，将李某筹措的22.6万元现金作为现场收缴的毒资上缴以获取返还款是由多人商议后由带班副所长段某向上汇报决定的；讯问罪犯李某是由包括上诉人蒋某军和蒋某波等多人讯问的；当郴州市看守所因罪犯李某患有严重疾病而拒绝收监时，人民路派出所拟对李某采取取保候审手续系由带班副所长段某向北湖分局相关领导汇报后决定的，取保候审手续的办理由上诉人蒋某军为主经办的，当取保候审手续完成后，罪犯李某及其同伙还向上诉人蒋某军送上1万元现金表示感谢，在整个办案过程中，上诉人蒋某波作为李某非法持有毒品一案共同经办人，其地位和作用要次于上诉人蒋某军及带班副所长段某，从本案具体情节看以及与派出所其他办案干警在李某一案中的地位和作用相比，可予认定上诉人蒋某波犯罪情节显著轻微，危害性不大，可不以犯罪论处。上诉人蒋某波的部分上诉理由成立，应予以采纳。最终认定蒋某波无罪。

◎**行为人尽到应尽义务但最终仍发生损害结果的，不构成渎职犯罪**

2. 行为人履行了基本职责，尽到了应尽的义务，且实施该行为时也请示了上级领导，最终导致损害结果发生的，不构成渎职犯罪，见【（2017）黑刑终28号】吕某某、孙某某、穆某某玩忽职守案二审刑事判决书。

在该判决书中，黑龙江省大兴安岭地区中级人民法院认为：

根据三名上诉人所在单位制作的《森林资源管护中队工作职责》《森林资源管护小队工作职责》《森林资源管护人员岗位责任制》《森林资源管护人员工作守则》，上诉人吕某某、孙某某的工作职责为管理辖区内的森林资源管护工作，管理、监督辖区内的外站资源管护业务，及时将各类林政案件上报林业局执法部门，并采取有效措施进行制止和监管；上诉人穆某某的工作职责为对管护范围内的森林资源和设施进行日常巡护，及时发现并制止滥伐盗伐森林和林木、毁林开垦、侵占林地等违法行为，配合、协助加格达奇林业局和森林公安、林业行政执法人员查处破坏森林资源的案件等。

根据上述规定确定的三名上诉人工作职责，加格达奇林业局公安分局出具的关于孙某某于2013年6月向该局报案的《情况说明》，多布库尔经营所于2013年6月10日、10月10日向加格达奇林业局公安分局森保大队、林业局森林资源林政管理科递交的书面报告，证人张某、李某、潘某的证言，上诉人吕某某、孙某某、穆某某的供述，穆某某、孙某某、吕某某在发现王某非法开垦林地时，分别向上级领导进行了汇报，并向公安机关报案。三上诉人在对王某非法占用的农用地实施管护过程中，已履行了基本职责，不构成玩忽职守罪。吕某某、孙某某、穆某某所提已履行基本工作职责，不构成玩忽职守罪的上诉理由，予以采纳。

律师建议

实践当中因执行上级错误命令或信任上级错误指示而导致国家利益受损的情况有很多，该种情况下行为人是否构成渎职犯罪不能一概而论，应当看行为人在收到错误指示后的反应，如果盲目服从领导错误指令或者在集体决定时未在自己职责范围内提出异议的，构成渎职犯罪；如果在领导下达错误指示时，行为人尽到了自己的注意义务，或者在自己职责范围内提出了异议，或者已经请示上级领导的，均不构成渎职犯罪。律师在辩护过程中应当注意到这一点。

080 渎职犯罪的追诉期限从何时起算？

律师提示

"犯罪之日"是指行为具备犯罪构成要件之日或者是指犯罪构成之日。不以法定危害结果为要件的犯罪，犯罪行为实施之日即是犯罪之日；以特定危害结果出现为要件的犯罪，特定危害结果的发生之日才是犯罪之日。对于渎职行为与危害结果之间没有明显时间间隔的，应以犯罪成立之日起算追诉期限；对于渎职行为与危害结果之间有时间间隔且危害结果一次出现的，以"危害结果发生之日"起算追诉期限；对于渎职行为与危害结果之间有时间间隔且危害结果多次叠加出现的，有的法院认为，应当以多个危害结果前后叠加达到法定构罪要件之日起算追诉期限，也有法院认为，应当以"危害结果终了之日"起算追诉期限。

争议焦点

《刑法》第八十七条规定：犯罪经过下列期限不再追诉：

（一）法定最高刑为不满五年有期徒刑的，经过五年；

（二）法定最高刑为五年以上不满十年有期徒刑的，经过十年；

（三）法定最高刑为十年以上有期徒刑的，经过十五年；

（四）法定最高刑为无期徒刑、死刑的，经过二十年。如果二十年以后认为必须追诉的，须报请最高人民检察院核准。

第八十八条规定：在人民检察院、公安机关、国家安全机关立案侦查或者在人民法院受理案件以后，逃避侦查或者审判的，不受追诉期限的限制。

被害人在追诉期限内提出控告，人民法院、人民检察院、公安机关应当立案而不予立案的，不受追诉期限的限制。

第八十九条规定：追诉期限从犯罪之日起计算；犯罪行为有连续或者继续状态的，从犯罪行为终了之日起计算。

在追诉期限以内又犯罪的，前罪追诉的期限从犯后罪之日起计算。

2012年《最高人民法院、最高人民检察院关于办理渎职刑事案件适用法律若干问题的解释（一）》第六条规定：以危害结果为条件的渎职犯罪的追诉期限，从危害结果发生之日起计算；有数个危害结果的，从最后一个危害结果发生之日起计算。

2003年最高人民法院《全国法院审理经济犯罪案件工作座谈会纪要》中就渎职犯罪的法律适用问题第六条第二款规定：玩忽职守行为造成的重大损失当时没有发生，而是玩忽职守行为之后一定时间内发生的，应从危害结果发生之日起计算玩忽职守罪的追诉期限。

关于"犯罪之日"的确定，我国司法实践的裁判规则是，犯罪成立之日即为"犯罪之日"，即行为符合犯罪构成之日。然而如何确定"致使公共财产、国家和人民利益遭受重大损失"之日，是一个争议较大的问题，有部分裁判认为是犯罪成立之日，也有裁判认为是损害结果产生之日，还有部分裁判认为是损害结果结束或被纠正之日。因此，有必要进一步厘清。

裁判精要

"犯罪之日"是指行为具备犯罪构成要件之日或者是指犯罪构成之日；不以法定危害结果为要件的犯罪，犯罪行为实施之日即是犯罪之日；以特定危害结果出现为要件的犯罪，特定危害结果的发生之日才是犯罪之日。对于渎职行为与危害结果之间没有明显时间间隔的，应以犯罪成立之日起算追诉期限；对于渎职行为与危害结果之间有时间间隔且危害结果一次出现的，以"危害结果发生之日"起算追诉期限；对于渎职行为与危害结果之间有时间间隔且危害结果多次叠加出现的，有的法院认为，应当以多个危害结果前后叠加达到法定构罪要件之日起算追诉期限，也有法院认为，应当以"危害结果终了之日"起算追诉期限。

司法观点

（一）从犯罪成立之日起算

◎追诉时效自渎职犯罪成立之日起计算

1. 行为人未执行公安局委员会的报捕决定，私自以不追究犯罪嫌疑人刑事责任的方式将案件结案，致使犯罪嫌疑人至今未受到刑事处罚；该渎职犯罪于上述案件结案时终结，距人民检察院立案时已经超过十年，依法应当不再追诉，见【（2014）临刑初字第00127号】赵某某徇私枉法、滥用职权案一审判决书。

在该判决书中，安徽省阜阳市临泉县人民法院认为：

关于公诉机关指控被告人赵某某犯徇私枉法罪，被告人赵某某的辩护人认为，被告人赵某某的行为虽构成了徇私枉法罪，但该犯罪发生在1995年，应当适用1979年《刑法》中第一百八十八条规定的一般情节，刑期是五年以下有期徒刑，即最高刑为五年有期徒刑，追诉时效是十年，按照从旧兼从轻的原则，该犯罪显然已过诉讼时效，依法不应再追究其刑事责任。经审理认为：1、该起犯罪于1996年间终结，应当按照1979年《刑法》追究刑事责任，而公诉机关适用《刑法》指控被告人赵某某犯徇私枉法罪，辩护人亦以徇私枉法罪辩护，指控和辩护的罪名及适用的法律不当。2、根据2002年1月1日最高人民检察院《直接受理立案侦查的渎职侵权特重大案件标准（试行）》规定，其中枉法追诉、裁判案重大案件的立案标准之一为依法可能判处三年以上七年以下有期徒刑的犯罪分子，故意包庇不使其受追诉的。因此，被告人赵某某的犯罪情节尚未达到情节特别严重。该起犯罪于1996年间终结，阜南县人民检察院于2013年4月9日立案。根据《刑法》关于时效的规定，被告人赵某某的该起犯罪行为已经过十年，依法应当不再追诉。辩护人认为被告人赵某某的该起犯罪应属1979年《刑法》第一百八十八条规定中的一般情节，追诉时效是十年，符合本案事实和法律规定，本院予以采信。

2. 行为人在征兵政审工作中不负责任地出具符合征兵政审条件和无违法违纪及不良行为的意见，导致本不符合入伍条件的人于2009年12月1日应征入伍服兵役，至此犯罪成立，应由此计算追诉时效，见【《刑事审判参考》第1134号指导案例】沈某某滥用职权案。

在本案中，广东省潮州市中级人民法院认为：

被告人沈某某的行为已构成滥用职权罪，依照《刑法》第三百九十七条第一款的规定，被告人应"处三年以下有期徒刑或者拘役"。依照《刑法》第八十七条第一项的规定："犯罪经过下列期限不再追诉：（一）法定最高刑为不满五年有期徒刑的，经过五年……"沈某某于2007年10月24日违法行使审批权，致张某青的出生时间和身份信息于2007年11月2日被重新录入户政管理系统，使其抢劫的犯罪事实得不到及时的追究。后又于11月18日在张某青的征兵政审工作中不负责任地出具张某青符合征兵政审条件和无违法违纪及不良行为的意见，致张某青于2007年12月1日应征入伍服兵役，至此犯罪结果发生，沈某某的行为符合滥用职权罪的构成要件，应认定为《刑法》第八十九条第一款规定的"犯罪之日"，并由此时起算追诉时效，至2012年11月30日追诉期限届满。2012年12月26日检察机关对沈某某立案侦查时，已超过追诉时效。一审裁定认定事实清楚，适用法律正确，处理恰当，审判程序合法。抗诉机关的抗诉理由不能成立，不予支持。依照《刑事诉讼法》第二百二十五条第一款第一项之规定，裁定驳回抗诉，维持原审裁定。

3."犯罪之日"是指行为具备犯罪构成要件之日或者是指犯罪构成之日。不以法定危害结果为要件的犯罪，犯罪行为实施之日即是犯罪之日；以特定危害结果出现为要件的犯罪，特定危害结果的发生之日才是犯罪之日。达到构罪的危害结果是逐渐累积而成，行为人倾倒废物的行为已于2014年年中结束，"重大损失"的结果在当时已经出现，应以该日起计算追诉期限，见【（2018）粤09刑终180号】李某某滥用职权案二审刑事裁定书。

在该裁定书中，广东省茂名市中级人民法院认为：

关于本案的诉讼时效问题。《刑法》第八十九条第一款规定："追诉期限从犯罪之日起计算，犯罪行为有连续或者继续状态的，从犯罪行为终了之日起计算。"其中，"犯罪之日"是指行为具备犯罪构成要件之日或者是指犯罪构成之日。不以法定危害结果为要件的犯罪，犯罪行为实施之日即是犯罪之日；以特定危害结果出现为要件的犯罪，特定危害结果的发生之日才是犯罪之日。经查，李某某于2006年9月13日违规将荒地出租给吴某建厂，但此时仅出现李某某滥用职权的行为且实施完毕，尚未出现危害结果，因此，李某某此时的行为未构成滥用职权罪，即2006年9月不是犯罪成立之日，追诉时效并非由此开始计算。吴某于2008年下半年开始在涉案荒地生产沥青，又在该荒地上挖坑倾倒危险废物，致周围环境受到污染，此时，危害结果开始出现。但因为该结果尚未达到滥用职权罪所必须的"重大损失"的程度，因此，李某某此时的行为同样未构成滥用职权罪，即2008年不是犯罪成立之日，追诉时效同样并非由此开始计算。吴某的沥青厂于2010年11月、12月被茂南区金塘镇政府两次取缔，其后停止生产，但仍从其舅父陈某（已故）的润滑油厂将废液废渣拉回涉案荒地倾倒，直到2014年年中陈某的润滑油厂关闭才停止。根据吴某的供述，其于2016年发现三个坑的废品因为没有防护有可能浸透旁边的白沙河，所以其找人加高坑堤防止污染白沙河。证人江某的证言证实，其于2016年10月发现吴某的沥青厂有三个大坑堆放了沥青废弃物。由此可见，本案达到构罪的危害结果是逐渐累积而成。2016年10月，本案必定已经出现"重大损失"的危害结果，犯罪已经成立，本应由此开始计算追诉时效，但吴某倾倒废物的行为已于2014年年中结束，"重大损失"的结果在当时已经出现，只是该危害结果一直在持续。依照《最高人民法院、最高人民检察院关于办理渎职刑事案件适用法律若干问题的解释（一）》第六条的规定"以危害结果为条件的渎职犯罪的追诉期限，从危害结果发生之日起计算；有数个危害结果的，从最后一个危害结果发生之日起计算"。因此，2014年年中出现危害结果之时，李某某已经构成滥用职权罪，追诉时效应由2014年起计。又因滥用职权罪未达情节特别严重的，法定刑为三年以下有期徒刑，结合刑法第八十七条关于追诉时效的规定，可知本案的追诉时效为五年，而本案由侦查机关于2017年8月16日立案，显然没有超过诉讼时效。

（二）从危害结果发生之日起算

◎追诉时效自渎职危害结果发生之日起计算

1. 行为人工作严重不负责，在刑事判决生效后未依法吊销犯罪人的驾驶证，致使其补领驾驶证后继续从事司机职业并再次发生重大交通事故，造成一人死亡的严重后果，对其玩忽职守行为的追诉时效应从交通事故发生之日起算，见【（2019）豫05刑终364号】崔某某玩忽职守案二审刑事裁定书。

在该裁定书中，河南省安阳市中级人民法院认定：

2012年7月1日21时30分许，陈某驾驶大型货车与行人宋某兰发生交通事故，致宋某兰死亡。事故发生后，被告人崔某某作为该案主办民警负责该案的侦查等工作。2012年12月3日，林州市人民法院就该案作出刑事判决，以陈某犯交通肇事罪，判处其有期徒刑一年，缓刑一年。该判决生效后，被告人崔某某工作严重不负责，未依法吊销陈某的驾驶证，致使陈某补领驾驶证后继续从事司机职业，并于2017年6月11日在河北省磁县再次发生重大交通事故，造成一人死亡的严重后果。崔某某于2018年8月21日主动到林州市公安局督察大队说明没有依法吊销陈某驾驶证的问题，在接到中共林州市纪律检查委员会第十五派驻纪检组电话通知时其主动到该组，到案后如实供述了自己的犯罪事实。因崔某某工作严重不负责，导致陈某补办驾驶证后继续从事司机职业并再次发生重大交通事故的时间是在2017年6月11日，林州市监察委员会于2018年9月30日对其立案调查，并未超过追诉时效。

2. 行为人1993年滥用职权致使涉嫌故意杀人的犯罪人未受到处罚，直至2018年该犯罪人被采取强制措施，该事件得以曝光，造成了特别恶劣的社会影响，严重危害结果才得以发生并呈现，追诉时效应当从此时危害结果发生呈现时起计算，见【（2019）黑06刑终288号】郭某某滥用职权案二审刑事裁定书。

在该裁定书中，黑龙江省大庆市中级人民法院认为：

滥用职权犯罪是一种以特定危害结果发生为犯罪成立要件的结果犯。因滥用职权行为导致严重危害结果发生的时间通常具有延后性，是以特定危害结果出现为要件的犯罪。郭某某的行为虽发生在1993年，但2018年陈某伟被采取强制措施，各大新闻媒体持续大量报道陈某伟涉嫌故意杀人却未受到处罚，而后又成为检察机关正式干警的负面新闻，引发社会广泛关注及广大群众严重不满，且随着该事件的曝光，造成特别恶劣的社会影响，严重危害结果才得以发生并呈现。被告人郭某某的犯罪行为的追诉时效期限也应当从此时危害结果发生呈现之时起计算，特定危害结果发生之日，才是追诉时效开始计算之时，并非以犯罪行为实施之日计算追诉时效期限。

（三）从危害结果终了之日起算

◎追诉时效自渎职危害结果终了之日起计算

1. 行为人身为国有企业负责人，在政府明令禁止的情况下，主持召开办公室会议决定将涉案荒山使用权有偿转让给个人，致使国家利益遭受特别重大损失，且损失持续至2015年6月15日，应从2015年6月15日起计算追诉时效，见【（2019）云07刑终22号】邵某某滥用职权，杨某某国有公司、企业、事业单位人员滥用职权案二审刑事裁定书。

在该裁定书中，云南省丽江市中级人民法院认为：

2004年10月21日、11月16日，被告人邵某某在明知石龙坝乡龙井村、临江村的竹基地位于观音岩电站库区，且华坪县政府已明令一律停止买卖库区内荒山的情况下，主持召开办公会议研究决定将竹基地有偿出让。被告人邵某某身为国有企业负责人，在政府明令禁止的情况下，主持召开办公室会议决定将涉案荒山使用权有偿转让给马某个人，致使国家利益遭受特别重大损失，其行为已触犯刑律，构成国有企业人员滥用职权罪；被告人杨某某身为国家机关工作人员，违反规定为马某办理《华坪县有偿出让集体荒山使用权证》，致使国家利益遭受特别重大损失，其行为已触犯刑律，构成滥用职权罪。关于本案追诉时效的问题。国有企业人员滥用职权罪和滥用职权罪均系结果犯，本案中两原审被告人滥用职权的行为给国家造成的损失，从2009年5月31日持续发生至2015年6月15日，应从2015年6月15日起计算追诉期限，而本案追诉期限为十年，本案显然未过追诉时效。

2. 行为人违规为他人变更户籍姓名，造成犯罪嫌疑人吴某某得以冒用他人假身份的危害结果发生，该危害结果在其被抓获归案前一直处于持续状态，追诉时效应从吴某某被抓之日起算，见【（2018）最高法刑申 869 号】白某某滥用职权案驳回申诉通知书。

在该通知书中，最高人民法院认为：

根据《最高人民法院、最高人民检察院关于办理渎职刑事案件适用法律若干问题的解释（一）》第六条的规定，白某某滥用职权的行为应当从危害结果发生之日起计算追诉期限。白某某违规为他人变更户籍姓名的行为实施完毕后，造成命案在逃犯罪嫌疑人吴某某得以"合法"地冒用"王某炎"假身份的危害结果发生，该危害结果在吴某某未被抓获归案前则一直处于持续状态，而白某某也未采取补救措施以有效阻止该危害结果的持续发生，白某某滥用职权行为造成的危害结果于 2011 年 11 月 3 日吴某某被抓获后始告终结，故本案的追诉时效期限应当从吴某某被抓获之日起计算，至检察机关于 2011 年 12 月对本案立案侦查时并未过追诉时效期限。

律师建议

关于"犯罪之日"的确定，我国司法实践的裁判规则是，犯罪成立之日即为"犯罪之日"，即行为符合犯罪构成之日。对于渎职犯罪来说，如何确定"犯罪之日"是一个争议较大的问题。律师在辩护过程中首先应当明确该渎职犯罪是否以特定危害结果发生为要件；其次对于以特定危害结果发生为要件的渎职犯罪，应当区分渎职行为与危害结果之间有无时间间隔的情形以及搞清楚危害结果发生的次数，从而进一步明确"犯罪之日"，最大限度地保障当事人的合法权益。

081 受贿并渎职的构成一罪还是数罪？

律师提示

受贿罪的犯罪构成中包括一定的渎职行为，该渎职行为达到法律要求的严重程度才单独构成犯罪。如果行为人同时实施了受贿行为和一般渎职行为，该一般渎职行为属于法律明文规定的受贿罪基本或加重犯罪构成要素时，仅认定为受贿罪；超出受贿罪的基本或加重犯罪构成时，构成受贿罪和一般渎职犯罪。如果行为人同时实施了受贿行为和法律明文规定的特殊渎职行为，当特殊渎职行为系徇私枉法类行为时，则择一重罪认定；当特殊渎职行为系徇私枉法类之外的行为时，实行数罪并罚。

争议焦点

受贿并渎职的构成一罪还是数罪？这是一个在理论和实务界均存在较大争议的问题。

《刑法》第三百八十三条第一款、第二款规定：对犯贪污罪的，根据情节轻重，分别依照下列规定处罚：

（一）贪污数额较大或者有其他较重情节的，处三年以下有期徒刑或者拘役，并处罚金。

（二）贪污数额巨大或者有其他严重情节的，处三年以上十年以下有期徒刑，并处罚金或者没收财产。

（三）贪污数额特别巨大或者有其他特别严重情节的，处十年以上有期徒刑或者无期徒刑，并处罚金或没收财产；数额特别巨大，并使国家和人民利益遭受特别重大损失的，处无期徒刑或者死刑，并处没收财产。

对多次贪污未经处理的，按照累计贪污数额处罚。

第三百九十九条第四款规定：司法工作人员收受贿赂，有前三款行为的，同时又构成本法第三百八十五条规定之罪的，依照处罚较重的规定定罪处罚。

2012年《最高人民法院、最高人民检察院关于办理渎职刑事案件适用法律若干问题的解释（一）》第三条规定：国家机关工作人员实施渎职犯罪并收受贿赂，同时构成受贿罪的，除刑法另有规定外，以渎职犯罪和受贿罪数罪并罚。

2016年《最高人民法院、最高人民检察院关于办理贪污贿赂刑事案件适用法律若干问题的解释》第十七条规定：国家工作人员利用职务上的便利，收受他人财物，为他人谋取利益，同时构成受贿罪和刑法分则第三章第三节、第九章规定的渎职犯罪的，除刑法另有规定外，以受贿罪和渎职犯罪数罪并罚。

2020年《最高人民法院、最高人民检察院、公安部关于办理涉窨井盖相关刑事案件的指导意见》第十一条规定：国家机关工作人员利用职务上的便利，收受他人财物，为他人谋取与窨井盖相关利益，同时构成受贿罪和刑法分则第九章规定的渎职犯罪的，除刑法另有规定外，以受贿罪和渎职犯罪数罪并罚。

需要说明的是，我国刑法司法解释中，将一些滥用职权行为纳入受贿罪的构成要件之内，因此基于"禁止重复评价原则"，该滥用职权行为不应再单独定罪，只能定受贿罪一罪。

例如，2016年《最高人民法院、最高人民检察院关于办理贪污贿赂刑事案件适用法律若干问题的解释》第一条第三款规定：受贿数额在一万元以上不满三万元，具有前款第二项至第六项规定的情形之一，或者具有下列情形之一的，应当认定为刑法第三百八十三条第一款规定的"其他较重情节"，依法判处三年以下有期徒刑或者拘役，并处罚金：

……

（二）为他人谋取不正当利益，致使公共财产、国家和人民利益遭受损失的；

……

该款第二项"为他人谋取不正当利益，致使公共财产、国家和人民利益遭受损失的"即为一种渎职行为，该渎职行为属于受贿罪的基本犯罪构成要素，不应再单独评价。

又如，上述司法解释第二条第三款规定：受贿数额在十万元以上不满二十万元，具有本解释第一条第三款规定的情形之一的，应当认定为刑法第三百八十三条第一款规定的"其他严重情节"，依法判处三年以上十年以下有期徒刑，并处罚金或者没收财产。第三条第三款规定：受贿数额在一百五十万元以上不满三百万元，具有本解释第一条第三款规定的情形之一的，应当认定为刑法第三百八十三条第一款规定的"其他特别严重情节"，依法判处十年以上有期徒刑、无期徒刑或者死刑，并处罚金或者没收财产。

上述司法解释第二条第三款、第三条第三款，将"为他人谋取不正当利益，致使公共财产、国家和人民利益遭受损失的"这一渎职行为，视为受贿加重犯罪构成中"其他严重情节""其他特别严重情节"要素的内容，即将渎职行为视为受贿罪加重犯罪构成要素，在此情形下不能再将该渎职行为单独定罪。

总之，受贿罪的犯罪构成中包括一定滥用职权的行为，滥用职权行为达到法律要求的严重程度才单独构成犯罪。实践中绝大多数的滥用职权行为往往是伴随着受贿行为发生的，在具体案件中，应当具体分析受贿行为与滥用职权行为之间的关联性大小，来分析究竟是构成一罪还是数罪。在2012年《关于办理渎职刑事案件适用法律若干问题的解释（一）》出台以前，除刑法中规定同时构成徇私枉法罪与受贿罪时择一重处罚之外，没有相关法律与司法解释明确渎职犯罪与受贿罪同时构成时该如何处理，实践中有法院认为应当数罪并罚，也有法院认为应当择一重罪处罚。在该解释出台以后，实践中绝大多数法院认为应当数罪并罚，但在具体案件中，也应当具体情况具体分析。

裁判精要

受贿罪的犯罪构成中包括一定的渎职行为，该渎职行为达到法律要求的严重程度才单独构成犯罪。如果行为人同时实施了受贿行为和一般渎职行为，该一般渎职行为属于法律明文规定的受贿罪基本或加重犯罪构成要素时，仅认定为受贿罪；超出受贿罪的基本或加重犯罪构成时，构成受贿罪和一般渎职犯罪。如果行为人同时实施了受贿行为和法律明文规定的特殊渎职行为，当特殊渎职行为系徇私枉法类行为时，则择一重罪认定；当特殊渎职行为系徇私枉法类之外的行为时，实行数罪并罚。

司法观点

（一）构成受贿罪

◎**受贿后渎职但渎职未造成重大损失的，仅构成受贿罪**

1. 行为人在担任校长期间收受他人贿赂，不当行使职权，采取虚假、重复招标的方式将国家中等职业教育改革发展示范学校建设专项资金不按申报的项目挪做他用，但无证据证实其行为造成公共财产、国家和人民利益遭受重大损失，故不构成滥用职权罪，见【（2016）云23刑终63号】钱某某受贿案二审刑事判决书。

在该判决书中，云南省楚雄彝族自治州中级人民法院认为：

上诉人（原审被告人）钱某某在担任楚雄民族中等专业学校校长期间，利用职务之便，多次收受他人贿送的现金231000元，并为他人谋取利益的行为，已构成受贿罪。钱某某不当行使职权，采取虚假、重复招标的方式，将国家中等职业教育改革发展示范学校建设专项资金646235元不按申报的项目挪做他用的行为，无证据证实其行为造成公共财产、国家和人民利益遭受重大损失，故不构成滥用职权罪。钱某某贪污楚雄民族中等专业学校彝药研究室经费27000元，因犯罪数额未达到贪污罪的追诉起点，且没有其他较重情节，不予追究刑事责任。钱某某上诉提出其行为不构成滥用职权罪的上诉理由，有事实和法律依据，可予采纳。

◎ **受贿后渎职行为并非重大损失直接原因的，仅构成受贿罪**

2. 行为人受贿后滥用职权为行贿人违规办理《建设用地批准书》造成银行延误追还贷款时机，但并非造成银行贷款损失的直接原因，不构成滥用职权罪，见【（2009）穗中法刑二终字第613号】黄某某受贿、滥用职权案二审刑事判决书。

在该判决书中，广东省广州市中级人民法院认为：

关于上诉人黄某某及其辩护人提出的上诉和辩护意见，本院评判如下：1、关于黄某某滥用职权行为是否造成重大损失问题。经查，第一，增城市丰某摩托车实业有限公司与中国农业银行增城市支行于1999年9月29日签订抵押担保借款合同，由梁某堃负责的增城市穗某房地产经贸公司提供了"增国土建用字[1994]第135号《建设用地批准书》的土地"作抵押担保。上述文号的同一土地于上述贷款前已由增城市穗某房地产经贸公司作为抵押物向深发行贷款500万元，且因未按期偿还被增城法院查封。现有证据不能证实上述重复抵押贷款与黄某某有关联。第二，证人黄某1、黄某2、黄某3、黄某4以及行贿人梁某堃等人的证言，证实2000年6月，房管局通知中国农业银行增城市支行上述土地重复抵押的相关情况后，银行提出要求增城市丰某摩托车实业有限公司还清贷款，如不能还清贷款，要求借款人提供新的抵押物，因增城市丰某摩托车实业有限公司无力偿还，后由梁某堃通过黄某某违规办理了[2000]第120号《建设用地批准书》及相关抵押登记和已缴纳土地出让金的证明，使该笔贷款因有新抵押物而得以延期。综上，2000年6月中国农业银行增城市支行得知"增国土建用字[1994]第135号《建设用地批准书》的土地"已因其他债务被增城市法院查封时，增城市丰某摩托车实业有限公司已无力归还上述贷款，黄某某违规办理[2000]第120号《建设用地批准书》及相关抵押登记和已缴纳土地出让金的证明所造成的直接后果是银行将已贷出不能归还的款项延期，而非黄某某违规办理[2000]第120号《建设用地批准书》而得以贷得250万元的款项。故本院认为，中国农业银行增城市支行本息共计4151020.18元的损失后果并非黄某某违规办理[2000]第120号《建设用地批准书》直接造成。辩护人提出的相关辩护意见本院予以采纳。

（二）择一重罪处罚

◎司法工作人员受贿同时渎职的，应择一重罪处罚

1. 行为人收受他人贿赂并徇私枉法，其行为同时构成受贿罪和徇私枉法罪，对行为人应以处罚较重的徇私枉法罪定罪处罚，见【（2018）琼9026刑初4号】徐某某徇私枉法案一审刑事判决书。

在该判决书中，海南省昌江黎族自治县人民法院认为：

被告人徐某某身为国家司法机关工作人员，收受他人贿赂5.9万元，明知叶某是无罪的人，为了私利，采用伪造对案件有决定性作用的案件材料及隐瞒重要事实的手段，以追究刑事责任为目的，违反法律规定，通过刑事手段插手经济纠纷，致使叶某被立案侦查和刑事拘留，其行为已构成徇私枉法罪。本案中，被告人徐某某收受他人贿赂5.9万元并徇私枉法，其行为同时构成受贿罪和徇私枉法罪，受贿5.9万元的法定刑为处三年以下有期徒刑或者拘役，并处罚金；徇私枉法罪的法定刑为处五年以下有期徒刑或者拘役，根据《刑法》第三百九十九条第四款的规定"司法工作人员收受贿赂，有前三款行为的，同时又构成本法第三百八十五条规定之罪的，依照处罚较重的规定定罪处罚"，故对被告人徐某某应以处罚较重的徇私枉法罪定罪处罚。公诉机关指控被告人徐某某犯徇私枉法罪的罪名成立，应予支持。

2. 行为人收受贿赂，同时又构成徇私枉法罪，应当依照处罚较重的规定定罪处罚，综合其在徇私枉法和受贿犯罪中的具体情节，以及分别可能被判处的刑罚，决定依照徇私枉法罪的规定定罪处罚，见【（2018）川01刑终204号】黄某受贿案二审刑事判决书。

在该判决书中，四川省成都市中级人民法院认为：

原审被告人黄某作为国家工作人员，利用办理刑事案件的职务便利，为他人谋取利益，并收受他人3.53万元，其行为构成受贿罪；原审被告人黄某作为司法工作人员，采取伪造证据的手段，故意使罪重的人受较轻的追诉，其行为还构成徇私枉法罪。原审被告人黄某收受贿赂，同时又构成徇私枉法罪，应当依照处罚较重的规定定罪处罚，综合黄某在徇私枉法和受贿犯罪中的具体情节，以及分别可能被判处的刑罚，本院决定依照徇私枉法罪的规定定罪处罚。

◎2012年解释出台前受贿后又滥用职权的，择一重罪处罚

3. 2012年解释出台以前，对于行为人收受贿赂后，为请托人谋取利益的行为同时触犯刑法规定，构成滥用职权罪、玩忽职守罪等其他犯罪的，一般应择一重罪处罚，见【（2010）穗中法刑二初字第139号】马某某受贿、玩忽职守案一审刑事判决书。

在该判决书中，广东省广州市中级人民法院认为：

关于辩护人提出被告人马某某受贿、玩忽职守的事实是重合的，根据刑法牵连犯、法条竞合的理论，应当以一罪即受贿罪来处理的意见。经查，在公诉机关指控的玩忽职守的犯罪事实中，被告人马某某均收受了造成毁林、破坏矿产资源的石场经营者、灾害治理施工人员的贿赂，即目的行为，其手段行为或结果行为是为行贿人谋取利益包括非法利益，故意不履行监管职责、放纵行贿人非法开采、超范围开采矿产资源的行为，因而构成刑法理论上的牵连犯形态。在1997年新刑法实施之前，1988年全国人大常委会《关于惩治贪污贿赂罪的补充规定》对因受贿而进行违法活动构成其他犯罪的，依照数罪并罚的规定处罚，而修订后的刑法已经取消了前述规定。因此，对于行为人收受贿赂后，为请托人谋取利益的行为同时触犯刑法规定，构成滥用职权罪、玩忽职守罪等其他犯罪的，一般应择一重罪处罚。辩护人提出关于被告人马某某的犯罪行为应当以一罪即受贿罪来处理的意见有理，本院予以采纳。

4. 行为人违反规定，滥用职权帮助他人强迫交易并收取好处费，不仅是滥用职权的行为，而且是受贿行为，依法应当择一重罪即受贿罪予以处罚，见【（2011）渝一中法刑终字第362号】李某某滥用职权、受贿案二审刑事判决书。

在该判决书中，重庆市第一中级人民法院认为：

上诉人李某某身为国家工作人员，利用其职务上的便利，非法收受他人给予的贿赂款共计7.3万元，为他人谋取利益，其行为构成受贿罪，依法应予处罚。鉴于李某某在案发后认罪态度较好，且退出受贿所得全部赃款，依法可对其从轻处罚。关于上诉人李某某及其辩护人提出李某某不构成滥用职权罪的辩解、辩护意见，经查，李某某违反规定，滥用职权勒令罗某斌停业整顿，帮助徐某军等人强迫罗某斌交易并收取徐某军等人好处费的行为，不仅是滥用职权的行为，而且是受贿行为，依法应当择一重罪即受贿罪予以处罚。

被告人李某某于2004年5月，收受徐某军、钟某国等人给予的好处费8000元，且收受事实发生于徐某军、钟某国等合伙收购罗某斌的采石场之后，为了感谢其在收购过程中帮忙，并希望在以后的经营中能够得到其关照。收受贿赂的行为符合受贿犯罪的构成要件。在此被告人的行为同时构成滥用职权罪与受贿罪，其实这是一个典型的事后受贿行为，即被告人事后收取财物的行为和他作为国家工作人员曾经行使的国家权力有联系。其作为国家工作人员也清楚先前的职务行为和这种财产之间具有因果关系。但同时这也是一个牵连犯中的原因行为与结果行为的关系问题，即被告人李某某勒令被害人多次停业整顿的滥用职权行为属于被告人李某某事后获取好处费的原因行为之一，当事人正是因为李某某在该事项上提供了帮助并又有其他请托事项才给予其好处费。另外从刑罚上讲，对于该部分的行为已经以受贿犯罪予以追究，如果再评价该提供帮助的行为为滥用职权，那么就存在一个重复评价的问题，违反一事不两罚的原则，因此从牵连犯罪择一重罪处罚的原则出发，应以受贿罪论。

（三）数罪并罚

◎受贿的同时触犯渎职犯罪的，除刑法另有规定外，应数罪并罚

1. 新的司法解释明确规定对渎职犯罪与受贿罪应数罪并罚，该司法解释只是对法律适用进一步明确而不是作出新的规定，故对行为人同时犯受贿罪与滥用职权罪的行为进行数罪并罚并不违反"从旧兼从轻"的原则，见【（2015）成刑终字第62号】刘某某、梁某、白某某滥用职权案二审刑事裁定书。

在该裁定书中，四川省成都市中级人民法院认为：

对上诉人刘某某犯滥用职权罪与受贿罪进行数罪并罚是否适当的问题。本院经审查认为，第一，两高《关于办理渎职刑事案件适用法律若干问题的解释（一）》于2013年1月9日生效，在此之前，对犯受贿罪与渎职犯罪是按牵连犯择一重罪处罚还是数罪并罚并无明确的法律规定，而新的司法解释明确规定对渎职犯罪与受贿罪应数罪并罚，该司法解释只是对法律适用进一步明确而不是作出新的规定，故对上诉人刘某某同时犯受贿罪与滥用职权罪的行为进行数罪并罚并不违反"从旧兼从轻"的原则；第二，2012年上诉人刘某某因犯受贿罪被起诉时，公诉机关当时并未对刘某某犯滥用职权罪进行指控，法院只对起诉指控的受贿事实做出了判决，并未对刘某某滥用职权的事实进行评价。在上诉人刘某某被判处受贿罪的判决生效后，公诉机关现以新指控的事实与原受贿罪判决中刘某某为他人谋取利益的两笔事实起诉刘某某还构成滥用职权罪，并不违反对同一指控事实"禁止重复评价"的原则。故一审判决以公诉机关起诉刘某某滥用职权的指控事实中，有2人原在刘某某犯受贿罪事实中已认定，在滥用职权认定的事实中扣除了该2人所造成的损失，属事实认定有误，应予纠正。上诉人刘某某及其辩护人所提将刘某某所犯受贿罪和滥用职权罪进行数罪并罚不当的上诉理由及辩护意见不能成立，本院不予采纳。

2. 国家工作人员利用职务上的便利，收受他人财物，为他人谋利益，同时构成受贿罪和刑法分则第三章第三节、第九章规定的渎职犯罪的，除刑法另有规定外，以受贿罪和渎职犯罪数罪并罚，见【（2016）桂07刑终114号】黄某某徇私舞弊发售发票、抵扣税款、出口退税、受贿案二审刑事裁定书。

在该裁定书中，广西壮族自治区钦州市中级人民法院认为：

对于上诉人的辩护人提出上诉人的目的就是谋取个人非法利益，若认定上诉人触犯两个罪名，那么两罪之间存在牵连，应是择一重罪处罚，而不是数罪并罚的问题。根据《最高人民法院、最高人民检察院关于办理贪污贿赂刑事案件适用法律若干问题的解释》第十七条的规定，国家工作人员利用职务上的便利，收受他人财物，为他人谋利益，同时构成受贿罪和刑法分则第三章第三节、第九章规定的渎职犯罪的，除刑法另有规定外，以受贿罪和渎职犯罪数罪并罚。上诉人黄某某在案中实施的行为和上述司法解释规定的情形相符，原判依法对其予以数罪并罚并无不当。上诉人的辩护人提出的辩护理由不成立。

3. 行为人利用职务之便向他人索取贿赂款，明知相关建设项目未经申报审批、改变规划条件、超规划面积建设且未按规定缴纳应缴纳的规费，滥用职权为其出具建设工程验收通知单、建设工程执法检查协办通知，致使其进行了竣工验收，造成国家和人民利益遭受重大损失的，应实行数罪并罚，见【（2015）怀中刑二终字第118号】郭某某、向某、曹某甲、赵某滥用职权、受贿案二审刑事判决书。

在该判决书中，湖南省怀化市中级人民法院认为：

关于上诉人向某、曹某甲上诉提出"一审判决认定在收受李某乙、朱某贿赂款后放纵对当事人处罚，并以受贿罪、单位受贿罪与滥用职权罪对其二人数罪并罚与法律规定不符，属适用法律错误。受贿且有渎职行为的，属想象竞合的罪数形态，应择一重罪处罚。其二人只应承担滥用职权罪的刑事责任，不应追究其二人受贿罪、单位受贿罪的刑事责任"及向某的辩护人辩护提出"本案中的受贿行为或单位受贿行为与滥用职权行为属想象竞合的罪数形态，依法应择一重罪处罚。原判对向某按受贿罪、单位受贿和滥用职权罪数罪并罚与法律规定不符，属适用法律错误"。

经查，在案证据证明，在郭某某伙同向某利用职务之便向李某乙等三人索取贿赂款及芷江侗族自治县建设局建设行政综合执法大队利用职权索取贿赂款后，郭某某、向某、曹某甲、赵某分别明知相关建设项目未经申报审批、改变规划条件、超规划面积建设且未按规定缴纳应缴纳的规费，滥用职权，不仅不依法处罚、追缴相关规费，反而为相关建设项目向有关部门出具建设工程验收通知单、建设工程执法检查协办通知，致使相关建设项目补办了建设工程规划许可等审批手续、进行了竣工验收，造成国家和人民利益遭受重大损失。郭某某、向某、曹某甲的行为分别构成滥用职权罪、受贿罪、单位受贿罪，赵某的行为分别构成滥用职权罪、单位受贿罪。同时，2012年12月7日《最高人民法院、最高人民检察院关于办理渎职刑事案件适用法律若干问题的解释（一）》第三条规定"国家机关工作人员实施渎职犯罪并收受贿赂，同时构成受贿罪的，除刑法另有规定外，以渎职犯罪和受贿罪数罪并罚"，2016年3月28日《最高人民法院、最高人民检察院关于办理贪污贿赂刑事案件适用法律若干问题的解释》第十七条规定"国家工作人员利用职务上的便利，收受他人财物，为他人谋取利益，同时构成受贿罪和刑法分则第三章第三节、第九章规定的渎职犯罪的，除刑法另有规定外，以受贿罪和渎职犯罪数罪并罚"，《最高人民法院、最高人民检察院关于适用刑事司法解释时间效力问题的规定》第二条、第三条分别规定"对于司法解释实施前发生的行为，行为时没有相关司法解释，司法解释施行后尚未处理或者正在处理的案件，依照司法解释的规定办理"，"对于新的司法解释实施前发生的行为，行为时已有相关司法解释，依照行为时的司法解释办理，但适用新的司法解释对犯罪嫌疑人、被告人有利的，适用新的司法解释"；本案中，郭某某、向某、曹某甲、赵某的行为发生在2012年12月7日前，而此前对"国家机关工作人员实施渎职犯罪并收受贿赂"或"国家工作人员利用职务上的便利，收受他人财物，为他人谋取利益，同时构成受贿罪和刑法分则第三章第三节、第九章规定的渎职犯罪的"是否以渎职犯罪和受贿罪数罪并罚，无相关司法解释予以规定。因此，根据上述司法解释的规定，对郭某某、向某、曹某甲、赵某应按2016年3月28日《最高人民法院、最高人民检察院关于办理贪污贿赂刑事案件适用法律若干问题的解释》第十七条规定实行数罪并罚。综上，向某、曹某甲及向某的辩护人提出的该上诉理由、辩护意见不能成立，本院不予采纳。

4. 行为人作为质监局工作人员，利用职务上的便利，非法收受他人财物，为他人谋取利益，并且在查办案件中玩忽职守、滥用职权，致使查获的不符合食品安全标准的原料用于生产，造成严重后果的，应以受贿罪和食品监管渎职罪数罪并罚，见【最高人民检察院指导性案例第16号】赛某、韩某某受贿、食品监管渎职案。

在该案中，云南省嵩明县人民法院认为：

被告人赛某、韩某某作为国家工作人员，利用职务上的便利，非法收受他人财物，为他人谋取利益，其行为已构成受贿罪；被告人赛某、韩某某作为质监局工作人员，在查办杨林丰某公司无生产许可证生产有毒、有害食品案件中玩忽职守、滥用职权，致使查获的不符合食品安全标准的原料用于生产，有毒、有害油脂流入社会，造成严重后果，其行为还构成食品监管渎职罪。鉴于杨林丰某公司被公安机关查处后，赛某、韩某某向领导如实汇报受贿事实，且将受贿款以"罚款"上交，属自首，可从轻、减轻处罚。依照刑法相关条款之规定，判决被告人赛某犯受贿罪和食品监管渎职罪，数罪并罚，判处有期徒刑六年；韩某某犯受贿罪和食品监管渎职罪，数罪并罚，判处有期徒刑二年六个月。

◎渎职行为与受贿行为之间没有必然联系的，应数罪并罚

5. 行为人徇私枉法的行为与接受贿赂的行为之间并无必然的关联性，其行为各自独立构罪的，应当数罪并罚，见【（2020）鄂10刑终82号】王某受贿、滥用职权、徇私枉法案二审刑事裁定书。

在该裁定书中，湖北省荆州市中级人民法院认为：

关于王某的辩护人提出"根据《刑法》第三百九十九条第四款之规定，对王某的受贿罪、徇私枉法罪应择一重罪处罚"的辩护意见，经查，郑某的请托事项系回转旧城改造项目，在王某的操作下该项目回转至刘某，郑某的请托事项业已完成。根据在案证据及查明事实，现有证据无法证明郑某的请托事项中包含让王某包庇戴某不受追诉的请求，亦无证据证明戴某与王某就该项目回转事项有过利益交换或戴某请托王某包庇自己不受追诉。故在项目回转半年后，王某徇私枉法的行为与王某接受郑某贿赂的行为之间并无必然的关联性，其行为各自独立构罪，应当数罪并罚。

律师建议

受贿罪的犯罪构成中包括一定的滥用职权行为，滥用职权行为达到法律要求的严重程度才能单独构成犯罪。实践中绝大多数的受贿行为和滥用职权行为往往是同时发生的，律师在辩护时要特别注意的是，如果行为人同时实施了受贿行为和一般渎职行为，该一般渎职行为属于法律明文规定的受贿罪基本或加重犯罪构成要素时，仅认定为受贿罪，不再构成渎职犯罪；只有超出受贿罪的基本或加重犯罪构成时，才同时构成受贿罪和一般渎职犯罪。

八 ▶ 特殊渎职罪的认定

082 受贿并串通投标构成一罪还是数罪？

律师提示

国家机关工作人员实施了受贿行为和串通投标行为，同时构成受贿罪与串通投标罪的，如果受贿行为与串通投标行为之间存在牵连关系，则应当择一重罪处罚；如果受贿行为与串通投标行为之间没有关联性，则应当数罪并罚。

争议焦点

《刑法》第二百二十三条规定：投标人相互串通投标报价，损害招标人或者其他投标人利益，情节严重的，处三年以下有期徒刑或者拘役，并处或者单处罚金。

投标人与招标人串通投标，损害国家、集体、公民的合法利益的，依照前款的规定处罚。

第三百八十五条规定：国家工作人员利用职务上的便利，索取他人财物的，或者非法收受他人财物，为他人谋取利益的，是受贿罪。

国家工作人员在经济往来中，违反国家规定，收受各种名义的回扣、手续费，归个人所有的，以受贿论处。

第三百八十八条规定：国家工作人员利用本人职权或者地位形成的便利条件，通过其他国家工作人员职务上的行为，为请托人谋取不正当利益，索取请托人财物或者收受请托人财物的，以受贿论处。

《招标投标法实施条例》第六十七条第一款规定：投标人相互串通投标或者与招标人串通投标的，投标人向招标人或者评标委员会成员行贿谋取中标的，中标无效；构成犯罪的，依法追究刑事责任；尚不构成犯罪的，依照招标投标法第五十三条的规定处罚。投标人未中标的，对单位的罚款金额按照招标项目合同金额依照招标投标法规定的比例计算。

国家机关工作人员受贿并串通投标究竟是择一重罪处罚还是数罪并罚，我国相关法律及司法解释并未明确规定，实务中有些法院将其认定为牵连犯择一重罪处罚，有些法院认定其应当数罪并罚，因此有必要进一步明确。

裁判精要

国家机关工作人员在收受贿赂后为他人串通投标，应视为收受财物后为他人谋取不正当利益，该串通投标行为与受贿行为系牵连行为，应当择一重罪处罚。国家机关工作人员出于帮助投标人中标及非法收受他人财物的犯意，实施相应犯意的两种行为，侵犯不同的犯罪客体，同时构成受贿罪与串通投标罪，应数罪并罚；行为人帮助他人中标和受贿，不构成原因和结果行为的牵连关系，侵犯的是两种不同的犯罪客体，同时构成串通投标罪和受贿罪，应当实行数罪并罚。

司法观点

（一）择一重罪处罚

◎**收受贿赂为他人串通投标的，应择一重罪处罚**

1. 行为人在非法收受财物后，为他人串通投标，应视为收受他人财物后为他人谋取不正当利益，该串通投标行为与受贿行为系牵连行为，对于牵连犯，除刑法明文规定要实行数罪并罚的以外，对其他牵连犯不应实行数罪并罚，应择一重罪处罚，见【（2020）闽0923刑初136号】何某辉、何某全、王某某受贿案一审刑事判决书。

在该判决书中，福建省宁德市屏南县人民法院认为：

关于本案被告人何某辉受贿后为他人串通投标是否实行串通投标罪与受贿罪数罪并罚的问题。经查，受贿罪是指国家工作人员利用职务上的便利，索取他人财物，或者非法收受他人财物，为他人谋取利益的行为。该利益既包含正当利益也包含不正当利益。被告人何某辉系在非法收受财物后，为他人串通投标，应视为收受他人财物后为他人谋取不正当利益，该串通投标行为与受贿行为系牵连行为，对于牵连犯，除刑法明文规定要实行数罪并罚的以外，对其他牵连犯不应实行数罪并罚，应择一重罪处罚。同时根据最高人民法院、最高人民检察院《关于办理贪污贿赂刑事案件适用法律若干问题的解释》第十七条"国家工作人员利用职务上的便利，收受他人财物，为他人谋取利益，同时构成受贿罪和刑法分则第三章第三节、第九章规定的渎职犯罪的，除刑法另有规定外，以受贿罪和渎职犯罪数罪并罚"的规定，构成受贿罪的同时触犯渎职犯罪的才应数罪并罚，而串通投标罪并不属于刑法分则第三章第三节、第九章规定的渎职犯罪，根据罪刑法定原则，本案起诉书指控的受贿罪与串通投标罪应当择一重罪处罚，即仅构成受贿罪。辩护人的相关辩护意见与查明的事实及法律相符，予以采纳。

2. 行为人在非法收受财物后，为他人串通投标，应视为收受他人财物后为他人谋取不正当利益，该串通投标行为与受贿行为系牵连行为，应择一重罪处罚，见【（2018）闽0923刑初210号】陆某某串通投标案一审刑事判决书。

在该判决书中，福建省宁德市屏南县人民法院认为：

关于本案被告人陆某某受贿后为他人串通投标是否适用串通投标罪与受贿罪数罪并罚的问题。被告人及辩护人认为被告人陆某某第一起、第二起、第五起串通投标中的行为属于牵连犯，应择一重罪处罚，即仅构成受贿罪。经查，受贿罪是指国家工作人员利用职务上的便利，索取他人财物的，或者非法收受他人财物，为他人谋取利益的。该利益既包含正当利益也包含不正当利益，被告人陆某某系在非法收受财物后，为他人串通投标，应视为收受他人财物后为他人谋取不正当利益，该串通投标行为与受贿行为系牵连行为，应择一重罪处罚。同时根据最高人民法院、最高人民检察院《关于办理贪污贿赂刑事案件适用法律若干问题的解释》第十七条"国家工作人员利用职务上的便利，收受他人财物，为他人谋取利益，同时构成受贿罪和刑法分则第三章第三节、第九章规定的渎职犯罪的，除刑法另有规定外，以受贿罪和渎职犯罪数罪并罚"的规定，受贿的同时触犯渎职犯罪的才应数罪并罚，而串通投标罪并不属于刑法分则第三章第三节、第九章规定的渎职犯罪，根据罪行法定的原则，本案起诉书指控的第1节、第2节、第5节串通投标的事实与受贿罪应当择一重罪处罚，即仅构成受贿罪。

3. 行为人串通投标犯罪与贪污、受贿犯罪形成目的与手段的牵连关系，构成牵连犯，而我国刑法及相关法律并未规定受贿犯罪、贪污犯罪与串通投标犯罪的牵连应数罪并罚，故对其受贿犯罪与串通投标犯罪应择一重罪以受贿罪定罪处罚，见【（2018）琼9007刑初186号】符某丽、符某光等受贿案一审刑事判决书。

在该判决书中，海南省东方市人民法院认为：

对于公诉机关关于"被告人符某丽、符某光在东方市市委3号楼电梯采购项目中与段某某、李某串通投标，其行为应以串通投标罪追究其刑事责任"的指控。因被告人符某丽、符某光与被告人段某某、李某相互勾结串通投标是为实施其贪污和索贿犯罪而采用的手段行为，其串通投标犯罪与贪污、受贿犯罪形成目的与手段的牵连关系，构成牵连犯，而我国刑法及相关法律并未规定受贿犯罪、贪污犯罪与串通投标犯罪的牵连应数罪并罚，故对其受贿犯罪与串通投标犯罪应择一重罪以受贿罪定罪处罚，对其贪污犯罪与串通投标犯罪应择一重罪以贪污罪定罪处罚。故对公诉机关指控被告人符某丽、符某光犯串通投标罪本院不予支持。

（二）数罪并罚

◎**串通招投标与受贿行为分别独立的，应数罪并罚**

1. 行为人出于帮助投标人中标及非法收受他人财物的犯意，实施相应犯意的两种行为，侵犯不同的犯罪客体，同时符合受贿罪与串通投标罪的构成要件，应数罪并罚，见【（2019）川0302刑初308号】吕某受贿案一审刑事判决书。

在该判决书中，四川省自贡市自流井区人民法院认为：

关于辩护人提出吕某受贿为余某谋取利益的行为与串通投标的帮助行为之间具有牵连关系，应按照择一重罪即受贿罪处罚，指控对吕某犯受贿罪与串通投标罪采用数罪并罚是对同一犯罪行为的重复评价，全案应以受贿罪进行处罚的辩护意见，经查，被告人吕某出于帮助投标人中标及非法收受他人财物的犯意，实施相应犯意的两种行为，侵犯不同的犯罪客体，同时符合受贿罪与串通投标罪的构成要件，辩护人的辩护意见不能成立，本院不予采纳。

2. 行为人帮助他人中标和受贿，不构成原因和结果行为的牵连关系，侵犯的是两种不同的犯罪客体，同时符合串通投标罪和受贿罪的构成要件，应当实行数罪并罚，见【（2020）渝0235刑初70号】曹某某贪污案一审刑事判决书。

在该判决书中，重庆市云阳县人民法院认为：

关于辩护人提出曹某某串通投标行为与受贿行为具有牵连关系，应择一重罪处罚的辩护意见。经查，被告人曹某某作为招标业主单位法定代表人，与朱某等人串谋，帮助朱某中标，使公开招标流于形式，致使其他投标人无法在公平竞争的条件下参与竞争投标，严重影响招投标市场秩序的行为，构成串通投标罪。曹某某以"干股"方式索取朱某贿赂款72万元的行为，构成受贿罪。曹某某帮助朱某中标和受贿，不构成原因和结果行为的牵连关系，侵犯的是两种不同的犯罪客体，同时符合串通投标罪和受贿罪的构成要件，单独适用受贿罪或串通投标罪均不能对曹某某的行为进行充分评价，应当实行数罪并罚。故对辩护人的该辩护意见，本院不予采纳。

律师建议

国家机关工作人员受贿并串通投标究竟是择一重罪处罚还是数罪并罚,我国相关法律及司法解释并未明确规定,司法实践中,有些法院将其认定为牵连犯择一重罪处罚,有些法院认定其是两种不同的犯意应当数罪并罚,律师在辩护过程中要着重考虑行为人的受贿行为与串通投标行为之间的关联关系,从而为行为人争取较轻刑罚。

083 如何认定泄露国家秘密罪中的"国家秘密"?

律师提示

泄露后可能损害国家政治、经济、国防、外交等领域的安全和利益的事项,应当认定为国家秘密,国家机关工作人员予以泄露的,构成泄露国家秘密罪;需要公众广泛知晓或者参与、依法公开或者泄露前已经无法控制知悉范围以及属于工作秘密、商业秘密、个人隐私的等不会对国家安全和利益造成损害的情形的,不应认定为国家秘密,国家机关工作人员泄露的,不应认定为泄露国家秘密罪。

争议焦点

《刑法》第三百九十八条规定:国家机关工作人员违反保守国家秘密法的规定,故意或者过失泄露国家秘密,情节严重的,处三年以下有期徒刑或者拘役;情节特别严重的,处三年以上七年以下有期徒刑。

非国家机关工作人员犯前款罪的,依照前款的规定酌情处罚。

《保守国家秘密法》第九条规定:下列涉及国家安全和利益的事项,泄露后可能损害国家在政治、经济、国防、外交等领域的安全和利益的,应当确定为国家秘密:

(一)国家事务重大决策中的秘密事项;

(二)国防建设和武装力量活动中的秘密事项;

(三)外交和外事活动中的秘密事项以及对外承担保密义务的秘密事项;

(四)国民经济和社会发展中的秘密事项;

（五）科学技术中的秘密事项；

（六）维护国家安全活动和追查刑事犯罪中的秘密事项；

（七）经国家保密行政管理部门确定的其他秘密事项。

政党的秘密事项中符合前款规定的，属于国家秘密。

《保守国家秘密法实施条例》第十五条规定：国家秘密载体以及属于国家秘密的设备、产品的明显部位应当标注国家秘密标志。国家秘密标志应当标注密级和保密期限。国家秘密的密级和保密期限发生变更的，应当及时对原国家秘密标志作出变更。

无法标注国家秘密标志的，确定该国家秘密的机关、单位应当书面通知知悉范围内的机关、单位和人员。

2021年《国家秘密鉴定工作规定》第七条规定：下列事项不得鉴定为国家秘密：

（一）需要公众广泛知晓或者参与的；

（二）属于工作秘密、商业秘密、个人隐私的；

（三）已经依法公开或者泄露前已经无法控制知悉范围的；

（四）法律、法规或者国家有关规定要求公开的；

（五）其他泄露后对国家安全和利益不会造成损害的。

2006年《最高人民检察院关于渎职侵权犯罪案件立案标准的规定》第一条第三款规定：故意泄露国家秘密罪是指国家机关工作人员或者非国家机关工作人员违反保守国家秘密法，故意使国家秘密被不应知悉者知悉，或者故意使国家秘密超出了限定的接触范围，情节严重的行为。

涉嫌下列情形之一的，应予立案：

1. 泄露绝密级国家秘密1项（件）以上的；

2. 泄露机密级国家秘密2项（件）以上的；

3. 泄露秘密级国家秘密3项（件）以上的；

4. 向非境外机构、组织、人员泄露国家秘密，造成或者可能造成危害社会稳定、经济发展、国防安全或者其他严重危害后果的；

5. 通过口头、书面或者网络等方式向公众散布、传播国家秘密的；

6. 利用职权指使或者强迫他人违反国家保守秘密法的规定泄露国家秘密的；

7. 以牟取私利为目的泄露国家秘密的；

8. 其他情节严重的情形。

所谓泄露国家秘密，就是行为人把自己掌管的或者知道的国家秘密让不应该知道的人知道。泄露行为的方式可以是多种多样的，泄露的不同方式，不影响泄露国家秘密罪的成立。各有关国家机关，依据国家保密法所规定的保密范围、保密制度和职责，要求结合本部门、本单位的实际情况所作的具体保密规定，都是国家保密法的具体实施规定，违反了这些具体实施规定的，必然违反保密法规。在审判实践中，主要的争议焦点在于"国家秘密"的认定。

裁判精要

国家机关工作人员知悉的绝密级文件、密级文件属于"国家秘密"。专业技术资格全国统一考试及其他国家机关组织的考试，在启用前的试题、试卷（包括备用卷）、标准答案及评分标准"是绝密级的国家秘密"，且试卷正式拆封分发后对考场外的其他人员来说仍属国家秘密的范畴。没有标明密级的检察机关移送案卷不属于国家秘密，辩护人通过合法的手段获取之后交给被告人家属的不构成故意泄露国家秘密罪。作为派出所工作人员利用职务之便观察到的民警、警车的出动情况以及向出警民警、驾驶员询问到的查禁行动信息不属于国家秘密。

司法观点

（一）属于"国家秘密"

◎**绝密级文件和密级文件，均属于"国家秘密"**

1. 行为人违反保守国家秘密法的规定，在办公室将绝密级文件、密级文件交给不应知悉上述文件内容的其他人，构成故意泄露国家秘密罪，绝密级文件、密级文件均属于国家秘密，见【《中国审判》联合最高法研究室推出2015年度十大典型案例刑事篇之一】周某某故意泄露国家秘密案。

据新华社报道，2015年5月22日，鉴于周某某案中一些犯罪事实证据涉及国家秘密，天津市第一中级人民法院依法对周某某案进行不公开开庭审理。法庭通过出示、宣读泄密文件等物证、曹某正证言、搜查笔录等，证实周某某违反保守国家秘密法的规定，在其办公室将5份绝密级文件、1份机密级文件交给不应知悉上述文件内容的曹某正。天津市第一中级人民法院经审理认为，周某某故意泄露国家秘密，犯罪情节特别严重，但未造成特别严重的后果。2015年6月11日，天津市第一中级人民法院依法对周某某受贿、滥用职权、故意泄露国家秘密案进行了一审宣判，认定周某某犯受贿罪，判处无期徒刑，剥夺政治权利终身，并处没收个人财产；犯滥用职权罪，判处有期徒刑七年；犯故意泄露国家秘密罪，判处有期徒刑四年，三罪并罚，决定执行无期徒刑，剥夺政治权利终身，并处没收个人财产。

◎国家统一考试，属于"国家秘密"

2. 道路货物运输驾驶员从业资格考试启用前的考试试卷、标准答案属于机密级国家秘密，行为人伙同他人为牟取私利，在考试过程中采取更换已经填好的答题卡等方式泄露答案，其行为符合故意泄露国家秘密罪的构成要件，见【（2019）京02刑终137号】许某锋等故意泄露国家秘密案二审刑事裁定书。

在该裁定书中，北京市第二中级人民法院认为：

关于许某锋所提上诉理由及其辩护人所提辩护意见，经查，在案证据能够证实道路货物运输驾驶员从业资格考试启用前的考试试卷（包括备用卷）、标准答案经鉴定属于机密级国家秘密，许某锋作为心智正常的成年人，应当知道在考试前、考试中均不能泄露答案，但其伙同郭某红等人为牟取私利，采用提前制作答案、填涂答题卡，在考试过程中采取更换已经填好的答题卡等方式泄露答案，其主观上具有泄露答案的故意，客观上亦有泄露答案的行为，而其所泄露的答案是依据启用前的试卷内容作出，且与上述试卷的标准答案的相同率为88.9%，将该依据启用前的试卷内容做出的足以让考生通过考试的试题答案认定为机密级国家秘密，符合北京市国家保密局作出的密级鉴定书内容，其行为符合故意泄露国家秘密罪的构成要件。

3. 专业技术资格全国统一考试在启用前的试题、试卷（包括备用卷）、标准答案及评分标准是绝密级的国家秘密，该类试卷正式拆封分发后对在场的考生来说当然已无秘密可言，但对考场外的其他人员来说仍属秘密的范畴，见【（2014）沪一中刑终字第224号】蒋某某等泄露国家秘密、非法获取国家秘密案二审刑事判决书。

在该判决书中，上海市第一中级人民法院认为：

关于全国一级建造师执业资格考试开考后其试题内容是否属于国家秘密。本院认为，第一，原人事部、国家保密局依据《保守国家秘密法》关于国家秘密及其密级具体范围，由国家保密行政管理部门分别会同外交、公安、国家安全和其他中央有关机关作出的规定，联合印发了《人事工作中国家秘密及其密级范围的补充规定》（以下简称《补充规定》）的通知，该《补充规定》第二条第一款规定"专业技术资格全国统一考试在启用前的试题、试卷（包括备用卷）、标准答案及评分标准"是绝密级的国家秘密。"启用"应当解释为"启封""使用"，"启"即拆封，是瞬间行为，而"用"是指考试经历的时间跨度，是一个持续的过程，故对"启用"一词应完整理解为考试开考至答题结束的过程，如此理解完全符合考试公平性的要求。全国一级建造师专业技术考试明确要求考生在开考后一个小时方可交卷离场，正是为了确保良好的考试秩序与严格考场纪律而设置的硬性规定，同时也是防止试卷、试题泄露，保证考生独立完成试卷的保密工作要求。

第二，中共中央组织部、人力资源和社会保障部、国家公务员局作为有权对国家秘密的密级和范围作出解释的国家机关，其联合发布的《公务员考试录用笔试考务组织办法（试行）》（人社部发〔2011〕134号）第三十七条第二项规定，考试结束前的试题、参考答案或评分标准属"绝密级"。虽然国家公务员资格考试与全国一级建造师资格考试的内容有所不同，但均是由国家人力资源与社会保障部组织进行的，都是通过考试择优录用人才或选拔晋升资质的有效途径，因此，两种考试适用的规则，包括考题涉及的保密期限应当具有一致性，把考题的保密期限延长至考试结束前有规可循。

第三，二审期间辩护人向法院提出书面申请，要求委托上海市国家保密局对开考后至考试结束这一时间段全国一级建造师考试试卷的密级进行鉴定。上海市国家保密局书面函复本院，"启用前属于绝密级国家秘密。试卷正式拆封启用即视为解密"。我院对此认为，对该函复内容应针对不同的对象作不同的理解，试卷正式拆封分发后对在场的考生来说当然已无秘密可言，但对考场外的其他人员来说仍属秘密的范畴，这也符合社会公众的一般判断标准。试想如考场外的人员通过非正常手段知晓考题的内容进而将答案传送至考场内，无疑对考试的公正性产生重大影响。综上，对上诉人及其辩护人提出考试开考后试卷内容已不属国家秘密的意见，本院不予采纳。

（二）不属于"国家秘密"

◎**刑事案件卷宗，不属于"国家秘密"**

1. 行为人作为刑事被告人的辩护人，没有将法院同意其复印的案件证据材料当作国家秘密加以保守的义务，其将通过合法手续获取的案卷材料让当事人亲属查阅，不构成故意泄露国家秘密罪，见【《最高人民法院公报》案例】于某故意泄露国家秘密案。

在该案中，河南省焦作市中级人民法院认为：

本案中上诉人于某让马某某亲属查阅的案卷材料，是其履行律师职责时，通过合法手续，在法院从马某某贪污案的案卷中复印的。这些材料，虽然在检察机关的保密规定中被规定为机密级国家秘密，但当案件进入审判阶段后，审判机关没有将检察机关随案移送的证据材料规定为国家秘密。于某不是国家机关工作人员，也不属于检察机关保密规定中所指的国家秘密知悉人员。作为刑事被告人的辩护人，于某没有将法院同意其复印的案件证据材料当作国家秘密加以保守的义务。检察机关在移送的案卷上，没有标明密级；整个诉讼活动过程中，没有人告知于某，马某某贪污案的案卷材料是国家秘密，不得泄露给马某某的亲属，故也无法证实于某明知这些材料是国家秘密而故意泄露。因此，于某在担任辩护人期间，将通过合法手续获取的案卷材料让当事人亲属查阅，不构成故意泄露国家秘密罪。于某及其辩护人关于不构成犯罪的辩解理由和辩护意见成立，应予采纳。原判认定的基本事实清楚，审判程序合法，但适用法律错误，撤销沁阳市人民法院的一审刑事判决，宣告上诉人于某无罪。

◎查处犯罪的信息情报，不属于"国家秘密"

2. 行为人利用在派出所工作的便利，明知他人从事组织卖淫活动，仍多次为其通风报信，帮助其组织卖淫活动的，构成协助组织卖淫罪，不构成故意泄露国家秘密罪，见【（2016）浙1082刑初1136号】方某某故意泄露国家秘密案一审刑事判决书。

在该判决书中，浙江省临海市人民法院认为：

临海市人民检察院指控，2015年6月左右，被告人方某某经洪某介绍认识了郭某波，在交往过程中，被告人方某某明知郭某波系从事组织卖淫活动，仍然答应郭某波利用自己在临海市公安局古城派出所工作的便利，将临海市公安局古城派出所的查禁行动事先通知郭某波，以帮助郭某波逃避处罚。经查实，被告人方某某至少向郭某波泄露了三项国家秘密。公诉机关认为，被告人方某某的行为已构成故意泄露国家秘密罪。辩护人提出被告人方某某通风报信是违法，其通风报信的内容不全是针对卖淫活动，不属于国家秘密，指控泄露三项以上国家机密证据不足，认定协助组织卖淫罪证据不足，建议判无罪。

经审理查明，2015年6月左右，被告人方某某经洪某介绍认识了郭某波，在交往过程中，被告人方某明知郭某波系从事组织卖淫活动，仍然答应郭某波利用自己在临海市公安局古城派出所工作的便利，将临海市公安局古城派出所的查禁行动事先通知郭某波。此后，被告人方某通过观察民警、警车的出动情况或向出警民警、驾驶员询问行动信息等方式获取临海市公安局古城派出所的查禁行动信息，并将该查禁信息通过电话告知郭某波。截至2015年9月9日郭某波被临海市公安局查处为止，被告人方某与郭某波在17天中有通话联系，至少三次向郭某波通风报信。2016年4月12日，被告人方某经临海市人民检察院传唤到案，到案后如实供述了上述事实。本案在审理期间，经本院审查，认为公诉机关提供的证据，被告人方某可能构成协助组织卖淫罪，并书面告知被告人方某及其辩护人行使辩解、辩护权。在继续开庭审理过程中，被告人方某对指控的事实及构成协助组织卖淫罪无异议。公诉人在庭审中对其指控被告人方某构成泄露国家秘密罪作了口头变更，变更为协助组织卖淫罪。本院认为，被告人方某某为组织卖淫的人通风报信，帮助他人组织卖淫活动，其行为已构成协助组织卖淫罪。公诉机关指控的罪名成立。

律师建议

并非所有的与国家安全和利益相关的事项均可以认定为"国家秘密"，从而成为泄露国家秘密罪的犯罪对象。只有泄露后可能损害国家政治、经济、国防、外交等领域的安全和利益的事项，才认定为国家秘密，律师在辩护时应注意把握这一辩点。

084 如何认定是否构成徇私枉法罪？

律师提示

判断司法工作人员是否构成徇私枉法罪，主要看其实施枉法行为时主观上是否存在徇私情、私利的动机。若其与案件当事人之间存在明显的关联性如存在利益往来或者人际关系的，一般认定其主观上存在徇私情、私利的动机；若其与案件当事人之间不存在关联性或者关联性较小的，不认为其主观上存在徇私情、私利的动机。

争议焦点

《刑法》第三百九十九条第一款规定：司法工作人员徇私枉法、徇情枉法，对明知是无罪的人而使他受追诉、对明知是有罪的人而故意包庇不使他受追诉，或者在刑事审判活动中故意违背事实和法律作枉法裁判的，处五年以下有期徒刑或者拘役；情节严重的，处五年以上十年以下有期徒刑；情节特别严重的，处十年以上有期徒刑。

2006年《最高人民检察院关于渎职侵权犯罪案件立案标准的规定》第一条第五款的徇私枉法案（第三百九十九条第一款）规定：徇私枉法罪是指司法工作人员徇私枉法、徇情枉法，对明知是无罪的人而使他受追诉、对明知是有罪的人而故意包庇不使他受追诉，或者在刑事审判活动中故意违背事实和法律作枉法裁判的行为。

涉嫌下列情形之一的，应予立案：

1. 对明知是没有犯罪事实或者其他依法不应当追究刑事责任的人，采取伪造、隐匿、毁灭证据或者其他隐瞒事实、违反法律的手段，以追究刑事责任为目的立案、侦查、起诉、审判的；

2. 对明知是有犯罪事实需要追究刑事责任的人，采取伪造、隐匿、毁灭证据或者其他隐瞒事实、违反法律的手段，故意包庇使其不受立案、侦查、起诉、审判的；

3. 采取伪造、隐匿、毁灭证据或者其他隐瞒事实、违反法律的手段，故意使罪重的人受较轻的追诉，或者使罪轻的人受较重的追诉的；

4. 在立案后，采取伪造、隐匿、毁灭证据或者其他隐瞒事实、违反法律的手段，应当采取强制措施而不采取强制措施，或者虽然采取强制措施，但中断侦查或者超过法定期限不采取任何措施，实际放任不管，以及违法撤销、变更强制措施，致使犯罪嫌疑人、被告人实际脱离司法机关侦控的；

5. 在刑事审判活动中故意违背事实和法律，作出枉法判决、裁定，即有罪判无罪、无罪判有罪，或者重罪轻判、轻罪重判的；

6. 其他徇私枉法应予追究刑事责任的情形。

2003年《最高人民检察院法律政策研究室关于非司法工作人员是否可以构成徇私枉法罪共犯问题的答复》规定：非司法工作人员与司法工作人员勾结，共同实施徇私枉法行为，构成犯罪的，应当以徇私枉法罪的共犯追究刑事责任。

2012年《最高人民法院、最高人民检察院关于办理渎职刑事案件适用法律若干问题的解释（一）》第二条第二款规定：国家机关工作人员滥用职权或者玩忽职守，因不具备徇私舞弊等情形，不符合刑法分则第九章第三百九十八条至第四百一十九条的规定，但依法构成第三百九十七条规定的犯罪的，以滥用职权罪或者玩忽职守罪定罪处罚。

我国司法实践中，判定司法工作人员是否构成徇私枉法罪，主要争议焦点在于判断其主观上是否存在徇私情、私利的动机。

裁判精要

司法工作人员为徇私情，在对是否构成犯罪把握不准的情况下实施以追究他人刑事责任为目的立案、侦查行为，使他人受到追诉的，构成徇私枉法罪；司法工作人员明知他人具有犯罪嫌疑而故意包庇使其不受追诉，构成徇私枉法罪。司法工作人员办案过程中具有渎职行为，但不具有徇私、徇情的动机和放纵罪犯的目的，主观上没有包庇犯罪分子的故意，客观上没有枉法行为的，不构成徇私枉法罪。

司法观点

（一）构成徇私枉法罪

◎**司法工作人员徇私情违法立案侦查的，构成徇私枉法罪**

1. 行为人明知刑警队未立案，对是否构成犯罪把握不准的情况下，在接受宴请和财物后，为徇私情而实施以追究他人刑事责任为目的立案、侦查行为，使他人受到追诉的，构成徇私枉法罪，见【（2017）冀05刑终254号】王某某、孔某某徇私枉法案二审刑事裁定书。

在该裁定书中，河北省邢台市中级人民法院认为：

上诉人王某某、孔某某明知刑警队对鑫某公司举报蔡某未立案，对蔡某从鑫某公司拿回欠条并销毁的行为是否构成犯罪把握不准确情况下，在接受鑫某公司的宴请和财物后，为徇私情而实施以追究蔡某刑事责任为目的的立案、侦查行为，使蔡某受到追诉，其行为构成徇私枉法罪。故两上诉人（原审被告人）关于其无罪的辩护意见，本院不予采纳。

◎ **司法工作人员徇私情故意包庇犯罪人的，构成徇私枉法罪**

2. 行为人作为司法机关工作人员，明知他人具有故意伤害和敲诈勒索的犯罪嫌疑而故意包庇使其不受追诉的，构成徇私枉法罪，见【（2019）晋05刑终146号】刘某徇私枉法案二审刑事裁定书。

在该裁定书中，山西省晋城市中级人民法院认为：

关于上诉人刘某所提对陈某敲诈勒索行为未作处理不构成徇私枉法罪的上诉理由。经查，刘某供述，同唐某陈述相互印证，证实唐某确和刘某反映过被陈某等人殴打及受陈某胁迫打下10万元欠条的事情。刘某明知唐某的控告涉及陈某敲诈勒索的犯罪事实，却不对陈某展开调查，案卷中没有对陈某的相关询问或讯问笔录，在李某1、李某、关某等人对唐某被打一事作证时，也没有根据其事先掌握的线索向三名证人了解10万元债务的有关情况。刘某办案举动，起到帮助陈某逃避刑事追诉的作用，其所提未对陈某敲诈勒索进行处理不构成徇私枉法罪的上诉理由不予支持。

本院认为，上诉人刘某作为司法机关工作人员，明知陈某等人具有故意伤害和敲诈勒索的犯罪嫌疑，而故意包庇使陈某等人不受追诉，构成徇私枉法罪。原审认定刘某犯徇私枉法罪，并根据其不法行为的性质、造成的社会危害，同时考虑刘某当庭认罪的量刑情节，判处刘某有期徒刑三年六个月，定性准确，量刑无明显不当，应予维持。

（二）不构成徇私枉法罪

◎ **司法工作人员渎职但未徇私包庇他人的，不构成徇私枉法罪**

1. 行为人作为刑事侦查人员，在办案过程中渎职，致使可查清却未查清嫌疑人全部犯罪事实，但其不具有徇私、徇情的动机和放纵罪犯的目的，主观上没有包庇犯罪分子的故意，不符合徇私枉法的主观要件，不构成徇私枉法罪，见【（2017）湘0481刑初125号】冯某某、刘某甲、刘某乙徇私枉法、受贿、贪污、敲诈勒索、玩忽职守案一审刑事判决书。

在该判决书中，湖南省耒阳市人民法院认为：

关于三被告人的行为是否构成徇私枉法罪。本院认为，本案中被告人冯某某、刘某甲、刘某乙身为刑事侦查人员，在主办李某、唐某某、李某等人敲诈勒索案的过程中，没有对已掌握的涉案的银行账号进行认真查询，没有对嫌疑人交代的所有被害人核实身份并取证，没有让嫌疑人对已扣押的视频资料进行辨认，没有查清各嫌疑人的供述中互不吻合的部分的事实，没有查清各嫌疑人的供述与视频内容不相符的部分的事实。因三被告人的渎职行为，致使可查清却未查清嫌疑人全部犯罪事实。三被告人不具有徇私、徇情的动机和放纵罪犯的目的，主观上没有包庇犯罪分子的故意，不符合徇私枉法的主观要件，不构成徇私枉法罪，但他们作为刑事侦查人员，不认真履行、不正确履行其工作职责，致使未查清嫌疑人的犯罪事实，导致嫌疑人重罪轻判，以致在被判处缓刑后继续作案，造成了恶劣的社会影响，给国家和人民利益造成重大损失，其行为均已构成玩忽职守罪。公诉机关指控三被告人犯罪的事实清楚，证据确实、充分，本院予以支持；公诉机关指控三被告人犯徇私枉法罪，指控罪名不成立，本院不予支持。三被告人各自的辩护人提出不构成徇私枉法罪的辩护意见，本院予以采纳。

◎ **司法工作人员单纯工作不细致、不作为的，不构成徇私枉法罪**

2. 行为人作为派出所所长，在死婴案件初查阶段，做出决定对案件暂停查办的行为，虽然办案程序严重违反相关规定，但是不能将这种在工作上不细致或者不作为的行为表现及结果事实，客观归罪于存在主观犯罪故意及有意包庇罪犯，其没有徇私枉法的主观故意和客观行为，不构成徇私枉法罪，见【（2017）黑08刑再1号】冯某某徇私枉法案再审刑事裁定书。

在该裁定书中，黑龙江省佳木斯市中级人民法院认为：

徇私枉法罪在主观方面表现为明知是有罪的人而故意包庇不使他受到追诉，犯罪目的是放纵罪犯，动机是徇私、徇情。本案中没有证据证实，原审被告人冯某某有明知李某家新生婴儿是非正常死亡且李某等人涉嫌刑事犯罪的主观犯罪故意。根据公安部《公安派出所执法执勤工作规范》和《关于建立派出所和刑警队办理刑事案件工作机制的意见》中的有关规定，公安基层派出所不办理辖区内故意杀人案等需要开展专门侦查工作的刑事案件。冯某某作为派出所所长，在死婴案件初查阶段，由于尚未调查出是否存在犯罪事实，是否达到刑事案件立案标准，且在调查的第二天，当地村书记即领着举报人和被举报人到派出所反映婴儿系病死的，举报人主动要求撤回举报的情况下，作出对案件暂停查办的决定，虽在办案程序上严重违反相关规定，结果也是使犯罪行为迟于受到法律制裁，但是不能将这种在工作上不细致或者不作为的行为表现及结果事实，客观归罪于存在主观犯罪故意及有意包庇罪犯。另外，原审被告人冯某某作出停止查办死婴案件决定在先，收取葛某5000元在后，且该钱款被用于派出所更换锅炉。故此，不能认定原审被告人为图谋私利，收受他人钱财，在明知他人有犯罪嫌疑的情况下，而放弃侦查。综上，原审被告人冯某某没有徇私枉法的主观故意和客观行为。原二审判决认定的事实及适用法律并无不当，应予维持。

律师建议

徇私枉法罪在主观方面表现为明知是有罪的人而故意包庇不使其受到追诉，犯罪目的是放纵罪犯，动机是徇私、徇情。司法实践中，判定司法工作人员是否构成徇私枉法罪，主要判断其主观上是否存在徇私情、私利的动机，如果没有徇私动机，只是普通的渎职，量刑方面会比徇私枉法罪轻。因此律师在辩护过程中应着重关注其与案件当事人之间的关联性大小，判断其是否存在徇私动机。

085 如何认定徇私枉法罪中的"情节严重"？

律师提示

司法工作人员徇私枉法，如果其包庇重大案件犯罪分子、多次实施徇私枉法行为或者受其包庇的犯罪分子再次严重犯罪的，构成"情节严重"；如果其包庇的人仅是轻罪案件的犯罪分子，则不构成"情节严重"；如果行为人同时犯数罪导致严重后果发生的，该严重后果已经在其他犯罪中评价过的，不再将该严重后果作为徇私枉法罪"情节严重"的情形。

争议焦点

《刑法》第三百九十九条第一款规定：司法工作人员徇私枉法、徇情枉法，对明知是无罪的人而使他受追诉、对明知是有罪的人而故意包庇不使他受追诉，或者在刑事审判活动中故意违背事实和法律作枉法裁判的，处五年以下有期徒刑或者拘役；情节严重的，处五年以上十年以下有期徒刑；情节特别严重的，处十年以上有期徒刑。

徇私枉法罪是行为犯，一般不以是否发生行为人所追求的后果为条件，只要行为人在刑事诉讼过程中实施了徇私枉法或者徇情枉法行为，且不属于"情节显著轻微危害不大的"情形，应当认定构成犯罪，"处五年以下有期徒刑或者拘役"；对于徇私枉法行为"情节严重的，处五年以上十年以下有期徒刑；情节特别严重的，处十年以上有期徒刑"。由此看出，徇私枉法罪的成立，是不以"情节严重"为必要条件的。"情节严重"和"情节特别严重"只是加重处罚的情节，直接影响着对行为人犯徇私枉法罪的量刑。司法解释没有对"情节严重"和"情节特别严重"作出规定，根据司法实践，一般从后果、手段以及影响来认定情节是否严重。

裁判精要

司法机关工作人员徇私枉法，包庇重大犯罪分子的，如有可能被判死刑的犯罪分子、涉爆犯罪分子、涉黑犯罪分子等，构成"情节严重"；司法机关工作人员徇私枉法，其包庇的犯罪分子再次犯重罪的，如贩毒、抢劫等，构成"情节严重"；司法机关工作人员多次实施徇私枉法行为，造成严重影响的，如多次放纵他人犯罪、多次违规办理取保候审导致多名犯罪嫌疑人逃避侦查等，构成"情节严重"。司法机关工作人员徇私舞弊，包庇对象系轻罪案件犯罪分子的，如危险驾驶罪等，不构成"情节严重"；司法机关工作人员同时犯数罪，其造成的危害结果已在其他犯罪中评价过的，如同时犯受贿罪和徇私枉法罪，包庇他人的行为已在受贿罪中评价，不再将其评价为徇私枉法罪中"情节严重"的情形。

司法观点

（一）构成"情节严重"

◎**徇私枉法包庇重大犯罪分子的，构成"情节严重"**

1. 行为人意图使可能被判处死刑的犯罪嫌疑人不受应有的追诉，使无罪的人受到追究，极大地损害了司法机关的威信，造成了较坏的社会影响，应属情节严重，见【（2005）渝高法刑终字第88号】周某某等徇私枉法、故意伤害、帮助犯罪分子逃避处罚案二审刑事判决书。

在该判决书中，重庆市高级人民法院认为：

上诉人周某某、王某勇身为司法工作人员，利用承办案件的便利条件，为谋取私利，对明知是有罪的人而采取串通伪造证据等违背法律的手段，故意包庇使其不受到追诉，对明知是无罪的人而使其受到追究，共同收受贿赂6000元，其行为均已构成徇私枉法罪。由于余某系重大刑事案件的犯罪嫌疑人，二上诉人意图使可能被判处死刑的犯罪嫌疑人不受应有的追诉，使无罪的人受到追究，极大地损害了司法机关的威信,造成了较坏的社会影响,应属情节严重。

2. 行为人徇私枉法行为的包庇对象为涉爆犯罪可能被判处十年以上有期徒刑的重大犯罪分子,且为多人的,应当认定其属于"情节严重",见【(2016)豫15刑终343号】赵某某非法买卖爆炸物、徇私枉法、贪污、单位受贿案二审刑事判决书。

在该判决书中,河南省信阳市中级人民法院认为:

上诉人沈某和的徇私枉法罪是否属于"情节严重"情形,经查,沈某和在两起徇私枉法事实中均有收受贿赂行为,包庇对象为涉爆犯罪可能被判处十年以上有期徒刑的重大犯罪分子,且为多人,原审综合沈某和在徇私枉法犯罪中的前述情节,认定其属于"情节严重"并无不当。沈某和及其辩护人关于沈某和犯徇私枉法罪不属于情节严重的上诉理由及辩护意见不能成立,本院不予采纳。

3. 行为人徇私枉法,为黑社会性质组织逐步发展壮大创造了条件,同时严重损害了公安机关公正执法形象,且该黑社会性质组织实施的犯罪活动造成了极为恶劣的社会影响,应认定行为人构成徇私枉法罪,且属情节严重,见【(2020)皖13刑终299号】冯某某徇私枉法案二审刑事裁定书。

在该裁定书中,安徽省宿州市中级人民法院认为:

关于冯某某是否构成徇私枉法罪且系情节严重以及冯某某是否属于黑社会性质组织保护伞问题。经查:上诉人冯某某在芦岭派出所主持工作期间,在该所侦办路某1被伤害案时,案件关联人员史某1找到冯某某为史某2说情,告知冯某某史某2在缓刑期间参与打伤路某1,并送冯某某1万元。承办民警陈某亦向冯某某汇报了史某2参与打伤路某1的情况。冯某某徇私利私情,明知史某2属于缓刑考验期内犯新罪,为包庇史某2,没有安排对史某2立案追究,导致史某2在缓刑期间所犯新罪未受处罚,没有被及时收监,逍遥法外后又重伤他人;在侦办许某1被砍伤案时,案件关联人员许某2找到冯某某,告知冯某某是其让史某2带人到选举现场架势、许某3酒后滋事殴打许某1、史某2的小弟张某砍伤许某1等事实,并请求冯某某帮忙,承办民警胡某亦告知该案应定性为寻衅滋事罪,冯某某为照顾和许某2、史某1之间的关系,包庇史某2等人不受刑事追究,故意将此案定性为故意伤害罪,对涉案人员史某2、漆某、贺某等人未立案,致使史某2、漆某、贺某等人逃避了法律制裁,冯某某在该案侦办期间、事后均收受了许某2的钱财;冯某某明知史某2在监外执行期间涉嫌犯罪,仍向相关部门出具史某2监外执行期间没有违法违纪行为、未参与违法犯罪的证明材料,致史某 2 未能及时被收监执行和追究法律责任。（2017）皖 1302 刑初 872 号刑事判决书和（2018）皖 13 刑终 575 号刑事裁定书载明，2002 年发生的路某 1 被伤害案、2005 年发生的许某 1 被砍伤案均是以史某 2 为首的黑社会性质组织实施的系列犯罪的组成部分，冯某某客观上充当了黑社会性质组织保护伞。冯某某徇私枉法行为，助长了史某 2 等人藐视法律，公然危害社会的嚣张气焰，为以史某 2 为首的黑社会性质组织逐步发展壮大创造了条件，同时严重损害了公安机关公正执法形象，且以史某 2 为首的黑社会性质组织实施的犯罪活动严重破坏了芦岭镇及周边地区的经济、社会生活秩序，造成了极为恶劣的社会影响。原判认定冯某某构成徇私枉法罪，且属情节严重并无不当。故冯某某提出其不是黑社会性质组织保护伞，不构成徇私枉法罪以及辩护人提出冯某某不构成徇私枉法罪，认定冯某某充当黑社会性质组织保护伞不当，将涉黑作为徇私枉法情节严重的量刑情节违背基本事实的上诉理由、辩护意见均不能成立，本院不予采纳。

◎徇私枉法行为给他人实施严重犯罪创造条件的，属于"情节严重"

4. 由于行为人徇私枉法，导致犯罪嫌疑人提前解除强制戒毒后又贩卖大量毒品，该贩毒行为虽非徇私枉法行为直接造成，但行为人徇私枉法的行为为贩毒制造了条件，应认定为"情节严重"，见【（2016）湘 13 刑终 33 号】肖某某徇私枉法、行贿案二审刑事裁定书。

在该裁定书中，湖南省娄底市中级人民法院认为：

上诉人肖某某及其辩护人提出其徇私枉法行为没有直接造成严重的后果，且与李某甲后来的贩卖毒品行为没有刑法上的因果关系，应不构成情节严重，娄底市检察院起诉指控李某甲、李某乙徇私枉法，也没有认定情节严重，原审判决适用法律错误，量刑畸重。上诉人杨某某也提出原审判决认定其构成徇私枉法罪情节严重，与事实不符，李某甲后来所犯罪行与前述行为没有刑法上的因果关系，原审判决量刑过重。经查，刑法上的因果关系是指行为与危害结果之间引起与被引起的合乎规律的联系，因渎职行为本身就是原因行为，只要渎职行为对结果的发生起了作用，相互之间具有关联，对危害结果具有原因力作用，则不管作用大小，不管其他因素以什么方式出现，就都和危害结果具有刑法意义上的因果关系，因为正是渎职行为给危害结果的发生制造了条件，使危害结果发生更容易，后果更严重，而不能孤立地从渎职行为本身来判断会不会发生某种危害结果。本案中，由于肖某某、周某徇私枉法，直接造成李某甲被判处罚金刑，从而导致李某甲被提前解除强制戒毒，李某甲提前解除强制戒毒后又贩卖大量毒品。李某甲贩毒虽非徇私枉法行为直接造成，但是肖某某等人的徇私枉法行为为李某甲贩毒制造了条件，如果没有徇私枉法行为，李某甲仍在强制戒毒，不可能在 2014 年 10 月至 12 月间贩毒，故李某甲贩卖毒品属徇私枉法的间接结果，其行为与后果之间存在刑法上的因果关系，肖某某的徇私枉法行为应认定为情节严重。至于李某甲、李某乙在另案没有指控为情节严重，不影响本案中对肖某某情节严重的认定。综上，原审判决根据上诉人肖某某、杨某某的犯罪情节、悔罪表现等作出的量刑并未过重。上诉人肖某某、杨某某的上诉理由及肖某某辩护人的辩护意见均不能成立，本院不予采纳。

5. 行为人明知犯罪嫌疑人涉嫌抢劫而徇私情，使犯罪嫌疑人不受追诉从而导致其继续犯罪，造成二死一重伤的严重后果的，属于"情节严重"，见【（2018）湘 05 刑终 167 号】彭某某等徇私枉法案二审刑事裁定书。

在该裁定书中，湖南省邵阳市中级人民法院认为：

上诉人彭某某身为公安民警，在办理犯罪嫌疑人车某友抢劫一案时，明知车某友涉嫌抢劫而徇私情，授意车某友家属找被害人改变陈述，为被害人制作虚假陈述笔录，且私自携带案卷找熊某帮忙，意图使车某友免于被逮捕。在对车某友变更强制措施后中断侦查，使其不受追诉，致使车某友继续犯罪，造成了二死一重伤的严重后果，其行为已构成徇私枉法罪，且属情节严重。上诉人熊某身为邵阳市双清区人民检察院侦查监督科的副科长，接受他人请托，有授意他人更改证据的行为，收受并索取他人贿赂款 35000 元，明知车某友构成抢劫罪而同意对其不批准逮捕，致使车某友继续犯罪，造成了二死一重伤的严重后果，其行为同时构成徇私枉法罪、受贿罪，依法按照处罚较重的徇私枉法罪定罪处罚，且属情节严重。

◎**多次徇私枉法造成不良社会影响的，属于"情节严重"**

6. 行为人作为铁路公安机关民警，为贪图私利，置自己职责于不顾，放纵多名扒窃人员长期、多次在其警务辖区内进行盗窃犯罪活动，致使旅客财产受到严重损害，同时极大地败坏了铁路公安机关声誉，构成"情节严重"情形，见【（2006）成铁中刑终字第 4 号】张某某、冯某、接某锦、程某徇私枉法案二审刑事裁定书。

在该裁定书中，四川省成都铁路运输中级法院认为：

冯某关于本案不构成情节严重的上诉意见，虽然刑法和相关的司法解释没有规定徇私枉法罪情节严重的具体情形，但依照审判实践对于刑法规定的情节严重的标准，一般应当从被告人的手段是否恶劣，后果是否严重，被告人行为危害性程度大小、在犯罪过程中的作用和是否造成恶劣的社会影响等方面综合分析认定。就本案而言，各被告人均为铁路公安机关民警，本应认真履行其查禁违法犯罪职责，但各被告人为贪图私利，置自己职责于不顾，放纵多名扒窃人员长期、多次在其警务辖区内进行盗窃犯罪活动，致使旅客财产受到严重损害，同时极大地败坏了铁路公安机关声誉。原判认定各被告人情节严重正确，应予支持。

7. 行为人多次非法干预和插手下级公安机关办案，明知涉案人员涉嫌犯罪，仍违法要求下级办案机关为多名涉案人员办理取保候审，导致多名犯罪嫌疑人逃脱刑事追究，严重损害了刑事司法的严肃性和权威性，应认定构成"情节严重"，见【（2020）鄂刑终230号】汪某某徇私枉法、受贿、串通投标案二审刑事裁定书。

在该裁定书中，湖北省高级人民法院认为：

关于上诉人汪某某提出"原判认定其犯徇私枉法罪没有事实和法律依据"的上诉理由及其辩护人提出"原判认定汪某某犯徇私枉法罪情节严重与事实不符"的辩护意见。经审查：……（四）虽然我国现行刑法和司法解释对徇私枉法罪"情节严重"没有作出具体规定，但参照既往司法实践经验，一般从犯罪手段是否恶劣、危害后果是否严重、是否造成恶劣社会影响等方面综合分析认定。就本案而言，汪某某作为上级公安机关的负责人和司法工作人员，执法犯法，徇私枉法，徇情枉法，多次非法干预和插手下级公安机关办案，明知涉案人员涉嫌犯罪，仍违法要求下级办案机关为多名涉案人员办理取保候审，导致多名犯罪嫌疑人逃脱刑事追究。例如天某大酒店涉毒涉黄案，由于汪某某的非法干预，导致该案立而不侦，长期搁置，后办案机关被迫以罚代刑，相关涉案人员逍遥法外，天某大酒店涉毒涉黄犯罪活动得不到及时查处，在当地造成了十分恶劣的社会影响。又如江某涉嫌赌博案，在汪某某的非法干预下，该案关键犯罪嫌疑人江某被违法取保候审，致使办案人员无法继续调查取证，深挖涉案犯罪事实，导致该案因证据不足被检察机关决定不起诉，犯罪嫌疑人江某及其幕后老板王某等人因此逃脱刑事追究。再如王某某涉嫌赌博案，由于汪某某的非法干预，导致现场查获的赌博犯罪案无法立案侦查，办案机关后以行政处罚方式草率结案，犯罪嫌疑人王某某等因此逃脱刑事追究。综上，汪某某作为公安机关负责人，其滥用职权，徇私枉法，导致多名犯罪嫌疑人逃脱刑事追究，严重损害了刑事司法的严肃性和权威性，且其中涉及收受当事人贿赂，为涉黑人员提供非法保护，被湖北省纪委监委通报为黑恶势力的"保护伞",造成十分恶劣的社会影响,其涉案犯罪依法应被认定为"情节严重"。故前述上诉理由和辩护意见均不能成立,本院不予采纳。

(二) 不构成"情节严重"

◎**徇私枉法包庇轻罪犯罪分子的,不属于"情节严重"**

1. 行为人所包庇的犯罪均系危险驾驶罪,最高刑期是拘役六个月,属于轻罪,不属于情节严重,应在五年以下量刑,见【(2020)新22刑终43号】邢某某受贿案二审刑事判决书。

在该判决书中,新疆维吾尔自治区哈密市中级人民法院认为:

上诉人邢某某身为国家工作人员,利用职务上的便利,为他人谋取利益,数额巨大,构成受贿罪;身为司法人员,明知是有罪的人而故意包庇不使他人受追诉,其行为构成徇私枉法罪。上诉人邢某某一人犯两罪,应适用数罪并罚。上诉人邢某某身为伊州区交警大队大队长、伊州区公安局副局长,与恶势力团伙首要分子郭某关系密切,长期帮助消违章、处理酒驾案件,成为郭某恶势力团伙的"保护伞",故其与辩护人提出不是黑恶势力"保护伞",不应当被从重处罚的上诉理由、辩护意见,与查明的事实不符,不予采纳。原判对受贿罪量刑时,充分考虑邢某某如实供述监委尚未掌握的大部分受贿事实,系坦白;当庭自愿认罪,退还全部赃款,在量刑时已从轻处罚,二审不再重复评价,该上诉理由不予采纳。根据《人民检察院直接受理立案侦查的渎职侵权重特大案件标准(试行)》的通知第五条规定,(一)重大案件:1.对依法可能判处三年以上七年以下有期徒刑的犯罪分子,故意包庇不使其受追诉的,才能达到情节严重。本案上诉人邢某某所包庇的四起犯罪均系危险驾驶罪,最高刑期是拘役六个月,属于轻罪,不属于情节严重,应在五年以下量刑,原审及二审检察机关以多次实施徇私枉法,认定情节严重没有法律依据,应予改判。上诉人邢某某及辩护人提出徇私枉法罪方面达不到情节严重的程度,不应当在五年以上的法定刑幅度内量刑的意见有理,予以支持。

◎**徇私枉法导致的后果评价为"情节严重"属于重复评价**

2. 行为人收受贿赂后,违规给犯罪嫌疑人办理取保候审强制措施,从而导致犯罪嫌疑人脱逃的,构成徇私枉法罪,检察机关再次以此理由认为被告人张某某的犯罪行为属徇私枉法罪的情节严重情形,属于重复评价,见【(2019)豫

0522刑初630号】张某某徇私枉法、受贿案一审刑事判决书。

在该判决书中，河南省安阳市安阳县人民法院认为：

公诉机关指控被告人张某某构成徇私枉法罪、受贿罪成立，但认为被告人张某某构成徇私枉法罪属情节严重的意见。经查，郑某嫌犯可能判处十年以上有期徒刑刑罚的犯罪行为，应当逮捕，而被告人张某某收受贿赂后，违规给郑某取保候审强制措施，从而导致郑某脱逃。被告人张某某因此构成徇私枉法罪。公诉机关再次以此理由认为被告人张某某的犯罪行为属徇私枉法罪的情节严重情形，属于重复评价，且法律并未对徇私枉法罪情节严重有明确规定，根据罪刑法定原则，公诉机关的该项意见不能成立，本院不予支持。被告人张某某及辩护人提出张某某构成徇私枉法罪但不属于情节严重的辩解和辩护意见成立，本院予以采纳。

律师建议

徇私枉法罪是行为犯，一般不以是否发生行为人所追求的后果为条件，"情节严重"和"情节特别严重"只是本罪加重处罚的情节。我国司法解释没有对"情节严重"和"情节特别严重"作出明确规定，司法实践中一般从后果、手段以及影响来认定是否达到"情节严重"情形，因此律师在进行量刑辩护时，可以从包庇的犯罪分子所犯罪行并非重罪、产生的严重后果在其他犯罪当中已经评价等方面入手，为当事人争取较轻的量刑。

086 如何区分徇私枉法罪与徇私舞弊不移交刑事案件罪？

律师提示

区分徇私枉法罪与徇私舞弊不移交刑事案件罪的关键在于两罪的主体不同。徇私枉法罪的主体是刑事司法工作人员，而徇私舞弊不移交刑事案件罪的主体是行政执法人员。行政执法人员在行政执法过程中发现行政相对人的行为涉嫌构成犯罪应当移交司法机关追究刑事责任，却徇私舞弊，隐瞒不报、以罚代刑、不移交公安机关处理的，构成徇私舞弊不移交刑事案件罪；司法工作人员徇私舞弊，对明知是有罪的人而故意包庇不使他受追诉的，构成徇私枉法罪；公安机关工作人员同时具有行政执法和刑事司法职权，其渎职行为属于刑事司法行为还是行政管理行为，应按照其在具体案件中的具体行为进行判断。

争议焦点

如何区分徇私枉法罪与徇私舞弊不移交刑事案件罪，在实践中存在一定的争议。

《刑法》第三百九十九条第一款规定了徇私枉法罪：司法工作人员徇私枉法、徇情枉法，对明知是无罪的人而使他受追诉、对明知是有罪的人而故意包庇不使他受追诉，或者在刑事审判活动中故意违背事实和法律作枉法裁判的，处五年以下有期徒刑或者拘役；情节严重的，处五年以上十年以下有期徒刑；情节特别严重的，处十年以上有期徒刑。

第四百零二条规定了徇私舞弊不移交刑事案件罪：行政执法人员徇私舞弊，对依法应当移交司法机关追究刑事责任的不移交，情节严重的，处三年以下有期徒刑或者拘役；造成严重后果的，处三年以上七年以下有期徒刑。

徇私枉法罪和徇私舞弊不移交刑事案件罪这两个罪名，在犯罪构成上具有一定的相似之处。两者的主体均是国家机关工作人员，均存在徇私舞弊的行为，均实施了渎职的行为。

那么同样是让本应受到刑事追究的犯罪嫌疑人逃避处罚，应如何区分这两个罪名呢？关键在于两者的主体不同。徇私舞弊不移交刑事案件罪的主体是不具有刑事侦查、起诉、审判职能的行政执法人员，而徇私枉法罪的主体是具有刑事侦查、起诉、审判职能的司法工作人员。

实践中的另一个难题是，公安机关既属于行政执法人员，也属于具有刑事侦查、起诉、审判职能的司法工作人员，那么公安机关工作人员徇私舞弊使犯罪嫌疑人逃避刑事处罚的，应定徇私舞弊不移交刑事案件罪，还是徇私枉法罪？这需要根据公安机关工作人员在具体案件中的具体行为进行判断。

裁判精要

不具有刑事侦查、起诉、审判职能的行政执法人员，在行政执法过程中发现行政相对人的行为涉嫌构成犯罪应当移交司法机关接管追究刑事责任，却徇私舞弊，隐瞒不报、以罚代刑、不移交公安机关处理的，构成徇私舞弊不移交刑事案件罪；具有刑事侦查、起诉、审判职能的司法工作人员，徇私舞弊，对明知是无罪的人而使他受追诉、对明知是有罪的人而故意包庇不使他受追诉,或者在刑事审判活动中故意违背事实和法律作枉法裁判的,构成徇私枉法罪;公安机关工作人员同时具有行政执法和刑事司法职权,其渎职行为属于刑事司法行为还是行政管理行为,应按照其在具体案件中的具体行为进行判断,明知他人涉嫌犯罪,已进行刑事案件初查的,该行为应界定为刑事司法行为而非行政执法行为,应以徇私枉法罪追究刑事责任。

司法观点

(一) 构成徇私舞弊不移交刑事案件罪

◎行政执法人员故意不移交刑事案件的,构成徇私舞弊不移交刑事案件罪

1. 作为国土资源监察行政执法人员,明知查处的非法占用农用地行为依法应当移交司法机关追究刑事责任,却隐瞒不报、以罚代刑,不移交公安机关处理,致使犯罪嫌疑人继续进行违法犯罪活动的,构成徇私舞弊不移交刑事案件罪,见【(2020)辽0703刑初41号】吕某徇私舞弊不移交刑事案件案一审刑事判决书。

在该判决书中,辽宁省锦州市凌河区人民法院认为:

被告人吕某作为国土资源监察行政执法人员,在任北镇市国土资源局国土资源监察大队大队长期间,明知查处的二起非法占用农用地行为涉及占用耕地面积均超过十亩,依法应当移交司法机关追究刑事责任,隐瞒不报,以罚代刑,不移交公安机关处理,致使犯罪嫌疑人继续进行违法犯罪活动,情节严重,其行为已构成徇私舞弊不移交刑事案件罪。

2. 工商行政管理执法人员在行政执法过程中,对依法应当移交司法机关追究刑事责任的走私案件不移交,以罚代刑,致使走私冻品流入市场,情节严重的,构成徇私舞弊不移交刑事案件罪,见【(2018)云25刑终292号】张某某徇私舞弊不移交刑事案件案二审刑事判决书。

在该判决书中,云南省红河哈尼族彝族自治州中级人民法院认为:

根据国家相关部门规定,工商局具有查处食品走私职责,张某某时任屏边县工商行政管理局副局长,是工商行政管理执法人员,具备查处食品走私职责,其在行政执法过程中对依法应当移交司法机关追究刑事责任的走私案件不移交,以罚代刑，致使走私冻品流入市场，情节严重，其行为已构成徇私舞弊不移交刑事案件罪。《关于办理渎职刑事案件适用法律若干问题的解释（一）》第二条规定："国家机关工作人员实施滥用职权或者玩忽职守行为，触犯刑法分则第九章第三百九十八条至第四百一十九条规定的，依照该规定定罪处罚，国家机关工作人员滥用职权或者玩忽职守罪，因不具备徇私舞弊等情形，不符合刑法分则第九章第三百九十八条至第四百一十九条的规定，但依法构成第三百九十七条规定的犯罪的，以滥用职权罪或者玩忽职守罪定罪处罚。"根据上述规定及特别法优于普通法的原则，应以徇私舞弊不移交刑事案件罪追究原审被告人张某某的刑事责任。

（二）构成徇私枉法罪

◎监察机关和司法机关工作人员放纵刑事犯罪的，构成徇私枉法罪

1. 公安机关同时具有行政执法和刑事司法职权，工作人员的行为属于刑事司法行为还是行政管理行为，应按照其在具体案件中的具体行为进行判断；行为人明知他人涉嫌犯罪，其进行刑事案件初查的行为属于刑事司法行为，相对人系刑事案件的犯罪嫌疑人而非行政违法相对人，该程序系刑事司法程序而非行政管理程序，应以徇私枉法罪追究刑事责任，见【（2019）青2802刑初93号】丁某某受贿案一审刑事判决书。

在该判决书中，青海省德令哈市人民法院认为：

公诉机关认定被告人丁某某犯徇私舞弊不移交刑事案件罪的指控，首先，徇私舞弊不移交刑事案件罪的主体是行政执法人员，徇私枉法罪的主体是司法工作人员，公安机关同时具有行政执法和刑事司法职权，被告人丁某某的行为属于刑事司法行为还是行政管理行为，应按照其在具体案件中的具体行为进行判断，本案被告人明知恩某等人涉嫌犯罪，其行为应当是刑事案件初查，其初查行为是侦查行为的一部分，初查取得的证据亦作为刑事诉讼的证据适用，因此本案中被告人丁某某履行的是刑事司法行为。其次，徇私舞弊不移交刑事案件罪发生在行政程序，徇私枉法行为发生在司法程序，本案中报案人报案后，民警出警发现有轻伤以上的后果，被告人明知该案系刑事案件，该案的相对人系刑事案件的犯罪嫌疑人而非行政违法相对人，该程序系刑事司法程序而非行政管理程序。故被告人丁某某作为司法工作人员，在办理恩某等六人寻衅滋事一案过程中徇私情，违反工作程序，致使恩某等六人当时未受到刑事追究，依法认定被告人丁某某构成徇私枉法罪。

◎非正式编制民警故意包庇犯罪嫌疑人的，构成徇私枉法罪

2. 行为人虽系不具有正式编制的干警，但其在协助办理刑事案件过程中，故意包庇应受到追诉的犯罪嫌疑人，所损害的是正常的司法活动和司法人员工作的廉洁性，应以徇私枉法罪追究其刑事责任，见【（2015）延中刑二终字第00140号】田某徇私枉法案二审刑事判决书。

在该判决书中，吉林省延安市中级人民法院认为：

被告人田某身为司法工作人员，明知钟某、武某某涉嫌犯罪并应当追究刑事责任，仍采取伪造文书、隐瞒事实的手段，故意包庇其二人不受法律追诉，其行为已构成徇私枉法罪。上诉人田某及其辩护人辩称，应当以徇私舞弊不移交刑事案件罪追究田某的刑事责任，经查，上诉人田某虽非具有正式编制的干警，但其在协助办理刑事案件过程中，故意包庇应受到追诉的犯罪嫌疑人，所损害的是正常的司法活动和司法人员工作的廉洁性，因此应当以徇私枉法罪追究其刑事责任。

律师建议

徇私枉法罪和徇私舞弊不移交刑事案件罪这两个罪名，在犯罪构成上具有一定的相似之处，主要的区别在于两者的主体不同。在司法实践中，争议较大的在于公安机关既有行政执法职能，也具有刑事侦查职能，因此公安机关工作人员徇私舞弊使犯罪嫌疑人逃避刑事处罚的，不能一概而论，应先按照其在具体案件中的具体行为来判断其渎职行为属于刑事司法行为还是行政管理行为，然后再进一步确定其适用何种罪名。

087 如何区分徇私枉法罪与帮助犯罪分子逃避处罚罪？

律师提示

区分徇私枉法罪与帮助犯罪分子逃避处罚罪的关键在于行为主体和帮助程度的不同。帮助犯罪分子逃避处罚罪的主体系负有直接查禁犯罪职责的司法工作人员，而徇私枉法罪的主体包括并不具有直接查禁犯罪职责的司法工作人员；帮助犯罪分子逃避处罚的行为通常是一次性的特定帮助行为，而徇私枉法罪通常是一

系列不特定的帮助逃避处罚行为。

争议焦点

如何区分徇私枉法罪与帮助犯罪分析逃避处罚罪，在实践中存在一定的争议。

《刑法》第三百九十九条第一款规定了徇私枉法罪：司法工作人员徇私枉法、徇情枉法，对明知是无罪的人而使他受追诉、对明知是有罪的人而故意包庇不使他受追诉，或者在刑事审判活动中故意违背事实和法律作枉法裁判的，处五年以下有期徒刑或者拘役；情节严重的，处五年以上十年以下有期徒刑；情节特别严重的，处十年以上有期徒刑。

第四百一十七条规定了帮助犯罪分子逃避处罚罪：有查禁犯罪活动职责的国家机关工作人员，向犯罪分子通风报信、提供便利，帮助犯罪分子逃避处罚的，处三年以下有期徒刑或者拘役；情节严重的，处三年以上十年以下有期徒刑。

那么同样是让本应受到刑事追究的犯罪嫌疑人逃避处罚，应如何区分这两个罪名呢？通风报信从而帮助犯罪分子逃避处罚的行为，本身也是一种徇私枉法的行为，如何适用这两个罪名，才符合立法本意？这要结合两罪的主体和行为方式进行具体分析。

裁判精要

徇私枉法罪与帮助犯罪分子逃避处罚罪在客观方面虽有相似及交叉之处，却有本质区别，徇私枉法罪在客观方面表现为对有罪的人故意包庇不使他受追诉，从而逃避处罚；而帮助犯罪分子逃避处罚罪在客观方面仅表现为向有罪的人通风报信、提供方便，帮助其逃避处罚。行为人表面上符合帮助犯罪分子逃避处罚罪的特征，但结合案件发生全过程，行为人从一开始就有包庇的故意，具有帮助犯罪嫌疑人逃避处罚的一系列行为，所实施的行为实质上是一种枉法行为，应以徇私枉法罪论处；不负有直接查禁犯罪活动职责，也没有实际参与到查禁某项犯罪活动中的司法工作人员，不符合帮助犯罪分子逃避处罚罪的主体要件。

司法观点

(一) 构成帮助犯罪分子逃避处罚罪

◎向犯罪分子通风报信但无直接包庇故意的，构成帮助犯罪分子逃避处罚罪

1. 负有查禁犯罪活动职责的公安民警在接到查禁犯罪活动的指令后，多次向犯罪分子通风报信，主观目的是帮助犯罪分子逃避处罚，不符合徇私枉法罪的构成要件，应以帮助犯罪分子逃避处罚定罪处罚，见【(2020)云25刑终302号】李某徇私枉法、帮助犯罪分子逃避处罚案二审刑事裁定书。

在该裁定书中，云南省红河哈尼族彝族自治州中级人民法院认为：

原判根据上述认定事实及查证的相关证据，认为被告人李某身为国家机关工作人员，是负有查禁犯罪活动职责的公安民警，在接到查禁犯罪活动的指令后，多次向犯罪分子通风报信，泄露查禁犯罪活动的时间，帮助犯罪分子逃避处罚，其行为已构成帮助犯罪分子逃避处罚罪。公诉机关指控被告人李某所犯的徇私枉法罪，从被告人李某的供述及在卷证据证明，被告人李某提前打电话给王某目的是告知其公安机关进行查处的时间，其行为侵犯的是公安机关对犯罪的查禁活动，主观目的是帮助王某逃避处罚。因此不符合徇私枉法罪的构成要件，只应以帮助犯罪分子逃避处罚定罪处罚。

2. 作为受国家机关委托查禁违法犯罪活动的警务辅助人员，明知他人开设赌场实施犯罪活动，仍向他人通风报信、为犯罪活动提供便利，帮助犯罪分子逃避处罚的，其行为已构成帮助犯罪分子逃避处罚罪，见【(2019)宁0424刑初17号】马某某、袁某某帮助犯罪分子逃避处罚案一审刑事判决书。

在该判决书中，宁夏回族自治区固原市泾源县人民法院认为：

被告人马某某、袁某某作为受国家机关委托查禁违法犯罪活动的警务辅助人员，属于在国家机关中从事公务的人员。被告人马某某、袁某某明知他人开设赌场实施犯罪活动，仍向他人通风报信、为犯罪活动提供便利，帮助犯罪分子逃避处罚，其行为已构成帮助犯罪分子逃避处罚罪。泾源县人民检察院指控应以帮助犯罪分子逃避处罚罪追究二被告人的刑事责任的事实清楚，证据确实、充分，本院予以支持。

（二）构成徇私枉法罪

◎对犯罪分子有直接包庇故意和行为的，构成徇私枉法罪

1. 徇私枉法罪与帮助犯罪分子逃避处罚罪在客观方面虽有相似及交叉之处，却有本质区别。行为表现方式不同，徇私枉法罪在客观方面表现为对有罪的人故意包庇不使他受追诉，从而逃避处罚；而帮助犯罪分子逃避处罚罪在客观方面仅表现为向有罪的人通风报信、提供方便，帮助其逃避处罚。行为人表面上符合帮助犯罪分子逃避处罚罪的特征，但结合案件发生全过程，行为人从一开始就有包庇的故意，具有帮助犯罪嫌疑人逃避处罚的一系列行为，从而导致犯罪嫌疑人最终没有得到法律惩处，所实施的行为实质上是一种枉法行为，符合徇私枉法罪的特征，见【（2011）北刑初字第22号】罗某某犯徇私枉法、帮助犯罪分子逃避处罚、寻衅滋事案一审刑事判决书。

在该判决书中，湖南省邵阳市北塔区人民法院认为：

徇私枉法罪与帮助犯罪分子逃避处罚罪在客观方面虽有相似及交叉之处，却有本质区别。行为表现方式不同，徇私枉法罪在客观方面表现为对有罪的人故意包庇不使他受追诉，从而逃避处罚；而帮助犯罪分子逃避处罚罪在客观方面仅表现为向有罪的人通风报信、提供方便，帮助其逃避处罚。罗某某于2004年3月19日以后默许、暗示尹某等人调换、损坏枪支的行为，表面上符合帮助犯罪分子逃避处罚罪的特征，但结合本案的发生全过程，罗某某在明知尹某涉枪并响枪的情况下，对涉案的车辆、枪支不搜查、扣押，对涉案人员不采取措施，实际不履行职责，一开始就有包庇的故意，从而导致尹某最终没有得到法律惩处，所实施的行为实质上是一种枉法行为，符合徇私枉法罪的特征。故辩护人的观点不能成立。

2. 行为人系特定的具有侦查职能的司法工作人员，其在刑事追诉过程中，对明知是有罪的人而故意指点、包庇使其不受追诉的，应以徇私枉法罪论处，见【（2019）闽0305刑初255号】陈某某受贿案一审刑事判决书。

在该判决书中，福建省莆田市秀屿区人民法院认为：

关于辩护人提出公诉机关指控被告人陈某某犯徇私枉法罪定性错误，应认定为帮助犯罪分子逃避处罚罪且已过追诉时效的辩护意见。经查，被告人陈某某在林某某非法占用农用地一案中系特定的具有侦查职能的司法工作人员，其在刑事追诉过程中，对明知是有罪的人而故意指点、包庇使其不受追诉，应以徇私枉法

罪论处，辩护人提出的该辩护意见不能成立，本院不予采纳。

3. 行为人在担任派出所勤务辅警期间，利用其在接警台坐岗、协助民警查处辖区违法犯罪活动的职责便利，徇私情私利，明知他人有开设赌场的犯罪行为，却多次为其通风报信，使其逃避处罚不受法律追诉的，构成徇私枉法罪，见【（2020）闽0603刑初12号】林某某徇私枉法案一审刑事判决书。

在该判决书中，福建省漳州市龙文区人民法院认为：

被告人林某某在担任漳州市公安局蓝田派出所勤务辅警期间，身为司法工作人员，利用其在接警台坐岗、协助民警查处辖区违法犯罪活动的职责便利，徇私情私利，明知张某有开设赌场的犯罪行为，却多次为其通风报信，使其逃避处罚不受法律追诉，其行为已构成徇私枉法罪，依法应予追究其刑事责任。公诉机关指控罪名成立，予以支持。

（三）构成帮助犯罪分子逃避处罚罪和徇私枉法罪

◎既有包庇犯罪分子故意又有具体通风报信行为的，数罪并罚

行为人身为司法工作人员，在查处案件时明知他人有犯罪事实需要追究刑事责任，却采取伪造、隐瞒等方式，故意包庇，使他人不受刑事立案、刑事追诉的，其行为构成徇私枉法罪；行为人同时作为对犯罪活动有查禁职责的公安人员，故意泄露查禁的信息，向犯罪分子通风报信，意图使犯罪分子逃避法律处罚的，其行为也构成帮助犯罪分子逃避处罚罪，见【（2019）闽08刑终402号】陈某某徇私枉法、帮助犯罪分子逃避处罚案二审刑事裁定书。

在该裁定书中，福建省龙岩市中级人民法院认为：

上诉人陈某某身为司法工作人员，在查处案件时，明知谢某、林某等人是有犯罪事实需要追究刑事责任的人，却采取伪造、隐瞒等方式，故意包庇，使谢某、林某不受刑事立案、刑事追诉等，其行为构成徇私枉法罪，且属情况严重；上诉人陈某某作为对犯罪活动有查禁职责的公安人员，故意泄露查禁的信息，向犯罪分子通风报信，意图使犯罪分子逃避法律处罚，其行为构成帮助犯罪分子逃避处罚罪。

（四）不构成犯罪

◎不负查禁犯罪职责也未故意包庇他人或通风报信的，不构成犯罪

1. 行为人系通过劳务派遣至司法所工作的社区矫正员，其日常从事的工作不直接负有查禁犯罪活动职责，也没有实际参与到查禁某项犯罪活动中，其不能单独成为本罪的主体，不构成帮助犯罪分子逃避处罚罪，见【（2017）浙1081刑初295号】陈某某帮助犯罪分子逃避处罚、受贿案一审刑事判决书。

在该判决书中，浙江省温岭市人民法院认为：

关于辩护人提出被告人陈某某不是查禁犯罪活动的人，不构成帮助犯罪分子逃避处罚罪的辩护意见。经查，从帮助犯罪分子逃避处罚罪的立法本意看，帮助犯罪分子逃避处罚罪的主体应为负有查禁职责的人员，不是指一般地、抽象地具备查禁职责的人员，而是就具体犯罪具有通过发现问题而不许某种犯罪行为继续下去职责的人员。被告人陈某某通过劳务派遣至温岭市司法局泽国司法所工作，担任社区矫正员，其日常从事的工作不直接负有查禁犯罪活动职责，也没有实际参与到查禁某项犯罪活动中，其不能单独成为本罪的主体，故不构成帮助犯罪分子逃避处罚罪。辩护人就此提出的辩护意见于法有理，本院予以采纳。公诉机关起诉指控被告人陈某某构成帮助犯罪分子逃避处罚罪不当，本院予以纠正。

2. 行为人虽系刑警大队侦查员，但并非某特定强奸案的办案民警，同时也不负有审批案件的职权，对案件并不负有直接查禁职责，故被告人刘某不符合帮助犯罪分子逃避处罚罪的主体身份要件，见【（2017）粤0607刑初33号】刘某、梁某某帮助犯罪分子逃避处罚、受贿案一审刑事判决书。

在该判决书中，广东省佛山市三水区人民法院认为：

针对公诉机关所提被告人刘某、梁某某帮助犯罪分子逃避处罚罪的指控，被告人刘某、梁某某所提他们不构成上述指控的辩解及相关辩护人所提现有证据不足以证实二被告人构成上述指控的辩护意见，经过对现有证据进行审查、分析后，本院评析如下：被告人刘某虽然在佛山市公安局高明分局刑事警察大队担任侦查员，但他自2014年4月至2015年12月期间已被借调到佛山市公安局刑警支队四大队工作，负责电信诈骗案和刑警支队办理的案件，而且被告人刘某不是曾某龙涉嫌犯强奸罪一案的办案民警，同时也不负有审批上述强奸案的职权，因此，尽管被告人刘某的身份是佛山市公安局高明分局的刑事警察，但他已被借调到上级公安部门工作并在上级公安部门的领导下开展相关侦查工作，对上述强奸案并不负有直接查禁职责，故被告人刘某不符合帮助犯罪分子逃避处罚罪的主体身份要件，依法不能成立该罪；被告人梁某某作为共犯，亦不成立该罪。

3. 公安干警帮助逃避行政处罚的行为不构成帮助犯罪分子逃避处罚罪，见【《刑事审判参考》第357号指导案例】潘某某帮助犯罪分子逃避处罚、受贿案。

在该指导性案例中，关于负有查禁犯罪活动职责的国家机关工作人员，向违法行为人通风报信，帮助逃避行政处罚的，是否构成帮助犯罪分子逃避处罚罪，法官分析如下：

本案中，被告人潘某某身为负有查禁犯罪活动职责的公安人员，符合帮助犯罪分子逃避处罚罪的犯罪主体资格，其在公安机关对马球会俱乐部进行查禁前打电话给李某华，实施的亦属通风报信的行为，但是，根据本案有关证人的证言，5月21日的行动是公安机关针对俱乐部有卖淫嫖娼活动而进行查禁，且潘某某对当天行动是否针对李某华、马球会俱乐部是否涉嫌犯罪并不明知。也就是说，潘某某是在不明知李某华系犯罪分子或马球会俱乐部存在犯罪活动的前提下，实施了通风报信的行为，该行为的帮助对象以及实施该行为的主观方面，均与帮助犯罪分子逃避处罚罪的犯罪构成不符。因此，潘某某利用职务便利，帮助他人逃避处罚的行为不能以帮助犯罪分子逃避处罚罪定罪处罚。综上，根据本案查证属实的证据，人民法院仅对潘某某所犯受贿罪作出判决，是符合法律规定的。

律师建议

徇私枉法罪与帮助犯罪分子逃避处罚罪均是让本应受到刑事追究的犯罪嫌疑人逃避处罚，但两者也有本质区别。首先是主体不同，徇私枉法罪的主体要更广泛一些；其次是行为表现方式不同，徇私枉法罪表现为对有罪的人故意包庇不使他受追诉，从而逃避处罚，可以是一系列的包庇行为，而帮助犯罪分子逃避处罚罪仅表现为向有罪的人通风报信、提供方便，帮助其逃避刑事处罚，只是一次性的帮助行为。因此实践中在两者罪名的适用上要结合两罪的主体和行为方式进行具体分析。

088 如何认定是否构成徇私舞弊减刑、假释、暂予监外执行罪？

律师提示

监狱工作人员徇私情或徇私利，存在为服刑人员照顾加分、违反监管规定时不给予扣分处罚、间隔期不满呈报、伪造减假保材料等违法行为，在评审会上不提异议同意服刑人员减刑、假释、暂予监外执行的，构成徇私舞弊减刑、假释、暂予监外执行罪；现有证据不能证实监狱工作人员实施了徇私舞弊行为，在提请减刑前明知服刑人员违反监规却未给予处罚，不能证实服刑人员在服刑期间不具备减刑的条件，未提供服刑人员呈报减刑材料中有捏造事实、伪造材料的证据的，不构成徇私舞弊减刑、假释、暂予监外执行罪。

争议焦点

在司法实践中，对监狱工作人员构成徇私舞弊减刑、假释、暂予监外执行罪，把握的标准失之于宽，存在较大争议。

《刑法》第四百零一条规定了徇私舞弊减刑、假释、暂予监外执行罪：司法工作人员徇私舞弊，对不符合减刑、假释、暂予监外执行条件的罪犯，予以减刑、假释或者暂予监外执行的，处三年以下有期徒刑或者拘役；情节严重的，处三年以上七年以下有期徒刑。

2006年《最高人民检察院关于渎职侵权犯罪案件立案标准的规定》第一条第十一项明确了徇私舞弊减刑、假释、暂予监外执行案的立案标准：

1. 刑罚执行机关的工作人员对不符合减刑、假释、暂予监外执行条件的罪犯，捏造事实，伪造材料，违法报请减刑、假释、暂予监外执行的；

2. 审判人员对不符合减刑、假释、暂予监外执行条件的罪犯，徇私舞弊，违法裁定减刑、假释或者违法决定暂予监外执行的；

3. 监狱管理机关、公安机关的工作人员对不符合暂予监外执行条件的罪犯，徇私舞弊，违法批准暂予监外执行的；

4. 不具有报请、裁定、决定或者批准减刑、假释、暂予监外执行权的司法工作人员利用职务上的便利，伪造有关材料，导致不符合减刑、假释、暂予监外执行条件的罪犯被减刑、假释、暂予监外执行的；

5. 其他徇私舞弊减刑、假释、暂予监外执行应予追究刑事责任的情形。

服刑人员减刑、假释、暂予监外执行的呈报与批准，是一个复杂的程序，牵涉多个环节、多名人员、多项制度。从基础奖励环节来看，涉及加分、扣分、违纪惩戒等事项；从呈报环节来看，涉及责任干警、分监区和监区干警和领导；从监狱审核环节来看，涉及监区领导、监狱领导、上级监狱管理机关以及检察监督机关；从最终审批环节来看，还涉及审判机关等。对于这样一个涉及多个环节、多名人员、多项制度的程序，如何认定监狱工作人员是否渎职，是否构成徇私舞弊减刑、假释、暂予监外执行罪，需要进行科学审慎的判断。

裁判规则

监狱工作人员徇私情或徇私利，存在为服刑人员照顾加分、违反监管规定时不给予扣分处罚、间隔期不满呈报、伪造减假保材料等违法行为，在评审会上不提异议同意服刑人员减刑、假释、暂予监外执行的，构成徇私舞弊减刑、假释、暂予监外执行罪；现有证据不能证实监狱工作人员实施了徇私舞弊行为，在提请减刑前明知服刑人员违反监规却未给予处罚，不能证实服刑人员在服刑期间不具备减刑的条件，未提供服刑人员呈报减刑材料中有捏造事实、伪造材料的证据的，不构成徇私舞弊减刑、假释、暂予监外执行罪；监狱工作人员受人指使违规为服刑人员办理减刑假释但系从犯，到案后能如实供述自己的罪行，服刑人员最终亦未被裁定减刑，主观恶性较小，犯罪情节轻微，不需要判处刑罚的，可以不起诉处理。

司法观点

（一）构成徇私舞弊减刑、假释、暂予监外执行罪

◎**徇私舞弊为服刑人员创造减刑条件的，构成徇私舞弊减刑罪**

1. 服刑人员取得劳动积分是提请减刑的最基础、最重要的一个环节，监狱工作人员作为服刑人员劳动产量初核负责人，在其职责权限内为罪犯获取了不该取得的劳动积分，为罪犯在后续减刑创造了有利条件，起着不可替代的作用，其行为构成徇私舞弊减刑罪，见【（2020）皖08刑终280号】冯某某受贿、徇私舞弊减刑、假释、暂予监外执行案二审刑事裁定书。

在该裁定书中，安徽省安庆市中级人民法院认为：

对于上诉人冯某某上诉提出其不是监区负责人，也不分管减刑假释工作更无任何决定权，其不构成徇私舞弊减刑罪的上诉理由，经查：服刑人员取得劳动积分是提请减刑的最基础、最重要的一个环节。被告人冯某某作为服刑人员的劳动产量初核负责人，在这个环节利用职务便利徇私舞弊，在其职责权限内为罪犯卜某获取了不该取得的劳动积分，为卜某在后续减刑创造了有利条件，起着不可替代的作用，其行为构成徇私舞弊减刑罪。故其该项上诉理由不能成立，不予采纳。

2. 监狱工作人员对服刑人员殴打他人的行为未予以相应处罚和扣减劳动积分，并在为服刑人员报请减刑时提出"认真遵守监规，接受教育改造，确有悔改表现"的意见，导致不符合减刑条件的服刑人员被减刑的，构成徇私舞弊减刑罪，见【（2015）大刑二终字第47号】王某受贿罪、王某徇私舞弊减刑、假释、暂予监外执行案二审刑事裁定书。

在该裁定书中，辽宁省大连市中级人民法院认为：

上诉人王某作为国家工作人员，利用职务上的便利，多次非法收受他人财物，为他人谋取利益，其行为侵犯了国家工作人员的职务廉洁性，已构成受贿罪；上诉人王某身为司法工作人员徇私舞弊，对不符合减刑条件的罪犯，予以减刑，其行为已构成徇私舞弊减刑罪。原判认定事实清楚，证据确实、充分，定罪准确，量刑适当，审判程序合法。关于上诉人王某及其辩护人提出的不构成徇私舞弊减刑罪的意见，经查，在无证据证实王某某具备悔改表现及具有可以从轻、减轻或者免除处罚的情形下，上诉人王某违反"殴打他犯的，给予记过或禁闭处罚"的规定，对王某某殴打他人的行为未予以相应处罚和扣减劳动积分，并在为王某某报请减刑时，隐瞒王某某殴打他犯的违纪行为，提出王某某"认真遵守监规，接受教育改造，确有悔改表现"的意见，导致王某某不符合减刑条件被减刑，王某的行为已构成徇私舞弊减刑罪，对上诉人及其辩护人的该辩解及辩护意见，本院不予支持。

3. 监狱工作人员本人虽不具有减刑的裁定、决定权，但其利用职务上的便利，收受服刑人员及其亲属贿赂，对服刑人员进行照顾，在监区有加分的活动让该服刑人员优先参加，在该服刑人员有违规行为时该扣分的不扣分，客观上起到了对服刑人员减刑条件的虚构或夸大，为罪犯创造了减刑条件，侵犯了国家对服刑人员的正常监管活动，其行为构成徇私舞弊减刑罪，见【（2015）安中刑一终字第50号】上诉人王某某受贿、徇私舞弊减刑案二审刑事裁定书。

在该裁定书中，河南省安阳市中级人民法院认为：

关于上诉人王某某及其辩护人提出王某某的行为不构成徇私舞弊减刑罪的辩解和辩护理由，经查，行贿的罪犯及其亲属均证实向王某某行贿是为了减刑，行贿后得到了王某某的照顾，让干一些轻松易得满分的活，监区有加分的活动让其优先参加，有些罪犯有违规行为时该扣分的不扣分；王某某自己也供认对向其行贿的罪犯能给满分就给满分，对有的罪犯串号、吸烟等该扣分的时候尽量不扣分，并优先推荐这些罪犯减刑。王某某的行为客观上起到了对罪犯减刑条件的虚构或夸大，为罪犯创造了减刑条件，并有多名罪犯实际获得减刑，王某某的行为侵犯了国家对罪犯的正常监管活动，王某某的上述行为已包含在"捏造事实，伪造材料，为不符合减刑条件的罪犯违法报请减刑"的客观构成要件之中，其行为已构成徇私舞弊减刑罪。王某某本人虽不具有减刑的裁定、决定权，但其利用职务上的便利，导致不符合减刑条件的罪犯被减刑，根据最高人民检察院《关于渎职侵权犯罪案件立案标准》的规定，王某某作为监区干警，亦可成为徇私舞弊减刑罪的主体。原判认定王某某的行为构成徇私舞弊减刑罪的事实清楚，适用法律正确，故上诉人王某某的上诉理由及其辩护人的辩护意见均不能成立。

◎**徇私舞弊为服刑人员违规呈报假释的，构成徇私舞弊假释罪**

4. 监狱工作人员在明知服刑人员违反众多监规，不应获行政奖励，且减刑后又假释间隔时间不满一年，不符合假释条件的情况下，在评审会上同意其减刑、假释呈报，致使其先后被法院减刑和假释的，构成徇私舞弊减刑、假释、暂予监外执行罪，见【（2018）鄂10刑终85号】邹某某受贿、徇私舞弊减刑、假释、暂予监外执行案二审刑事判决书。

在该判决书中，湖北省荆州市中级人民法院认为：

关于上诉人邹某某及其辩护人提出一审认定其徇私舞弊的事实不成立的上诉理由和辩护意见，经查，上诉人邹某某在明知罪犯刘某违反众多监规，不应获行政奖励，且减刑后又假释间隔时间不满一年，不符合假释条件的情况下，在评审会上同意刘某的减刑、假释呈报，致使刘某先后被恩施州中级人民法院减刑和假释的事实，以及其提供银行账号给刘某转款用于行贿，明知张某的保外就医条件系行贿得来，却在评审会上发表张某符合保外就医条件的意见，致使张某被湖北省监狱管理局暂予监外执行的事实，不仅有证人刘某、张某、徐某、周某、李某等人的证言，《恩施监狱罪犯减刑、假释评审委员会、暂予监外执行审核委员会、计分考核委员会职责》、2005年湖北省监狱管理局《关于对罪犯提请减刑、假释的规定》、湖北省恩施监狱《会议记录》（2010年4月7日）、《恩施监狱保外就医评审委员会讨论记录》等书证证实，且上诉人邹某某的多次供述均供认不讳，足以认定。上诉人邹某某作为减刑假释评审委员会成员，在评审会上享有一票否决的权力，同时应承担如实发表审查意见的义务和职责，其明知罪犯刘某、张某不符合减刑、假释、保外就医条件而故意隐瞒相关事实，发表虚假意见的行为，与二罪犯最终分别被减刑、假释、暂予监外执行的结果之间存在直接的因果关系，其行为符合徇私舞弊减刑、假释、暂予监外执行罪的犯罪构成，故该上诉理由和辩护意见不能成立。

5. 行为人身为监狱医院副院长，在收受贿赂后，明知服刑人员存在持有、使用现金和行贿等违纪违法行为，徇私舞弊，在参加相关减刑讨论会议时仍签名同意提请该服刑人员减刑，且在公示期内不提异议，致使服刑人员如期呈报获得减刑的，构成徇私舞弊减刑罪，见【（2018）粤16刑终21号】曾某某受贿、徇私舞弊减刑、假释、暂予监外执行案二审刑事裁定书。

在该裁定书中，广东省河源市中级人民法院认为：

对于上诉人曾某某及其辩护人认为上诉人不属于徇私舞弊减刑罪的主体，没有实施徇私舞弊减刑罪的犯罪行为，不构成徇私舞弊减刑罪的上诉理由和辩护意见。根据《刑法》第四百零一条规定"司法工作人员徇私舞弊，对不符合减刑、假释、暂予监外执行条件的罪犯，予以减刑、假释或者暂予监外执行的，处三年以下有期徒刑或者拘役；情节严重的，处三年以上七年以下有期徒刑"。上诉人曾某某身为河源监狱医院原副院长，在收受罗某、刘某、陈某、吴某四名罪犯的贿赂后，明知四名罪犯存在持有、使用现金和行贿等违纪违法行为，徇私舞弊，在参加相关减刑讨论会议时仍签名同意四名罪犯提请减刑，且在四名罪犯的数次公示期内亦不提异议，故意隐瞒四名罪犯不符合减刑条件的事实，致使四名罪犯如期呈报获得减刑，足以证实上诉人曾某某存在徇私舞弊减刑的犯罪事实，已构成徇私舞弊减刑罪。因此，对于上诉人曾某某及其辩护人认为其不构成徇私舞弊减刑罪的上诉理由和辩护意见不成立，不予支持。

◎**徇私舞弊为服刑人员违规办理保外就医的，构成徇私舞弊暂予监外执行罪**

6. 行为人身为国家刑罚执行机关工作人员，为徇私情、私利，在监区召开的保外就医讨论会上，故意隐瞒服刑人员两次肾功能检查结果均正常的事实，发表了同意对其呈报保外就医的意见，致使不符合暂予监外执行条件的服刑人员被暂予监外执行，构成徇私舞弊暂予监外执行罪，见【（2017）鄂0891刑初5号】张某徇私舞弊减刑、假释、暂予监外执行案一审刑事判决书。

在该判决书中，湖北省荆门市沙洋县人民法院认为：

被告人张某身为国家刑罚执行机关工作人员，为徇私情、私利，在监区召开的保外就医民警讨论会上，故意隐瞒罪犯张某1两次肾功能检查结果均正常的事实，发表了同意对张某1呈报保外就医的意见，致使不符合暂予监外执行条件的罪犯张某1被暂予监外执行，其行为已构成徇私舞弊暂予监外执行罪。被告人张某到案后如实供述徇私舞弊暂予监外执行的犯罪事实，当庭认罪，可以从轻处罚。被告人张某因涉嫌犯徇私舞弊暂予监外执行罪被采取强制措施后，积极主动如实供述了司法机关尚未掌握的受贿犯罪事实，以自首论，并在到案后退缴部分赃款，可以从轻处罚。

（二）不构成徇私舞弊减刑、假释、暂予监外执行罪

◎徇私舞弊违规办理减刑证据不足的，不认定为徇私舞弊减刑罪

1. 现有证据不能证明监狱工作人员在提请减刑前，明知服刑人员存在违反监规不能在规定期限内予以减刑的行为，亦没有证据证明服刑人员在服刑期间的考核表现达不到减刑的分数标准，不构成徇私舞弊减刑、假释、暂予监外执行罪，见【（2015）益法刑二终字第78号】刘某某受贿案二审刑事判决书。

在该判决书中，湖南省益阳市中级人民法院认为：

上诉人刘某坤身为国家机关工作人员，玩忽职守致使国家和人民利益遭受重大损失，其行为构成玩忽职守罪。刘某坤认罪态度较好，可酌情从轻处罚。关于抗诉机关提出现有证据能够证实在服刑人员顾某灿提请减刑前，刘某坤知道顾某灿具有违反监规行为，原判以证据不足为由认定刘某坤不构成徇私舞弊减刑罪错误的意见，经查，服刑人员顾某灿在2012年9月提请减刑前的考核时段共获取考核分119分，2011年改造质量评估年度等次为A等，顾某灿符合呈报减刑的条件。根据规定，凡一次性被扣考核分5分以上的，半年内不得减刑、假释；凡被警告、记过、禁闭、严管处罚的，一年内不得减刑、假释；凡因私自使用或私藏手机受处罚的，两年内不得减刑、假释。现有证据不能证明在顾某灿提请减刑前，刘某坤明知顾存在违反监规不能在规定期限内予以减刑的行为，亦没有证据证明顾某灿在服刑期间的考核表现达不到减刑的分数标准，故认定刘某坤犯徇私舞弊减刑罪的证据不足，原判认定刘某坤不构成徇私枉法减刑罪的意见正确。

2. 公诉机关未提供服刑人员不认真遵守监规和不接受教育改造的证据材料，不能证实服刑人员在服刑期间不具备减刑的条件，未提供服刑人员呈报减刑材料中有捏造事实、伪造材料的证据，不能证实监狱工作人员具有实施徇私舞弊的行为，因此不构成徇私舞弊减刑、假释、暂予监外执行罪，见【（2013）瀍刑初字第100号】崔某某受贿案一审刑事判决书。

在该判决书中，河南省洛阳市瀍河回族区人民法院认为：

公诉机关指控被告人崔某某犯徇私舞弊减刑、假释、暂予监外执行罪的犯罪

事实不清、证据不足，不予支持。辩护人关于被告人崔某某的行为不构成徇私舞弊减刑、假释、暂予监外执行罪的辩护意见，理由正当、于法有据，予以采纳。理由如下：一、公诉机关未提供罪犯郭某某不认真遵守监规和不接受教育改造的证据材料，不能证实罪犯郭某某在服刑期间不具备减刑的条件。二、公诉机关未提供罪犯郭某某呈报减刑材料中有捏造事实、伪造材料的证据，不能证实被告人崔某某实施徇私舞弊的行为。三、被告人崔某某在呈报罪犯郭某某减刑材料中确有违规行为，但不属犯罪行为。四、罪犯郭某某的减刑，经洛阳市中级人民法院以洛刑执字第1360号裁定书裁定准予罪犯郭某某减刑九个月，其呈报减刑的行为已得到审核机关的确认，即罪犯郭某某符合减刑条件。综上，被告人崔某某的行为不构成徇私舞弊减刑、假释、暂予监外执行罪。

◎徇私舞弊为他人减刑未得逞且犯罪情节轻微的，可不判处刑罚

3. 监狱工作人员虽然实施了徇私舞弊为服刑人员违法加分的行为并出具了材料，但其受人指使，系从犯，到案后能如实供述自己的罪行，罪犯最终亦未被裁定减刑，主观恶性较小，犯罪情节轻微，不需要判处刑罚，见【哈滨检刑不诉（2020）1号】左某徇私舞弊减刑案不起诉决定书。

在该不起诉决定书中，黑龙江省哈尔滨市滨江地区人民检察院认为：

被不起诉人左某在黑龙江省女子监狱某监区担任管教员期间负责监区"EJY监狱大数据平台"罪犯考核分录入工作，在明知罪犯王某超产加分是虚假的情况下，仍将加分录入到"EJY监狱大数据平台"，最终罪犯王某在2018年全年考核分被虚增到1200.5分，达到了报请减刑要求的"年度考核分满1200分"的条件；左某还受马某某指使和罪犯齐某某重新伪造了《日生产考核分统计表》。检察机关在后续的审查减刑工作中发现了左某涉嫌徇私舞弊减刑的犯罪线索，同时建议黑龙江省女子监狱撤销了对罪犯王某的减刑报请。

左某实施了《刑法》第四百零一条规定的行为，构成徇私舞弊减刑罪，但左某在共同犯罪中起辅助作用，根据《刑法》第二十七条之规定系从犯，应当从轻、减轻处罚或者免除处罚。左某到案后能如实供述自己的罪行，根据《刑法》第六十七条第三款之规定可以从轻处罚；左某的行为系受他人指使，罪犯最终亦未被裁定减刑，主观恶性较小，犯罪情节轻微；左某到案后主动向检察机关提供了部分原始书证，并表示认罪认罚。根据《刑法》第三十七条的规定，不需要判处刑罚。依据《刑事诉讼法》第一百七十七条第二款的规定，决定对左某不起诉。

律师建议

服刑人员减刑、假释、暂予监外执行的呈报与批准，是一个复杂的程序，牵涉多个环节、多名人员、多项制度，不一定所有与之有关的工作人员均构成该罪。在司法实践中，对监狱工作人员是否构成徇私舞弊减刑、假释、暂予监外执行罪，应当从行为人的身份，在减刑、假释、暂予监外执行过程中所处的地位，起到的作用等多方面综合考虑，进行科学审慎的判断。

089 如何认定是否构成民事、行政枉法裁判罪？

律师提示

民事、行政枉法裁判罪是指司法工作人员在民事、行政审判活动中故意违背事实和法律作枉法裁判，情节严重的行为；法官徇私舞弊，在民事、行政审判活动中违背事实和法律作出枉法裁判，给国家造成严重财产损失，或者虽然没有造成严重财产损失的危害后果，但侵害了审判机关的正常活动，损害了司法公信力等，也构成民事枉法裁判罪中的"情节严重"，应认定为民事、行政枉法裁判罪；民事、行政审判法官以外的人通常不符合该罪的主体构成要件，但在共同犯罪的情形下可构成民事、行政枉法裁判罪。

争议焦点

《刑法》第三百九十九条第二款规定了民事、行政枉法裁判罪：在民事、行政审判活动中故意违背事实和法律作枉法裁判，情节严重的，处五年以下有期徒刑或者拘役；情节特别严重的，处五年以上十年以下有期徒刑。

2006年《最高人民检察院关于渎职侵权犯罪案件立案标准的规定》第一条第六项明确了民事、行政枉法裁判案的立案标准：

1. 枉法裁判，致使当事人或者其近亲属自杀、自残造成重伤、死亡，或者精神失常的；

2. 枉法裁判，造成个人财产直接经济损失10万元以上，或者直接经济损失不满10万元，但间接经济损失50万元以上的；

3. 枉法裁判，造成法人或者其他组织财产直接经济损失20万元以上，或者直接经济损失不满20万元，但间接经济损失100万元以上的；

4. 伪造、变造有关材料、证据，制造假案枉法裁判的；

5. 串通当事人制造伪证，毁灭证据或者篡改庭审笔录而枉法裁判的；

6. 徇私情、私利，明知是伪造、变造的证据予以采信，或者故意对应当采信的证据不予采信，或者故意违反法定程序，或者故意错误适用法律而枉法裁判的；

7. 其他情节严重的情形。

民事、行政枉法裁判罪与徇私枉法罪的主要区别在于主体身份和诉讼程序的不同。民事、行政枉法裁判罪的主体主要是民事、行政审判法官，主要发生于民事、行政诉讼中；而徇私枉法罪的主体主要是刑事案件侦查、起诉、审判人员，主要发生于刑事诉讼过程中。

民事、行政审判法官在诉讼程序存在违法违纪行为，并不一定构成民事、行政枉法裁判罪，还要看具体案件中法官的违纪行为是否达到民事、行政枉法裁判罪要求的客观要件；民事、行政审判法官以外的人通常不符合该罪的主体构成要件，但在共同犯罪的情形下可构成民事、行政枉法裁判罪。

裁判精要

民事、行政枉法裁判罪是指司法工作人员在民事、行政审判活动中故意违背事实和法律作枉法裁判，情节严重的行为；法官徇私舞弊，在民事、行政审判活动中违背事实和法律作出枉法裁判，给国家造成严重财产损失等情形的，属于"情节严重"，构成民事、行政枉法裁判罪；法官的枉法裁判行为虽然没有造成严重财产损失的危害后果，但侵害了审判机关的正常活动，损害了司法公信力，也构成民事枉法裁判罪中的"情节严重"，应认定为民事、行政枉法裁判罪；非司法工作人员与司法工作人员串通共同实施了民事枉法裁判行为的，以民事、行政枉法裁判罪共犯追究刑事责任；法官虽然存在违规违纪行为，但作出的裁判并未违背证据基础上反映的民事法律事实，或裁判文书并未送达生效的，其行为不符合民事枉法裁判罪的客观方面的要求；行为人不是具有审判职责的法官，不符合民事、行政枉法裁判罪的主体要件。

司法观点

（一）构成民事、行政枉法裁判罪

◎法官违法出具法律文书造成重大损失的，构成民事、行政枉法裁判罪

1. 民事审判法官出于徇私情，明知双方的借款协议、收条等证据系伪造，仍违法出具诉讼保全查封裁定书，其行为侵害了审判机关的正常活动，损害了司法公信力，构成民事枉法裁判罪中的"情节严重"，应认定为民事枉法裁判罪，见【（2020）鲁10刑终43号】曹某某民事、行政枉法裁判、玩忽职守案二审刑事裁定书。

在该裁定书中，山东省威海市中级人民法院认为：

关于曹某某是否构成民事枉法裁判罪。本院认为，曹某某作为一名从事民事审判工作的法官，出于徇私情，明知双方的借款协议、收条等证据系伪造，仍违法出具诉讼保全查封裁定书，其行为侵害了审判机关的正常活动，损害了司法公信力，损害了人民法官在人民群众心目中的形象，构成民事枉法裁判罪中的"情节严重"，一审法院认定曹某某构成民事枉法裁判罪并无不妥。曹某某作为一名法官，知法犯法，拒不认罪，应从重处罚。

2. 行政审判法官为谋取个人不正当利益，利用职位影响，在行政审判活动中指使、授意他人违背事实和法律作出枉法裁判，造成国家重大经济损失，情节特别严重的，构成行政枉法裁判罪，见【2020琼96刑初34号】张某某受贿、行政枉法裁判、诈骗案一审刑事判决书。

在该判决书中，海南省第一中级人民法院认为：

被告人张某某实施了枉法裁判行为。行政枉法裁判是指司法工作人员在行政审判活动中，故意违背事实和法律作出枉法裁判，情节严重的行为。张某某为谋取个人不正当利益，在案件审理过程中，不仅亲自要求海口市中院的时任分管专委、行政庭长、承办法官、秀英区法院院长予以关照，还安排自己的亲属、朋友具体与庭长、承办法官、合议庭成员对接，施加影响力，向承办法官传授裁判思路，与相关司法工作人员形成了枉法裁判的共同故意及行为，即张某某实施了具体的指使、授意行为，并非仅仅是一般的打招呼和干预，辩护人关于张某某仅仅是作为领导干预办案，没有实施枉法裁判行为、不符合枉法裁判法律规定的辩护意见理据不足，不予采信。被告人张某某在利用职位影响，在行政审判活动中指使、授意他人违背事实和法律作出枉法裁判，造成国家4621.872万元的损失，情节特别严重，其行为亦已构成行政枉法裁判罪。

3. 民事审判法官在民事审判活动中故意违反法律规定，对未经查证的事实违背法律进行枉法裁判，虽然没有造成严重财产损失的危害后果，但造成了社会舆情影响，严重损害了人民法院的司法权威，其故意违反法定程序进行枉法裁判的行为当属情节严重情形，构成民事枉法裁判罪，见【（2020）云05刑终64号】甫某某民事枉法裁判案二审刑事裁定书。

在该裁定书中，云南省保山市中级人民法院认为：

上诉人甫某某身为人民法院审判人员，在民事审判活动中故意违反法律规定，对未经查证的事实违背法律进行枉法裁判，造成社会舆情影响，严重损害了人民法院的司法权威，情节严重，其行为已触犯刑律，构成民事枉法裁判罪。上诉人甫某某关于不构成犯罪的辩解意见依法不能成立，其关于受分管领导的授意的辩解，一是无证据证实，二是该辩解不影响其行为的犯罪构成，故对其要求改判的上诉请求本院不予支持。本案虽没有造成严重财产损失的危害后果，但故意违反法定程序进行枉法裁判的行为当属情节严重情形，依法应予惩处。

4. 虽然非司法工作人员不能单独成为民事枉法裁判罪的主体，但其与具有主体身份的司法工作人员串通，在明知是虚假事实的情况下出具欠条、签收法律文书、伪造证据，共同实施了民事枉法裁判的行为，具有共同犯罪的故意，应以民事枉法裁判罪追究其刑事责任，见【（2017）黑81刑终10号】郑某等民事枉法裁判案二审刑事裁定书。

在该裁定书中，黑龙江省农垦中级人民法院认为：

上诉人郑某身为司法工作人员，利用职务之便，伙同上诉人艾某以捏造的事实提起虚假的民事诉讼，在民事审判活动中故意违背事实和法律作枉法裁判，情节严重，其行为已构成民事枉法裁判罪。上诉人艾某虽不是司法工作人员，但与司法工作人员郑某通谋，共同虚构民事诉讼案件，实施参与民事枉法裁判，应按共同犯罪论处，构成民事枉法裁判罪。本案系共同犯罪，被告人郑某在实施犯罪过程中起主要作用，系主犯；艾某在实施犯罪过程中起次要作用，系从犯。对于艾某及其辩护人提出艾某不是司法工作人员，不能成为民事枉法裁判罪的犯罪主体，法律也没有规定非国家机关人员可以是民事枉法裁判罪的犯罪主体，二上诉人没有共同犯罪的故意，不构成民事枉法裁判罪的上诉理由和辩护意见，经查，虽然非司法工作人员不能单独成为民事枉法裁判罪的主体，但在本案中，艾某与具有主体身份的司法工作人员郑某串通，在明知是虚假事实的情况下出具欠条、签收法律文书、伪造证据，共同实施了民事枉法裁判的行为，具有共同犯罪的故意，属于共同犯罪，应以民事枉法裁判罪追究其刑事责任，故对该上诉理由和辩护意见不予支持。

（二）不构成民事、行政枉法裁判罪

◎**不具审判职责人员未参与案件审判的，不构成民事、行政枉法裁判罪**

1. 行为人虽系法院执行局局长，但并不具有审判职责，且在特定债务纠纷案件中既不是案件承办人，也不是该案的法官助理、书记员，更未在该案的调解协议及调解书中落名，不构成民事、行政枉法裁判罪，见【（2021）藏0602刑初5号】扎某民事、行政枉法裁判、贪污案一审刑事判决书。

在该裁定书中，西藏自治区那曲市色尼区人民法院认为：

民事枉法裁判罪是指司法机关工作人员故意违背事实和法律，在民事审判活动中枉法裁判，情节严重的行为，侵害人民法院正常的民事审判活动，本罪的主体为行使审判职责的司法工作人员。在本案中，被告人扎某虽然为安多县人民法院执行局局长，但并不具有审判职责，且在米某与邓某债务纠纷案件中，被告人既不是案件承办人，也不是该案的法官助理、书记员，更未在该案的调解协议及调解书中落名，故公诉机关指控被告人扎某犯民事枉法裁判罪的指控同事实不符，无法律依据，故对公诉机关指控被告人扎某犯民事枉法裁判罪的罪名不予采纳。被告人及其辩护人关于该行为不构成民事枉法裁判罪的辩解，本院予以采纳。

◎**法官取证违规但审判并未违背事实法律的，不构成民事、行政枉法裁判罪**

2. 法院民事法官虽然在调查取证时存在一些违规违纪违法行为，但其审判活动是在现有证据的基础上作出的客观行为，并未违背证据基础上反映的民事法律事实，其行为不符合民事枉法裁判罪的客观方面的要求，见【（2018）甘04刑终141号】卜某某、吴某某民事枉法裁定案二审刑事裁定书。

在该裁定书中，甘肃省白银市中级人民法院认为：

民事枉法裁判罪的客观方面表现为违背事实和法律，在民事案件审判的活动中不忠于事实真相和不遵守法律规定进行枉法裁判。本案中，被告人卜某某、吴某某出具裁定书将罗某强列为第三人，并冻结罗某强的银行存款25万元及后续

未将裁定书附卷装订等行为，虽不符合法律的有关程序性规定及人民法院的内部管理规范，但该行为与其向罗某强调查取证的行为之间不具有直接的因果关系，罗某强或许迫于冻结存款的压力前来配合调查，但是其接受询问时所作的陈述，完全是在其自由意志支配下进行的。询问罗某强虽未按照法律规定进行个别询问（律师及胡某伟在场），不符合法定程序，但也可推断认为罗某强接受询问时并不存在胁迫或者其他强迫作证的情形。并且，民事审判活动是以民事法律事实为基础的，是在综合所有证据材料的基础上形成的推定事实。本案中，"12车皮803吨煤为何人所发"的真实客观事实究竟为何，已无从考证，关键证人罗某强前后证言不一，是否存在外界因素干扰使其改变证言无法认定，二审推翻原审法院的案件事实是否为客观事实存疑，审判人员据以定案的事实只是依靠对证据材料的内心确信从而推定案件事实，被告人卜某某虽然在调查取证时存在一些违规违纪违法行为，但其审判活动是在现有证据的基础上作出的客观行为，并未违背证据基础上反映的民事法律事实，其行为不符合民事枉法裁判罪客观方面的要求。

◎**法官违法裁定未生效且未造成实质影响的，不构成民事、行政枉法裁判罪**

3. 法院民事法官虽然违反法定程序作出民事裁定书，但该裁定书未向案件当事人送达，未发生法律效力，对案件当事人的权益没有构成实质影响的，不符合民事、行政枉法裁判罪的客观要件，见【（2014）甘刑抗字第2号】李某某挪用公款、民事、行政枉法裁判案二审刑事裁定书。

在该裁定书中，甘肃省高级人民法院认为：

关于是否构成民事、行政枉法裁判罪问题。根据《刑法》第三百九十九条第二款规定，民事、行政枉法裁判罪是指司法工作人员在民事、行政审判活动中故意违背事实和法律作枉法裁判，情节严重的行为。构成本罪，必须满足的客观要件是"违背事实和法律作枉法裁判，情节严重"。首先，该案中李某某在获得两原告口头同意撤诉后，未严格依照民事诉讼法规定的撤诉程序审理，而是通过私自制作撤诉谈话笔录、同意撤诉的民事裁定书、送达回证当事人签名的方式结案。从审判程序看，李某某的行为违反了法定程序，对人民法院的正常审判活动造成了一定影响，但现有证据无法证明李某某的行为给案件当事人造成身心伤害及重大财产损失，亦无证据证明其有徇私情、私利等"情节严重"的情形。其次，李某某违反法定程序作出的民事裁定书始终未向两案当事人送达；2011年华池县法院又继续审理了该案，并根据审查情况作出驳回原告诉讼请求的民事判决，民事判决已发生法律效力。根据以上事实可以证明，李某某违反法定程序所作的民事裁定书未向案件当事人送达，也就未发生法律效力。既然是未发生法律效力民事裁定，那么对案件当事人的权益亦不会构成实质的影响。而刑法规定的民事、行政枉法裁判罪中所指的裁判必须是已发生法律效力的法律文书。因此，李某某的行为不符合刑法规定的民事、行政枉法裁判罪所要求的"违背事实和法律作枉法裁判，情节严重"的客观要件。

律师建议

民事、行政审判法官在诉讼过程中存在违法违纪行为，并不一定构成民事、行政枉法裁判罪，律师在辩护时应当看其违纪行为是否达到民事、行政枉法裁判罪要求的客观要件，尤其注意该行为是否达到情节严重的程度。此外，民事、行政审判法官以外的人通常不符合该罪的主体构成要件，只有共同犯罪的情形下才可能构成民事、行政枉法裁判罪。

090 如何认定是否构成执行判决、裁定渎职犯罪？

律师提示

执行法官在执行判决、裁定活动中，严重不负责任或者滥用职权，不依法采取诉讼保全措施、不履行法定执行职责，或者违法采取诉讼保全措施、强制执行措施，致使当事人或者其他人的利益遭受重大损失的，构成执行判决、裁定失职罪或执行判决、裁定滥用职权罪；执行法官在案件合议中未隐瞒主要证据、主要情节或提供虚假材料，案件合议均是依据合议规则进行，其行为亦不存在严重不负责任或者滥用职权的情形，不构成执行判决、裁定渎职犯罪；执行法院以外的司法工作人员超越职权造成恶劣社会影响的，其行为不构成执行判决、裁定渎职犯罪而构成滥用职权罪。

争议焦点

《刑法》第三百九十九条第三款规定了执行判决、裁定失职罪和执行判决、裁定滥用职权罪：在执行判决、裁定活动中，严重不负责任或者滥用职权，不依法采取诉讼保全措施、不履行法定执行职责，或者违法采取诉讼保全措施、强制执行措施，致使当事人或者其他人的利益遭受重大损失的，处五年以下有期徒刑或者拘役；致使当事人或者其他人的利益遭受特别重大损失的，处五年以上十年以下有期徒刑。

2006年《最高人民检察院关于渎职侵权犯罪案件立案标准的规定》第一条第七项、第八项明确执行判决、裁定失职罪和执行判决、裁定滥用职权罪的立案标准：

执行判决、裁定失职罪是指司法工作人员在执行判决、裁定活动中，严重不负责任，不依法采取诉讼保全措施、不履行法定执行职责，或者违法采取保全措施、强制执行措施，致使当事人或者其他人的利益遭受重大损失的行为。

涉嫌下列情形之一的，应予立案：

1. 致使当事人或者其近亲属自杀、自残造成重伤、死亡，或者精神失常的；

2. 造成个人财产直接经济损失15万元以上，或者直接经济损失不满15万元，但间接经济损失75万元以上的；

3. 造成法人或者其他组织财产直接经济损失30万元以上，或者直接经济损失不满30万元，但间接经济损失150万元以上的；

4. 造成公司、企业等单位停业、停产1年以上，或者破产的；

5. 其他致使当事人或者其他人的利益遭受重大损失的情形。

执行判决、裁定滥用职权罪是指司法工作人员在执行判决、裁定活动中，滥用职权，不依法采取诉讼保全措施、不履行法定执行职责，或者违法采取保全措施、强制执行措施，致使当事人或者其他人的利益遭受重大损失的行为。

涉嫌下列情形之一的，应予立案：

1. 致使当事人或者其近亲属自杀、自残造成重伤、死亡，或者精神失常的；

2. 造成个人财产直接经济损失10万元以上，或者直接经济损失不满10万元，但间接经济损失50万元以上的；

3. 造成法人或者其他组织财产直接经济损失20万元以上，或者直接经济损失不满20万元，但间接经济损失100万元以上的；

4. 造成公司、企业等单位停业、停产6个月以上，或者破产的；

5. 其他致使当事人或者其他人的利益遭受重大损失的情形。

司法实践中，执行法官是否构成执行判决、裁定失职罪或执行判决、裁定滥用职权罪，主要看失职或滥用职权的行为是否达到了该两罪的构成要件。执行法官虽然有违法违纪行为，但其渎职行为未达到刑法规定的构成要件的，不构成执行判决、裁定渎职犯罪；执行法院以外的司法工作人员，通常不构成该两个罪名。

裁判精要

执行法官在执行判决、裁定活动中，严重不负责任或者滥用职权，不依法采取诉讼保全措施、不履行法定执行职责，或者违法采取诉讼保全措施、强制执行措施，致使当事人或者其他人的利益遭受重大损失的，构成执行判决、裁定失职罪或执行判决、裁定滥用职权罪；执行法官在案件合议中如实汇报案情，未隐瞒主要证据、主要情节或提供虚假材料，案件合议均是依据合议规则进行，其行为亦不存在严重不负责任或者滥用职权的情形，不构成执行判决、裁定渎职犯罪；行为人虽系国家机关工作人员，但不具有办理执行案件的职责和权限，却超越职权造成恶劣社会影响，其行为不构成执行判决、裁定渎职犯罪，而构成滥用职权罪。

司法观点

（一）构成执行判决、裁定渎职犯罪

◎未尽审查义务执行造成重大损失的，构成执行判决、裁定失职罪

1. 执行法官在案件执行过程中未尽审查义务，以物抵债时既未通知当事人也未将所得价款提存，致使当事人对抵押权丧失优先受偿权，造成当事人重大财产经济损失的，构成执行判决、裁定失职罪，见【（2018）豫17刑终376号】刘某某执行判决、裁定滥用职权、贪污案二审刑事裁定书。

在该裁定书中，河南省驻马店市中级人民法院认为：

原审被告人刘某某在执行过程中，未尽审查义务，以物抵债时既未通知西平柏城信用社也未将所得价款提存，致使西平县柏城信用社对该抵押权丧失优先受偿权，且未发现少收陈某15万元执行款，存在失职行为，造成法人或者其他组织财产经济损失26万余元，李某个人财产经济损失5万元，损失合计31万余元，属于给当事人造成重大损失，其行为已构成执行判决、裁定失职罪，但犯罪情节轻微不需要判处刑罚，依法可免予刑事处罚。

◎擅自采取司法强制措施造成重大损失的，构成执行判决、裁定滥用职权罪

2. 执行法官在承办执行案件期间，在未经合议庭合议和局长签发并加盖院章的正式的纸质裁定书前，在未经程序确认到期债权的情况下，违法冻结涉案企业全部账户，给企业造成重大经济损失，构成执行判决、裁定滥用职权罪，见【（2019）冀09刑终503号】张某某执行判决、裁定滥用职权、挪用公款案二审刑事裁定书。

在该裁定书中，河北省沧州市中级人民法院认为：

被告人张某某作为案件执行法官，在承办该执行案件期间，在未作出经合议庭合议和局长签发并加盖院章的正式的纸质裁定书前，未对万某长基公司有效送达提取资金裁定书、协助执行通知书、冻结裁定书，未给万某长基公司设置执行异议期，未得到万某长基公司所主张的投资和待分配利润进行书面确认，未对被执行人能否清偿债务进行查询，未经程序确认到期债权的情况下，违法将具有投资收入的协助执行单位列为第三人，违反《最高人民法院关于人民法院执行工作若干问题的规定（试行）》第五十一条第二款"对被执行人预期从有关企业中应得的股息或红利等收益，人民法院可以采取冻结措施，禁止到期后被执行人提取和有关企业向被执行人支付"之规定，直接通过网络冻结了万某长基公司六个账户。经河北中瑞司法会计鉴定中心鉴定，万某长基公司因全部账户被冻结，造成经济损失计578340.97元。张某某作为执行案件的主办人，在执行活动中违法采取强制执行措施，致使他人利益遭受重大损失，其行为已构成执行判决、裁定滥用职权罪。

3. 执行法官在执行判决、裁定活动中违法采取强制执行措施，致使他人的利益遭受重大损失的，构成执行判决、裁定滥用职权罪，见【（2018）闽01刑终257号】张某执行判决、裁定滥用职权案二审刑事裁定书。

在该裁定书中，福建省福州市中级人民法院认为：

上诉人张某身为国家司法工作人员，在执行判决、裁定活动中，违法采取强制执行措施，致使他人的利益遭受重大损失，其行为已构成执行判决、裁定滥用职权罪。关于上诉人张某称本案应属失职犯罪而非滥用职权的故意犯罪，其对涉案《承诺函》上的公章只是进行了表面上的审查就予以确信，当属疏忽大意的过失的上诉理由，经查，上诉人张某在涉案的司法执行程序中，滥用职权冻结案外公司法人账户；另综合在案证据足以证实其在明知涉案《承诺函》上所记载

内容并非为福建省东某古玩城公司真实意思的情况下，以此为依据对该公司账户予以解冻，并将其中140万元款项违法支付给某一特定申请执行人，对涉案公司的财产利益及其他申请执行人所可能取得之财产利益造成重大损失，且上诉人张某对该损失结果的发生持放任态度，当属故意犯罪，故该上诉理由与事实不符，不能成立，本院不予采纳。

（二）不构成执行判决、裁定渎职犯罪

◎**如实汇报且不存在渎职情形的，不构成执行判决、裁定渎职犯罪**

1. 执行法官在案件合议中如实汇报案情，未隐瞒主要证据、主要情节或提供虚假材料，案件合议均是依据合议规则进行，其行为亦不存在严重不负责任或者滥用职权的情形，不构成执行判决、裁定渎职犯罪，见【（2018）鄂10刑终134号】卢某、刘某执行判决、裁定失职案二审刑事裁定书。

在该裁定书中，湖北省荆州市中级人民法院认为：

关于抗诉机关提出的上述抗诉意见，经查，《最高人民法院关于人民法院执行工作若干问题的规定（试行）》《最高人民法院关于执行权合理配置和科学运行的若干意见》的相关规定，原审被告人卢某要求刘某组成合议庭评议执行中的重大事项属依法正确履职的行为。原审被告人刘某在案件合议中如实汇报案情，未隐瞒主要证据、主要情节或提供虚假材料，案件合议均是依据合议规则进行，其行为亦不存在严重不负责任或者滥用职权的情形，故原审被告人卢某、刘某均不存在在执行过程中严重不负责任的失职行为，二原审被告人的行为不符合执行判决、裁定失职罪的构成要件。故抗诉机关提出的该抗诉意见不能成立，本院不予采纳。

◎**无职权人员超越职权造成重大损失的，构成滥用职权罪**

2. 行为人身为国家机关工作人员，不具有办理执行案件的职责和权限，却超越职权，在执行案件中违反法律规定，拍卖前未通知被执行人参加，在没有制作拍卖成交确权裁定的情况下强制执行，造成恶劣社会影响，构成滥用职权罪，见【（2016）豫03刑终577号】孙某滥用职权案二审刑事裁定书。

在该裁定书中，河南省洛阳市中级人民法院认为：

上诉人孙某身为国家机关工作人员，不具有办理执行案件的职责和权限，却超越职权，在执行案件中违反法律规定，拍卖前未通知被执行人参加，在没有制作拍卖成交确权裁定，执行依据不足的情况下强制执行，导致买受人与被执行人双方 300 余人长期对峙，造成恶劣社会影响，其行为已构成滥用职权罪。原判认定事实清楚，证据确实、充分，定罪准确，量刑适当，审判程序合法。上诉人孙某的上诉理由不能成立。

律师建议

司法实践中，执行法官是否构成执行判决、裁定失职罪或执行判决、裁定滥用职权罪，主要看其失职或滥用职权的行为是否达到了该两罪的构成要件。因此，律师在辩护过程中应当看当事人是否满足主体要件以及其渎职行为是否达到刑法规定的构成要件。

091 如何认定是否构成枉法仲裁罪？

律师提示

要认定构成枉法仲裁罪，首先主体必须适格，劳动争议机构的仲裁员、仲裁处领导、仲裁秘书等工作人员均是枉法仲裁罪的适格主体，但不应将对仲裁结果无实质影响的仲裁行政工作人员一概认定为犯罪主体；其次主观方面必须是出于故意，过失导致仲裁结果不公的，不应认定为构成枉法仲裁罪。

争议焦点

司法实践中对于哪些人员属于仲裁人员，哪些情形属于枉法仲裁"情节严重"的情形，存在一些争议。

《刑法》第三百九十九条之一规定：依法承担仲裁职责的人员，在仲裁活动中故意违背事实和法律作枉法裁决，情节严重的，处三年以下有期徒刑或者拘役；情节特别严重的，处三年以上七年以下有期徒刑。

我国司法解释并未对枉法仲裁罪中的"情节严重"进行具体规定，但对民事、行政枉法裁判罪中的"情节严重"给予了解释，司法实践中有的法院参照民事、行政枉法裁判罪的解释进行认定。2006 年《最高人民检察院关于渎职侵权犯罪案件立案标准的规定》第一条第六项对民事、行政枉法裁判罪中的"情节严重"给予了解释：

民事、行政枉法裁判罪是指司法工作人员在民事、行政审判活动中，故意违背事实和法律作枉法裁判，情节严重的行为。

涉嫌下列情形之一的，应予立案：

1. 枉法裁判，致使当事人或者其近亲属自杀、自残造成重伤、死亡，或者精神失常的；

2. 枉法裁判，造成个人财产直接经济损失10万元以上，或者直接经济损失不满10万元，但间接经济损失50万元以上的；

3. 枉法裁判，造成法人或者其他组织财产直接经济损失20万元以上，或者直接经济损失不满20万元，但间接经济损失100万元以上的；

4. 伪造、变造有关材料、证据，制造假案枉法裁判的；

5. 串通当事人制造伪证、毁灭证据或者篡改庭审笔录而枉法裁判的；

6. 徇私情、私利，明知是伪造、变造的证据予以采信，或者故意对应当采信的证据不予采信，或者故意违反法定程序，或者故意错误适用法律而枉法裁判的；

7. 其他情节严重的情形。

司法实践中对未直接参与仲裁活动的行政工作人员，是否按照枉法裁判罪进行认定，应当结合案件情况进行具体分析，不应一概认定为构成犯罪。仲裁员的枉法行为必须是出于故意，过失导致仲裁结果不公的，不应认定为构成枉法仲裁罪。

裁判精要

判断枉法仲裁行为是否属"情节严重"，应以枉法仲裁罪构成要件为基础，参照民事、行政枉法裁判罪的立案标准，综合考虑枉法仲裁行为的后果、枉法仲裁行为实施的方式和手段、行为人的动机和目的等要素进行认定；劳动争议机构的仲裁员、仲裁处领导、仲裁秘书等工作人员也是枉法仲裁罪的适格主体；行为人身为仲裁机构的仲裁人员，在明知仲裁条款是单方面添加的情况下仍予受理，造成仲裁案件一方当事人长期上访，在社会上造成恶劣影响，构成滥用职权罪；枉法仲裁犯罪情节轻微的，可以免予刑事责任。

司法观点

(一) 构成枉法仲裁罪

◎劳动争议仲裁员枉法仲裁或调解的，构成枉法仲裁罪

1. 枉法仲裁罪也适用于劳动争议仲裁的仲裁员，且适用于仲裁阶段的调解；判断枉法仲裁行为是否属"情节严重"，应以枉法仲裁罪构成要件为基础，参照民事、行政枉法裁判罪的立案标准，综合考虑枉法仲裁行为的后果、枉法仲裁行为实施的方式和手段、行为人的动机和目的等要素进行认定，见【(2018) 闽08刑终197号】曾某某枉法仲裁案二审刑事裁定书。

在该裁定书中，福建省龙岩市中级人民法院认为：

枉法仲裁罪是否适用于劳动争议仲裁的仲裁员。经查，根据《刑法》第三百九十九条之一的规定，枉法仲裁罪的主体是"依法承担仲裁职责的人员"。"依法承担仲裁职责的人员"除《仲裁法》规定的仲裁员外，还包括根据劳动法、公务员法……企业劳动争议处理条例等法律、行政法规的规定，在由政府行政主管部门代表参加组成的仲裁机构中对法律、行政法规规定的特殊争议承担仲裁职责的人员。同理，枉法仲裁中的仲裁活动亦包括劳动争议仲裁。上诉人曾某某系武平县劳动人事争议仲裁委员会聘任的兼职仲裁员，属依法承担仲裁职责的人员，其亦实际在武某案【2017】19号劳动仲裁调解书中行使仲裁职责，主体适格。上诉人及辩护人提出枉法仲裁罪适用的主体只能是民商事仲裁活动中的仲裁员，本案不符合枉法仲裁罪的主体要件的诉辩意见不成立，不予采纳。

枉法仲裁罪是否适用仲裁阶段的调解。《劳动争议调解仲裁法》中的"调解"系调解组织进行的调解活动，与进入仲裁后仲裁员在作出裁决前，应当先行组织的仲裁调解不同。劳动争议仲裁调解系在仲裁庭主持下进行的前置必经仲裁程序，亦是劳动争议仲裁活动的一部分，虽需双方当事人自愿，但与仲裁裁决一样，应当遵循合法的原则和查明事实、分清是非的原则；发生法律效力后，仲裁调解书亦具有与裁决书同等的法律约束力和执行力。同样，枉法作出的仲裁调解亦具有与枉法作出的仲裁裁决同等的危害性。故枉法仲裁应当涵盖枉法调解。本案中上诉人徇私情为他人虚假仲裁提供帮助，明知是虚假的事实和伪造的证据，仍为其制作仲裁调解书，属枉法仲裁。上诉人及其辩护人提出调解不同于裁决，枉法调解不构成枉法仲裁罪的诉辩意见不能成立，不予采纳。

本案是否属于"情节严重"。"情节严重"是区分枉法仲裁行为罪与非罪的标准。判断枉法仲裁行为是否属"情节严重",应以枉法仲裁罪构成要件为基础,参照民事、行政枉法裁判罪的立案标准,综合考虑枉法仲裁行为的后果、枉法仲裁行为实施的方式和手段、行为人的动机和目的等要素。在本案中,虽然上诉人曾某某制作的虚假仲裁调解书最终未造成债权人等其他方的损失,但其主观故意明显,手段恶劣。为徇私情,上诉人曾某某明知王某某与梁某茶叶公司不存在拖欠劳动工资关系,明知王某某提供的劳动仲裁申请材料存在虚假,仍罔顾事实指导王某某对虚假仲裁申请材料进行补充、修改,并予以采信,制作劳动仲裁调解笔录,出具仲裁调解书。在王某某持仲裁调解书向法院申请执行未果后,上诉人曾某某在明知虚假仲裁调解书用于向法院申请执行的情况下,仍按王某某要求第二次罔顾事实修改调解笔录,还违反程序完善了仲裁案件立案等材料,并重新制作了仲裁调解书,帮助王某某进行虚假诉讼。上诉人曾某某的行为符合《最高人民检察院关于渎职侵权犯罪案件立案标准的规定》第一条第六项之规定"徇私情、私利,明知是伪造、变造的证据予以采信,或者故意对应当采信的证据不予采信,或者故意违反法定程序,或者故意错误适用法律而枉法裁判的",属"情节严重",且其行为不仅侵犯了国家仲裁制度,也妨害了司法秩序,符合虚假诉讼罪的构成要件,性质恶劣。上诉人及其辩护人提出未造成损失,且上诉人及时悔改,危害性不大,不属于"情节严重"及没有徇私协助他人补强伪证并予以采信,没有擅自启动仲裁程序,没有刻意规避证据审查与事实认定程序的诉辩意见不能成立,不予采纳。

◎ **仲裁员受贿后违法认定证据并作出违法仲裁的,构成枉法仲裁罪**

2. 行为人作为依法承担仲裁职责的人员,在仲裁案件开庭过程中已经意识到申请人提供的证据存在问题,但不依据法律规定进行调查核实且接受当事人及其代理人吃请送礼,采信申请人提供的虚假证据,违背事实作出仲裁裁决,情节严重的,构成枉法仲裁罪,见【(2016)甘07刑终34号】王某枉法仲裁案二审刑事裁定书。

在该裁定书中,甘肃省张掖市中级人民法院认为:

上诉人王某作为首席仲裁员,第三人当庭对申请人提供的证明民工工资的考勤表提出异议,指出停工时间与考勤表有明显的出入、证人刘某不识字如何做出整齐划一的考勤表,并且证人刘某当庭作证其不识字、考勤表又系其一人制作,此证词相互矛盾,应该意识到申请人提供的证据是虚假的,但王某没有做调查核实，仅因被申请人没有出庭提供证据，以"第三方所述申请人工资不实缺乏相关证据证实"为理由，采信申请人提供的伪造的证据，应当认定为"明知"是伪造的证据却予以采信。在此种情况下，违背事实和法律作出仲裁裁决，严重扰乱了仲裁秩序、降低了仲裁机构的威信及群众对仲裁活动公正性的信赖，并对被申请人的财产权利构成严重威胁，应当认定为"情节严重"。本罪是情节犯，法律并没有规定以造成财产损失作为犯罪构成要件，枉法裁决一旦作出，且已达到"情节严重"的程度，犯罪就处于完成状态，原仲裁案件的裁决结果是否被撤销并不影响枉法仲裁罪的成立。综上，上诉人王某作为依法承担仲裁职责的人员，在仲裁案件开庭过程中，已经意识到申请人提供的证明案件基本事实的证据存在问题，但不依据法律规定进行调查核实，在接受纠纷一方当事人及其代理人的吃请及礼物后，采信申请人提供的虚假证据，违背事实作出仲裁裁决，情节严重，其行为构成枉法仲裁罪，上诉人及辩护人的辩解辩护意见不成立。

◎**负责案件受理和立案审查的仲裁秘书，可以构成枉法仲裁罪**

3. 仲裁委员会秘书处工作人员负责仲裁案件的受理和立案审查工作，协助仲裁庭做好案件审理工作，其主体身份符合枉法仲裁罪的要求；行为人明知仅有单方仲裁的意思表示，没有约定具体的仲裁机构，且双方当事人亦未达成补充协议，不符合仲裁案件受理条件的情况而仍予以受理的，其主观应属故意，见【（2019）皖0881刑初31号】方某受贿、枉法仲裁案一审刑事判决书。

在该判决书中，安徽省桐城市人民法院认为：

关于被告人方某及其辩护人认为指控的枉法仲裁罪不能成立的辩解及辩护意见，经查，枉法仲裁罪是指依法承担仲裁职责的人员，在仲裁活动中违背事实和法律作出枉法裁判、情节严重的行为。该罪的主体是依法承担仲裁职责的人员。本案被告人方某系安庆仲裁委员会秘书处工作人员，先后担任办案秘书、联络科科长，其承担的职责是负责仲裁案件的受理和立案审查工作，协助仲裁庭做好案件审理工作，因此其主体身份符合该罪的要求。从主观方面看，指控的两起枉法仲裁案件，被告人方某均明知仅有单方仲裁的意思表示，没有约定具体的仲裁机构，且双方当事人亦未达成补充协议，不符合仲裁案件的受理条件的情况而仍予以受理，其主观应属故意。从客体和客观方面看，其违反了法定程序受理该两起案件，涉案标的达360万余元，严重扰乱了仲裁秩序，损害了仲裁机构的威信及群众对仲裁活动公正性的信赖，应属于情节严重。故对被告人及其辩护人的上述辩解及辩护意见不予采纳。

◎ **与仲裁员互相配合枉法仲裁的仲裁委领导，可以构成枉法裁判罪**

4. 行为人作为仲裁委主持工作的副主任，虽不是具体仲裁庭的组成人员，但在明知案件系伪造的情况下仍决定立案，并指定了承办仲裁员，与其他仲裁员在内心上达成默契，行为上互相配合，最终作出枉法仲裁的，双方的行为属于共同犯罪，见【（2013）台天刑初字第277号】王某枉法仲裁案一审刑事判决书。

在该判决书中，浙江省台州市天台县人民法院认为：

被告人王某身为依法承担仲裁职责的人员，伙同他人故意违背事实和法律，作出枉法裁决，情节严重，其行为已构成枉法仲裁罪。公诉机关指控被告人的罪名成立。公诉机关认为被告人王某如实供述自己的罪行，在共同犯罪中起间接作用，建议对被告人从轻、减轻或者免予刑事处罚，本院采纳公诉机关对被告人免予刑事处罚的建议。被告人的辩护人认为被告人王某并非仲裁庭组成人员，没有参与仲裁活动，在主体上不符合枉法仲裁犯罪法定主体，主观上也没有犯罪的直接故意，被告人的行为不构成犯罪。本院认为，被告人王某作为专职仲裁员，仲裁委主持工作的副主任，虽不是具体仲裁庭的组成人员，但在明知案件系伪造的情况下仍决定立案，并指定了承办仲裁员。其虽未与仲裁庭成员梁某、胡某等人进行明确商谋，但双方所追求的犯罪目的结果是一致的，且双方均相互明知相关材料系伪造的情况下，在内心上达成默契，行为上互相配合，才能最终作出枉法仲裁。双方的行为属于共同犯罪。

（二）不构成枉法仲裁罪或免予处罚

◎ **仲裁员违规受理案件造成当事人长期上访的，构成滥用职权罪**

1. 行为人身为仲裁机构的仲裁人员，在明知仲裁条款是单方面添加的情况下仍予受理，造成仲裁案件一方当事人长期上访，在社会上造成恶劣影响的，构成滥用职权罪，见【（2014）运中刑二终字第14号】令狐某某枉法仲裁案二审刑事裁定书。

在该裁定书中，山西省运城市中级人民法院认为：

本院认为，上诉人（原审被告人）令狐某某身为仲裁机构的仲裁人员，在明知仲裁条款是单方面添加的情况下，仍予受理。造成仲裁案件一方当事人长期上访，在社会上造成恶劣影响，其行为已构成滥用职权罪。关于上诉人所提上诉理由，经查，上诉人（原审被告人）令狐某某于2005年被运城市仲裁委员会聘为仲裁员，其在履行职务中，滥用职权给国家和人民利益遭受损失，在社会上已造成了恶劣影响，其上诉理由因无法律和证据支持，本院不予采信。综上，原判认定事实清楚，证据确实充分，定罪准确，量刑适当，审判程序合法。

◎**仲裁员枉法擅自裁判但犯罪情节轻微的，可免予刑事处罚**

2. 首席仲裁员在仲裁庭组成人员意见不一的情况下，按照自己的意见作出仲裁裁决，违反了仲裁法律法规的规定，构成枉法仲裁罪；鉴于犯罪情节轻微，对其判处免予刑事责任，见【（2018）冀0503刑初93号】邓某某枉法仲裁案一审刑事判决书。

在该判决书中，河北省邢台市桥西区人民法院认为：

关于指控被告人邓某某利用担任首席仲裁员的身份，在仲裁庭没有合议结果的情况下，无视案件事实，无视（2012）邢仲裁字第083号裁决书已经确认了的合同无效的原因，擅自出具（2013）邢仲裁字第067号裁决书，裁决田某赔偿福某公司信赖利益损失8962310元。本院认为，结合本案现有证据及仲裁法、邢台仲裁委员会仲裁规则的规定，该仲裁案件中仲裁庭对信赖利益的支持具有一致评议结果，只是在责任划分上，其中张某仲裁员意见双方当事人各承担50%责任，李某仲裁员意见田某一方应承担主要责任，应承担90%责任，被告人邓某某意见为参照有关案例及本案过错责任划分酌情考虑。被告人邓某某在仲裁庭合议时，三名仲裁员意见不一致的情况下，并没有明确提出自己的意见是确定田某承担70%的责任，只是说参照有关案例及本案过错责任划分酌情考虑，由田某承担70%责任的意见，其他二名仲裁员在评议时并不知晓，评议笔录中也未记载。而后被告人邓某某就根据自己的意见作出仲裁裁决，作为一名仲裁员，应当熟知《仲裁规定》的相关规定，被告人的行为违反了《仲裁规则》第五十条第一款的规定。因此对被告人及辩护人提出被告人无罪的意见不予采纳。鉴于被告人邓某某犯罪情节轻微，依照《刑法》第三百九十九条之一、第三十七条之规定，判决被告人邓某某犯枉法仲裁罪，免予刑事处罚。

律师建议

仲裁员是否构成枉法仲裁罪，要看主体是否适格，不应将对仲裁结果无实质影响的仲裁行政工作人员一概认定为犯罪主体；有明确证据证明仲裁员主观上存在枉法仲裁的故意，客观上实施了枉法仲裁的行为，且达到"情节严重"的，才能认定为枉法仲裁罪；对于仲裁调解案件，要谨慎认定构成犯罪。

092 如何认定是否构成徇私舞弊不征、少征税款罪？

律师提示

税务机关的工作人员徇私舞弊，不征或者少征应征税款，致使国家税收遭受重大损失的，构成徇私舞弊不征、少征税款罪；在认定"犯罪损失数额"时，应当以人民法院审判时为时间界限，如果损失数额在立案时达到"造成特别重大损失"的数额标准，但在审判时由于退赔、追缴等原因只达到"造成重大损失"的数额标准，则应对行为人在"造成重大损失"相应的量刑幅度内追究其刑事责任；行为人不具有税款征收的法定职权，无证据证明具有徇私舞弊行为，或者其行为仅是不征、少征税款其中一个次要环节的，不构成徇私舞弊不征、少征税款罪。

争议焦点

《刑法》第四百零四条规定了徇私舞弊不征、少征税款罪：税务机关的工作人员徇私舞弊，不征或者少征应征税款，致使国家税收遭受重大损失的，处五年以下有期徒刑或者拘役；造成特别重大损失的，处五年以上有期徒刑。

2006 年《最高人民检察院关于渎职侵权犯罪案件立案标准的规定》第一条第十四项明确了徇私舞弊不征、少征税款案的立案标准：

1. 徇私舞弊不征、少征应征税款，致使国家税收损失累计达 10 万元以上的；

2. 上级主管部门工作人员指使税务机关工作人员徇私舞弊不征、少征应征税款，致使国家税收损失累计达 10 万元以上的；

3. 徇私舞弊不征、少征应征税款不满 10 万元，但具有索取或者收受贿赂或者其他恶劣情节的；

4. 其他致使国家税收遭受重大损失的情形。

司法实践中认定徇私舞弊不征、少征税款罪的争议，主要体现在"犯罪损失数额"的认定时间、与玩忽职守罪的区别、同时存在行贿受贿行为是如何处罚等方面。

裁判精要

税务机关的工作人员徇私舞弊，不征或者少征应征税款，致使国家税收遭受重大损失的，构成徇私舞弊不征、少征税款罪；在认定"犯罪损失数额"时，应当以人民法院审判时为时间界限，如果损失数额在立案时达到"造成特别重大损失"的数额标准，但在审判时由于退赔、追缴等原因只达到"造成重大损失"的数额标准，则应对行为人在"造成重大损失"相应的量刑幅度内追究其刑事责任；行为人不具有税款征收的法定职权，无证据证明具有徇私舞弊行为，或者其行为仅是不征、少征税款其中一个次要环节的，不构成徇私舞弊不征、少征税款罪。

司法观点

（一）构成徇私舞弊不征、少征税款罪

◎徇私舞弊违规征税造成税收重大损失的，构成徇私舞弊不征、少征税款罪

1. 行为人明知不征、少征税款破坏国家税收管理法规，会给国家税收造成严重损失，仍然追求这种危害结果的发生，客观上指使他人实施不征、少征税款行为的，构成徇私舞弊不征、少征税款罪，见【（2018）鄂07刑终58号】吴某某、杨某某受贿、行贿、徇私舞弊不征、少征税款案二审刑事裁定书。

在该裁定书中，湖北省鄂州市中级人民法院认为：

关于上诉人及辩护人上诉辩护提出其与李某无共谋不征、少征税款的犯罪故意，其行为不构成徇私舞弊不征、少征税款罪的上诉理由。经查，上诉人吴某某虽未直接授意周某、李某等人操作少征、不征税款的具体事宜，但主观上与周某共同提出了不交、少交税款的犯意，明知不征、少征税款会破坏国家税收管理法规，会给国家税收造成严重损失，仍然追求这种危害结果的发生，客观上通过胡某向李某传递不交、少交税款的意图，由李某利用其税收征收开票的职务便利，具体实施了不征、少征税款的行为。该四人的行为构成了徇私舞弊不征、少征税款的共同故意犯罪。故上诉人吴某某及辩护人提出其不构成徇私舞弊不征、少征税款罪的上诉理由和辩护意见没有事实及法律依据，不能成立，本院不予支持。

2. 行为人担任分局小税源管理组组长，在核定两家酒店缴税方式及缴纳税额时徇私舞弊，违规将该两家酒店确定为定额税加发票税的纳税方式及按明显偏低的征税额度缴税并上报，造成国家税收特别重大损失，其行为构成徇私舞弊不征、少征税款罪，见【（2015）江中法刑二终字第61号】肖某某受贿、徇私舞弊不征、少征税款案二审刑事裁定书。

在该裁定书中，广东省江门市中级人民法院认为：

对于上诉人肖某某及其辩护人提出的肖某某不构成徇私舞弊不征、少征税款罪的意见，经查：（1）上诉人肖某某在侦查阶段的供述与雷某、林某甲的供述能相互印证，其三人均供称，在2009年年初，新某都大酒店进行税务登记时，便商量好由林某甲以地税业务费的名义送给台城税务分局每月5000元，雷某、肖某某则为林某甲经营的酒店在纳税方面提供帮助；（2）证人林某乙、吴某、甄某甲等均证实新某都大酒店、自某城大酒店财务制度健全，均有建账；相关税收管理规定及新某都大酒店、自某城大酒店纳税申报的有关财务资料，以及肖某某、雷某的供述，证人甄某乙、伍某甲等证言，能够相互印证，证实按照税收管理规定，新某都大酒店、自某城大酒店应采取查账征收的方式征收税款；（3）肖某某、雷某的供述与证人黄某、李某丙、伍某甲等的证言，台山市地方税务局台城分局整理的新某都大酒店、自某城大酒店申报纳税情况表及少缴税费情况表等书证能相互印证，证实上诉人肖某某在核定新某都大酒店、自某城大酒店的缴税方式及缴纳税额时，未认真履行职责对该两家酒店进行检查，违规将该两家酒店确定为定额税加发票税的纳税方式及按明显偏低的营业额定额缴税并上报，最后经雷某审批后执行，造成国家损失14906630.46元。

综上所述，上诉人肖某某作为台城税务分局小税源管理组组长，在核定新某都大酒店、自某城大酒店的缴税方式及缴纳税额时，徇私舞弊，未认真履行职责对该两家酒店进行检查，违规将该两家酒店确定为定额税加发票税的纳税方式及按明显偏低的征税额度缴税并上报，最后经雷某审批后执行，其少征应征税款，从而造成国家税收特别重大损失，其行为构成徇私舞弊不征、少征税款罪。认定上诉人肖某某犯徇私舞弊不征、少征税款罪的证据确实充分。上诉人肖某某及其辩护人提出的上述意见理据不足，不予采纳。

◎徇私舞弊不征、少征税款罪中"重大损失"数额应在法院审判时认定

3. 徇私舞弊不征、少征税款罪中"犯罪损失数额"的认定，应当以人民法院审判时为时间界限，如果被告人犯罪所造成损失数额在立案时达到"造成特别重大损失"的数额标准，但在审判时由于退赔、追缴等原因只达到"造成重大损失"的数额标准，应对行为人在"造成重大损失"相应的量刑幅度内追究其刑事责任，见【（2019）鄂11刑终373号】熊某受贿、徇私舞弊不征、少征税款案二审刑事判决书。

在该判决书中，湖北省黄冈市中级人民法院认为：

关于辩护人提出本案可以参照最高人民法院的案例处理，对于尚可补征未实际造成损失的，可不认定为构成徇私舞弊不征、少征税款罪的辩护意见。经查，本案中，对被告人熊某某涉嫌职务违法问题进行立案的时间为2018年6月27日，中某公司补缴税款的时间为2018年12月19日。本院认为，在认定是否构成犯罪时，"犯罪损失数额"应统一于侦查机关的立案标准，以侦查机关立案时为时间界限。被告人熊某某在立案时对国家造成的损失已经达到构罪标准，故其行为构成徇私舞弊不征、少征税款罪，辩护人的辩护意见不能成立，不予采纳。但在对被告人依法量刑时，"犯罪损失数额"的认定，应当以人民法院审判时为时间界限。如果被告人犯罪所造成损失数额在立案时达到"造成特别重大损失"的数额标准，但在审判时由于退赔、追缴等原因只达到"造成重大损失"的数额标准，则对被告人应在"造成重大损失"相应的量刑幅度内追究其刑事责任。被告人熊某某犯罪所造成损失数额在立案时达到"造成特别重大损失"的数额标准，但在审判时已全部补缴到位，故对被告人熊某某可在"造成重大损失"相应的量刑幅度内追究其刑事责任。

（二）不构成徇私舞弊不征、少征税款罪

◎无证据证实行为人有徇私舞弊客观行为的，不构成徇私舞弊不征、少征税款罪

1. 在少征税款过程中，没有证据证实行为人有徇私舞弊的客观行为，造成少征税款是其未认真履行工作职责的后果，不符合徇私舞弊不征、少征税款罪的构成要件，见【（2017）豫1402刑初1187号】窦某某等徇私舞弊不征、少征税款、玩忽职守案一审刑事判决书。

在该判决书中，河南省商丘市梁园区人民法院认为：

关于上述五名被告人及其辩护人提出的被告人窦某某不构成徇私舞弊不征、少征税款罪，及其他四名被告人的行为不构成玩忽职守罪的辩解、辩护意见，经查，被告人窦某某在少征税款26.3万元的行为中，没有证据证实其有徇私舞弊的客观行为，造成少征税款是其未认真履行工作职责的后果，符合玩忽职守的犯罪特征，公诉机关指控的徇私舞弊不征、少征税款罪，指控罪名不能成立，本院依法不予支持。被告人窦某某的行为构成玩忽职守罪，但考虑到本案中征收单位责任不明确等因素，被告人窦某某的犯罪情节轻微，本院对其免予刑事处罚。

◎税收损失"多因一果"且渎职并非直接原因的，不构成徇私舞弊不征、少征税款罪

2. 税收优惠政策执行是多个部门共同完成，行为人只是其中一个环节，其自己不能单独完成税款返还的工作，将所有税收损失的结果归罪于行为人个人明显属于罪责刑不相一致，因此不构成徇私舞弊不征、少征税款罪，见【（2017）鲁0403刑再1号】于某某徇私舞弊不征、少征税款、诈骗、受贿案再审刑事判决书。

在该判决书中，山东省枣庄市薛城区人民法院认为：

原审被告人于某某不构成徇私舞弊不征、少征税款罪，理由如下：（1）"先征后返"是街道办事处为了完成任务，争取外来税源而制定的，是由街道办事处财政以企业扶持金等名义发放。造成国家税收损失，是办事处的政策造成，而非于某某造成的。（2）街道办事处出台了关于加强财税管理考核的意见，意见规定成立财税建设领导小组，国税、地税、工商等部门负责人均为该领导小组成员。且规定党政成员、村居、社区及部门单位和个人均负有协税的义务，还制定了协税责任目标。协税就是将不属于办事处辖区管辖、不应该在办事处交税的纳税人，吸引、协调到本辖区纳税。于某某作为财税小组成员，按照文件的规定负有协税义务和职责，而且这种职责更多是一种任务，谈不上职权。（3）税收优惠政策执行是多个部门共同完成，于某某只是其中一个环节，其自己不能单独完成税款返还的工作，将所有税收损失的结果归罪于于某某个人明显属于罪责刑不相一致。因此，原判认定原审被告人于某某构成徇私舞弊不征、少征税款罪，属于适用法律错误，应当予以撤销，并依法改判。

◎没有征税权限且未利用职务之便的，不构成徇私舞弊不征、少征税款罪

3. 徇私舞弊不征、少征税款罪属于渎职类犯罪，国家机关工作人员构成本罪必须是利用了职务上的便利，行为人没有征税的工作权限，没有利用职务之便，不符合本罪的犯罪主体，其行为不构成徇私舞弊不征、少征税款罪，见【（2015）饶刑初字第8号】汪某徇私舞弊不征、少征税款、伪造国家机关证件案一审刑事判决书。

在该判决书中，江西省上饶市人民法院认为：

案发时，虽然被告人汪某的职务是上饶市国家税务局车辆购置税征收管理分局征收管理股副股长，但其业务工作岗位是征税大厅车辆异动岗，主要负责二手

车辆档案的转进、转出及车辆档案的管理，不负责新车税款的征收，也没有新车征税的工作权限，没有利用职务之便；被告人将所收钱款全部退还三车主，没有非法占有的目的，但徇私舞弊不征、少征税款罪属于渎职类犯罪，国家机关工作人员构成本罪必须是利用了职务上的便利，而被告人汪某没有利用职务之便，不符合本罪的犯罪主体，因此，其行为不构成徇私舞弊不征、少征税款罪。故公诉机关指控被告人汪某构成徇私舞弊不征、少征税款罪与法律不符，本院不予支持。

◎行为人受贿且有徇私舞弊不征、少征税款行为的，择一重罪处罚

4. 行为人向税务机关工作人员提供核价单等真实客户资料并转达请托的行为，系其实现行贿目的的必须行为，已为行贿罪吸收，不构成徇私舞弊不征、少征税款罪的共犯，见【（2014）渝一中法刑终字第00525号】陈某某徇私舞弊不征、少征税款案二审刑事判决书。

在该判决书中，重庆市第一中级人民法院认为：

关于上诉人陈某某及其辩护人提出陈某某不构成徇私舞弊不征、少征税款罪以及黄某某及其辩护人提出对黄某某应择一重罪处罚的上诉理由和辩护意见。经查，减免税款的操作系王某某违规发起减免申请后，擅自使用领导口令进行审批，在征税系统中独自完成，黄某某、陈某某仅向王某某提供核价窗口出具的核价单等真实客户资料，转达请托，该行为是其实现行贿目的的必须行为，已为行贿罪吸收，故黄某某、陈某某不构成徇私舞弊不征、少征税款罪的共犯，对相关意见，予以采纳。

5. 行为人构成受贿罪、单位受贿罪和徇私舞弊不征、少征税款罪，属于牵连犯，应按照牵连犯"择一重罪从重处罚"的原则，仅以受贿罪、单位受贿罪处罚，见【《刑事指导案例》第257号指导案例】蒙某受贿罪案。

在该指导案例中，法官分析如下：

被告人蒙某的行为构成受贿罪、单位受贿罪和徇私舞弊不征税款罪的牵连犯，应按照受贿罪、单位受贿罪两罪并罚，并依法从重处罚。

所谓牵连犯，是指行为人实施某种犯罪（本罪），而方法行为或结果行为又触犯其他罪名（他罪）的犯罪形态。本案的牵连犯形态应该说有一定的特殊性，主要在于被告人追求的是受贿、单位受贿两个犯罪目的，不同于一般意义上牵连犯追求的是一个犯罪目的，但这并不影响受贿罪、单位受贿罪两罪（本罪）与徇私舞弊不征税款罪（他罪）之间的目的与手段的牵连关系。

对于牵连犯，除了现行刑法及有效司法解释明确规定应实行数罪并罚的以外，应采取"择一重罪从重处罚"的原则，选择被告人行为所触犯的法条中法定刑规定较重的法条定罪并从重处罚。对于因受贿而进行其他犯罪活动的行为，亦应择一重罪从重处罚。如前所述，本案牵连犯的牵连关系具有不同于一般牵连犯的特征，是两个目的犯罪与一个手段犯罪的牵连，或者说是两个本罪与一个他罪的牵连。在适用牵连犯"择一重罪从重处罚"的原则时，应以受贿罪、单位受贿罪两个本罪的刑罚与徇私舞弊不征税款罪一个他罪刑罚轻重相比较，因此，蒙某的行为构成受贿罪、单位受贿罪，应该两罪并罚，并应按照牵连犯的处罚原则依法从重处罚。

律师建议

司法实践中认定徇私舞弊不征、少征税款罪的争议，主要体现在"犯罪损失数额"的认定时间、与玩忽职守罪的区别等方面。

关于"犯罪损失数额"的认定时间，在认定是否构成该罪时，"犯罪损失数额"应统一于侦查机关的立案标准，以侦查机关立案时为时间界限；在量刑时，"犯罪损失数额"的认定，应当以人民法院审判时为时间界限；所以辩护律师应当与当事人及时沟通并劝当事人尽早积极退赃，以便获得较轻的量刑。关于与玩忽职守罪的区别，律师在辩护过程中要仔细辨别当事人是否存在徇私舞弊的情形。

093 如何认定是否构成食品、药品监管渎职罪？

律师提示

负有食品药品安全监督管理职责的国家机关工作人员滥用职权或者玩忽职守，造成严重后果或者有其他严重情节的，构成食品监管渎职罪；渎职行为虽未发生食品安全事故，但引发市民恐慌，造成恶劣社会影响的，构成食品监管渎职罪；食品监管渎职罪系结果犯，要求发生重大食品安全事故或可能对人体健康有潜在的危害，并造成严重社会影响的食品安全事故或发生重大食品安全事故，没有证据证明导致上述结果，指控行为人犯食品监管渎职罪的证据不足；食品监管渎职行为与生产销售食品原材料之间不具有直接因果关系的，属于犯罪情节轻微，不需要判处刑罚。

争议焦点

食品、药品渎职行为关系国计民生和人民群众生命健康，一直广受社会关注。《刑法修正案（十一）》出台前，我国刑法渎职犯罪中仅规定了食品监督渎职罪，未将药品监管渎职行为明确列为渎职犯罪罪名。《刑法修正案（十一）》将食品监管渎职罪修改为食品、药品监管渎职罪，将药品监管失职行为纳入渎职罪进行规制，进一步完善了我国渎职犯罪立法。

《刑法》第四百零八条之一规定：负有食品药品安全监督管理职责的国家机关工作人员，滥用职权或者玩忽职守，有下列情形之一，造成严重后果或者有其他严重情节的，处五年以下有期徒刑或者拘役；造成特别严重后果或者有其他特别严重情节的，处五年以上十年以下有期徒刑：

（一）瞒报、谎报食品安全事故、药品安全事件的；

（二）对发现的严重食品药品安全违法行为未按规定查处的；

（三）在药品和特殊食品审批审评过程中，对不符合条件的申请准予许可的；

（四）依法应当移交司法机关追究刑事责任不移交的；

（五）有其他滥用职权或者玩忽职守行为的。

徇私舞弊犯前款罪的，从重处罚。

2021年《最高人民法院、最高人民检察院关于办理危害食品安全刑事案件适用法律若干问题的解释》第二十条规定：

负有食品安全监督管理职责的国家机关工作人员滥用职权或者玩忽职守，构成食品监管渎职罪，同时构成徇私舞弊不移交刑事案件罪、商检徇私舞弊罪、动植物检疫徇私舞弊罪、放纵制售伪劣商品犯罪行为罪等其他渎职犯罪的，依照处罚较重的规定定罪处罚。

负有食品安全监督管理职责的国家机关工作人员滥用职权或者玩忽职守，不构成食品监管渎职罪，但构成前款规定的其他渎职犯罪的，依照该其他犯罪定罪处罚。

负有食品安全监督管理职责的国家机关工作人员与他人共谋，利用其职务行为帮助他人实施危害食品安全犯罪行为，同时构成渎职犯罪和危害食品安全犯罪共犯的，依照处罚较重的规定定罪从重处罚。

司法实践中认定食品、药品监管渎职罪的难点，主要集中在如何认定"造成严重后果或者有其他严重情节"，以及食品、药品监管渎职罪与滥用职权罪和玩忽职守罪的关系上。

裁判精要

负有食品药品安全监督管理职责的国家机关工作人员，滥用职权或者玩忽职守，造成严重后果或者有其他严重情节的，构成食品监管渎职罪；渎职行为虽未发生食品安全事故，但引发市民恐慌，造成恶劣社会影响的，构成食品监管渎职罪；食品监管渎职罪系结果犯，要求发生重大食品安全事故或可能对人体健康有潜在的危害，并造成严重社会影响的食品安全事故或发生重大食品安全事故，没有证据证明导致上述结果，指控行为人犯食品监管渎职罪的证据不足；食品监管渎职行为与生产销售食品原材料之间不具有直接因果关系的，属于犯罪情节轻微，不需要判处刑罚；行为人的渎职行为造成本罪犯罪构成之外的其他后果的，可以依滥用职权罪或玩忽职守罪论处。

司法观点

（一）构成食品监管渎职罪

◎**滥用职权或玩忽职守导致食源性安全事故隐患的，构成食品监管渎职罪**

1. 行为人在履行食品监管职责过程中玩忽职守，导致大量无动物检疫合格证的肉鸡流入市场，可能造成食源性安全事故，对人民群众生命健康造成重大隐患的，构成食品监管渎职罪，见【（2020）辽01刑终165号】张某某食品监管渎职案二审刑事裁定书。

在该裁定书中，辽宁省沈阳市中级人民法院认为：

上诉人张某某在受国家机关委托代表国家机关行使职权的组织中从事公务，其在履行职责过程中玩忽职守，导致大量无动物检疫合格证的肉鸡流入市场，可能造成食源性安全事故，对人民群众生命健康造成重大隐患，其行为构成食品监管渎职罪。关于辩护人所提上诉人的行为未造成食品安全事故或其他严重后果的上诉理由，经查，根据《食品安全法》第一百五十条的规定，食品安全事故是指食源性疾病、食品污染等源于食品，对人体健康有危害或者可能有危害的事故，本案中有大量无动物检疫合格证的肉鸡经屠宰后流入市场，极有可能造成食源性安全事故，对人民群众的生命健康造成重大隐患，故可以认定"发生重大食品安全事故或者造成其他严重后果"。故上诉人的上诉理由及辩护人的辩护意见本院均不予采纳。原判决认定事实和适用法律正确，量刑适当，审判程序合法。

◎渎职使问题食品流入市场严重威胁群众生命健康的，构成食品监管渎职罪

2. 行为人身为负有动物卫生监督职责，且又负责对定点屠宰场进行检疫监管工作的国家机关工作人员，在履行职责过程中玩忽职守，导致大量被注射有毒性药品的注水猪肉流入市场，严重威胁人民群众生命健康，构成食品监管渎职罪，见【（2020）晋0825刑初121号】被告人冯某某食品监管渎职案一审刑事判决书。

在该判决书中，山西省运城市新绛县人民法院认定：

经本院审判委员会讨论认为，被告人冯某某身为负有动物卫生监督职责，且又负责对新绛县康某肉食有限公司定点屠宰场进行检疫监管工作的国家机关工作人员，在履行职责过程中，玩忽职守导致大量被注射有毒性药品的注水猪肉流入市场，严重威胁人民群众生命健康，其行为构成食品监管渎职罪，公诉机关指控罪名成立。其辩护人认为被告人冯某某不具备对待宰猪肉是否注水或注入有毒有害物质的法定监管职责，既无构成本罪定罪的特定身份，也不存在滥用职权、玩忽职守的渎职行为，公诉机关指控的重大食品安全事故与被告人的职务行为没有事实与法律上的因果关系，被告人冯某某不构成食品监管渎职罪的意见，经庭审查明被告人作为新绛县龙兴镇动物卫生监督责任人，又负责对新绛县康某肉食有限公司定点屠宰厂的监管工作，在其监管期间，玩忽职守，没有严格按照相关规定履行职责，造成仅2017年3月、4月，就有被违法注射毒性药品"阿托品"并注水的156头生猪，经屠宰后价值37.7万余元猪肉产品予以销售的严重后果，并非没有事实与法律上的因果关系，且辩护人依据修订前的法律法规为被告人进行辩护，故对其辩护意见不予采纳。

3. 行为人作为县技术监督局食品安全监督股股长，负责全县食品及其相关产品的生产许可证发证、年审，其在工作中严重不负责任，未尽严格审查义务，为不合格的肉类加工厂出具审查结论为合格的许可证件，使大量问题猪肉产品流入食用领域，系造成严重后果的原因之一，其行为构成食品监管渎职罪，见【（2017）湘0521刑初142号】莫某某食品监管渎职案一审刑事判决书。

在该判决书中，湖南省邵阳市邵东县人民法院认为：

关于被告人及辩护人提出被告人莫某某不构成食品监管渎职罪的辩护意见，经查，被告人莫某某身为邵东县技术监督局食品安全监督股股长，主持食品安全监管股工作，负责全县食品及其相关产品的生产许可证发证、年审，其在工作中严重不负责任，不仅未认真履行对邵东县华某肉类加工厂原材料、添加剂采购、检验检疫的监管，而且在该厂申请办理《全国工业产品生产许可证》过程中，未尽严格审查义务，为不合格的邵东县华某肉类加工厂出具审查结论为合格的《食品生产许可审查改进表》，致使该厂骗取《全国工业产品生产许可证》后从事病死猪肉的加工生产并销售，使大量问题猪肉产品流入食用领域，系造成严重后果的原因之一，被告人莫某某的行为构成食品监管渎职罪，故被告人及辩护人的辩护理由不能成立，本院不予支持。

4. 行为人作为市动物卫生监督所所长，对生猪宰前检查和宰后检疫具有监管职责，虽就相关问题上报，但在上级未答复之前放任无动物检疫合格证的生猪进入屠宰厂宰杀，虽未发生食品安全事故，但大量市民不敢购买猪肉，引发市民恐慌，造成恶劣社会影响的，构成食品监管渎职罪，见【（2017）云2601刑初401号】晏某食品监管渎职案一审刑事判决书。

在该判决书中，云南省文山市人民法院认为：

辩护人关于被告人的行为不构成犯罪的辩护意见，经审理认为，1.《动物防疫法》与《动物检疫管理办法》、《云南省动物检疫工作规范》规定并不冲突，《动物检疫管理办法》《云南省动物检疫工作规范》是对《动物防疫法》的相关内容的细化，根据《动物检疫管理办法》《云南省动物检疫工作规范》规定，查证验物是检疫人员的法定义务；2. 文山市动物卫生监督所向定点屠宰厂派驻官方兽医，驻厂检疫人员对进入屠宰厂的生猪进行宰前检查和宰后检疫，被告人晏某作为所长，对该项工作具有监管职责，虽就相关问题上报，但在上级未答复之前，明知存在无动物检疫合格证的生猪进入屠宰厂宰杀的情况，仍放任该情况的发生，没有尽到监管职责；3. 本案虽未发生食品安全事故，但大量市民不敢购买猪肉，引发市民恐慌，造成恶劣的社会影响。本罪规定的其他严重后果应当包括在本行政区域内涉及严重食品安全问题未及时整治，造成恶劣社会影响的情形。综上，辩护人关于被告人晏某的行为不构成食品监管渎职罪的辩护意见不成立，不予采纳。量刑方面，被告人晏某犯罪情节轻微，不需要判处刑罚，可以对其免予刑事处罚。

◎渎职导致重大食品安全事故发生的，构成食品监管渎职罪

5. 负有食品安全监督管理职责的国家机关工作人员，滥用职权或玩忽职守，导致发生重大食品安全事故或者造成其他严重后果的，应当认定为食品监管渎职罪；在渎职过程中受贿的，应当以食品监管渎职罪和受贿罪实行数罪并罚，见【最高人民检察院指导性案例第16号】赛某、韩某某受贿、食品监管渎职案。

在该案中，云南省昆明市嵩明县人民法院认为：

2011年9月17日，根据群众举报称杨某丰瑞公司违法生产地沟油，时任嵩明县质监局局长、副局长的赛某、韩某某等人到杨某丰瑞公司现场检查，查获该公司无生产许可证，其生产区域配套的食用油加工设备以"调试设备"之名在生产，现场有生产用原料毛猪油2244.912吨，其中有的外包装无标签标识等，不符合食品安全标准。后立案并召开案审会经集体讨论，决定对杨某丰瑞公司给予行政处罚。10月24日，嵩明县质监局作出对杨某丰瑞公司给予销毁不符合安全标准的原材料和罚款1419432元的行政处罚告知，并将行政处罚告知书送达该公司。之后该公司申请从轻、减轻处罚。同年12月9日，赛某、韩某某以企业配合调查及经济困难为由，未经集体讨论，决定减轻对杨某丰瑞公司的行政处罚，致使杨某丰瑞公司使用已查获的原料无证生产食用猪油并流入社会，对人民群众的生命健康造成较大隐患。2011年10月至11月间，被告人赛某、韩某某在查处该案的过程中，先后两次在办公室收受该公司吴某伟（另案处理）分别送给的10万元、3万元。

被告人赛某、韩某某作为国家工作人员，利用职务上的便利，非法收受他人财物，为他人谋取利益，其行为已构成受贿罪；被告人赛某、韩某某作为质监局工作人员，在查办杨某丰瑞公司无生产许可证生产有毒、有害食品案件中玩忽职守、滥用职权，致使查获的不符合食品安全标准的原料用于生产，有毒、有害油脂流入社会，造成严重后果，其行为还构成食品监管渎职罪。鉴于杨某丰瑞公司被公安机关查处后，赛某、韩某某向领导如实汇报受贿事实，且将受贿款以"罚款"上交，属自首，可从轻、减轻处罚。依照刑法相关条款之规定，判决被告人赛某犯受贿罪和食品监管渎职罪，数罪并罚，判处有期徒刑六年；韩某某犯受贿罪和食品监管渎职罪，数罪并罚，判处有期徒刑二年六个月。

（二）不构成食品监管渎职罪

◎没有证据证明涉案食品有潜在危害的，不构成食品监管渎职罪

1. 食品监管渎职罪系结果犯，要求发生重大食品安全事故或可能对人体健康有潜在的危害，并造成严重社会影响，本案中现没有证据证明涉及的牛肉导致上述结果，指控行为人犯食品监管渎职罪的证据不足，应以玩忽职守罪追究其刑事责任，见【（2015）灌刑初字第00206号】高某某食品监管渎职案一审刑事判决书。

在该判决书中，江苏省连云港市灌云县人民法院认为：

对于公诉机关指控被告人高某某犯食品监管渎职罪和被告人高某某的辩护人提出"公诉机关指控被告人构成渎职犯罪不能成立"的辩护意见，经查，食品监管渎职罪系结果犯，要求发生重大食品安全事故或可能对人体健康有潜在的危害，并造成严重社会影响的食品安全事故或发生重大食品安全事故，本案中，现没有证据证明涉及的牛肉导致上述结果，公诉机关指控被告人高某某犯食品监管渎职罪，证据不足；被告人高某某作为国家机关工作人员，不认真履行职责，致使未经检验的牛肉长期在其监管的区域销售，造成恶劣的社会影响，其行为已构成玩忽职守罪，故对公诉机关指控被告人高某某犯食品监管渎职罪，本院不予支持。

◎渎职行为与危害后果无直接因果关系的，可不判处刑罚

2. 行为人在现场核查工作中虽有渎职行为，但其行为与案涉公司为谋取暴利购买来历不明的原材料进行生产销售，并不是直接的因果关系，行为人犯罪情节轻微不需要判处刑罚，见【（2015）西刑初字第483号】被告人马某1、马某2食品监管渎职案一审刑事判决书。

在该判决书中，贵州省安顺市西秀区人民法院认为：

金某公司在2006年注册成立，并取得卫生许可证后，且一直在加工销售食用油脂。直至2008年国家规范食品生产企业准入资格，金某公司才向安顺市质量技术监督局申请发放食品生产许可证，此后安顺市质量技术监督局才指派二被告人组成审查组对金某公司进行现场核查工作，二被告人经核查得出审查结论后尚需相关部门审查确认、审批后金某公司才能获得食品生产许可证，二被告人在对金某公司进行现场核查工作中虽有渎职行为，但二被告人的行为与金某公司在后期生产经营过程中，该公司为谋取暴利，购买来历不明的原材料进行生产销售，并不是直接的因果关系，故二被告人犯罪情节轻微不需要判处刑罚，可以免予刑事处罚。

律师建议

食品、药品监管渎职罪属于结果犯，该罪的难点主要是对"造成严重后果或者有其他严重情节"的认定以及该罪与滥用职权罪和玩忽职守罪的关系认定。相关司法解释并没有对"严重后果"和"严重情节"进行明确，司法实践中一般要求发生重大食品安全事故或可能对人体健康有潜在的危害，并造成严重社会影响的食品安全事故或发生重大食品安全事故。律师在辩护过程中要注意对重大食品安全事故及对人体潜在危害的界定，如果所造成的食品安全事故不属于"重大食品安全事故"，或者对人体潜在的危害并未表现出来的，不构成食品、药品监管渎职罪，只能构成滥用职权或者玩忽职守罪。

094 如何认定是否构成国家机关工作人员签订、履行合同失职被骗罪？

律师提示

在国家机关中从事公务的人员以及在国有公司、企业、事业单位中从事对外管理性公务的人员，属于国家机关工作人员，其在签订合同时失职被骗导致重大损失发生的，构成国家机关工作人员签订、履行合同失职被骗罪；在国有公司、企业、事业单位中从事非对外管理性公务的人员，以及国家机关委派到事业单位从事非对外管理性公务的人员，不属于国家机关工作人员，其在签订合同时失职被骗导致重大损失发生的，构成签订、履行合同失职被骗罪；前者属于渎职罪，后者属于破坏社会主义市场经济秩序罪。

争议焦点

《刑法》第一百六十七条规定：国有公司、企业、事业单位直接负责的主管人员，在签订、履行合同过程中，因严重不负责任被诈骗，致使国家利益遭受重大损失的，处三年以下有期徒刑或者拘役；致使国家利益遭受特别重大损失的，处三年以上七年以下有期徒刑。

第四百零六条规定：国家机关工作人员在签订、履行合同过程中，因严重不负责任被诈骗，致使国家利益遭受重大损失的，处三年以下有期徒刑或者拘役；致使国家利益遭受特别重大损失的，处三年以上七年以下有期徒刑。

1999年《最高人民检察院关于人民检察院直接受理立案侦查案件立案标准的规定（试行）》中第二条第十五项规定：国家机关工作人员签订、履行合同失职被骗罪是指国家机关工作人员在签订、履行合同过程中，因严重不负责任，不履行或者不认真履行职责被诈骗，致使国家利益遭受重大损失的行为。

涉嫌下列情形之一的，应予立案：

1. 造成直接经济损失30万元以上的；
2. 其他致使国家利益遭受重大损失的情形。

2006年《最高人民检察院关于渎职侵权犯罪案件立案标准的规定》第一条第十七项规定：国家机关工作人员签订、履行合同失职被骗罪是指国家机关工作人员在签订、履行合同过程中，因严重不负责任，不履行或者不认真履行职责被诈骗，致使国家利益遭受重大损失的行为。

涉嫌下列情形之一的，应予立案：

1. 造成直接经济损失30万元以上，或者直接经济损失不满30万元，但间接经济损失150万元以上的；
2. 其他致使国家利益遭受重大损失的情形。

附则部分第三款规定：本规定中的"国家机关工作人员"，是指在国家机关中从事公务的人员，包括在各级国家权力机关、行政机关、司法机关和军事机关中从事公务的人员。在依照法律、法规规定行使国家行政管理职权的组织中从事公务的人员，或者在受国家机关委托代表国家行使职权的组织中从事公务的人员，或者虽未列入国家机关人员编制但在国家机关中从事公务的人员，在代表国家机关行使职权时，视为国家机关工作人员。在乡（镇）以上中国共产党机关、人民政协机关中从事公务的人员，视为国家机关工作人员。

国家机关工作人员签订、履行合同失职被骗罪与签订、履行合同失职被骗罪最大的区别就是前者是渎职犯罪，后者是破坏社会主义市场经济秩序罪中的妨害对公司、企业的管理秩序罪，不属于渎职罪，而造成上述区别存在的原因就是两者的主体不同，因此在实务中要厘清犯罪嫌疑人究竟是否属于国家机关工作人员。

裁判精要

国家机关工作人员在负责签订、履行合同过程中，严重不负责任被骗致使国家遭受重大损失的，构成国家机关工作人员签订、履行合同失职被骗罪；国家机关工作人员在负责签订、履行合同的调查、核实、商谈等工作过程中，严重不负责任被骗的，虽未在合同上签字署名，仍构成国家机关工作人员签订、履行合同失职被骗罪。行为人与他人签订和履行合同过程中，对方虽有虚构事实的行为，但主观上是为了签订、履行合同，客观上也履行了部分合同，不能履行的合同内容已经经过双方协商变更并最终终止，不构成国家机关工作人员签订、履行合同失职被骗罪；国有公司、企业、事业单位的主要负责人或者其他主管人员，在签订、履行合同过程中，因严重不负责任被骗，致使国家利益遭受特别重大损失的，构成签订、履行合同失职被骗罪。

司法观点

（一）构成国家机关工作人员签订、履行合同失职被骗罪

◎**国家机关工作人员签订履行合同失职受骗的，构成本罪**

1. 行为人作为小区筹建小组负责人及小区电梯招标事项的具体负责人，虽未在补充合同上署名，但街道所受损失与其先在电梯申报过程中统计失误、后在补充合同商谈过程中被骗存在直接因果关系，其行为符合国家机关工作人员签订履行合同失职被骗罪的构成要件，见【（2017）苏02刑终184号】王某筠玩忽职守案二审刑事裁定书。

在该裁定书中，江苏省无锡市中级人民法院认为：

关于上诉人王某筠及其辩护人提出的上诉理由和辩护意见，经查：1. 王某筠作为新庄街道景某人家小区筹建小组负责人及小区电梯招投标事项的具体负责人，在统计、审核电梯停靠层数时严重不负责任，以错误的电梯层数申报，后宜兴市招投标中心进行电梯招投标，导致金某公司以此为由借机谎称需支付增层改装费用500余万元，王某筠再次未认真审核即将上述情况向新庄街道作了汇报，后又安排闵某庚测算出改装费用，致使新庄街道以该测算数额为依据与金某公司签订了补充合同并最终被骗73万余元。其虽未在补充合同上署名，但新庄街道所受损失与其先在电梯申报过程中统计失误、后在补充合同商谈过程中被骗存在直接因果关系，其行为符合国家机关工作人员签订履行合同失职被骗罪的构成要件。

2. 行为人身为国家工作人员，在签订、履行合同过程中，严重不负责任，不认真履行职责被诈骗，致使国家利益遭受特别重大损失的，构成国家机关工作人员签订、履行合同失职被骗罪，见【（2019）新4321刑初106号】林某国家机关工作人员签订、履行合同失职被骗案一审刑事判决书。

在该判决书中，新疆维吾尔自治区布尔津县人民法院认为：

被告人林某身为国家工作人员，在签订、履行合同过程中，严重不负责任，不认真履行职责被诈骗10946163.1元，致使国家利益遭受特别重大损失，其行为构成国家机关工作人员签订、履行合同失职被骗罪；被告人林某在工作期间，利用职务上的便利，非法收受他人财物31000元，数额较大，其行为已构成受贿罪。公诉机关指控被告人的犯罪事实清楚，证据确实、充分，指控罪名成立，应予以支持。

◎国企事业单位人员签订履行合同失职被骗的，构成签订履行合同失职被骗罪

3. . 行为人作为省水利电力工程局副局长、省水利电力工程局西北局分公司负责人，违反相关规定，在签订合同过程中不向业主和相关单位了解核实项目情况，严重不负责任，且未按规定报批，擅作主张，致使西北局被骗取保证金和中介费，至案发时仍未收回，其行为构成签订、履行合同失职被骗罪，见【（2018）川20刑终15号】陈某国家机关工作人员签订、履行合同失职被骗案二审刑事裁定书。

在该裁定书中，四川省资阳市中级人民法院认为：

关于上诉人陈某是否构成签订、履行合同失职被骗罪、国有企业人员滥用职权罪。经查，1. 陈某担任四川省水利电力工程局副局长、四川省水利电力工程局西北局、青海分公司、甘肃分公司负责人期间，违反相关规定，在签订合同过程中不向业主和相关单位了解核实项目情况，严重不负责任，且未按规定报批，擅作主张，以水工局西北局或者青海分公司名义先后与他人签订工程项目施工合同，并支付对方保证金或中介费等，致使西北局被骗取保证金和中介费共计284万元，至案发时仍未收回，根据《最高人民检察院、公安部关于公安机关管辖的刑事案件立案追诉标准的规定（二）》第十四条第一款规定的（一）造成国家直接经济损失数额在五十万元以上的应予立案追诉。公安机关对陈某立案侦查符

合法律规定，陈某的行为构成签订、履行合同失职被骗罪。

关于陈某及其辩护人提出原判认定陈某滥用职权罪不应适用渎职罪的司法解释，量刑过重。经查，签订、履行合同失职被骗及国有公司、企业人员滥用职权系刑法规定的破坏社会主义市场经济秩序罪中的妨害对公司、企业的管理秩序罪，不属于渎职罪，原判引用《最高人民法院、最高人民检察院关于办理渎职刑事案件适用法律若干问题的解释（一）》不当，本院依法予以纠正。该辩解、辩护意见，予以采纳。

4. 行为人作为国有公司、企业单位直接负责的主管人员，在签订、履行合同过程中，因严重不负责任被骗，致使国家利益遭受特别重大损失的，构成签订、履行合同失职被骗罪，见【（2020）晋01刑终152号】郭某、胡某某国家机关工作人员签订、履行合同失职被骗案二审刑事判决书。

在该判决书中，山西省太原市中级人民法院认为：

上诉人郭某、胡某某作为国有公司、企业单位直接负责的主管人员，在签订、履行合同过程中，因严重不负责任被骗，致使国家利益遭受特别重大损失，其行为构成签订、履行合同失职被骗罪。关于原审认定上诉人郭某、胡某某作为国有公司、企业的工作人员，滥用职权，造成国有公司、企业严重损失，致使国家利益遭受特别重大损失，构成国有公司人员滥用职权罪。经查，山煤煤炭进出口有限公司的情况说明与证人证言相互印证，《煤炭出口、非煤转口业务管理办法》并未在公司正式下发，该管理办法不能作为指控二上诉人犯罪的依据，原判认定二上诉人构成国有公司人员滥用职权罪不当，其行为符合签订、履行合同失职被骗罪的法律规定，原判认定不当，依法予以纠正。

5. 行为人作为公司分管的主要负责人员，在订立合同前的审查以及付款审查都负有重大责任，特别是在明知存在巨大资金风险，在他人未提供土地使用证的情况下仍同意付款，致使国家出资企业巨额资金被骗，间接导致国家利益遭受特别重大损失的，构成签订、履行合同失职被骗罪，见【（2015）乌中刑再初字第1号】张某某公司、企业人员受贿案审判监督刑事裁定书。

在该裁定书中，新疆维吾尔自治区乌鲁木齐市中级人民法院认为：

就被告人张某某的辩护人提出新疆分公司与杨某澄、周某签订合同是集体作出的决策，不是张某某个人的行为，公诉机关不能证实张某某有重大失职行为，且已有部分地块已办理到被害单位名下，因此不构成签订、履行合同失职被骗罪的意见，本院认为，与杨某澄、周某签订合同虽系集体研究决定，但张某某作为公司分管的主要负责人员，在订立合同前的审查以及付款审查都负有重大责任，特别其在明知存在巨大资金风险，在杨周二人未提供土地使用证的情况下仍同意向二人付款，致使国家出资企业巨额资金被骗，间接导致国家利益遭受特别重大损失，其行为应当构成签订、履行合同失职被骗罪。辩护人提出的该意见，本院不予采纳。

（二）不构成国家机关工作人员签订、履行合同失职被骗罪

◎行为人无渎职行为且诈骗行为不易识别的，不构成犯罪

行为人与他人签订和履行合同过程中，对方虽有虚构事实的行为，但主观上是为了签订、履行合同，客观上也履行了部分合同，不能履行的合同内容已经经过双方协商变更并最终终止，故根据现有证据不足以认定对方构成合同诈骗罪，相应的行为人也不构成签订、履行合同失职被骗罪，见【（2017）湘1003刑再1号】文某甲受贿案再审刑事判决书。

在该判决书中，湖南省郴州市苏仙区人民法院认为：

关于检察机关对原审被告人文某甲犯签订、履行合同失职被骗罪的指控，因湖南省高级人民法院在（2016）湘刑终2号判决中认定，彭某甲、林某乙在与高某奶业公司原审被告人文某甲签订合同过程中，从现有证据来看，其主观上没有合谋诈骗的犯意，太某奶产品广告未能植入《一某来看流星雨》电视剧中的原因是具有排他性的香某飘奶茶事先植入所致，而彭某甲、林某乙在签订合同前并不知情；事后，合同双方对太某奶产品广告未能植入《一某来看流星雨》电视剧中商谈有补救方案，双方还签署了终止所有合同的协议；彭某甲、林某乙在与高某奶业公司签订和履行合同过程中虽有虚构事实的行为，但是其主观上是为了签订、履行合同，客观上也履行了部分合同，不能履行的合同内容已经经过双方协商变更并最终终止，故根据现有证据不足以认定彭某甲、林某乙构成合同诈骗罪，并判决彭某甲、林某乙无罪。既然相对方彭某甲、林某乙不构成合同诈骗，相应的原审被告人文某甲也不存在被骗。故根据现有证据不足以认定原审被告人文某甲构成签订、履行合同失职被骗罪，本院采纳原审被告人文某甲及其辩护人关于此节的辩护观点。

律师建议

首先，国家机关工作人员签订、履行合同失职被骗罪与签订、履行合同失职

被骗罪最大的区别就是前者是渎职犯罪，后者是破坏社会主义市场经济秩序罪中的妨害对公司、企业的管理秩序罪，不属于渎职罪，而造成上述区别存在的原因就是两者的主体不同，虽然两罪的法定刑期一样，但对当事人造成的影响并不相同，因此律师在辩护过程中应准确厘定行为人是否属于"国家机关工作人员"。其次，对于是否构成该罪的辩护思路，可以看合同对方当事人是否存在合同诈骗行为，如果不存在，则当事人也不存在被骗的可能性，则不构成该罪。

095 如何认定是否构成环境监管失职罪？

律师提示

认定是否构成环境监管失职罪，主要看负有环境保护监管职责的国家机关工作人员实施的玩忽职守行为是否在客观上造成了重大环境污染事故，如果其失职行为客观上造成了重大环境污染事故，则构成环境监管失职罪；如果客观上造成的损失不能被认定为重大环境污染事故，则构成玩忽职守罪。

争议焦点

《刑法》第四百零八条规定：负有环境保护监督管理职责的国家机关工作人员严重不负责任，导致发生重大环境污染事故，致使公私财产遭受重大损失或者造成人身伤亡的严重后果的，处三年以下有期徒刑或者拘役。

根据2012年《最高人民法院、最高人民检察院关于办理渎职刑事案件适用法律若干问题的解释（一）》第二条规定：负有环境保护监管职责的国家机关工作人员实施玩忽职守犯罪行为，触犯《刑法》第四百零八条之规定构成环境监管失职罪的，依照该规定定罪处罚，不符合该刑法条文规定的，但依法构成《刑法》第三百九十七条之规定构成玩忽职守罪的，以玩忽职守罪定罪处罚。

2016年最高人民法院、最高人民检察院《关于办理环境污染刑事案件适用法律若干问题的解释》第二条规定：实施刑法第三百三十九条、第四百零八条规定的行为，致使公私财产损失三十万元以上，或者具有本解释第一条第十项至第十七项规定情形之一的，应当认定为"致使公私财产遭受重大损失或者严重危害人体健康"或者"致使公私财产遭受重大损失或者造成人身伤亡的严重后果"。

是否构成环境监管失职罪，一方面看其犯罪主体是否具有环境监管的职责，另一方面看其失职行为是否造成了重大环境污染事故，而重大环境污染事故在司法实践中认定标准较为模糊，有必要进一步厘清。

裁判精要

负有环境保护监督管理职责的国家机关工作人员，在履行环境监管工作中严重不负责任，放任排污行为或者未按照法律规定采取有力措施，致使重大环境事故发生，如大量危险废物被非法处置、废物流入渔场导致大量鱼类死亡等，构成环境监管失职罪。负有环境保护监督管理职责的国家机关工作人员，其在工作中不履行职责，玩忽职守导致产生恶劣社会影响，致使公共财产、国家和人民利益遭受重大损失，但客观上没有实际发生重大环境污染事故，或者所造成的污染并非重大环境事故，则行为人不构成环境监管失职罪而构成玩忽职守罪。

司法观点

（一）构成环境监管失职罪

◎**渎职造成重大环境污染事故发生的，构成环境监管失职罪**

1. 行为人调离区环保分局后，虽对案涉公司再无监管职责，但由于其之前严重不负责任的行为，未按照法律规定采取有力措施，导致案涉公司储存、生产了大量的危险废物，给非法转移危险废物的行为制造了可能性，导致发生了严重后果，其失职行为与重大环境污染事故及其造成的公私财产的重大损失之间有刑法上的因果关系，见【（2017）湘0603刑初54号】姚某某、贺某某环境监管失职案一审刑事判决书。

在该判决书中，湖南省岳阳市云溪区人民法院认为：

被告人贺某某的辩护人提出的被告人贺某某的行为不构成环境监管失职罪的辩护意见。经查，被告人贺某某在对天某厂和大某厂进行现场监管时，监管频率未达到要求，虽发现了违法生产、非法处置危废等行为，但监管时不够认真仔细，很多问题未能发现（如大某厂采取非法倾倒、焚烧等方式处理危废），或发现问题后未采取有力措施（如湘潭危险废物泄漏事故发生后，未依照法律规定将相关人员可能涉嫌污染环境罪的违法犯罪行为移送相关部门立案查处），虽对该二厂曾经采取了一定的处罚措施，但处罚力度不够，导致彭某非法转移危险废物并进行处置的行为发生，也未能防止重大损害结果的发生。其在2016年2月2日调离区环保分局后，虽对大某厂再无监管职责，但由于其之前严重不负责任的行为，未按照法律规定采取有力措施，导致天某厂和大某厂储存、生产了大量的危险废物，给彭某等人的非法转移危险废物的行为制造了可能性，导致发生了严重后果，应对离职后大某厂非法处置运出的危废物造成的228840元损失承担责任。被告人贺某某的失职行为与重大环境污染事故及其造成的公私财产的重大损失之间有刑法上的因果关系。故该辩护意见与事实不符，本院不予采纳。

2. 行为人作为负有环境保护监督管理职责的国家机关工作人员，在履行环境监管工作中严重不负责任，放任化工厂排放污水，致使渔场鱼类大量死亡，造成直接经济损失的，构成环境监管失职罪，见【临刑二终字第19号】张某某环境监管失职、挪用公款案二审刑事判决书。

在该判决书中，山东省临沂市中级人民法院认为：

对于上诉人张某某及其辩护人所提"上诉人已履行环境保护监管职责，上诉人的监管行为与损失结果之间不存在必然因果关系，因此上诉人的行为不构成环境监管失职罪"的上诉理由及辩护意见，经审理认为，上诉人张某某作为负有环境保护监督管理职责的国家机关工作人员，在履行环境监管工作中严重不负责任，放任化工厂排放污水，致使郯城县红某渔场鱼类大量死亡，直接经济损失达61万余元，其行为已构成环境监管失职罪，故对该上诉理由及辩护意见不予采纳。

（二）构成玩忽职守罪

◎有渎职行为但未造成重大环境污染事故发生的，构成玩忽职守罪

1. 行为人作为环境监察大队大队长，具有不正确履行日常监管职责等严重不负责任的渎职行为，并导致公司偷排生产废水的情况一直未被发现，造成河流严重污染，产生恶劣社会影响，致使公共财产、国家和人民利益遭受重大损失，但因目前尚无证据证明此次污染系重大环境污染事故，其行为不构成环境监管失职罪，应以玩忽职守罪定罪处罚，见【（2012）建刑二初字第22号】王某某玩忽职守案一审刑事判决书。

在本判决书中，江苏省南京市建邺区人民法院认为：

对辩护人提出的关于王某某行为不符合玩忽职守罪的构成要件，本案如果追究刑事责任，应以环境监管失职罪追究刑事责任的辩护意见，经查，王某某作为环境监察大队大队长，具有对辖区内重点污染源企业秦某纸业不正确履行日常监管职责，违反重点污染企业现场监察制度等严重不负责任的渎职行为，并导致秦某纸业自2008年以来向某县柘塘镇新河偷排生产废水的情况一直未被发现，造成该河严重污染，产生恶劣社会影响，致使公共财产、国家和人民利益遭受重大损失，其行为符合玩忽职守罪的构成要件，应以玩忽职守罪定罪处罚；因目前尚无证据证明此次污染系重大环境污染事故，被告人王某某的行为不构成环境监管失职罪，故对该辩护意见不予采纳。

2. 行为人虽然具有环境监管人员的特殊身份，其玩忽职守行为造成国家和人民利益遭受重大损失，但因客观上没有实际发生重大环境污染事故，故行为人的行为不构成环境监管失职罪，见【（2013）杭富刑初字第775号】马某某玩忽职守案一审刑事判决书。

在该判决书中，浙江省富阳市人民法院认为：

被告人马某某、叶某某身为富阳市环境保护局江南环保所环境监察人员，在执行环境保护监管公务中，对灵某污水处理厂非法倾倒污泥不闻不问或放任非法倾倒，致使富阳市渔山乡墅溪村长岭山废弃石矿污泥库的形成，不履行或者不认真履行职责，工作严重不负责任，造成重大安全、污染隐患，致使富阳市人民政府投入大量资金整治，造成国家和人民利益遭受重大损失，其失职行为与损失后果之间具有刑罚上的因果关系，其行为均已构成玩忽职守罪。公诉机关指控罪名成立，适用法律正确。关于辩护人提出的公诉机关适用法律不当，被告人马某某不构成玩忽职守罪，依法应宣告无罪的辩护意见，经审理认为，被告人马某某虽然具有环境监管人员的特殊身份，其玩忽职守行为造成国家和人民利益遭受重大损失，但因本案客观上没有实际发生重大环境污染事故，故被告人马某某的行为不构成环境监管失职罪。

律师建议

是否构成环境监管失职罪，主要看负有环境保护监管职责的国家机关工作人员实施的玩忽职守行为是否在客观上造成了重大环境污染事故，而重大环境污染事故在司法实践中认定标准较为模糊，相关司法解释中也并没有明确规定，这对于辩护律师来说有很大的辩护空间。

096 如何认定是否构成刑讯逼供罪？

律师提示

刑讯逼供罪也是渎职罪的一种，司法工作人员对犯罪嫌疑人、被告人使用肉刑或者变相肉刑逼取口供，造成严重后果或情节恶劣的，构成刑讯逼供罪；行为人在履行职责过程中尽到了提醒义务，并非故意或过失造成犯罪嫌疑人伤害后果的，或者无证据证实行为人有刑讯逼供行为的，不构成刑讯逼供罪。

争议焦点

《刑法》第二百四十七条规定了刑讯逼供罪：司法工作人员对犯罪嫌疑人、被告人实行刑讯逼供或者使用暴力逼取证人证言的，处三年以下有期徒刑或者拘役。致人伤残、死亡的，依照本法第二百三十四条、第二百三十二条的规定定罪从重处罚。

刑讯逼供罪虽然规定在第四章"侵犯公民人身权利、民主权利罪"中，但该罪是国家机关工作人员在执行职务过程中实施的渎职行为，从实质上看也属于"渎职犯罪"的一种，2006 年《最高人民检察院关于渎职侵权犯罪案件立案标准的规定》就将该罪名归入渎职侵权犯罪案件予以规定。

《最高人民检察院关于渎职侵权犯罪案件立案标准的规定》第二条第三项明确了刑讯逼供案的立案标准：

1. 以殴打、捆绑、违法使用械具等恶劣手段逼取口供的；
2. 以较长时间冻、饿、晒、烤等手段逼取口供，严重损害犯罪嫌疑人、被告人身体健康的；
3. 刑讯逼供造成犯罪嫌疑人、被告人轻伤、重伤、死亡的；
4. 刑讯逼供，情节严重，导致犯罪嫌疑人、被告人自杀、自残造成重伤、死亡，或者精神失常的；
5. 刑讯逼供，造成错案的；
6. 刑讯逼供 3 人次以上的；
7. 纵容、授意、指使、强迫他人刑讯逼供，具有上述情形之一的；
8. 其他刑讯逼供应予追究刑事责任的情形。

刑讯逼供罪既属于渎职犯罪，也属于侵犯公民人身权利、民主权利的犯罪。依照《刑事诉讼法》第二百一十条第三项规定，刑讯逼供案属于"被害人有证据证明对被告人侵犯自己人身、财产权利的行为应当依法追究刑事责任，而公安机关或者人民检察院不予追究被告人刑事责任的案件"，可以提起自诉。

2021年《最高人民法院关于适用〈中华人民共和国刑事诉讼法〉的解释》第一条第二款对"人民检察院没有提起公诉，被害人有证据证明的轻微刑事案件"进行了细化解释，其中第八项为"刑法分则第四章、第五章规定的，可能判处三年有期徒刑以下刑罚的案件"。刑讯逼供案属于刑法分则第四章规定的犯罪，对于涉嫌刑讯逼供可能判处三年有期徒刑以下刑罚的案件，当事人可以提起自诉。

刑讯逼供的行为方式和行为后果，以及自诉案件中举证责任的分配，是该罪在实践中的认定难点。刑法虽然没有明确将"严重后果"或"情节恶劣"列为刑讯逼供罪的构成要件，但从司法解释和司法实践来看，刑讯逼供造成"严重后果"或"情节恶劣"的，才构成刑讯逼供罪。在自诉案件中，自诉人要证明司法工作人员具有刑讯逼供的证据是非常困难的，这也使得该罪在自诉案件中取得成功的概率非常小。

裁判精要

司法工作人员对犯罪嫌疑人、被告人使用肉刑或者变相肉刑逼取口供，造成严重后果或情节恶劣的，构成刑讯逼供罪；行为人在履行职责过程中尽到了提醒义务，并非故意或过失造成犯罪嫌疑人伤害后果的，或者无证据证实行为人有刑讯逼供行为的，不构成刑讯逼供罪。

司法观点

（一）构成刑讯逼供罪

◎司法工作人员使用肉刑或变相使用肉刑逼取口供的，构成刑讯逼供罪

1. 行为人作为司法工作人员，在案件侦查中对犯罪嫌疑人使用肉刑或者变相肉刑逼取口供，致犯罪嫌疑人轻微伤的，构成刑讯逼供罪，见【（2021）鄂0504刑初23号】邓某、胡某等刑讯逼供案一审刑事判决书。

在该判决书中，湖北省宜昌市点军区人民法院认为：

被告人邓某、胡某、王某某身为司法工作人员，在案件侦查中，对犯罪嫌疑人马某喜使用肉刑或者变相肉刑逼取口供，致马某喜轻微伤，其行为构成刑讯逼供罪，应予依法惩处。公诉机关的指控成立。被告人胡某的辩护人称胡某不是公安民警或者司法工作人员，不能成为刑讯逼供罪的犯罪主体。根据《全国人民代表大会常务委员会关于〈中华人民共和国刑法〉第九章渎职罪主体适用问题的解释》，胡某虽未列入公安机关的编制人员，但作为辅警，实际上是辅助公安机关办案人员从事犯罪侦查工作，应视为在国家机关中从事公务的人员，其行为构成犯罪的，应依法追究刑事责任。故辩护人的该项辩护意见本院不予采纳。

2. 被告人作为派出所分管刑侦工作的副所长，在侦办涉嫌抢劫案中为深挖余罪，组织、指挥办案民警按六小时一班对犯罪嫌疑人进行不间断的疲劳审讯，最终导致犯罪嫌疑人在大叶性肺炎发病后未被及时发现，延误了最佳治疗时间而死亡的严重后果，构成刑讯逼供罪，见【（2018）云06刑终19号】龙某某刑讯逼供案二审刑事裁定书。

在该裁定书中，云南省昭通市中级人民法院认为：

被告人龙某某作为永善县公安局溪洛渡派出所分管刑侦工作的副所长，在侦办葛某宗涉嫌抢劫一案中，在葛某宗涉嫌抢劫的犯罪事实已基本查清的情况下，为了深挖余罪，组织、指挥办案民警按六小时一班排班对葛某宗进行不间断的疲劳审讯，持续时间长达50多个小时，在办案民警向其汇报葛某宗身体出现异常情况，请求对葛某宗进行约束时，轻信办案民警凭经验作出的葛某宗系毒瘾发作的判断，擅自作出同意对葛某宗进行约束以防止其自伤自残的决定，并安排民警送去绳子对葛某宗进行捆绑约束，对审讯过程不进行跟踪了解，造成葛某宗在审讯过程中被连续捆绑29个小时，最终导致葛某宗在大叶性肺炎发病后未被及时发现，延误了最佳治疗时间而死亡的严重后果。被告人龙某某的行为，已触犯《刑法》第二百四十七条的规定，构成刑讯逼供罪。原审法院根据本案犯罪事实对被告人龙某某判处有期徒刑二年的量刑适当。

3. 现有证据能够证实行为人殴打犯罪嫌疑人的过程、殴打的部位、受伤的位置，可以认定行为人在讯问过程中为了逼取口供，对犯罪嫌疑人实施了殴打，其行为符合刑讯逼供罪的构成要件，见【（2015）余刑一终字第24号】甘某刑讯逼供案二审刑事裁定书。

在该裁定书中，江西省新余市中级人民法院认为：

上诉人甘某上诉提出及其辩护人辩护称对龚某某使用约束性警械符合法律规

定,甘某没有殴打犯罪嫌疑人龚某某、李某某。因此,甘某不构成刑讯逼供罪的理由。经查,根据《人民警察使用警械和武器条例》及相关规定,人民警察在审讯时,遇有违法犯罪分子可能脱逃、行凶、自杀或有其他危险行为的,可以使用手铐、脚镣等约束性警械,而本案中龚某某被抓获时没有反抗,在审讯过程中龚某某也没有出现自杀、自伤或有其他危险行为,只是拒不承认其盗窃耕牛的事实,在这种情况下,甘某仍然指示其他民警让龚某某一直戴着手铐和脚镣进行审讯,显然违反了相关法律规定。虽然甘某否认自己实施了殴打龚某某的行为,但是有在场的其他民警的证言证实了殴打的过程、殴打的部位,接诊医生和殡仪馆的工作人员的证言亦证实了受伤的位置,与民警所证实的殴打的位置相互吻合,可以认定甘某在讯问龚某某的过程中,为了逼取口供,对龚某某实施了殴打,其行为符合刑讯逼供罪的构成要件;被害人李某某的陈述,证实甘某对其进行了刑讯逼供,周某证实甘某在审讯李某某时,对李某某进行了殴打,证人吕某的证言证实,第二次给李某某做检查时,发现李某某身上有瘀伤,有一块一块青紫的痕迹,是被人打伤所致,证人廖某某的证言证实了李某某审讯时挨了打,其还陪中医院的医生给李某某看过几次病,证人付某水、张某根的证言,证实了李某某审讯时挨了打,上述证据可以形成完整的证据链,能够证实甘某为了逼取口供,对李某某进行了殴打,其行为符合刑讯逼供罪的构成要件,故该上诉及辩护理由不能成立,不予采纳。

(二) 不构成刑讯逼供罪

◎ 采取强制措施时因被取证人不配合导致受伤的,不构成刑讯逼供罪

1. 行为人在接到警情后,带领民警前往查处运送新疆极端分子,在发现通报的车辆后表明了身份,但自诉人驾驶车辆没有停车,在采取措施过程中致自诉人右耳耳膜穿孔,不构成刑讯逼供罪,见【(2018)桂14某某刑初69号】农某某刑讯逼供案一审刑事判决书。

在该判决书中,广西壮族自治区崇左市龙州县人民法院认为:

自诉人何某诉被告人农某某犯刑讯逼供罪不成立,刑讯逼供是指司法工作人员对犯罪嫌疑人使用肉刑或者变相肉刑,逼取口供的行为,本案中农某某在接到警情后,带领民警前往查处运送新疆极端分子,在发现通报的车辆后,农某某表明身份,自诉人驾驶曾经运送新疆人的车辆没有停车,在采取措施过程中致自诉人何某右耳耳膜穿孔,故自诉人何某的指控不成立,被告人农某某无罪。

2. 自诉人受伤确系事实，但无证据证实行为人有刑讯逼供的行为，认定其构成刑讯逼供罪缺乏证据，见【（2016）甘 1023 刑初 25 号】董某某诉胡某等故意伤害、徇私枉法、刑讯逼供案刑事一审裁定书。

在该裁定书中，甘肃省庆阳市华池县人民法院认为：

自诉人董某受伤确系事实，但无证据证实长庆公安分局二中队民警有刑讯逼供、徇私枉法行为。故指控胡某、蒋某构成故意伤害罪、徇私枉法罪，赵某构成刑讯逼供罪、徇私枉法罪，班某构成刑讯逼供罪缺乏证据。据此，依照《最高人民法院关于适用〈中华人民共和国刑事诉讼法〉的解释》第二百六十三条第二款第二项之规定，裁定对自诉人的起诉不予受理。

律师建议

从司法解释和司法实践来看，行为人实施刑讯逼供的行为，如果造成"严重后果"或符合"情节恶劣"情形，才构成刑讯逼供罪。因此，律师在辩护过程中要牢牢抓住行为人是否造成"严重后果"或者是否满足"情节恶劣"情形。此外，刑讯逼供罪既可以公诉，也可以自诉。在自诉案件中，因为自诉人获得行为人刑讯逼供的证据是非常困难的，所以辩护律师可以将辩护思路拓宽至"证据不足"。

097 如何认定是否构成虐待被监管人罪？

律师提示

虐待被监管人罪是指监狱、拘留所、看守所、拘役所、戒毒所等监管机构的监管人员对被监管人进行殴打或者体罚虐待，情节严重的行为；监管人以虐待的故意实施虐待行为，未造成伤残、死亡结果但达到情节严重或者过失造成伤残、死亡的，认定为虐待被监管人罪；以伤害的故意致使被监管人伤残、死亡的，以故意伤害罪定罪处罚；以杀人的故意致使被监管人死亡的，以故意杀人罪定罪处罚；没有虐待或伤害的故意但因履职行为不当致被监管人死亡的，以玩忽职守罪定罪处罚。

争议焦点

《刑法》第二百四十八条规定了虐待被监管人罪：监狱、拘留所、看守所等监管机构的监管人员对被监管人进行殴打或者体罚虐待，情节严重的，处三年以下有期徒刑或者拘役；情节特别严重的，处三年以上十年以下有期徒刑。致人伤残、死亡的，依照本法第二百三十四条、第二百三十二条的规定定罪从重处罚。

监管人员指使被监管人殴打或者体罚虐待其他被监管人的，依照前款的规定处罚。

第二百三十四条规定了故意伤害罪：故意伤害他人身体的，处三年以下有期徒刑、拘役或者管制。

犯前款罪，致人重伤的，处三年以上十年以下有期徒刑；致人死亡或者以特别残忍手段致人重伤造成严重残疾的，处十年以上有期徒刑、无期徒刑或者死刑。本法另有规定的，依照规定。

对比虐待被监管人罪与故意伤害罪可以发现，前者最高刑期为十年有期徒刑，而后者"致人死亡或者以特别残忍手段致人重伤造成严重残疾的"，处十年以上有期徒刑、无期徒刑或者死刑。因此，对于以伤害、杀人故意致被监管人伤残、死亡，应当判处十年以上有期徒刑的行为，从刑制罪的视角分析，也应当定故意伤害罪、杀人罪。

2006年《最高人民检察院关于渎职侵权犯罪案件立案标准的规定》第二条第五项明确了虐待被监管人案的立案标准：

涉嫌下列情形之一的，应予立案：

1. 以殴打、捆绑、违法使用械具等恶劣手段虐待被监管人的；
2. 以较长时间冻、饿、晒、烤等手段虐待被监管人，严重损害其身体健康的；
3. 虐待造成被监管人轻伤、重伤、死亡的；
4. 虐待被监管人，情节严重，导致被监管人自杀、自残造成重伤、死亡，或者精神失常的；
5. 殴打或者体罚虐待3人次以上的；
6. 指使被监管人殴打、体罚虐待其他被监管人，具有上述情形之一的；
7. 其他情节严重的情形。

2015年《最高人民检察院关于强制隔离戒毒所工作人员能否成为虐待被监

管人罪主体问题的批复》规定：根据有关法律规定，强制隔离戒毒所是对符合特定条件的吸毒成瘾人员限制人身自由，进行强制隔离戒毒的监管机构，其履行监管职责的工作人员属于刑法第二百四十八条规定的监管人员。

对于强制隔离戒毒所监管人员殴打或者体罚虐待戒毒人员，或者指使戒毒人员殴打、体罚虐待其他戒毒人员，情节严重的，应当适用刑法第二百四十八条的规定，以虐待被监管人罪追究刑事责任；造成戒毒人员伤残、死亡后果的，应当依照刑法第二百三十四条、第二百三十二条的规定，以故意伤害罪、故意杀人罪从重处罚。

虐待被监管人罪也是既属于渎职犯罪，又属于侵犯公民人身权利、民主权利的犯罪。依照《刑事诉讼法》第二百一十条第三项之规定，虐待被监管人案属于"被害人有证据证明对被告人侵犯自己人身、财产权利的行为应当依法追究刑事责任，而公安机关或者人民检察院不予追究被告人刑事责任的案件"，可以提起自诉。

2021年《最高人民法院关于适用〈中华人民共和国刑事诉讼法〉的解释》第一条第二款对"人民检察院没有提起公诉，被害人有证据证明的轻微刑事案件"进行了细化解释，其中第八项为"刑法分则第四章、第五章规定的，可能判处三年有期徒刑以下刑罚的案件"。虐待被监管人案属于刑法分则第四章规定的犯罪，对于涉嫌虐待被监管人可能判处三年有期徒刑以下刑罚的案件，当事人可以提起自诉。

虐待故意和伤害故意的区别，及虐待被监管人罪与故意伤害罪、故意杀人罪、玩忽职守罪等罪之间的区别，是虐待被监管人罪认定过程中的疑难问题。虐待的故意与伤害的故意并不完全相同，虽然虐待故意本身也含有一定程度的伤害故意，但虐待故意的恶性程度通常低于伤害故意的恶性程度；以虐待的故意过失导致被虐待人伤残、死亡的，应以虐待被监管人罪加重处罚；以故意伤害、杀人的故意而非虐待的故意致使被害人伤残、死亡的，应以故意伤害罪、故意杀人罪定罪处罚。虐待被监管人的最高刑期是十年有期徒刑，对于以伤害或杀人的故意致使被监管人伤残、死亡，应当判处十年以上有期徒刑的，应以故意伤害罪、故意杀人罪追究刑事责任。

裁判精要

虐待被监管人罪是指监狱、拘留所、看守所、拘役所、戒毒所等监管机构的监管人员对被监管人进行殴打或者体罚虐待，情节严重的行为；以虐待的故意对被监管人实施虐待行为，未造成伤残、死亡结果但达到情节严重的，认定为虐待被监管人罪；以虐待的故意过失造成被监管人伤残、死亡结果的，认定为虐待被监管人罪；以伤害的故意致使被监管人伤残、死亡的，以故意伤害罪定罪处罚；以杀人的故意致使被监管人死亡的，以故意杀人罪定罪处罚；没有虐待或伤害的故意但因履职行为不当过失致被监管人死亡的，以玩忽职守罪定罪处罚。

司法观点

（一）构成虐待被监管人罪

◎ **监狱警察虐待被监管人员造成轻伤以上严重后果的，构成虐待被监管人罪**

1. 行为人违法使用械具或以暴力手段虐待被监管人，情节严重的，其行为符合虐待被监管人罪的构成要件，见【（2017）甘04刑终95号】冯某某等玩忽职守、虐待被监管人案二审刑事裁定书。

在该裁定书中，甘肃省白银市中级人民法院认为：

原判认定上诉人冯某某犯玩忽职守罪、虐待被监管人罪的事实清楚，证据确实、充分，定罪准确，量刑适当，审判程序合法。对上诉人冯某某及其辩护人提出上诉人不构成虐待被监管人罪的上诉理由及辩护意见，经查，有证人证言、各被告人的供述及视听资料等证据，相互印证一致，足以证实上诉人冯某某、任某某、邵某某违法使用械具或以暴力手段虐待被监管人，情节严重，其行为符合虐待被监管人罪的构成要件，故对其上诉理由及辩护意见不予支持。

2. 行为人作为监狱负责监管服刑人员的人民警察，未正确执行相关监管法规，在监管过程中不计后果用脚踢打服刑人员，造成服刑人员一人轻伤的后果，情节严重，其行为构成虐待被监管人罪，见【（2016）黔0113刑初16号】刘某某虐待被监管人案一审刑事判决书。

在该判决书中，贵州省贵阳市白云区人民法院认为：

被告人刘某某作为监狱负责监管服刑人员的人民警察，未正确执行相关监管法规，在监管过程中不计后果用脚踢打服刑人员，造成服刑人员一人轻伤的后果，情节严重，其行为已构成虐待被监管人罪。公诉机关指控被告人刘某某犯虐待被监管人罪的罪名成立，本院予以确认。关于被告人刘某某提出其踢打给钟某造成了伤害，但主观上没有恶意对其体罚，且对钟某进行了赔偿并取得了谅解，希望法院对其从轻处罚的辩解。经查属实，本院予以采纳。对于被告人的辩护人提出被告人刘某某在履行职责的过程中行为虽有不妥，但不至于造成钟某骨折。且本案的伤情鉴定意见存在明显疑问及不确定性，不排除其他原因致钟某受伤，故认为被告人刘某某的行为不构成虐待被监管人罪的辩护意见。经查，被告人刘某某踢打钟某左侧腰部并致其轻伤的后果，有被告人的供述、被害人的陈述，证人证言，被害人就诊治疗记录、检验报告单位、病历及鉴定意见书等证据形成证据锁链证实本案的犯罪事实，且辩护人未对其反驳意见提供相应的证据，故其辩护意见不成立，本院不予采纳。本案事出有因，被告人刘某某主观恶性不深，犯罪情节轻微，到案后能如实供述犯罪事实，积极对被害人进行了赔偿，取得了被害人的谅解，具有悔罪表现，可对其免予刑事处罚。

3. 行为人身为监狱监管人员，违反监管法规殴打被监管人员，虽然起因是两名被监管人员打架，但采用了错误的管教方法，致打架的被监管人一人轻伤，情节严重，其行为构成虐待被监管人罪，因其主观恶性较小，犯罪情节相对轻微，可免予刑事处罚，见【（2014）容刑初字第26号】刘某虐待被监管人案一审刑事判决书。

在该判决书中，河北省雄安新区容城县人民法院认为：

被告人刘某身为监狱监管人员，违反监管法规，殴打被监管人员，致一人轻伤，情节严重，其行为构成虐待被监管人罪，起诉书指控罪名成立。辩护人关于被告人不构成虐待被监管人罪的辩护意见不予采纳。本案造成被监管人轻伤的起因是两名被监管人员打架，被告人上前制止，虽然采用了错误的管教方法，致打架的被监管人一人轻伤，但其主观恶性较小，犯罪情节相对轻微，且被告人庭审中认罪、悔罪，并已取得被害人谅解，可免予刑事处罚。

◎ **监狱警察违规使用械具造成被监管人员伤害的，构成虐待被监管人罪**

4. 行为人身为在看守所从事监管工作的国家机关工作人员，在执行职务的过程中对9名被监管人违法使用非制式械具进行体罚虐待，属情节严重，其行为已构成虐待被监管人罪；鉴于行为人使用械具经过了报告审批等相关程序，其违规使用警械主观意图是出于管教的目的，没有相关的伤情鉴定证明对被害人造成了严重的伤害，可以免予刑事处罚，见【（2018）湘0202刑初254号】王某某虐待被监管人案一审刑事判决书。

在该判决书中，湖南省株洲市荷塘区人民法院认为：

被告人王某某身为在看守所从事监管工作的国家机关工作人员，在对被监管人进行管教的过程中，违反《看守所条例》《看守所执法细则》《公安部关于看守所械具使用、管理规定》等有关规定，在执行职务的过程中对9名被监管人违法使用非制式械具进行体罚虐待，属情节严重，其行为已构成虐待被监管人罪。被告人王某某如实供述自己的犯罪事实，依法可以从轻处罚。被告人王某某及其辩护人提出的被告人王某某无罪的辩护意见，与事实不符，本院不予采纳。鉴于被告人王某某使用械具是由于被监管人员违反监规和打架斗殴、有牢头狱霸倾向等，属于依法可以使用械具的情形，且其使用械具都经过了报告审批等相关程序，只是没有按规定使用制式械具，其主观意图是出于管教的目的，没有相关的伤情鉴定证明被告人王某某对被害人造成了严重的伤害，故被告人王某某犯罪情节轻微不需要判处刑罚，可以免予刑事处罚。

◎**指使其他罪犯对被监管人虐待体罚的，构成虐待被监管人罪**

5. 行为人作为看守所的干警，在监管过程中违反监管法规，用其言行影响或暗示其他被监管人员对被害人实施虐待、体罚等行为，致被监管人受重伤，情节特别严重，其行为已构成虐待被监管人罪，见【（2021）陕06刑终245号】李某某虐待被监管人案二审刑事附带民事裁定书。

在该裁定书中，陕西省延安市中级人民法院认为：

上诉人李某某作为看守所的干警，因与被监管人员即被害人马某甲有经济纠纷，为了达到追回此前被骗款项的目的，在监管过程中，违反监管法规，用其言行影响或暗示与马某甲同监室关押的其他被监管人员对被害人实施虐待、体罚等行为，致人受重伤，情节特别严重，其行为已构成虐待被监管人罪。关于李某某及其指定辩护人提出一审认定李某某构成虐待被监管人罪事实不清，证据不足的上诉理由及辩护意见，经查，原审判决认定李某某让栾某甲想办法向马某甲要账的事实，有经原审庭审举证质证的被告人供述、同案犯栾某甲等人的供述及证人栾某乙等人的证言予以证实，相互印证足以认定，上诉人及辩护人此节上诉理由及辩护意见不能成立。

（二）不构成虐待被监管人罪

◎**监狱警察过失导致被监管人员死亡的，构成玩忽职守罪**

1. 虐待被监管人罪主观上要求行为人具有虐待被监管人的故意，而本案中行为人给被监管人穿约束衣的行为是履行职责的行为而非虐待行为，其造成被监管人死亡的后果是出于过失，构成玩忽职守罪而非虐待被监管人罪，见【（2016）吉0112刑再1号】刘某玩忽职守案再审刑事判决书。

在该判决书中，吉林省长春市双阳区人民法院认为：

公诉机关指控被告人刘某犯有故意伤害罪的指控错误，应予以纠正。理由是根据本案案情，认定刘某犯有故意伤害罪的前提是刘某首先构成虐待被监管人罪，虐待被监管人造成被监管人死亡的才转化为故意伤害罪（或故意杀人罪），刘某使用的约束服是长春市第三看守所制作的，其决定给张某穿约束服的目的是防止被害人张某打伤他人或自残，刘某是履行自己的工作职责，刘某主观上没有虐待被害人张某的故意，其决定给被害人穿约束衣并不是虐待行为。在司法实践中，体罚虐待，是指殴打以外的，能够对被监管人肉体或精神进行摧残或折磨的一切方法，如罚站、罚跑、罚晒、罚冻、罚饿、辱骂，强迫超体力劳动，不让睡觉，不给水喝等手段。刘某的行为不构成虐待被监管人罪，更不能转化为故意伤害罪。刘某的行为是严重渎职行为，其对造成被害人张某死亡的后果是出于过失。根据被告人刘某的犯罪事实，结合全案证据，应当认定被告人刘某的行为构成玩忽职守罪。

◎以虐待的故意致使被监管人死亡的，构成故意伤害罪

2. 以虐待的故意致被监管人死亡的，依据故意伤害罪从重处罚，见【（2018）黑12刑终158号】胡某某等人虐待被监管人案二审刑事判决书。

在该判决书中，黑龙江省绥化市中级人民法院认为：

上诉人包某某、胡某某、韩某某、陆某某作为负有监管职责的拘留所干警，违反国家监管法规，违法使用警械体罚虐待被监管人杨某。其间，上诉人胡某某、韩某某对杨某进行殴打，并在虐待过程中造成杨某死亡，其行为均已触犯《刑法》第二百四十八条、第二百三十四条之规定，构成故意伤害罪。

关于本案的定性。《刑法》第二百四十八条明确规定，监狱、拘留所、看守所等监管机构的监管人员对被监管人进行殴打或者体罚虐待，致人伤残、死亡的，依照《刑法》第二百三十四条和第二百三十二条规定的故意伤害罪和故意杀人罪从重处罚。经审理认为，该条属于法律拟制。本罪中"体罚虐待"是指对被监管人实行肉体上的摧残和精神上的折磨，如捆绑、滥用戒具、任意禁闭、冻饿、罚跪、强迫从事长时间超负荷体力劳动、凌辱人格等。故四上诉人对被害人杨某采用违法使用戒具，长时间限制体位，同时伴有殴打的行为，属体罚虐待，应构成故意伤害罪。

◎**证据不足的，不认定为虐待被监管人罪**

3. 公诉机关指控行为人构成虐待被监管人罪证据不足、事实不清的，不构成虐待被监管人罪，见【（2012）湖德刑初字第379号】姚某某受贿、虐待被监管人案一审刑事判决书。

在该判决书中，浙江省湖州市德清县人民法院认定：

德清县人民检察院指控，2004年6月至2010年5月，被告人姚某某在德清县看守所工作期间，身为监管人员，对在押人员陈某文、服刑人员倪某明、陈某洪、胡某庆实施殴打、体罚等虐待行为。关于被告人提出的其不构成虐待被监管人罪的辩解及辩护人的该起辩护意见。经查，公诉机关指控该项罪名的证据不足，事实不清，指控的犯罪不能成立。被告人姚某某关于自己不构成虐待被监管人罪的辩解及辩护人的相关辩护意见予以采纳。

律师建议

虐待被监管人罪与故意伤害罪、故意杀人罪、玩忽职守罪等罪之间的区别，是虐待被监管人罪认定过程中的疑难问题。虐待被监管人罪最高刑期为十年有期徒刑，故意伤害罪以及故意杀人罪的法定最高刑为死刑，所以律师在辩护过程中要严格区分行为人主观上究竟是虐待的故意还是伤害的故意，虐待故意的恶性程度通常低于伤害故意。以虐待的故意过失导致被虐待人伤残、死亡的，应以虐待被监管人罪加重处罚；以故意伤害、杀人的故意而非虐待的故意致使被害人伤残、死亡的，才应以故意伤害罪、故意杀人罪定罪处罚。

098 如何认定是否构成报复陷害罪？

律师提示

报复陷害罪是指国家机关工作人员滥用职权、假公济私，对控告人、申诉人、批评人、举报人实行报复陷害的行为；国家机关工作人员滥用职权，假公济私，通过捏造罪名对举报人及其亲属立案查处，以刑事追究方法对举报人打击报复，致使举报人及其亲属合法权利受到严重损害的，构成报复陷害罪；行为人滥用职权对他人违法留置盘问、收容审查、非法处置，限制其人身自由，但不具有报复陷害的故意的，不构成报复陷害罪，构成滥用职权罪、非法拘禁罪等其他罪名。

争议焦点

《刑法》第二百五十四条规定了报复陷害罪：国家机关工作人员滥用职权、假公济私，对控告人、申诉人、批评人、举报人实行报复陷害的，处二年以下有期徒刑或者拘役；情节严重的，处二年以上七年以下有期徒刑。

报复陷害罪虽然规定在第四章"侵犯公民人身权利、民主权利罪"中，但该罪是国家机关工作人员在执行职务过程中实施的渎职行为，从实质上看也属于"渎职犯罪"的一种，2006年《最高人民检察院关于渎职侵权犯罪案件立案标准的规定》就将该罪名归入渎职侵权犯罪案件予以规定。

2006年《最高人民检察院关于渎职侵权犯罪案件立案标准的规定》第二条第六项明确了报复陷害罪的立案标准：

1. 报复陷害，情节严重，导致控告人、申诉人、批评人、举报人或者其近亲属自杀、自残造成重伤、死亡，或者精神失常的；

2. 致使控告人、申诉人、批评人、举报人或者其近亲属的其他合法权利受到严重损害的；

3. 其他报复陷害应予追究刑事责任的情形。

2021年《最高人民法院关于适用〈中华人民共和国刑事诉讼法〉的解释》第一条第二款对"人民检察院没有提起公诉，被害人有证据证明的轻微刑事案件"进行了细化解释，其中第八项为"刑法分则第四章、第五章规定的，可能判处三年有期徒刑以下刑罚的案件"。报复陷害案属于刑法分则第四章规定的犯罪，对于涉嫌报复陷害可能判处三年有期徒刑以下刑罚的案件，当事人可以提起自诉。

实务中报复陷害案大多为自诉案件，由自诉人提供证据向法院直接提起刑事诉讼，但绝大部分被法院以证据不足或不属于自诉案件为由不予受理。报复陷害罪与滥用职权罪、非法拘禁罪等罪名如何区分，在实践中具有一定的难度，需要认真分析。

裁判精要

报复陷害罪是指国家机关工作人员滥用职权、假公济私，对控告人、申诉人、批评人、举报人实行报复陷害的行为；国家机关工作人员滥用职权，假公济私，通过编造举报信捏告罪名，指使并强令下属和有关部门对举报人员及其亲属立案查处，以刑事追究方法对举报人打击报复，致使举报人及其亲属合法权利受到严重损害的，构成报复陷害罪；行为人滥用职权对与案件无关的人违法留置盘问、收容审查、非法处置扣押物品，致使被害人长期上访、造成恶劣的社会影响，其行为不构成报复陷害罪，但构成滥用职权罪；行为人非法关押被害人但没有报复陷害故意的，构成非法拘禁罪。

司法观点

（一）构成报复陷害罪

◎司法工作人员意图使举报人受到刑事追究的，构成报复陷害罪

1. 行为人身为区委书记，滥用职权，假公济私，通过编造举报信捏告罪名，指使并强令下属和有关部门对举报人员及其亲属立案查处，以刑事追究方法对举报人打击报复，致使举报人及其亲属合法权利受到严重损害，并导致举报人自缢死亡，构成报复陷害罪，见【《最高人民检察院公报》案例】张某安、汪某受贿、报复陷害案。

在该案中，安徽省高级人民法院认为：

张某安身为阜阳市颍泉区区委书记，滥用职权，假公济私，通过编造举报信捏告罪名，指使被告人汪某借用这些信件指令下属人员对举报人员李某福及其亲属立案查处，并强令其他各有关部门对举报人李某福及其亲属进行查处，以刑事追究方法对举报人打击报复；被告人汪某身为阜阳市颍泉区人民检察院检察长，明知张某安报复陷害举报人李某福，与张某安共谋，滥用检察权、假公济私，违背事实和法律违法办案，对李某福及其亲属进行刑事追究，张某安、汪某的行为致使举报人及其亲属合法权利受到严重损害，并导致举报人李某福自缢死亡，其行为均已构成报复陷害罪，且系共同犯罪，犯罪情节严重。公诉机关指控张某安犯受贿罪、报复陷害罪，汪某犯报复陷害罪的事实和罪名成立。

◎以报复陷害的故意违法拘留举报人的，构成报复陷害罪

2. 行为人主观上具有报复陷害的故意，客观上对举报人拘留长达 40 小时，严重损害了举报人的人身和民主权利，符合报复陷害罪的构成要件，见【（2001）舟刑初字第 19 号】戎某某报复陷害、贪污案一审刑事判决书。

在该判决书中，浙江省舟山市中级人民法院认为：

关于辩护人提出被告人戎某某没有贪污该4000元执行款及不构成报复陷害罪的理由。经查，被告人戎某某的供述与证人证言相矛盾，且又让他人增加执行笔录的内容，以造成1995年12月13日汤某某未交钱的事实，从现有的证据可以认定被告人戎某某贪污了该4000元执行款。被告人戎某某侵吞该款后，又继续催讨，汤某某向有关部门控告、反映，1999年2月在执行大会战时，被告人戎某某伺机报复，对汤某某拘留约40小时，严重损害了汤某某的人身和民主权利，被告人戎某某主观上有报复陷害的故意，符合报复陷害罪的构罪要件；因此，辩护人的辩护理由不予采纳。

（二）不构成报复陷害罪

◎举报人提供证据不足的，不构成报复陷害罪

1. 自诉人收受他人行贿的事实已被生效刑事判决所认定，自诉人提供的证据不能充分证明他人对其进行报复陷害罪的事实，不构成报复陷害罪，见【（2020）皖10刑终84号】毕某诉汪某报复陷害案二审刑事裁定书。

在该裁定书中，安徽省黄山市中级人民法院认为：

上诉人（原审自诉人）毕某控诉原审被告人汪某捏造事实诬告陷害自诉人和利用职务之便，捏造毕某收受他人贿赂的事实，采取拘禁、殴打、威胁、贿买、伪造证据等非法手段制造冤案，报复陷害毕某。经查，汪某向毕某行贿的事实已被生效刑事判决所认定，毕某提供的证据不能充分证明汪某利用职务之便捏造其收受他人贿赂并构成诬告陷害罪、报复陷害罪。原审经审查认为毕某的控诉缺乏罪证，未开庭审理，裁定驳回起诉并无不当，毕某的上诉理由不能成立，本院不予采纳。

◎滥用职权侵害他人人身和财产权导致长期上访的，构成滥用职权罪

2. 行为人身为国家机关工作人员，滥用职权，对与案件无关的人违法留置盘问、收容审查、非法处置扣押物品，致使被害人长期上访、造成恶劣的社会影响，其行为不构成报复陷害罪，但构成滥用职权罪，见【（2010）睢刑初字第40号】崔某某滥用职权案一审刑事判决书。

在该判决书中，河南省商丘市睢县人民法院认为：

关于辩护人提出被告人崔某某不构成报复陷害罪的观点：经查，1996年10月9日，王某等人在王某家搜出防毒面具，10月10日，王某到派出所索要被搜走的文物，派出所对王某做了询问笔录，王某陈述两个防毒面具是其在纸厂制氯车间内拾的，是放在家中玩的，派出所去纸厂调查，符合一般办案规则，但是取证的方式方法不对，取证行为不是去凭空捏造事实，再者王某本人又在保卫科工作，保卫科证明该防毒面具不能拿回家中和确实丢失过，上述证据足以说明王某确实有盗窃和其他违法嫌疑。因此辩护人不构成报复陷害罪的观点，本院依法予以支持。但是，被告人在取证的方式方法上，有滥用职权的行为。被告人崔某某身为国家机关工作人员，滥用职权，对与案件无关的人违法留置盘问、收容审查、非法处置扣押物品，致使王某长期上访、造成恶劣的社会影响，其行为已构成滥用职权罪。公诉机关指控滥用职权罪罪名和事实成立，本院依法予以确认。公诉机关指控报复陷害罪罪名不成立，本院不予支持。

◎非基于报复陷害故意关押他人的，构成非法拘禁罪

3. 行为人没有滥用职权，也没有报复陷害他人的故意，其非法关押被害人的行为符合非法拘禁罪的犯罪特征，不构成报复陷害罪，见【（1994）莆中刑初字第23号】蔡某某报复陷害案一审刑事判决书。

在该判决书中，福建省莆田市中级人民法院认为：

被告人蔡某某的行为不构成报复陷害罪。就本案而言，被告人蔡某某没有滥用职权，也没有报复陷害他人的故意，其理由是：（1）被告人蔡某某身为政法委副书记，但没有调用本单位的车，没有调动本单位的工作人员，也没有以政法委的名义去抓杨某仁，而是利用私人关系借用涵某明兴电子厂的小轿车，并与其同乡好友傅某雄到福州，由傅某雄以查身份证为由把杨某仁带到车上，后把杨抓回莆田继续关押。蔡某某的这一行为与其政法委副书记的职务并无关系。因为市政法委与莆田县公安局并非直接隶属关系，作为市政法委副书记，无权直接调动一个普通的公安民警，而且傅某雄当时正请假伺候其妻分娩。傅某雄之所以与蔡某某同往福州，完全是基于朋友之间的关系。（2）虽然傅某雄未经单位领导批准，超越管辖范围到福州以查身份证为由将杨某仁带到蔡的车上交给蔡，属滥用职权，但傅某雄不知杨到省检察院控告蔡，且杨控告的对象是蔡某某，故傅某雄主观上没有报复陷害的故意，与蔡某某不构成共同犯罪。（3）虽然蔡某某指使傅某雄滥用职权，但报复陷害罪在客观方面的表现，必须是国家工作人员本身滥用职权，而不是指使他人滥用职权。（4）被告人蔡某某通知杨某仁到蔡的住宅后不让其回家并指使许某明等人将杨某仁骗到许某明租住处进行非法关押，其目的是逼杨还债。当蔡某某得知杨到省检察院控告后住在福州市南某招待所，即指

使傅某雄到福州以查身份证为由把杨抓回莆田再次关押，其目的还是逼杨还债。综上理由，被告人蔡某某的行为缺乏报复陷害罪的客观要件及主观目的，不构成报复陷害罪，而是符合非法拘禁罪的犯罪特征。

律师建议

报复陷害罪虽然规定在刑法分则第四章"侵犯公民人身权利、民主权利罪"中，但该罪是国家机关工作人员在执行职务过程中实施的渎职行为，从实质上看也属于"渎职犯罪"的一种。实务中报复陷害罪与滥用职权罪、非法拘禁罪等罪名的区分存在一定的难度，律师在辩护过程中要着重考虑当事人主观上是否具有报复陷害的故意、客观上是否具有滥用职权的行为。

099 如何认定是否构成动植物检疫徇私舞弊罪？

律师提示

动植物检疫徇私舞弊罪是指出入境检验检疫机关、检验检疫机构工作人员徇私舞弊，伪造检疫结果的行为；国家机关工作人员怠于履行审查职责，即使明知生猪来自疫区，仍安排他人出具或亲自出具动物检疫合格证明，构成动植物检疫徇私舞弊罪；国家工作人员未伪造检疫结果，但对伪造检疫结果持放任态度或怠于履行职责的，其行为符合滥用职权罪或玩忽职守罪的构成要件。

争议焦点

《刑法》第四百一十三条第一款规定了动植物检疫徇私舞弊罪：动植物检疫机关的检疫人员徇私舞弊，伪造检疫结果的，处五年以下有期徒刑或者拘役；造成严重后果的，处五年以上十年以下有期徒刑。

2006年《最高人民检察院关于渎职侵权犯罪案件立案标准的规定》第一条第二十六项明确了动植物检疫徇私舞弊案的立案标准：

1. 采取伪造、变造的手段对检疫的单证、印章、标志、封识等作虚假的证明或者出具不真实的结论的；

2. 将送检的合格动植物检疫为不合格，或者将不合格动植物检疫为合格的；

3. 对明知是不合格的动植物，不检疫而出具合格检疫结果的；

4. 其他伪造检疫结果应予追究刑事责任的情形。

第一条第二十七项还对动植物检疫失职案的立案标准进行了明确：

1. 导致疫情发生，造成人员重伤或者死亡的；

2. 导致重大疫情发生、传播或者流行的；

3. 造成个人财产直接经济损失 15 万元以上，或者直接经济损失不满 15 万元，但间接经济损失 75 万元以上的；

4. 造成公共财产或者法人、其他组织财产直接经济损失 30 万元以上，或者直接经济损失不满 30 万元，但间接经济损失 150 万元以上的；

5. 不检疫或者延误检疫出证、错误出证，引起国际经济贸易纠纷，严重影响国家对外经贸关系，或者严重损害国家声誉的；

6. 其他致使国家利益遭受重大损失的情形。

如何区分动植物检疫徇私舞弊罪与滥用职权罪、玩忽职守罪，是司法实践中的难点。在进行区分时，要充分注意侵犯的客体是否为国家对出入境动植物的检疫制度，是否存在伪造检疫结果的渎职行为。

裁判精要

动植物检疫徇私舞弊罪是指出入境检验检疫机关、检验检疫机构工作人员徇私舞弊，伪造检疫结果的行为；国家机关工作人员怠于履行审查职责，即使明知生猪来自疫区，仍安排他人出具或亲自出具动物检疫合格证明，构成动植物检疫徇私舞弊罪；国家工作人员未伪造检疫结果，但违规向他人提供空白的动物产品检疫合格证明，对他人伪造检疫结果持放任态度，其行为符合滥用职权罪的构成要件；行为人在担任检疫员期间不认真履行检疫工作职责，违反检疫屠宰规程进行检疫，致使死因不明的牛通过检疫并使牛产品流向市场，构成玩忽职守罪。

司法观点

（一）构成动植物检疫徇私舞弊罪

◎徇私舞弊违法伪造动植物检疫结果的，构成动植物检疫徇私舞弊罪

1. 国家机关工作人员违反国家法律法规，与他人合谋，徇私舞弊，安排他人伪造检疫结果，构成动植物检疫徇私舞弊罪，见【（2021）苏 0826 刑初 277

号】梁某某动植物检疫徇私舞弊案一审刑事判决书。

在该判决书中，江苏省淮安市涟水县人民法院认为：

经审理查明，2018年9月非洲猪瘟疫情期间，被告人梁某某和涟水县畜牧兽医站涟城中心站原防疫检疫员李某飞（已判刑）共同商定找涟水县畜牧兽医站高沟中心站副站长汪某成（已判刑）出具虚假的动物检疫合格证明。其间，李某飞先后三次通过微信转账13000元给被告人梁某某。汪某成接收请托，收受被告人梁某某用上述钱财购买的价值1870元的烟、酒，分别于2018年9月10日、9月12日、9月16日，为被告人梁某某和李某飞出具六张虚假的动物检疫合格证明，导致928头未经检疫的生猪进入屠宰场后屠宰，生猪产品流入市场。本院认为，被告人梁某某违反国家法律法规，与他人合谋，徇私舞弊，安排其他国家工作人员伪造检疫结果，其行为已构成动植物检疫徇私舞弊罪。公诉机关指控的事实与罪名成立，本院予以支持。

2. 行为人身为乡动物监督所所长，徇私舞弊，伪造检疫结果，造成大量未经检疫的生猪、生羊运往省外，构成动植物检疫徇私舞弊罪【（2021）辽14刑终258号】邓某里受贿、动植物检疫徇私舞弊案二审刑事裁定书。

在该裁定书中，辽宁省葫芦岛市中级人民法院认为：

2019年至2021年间，邓某里担任建昌县和尚房子乡动物监督所所长，徇私舞弊，伪造检疫结果，在未对生猪、生羊进行检疫的情况下，违规使用非洲猪瘟检测报告、羊小反刍兽疫检测报告，为他人出具虚假的动物检疫合格证明（A证），造成大量未经检疫的生猪、生羊运往省外。本院认为，上诉人邓某里作为动物卫生监督所的工作人员，在动物检疫工作中，利用职务上的便利，徇私舞弊、伪造检疫结果，为他人谋取不正当利益，非法收受他人财物且数额都特别巨大，其行为已经构成动植物检疫徇私舞弊罪、受贿罪。

◎**徇私舞弊对动植物出具合格证明的，构成动植物检疫徇私舞弊罪**

3. 行为人身为区兽医卫生监督所所长、具有检疫职责的国家兽医，怠于履行审查职责，即使明知生猪来自疫区，仍安排他人出具或亲自出具《动物检疫合格证明》，构成动植物检疫徇私舞弊罪，见【（2020）鲁04刑终136号】白某、杜某某受贿、动植物检疫徇私舞弊案二审刑事裁定书。

在该裁定书中，山东省枣庄市中级人民法院认为：

关于白某及其辩护人所提其没有徇私舞弊的主观故意、没有安排杜某某、韩某国出具虚假的检疫合格证、没有对刘某团伙实施帮助，不应构成动植物检疫徇私舞弊罪的上诉理由及辩护意见。经查，在案卷宗某被告人白某、杜某某、韩某国、同案犯刘某的供述以及证人王某2、宋某、王某1等人的证言、相关书证等证据证实，白某作为枣庄市台儿庄区兽医卫生监督所所长、具有检疫职责的国家兽医，不仅没有做到认真履行作为所长的领导、管理职责和作为官方兽医的检疫职责，反而长期接受刘某吃请并收受刘某贿送的现金、烟酒等，怠于履行审查职责，即使明知生猪来自疫区，仍安排杜某某、韩某国出具或亲自出具《动物检疫合格证明》，构成动植物检疫徇私舞弊罪。上诉人白某及其辩护人的前述上诉理由及辩护意见同事实、证据不符，不予采纳。

4. 行为人身为县水产畜牧兽医执法大队副队长、官方兽医，工作中有分管全县动物检疫电子出证及远程监控的职责，不仅不严格履行其监管职责，还为获取个人私利违规出具动物检疫合格证明，其行为符合动植物检疫徇私舞弊罪主客观方面的构成要件，见【（2020）桂09刑终169号】蓝某某等动植物检疫徇私舞弊案二审刑事裁定书。

在该裁定书中，广西壮族自治区玉林市中级人民法院认为：

关于蓝某某是否构成动植物检疫徇私舞弊罪的问题。经核查，根据相关的任职文件，证实蓝某某作为陆川县水产畜牧兽医执法大队副队长、官方兽医，工作中有分管全县动物检疫电子出证及远程监控的职责，同案人罗某清、詹某彬、范某凯、黎某的出证行为亦受其远程监督监控，但在实际工作中，蓝某某明知同案人罗某清、范某凯、黎某违规开具动物检疫合格证明，不仅不严格履行其监管职责，还为获取个人私利与同案人罗某清、范某凯、黎某等人串通，违规出具动物检疫合格证明，并在事后分得一半好处费，其行为符合动植物检疫徇私舞弊罪主客观方面的构成要件，原判认定蓝某某构成动植物检疫徇私舞弊罪是正确的。

（二）不构成动植物检疫徇私舞弊罪

◎**违规提供空白检疫合格证且放任结果发生的，构成滥用职权罪**

1. 行为人未依法正确履行自己的职责，违规向他人提供空白的动物产品检疫合格证明，对他人伪造检疫结果持放任态度，其行为符合滥用职权罪的构成要件，见【（2015）连东刑初字第190号】葛某、王某动植物检疫徇私舞弊、滥用职权案一审刑事判决书。

在该判决书中，江苏省连云港东海县人民法院认为：

关于被告人王某的辩护人对公诉机关指控的动植物检疫徇私舞弊第1起，认为被告人王某没有伪造检疫结果，与葛某不存在共同犯罪故意，不构成动植物检疫徇私舞弊罪的辩护意见，本院认为，被告人王某未依法正确履行自己的职责，向葛某违规提供空白的动物产品检疫合格证明，对葛某纬伪造检疫结果持放任态度，与葛某纬具有共同犯罪的故意，虽不构成动植物检疫徇私舞弊罪，但其行为符合滥用职权罪的犯罪构成。

关于公诉机关指控的被告人王某动植物检疫徇私舞弊犯罪的第2起，经查，被告人王某虚开的检疫合格证明只是针对孙某科合格的猪肉产品的重复出证行为，未伪造检疫结果，亦未造成严重后果，不宜以犯罪论处。故对公诉机关指控的被告人王某的该起犯罪事实，本院不予认定。对被告人王某及其辩护人的相关辩解、辩护意见，本院予以采纳。

◎**违规检疫使产品流入市场造成重大损失的，构成玩忽职守罪**

2. 动植物检疫失职罪侵犯的客体是国家对出入境动植物的检疫制度，行为人在担任检疫员期间不认真履行检疫工作职责，违反牛检疫屠宰规程进行检疫，致使死因不明的牛通过检疫并使牛产品流向市场，构成玩忽职守罪，见【（2014）敦刑初字第306号】周某玩忽职守、动植物检疫失职案一审刑事判决书。

在该判决书中，吉林省敦化市人民法院认为：

经审理查明：被告人周某在2013年至2014年3月担任敦化市畜牧业管理局动物检验检疫站检疫员期间，不认真履行检疫工作职责，违反牛检疫屠宰规程进行检疫，致使死因不明的牛通过检疫并使牛产品流向市场，多家新闻媒体对此事进行了报道，造成了恶劣的社会影响。本院认为，被告人周某作为国家机关工作人员严重不负责任，不认真履行职责，致使国家和人民利益遭受重大损失，其行为已构成玩忽职守罪，公诉机关指控的罪名成立，应依法惩处。关于辩护人提出的周某的失职行为应以《刑法》第四百一十三条第二款的动植物检疫失职罪进行评价的辩护意见。经查，动植物检疫失职罪侵犯的客体是国家对进出境动植物的检疫制度，周某的行为并不符合该罪的构成要件，故辩护人的辩护意见本院不予采纳。

3. 行为人作为县动监所派驻公司的协检员，负责生猪宰前巡查工作，其未按规定进行巡查，也未采取其他措施，致使大量注射含有沙丁胺醇成分的混合药物和灌水猪肉等流入市场，其行为符合玩忽职守罪的构成要件，见【（2013）宿中刑二终字第0027号】吴某等玩忽职守、动植物检疫失职、渎职案二审刑事裁定书。

在该裁定书中，江苏省宿迁市中级人民法院认为：

关于上诉人杨某某及其辩护人提出的即使上诉人杨某某构成犯罪也应当认定动植物检疫失职罪的意见，经查，上诉人杨某某作为泗洪动监所派驻永某公司的协检员，负责生猪宰前巡查工作，主要职责是监管待宰生猪有无注水及注入其他有害物质等情况发生，其在永某公司猪仓大门上锁的情形下，未按规定进行巡查，也未采取其他措施，使永某公司注射含有沙丁胺醇成分的混合药物和灌水有机可乘，致使大量注射含有沙丁胺醇成分的混合药物和灌水猪肉等流入市场，其行为符合玩忽职守罪的构成要件，故其上诉理由和辩护人意见不能成立。

律师建议

动植物检疫徇私舞弊罪是指出入境检验检疫机关、检验检疫机构工作人员徇私舞弊，伪造检疫结果的行为。如何区分动植物检疫徇私舞弊罪与滥用职权罪、玩忽职守罪，是司法实践中的难点。律师在辩护过程中进行区分时，要充分注意侵犯的客体是否为国家对出入境动植物的检疫制度，是否存在伪造检疫结果的渎职行为。

100 如何认定是否构成放纵走私罪？

律师提示

放纵走私罪是指海关工作人员徇私舞弊，放纵走私，情节严重的行为。行为人身为海关工作人员，主观上具有放纵他人走私的故意，客观上实施了放纵走私的行为，符合放纵走私罪的犯罪构成；虽然放纵走私罪属于有直接犯罪目的的犯罪，比滥用职权罪危害性更大，但该没有规定情节特别严重的情形，不应简单参照滥用职权罪"情节特别严重"的规定来认定放纵走私罪；无充分证据证实海关工作人员掌握具体走私的时间、地点、路线、方式、物品等情况，不能证实行为人足以达到明知有走私行为而拒不出警查缉的放纵走私的标准的，不构成放纵走私罪。

争议焦点

《刑法》第四百一十一条规定了放纵走私罪：海关工作人员徇私舞弊，放纵走私，情节严重的，处五年以下有期徒刑或者拘役；情节特别严重的，处五年以上有期徒刑。

2006年《最高人民检察院关于渎职侵权犯罪案件立案标准的规定》第一条第二十三项明确了放纵走私罪的立案标准：

1. 放纵走私犯罪的；
2. 因放纵走私致使国家应收税额损失累计达10万元以上的；
3. 放纵走私行为3起次以上的；
4. 放纵走私行为，具有索取或者收受贿赂情节的；
5. 其他情节严重的情形。

2002年《最高人民法院、最高人民检察院、海关总署关于办理走私刑事案件适用法律若干问题的意见》第十六条规定了"关于放纵走私罪的认定问题"：

依照刑法第四百一十一条的规定，负有特定监管义务的海关工作人员徇私舞弊，利用职权，放任、纵容走私犯罪行为，情节严重的，构成放纵走私罪。放纵走私行为，一般是消极的不作为。如果海关工作人员与走私分子通谋，在放纵走私过程中以积极的行为配合走私分子逃避海关监管或者在放纵走私之后分得赃款的，应以共同走私犯罪追究刑事责任。

海关工作人员收受贿赂又放纵走私的，应以受贿罪和放纵走私罪数罪并罚。

如何区分放纵走私罪与滥用职权罪、玩忽职守罪，是本罪认定的关键。放纵走私罪并未规定"情节特别严重"的情形，在行为人的渎职行为达到滥用职权或玩忽职守罪"情节特别严重"的情形下，适用放纵走私罪还是滥用职权罪、玩忽职守罪，需要根据具体情况进行分析。

裁判精要

放纵走私罪是指海关工作人员徇私舞弊，放纵走私，情节严重的行为；行为人身为海关工作人员，利用职务便利为他人通关提供帮助，放任危害后果的发生，主观上具有明知的犯罪故意，客观上实施了放纵走私的犯罪行为，符合放纵走私罪的犯罪构成；虽然放纵走私罪属于有直接犯罪目的的犯罪，比滥用职权罪危害性更大，但放纵走私罪没有规定"情节特别严重"的情形，不应简单参照滥用职权罪"情节特别严重"的规定来认定放纵走私罪；没有证据证实海关工作人员掌握他人具体走私的时间、地点、路线、方式、物品等情况，不能证实其足以达到明知有走私行为而拒不出警查缉的放纵走私的标准，或者其不出警查缉与他人成功走私之间并不具有因果关系的，不构成放纵走私罪。

司法观点

（一）构成放纵走私罪

◎海关工作人员为走私提供帮助且放任后果发生的，构成放纵走私罪

1. 行为人身为海关工作人员，利用职务便利为他人进境国际邮包顺利通关提供帮助，放任危害后果的发生，主观上具有明知的犯罪故意，客观上实施了放纵走私的犯罪行为，符合放纵走私罪的犯罪构成，见【（2017）云0103刑初258号】韩某放纵走私案一审刑事判决书。

在该判决书中，云南省昆明市盘龙区人民法院认为：

被告人韩某身为海关工作人员，利用职务之便，徇私舞弊，放纵走私，其行为已构成放纵走私罪。公诉机关指控的犯罪事实和罪名成立，本院予以确认。被告人韩某身为海关工作人员，利用职务便利，为牟取个人利益，私自与方某达成投资合意，以方某出具欠条的方式掩盖被告人韩某获取利益的非法目的，不是真实的借贷关系，在明知自己的行为会侵犯相关法律、行政法规以及海关缉私的正常管理和工作秩序的情况下，为方某进境国际邮包顺利通关提供帮助，放任危害后果的发生，主观上具有明知的犯罪故意，客观上实施了放纵走私的犯罪行为，符合放纵走私罪的犯罪构成；经庭审质证的证据来源真实，内容客观，取证程序合法，证据间相互印证，形成完整的证据链条，应作为本案定罪依据予以采纳。被告人与辩护人所提辩护意见与查明事实及质证证据不符，本院不予采纳。

2. 行为人身为海关工作人员，徇私舞弊，放纵走私，其行为已构成放纵走私罪；虽然放纵走私罪属于有直接犯罪目的的犯罪，比滥用职权罪危害性更大，但是公诉机关参照滥用职权罪造成经济损失150万元以上认定为情节特别严重来指控行为人所犯放纵走私罪情节特别严重依据不足，不应认定为放纵走私罪情节特别严重，见【（2016）粤0607刑初142号】唐某某放纵走私、受贿案一审刑事判决书。

在该判决书中，广东省佛山市三水区人民法院认为：

被告人唐某某无视国家法律，身为海关工作人员，徇私舞弊，放纵走私，致使国家税款被偷逃达3111208.53元，情节严重，其行为已构成放纵走私罪。关于被告人唐某某所犯放纵走私罪是否构成情节特别严重的问题。本院认为，虽然放纵走私罪属于有直接犯罪目的的犯罪，比滥用职权罪危害性更大，但是犯滥用职权罪情节特别严重的法定刑是处三年以上七年以下有期徒刑，而犯放纵走私罪情节特别严重的法定刑是处五年以上有期徒刑，两者存在巨大的量刑差别，因此，公诉机关参照滥用职权罪造成经济损失150万元以上认定为情节特别严重来指控被告人唐某某所犯放纵走私罪情节特别严重依据不足；鉴于我国法律或者相关司法解释并没有对放纵走私罪的情节特别严重的情形作出规定，考虑到被告人唐某某在犯罪中的地位、作用及有无获利和本案走私的得逞还存在其他环节的责任等情况，本院不认定被告人唐某某所犯放纵走私罪属于情节特别严重，对相关辩解辩护意见予以采纳，但在量刑时会参考适用滥用职权罪的相关量刑标准。

◎以消极不作为的方式放纵走私，情节严重的，构成放纵走私罪

3. 放纵走私行为一般是消极的不作为，行为人作为负有特定监管义务的海关工作人员，收受他人给予的财物后，在监管过程中放松对他人公司的监管，放任他人快件走私行为情节严重的，构成放纵走私罪，见【（2018）粤0402刑初14号】李某2受贿、放纵走私案一审刑事判决书。

在该判决书中，广东省珠海市香洲区人民法院认为：

关于被告人李某2的行为是否构成放纵走私罪的问题，《最高人民法院、最高人民检察院、海关总署关于办理走私刑事案件适用法律若干问题的意见》第十六条规定，负有特定监管义务的海关工作人员徇私舞弊，利用职权，放任、纵容走私犯罪行为，情节严重的，构成放纵走私罪。放纵走私行为，一般是消极的不作为。依照上述意见的规定，结合在案的证据对被告人李某2是否负有特定监管义务及其是否利用职权、徇私舞弊而放纵走私作出认定。被告人李某2作为负有特定监管义务的海关工作人员，收受了李某1等人给予的财物后，在监管过程中，放松对李某1等人的公司的监管，放任李某1的公司10车次货物中的15个分运单快件走私行为。被告人李某2徇私舞弊，放纵走私，情节严重，其行为构成放纵走私罪。

（二）不构成放纵走私罪

◎**现有证据不足以证实放纵走私的，不构成放纵走私罪**

1. 现有证据不足以证实行为人用职权掌握他人走私的情报、线索并授意或暗示有关人员放纵走私活动，无法证实行为人有放纵走私的主观故意和客观行为的，公诉机关指控其构成放纵走私罪证据不足，见【（2019）粤0106刑初755号】赖某某受贿、放纵走私案一审刑事判决书。

在该判决书中，广东省广州市天河区人民法院认为：

依据现有证据，证人吴某在陈述其向被告人赖某某行贿时是否明确告知赖某某关于走私一事以及走私日期的细节上前后不一致；被告人赖某某否认明确知道吴某走私及具体的走私日期；现有证据亦不能证实被告人赖某某利用职权掌握吴某走私的情报、线索并授意或暗示有关人员放纵吴某进行走私活动，故现有证据不足以证实被告人赖某某有放纵吴某走私的主观故意和客观行为，公诉机关指控被告人赖某某构成放纵走私罪证据不足，本院不予支持。被告人赖某某及辩护人关于该节的辩护意见本院予以采纳。

◎**对走私行为处罚力度较低，不宜简单认定构成放纵走私罪**

2. 行为人带队查缉并查获走私货物，对他人的团伙走私行为进行行政处罚，并没有纵容而不予查缉，其行为亦未达到"情节严重"的程度；在犯罪主观方面，没有证据证实李某出于徇私的动机，即明知是走私行为而故意纵容放任，不构成放纵走私罪，见【（2017）桂06刑再1号】李某受贿、放纵走私、行贿案再审刑事裁定书。

在该裁定书中，广西壮族自治区防城港市中级人民法院认为：

关于抗诉提出，审被告人李某故意不移交线索，导致走私犯罪降格为行政处罚，构成放纵走私罪。经查，1. 在犯罪客观方面，抗诉认定原审被告人李某徇私舞弊，放纵走私情节严重的行为事实不清，证据不足。所谓"放纵走私"，是指对应当查缉的走私货物、物品不予查缉，或者对应当追究法律责任的走私活动的人不予追究，而包庇、纵容、放走走私活动人的行为。本案中，邓某团伙走私的92.25吨橡胶，涉嫌偷逃税款90.8025万元，系李某带队查缉并查获走私货物，并没有纵容而不查缉；邓某团伙走私的92.25吨橡胶最终被行政处罚，被当作无主货物拍卖上缴国库，应有的法律责任已经受到追究。李某的行为亦未达到"情节严重"的程度，其一，根据指控并查明的事实，邓某找到李某，欲向李某行贿现金20万元,请求李某放行被查扣的走私橡胶,但李某没有接受,明确表示不答应,并继续查扣处理,不具有为放纵走私收受贿赂的情节;其二,没有证据证实李某故意不移交确实的线索,导致走私犯罪降格为行政处罚,放纵走私犯罪;其三,本案基于当时证据欠缺、不足以追究刑事责任而进行行政处罚,并未妨碍日后经补强证据、查清事实继续对涉案走私行为人追究刑事责任。

2. 在犯罪主观方面,没有证据证实李某出于徇私的动机,即明知是走私行为而故意纵容放任。据此,这一指控,事实不清,证据不足。

3. 国家机关工作人员对具体走私的时间、地点、路线、方式、物品等情况均不了解,不能证实其足以达到明知有走私行为而拒不出警查缉的放纵走私的标准,其不出警查缉与他人成功偷运走私橡胶之间亦不具备因果关系,不构成放纵走私罪,见【(2015)东刑初字第271号】苏某、周某放纵走私、受贿案刑事一审判决书。

在该判决书中,广西壮族自治区东兴市人民法院认为:

关于公诉机关对二被告人构成放纵走私罪的指控,经查,苏某、周某虽有收受贿赂,但其对邓某具体走私的时间、地点、路线、方式、物品等情况均不了解,也不能证明苏某、周某知道邓某团伙从防城火车站运走橡胶。公诉机关所举证据也不能证实苏某、周某及其所在的侦查科已经掌握了这些情报,足以达到明知有走私行为而拒不出警查缉的放纵走私的标准。同时,苏某、周某及其所在的侦查科亦未接到走私线报或领导指示出警查缉。苏某、周某不出警查缉与邓某团伙2011年7月至8月期间成功从防城偷运走私橡胶之间亦不具备因果关系。故从认定犯罪事实必须清楚、证据必须确实充分的标准考虑,苏某、周某的行为不构成放纵走私罪。

律师建议

放纵走私罪的犯罪主体是海关工作人员,行为人在犯罪客观方面要达到"情节严重"才构成犯罪,所以律师在辩护过程中要把握行为人的行为是否达到"情节严重"的程度。同时,如何区分放纵走私罪与滥用职权罪、玩忽职守罪,是本罪认定的关键。放纵走私罪的相关条文中并未规定"情节特别严重"的情形,在海关工作人员的渎职行为达到滥用职权或玩忽职守罪"情节特别严重"的情形下,适用放纵走私罪还是滥用职权罪、玩忽职守罪,不能一概而论,需要具体情况具体分析。

后　记

律师生涯伊始，我就接触到了职务犯罪案件。记得我当时接手的第一个案子是渎职案，当事人因玩忽职守致使国有资产流失而被指控犯罪。在办理这个案件的过程中，我对职务犯罪辩护产生了浓厚的兴趣，觉得职务犯罪案件专业性强、难度大、挑战多，有了想"啃下这块硬骨头"的强烈愿望。后来陆续做了一些职务犯罪的案子，有了更多的思考，于是萌生了撰写一部职务犯罪辩护工具书的想法。

2019年3月来到北京云亭律师事务所后，得益于律所的鼎力支持，我开始着手策划职务犯罪辩护工具书的撰写，并与律所其他几位同事探讨合作写书事宜。依稀记得几个难忘的场景：2019年暑假，我一个人在家吃着泡面，亮着台灯，淌着汗水，边查案例边写文稿，两个礼拜似乎转眼就过去了。2020年疫情期间，难得地心无旁骛，我躲在自己书房里一点点码字，文稿不知不觉已经垒了几十万字了。正值十四届全国人大常委会第七次会议表决通过《刑法修正案（十二）》，我们据此将这五年磨砺的成果全面系统梳理，编撰成书，与读者分享。

本书作者分工如下：第1-81个问题，由王辉律师撰写；第82-87个问题，由李舒律师撰写；第88-92个问题，由唐青林律师撰写；第93-95个问题，由韩帅律师撰写；第96-98个问题，由杨鹏律师撰写；第99-100个问题，由韩芳撰写；最后由王辉律师进行统稿。

感谢我律师执业路上的领路人张海水律师、孟丽君律师、赵京慰律师对本人的关爱与照顾；感谢中国法制出版社副编审赵宏老师、编辑王彧老师对本书的肯定与支持，使得本书得以顺利出版；感恩我遇到的所有的人，经历的所有的事，读过的所有的书，以及服务过的所有客户。心怀感恩，万般皆成就我；专心致志，路远亦复何言？

王辉
2024年3月1日

图书在版编目（CIP）数据

职务犯罪难点要点剖析．定罪卷 / 王辉，李舒，唐青林编著．—北京：中国法制出版社，2024.3
ISBN 978-7-5216-4246-9

Ⅰ．①职⋯ Ⅱ.①王⋯ ②李⋯ ③唐⋯ Ⅲ．①职务犯罪-研究-中国 Ⅳ．①D924.304

中国国家版本馆CIP数据核字（2024）第021502号

责任编辑：王　悦　　　　　　　　　　　　　　　　　　封面设计：蒋　怡

职务犯罪难点要点剖析·定罪卷

ZHIWU FANZUI NANDIAN YAODIAN POUXI · DINGZUIJUAN

编著/王辉，李舒，唐青林
经销/新华书店
印刷/保定市中画美凯印刷有限公司
开本/710毫米×1000毫米　16开　　　　　　　　印张/ 39.75　字数/ 596千
版次/2024年3月第1版　　　　　　　　　　　　2024年3月第1次印刷

中国法制出版社出版
书号 ISBN 978-7-5216-4246-9　　　　　　　　　　　　　　定价：158.00元

北京市西城区西便门西里甲16号西便门办公区
邮政编码：100053　　　　　　　　　　　　　　　　　传真：010-63141600
网址：http://www.zgfzs.com　　　　　　　　　　　编辑部电话：010-63141830
市场营销部电话：010-63141612　　　　　　　　　　印务部电话：010-63141606

（如有印装质量问题，请与本社印务部联系。）